机械工业出版社高水平学术著作出版基金项目

现代船舶电力系统
——结构、控制与应用

汤天浩　施伟锋　韩朝珍
谢　卫　许晓彦　刘伟平　编著
高迪驹　姚　刚　贾颖晖
陈雯洁　黄易梁

机械工业出版社

本书分为三大板块，共 12 章。第一板块为第 1~3 章，主要论述了船舶电力系统的结构、主要设备和控制原理，作为全书的技术基础。第二板块为第 4~7 章，详细分析了船舶电力系统的设计和典型应用，特别是结合了实际船舶的工程案例，使理论与实际紧密联系。第三板块为第 8~12 章，包括船舶电力系统的储能技术、能量管理与优化，船舶直流电力系统，船舶新能源发电技术，船舶微电网，船舶电力系统的未来发展，重点探讨了船舶电力系统的新技术和新发展，融入了作者的研究与思考。

本书适用于船舶与海洋工程领域电气专业人员、设计人员，以及相关工程技术人员，为船舶电力系统的设计、研发和制造提供理论指导和技术依据，也为相关专业的本科生和研究生学习提供了一本学术参考书。本书同样适用于船舶和航运管理和使用者、船级社、电气和机械设备建造商、港口和海洋工程的从业人员及研究设计机构。

图书在版编目（CIP）数据

现代船舶电力系统：结构、控制与应用 / 汤天浩等编著. -- 北京：机械工业出版社，2025.1. -- ISBN 978-7-111-77327-6

Ⅰ．U665

中国国家版本馆 CIP 数据核字第 2025U4J558 号

机械工业出版社（北京市百万庄大街 22 号　邮政编码 100037）
策划编辑：罗　莉　　　　　责任编辑：罗　莉　周海越
责任校对：郑　婕　李　婷　封面设计：鞠　杨
责任印制：刘　媛
北京中科印刷有限公司印刷
2025 年 4 月第 1 版第 1 次印刷
184mm×260mm・38.5 印张・2 插页・953 千字
标准书号：ISBN 978-7-111-77327-6
定价：248.00 元

电话服务　　　　　　　　　网络服务
客服电话：010-88361066　　机　工　官　网：www.cmpbook.com
　　　　　010-88379833　　机　工　官　博：weibo.com/cmp1952
　　　　　010-68326294　　金　书　网：www.golden-book.com
封底无防伪标均为盗版　　机工教育服务网：www.cmpedu.com

前言

FOREWORD

船舶是一种水上交通工具，古代人们就发明了舟船用于捕鱼和运输。第一次工业革命采用蒸汽机作为船舶的主要动力装置。第二次工业革命，电的发明应用到船舶照明及辅助设备驱动电源等，并采用柴油机和燃气轮机取代蒸汽机成为船舶的主要动力装置。第三次工业革命开创了电子时代，功率半导体的诞生及计算机技术的发展，给船舶及海洋开发带来极大的变化，现代变流技术应用于船舶的电力推进及海洋工程定位作业，船舶电力系统容量也随之增大，成为船舶的核心装备。并且随着国际远洋运输与海洋工程的需求，船舶与海洋平台越建越大，用电量也随之大增，船舶电力系统也日益庞大和复杂。

船舶的设计者、建造者和使用者都需要了解船舶电力系统的结构、设计与控制的基本理论和方法，而国内少见满足广大读者需求的技术专著。为此，前几年我们翻译了美国商船学院教授 Mukund R. Patel 博士撰写的《船舶电力系统》一书，由机械工业出版社出版。该书的内容全面涵盖了船舶电力系统的各个方面，包括发电、配电和用电的各个环节，而且选材新颖，不仅有传统的船舶电力系统，还包括了电力推进船舶的电力系统，不仅有民用船舶，也涉及海洋工程船舶和军用舰船，特别是在提倡节能减排的今天，书中许多观点和论述，如功率因数改善、电能质量控制、能效优化与能量管理、储能技术和经济性分析等，对于当今船舶电力系统的设计都具有很好的学习和借鉴价值。但是，由于购买版权的年限已到，该书已不再印刷和销售。

当前，随着第四次工业革命的到来，人类进入了一个以绿色低碳和人工智能为标志的新时代，指明了船舶的未来发展将沿着"电气化、信息化和智能化"道路前进。为了实现"碳达峰"和"碳中和"的战略目标，船舶将经历一个新的变革，全电船、新能源和无人船将是新的发展方向。在这历史的转折关口，本书的创作团队将秉承承前启后，开创未来的精神和使命，撰写《现代船舶电力系统——结构、控制与应用》，以求全面系统地论述船舶电力系统的组成结构和理论方法，详细分析系统设计选型与运行管理，深入探讨新技术的应用与发展。

本书分为三大板块，共 12 章。第一板块为第 1~3 章，主要论述了船舶电力系统的结构、主要设备和控制原理，作为全书的技术基础。第二板块为第 4~7 章，详细分析了船舶电力系统的设计和典型应用，特别是结合了实际船舶的工程案例，使理论与实际紧密联系。第三板块为第 8~12 章，重点探讨了船舶电力系统的新技术和新发展，融入了我们的研究与思考。本书的内容丰富、内涵深入，全面涵盖船舶电力系统的各个方面；注重理论联系实际，深入浅出、循序渐进。

上海海事大学谢卫教授长期从事电机与电器的教学和研究工作，撰写了第 2 章；施伟锋教授长期研究船舶电力系统，具有深厚的理论与研究成果，撰写了第 3 章；许晓彦教授曾在波兰格丁尼亚海事大学攻读博士学位，从事电能质量研究，撰写了第 6 章；高迪驹高级工程师长期从事船舶混合动力研究，以他本人博士学位论文的精华为基础撰写了第 8 章；姚刚老师在法国南特中央理工大学做博士后期间，设计和完成了船舶电力系统的数字仿真，此次负责电力系统性能计算分析仿真，并撰写了第 11 章等章节。

本书邀请了上海佳豪船海工程研究设计有限公司的韩朝珍研究员、刘伟平和贾颖晖高级工程设计师参与，他们长期从事海洋工程项目的研究设计工作，具有丰富的工程设计经验，参与多艘海工项目设计建造工作，交付船舶使用运行效果良好，得到了船东们的认可。他们承担了第 4、5 章的撰写，为本书提供了专业设计经验及实际应用指导。同时要感谢上海佳豪船海工程研究设计有限公司领导陈雪峰对本书的指导和一如既往的支持。

本书的贡献者还有陈雯洁博士和黄易梁高工，他们就职于 ABB 公司船舶部，带来了国际先进的技术和理念。两人都是上海海事大学的优秀毕业生，陈雯洁在就读硕士期间还曾留学法国，有关超级电容的研究成果被引用于第 8 章，其在新加坡南洋理工大学攻读博士学位的研究课题涉及新能源发电与燃料电池，这为第 9、11 和 12 章增添了新的创意。黄易梁高工指导我校研究生闫秀松在混合动力船舶直流短路保护方面的工作引用于第 8 章，他本人还为全书提供了 ABB 公司的先进技术资料和应用案例，并提出了宝贵的修改意见和建议。

本人负责其余章节的撰写及全书的统稿。我们的研究生协助了部分章节的工作，他们多年来在船舶电力系统、电力电子变换、新能源发电、动力电池与储能系统、燃料电池船舶等方面的研究工作，以及李又一博士在船舶低温发电系统的研究成果体现在第 12 章中，都为本书增光添彩。此外，本书也引用了王天真、黄洪琼等教授在船舶信息和智能技术方面的研究，韩金刚副教授在燃料电池仿真与船舶应用方面的研究等。因此，本书汇集了各位作者及研究团队十几篇博士论文的研究成果，是集体智慧的结晶，各位同事及学生们付出了辛勤的劳动和专业贡献。对此，向他们表示由衷的感谢。本人自 2005 年赴法国中央理工大学做合作研究，每年受邀到法国做访问教授，建立了联合培养双学位研究生项目，本书吸纳了近 20 年的中法合作成果，特别要感谢法国的合作教授们和中法研究生们的研究贡献。

另外，感谢机械工业出版社，特别是策划编辑罗莉女士，她慧眼识珠发现了国内的专业需求，早在我主编出版《船舶电力推进系统》之时，就提议编写出版本书，并申请到出版社高水平学术著作出版基金项目的资助。更十分感谢出版社的信任和宽容，给予了充分的时间，使我们在充分自由的学术氛围内完成写作。

本书获得上海市科技计划项目的资助（项目编号：20040501200），在此表示感谢！

希望本书的出版将为国内的相关领域从业人员提供学术参考和技术借鉴，促进我国造船和海洋工程的技术进步和发展。

汤天浩

2024 年 10 月于上海

目 录
CONTENTS

前言
专业术语与变量表
第1章 船舶电力系统结构与基本要求 ……………………………… 1
  1.1 船舶电力系统的基本结构与组成 …… 1
  1.2 船舶电力系统的电压等级与分类 …… 2
    1.2.1 船舶电力系统的电压等级 …… 2
    1.2.2 船舶电力系统的主要分类 …… 3
  1.3 船舶电网的主要形式与架构 …… 4
    1.3.1 树形架构 …… 4
    1.3.2 双母线架构 …… 5
    1.3.3 环形架构 …… 5
  1.4 船舶电力系统故障冗余要求 …… 6
    1.4.1 船舶推进系统冗余度定义 …… 6
    1.4.2 船舶电力推进系统的故障冗余 …… 7
    1.4.3 船舶动力定位系统的故障冗余 …… 9
    1.4.4 具有冗余度的船舶电力系统结构 …… 9
  1.5 船舶综合电力系统 …… 11
    1.5.1 船舶IPS结构与组成 …… 11
    1.5.2 船舶IPS的冗余结构 …… 12
  参考文献 …… 13

第2章 船舶发电机与主要电气设备 …… 15
  2.1 船舶同步发电机组的结构与工作原理 …… 15
    2.1.1 船舶发电原动机 …… 15
    2.1.2 同步发电机的组成与基本结构 …… 17
    2.1.3 同步发电机的工作原理与输出电压 …… 18
    2.1.4 同步发电机的运行特性与主要参数 …… 19
  2.2 船舶同步发电机的励磁系统与并联运行 …… 21
    2.2.1 同步发电机的励磁系统 …… 21
    2.2.2 同步发电机的并联运行 …… 22
  2.3 船舶输电设备 …… 26
    2.3.1 电力变压器 …… 26
    2.3.2 船舶电缆 …… 30
  2.4 船舶配电设备 …… 34
    2.4.1 配电盘 …… 35
    2.4.2 断路器 …… 40
    2.4.3 继电器 …… 42
  2.5 船舶主要用电设备 …… 44
    2.5.1 船舶电力负荷的分类 …… 44
    2.5.2 船舶电力负荷的特点 …… 45
    2.5.3 船用电动机 …… 46
    2.5.4 电动机驱动设备的配电与控制 …… 49
  参考文献 …… 53

第3章 船舶电力系统自动控制 …… 54
  3.1 船舶电力系统建模与混沌分析 …… 54
    3.1.1 船舶电力系统数学模型 …… 54
    3.1.2 船舶电力系统非线性模型与混沌分析 …… 66
  3.2 船舶电力系统发电机组控制基本原理 …… 77
  3.3 船舶电力系统电压与无功功率控制 …… 78
    3.3.1 船舶发电机励磁系统结构与分类 …… 79
    3.3.2 船舶发电机励磁控制基本原理 …… 81
  3.4 船舶电力系统频率与有功功率控制 …… 84
    3.4.1 船舶发电机组转速控制系统的结构与分类 …… 84
    3.4.2 船舶发电机特性及其自动调频调载控制 …… 86
  3.5 船舶发电机组神经网络控制 …… 89
    3.5.1 CMAC神经网络控制方法 …… 89
    3.5.2 船舶柴油发电机组转速神经网络控制 …… 94
    3.5.3 船舶发电机励磁神经网络控制 …… 98
    3.5.4 船舶柴油发电机组双回路神经网络并行控制 …… 104

参考文献 ……………………………… 107

第4章　船舶电力系统的保护 ……… 109
4.1　船舶电力系统保护基本原理 …… 109
4.1.1　概述 …………………………… 109
4.1.2　船舶电力系统保护的构成 …… 110
4.1.3　电力系统保护装置基本要求 … 114
4.1.4　船舶电力系统保护装置安全运行特殊要求 ……………………… 116
4.1.5　电力系统保护装置发展概况 … 116
4.2　船舶电力系统的主要故障与检测 … 116
4.2.1　船舶电力系统的故障类型 …… 116
4.2.2　船舶电力系统的故障分析 …… 117
4.2.3　船舶电力系统设备故障特性 … 121
4.3　船舶电力系统的保护 …………… 126
4.3.1　概述 …………………………… 126
4.3.2　保护装置及器件 ……………… 127
4.3.3　船舶发电机的保护 …………… 136
4.3.4　船舶电力变压器保护 ………… 139
4.3.5　电动机馈电分路保护 ………… 140
4.3.6　电力系统保护协调性 ………… 142
4.4　交流三相不平衡系统分析 ……… 148
4.4.1　交流三相不平衡电流分析 …… 148
4.4.2　发电机不对称分量及序电抗关系 …………………………… 150
4.4.3　三相系统不对称故障分析 …… 154
参考文献 ……………………………… 158

第5章　现代船舶电力系统设计 ……… 159
5.1　船舶电力系统设计 ……………… 159
5.1.1　船舶电力系统设计的基本依据 … 159
5.1.2　船舶电力系统的工程设计 …… 160
5.2　背景工程技术要求综合分析认证 … 164
5.2.1　船舶电力系统可靠性分析 …… 164
5.2.2　海洋工程项目特殊要求 ……… 165
5.3　环形电网开环运行模式设计 …… 166
5.3.1　开环运行模式特点 …………… 167
5.3.2　背景工程简介 ………………… 168
5.3.3　设计依据及设计方法 ………… 168
5.3.4　高压配电系统设计 …………… 169
5.3.5　电力负荷计算 ………………… 171
5.3.6　短路电流计算 ………………… 174
5.3.7　保护电器设定 ………………… 175
5.3.8　发电机保护系统 ……………… 178
5.3.9　开环保护分析 ………………… 181
5.3.10　开环系统仿真及实效试验 …… 191
5.4　环形电网闭环运行模式设计 …… 192
5.4.1　闭环运行模式特点 …………… 192
5.4.2　背景工程简介 ………………… 193
5.4.3　设计依据及设计方法 ………… 193
5.4.4　高压配电系统设计 …………… 194
5.4.5　电力负荷计算 ………………… 203
5.4.6　短路电流计算 ………………… 207
5.4.7　保护电器协调动作分析 ……… 209
5.4.8　暂态压降计算 ………………… 213
5.4.9　增强型发电机保护系统 ……… 214
5.4.10　闭环保护分析 ………………… 219
5.4.11　闭环系统短路试验 …………… 228
参考文献 ……………………………… 230

第6章　船舶电力系统的电能质量分析与控制 ………………………… 231
6.1　船舶电力系统电能质量问题 …… 231
6.1.1　船舶电能质量概念、要求与特性 ……………………… 231
6.1.2　船舶电力系统的谐波分析 …… 240
6.1.3　船舶电能质量其他类型问题 … 243
6.1.4　船舶电能质量问题影响 ……… 247
6.2　船舶电力系统谐波检测与分析 … 248
6.2.1　船舶电力系统的谐波检测标准 … 248
6.2.2　不同类型船舶电力系统谐波分析 …………………………… 249
6.2.3　船舶电力系统谐波测量方法 … 250
6.2.4　船舶电力系统谐波测量系统 … 252
6.2.5　船舶电力系统谐波检测分析方法 …………………………… 255
6.3　船舶电力系统谐波抑制方法 …… 269
6.3.1　谐波主动式抑制方法 ………… 269
6.3.2　谐波被动式治理方法 ………… 271
6.3.3　船舶电网谐波抑制应用举例 … 276
6.4　船舶电网的电压暂降分析 ……… 279
6.4.1　电压暂降及其特征参数 ……… 279
6.4.2　船舶电网电压暂降故障仿真分析 …………………………… 281
6.4.3　电网电压暂降检测方法与算例分析 ……………………… 285
6.4.4　电压暂降的抑制措施 ………… 296
参考文献 ……………………………… 297

第7章 船舶电力系统的应用举例 …… 300
7.1 船舶电力系统典型案例 …… 300
7.1.1 船舶低压电力系统 …… 300
7.1.2 船舶中高压电力系统 …… 302
7.2 船舶IPS的应用举例 …… 308
7.3 海洋平台的电力系统 …… 309
7.4 船舶电力系统的其他形式 …… 310
7.4.1 专供谐波敏感负荷的"清洁"电力母线 …… 310
7.4.2 应急柴油机-发电机组起动系统 …… 311
7.4.3 岸电电源 …… 311
参考文献 …… 313

第8章 船舶电力系统的储能技术、能量管理与优化 …… 314
8.1 船舶电力系统的储能技术 …… 314
8.1.1 船舶电力系统的储能技术概述 …… 314
8.1.2 船舶储能系统结构 …… 320
8.1.3 船舶储能系统的变流技术 …… 321
8.1.4 船舶储能系统的控制技术 …… 326
8.1.5 储能系统的能量管理 …… 330
8.1.6 船舶电力系统的储能技术应用 …… 336
8.2 船舶混合动力技术 …… 337
8.2.1 船舶混合动力系统分类 …… 337
8.2.2 船舶主轴发电混合动力系统 …… 340
8.2.3 船舶机械与电力推进混合动力系统 …… 341
8.2.4 船舶混合动力系统应用 …… 347
8.3 船舶电能管理系统 …… 350
8.3.1 船舶PMS的结构与功能 …… 350
8.3.2 船舶电能管理系统的组成 …… 357
8.3.3 船舶PMS的应用与发展 …… 359
8.4 混合动力船舶能量智能管理与优化 …… 361
8.4.1 混合动力船舶的PMS控制策略 …… 361
8.4.2 混合动力船舶全局优化能量管理策略 …… 363
8.4.3 混合动力船舶瞬时优化能量管理策略 …… 368
8.4.4 船舶电力推进负荷预测 …… 378

参考文献 …… 380

第9章 船舶直流电力系统 …… 383
9.1 高压直流输电技术概要 …… 383
9.1.1 HVDC变流技术 …… 384
9.1.2 HVDC的直流变压技术 …… 385
9.2 船舶直流电力系统的组成结构和特点 …… 387
9.2.1 交直流混合电力系统 …… 387
9.2.2 纯直流电力系统 …… 389
9.3 船舶直流电力系统的技术要求与关键技术 …… 390
9.3.1 船舶直流电力系统的技术标准与要求 …… 390
9.3.2 船舶直流电力系统的整流技术 …… 391
9.3.3 船舶直流电力系统的逆变技术 …… 394
9.4 船舶直流电力系统的短路计算与保护 …… 395
9.4.1 船舶直流电力系统短路计算 …… 395
9.4.2 船舶直流电力保护及隔离装置选型依据 …… 402
9.4.3 船舶直流电力系统短路与保护仿真试验 …… 403
9.5 船舶直流电力系统应用案例 …… 412
参考文献 …… 415

第10章 船舶新能源发电技术 …… 417
10.1 船舶光伏发电 …… 417
10.1.1 光伏电池 …… 418
10.1.2 光伏变流器 …… 419
10.1.3 光伏发电系统控制 …… 425
10.1.4 船舶光伏发电应用 …… 429
10.2 风力驱动船舶 …… 435
10.2.1 风力与电力混合推进船舶 …… 436
10.2.2 海上风力发电技术 …… 440
10.2.3 船舶风力发电系统及应用 …… 453
10.3 船舶燃料电池发电系统 …… 455
10.3.1 氢燃料电池工作原理 …… 455
10.3.2 燃料电池电能变换 …… 460
10.3.3 燃料电池发电系统 …… 466
10.3.4 燃料电池的船舶应用 …… 468
10.3.5 燃料电池实验船的研制 …… 472

参考文献 …… 478

第11章 船舶微电网的结构、建模与分析 ………… 480
11.1 微电网的概念与关键技术 ………… 480
11.1.1 微电网的基本概念与结构 ……… 480
11.1.2 微电网的关键技术 ……………… 481
11.2 船舶微电网的结构与类型 ………… 481
11.2.1 船舶微电网的基本结构 ………… 482
11.2.2 船舶交流微电网 ………………… 482
11.2.3 船舶直流微电网 ………………… 483
11.2.4 交直流混合微电网 ……………… 484
11.3 船舶微电网的建模 ………………… 484
11.3.1 船舶微电网的机理模型 ………… 484
11.3.2 船舶微电网仿真 ………………… 489
11.4 船舶微电网的稳定性分析 ………… 493
11.4.1 微电网稳定性的概念和分类 …… 494
11.4.2 船舶微电网的小信号分析方法 ……………………………… 496
11.4.3 船舶微电网的暂态稳定性分析方法 ……………………………… 500
11.5 船舶微电网的能量管理和控制 …… 507
11.5.1 微电网能量管理系统结构 ……… 507
11.5.2 微电网的潮流计算与能量管理决策的求解方法 ……………… 508
11.5.3 基于多代理的船舶微电网能量管理策略 …………………… 512
11.5.4 船舶微电网 EMS 的控制 ……… 529
11.6 船舶微电网应用举例 ……………… 536
参考文献 ……………………………………… 540

第12章 船舶电力系统的未来发展 …… 543
12.1 绿色低碳船舶发展路线图 ………… 543
12.2 船舶的节能减排 …………………… 546
12.2.1 可替代燃料与双燃料发动机 …… 546
12.2.2 船舶余热回收利用 ……………… 550
12.3 全电气化船的发展 ………………… 552
12.3.1 交通电气化发展进程 …………… 553
12.3.2 全电船的概念和结构 …………… 553
12.3.3 我国船舶电气化发展路线 ……… 555
12.4 船舶绿色电力系统 ………………… 556
12.4.1 氢能的获取与利用 ……………… 556
12.4.2 其他能量的开发利用 …………… 558
12.4.3 新能源的综合利用 ……………… 576
12.5 未来船舶展望 ……………………… 581
12.5.1 船舶电气化 ……………………… 581
12.5.2 船舶信息化 ……………………… 582
12.5.3 船舶智能化 ……………………… 586
12.5.4 船舶网联化 ……………………… 588
12.5.5 船舶智能电网发展 ……………… 588
12.5.6 航运智能交通系统的架构 ……… 593
参考文献 ……………………………………… 594

专业术语与变量表

一、主要机构缩写

ABS　　美国船级社 American Bureau of Shipping
BV　　　法国船级社 Bureau Veritas
CCS　　中国船级社 China Classification Society
DNV　　挪威船级社 Det Norske Veritas
LRS　　英国劳氏船级社 Lloyd's Register of Shipping
IEC　　国际电工委员会 International Electrotechnical Commission
IEEE　　电气电子工程师学会 Institute of Electrical and Electronics Engineers
IMO　　国际海事组织 International Maritime Organization

二、缩写词

AC　　　交流（Alternating Current）
ACB　　空气断路器（Air Circuit Breaker）
AC/AC　交-交变流器（AC/AC Converter）
AC/DC　整流器（AC/DC Converter）
ADB　　区配电板（Area Distribution Board）
Ah　　　电池的安培小时，简称安时（Ampere Hour）
AM　　　异步电动机（Asynchronous Motor）
AMPC　自适应模型预测控制（Adaptive Model Predictive Control）
ANN　　人工神经网络（Artificial Neural Network）
APF　　有源滤波器（Active Power Filter）
AVR　　自动电压调节器（Automatic Voltage Regulator）
B　　　　电池（Battery）
BMS　　电池管理系统（Battery Management System）
CHIL　　控制器硬件在环（Controller Hardware in the Loop）
CMAC　小脑模型关节控制器（Cerebellar Model Articulation Controller）
CO_x　　碳氧化物（Carbon Monoxide）
CSI　　　电流源逆变器（Current Source Inverter）
CVCF　恒压恒频（Constant Voltage Constant Frequency）
DB　　　分配电板（Distribution Board）
DC　　　直流（Direct Current）
DC/AC　逆变器（DC/AC Converter）
DC/DC　直流变换器（DC/DC Converter）

DCU	直接控制单元	(Direct Control Unit)
DER	分布式电源	(Distributed Electric Resource)
DG	柴油发电机	(Diesel Generator)
DoD	电池的放电深度	(Depth of Discharge)
DP	动力定位	(Dynamic Positioning)
DRTS	数字实时模拟器	(Digital Real Time Simulator)
DSM	需求侧管理	(Demand Side Management)
EMF	电动势	(Electromotive Force)
EMI	电磁干扰	(Electromagnetic Interference)
EMS	能量管理系统	(Energy Management System)
EMT	电磁暂态	(Electromagnetic Transient)
ESD	储能装置	(Energy Storage Device)
ESS	储能系统	(Energy Storge System)
FC	燃料电池	(Fuel Cell)
FDD	故障检测与诊断	(Fault Detection and Diagnosis)
FFT	快速傅里叶变换	(Fast Fourier Transform)
FOC	燃油消耗	(Fuel of Consumption)
FWES	飞轮储能	(Flywheel Energy Storage)
G	电网（Grid）、发电机	(Generator)
GSC	网侧变换器	(Grid Side Convertor)
HC	碳氢化物	(Hydrocarbon)
HI	谐波不稳定	(Harmonic Instability)
HIL	硬件在环	(Hardware-in-the-Loop)
HRSG	热回收蒸汽发电机	(Heat Recovery Steam Generator)
HVDC	高压直流	(High Voltage Direct Current)
IGBT	绝缘栅双极型晶体管	(Insulated Gate Bipolar Transistor)
IGCT	集成门极换流晶闸管	(Integrated Gate Commutated Thyristor)
IPS	综合电力系统	(Integrated Power System)
LCL	滤波器	(LCL Filter)
LNG	液化天然气	(Liquid Natural Gas)
MAS	多代理系统	(Multiagent System)
MCB	微型断路器	(Micro Circuit Breaker)
MGCC	微电网中央控制器	(Microgrid Central Controller)
ME	主机	(Main Engine)
MPC	模型预测控制	(Model Predictive Control)
MPPT	最大功率点跟踪	(Maximum Power Point Tracing)
MSB	主配电板、主开关柜	(Main Switch Board)
MSC	机侧变流器	(Motor Side Convertor)
NO_x	氮氧化物	(Nitrogen Oxide)

OPF	最优潮流	(Optimal Power Flow)
PCC	公共耦合节点	(Point of Common Coupling)
PEBB	积木式电力电子组件	(Power Electronics Building Block)
PEMFC	质子交换膜燃料电池	(Proton Exchange Membrane Fuel Cell)
PF	功率因数	(Power Factor)
PFC	功率因数校正	(Power Factor Correction)
PID	比例积分微分	(Proportion Integration Differentiation)
PHIL	电源硬件在环	(Power Hardware in the Loop)
PLC	可编程序控制器	(Programmable Logic Controller)
PLL	锁相环	(Phase Lock Loop)
PM	永磁 (Permanent Magnet)，颗粒物 (Particulate Matter)，主机 (Principal Machine)	
PMS	电能管理系统	(Power Management System)
PSO	粒子群优化	(Particle Swarm Optimization)
PWM	脉冲宽度调制	(Pulse Width Modulation)
PV	光伏	(Photo Voltaic)
RP	冗余推进	(Redundancy Propulsion)
RPM	每分钟转速	(Revolutions Per Minute)
RMS	方均根	(Root Mean Square)
SC	均超级电容 (Super Capacitor)、同步补偿器 (Synchronous Compensator)	
SCR	晶闸管整流器	(Silicon Controlled Rectifier)
SFOC	燃油消耗率	(Specific Fuel Oil Consumption)
SMES	超导磁储能	(Superconducting Magnetic Energy Storage)
SG	同步发电机 (Synchronous Generator) 轴带发电机 (Shaft Generator)	
SiC	碳化硅	(Silicon Carbide)
SOC	电池荷电状态	(State of Charge)
SOH	电池健康状态	(State of Health)
SPWM	正弦波脉宽调制	(Sinusoidal PWM)
SVC	静止无功补偿装置	(Static Var Compensator)
SVPWM	空间矢量 PWM	(Space Vector PWM)
T	推进器	(Thruster)
T	变压器	(Transformer)
THD	总谐波畸变率	(Total Harmonic Distortion)
TS	暂态稳定性	(Transient Stability)
UPS	不间断电源	(Uninterruptible Power Supply)
VC	矢量控制	(Vector Control)
VR	电压调节器 (Voltage Regulator)，矢量旋转变换器 (Vector Rotator)	
VSI	电压源逆变器	(Voltage Source Inverter)

三、常见下角标

A	定子 A 相绕组（stator windings）	m	磁的（magnetic）；机械的（mechanical）；主要的（main）
a	电枢绕组（armature）；转子 a 相绕组	M	电动机（motor）；矩阵（matrix）
ac	交流电（alternating current）	max	最大值（maximum）
add	附加（additional）	MD	机械推进（mechanical drive）
asy	异步（asynchronous）	min	最小值（minimum）
av	平均值（average）	N	额定值，标称值（nominal）
B	定子 B 相绕组、电池（battery）	off	断开（off）
b	转子 b 相绕组；船体（body）	on	闭合（on）
br	制动（brake）	op	开环（open loop）动作（operation）
C	定子 C 相绕组；电容（capacitor）	out	输出（output）
c	转子 c 相绕组；控制（control）	p	磁极（pole）；峰值（peak）；螺旋桨（propeller）
ch	电池充电（charge）	P	比例（proportion）；有功功率（active power）；脉冲（pulse）
cl	闭环（closed loop）	ph	相（phase）
com	比较（compare）；复合（combination）	q	q 轴（quadrature axis）
Cr	临界（critical）	Q	无功功率（reactive power）；螺旋桨转矩（propeller torque）
cv	变流器、变频器（converter）	r	转子（rotator）；上升（rise）；实际（real）
cw	冷却水（cooling water）	Ref	参考（reference）
d	d 轴（direct axis）；扰动（disturbing）	Rec	整流器（rectifier）
D	微分（differential），占空比（duty cycle）阻尼（damping）	rem	剩余（remainder）
dc	直流（direct current）；DC/DC 变换器（DC/DC converter）	rms	有效值、方均根值（root mean square）
DG	柴油发电机（diesel generators）	rv	反向（reverse）
dr	下降（decrease），下垂（droop）	s	定子（stator）；串联（series）
dt	畸变（distortion）	sam	采样（sampling）
e	电、电源（electric source）；地球（earth）	SB	配电盘、开关柜（Switchboard）
eq	等效值（equivalent parameter）	sc	超级电容（super capacitor）
ED	电力推进（electric drive）	sl	转差（slip）
em	电磁的（electric-magnetic）	sh	短路（short）
f	磁场（field）；正向（forward）；反馈（feedback）	sp	船舶（ship）
FW	飞轮（flywheel）	ss	稳态（steady state）
g	发电机（generator）；气隙（gap）；栅极（gate）	st	起动（starting）
G	电网（grid）	sy	同步（synchronous）
GB	齿轮箱（gear box）	t	触发（trigger）；三角波（triangular wave）
I	积分（integral）；输入（input）	T	变压器（transformer）；转矩（torque）
l	线值（line）；漏磁（leakage）	ub	不平衡（unbalance）
L	负载（load）	W	线圈（winding）；电线（wire）；风（wind）、浪（wave）
lim	极限，限制（limit）		
loss	损耗（loss）		

四、主要参数和变量符号

符号	含义
A	面积、散热系数、充电接受比
$\mathbf{A}$	功率集合
a	线加速度
B	磁通密度、宽度
C	电容、系数;充放电倍率
C_a	转换系数
C_A	船舶海军系数
C_B	有效安时电量
C_D	摩擦转矩阻尼系数
C_e	他励直流电动机在额定磁通的电动势系数
C_E	燃油消耗
C_{Ei}	瞬时燃油消耗
C_{DE}	发电机组燃油消耗
C_{ge}	发电机电枢感应电动势系数
C_F	摩擦阻力系数
C_p	叶轮捕获系数
C_R	兴波阻力系数
C_T	电动机的电磁转矩系数,船舶总阻力系数
D	直径、电动机调速范围、占空比
D_m	机械阻尼系数
d	距离
E, e	感应电动势(大写为平均值或有效值,小写为瞬时值,下同),误差
E_a, e_a	直流电机电枢感应电动势、反电动势
E_2, e_2	变压器二次绕组感应电动势
E_f	发电机励磁感应电动势(空载电动势)
$E_r, \dot{E}_r$	交流电机转子感应电动势
$E_s, \dot{E}_s$	交流电机定子感应电动势
F	磁动势、力、法拉第常数
F_r	电机转子磁动势
F_s	电机定子磁动势
f	频率,函数
f_e	电源频率
f_g	发电机输出电压频率
f_G	电网频率
f_M	调制信号频率
f_r	交流电机转子频率
f_s	交流电机定子频率

符号	含义
G	传递函数,系统增益,吉布斯自由能
$G(s)$	传递函数
$G_{cl}(s)$	闭环传递函数
g	重力加速度,函数
GD^2	飞轮惯量
h	谐波次数,滞环宽度
H	磁通强度;燃油的低热值
H_g	气隙的磁通强度
H_m	永磁体的磁通强度
I, i	电流(大写为平均值或有效值,小写为瞬时值,下同);序号
I_a, i_a	电机电枢电流
I_c	环流电流
I_d, i_d	d 轴电流分量
I_{dc}	整流电流、直流平均电流
I_f, i_f	励磁电流
I_g, i_g	发电机输出电流
I_G, i_G	电网电流
I_h	谐波电流
I_m, i_m	交流电动机励磁电流,脱扣电流整定值
I_1, i_1	变压器一次绕组电流,电流正弦基波分量
I_2, i_2	变压器二次绕组电流
I_L, i_L	负载电流
I_N, i_N	额定电流
I_q, i_q	q 轴电流分量,无功电流
I_r, i_r	交流电机转子电流
I_s, i_s	交流电机定子电流
I_{sh}, i_{sh}	短路电流
I_{st}, i_{st}	起动电流
I^0, I^+, I^-	分别为三相电力系统的零序,正序,负序电流分量的有效值
$J(x)$	目标函数,代价函数
J	转动惯量
J_g	发电机组的转动惯量
j	传动机构减速比;序号
K, k	系数、常数、比值

符号	含义
K_c	故障电流冲击系数
K_D、k_D	调节器微分系数
K_g	发电机系数
K_f	发电机励磁系数
K_I、k_I	调节器积分系数
K_P、k_P	调节器比例放大系数
K_i	电流检测环节比值，电流反馈系数
K_m	电机结构常数
K_n	转速检测环节比值，转速反馈系数
K_s	电力电子变换器放大系数
K_{sh}	短路电流偏移因子
K_{st}	起动转矩倍数
K_T	发电机的发热特性常数
k_i	电流比；起动电流倍数
k_N	绕组系数
k_{ws}	定子绕组因数的修正系数
$l(x)$	局部约束函数
l	长度
l_c	电缆线路长度
l_g	气隙的径向长度
$L(x, u)$	动态指标函数
L	电感
L_f	励磁绕组电感
L_g	发电机电枢线圈同步电感
L_l	漏感
L_m	互感
L_r	转子电感
L_s	定子电感
M	闭环系统频率特性幅值；PWM 调制比
m	质量；相数；脉冲数；检测值；次数
N	绕组匝数，数值
N_p	电机极对数
N_r	转子每相绕组的匝数
N_s	定子每相绕组的匝数
n	转速
n_m	机械转速
n_0	理想空载转速
n_s	交流电机同步转速
p	预测时域
P	功率；概率；压力
ΔP	功率变化率
P_B	蓄电池功率
P_{ch}	充电功率
P_D	推进功率
P_{em}	电磁功率
P_E	有效功率，原动机功率
P_g	发电机输出功率，有功功率
P_{gmax}	发电机最大输出功率
P_G	电网功率
P_{in}	输入功率
P_h	谐波功率
P_{loss}	损耗功率
P_L	负载功率
P_m	机械功率（电动机输出功率）
P_r	实际功率，转子功率
P_N	额定功率
P_M	转移矩阵
P_{out}	输出功率
$p = \dfrac{\mathrm{d}}{\mathrm{d}t}$	微分算子
Q	无功功率；热量；流量；电池容量
Q_g	发电机输出的无功功率
R	电阻；阻力，气体常数
R_a	直流电机电枢电阻
R_b	镇流电阻，泄流电阻
R_e	中性点接地电阻
R_f	励磁电阻；反馈电阻
R_g	发电机定子绕组电阻
R_r, R_r'	转子绕组电阻及折算
R_s	定子绕组电阻
r	参考变量；控制指令；半径
S	视在功率；开关状态
S_g	发电机的容量
S_N	额定视在功率（容量）
s	转差率；Laplace 变量；等效系数
T	转矩、推力、时间常数；开关周期；转置；温度

符号	含义
T_e, T_{ge}	电磁转矩
T_E	原动机的拖动转矩
T_L	负载转矩
T_m	机电时间常数
T_N	额定转矩
T_r	转子电磁时间常数
T_{sh}	短路持续时间
T_{st}	起动转矩
T_{sam}	采样周期
t	时间
t_d	最大动态降落时间、衰减时间
t_p	峰值时间
t_r	上升时间
t_s	调节时间
t_v	恢复时间
U, u, $\boldsymbol{u}$	电压，控制变量（大写为平均值或有效值，小写为瞬时值，黑体为矢量，下同）
u^*	最优控制序列
U_1, u_1	变压器一次电压，电压正弦基波分量
U_2, u_2	变压器二次电压
U_a	直流电机电枢电压
U_B	电池电压
U_c, U_C	控制电压，电容电压
U_{dc}	整流电压、直流平均电压
U_f, u_f	励磁电压
U_g, u_g	发电机输出电压，栅极驱动电压
U_G, u_G	电网电压
U_h	谐波电压
U_m	峰值电压
U_N, u_N	额定电压
U_r, u_r	交流电机转子电压
U_s, u_s	电源电压、交流电机定子电压
$\boldsymbol{u}_s$	定子电压（矩阵）、空间电压矢量
U^0, U^+, U^-	三相电力系统中电压零序，正序，逆序对称分量的有效值
U_x^*, U_x	变量 x 的给定和反馈电压（x 可用变量符号替代）
v	速度，线速度
$\boldsymbol{v}$	速度向量
V	体积
w	扰动量（白噪声）
W	能量
W_C	电容储能
W_m	电机磁场储能
W_{FW}	飞轮储能
x	位移、时域变量，状态变量
X	电抗，频域变量，坐标轴
X_g	发电机同步电抗
X_d	发电机直轴同步电抗
X_q	发电机交轴同步电抗
X_r, X_r'	转子绕组旋转漏电抗及折算
y, Y	系统输出变量，年数，横移位移
z	垂直位移
Z	电阻抗，垂直方向坐标轴
Z_s	定子侧总齿槽数
α	可控整流器的控制角，船舶纵倾角；系数
β	可控整流器的逆变角，机械特性的斜率；系数
γ	相角裕度；PWM 电压系数
δ	功率角；静差率；调节率
δ_g	发电机功率角
δ_f	频率调节率
Δ	偏移量、差值、损耗值
Δf_{dr}	频率下降率
Δn	转速降落
Δp	功率损耗
ΔU	电压差，电压调整率
$\Delta \theta_m$	相角差
ξ	阻尼比
η	效率
η_{cv}	变流器效率
η_{de}	柴油发电机效率
η_{ED}	电力推进系统效率
η_g	发电机效率
η_M	电动机效率
η_{MD}	机械推进系统效率
η_{ME}	主机效率
η_{SB}	配电系统效率
η_{tm}	变压器效率

θ	电角位移；相位角；可控整流器的导通角		$\varphi(x)$	边界约束函数
θ_g	发电机输出电压与电流的相位角		φ	磁场相位角；阻抗角
θ_m	机械角位移		φ_r	转子磁动势与合成磁动势之间的夹角
λ	电机允许过载倍数；权重系数；加权系数		φ_s	定子磁动势与合成磁动势之间的夹角
μ	磁导率		Ψ, ψ	磁链
ρ	密度，电导率，电阻率		Ψ_m	交互磁链
σ	漏磁系数；转差功率损耗系数；电池寿命的衰减因子		Ψ_r	转子磁链
			Ψ_s	定子磁链
$\sigma\%$	超调量		Γ	环流、电池在额定运行条件下，达到报废条件时流经电池的安时总量
τ	时间常数，积分时间常数，微分时间常数			
$\phi(x)$	终端指标函数		ω	角转速，角频率
Φ	磁通		ω_e	电角频率
Φ_f	励磁磁通			
Φ_{gp}	发电机的每极磁通		ω_g	发电机同步转速、角频率
Φ_m	每极气隙磁通量的幅值		ω_m	机械角转速
Φ_N	额定磁通		ω_n	二阶系统的自然振荡频率
Φ_r	转子磁通		ω_r	转子角转速，角频率
Φ_{rs}	电动机定子与转子的合成磁通		ω_s	定子角转速（频率）；同步角转速（频率）
Φ_s	定子磁通			

第1章
船舶电力系统结构与基本要求

本章主要分析船舶电力系统的基本结构和组成形式，介绍有关技术要求与标准，并讨论构建船舶综合电力系统（Integrated Power System，IPS）与冗余度等问题，为后续各章的深入研究论述奠定基础。

船舶作为水上的交通运输及海上作业工具均需要电源。最初的船舶电力系统主要用于船舶的辅助用电及照明，20世纪40年代，海洋万吨级船舶平均电站容量约60kW，以后逐渐扩展到对电动机等动力负荷供电，但电力系统还是称为辅机系统。此后，在电力推进船舶及海洋工程作业项目上，采用大功率主推进电动机作为船舶推进动力，电力系统已逐步发展成为船舶主要动力系统，系统的容量从kW级发展到MW级[1.1]。目前，大型远洋船舶电力系统容量在2000kW以上，大型集装箱远洋船舶电力系统容量在10MW以上，邮轮及海洋工程作业船的电力系统容量在20MW左右，甚至达到100MW。特别是，未来全电船的发展趋势将使船舶电力系统的结构、设备和控制发生巨大的变化。

现代船舶电力系统的功能和作用类似陆上电力系统，由发电机组、输配电网、配电装置和用电设备等组成。但是因为船舶海上航行的特殊要求，离岸后的船舶电力系统就是海上移动的孤岛运行电力系统[1.1]，故又具有孤立电力系统的特点，可靠性要求更高，而且发电装置与用电设备的距离较近，船舶空间狭小、工作条件严苛、海洋环境恶劣，故对于船舶电力系统的结构与运行工况的安全可靠性要求更高。

随着船舶日趋大型化、船舶电力系统的容量日益增大，电力系统控制日趋复杂，船舶电力系统自动化程度不断提高，经历了单发电机组控制、机舱局部自动化和全船自动化阶段，由单台微机对船舶电力系统的控制发展到多微机网络自动化控制系统[1.2]，并朝着信息化、智能化方向发展。

1.1 船舶电力系统的基本结构与组成

船舶电力系统基本结构如图1.1所示，由3~4台主发电机和1台应急发电机组成。船舶航行时，根据用电负荷需要，由1~2台主发电机提供电力，其余备用；应急发电机在主电源失电时起动，为必须一直处于工作状态的一级负荷提供电源；在港口抛锚时，主发电机可以停止运转，可使用岸电插座接入外部电源或者起动停泊发电机。主配电屏将电力分配到各用电设备，根据负载等级采取不同供电方式。

船舶电力系统包括4个组成部分：

1）发电单元——电源。它是将机械能、化学能、核能等转换成电能的装置。目前，一般船舶上常用的电源装置有柴油发电机（Diesel Generator，DG）组、汽轮发电机组和蓄电池。特大型船舶或舰船上可采用核电装置。

2）配电装置。其主要功能是对电源装置监测、控制、保护、电能分配、转换控制等。船舶配电装置可以分为主配电屏、应急配电屏、动力配电屏、照明配电屏和蓄电池充放电屏等。根据不同的船舶需要还配置一些特殊的配电屏。

3）输电单元——电网。它是全船输电电缆及其结构组成的总称。其作用

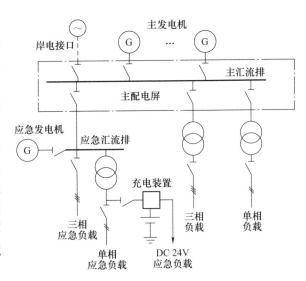

图 1.1　船舶电力系统基本结构图

是将电能传送给全船所有的用电设备。船舶电网通常由动力电网、照明电网、应急电网、低压电网与弱电电网等构成。

4）用电单元——电气负载。船舶电气负载可分成几种类型。对于常规推进海洋运输类船舶，电力负荷主要是电动机驱动各种船舶甲板/机舱的机械设备或风机、各种泵类负载，驾驶、通信、自动控制等电子设备，照明、制冷、空调等生活电气设备。对于电力推进船舶，除上述负荷之外，主要供电对象是作为船舶推进的大功率推进电动机及其系统的电力负荷，电力推进负荷的容量将占电力系统总容量的绝大部分[1.3]。

1.2　船舶电力系统的电压等级与分类

早期的船舶电力系统是直流电系统，其后发展到交流电系统。例如，我国在 20 世纪 50 年代以前，船舶电力系统绝大多数为直流电制，主要用于船舶照明；20 世纪 60 年代初，国内制造的远洋船舶上采用混合电制，发电机采用交流电，经变流机组变为直流电后给甲板机械等直流传动装置供电；20 世纪 70 年代以来，我国自行设计制造的沿海及远洋船舶上普遍采用了交流电制，实现了船舶电力系统的交流化。

1.2.1　船舶电力系统的电压等级

船舶电力系统的电压等级根据使用电能的大小，可以采用一种或多种标准电压。由于配电系统中存在电压降，在发电机和负载之间的变压器（Transformer）和电缆上电压是有差异的，因而电压标准用发电和用电两种来表示。其主要电气参数，如电压和频率均依据标准 IEEE Std-45-2002 的规定[1.4]：前面数字是发电机电压，紧跟在其后的括号里的数字是用电设备电压。

（1）标准电压

1）按标准 IEEE Std-45-2002，交流电压分为低压、中压和高压 3 个等级：

①低压：120V（115V）、208V（200V）、230V（220V）、240V（230V）、380V（350V）、450V（440V）、480V（460V）、600V（575V）、690V（600V）。

②中压：2.4kV（2.3kV）、3.3kV（3.15kV）、4.16kV（4.0kV）、6.6kV（6.0kV）、11kV。

③直流电目前只有两个电压标准：120V（115V）和240V（230V）。

2）按中国的标准 GB/T 7358—1998《船舶电气设备 系统设计 总则》电压及频率如下：

①低压：单相230V（220V），三相400V（380V）。

②中压：3.6kV/7.2kV（相/线）、6.0kV/10kV（相/线）、8.7kV/15kV（相/线）。

3）采用国际电工委员会（International Electrotechnical Commission，IEC）标准 IEC 60204-1：2005/A1：2008 有[1.3]：

①如果船舶发电机的总装机容量超过30MW，推荐选择11kV的中压电力系统。

②如果船舶发电机的总装机容量在12~30MW之间，推荐选择6.6kV的中压电力系统。

③如果船舶发电机的总装机容量低于12MW，推荐选择690V的低压电力系统。

④对于低压配电系统，一般采用400V/230V的电压等级。

(2) 标准频率

1）美国按标准 IEEE Std-45-2002 为 60 Hz。

2）中国按标准 GB/T 7358—1998 为 50Hz。

3）欧洲按IEC标准 IEC 60204-1：2005/A1-2008 为 50 Hz，其他大多数国家是50Hz或者60Hz。

另外，必须注意[1.3]：

1）对于主要负荷是变速驱动系统而无短路电流的情况，如果发电机的装机容量足够大，应仔细计算负荷和故障电流，来选择电源系统合适的电压等级。

2）在船上功率大于300kW的驱动系统也常用低压电动机，这就必须考虑负载电流和起动特性，包括增设起动装置，并分析比较所有的成本。

3）在进行系统设计时必须考虑系统电压等级与所选设备性能参数的一致性。

随着船舶电力系统容量的持续增大，目前10kV及以上的电压等级开始在大型船舶上使用。各国船级社对于10kV的船舶电压等级有不同定义，本书采用与陆地电压等级规定相同的分级定义，即将10~15kV电压定义为中压系统。

1.2.2 船舶电力系统的主要分类

船舶需要大的机械功率用于推进动力和小的电功率用于服务性电气设备，从机械推进和电力系统的角度分析，船舶可分为：

1）内燃机推进船舶（常规）：原动机通过机械齿轮和贯穿船体中心的长距离传动轴直接驱动螺旋桨，船舶发电机为服务性电力负荷供电。大多数的运输船舶属于这一类，目前常用低速柴油机驱动螺旋桨作为船舶推进动力。

2）电力推进船舶：早期的电力推进船采用专用发电机直接为大功率推进电动机供电，通过调节发电机电压使驱动电动机变速运行，称为G-M系统；而船舶其他电力设备由另外的发电机供电。而随着变频驱动技术的广泛应用，当今电力推进船舶大都采用发电机组统一供电，通过输配电装置分配给推进系统变频调速电动机或船舶其他电力设备用电[1.5]，旅游客船等属于这一类船舶。

3) 综合电力系统船舶[1.6]：由主发电机组向船舶推进系统和其他负载提供所需要的总电能，通过主输电线直接给推进系统和大型用电设备供电；并经降压变压器向其他电力负荷提供电能。这种综合电力系统越来越普遍地应用于大型船舶和海洋工程平台，以满足大型用电设备的需要。

4) 全电船：当今在许多船上，一些辅助设备采用蒸汽驱动（如取暖器、洗衣机、厨房设备等）、液压驱动（如转向系统、潜水艇的下潜系统等）或压缩空气驱动（如阀门、制动器、海底潜水系统、船舶涡轮发电机起动等）。为了节能减排，采用电气设备取代这些非电气设备，使之变成全电船是未来绿色低碳船舶发展的主要趋势。

1.3 船舶电网的主要形式与架构

船舶电力系统经过多年发展，由小到大形成了多种电网形式，本节主要介绍船舶电网的主要形式与架构。

目前，几乎全部船舶电力系统都是三相三线或三相四线接地或不接地的交流系统。工业标准建议（但不要求）：船舶不接地配电系统中发电机输出端不需要接地，以保护设备的可靠性，而配电系统中 120V 的电力负载需要接地，以保护人员安全。根据船舶不同用途以及可靠性要求，设计有相应的电力系统架构。目前，主要的船舶电网架构有树形架构、双母线架构、环形架构等。

1.3.1 树形架构

船舶电网树形架构由主汇流排连接各发电机组以及应急与后备电源，通过主配电板（Main Switch Board, MSB）的低压断路器（Air Circuit Breaker, ACB）分路输送到各分配电板（Distribution Board, DB），再由微型断路器（Micro Circuit Breaker, MCB）逐级馈送到各用电设备，形成树形放射状结构，如图 1.2 所示。采用树形架构可以根据用电需求，按照用电设备与负载区域划分设置配电装置，逐级馈送，层次分明。

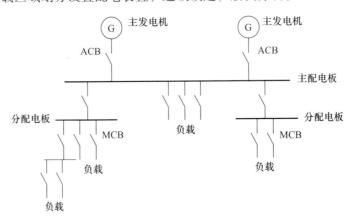

图 1.2 船舶电网树形架构

船舶电网树形架构以主发电机馈电的主汇流排作为主干，配电网络像树枝式地分布，又称为馈线式放射式供电方式，它有以下特点：

1）电缆的总长度比较小。
2）便于增加新的负载。
3）继电保护装置与开关电器数量比较少，整定、检修和维护容易。
4）与环路方式相比投资少。
5）主要供电开关均在一个控制场所，便于集中控制。

因此，这种方式在船舶上应用最为普遍。目前，大部分常规机械推进船舶的低压电力系统都采用树形架构。这类船舶采用内燃机为主动力，常用低速柴油机直接驱动螺旋桨，船上用电设备的电力负荷不大，配备低压电力系统即可，故采用简单的树形结构，例如远洋运输货轮、各种中小型船舶等。

1.3.2 双母线架构

树形架构简单，适用于常规机械推进船舶。但对于电力推进船舶，因其主推进动力来源于电动机驱动螺旋桨，往往需要配置多台推进电动机，而且电力系统的可靠性至关重要。为了适应分布式动力需要和增强船舶电力系统的可靠性，可采用双母线架构。基本的双母线架构如图1.3所示，一般采用主发电机组、主要用电负荷等分别由两路母线连接，配置在船舶左右两舷。这类船舶分别通过两条母线馈电给各自的用电负荷，适用于采用双电动机驱动的船舶，也可用于双内燃机驱动船舶如渡轮、拖轮、客滚船等，便于船舶操控。此外，如果采用连接开关将两条母线交错并联，构成R2冗余结构，在发生故障时将正常母线上的电力提供给故障侧的用电设备，可提高了系统可靠性。

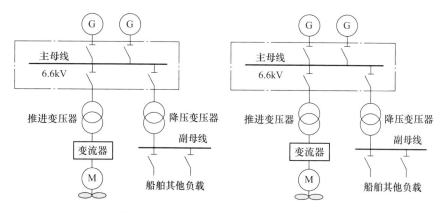

图1.3 船舶电网双母线架构的基本结构

上述双母线架构适用于各类高可靠性船舶电力系统需求，如电力推进船舶，特别是采用双路或多路电力推进装置的船舶。

1.3.3 环形架构

对于需要更高可靠性要求的船舶电力系统，可采用环形架构。如图1.4所示，发电机主汇流排与各分配电板汇流排通过母联开关（ACB_B）串联成环状，负载分别由各段汇流排上引出。

环形架构主要用在舰船、海洋工程作业船及邮轮的输配电网中，其特点是：

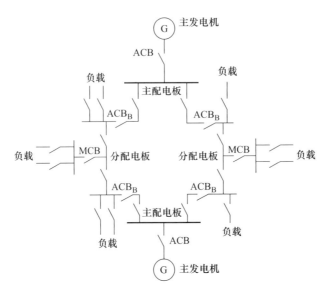

图 1.4 船舶电网环形架构

1) 比树形架构配电可靠性高。
2) 电压损耗和功率损耗比较小。
3) 检修维护复杂,造价较高。

1.4 船舶电力系统故障冗余要求

为了保障船舶航行安全,对于船舶电力系统和各辅助设备都配置了硬件冗余,如多台发电机组与应急发电机,主要用电设备也采用双电动机互为备份。随着船舶电力推进系统在大型船舶与海洋工程平台的应用,保证电力推进船舶的可靠性至关重要,需要增加船舶电力系统的故障冗余。

1.4.1 船舶推进系统冗余度定义

传统海洋运输船舶采用主柴油机驱动螺旋桨的机械推进系统,为了增加船舶推进系统的故障冗余,世界各主要船级社给出了故障冗余的定义与分级。

美国船级社(American Bureau of Shipping,ABS)根据船舶故障类型将故障冗余分为 R1、R1-S、R2 和 R2-S 4 级[1.7]。具体划分为:

1) R1 级定义为多个发动机驱动单一推进器和转向器的船舶,R1 与 R1-S 故障冗余配置示意图如图 1.5 所示。图中,两台主机 PM-1 和 PM-2 通过减速齿轮箱(Reduction Gear,RG)和传动轴驱动轴带发电机(Shaft Generator,SG),并输出驱动螺旋桨推进器。

2) R1-S 级定义为多个发动机驱动单一的推进器和转向器船舶,但多个发动机分别安装在不同的舱室中,采用 A-0 级和 A-60 级耐火分隔,以避免因某个舱室发生火灾或进水影响其他舱室的发动机运行。

3) R2 级定义为多个发动机分别驱动多个推进器和转向器的船舶,R2 与 R2-S 故障冗余配置示意图如图 1.6 所示,图中采用两台 PM-1 和 PM-2 双轴分别驱动。

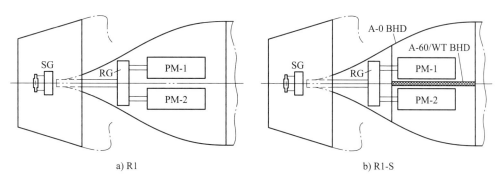

图 1.5　船舶推进系统 R1 与 R1-S 故障冗余配置示意图[1.7]

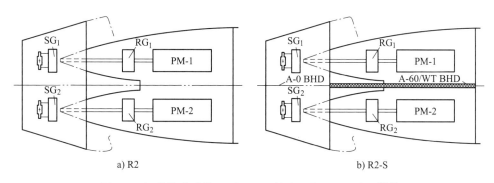

图 1.6　船舶推进系统 R2 与 R2-S 故障冗余配置示意图[1.7]

4）R2-S 级定义为多个发动机分别驱动多个推进器和转向器的船舶，每个驱动系统分别安装在不同的舱室中，增加了 A-60 级耐火分隔，使舱室彼此之间不会因火灾或进水受到影响。

同样，挪威船级社（Det Norske Veritas，DNV）在船舶分类规则中给出了船舶冗余推进（Redundancy Propulsion，RP）的附加规定[1.8]：在单一故障时，设置 RP 以确保船舶推进与转向系统保持运行或一定程度的故障恢复，其后缀"x"表示保持电力的能力，"+"表示不被故障中断运行所需保持的电力。具体划分为：

1）RP(1, x) 表示船舶螺旋桨通过具有冗余原动机的主推进器或辅推进器共同推进，即与 R1 相同，由多个发动机共同推进单一的螺旋桨（见图 1.5a）。

2）RP(2, x) 表示船舶设置了具有两个并联的推进系统，其系统结构与 R2 相同，如图 1.6a 所示。

3）RP(3, x) 表示船舶具有两个并联的推进系统，且被分别放置在 A-60 隔舱中，其系统结构与 R2-S 相同。但在 DNV 的 RP 分级中，对于船舶电力系统也做出了规定，例如 RP(3, x) 的系统结构如图 1.7 所示，辅助系统应具有冗余，以便在单一故障后满足系统主要要求。

1.4.2　船舶电力推进系统的故障冗余

根据前述船舶推进系统的故障冗余定义，对于电力推进船舶也有相应的规定，将船舶电

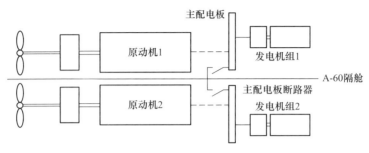

图 1.7 船舶 RP(3, x) 的系统结构[1.8]

力与推进系统的故障冗余划分为:单母线系统、多母线系统、多母线 R1 冗余系统、多母线 R2 冗余系统[1.9],如图 1.8 所示。

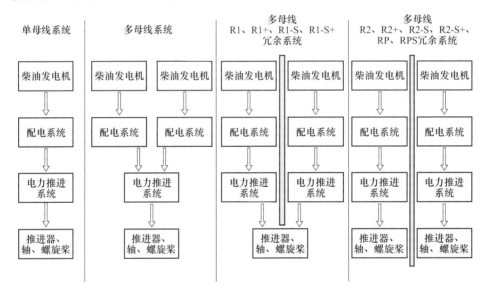

图 1.8 船舶电力系统故障冗余划分[1.9]

(1) 单母线系统 单母线系统采用发电机组通过单一母线输配电到电力推进系统的电网结构,该系统结构简单、成本低,但可靠性低,仅适用于一般的船舶应用。前述的树形架构就属于这种系统,常用于中小型低压船舶电力系统。

(2) 多母线系统 多母线系统采用发电机组通过多母线输配电到电力推进系统的电网结构。比如:双母线输配电同时给电力推进系统供电。该系统结构较复杂、成本高,但增强了可靠性。前述的环形架构就属于这种系统,常用于大型高压船舶电力系统。

(3) 多母线 R1 冗余系统 在上述多母线系统中,为了进一步增强可靠性,需要设置冗余。ABS 分类中,用 R 表示冗余度,数字 1 和 2 表示交替平行的供电电荷,S 表示物理分离,"+"表示额外的可靠性特征。因此,多母线 R1 冗余系统定义为:由至少两个电源与输配电系统平行向一个电力推进系统供电,其中:R1+表示系统配置了可靠性装置;R1-S 表示在两个供电系统设置了物理隔离;R1-S+表示系统配置物理隔离,加上可靠性装置。这类系统在原多母线系统的基础上增加了冗余度,当其中某一电源或母线发生故障或损毁时,仍然能保持电力推进系统的供电，适用于豪华邮轮、危险品运输船和油轮等。

（4）多母线 R2 冗余系统　按照 ABS 对多母线 R2 冗余系统的定义：由两个电源与输配电系统分别独立向各自的电力推进系统供电，R2 与 R1 冗余的差别是电力推进系统也是多个的，进一步增强了系统的可靠性。这类系统在原多母线 R1 冗余系统的基础上增加了电力推进系统的冗余度，当其中一路发生故障时，仍然能保持另外的电力推进系统运行，以确保船舶的安全。

1.4.3　船舶动力定位系统的故障冗余

在具备动力定位（Dynamic Positioning，DP）能力的海船上，电力系统要有一定的冗余，为此各船级社对于船舶的冗余都有规定，要求船舶电力系统应具有冗余结构，并进行物理分隔，以实现分区供电。按各个船级社的定义，船舶电力系统的冗余度一般分为 4 级，见表 1.1[1.10]，其中：国际海事组织（International Maritime Organization，IMO）将冗余分为 0 级、1 级、2 级和 3 级共 4 个等级；ABS 将冗余分为 DPS-0、DPS-1、DPS-2、DPS-3 共 4 个等级；DNV 将冗余分为 AUTS 级、AUT 级、AUTR 级和 AUTRO 级共 4 个等级，或者与 ABS 分级采用相同的标注；英国劳氏船级社（Lloyd's Register of Shipping，LRS）的 4 个冗余等级分为 CM 级、AM 级、AA 级和 AAA 级。

表 1.1　各船级社对于船舶的冗余的等级划分

船级社	等级			
IMO	0	1	2	3
ABS	DPS-0	DPS-1	DPS-2	DPS-3
DNV	AUTS DPS-0	AUT DPS-1	AUTR DPS-2	AUTRO DPS-3
LRS	CM	AM	AA	AAA

根据表 1.1，0~1 级不需要冗余，具体定义如下：

1) DPS-0 是指具有手动控制的 DP 系统。
2) DPS-1 是指具有手动和自动控制的 DP 系统。
3) DPS-2、DPS-3 是指在单一故障时，船舶具有手动和自动控制的 DP 冗余系统，在无须人工干预的情况下，有效提供电力、推进与控制，以保持定位。

另外还有冗余加强符号：DPS-1+、DPS-2+和 DPS-3+，表示船舶不仅依靠螺旋桨和舵机保持横向推力和偏航力矩，而且配置了推进器来提供横向推力和偏航力矩，以保持船舶定位。上述规定适用于船舶 DP 系统与海洋工程平台等[1.11]。

例如，ABS 规定的海洋工程平台 DP3 的冗余要求如图 1.9 所示，应设置有 4 组发电机组独立分区供电，采用水密舱物理隔离，在 4 个主配电板之间有开关连接，以便在 DP 工况下分区工作和故障时互为备份。

1.4.4　具有冗余度的船舶电力系统结构

现以 R2 故障冗余的规定为例，深入分析如何设计船舶电力系统冗余。

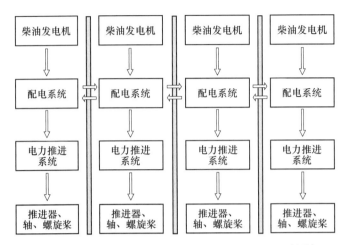

图 1.9　ABS 规定的海洋工程平台 DP3 的冗余要求[1.11]

（1）ABS-R2 冗余的电力系统　系统结构如图 1.10 所示，配置了 4 台发电机，在双母线架构的基础上设置了连接开关，使 2 组母线互为备份；正常运行时，2 套推进装置同时工作；故障时，由 1 套推进装置工作，实现了故障冗余。

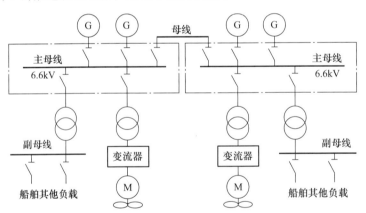

图 1.10　ABS-R2 船舶电力推动系统结构

（2）ABS-R2S 船舶电力系统结构　对于安全性和冗余度有高要求的船舶，其电力系统必须和水密舱在物理上是分离的，如图 1.11 所示的 ABS-R2S 船舶电力系统结构，增加了水密舱隔离。

（3）ABS-R2S+船舶电力系统结构　如果对船舶冗余度有更高要求，还需要采用更多的冗余措施，进一步增强系统的高可靠性，如采用多绕组电动机、多相变频器等。

图 1.12 给出了一种 ABS-R2S+船舶电力系统方案，在 ABS-R2S 系统基础上，采用双定子绕组的推进电动机，其中电动机中的两个回路表示冗余的定子绕组。这样，既可向每个推进电动机提供足够的功率，也可在一个绕组故障时，保持电动机继续运行。进一步增强系统的故障冗余和高度可靠性。

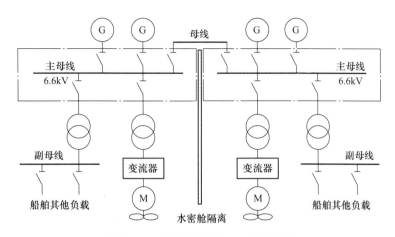

图 1.11　ABS-R2S 船舶电力系统结构

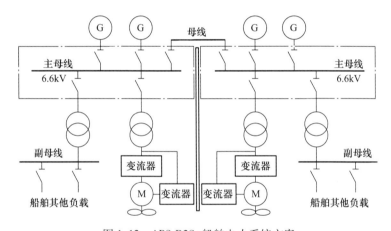

图 1.12　ABS-R2S+船舶电力系统方案

1.5　船舶综合电力系统

近年来,随着电力推进船舶的大量应用,船舶电力系统的用电量需求大增,既需要配备大容量的发电机组,还需要采用中高压输配电系统,以满足大功率的驱动电动机的要求。另一方面,为了节能减排,减少船舶设备的复杂性和提高系统可靠性,大力发展船舶电气化、自动化和信息化是当前的新趋势。由此产生了全电船概念,即船上的所有设备都采用电气装备或电机驱动,使得船舶电力系统的发展方向是综合电力系统(IPS)[1.6]。IPS 技术开始于 20 世纪 90 年代中期,将船舶电力系统的领域拓展到了船舶动力系统等各个方面,用电机驱动替代过去的气动或液压驱动,使船舶的装备都实现电气化。

1.5.1　船舶 IPS 结构与组成

由于大功率电力推进船舶需要的发电机容量很大,且大部分电力被推进电动机所用。船舶中压 IPS 的基本结构如图 1.13 所示,由主母线连接主发电机与推进电动机,采用中压直接供电；其他负载通过变压器降压后分配利用。

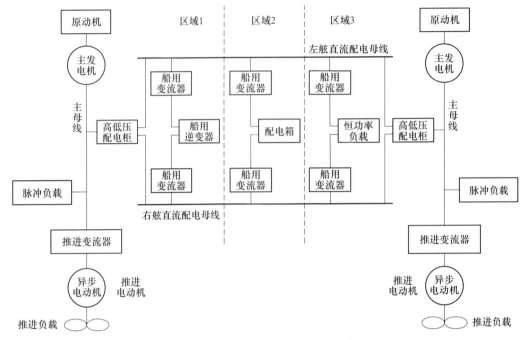

图 1.13　船舶中压 IPS 的基本结构图[1.6]

船舶 IPS 主要优点如下：

1）采用中高压电力系统，通过主母线直接为推进电动机供电，减少中间环节，精简输配电装置与减少电缆电流与损耗，降低成本。

2）分区供电，系统不易受到单个故障的影响，并且可以对发电机的原动机（柴油机或燃气轮机）的运行与负荷进行优化。

3）使用高中速柴油机，重量更轻。

4）由于减少了燃油消耗（Fuel of Consumption，FOC）和维护费用，从而降低了船舶的寿命周期成本，特别是当船舶负荷变化较大时效果更加显著。例如，对于许多动力定位船来说，其航行操作的时间和进行控位/机动操纵的时间通常各占一半。

采用 IPS 技术能简化船舶动力系统结构，降低船舶噪声能级，提高舰船的可靠性和综合作业能力；船舶 IPS 技术有利于舰船总体设计的优化，因此成为未来大型船舶与海洋工程平台发展的必由之路。

1.5.2　船舶 IPS 的冗余结构

船舶 IPS 区域配电系统往往采用中压电网，具有冗余结构，并进行物理分离，实现分区供电。具有冗余度的船舶 IPS 区域配电系统结构如图 1.14 所示，配置 4 台发电机组，主馈电线形成多通路环形结构。图中，区域配电系统将用电负载按需要分割为若干个区，每一个负载区域都有一个独立的配电控制系统，以保障系统的可靠性和安全性。

船舶电力系统区域配电系统具有以下的特点与功能：

1）用电负荷可以有多种供电方式进行组合供电，当部分发电单元受损时，可以用余下

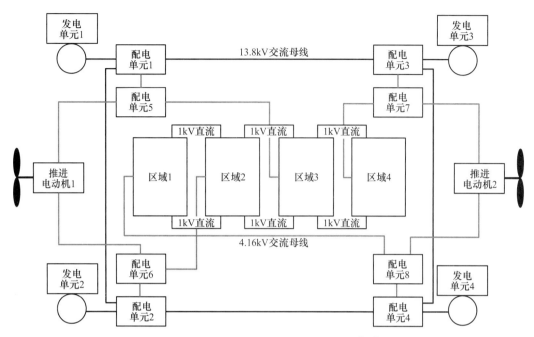

图 1.14　船舶 IPS 区域配电系统结构图[1.1]

发电单元维持供电。

2）对于推进器供电方式有冗余，提高了安全性。

3）需要有多个电站分布在船舶的不同部位来支持，投资大。

在现代船舶中，除了一些对供电可靠性要求特别高的军用舰艇、大型客船和一些电力推进船舶采用环状电网供电，大部分海洋运输类船舶采用树型电网供电；现代先进大型军舰开始采用区域配电系统。要求动力定位的船舶或海洋工程装置也常用分区配电系统，以增加系统的容错能力。目前一些船舶标准和规范允许采用隔离断路器，当故障发生时切断有故障的电路部分，而保证正常部分的运行。例如，挪威海事管理局（Norwegian Maritime Directorata，NMD）的规定中有更严格的要求，通常不接受采用3级工作的电网。

由上述分析，船舶 IPS 是发展全电船的核心技术，而全电船是未来船舶电气化的主要途径。展望未来，绿色低碳船舶的发展路线图已清晰可见。

参 考 文 献

[1.1]　PATEL M R. 船舶电力系统［M］. 汤天浩，许晓彦，谢卫，等译. 北京：机械工业出版社，2013.

[1.2]　LAUVDAL T, SORENSEN A, ADNANES A, et al. Marintronics™: optimizing of marine power and automation systems through industrial IT［J］. ABB review, 2000.

[1.3]　ABB. 船舶电气装置与柴油电力推进系统［Z］. 2003.

[1.4]　IEEE Industry Applications Society. IEEE recommended practice for electrical installations on shipboard: IEEE Std 45-2002［S］. New York: The institute of electrical and electronics engineers, 2002.

[1.5]　汤天浩，韩朝珍. 船舶电力推进系统［M］. 北京：机械工业出版社，2015.

[1.6]　DOERRY N, DAVIS J C. Integrated power system for marine applications［J］. Naval engineers journal,

1994（5）：77-90.

[1.7] ABS. Rules for building and classing: marine vessels, part 4 vessel systems and machinery [Z]. 2022.

[1.8] DNV. Rules for classification ships: part 6 additional class notations [Z]. 2021.

[1.9] ABS. Guide for dynamic positioning systems [Z]. 2021.

[1.10] DNV. Dynamic positioning vessel design philosophy guidelines [Z]. 2021.

[1.11] ÅDNANES A K, SØRENSEN A J, HACKMAN T. Essential characteristics of electrical propulsion and thruster drives in DP vessels [C]//Marine Technology Society. Dynamic Positioning Conference. Houston: [s. n.], 1997.

第 2 章
船舶发电机与主要电气设备

为了满足船舶用电需要，船舶电力系统必须具备发电、输电、配电、控制与保护等功能。因此，船舶电力系统是一个电气设备众多而控制电路又比较复杂的系统。本章介绍船舶电力系统的核心设备——船舶同步发电机（Synchronous Generator，SG），以及主要的船舶输电设备、配电设备和用电设备。

2.1 船舶同步发电机组的结构与工作原理

根据机电能量转换的基本原理，发电机由原动机拖动，将输入的机械能转换为电能输出，再通过输、配电系统为用电设备供电[2.1]。

2.1.1 船舶发电原动机

在船舶电力系统中，拖动发电机运转的原动机一般为内燃机、汽轮机和燃气轮机，相应的发电机组称为内燃发电机组、汽轮发电机组和燃气轮机发电机组。

汽轮发电机组是火力发电的主要方式，船舶特别是采用蒸汽动力装置的船舶与舰艇上常用这种发电方式。汽轮机转速均匀，调速特性好，体积小，蒸汽利用率高。由于其转速高，使用中常通过减速齿轮箱与发电机相配合。但汽轮机需要设置包括锅炉在内的蒸汽系统、冷凝器等较多附属设备，其运行及维护成本较高，快速性较差。

燃气轮机发电机组具有体积小、重量轻、功率大、起动和停车容易等一系列优点，作为舰艇主动力装置正得到较快的发展。但因为其效率较低，除了在舰艇上得到应用外，在一般商船中尚未被作为主发电机组广泛采用。

内燃发电机组采用柴油或重油作燃料，也有用汽油或双燃料的。目前，考虑到建造成本、维护使用、发电机组动态特性等因素，大部分商用船舶的电力系统都采用柴油发电机组。如图 2.1 所示，柴油发电机组主要由柴油机作为原动机和同步发电机组成。内燃发电机组按不同方式分类如下[2.2]：

1）按照发动机燃料可以分为柴油发电机组和复合燃料发电机组。

2）按照转速可以分为高、中、低速

图 2.1 船舶柴油发电机组

机组。

3）按控制和操作方式分为现场操作发电机组与自动化遥控发电机组。

4）按照发电机的输出电压频率可分为交流发电机组（中频：400Hz；工频：50Hz/60Hz）和直流发电机组。

发电用柴油机需要与发电机进行紧密配合，以适应船舶电网的安全运行要求，因此柴油机在技术上有如下特点和要求：

1）频率稳定。柴油机运转速度直接与电网频率相关，为保证频率稳定性，要求柴油原动机安装灵敏度较高的全程式调速器。

2）要求发电机组运行平稳，转速变化小。所以，发电用柴油机采用多气缸结构与较大的飞轮。

3）可靠性高，具有长期连续工作的能力。应急备用发电机组或无人值守发电机组要求安全连续运行时间在 500h 以上。一些质量高的柴油机的平均无故障时间可以达到 2500~5000h。

4）噪声低。在距柴油机和发电机机体 1m 处的噪声声压平均值：机组功率≤250kW 时，噪声≤102dB(A)；机组功率>250kW 时，噪声≤108dB(A)。低噪声机组在距机体 1m 处的噪声声压值应≤65dB(A)。

5）柴油发电机组及应急备用发电机组必须有自动起动、加减负载、停机等多种能满足船舶自动化电站的自动控制功能。

为此，一般选择中高速柴油机作为发电机组的原动机，采用四冲程、水冷方式。柴油发电机具有结构紧凑、占地面积小、热效率高、起动迅速、控制灵活以及燃料储存与输送方便等特点，具体有：

1）单机容量等级多，柴油发电机组的单机容量从几千瓦至几万千瓦，目前国产机组最大单机容量为几千千瓦。

2）配套设备结构紧凑、安装地点灵活。柴油发电机组的配套设备比较简单，辅助设备少，体积小，重量轻。

3）热效率高，燃油消耗低。柴油机的有效热效率为 30%~46%，高压蒸汽轮机为 20%~40%，燃气轮机为 20%~30%。因此，柴油机的有效热效率比较高，其燃油消耗较低。

4）起动迅速，并能很快达到全功率。柴油机的起动一般只需几秒，在应急状态下可在 1min 内达到全负荷；在正常工作状态下达到全负荷约在 30min 以内。柴油机的停机过程也很短，可以实现频繁起停。柴油发电机组适合于作为船舶常用发电机组和应急发电机组。

5）操作简单，所需操作人员少，备用期间保养容易。

6）柴油发电机组购置与发电的综合成本较低，运营经济性高。

柴油发电机存在的主要缺点是：使用不可再生的化石燃料，燃烧后产生氮氧化物（NO_x）、碳氧化物（CO_x）、碳氢化物（HC）、颗粒物（Particulate Matter，PM）等排放物，对大气产生环境污染。在运行工况变化时，由于燃烧不良，产生的污染比较严重，且运行噪声较大。目前一些柴油机采用电喷技术后，可以减少一定的有害排放；采用天然气、氨燃料、甲醇等双燃料发动机也是解决排放的新方法；未来氢能和新能源发电技术的应用是实现"零排放"的主要路径，这些新方案将在第 10 章和第 12 章论述。

2.1.2 同步发电机的组成与基本结构

船舶发电机主要采用同步发电机,其基本结构如图2.2所示,由定子、转子、冷却与机械传动机构等组成。

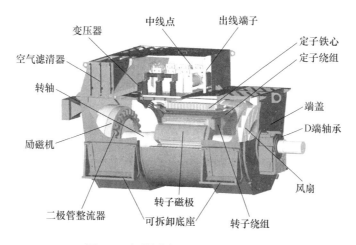

图 2.2 船舶同步发电机的基本结构

(1) 定子结构 同步发电机的定子是由定子铁心、定子绕组以及机座、端盖等附件组成,其中三相交流绕组对称地嵌于定子铁心之中,如图2.3所示,且定、转子铁心之间存在满足电气和机械设计要求的气隙。

(2) 转子结构 电励磁同步发电机的转子有凸极式和隐极式两种形式:凸极式有明显的磁极,如图2.4a所示。其磁极是用钢板叠成或用铸钢铸成,在磁极上套有线圈,这些线圈串联起来,就构成了励磁绕组。在励磁绕组中通入直流电流,可使磁极产生极性,其极性应呈相邻磁极N、S交替排列。隐极式无明显的磁极,转子为一个圆柱体,表面开槽,励磁绕组内嵌其中,并用金属槽楔固紧,使电机具有均匀的气隙,如图2.4b所示。

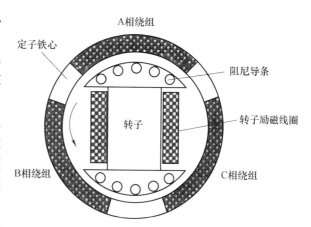

图 2.3 三相凸极同步发电机截面图[2.3]

对于船舶同步发电机,由于大多采用中速柴油机驱动,转速通常在1000r/min左右,一般采用凸极式结构。

(3) 阻尼绕组 对于凸极式同步发电机,为了改善动态性能,在转子磁极的极靴上可装设阻尼绕组(见图2.3)。该阻尼绕组与笼型异步电动机(Asynchronous Motor,AM)的转子绕组结构相似,整个阻尼绕组由插入极靴孔或槽内的铜条(导条)和端接铜环(端环)焊接组成,是一种自行短路的绕组。设置阻尼绕组是为了防止发电机在负载突然变化或不对称运行时对定子绕组的冲击,这是因为发电机在负载变化或不对称时,其绕组内的电压、电

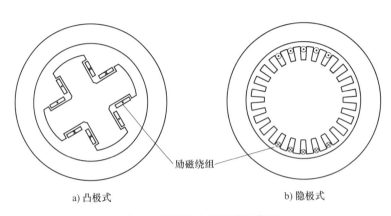

图 2.4 同步发电机结构示意图

流会有一个振荡的过程。阻尼导条可以对该振荡过程增加阻力,形成衰减的阻尼振荡,从而产生一定的缓冲作用,提高电网系统的稳定性。

2.1.3 同步发电机的工作原理与输出电压

同步发电机的工作原理是[2.1]:当同步发电机的转子在原动机的拖动下达到同步转速 n_g 时,转子绕组由直流电流励磁产生一个与转子旋转方向相同、转速大小相等的旋转磁场,该磁场切割定子上开路的三相对称绕组,产生三相对称空载感应电动势(Electromotive Force, EMF)E_f,改变励磁电流的大小则可改变空载电动势的大小。同步发电机输出的三相电压幅值相等而相位互差 120°电角度,其频率取决于原动机的转速。

(1) 输出频率 假设原动机转速为 n_m (单位为 r/min),同步发电机的转子有 N_p 对磁极,每秒将产生 $N_p n_m/60$ 个电周期,所以发电机的频率 f_g (单位为 Hz) 为

$$f_g = \frac{N_p n_m}{60} \tag{2-1}$$

因此,原动机必须以恒定速度驱动发电机,以产生频率恒定的输出电压。发电机的机械角度 θ_m 与发电机的电角度 θ_g (单位均为 rad) 的关系为

$$\theta_m = N_p \theta_g \tag{2-2}$$

同理,机械角速度 ω_m 与发电机的电角频率 ω_g (单位均为 rad/s) 也相差 N_p,即 $\omega_m = N_p \omega_g$,其中 $\omega_g = 2\pi f_g$。

(2) 输出电压 根据凸极同步发电机的双反应理论[2.1],将定子电流 $\dot{I}_g$ 分解为直轴(d轴)分量 $\dot{I}_d$ 和交轴(q轴)分量 $\dot{I}_q$,可以写出凸极同步发电机的定子电压平衡方程为

$$\dot{U}_g = \dot{E}_f - R_g \dot{I}_g - jX_d \dot{I}_d - jX_q \dot{I}_q \tag{2-3}$$

式中,R_g 为发电机定子绕组电阻;X_d 为直轴同步电抗;X_q 为交轴同步电抗;$\dot{E}_f$ 为转子励磁磁通在定子绕组中的感应电动势,也称为空载电动势,且有

$$E_f = K_f \omega_g I_f \tag{2-4}$$

式中,I_f 为励磁电流;K_f 为发电机励磁系数。

(3) 相量图 由式(2-3)可画出如图 2.5a 所示的凸极同步发电机的相量图。图 2.5b

所示为隐极同步发电机的相量图，其中 φ 是定子电压 $\dot{U}_\mathrm{g}$ 与定子电流 $\dot{I}_\mathrm{g}$ 之间的夹角，称为定子功率因数角；ψ 是空载电动势 $\dot{E}_\mathrm{f}$ 与定子电流 $\dot{I}_\mathrm{g}$ 之间的夹角，记 $\delta_\mathrm{g} = \psi - \varphi$，$\delta_\mathrm{g}$ 称为同步发电机的功率角；X_g 称为同步电抗（即 $X_\mathrm{d} = X_\mathrm{q} = X_\mathrm{g}$）。

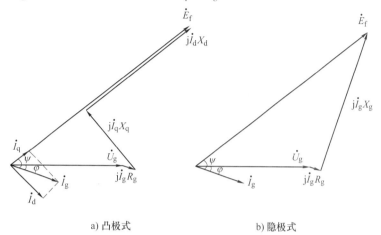

a) 凸极式   b) 隐极式

图 2.5 同步发电机的相量图

2.1.4 同步发电机的运行特性与主要参数

（1）功角特性与矩角特性 凸极同步发电机的电磁功率为[2.1]

$$P_\mathrm{em} = \frac{3E_\mathrm{f}U_\mathrm{g}}{X_\mathrm{d}}\sin\delta_\mathrm{g} + \frac{3U_\mathrm{g}^2}{2}\left(\frac{1}{X_\mathrm{q}} - \frac{1}{X_\mathrm{d}}\right)\sin2\delta_\mathrm{g} \tag{2-5}$$

接在电网上运行的同步发电机，电源电压的大小和频率都恒定不变，如果保持发电机的励磁电流不变，则对应的感应电动势的大小也不变。此外，不考虑磁饱和时同步电抗 X_d、X_q 也是常数，这样同步发电机的电磁功率 P_em 仅是功率角 δ_g 的函数，当 δ_g 变化时，电磁功率 P_em 也随之变化。把 $P_\mathrm{em} = f(\delta_\mathrm{g})$ 的关系定义为同步发电机的功角特性，如图 2.6 所示。

在式（2-5）中，第一项与励磁电流的大小有关，称为励磁电磁功率，如图 2.6 中曲线 1 所示。第二项与励磁电流的大小无关，是由参数不同（$X_\mathrm{d} > X_\mathrm{q}$）引起的，如图 2.6 中曲线 2 所示，这部分功率只有凸极同步发电机才有，对隐极同步发电机则不存在，所以该电磁功率称为凸极电磁功率。第一项励磁电磁功率是主要的，第二项凸极电磁功率比第一项小得多，并且总的电磁功率的最大值所对应的 δ_g 小于 90°。曲线 3 是曲线 1 和曲线 2 的合成。

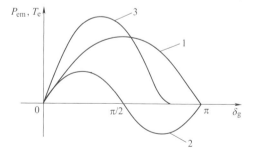

图 2.6 凸极同步发电机的功角特性和矩角特性

根据功率与转矩的基本关系，可知同步发电机的电磁转矩为

$$T_\mathrm{e} = \frac{P_\mathrm{em}}{\omega_\mathrm{g}} = \frac{3U_\mathrm{g}I_\mathrm{g}\cos\varphi}{\omega_\mathrm{g}} \tag{2-6}$$

由式（2-4）可得电磁转矩的表达式为

$$T_e = \frac{3E_f U_g}{\omega_g X_d}\sin\delta_g + \frac{3U_g^2(X_d - X_q)}{2\omega_g X_d X_q}\sin 2\delta_g \tag{2-7}$$

式（2-7）说明，在电源电压、频率、励磁电流都保持不变时，同步发电机的电磁转矩 T_e 仅是功率角 δ_g 的函数。当 δ_g 变化时，电磁转矩 T_e 也随之变化。把 $T_e=f(\delta_g)$ 的关系定义为同步发电机的矩角特性，由此绘制出的曲线称为矩角特性曲线。功角特性与矩角特性的表达式之间仅相差一个比例常数 ω_g，所以图 2.6 中的曲线也可视为矩角特性曲线。

（2）开路特性和短路特性　当同步发电机运行于 $n=n_g$，$I_g=0$ 时，称为空载运行。此时如果改变它的励磁电流 I_f，则励磁磁通 Φ_f 和空载电动势 E_f 都随之改变。开路特性就是空载时不同励磁电流 I_f 和空载电动势 E_f 之间的关系，即 $E_f=f(I_f)$ 曲线，如图 2.7 中的曲线 1 所示。图中的 A 点是发电机的额定工作点，U_N 为发电机额定端电压，I_{fN} 为额定励磁电流。

当同步发电机运行于 $n=n_g$，三相电枢绕组持续稳态短路（即 $U_g=0$）时，称为短路运行。如果改变励磁电流 I_f，三相短路电流 I_{sh} 也随之改变。短路特性就是稳态短路时不同励磁电流 I_f 和短路电流 I_{sh} 之间的关系，即 $I_{sh}=f(I_f)$ 曲线，如图 2.7 中的曲线 2 所示。

（3）外特性和电压调整率　外特性是指 $n=n_g$，I_f = 常数，$\cos\varphi$ = 常数的条件下，同步发电机做单机运行时，端电压 U_g 随负载电流 I_g 变化的关系，即 $U_g=f(I_g)$ 曲线，如图 2.8 所示。外特性的形状与同步发电机的负载性质有很大关系。图 2.8 所示为 3 种负载情况下的外特性曲线，其中曲线 1 是感性负载时的外特性，随着负载电流的增加，端电压逐步下降。曲线 3 是容性负载时的外特性，在负载容抗大于电枢感抗时，电枢反应是增磁性质。随着电枢电流的增加，电枢反应的增磁作用加强，使得发电机中的合成磁通增大，所以端电压逐步升高。曲线 2 是纯电阻负载，端电压的变化情况介于上述两者之间。

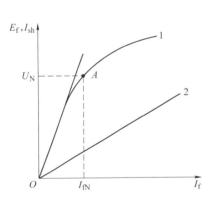

图 2.7　同步发电机的开路特性和短路特性

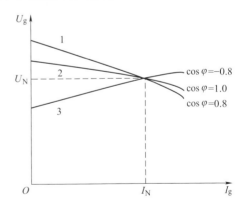

图 2.8　同步发电机的外特性

由此可见，负载性质对同步发电机的外特性有很大影响。通常情况下，发电机负载为电阻与电感特性，其空载电动势 E_f 大于满载电压 U_N，外特性呈下垂形状，故称为下垂曲线。同步发电机端电压随负载电流的变化，可通过空载与额定负载之间的电压调整率 ΔU 来衡量，其定义为

$$\Delta U = \frac{E_f - U_N}{U_N} \times 100\% \tag{2-8}$$

影响同步发电机电压调整率的因素有负载功率因数（Power Factor，PF）和同步电抗，一般同步发电机的电压调整率较大，常在20%~40%之间。

（4）船舶发电机组的主要参数及选择　同步发电机的额定值是表征同步发电机性能的重要参数，在发电机定子外壳的明显位置上钉有一块铭牌，铭牌上规定了发电机的主要技术数据和运行方式。这些数据就是同步发电机电气参数的额定值，包括额定功率、额定容量、额定电压、额定电流、功率因数、额定频率、额定转速和相数。船舶同步发电机的电压等级为230V/400V/440V/690V/6.6kV/11kV，功率因数 $\cos\varphi = 0.85 \sim 0.90$，频率为50Hz/60Hz，转速只能是（3000r/min）/（3600r/min）、（1500r/min）/（1800r/min）、（1000r/min）/（1200r/min）和（750r/min）/（900r/min）等与发电机极对数相对应的值，通常选择的额定转速为（1500r/min）/（1800r/min）或（750r/min）/（900r/min）。

柴油发电机组的功率可以从几千瓦到上万千瓦用作船舶电站电源，电力推进船舶发电机组功率需根据船舶推进功率进行配置，可达数万千瓦。发电用柴油机在稳定工况下运行，负荷率较高；应急或备用电源需标定一定的持续输出功率时间。机组配套功率应扣除发电机的传动损失和励磁功率，需要有一定功率储备。

2.2　船舶同步发电机的励磁系统与并联运行

2.2.1　同步发电机的励磁系统

电励磁同步发电机的主磁场是由转子励磁绕组通入直流电而产生的，即转子励磁绕组需要配置直流电源。主磁场由直流励磁电流 I_f 控制，通过控制电流 I_f 能使同步发电机工作在任何期望的功率因数下，如超前、滞后或等于1，这也是电励磁同步发电机独特的优势。发电机励磁方式分为有刷励磁和无刷励磁两种[2.4]。

（1）有刷励磁方式　传统同步发电机的励磁方式如图2.9所示，采用晶闸管相控整流器，通过集电环和电刷给转子励磁绕组供电。有刷励磁方式的缺点在于集电环和电刷之间存在机械磨损，需要定期维护。

（2）无刷励磁方式　同步发电机的无刷励磁根据励磁发电机的类型分为直流无刷励磁（励磁机直流供电，见图2.10）和交流无刷励磁（励磁机交流供电，见图2.11）。交流无刷励磁的优点是在静止状态下就能给主发电机提供励磁电流。

交流无刷励磁系统主要由旋转变压器、交流相位控制器和二极管整流器组成，是目前大型同步发电机的主要励磁方式。如图2.11所示，三相旋转变压器的转子二次绕组安装在同步发电机转轴上，这里的旋转变压器实际上就是一台绕线转子异步电机。一定频率的交流电源电压 u_s 通过晶闸管交流相位控制器得到大小可变的交流电压

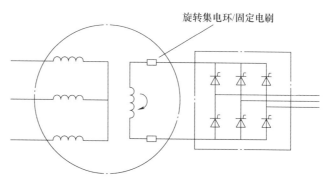

图2.9　采用晶闸管相控整流电路的有刷励磁方式[2.4]

$u_s(\alpha)$，它受晶闸管触发延迟角 α 的控制，给旋转变压器的定子主绕组供电。旋转变压器的定子磁场以对应于交流电源频率的恒定转速 ω_s 旋转，而旋转变压器转子磁场的旋转速度是由同步发电机的同步转速 ω_g 所决定的，这样定、转子旋转磁场之间就存在转差率 s，转子绕组中将产生转差电压 u_f，该转差电压由安装在转子绕组上的二极管整流器整流成直流，供给同步发电机的励磁绕组，从而产生励磁电流 I_f 和励磁磁场，在定子绕组中产生感应电动势 E_f。

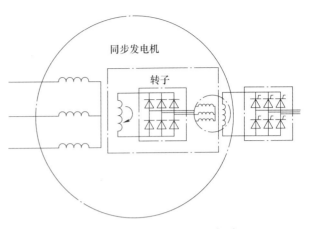

图 2.10 直流无刷励磁方式[2.4]

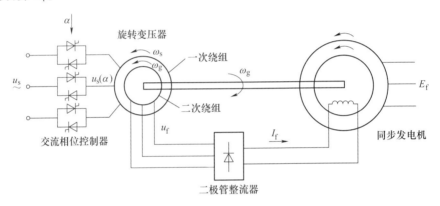

图 2.11 交流无刷励磁方式

值得注意的是，旋转变压器并没有任何集电环和电刷，励磁电流 I_f 的大小可通过触发延迟角 α 进行调节。如果同步发电机转速下降，转差率 s 将增加，则转差电压 u_f 增大，导致励磁电流 I_f 上升；但通过控制触发延迟角 α 能抑制 I_f 的上升。当然，这种无刷励磁方式增大了系统成本和复杂度，而且励磁电流的瞬态响应相对于有刷励磁而言要慢些。

2.2.2 同步发电机的并联运行

现代船舶大多采用交流电站，随着船舶吨位、电气化、自动化程度的提高，电站容量也日益增加。为了满足船舶供电的可靠性和经济性，一般的船舶电站均配置了两台以上的同步发电机组作为主电源，并且这两台以上的发电机可以通过公用母线向全船负载供电，这就是通常所说的发电机并联运行。

1. 并联运行的特点

船舶同步发电机并联运行的优点主要有以下几条：

1) 提高电站供电的可靠性。并联运行中某台发电机发生故障时，可以将它切除，而电网仍能继续供电。另外，要检修某运行中的发电机组而又不允许电站停电时，可以先将备用机组投入并联运行，然后从电网上切除要检修的机组。

2) 提供电站运行的经济性。船舶工况变化较大，其用电量变化也很大。当船舶电力负荷有较大变化时，可以调整并联运行的发电机台数，使各台发电机都能工作在效率较高的负载范围内，从而提高船舶电站整体运行的效率。

3) 可以减小总的备用容量，并可随着用电量的增加而分批投入新的发电机组。船舶在停泊和装卸货物两种不同的工况时，用电量可能相差 3 倍甚至更多，如果电站只采用一台大容量发电机，那么在小负载时，发电机将处于轻载而使效率低，并且选择备用机组容量时也必须考虑和这台大容量发电机容量相同，从而使投资费用和运行费用都会增加很多。

当然，船舶发电机并联运行的台数过多也是不经济的，因为一台大容量的发电机，其造价总是要比总容量相同的几台小容量发电机低，而且占地面积要小。所以，在选择发电机台数时需要综合考虑上述因素。

船舶同步发电机的并联运行，多为两台或多台同容量发电机并联。这里以两台发电机并联运行为例来分析同容量发电机并联运行的一些特点。

1) 负载的有功功率和无功功率分别由两台发电机的有功功率和无功功率来承担。当有大容量的用电设备投入船舶电网或切除时，会直接引起并联机组的有功功率和无功功率同时发生变化，同时也会引起电网电压和频率的变化。

2) 当电网的用电负载保持不变时，增加或减少一台发电机的输入机械功率，将引起另一台并联机组输出的有功功率的变化。此外，由于输入的机械功率的增加使转速加快，将使电网的频率有所升高。因此，只有同时向相反方向调节并联机组输入的机械功率时，才能保持电网的频率不变。

3) 单独改变一台发电机的励磁电流时，将改变该发电机输出的无功功率，从而自动改变另一台发电机输出的无功功率。同时，励磁电流的变化将使电网的电压变化。因而，只有同时调节两台发电机的励磁电流，才能保持电网电压不变。

2. 并联运行的条件分析

为实现船舶同步发电机的并联运行，每台发电机必须满足如下 4 个条件：

1) 待并机组的相序与运行机组（或电网）的相序一致。

2) 待并机组的电压与运行机组（或电网）的电压大小相等。

3) 待并机组电压的初相位与运行机组（或电网）电压的初相位相等。

4) 待并机组电压的频率与运行机组（或电网）电压的频率相等。

由于在发电机组安装时已经对发电机的相序与电网的相序进行了测定，保证了相序一致的条件，所以发电机并联时的操作（又称并车）需要检测和调整待并发电机组电压的大小、相位和频率，使之满足上述后 3 个条件的瞬间通过发电机主开关的合闸投入电网。这样就可以保证在并车合闸时没有冲击电流，且并车后能保持稳定的同步运行。

实际并车时，除相序外，其他 3 个条件不可能做到完全一致，而且必须有一定的频差才能快速投入并联运行。下面逐一分析这 3 个并车条件不满足时的情况。

1) 待并机组与运行机组初相位相等、频率相等，但电压大小不相等，即 $\delta_{01} = \delta_{02}$，$f_{g1} = f_{g2}$，但 $U_{g1} \neq U_{g2}$，并设 $U_{g2} > U_{g1}$。如图 2.12 所示，G_1 为已在电网运行的发电机，G_2 为待并发电机。图 2.12a 是并联运行接线示意图，图 2.12b 是单相等效电路，其中 X_1 和 X_2 分别表示并车瞬间两台发电机所呈现的等值电抗，不计电枢电阻，$\dot{I}_{g1}$ 和 $\dot{I}_{g2}$ 是两台发电机输出的电流。由于 $U_{g2} > U_{g1}$，在待并机主开关 ACB_2 动、静触头间存在一个电压差 $\Delta \dot{U} = \dot{U}_{g2} - \dot{U}_{g1}$，合闸瞬间两台发电机之间产生环流 $\dot{I}_c$，因环流所流经的回路阻抗主要呈感性，故 $\dot{I}_c$ 滞后于 $\Delta \dot{U}$ 约 90°，其相量图如图 2.13 所示。

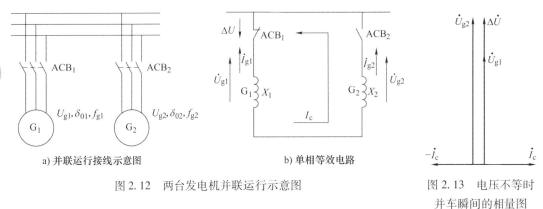

图 2.12 两台发电机并联运行示意图
a) 并联运行接线示意图
b) 单相等效电路

图 2.13 电压不等时并车瞬间的相量图

由相量图可见，环流 $\dot{I}_c$ 对待并机 G_2 而言，是与 $\dot{I}_{g2}$ 同方向且滞后 $\dot{U}_{g2}$ 90° 的感性无功电流，产生去磁效应的电枢反应，使端电压 U_{g2} 有所下降；而环流 $\dot{I}_c$ 对运行机 G_1 而言，是与 $\dot{I}_{g1}$ 反方向且超前 $\dot{U}_{g1}$ 90° 的容性无功电流，产生增磁效应的电枢反应，使端电压 U_{g1} 有所上升。最终，在环流 $\dot{I}_c$ 的作用下，两台发电机端电压的大小将趋于一致。

由此可见，当电压初相位和频率一致、电压大小不等时，两台发电机并车瞬间将在两机组间产生无功性质的环流，对两台发电机起到均压的作用。由于发电机在并车瞬间呈现很小的等值电抗，但电压差较大时，合闸冲击电流较大，对两台发电机和电力系统均不利。一般并车操作时，电压差不得超过额定电压的 10%。

2）待并机组与运行机组电压大小相等、频率相等，但初相位不同，即 $U_{g1} = U_{g2} = U_g$，$f_{g1} = f_{g2}$，但 $\delta_{01} \neq \delta_{02}$，并设 $\delta = \delta_{02} - \delta_{01} > 0$。

由图 2.14a 所示的相量图，两个电压初相位不一致，在待并机主开关 ACB_2 动、静触头间存在一个电压差 $\Delta \dot{U} = \dot{U}_{g2} - \dot{U}_{g1}$，其大小 $\Delta U = 2U_g \sin\dfrac{\delta}{2}$。由于电压差 $\Delta \dot{U}$ 的作用，在两机组间仍然会出现滞后 $\Delta \dot{U}$ 90° 的环流 $\dot{I}_c$，该环流与电压 $\dot{U}_{g1}$ 和 $\dot{U}_{g2}$ 之间的夹角不再是 90° 而是 $\dfrac{\delta}{2}$，即此时的环流不再是纯无功性质。

对待并机 G_2 而言，环流 $\dot{I}_c$ 与 $\dot{I}_{g2}$ 同方向，是一个滞后的输出电流。如图 2.14b 所示，把环流 $\dot{I}_c$ 向 $\dot{U}_{g2}$ 的有功

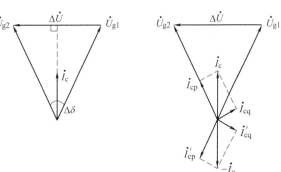

a) 相位差产生的环流
b) 环流的相量分解

图 2.14 初相位不相等并车时的相量图

和无功方向分解，得到有功分量 $\dot{I}_{cp}$ 和无功分量 $\dot{I}_{cq}$。有功分量 $\dot{I}_{cp}$ 与 $\dot{U}_{g2}$ 同方向，输出有功功率，使 G_2 转速下降，相位差 δ 减小。无功分量 $\dot{I}_{cq}$ 滞后于 $\dot{U}_{g2}$ 90°，产生去磁效应的电枢反应，使端电压 $\dot{U}_{g2}$ 下降。

对运行机 G_1 而言，环流 $\dot{I}_c$ 与 $\dot{I}_{g1}$ 反方向，即 $-\dot{I}_c$ 与 $\dot{I}_{g1}$ 同方向。仍如图 2.14b 所示，将 $-\dot{I}_c$ 向 $\dot{U}_{g1}$ 的有功和无功方向分解，得到与 $\dot{U}_{g1}$ 相位相反的有功分量 $\dot{I}_{cp}$ 和一个滞后 $\dot{U}_{g1}$ 90° 的无功分量 $\dot{I}_{cq}$。有功分量 $\dot{I}_{cp}$ 与 $\dot{U}_{g1}$ 反方向，输入有功功率，相当于电动运行状态，使 G_1 转速上升，相位差 $\Delta\delta$ 也减小。这样，在环流的作用下，待并机减速而运行机加速，最终使得并联运行的两台发电机达到相位一致而进入同步运行。环流的有功分量对应的功率称为整步功率，其中电压超前的发电机输出整步功率，而电压滞后的发电机吸收整步功率。整步功率对应的整步转矩，对于电压超前的发电机是制动性质，使其转速下降；对于电压滞后的发电机是驱动性质，使其转速上升。最终，两台发电机将被拉入同相位同步运行，这个过程也称为"牵入同步"过程。

另外，$-\dot{I}_c$ 的无功分量 $\dot{I}_{cq}$ 滞后 $\dot{U}_{g1}$ 90°，也是产生去磁效应的电枢反应，使 G_1 的端电压下降。可见，两个无功分量都是去磁性质的，两台发电机的端电压都有所下降。由于这两个无功电流大小相等，去磁作用效果相同，不会造成两台发电机端电压不相等。

综上所述，待并机组与运行机组电压初相位不同时，合闸瞬间将出现环流 $\dot{I}_c$，这个环流将产生整步功率，在相位差 $\Delta\delta$ 较小时，由整步转矩可以将两台发电机牵入同步运行。为了减小冲击电流，一般并车操作时要求相位差 $\Delta\delta < 15°$。而当 $\Delta\delta = 180°$ 时，整步功率为零，两台发电机无法进入同步运行。

3）待并机组与运行机组电压大小相等、初相位相同，但频率不相等，即 $U_{g1} = U_{g2}$，$\delta_{01} = \delta_{02}$，但 $f_{g1} \neq f_{g2}$，并设 $f_{g2} > f_{g1}$。

由于电压大小相等、初始相位相同，在合闸瞬间不会出现电压差，也就没有环流，如图 2.15a 所示。但由于 $f_{g2} > f_{g1}$，随着时间的推移，待并机组电压就会超前，出现相位差，即 $\Delta\delta = \omega_{g2}t - \omega_{g1}t = (\omega_{g2} - \omega_{g1})t$，如图 2.15b 所示。只要有相位差，就会产生环流 $\dot{I}_c$，进而产生整步功率和整步转矩，使 G_2 减速、G_1 加速。若频差 $\Delta f = f_{g2} - f_{g1}$ 不大，最终依靠整步转矩牵入同步；若频差 Δf 太大，就很难牵入同步，同时合闸后环流会不断增大，对发电机和船舶电力系统都不利。为避免该情况发生，通常在并车操作时要求频差 $\Delta f < 0.5$Hz，最好在 0.25Hz 以内。

通过以上分析可知，发电机并联运行时，合闸瞬间任一条件不满足，都会在发电机组之间产生冲击电流。冲击电流的无功分量起均压作用，有功分量产生的冲击转矩起整步作用。只要冲击电流不大，对并车操作是有利的。若冲击电流太大，会造成并车失败，严重时会导致发电机组损坏，全船停电。

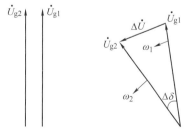

a）两台发电机无相位差　　b）两台发电机有相位差

图 2.15　频率不等（$f_{g2} > f_{g1}$）并车时的相量图

3. 同步发电机的手动并车

检查和调整待并发电机的电压、频率、初相位，使之满足准同步并车的条件，然后进行合闸。如果由手工完成这个过程，称为手动准同步并车操作：当待并发电机起动并建立了电压之后，检测电压与运行机的电压相等或电压差在±10%以内，可通过"调速开关"来调节原动机转速，使待并机的频率接近运行机的频率，然后进一步检测待并机与运行机的频差是否小于0.5Hz，初相位是否一致，是则立即手动合闸。目前，现代船舶电力系统都采用自动并车方式。

4. 同步发电机的自动并车

在自动化要求较高的船舶中，常设置自动并车装置，使已经起动的发电机自动投入并联运行，以便提高船舶电站供电的可靠性。船舶同步发电机自动并车装置是自动检测和调整并车的三个条件参数，使之满足要求，并考虑到主开关合闸动作时间，在整步点提前一个时间或相角发出合闸指令，然后进行均功（或按功率比例）操作。

自动并车装置自动完成手动并车操作的全过程，它由频率预调、并车条件监视和提前时间或提前相角捕获电路等组成[2.5]，其结构如图2.16所示，分为两大部分，一部分为频率预调，一部分为合闸控制。早期运用分立元件或部分集成电路构成的同步发电机自动并车装置形式上是一个独立单元，只有调节频差、监视电压差和相位差的功能，实质上是属于半自动化范畴，称为模拟式自动并车装置。

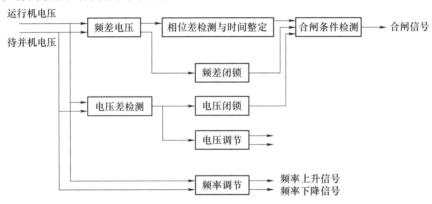

图2.16 模拟式自动并车装置原理框图

2.3 船舶输电设备

船舶输电设备主要有各种电力变压器和船舶电缆等。

2.3.1 电力变压器

在船舶电力系统中，变压器主要用在电力输送环节，其主要目的是电压变换、电能分配和电源隔离等。船用电力变压器的工作原理与一般变压器无异，但其使用条件不同于陆地，环境温度和相对湿度均较高，有霉菌、油雾、烟雾的影响，以及振动、倾斜等情况。其产品结构设计也与一般变压器不同，除用于电动机起动、电力推进的整流变压器外，其余船用变压器均应采用双绕组形式[2.3]，其一次与二次绕组间无电的连接。

1. 变压器的结构与额定值

（1）变压器的结构 变压器的主要部件是铁心和绕组，两者合称为器身。

铁心是变压器的主磁路部分，为了保证铁心的导磁性能，又能减小整块铁心的涡流损耗，变压器铁心一般由一定厚度的表面涂有绝缘漆的热轧或冷轧硅钢片叠压而成。

绕组是变压器的电路部分，常用铜质的绝缘圆线或扁线绕制而成。高、低压绕组间的相对位置和形状比较灵活，一般将高、低压绕组制成同心式结构，将高、低压绕组同心地套在铁心柱上。为了便于绕组与铁心之间的绝缘，通常将低压绕组装在里面，而把高压绕组装在外面，如图2.17所示的单相心式变压器。

为了改善散热条件，大、中容量电力变压器的铁心和绕组浸入盛满变压器油的封闭油箱中，各绕组对外线路的连接由绝缘套管引出。为了使变压器安全、可靠地运行，还设有储油柜、安全气道和气体继电器等附件。

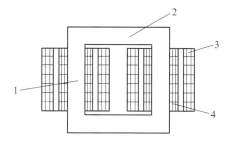
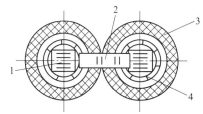

图2.17 单相心式变压器的结构[2.3]
1—铁心柱 2—铁轭
3—高压绕组 4—低压绕组

（2）变压器的额定值 变压器的额定值（又称铭牌值）主要有以下几项：

1）额定电压 U_{1N}、U_{2N}：额定电压 U_{1N} 是指根据变压器的绝缘耐压等级、铁心饱和限制和容许发热条件规定的一次绕组正常工作时的电压；额定电压 U_{2N} 是指一次绕组施加额定电压，分接开关位于额定分接头时，二次绕组所输出的空载电压值。对三相变压器而言，额定电压是指线电压。

2）额定电流 I_{1N}、I_{2N}：额定电流 I_{1N}、I_{2N} 是指根据容许发热条件规定的一、二次绕组长期容许通过的最大电流值。对三相变压器而言，额定电流是指线电流。

3）额定容量 S_N：额定容量 S_N 是指额定工作条件下变压器视在功率（或称表观功率）的保证值，它是使变压器在稳定负载和额定使用条件下，一次绕组施加额定电压，且频率为额定频率时能输出额定电流而不超过温升限值的容量。三相变压器的额定容量是指三相容量之和。

由于变压器的效率很高，若忽略绕组电压降损耗和铁心损耗，则有

对单相变压器 $$S_N = U_{1N}I_{1N} = U_{2N}I_{2N} \qquad (2\text{-}9)$$

对三相变压器 $$S_N = \sqrt{3}\,U_{1N}I_{1N} = \sqrt{3}\,U_{2N}I_{2N} \qquad (2\text{-}10)$$

2. 船用变压器的类型

变压器主要用于交流电力系统的电压变换，一般分为单相和三相两种类型。

（1）单相变压器 典型的船用变压器结构如图2.18a所示，由铁心构成闭合磁路，一次绕组和二次绕组分层绕制，低压线圈（二次绕组）在内层，高压线圈（一次绕组）在外层。该变压器主要用于单相交流电路的电压变换。

（2）三相变压器 三相变压器的结构如图2.18b所示，其三组一次绕组和二次绕组分别绕制在三个铁心上，也是低压线圈（二次绕组）在内层，高压线圈（一次绕组）在外层。

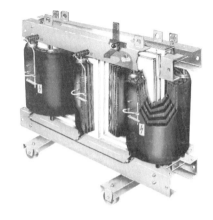

a) 单相交流变压器　　　　　　　　b) 三相交流变压器

图 2.18　船用电力变压器[2.4]

可以分别采用不同的连接方式，这样不仅可以改变电压的大小，而且可以改变一次绕组与二次绕组之间的电压相位。

3. 变压器的绝缘与冷却

与普通变压器相似，船用变压器可根据需求设计成空气绝缘干式变压器、树脂绝缘变压器或油浸式变压器。

1) 干式变压器：采用空气作为绝缘和冷却媒介。由于空气的绝缘性较差，作为冷却介质效果也低于液体，因此干式变压器体积大、成本高。但是，其安全性要高于其他形式的变压器，因而广泛应用于室内和船上。

2) 树脂绝缘变压器：采用树脂或压缩气体，如六氟化硫（SF_6）或氮气作为绝缘和冷却介质。由于这类压缩气体比空气具有较好的绝缘性和冷却效果，可以减小变压器的体积，适用于船舱空间小的场合。

3) 油浸式变压器：采用一定电气等级的矿物油作为绝缘和冷却媒介。这种变压器虽然在户外电网及电力传输中广泛应用，但在船上很少使用，其原因是一旦发生油溅出事故，易引起火灾。如果采用不可燃的油，则可用于需要防爆的场合。

变压器的绝缘等级根据铁心和绕组的冷却方式划分，船用变压器多采用空气绝缘干式变压器，所选择绝缘材料的耐热等级应能满足允许温升180℃的要求。

表 2.1 给出了几种变压器的性能比较，如何选用变压器的类型、结构和材料应根据相关规定、环境条件以及用户需求来决定[2.3]。

表 2.1　变压器的性能比较

类型	干式变压器	油浸式变压器	压缩气体变压器
结构	线圈用漆浸或环氧	浸泡在矿物油	压缩的SF_6或氮气
火灾风险	低	高	低
冷却方式	自然空气冷却或风扇强迫冷却	内部油循环热交换，外部空冷或强迫空冷	内部压缩气体循环热交换，外部空冷或强迫空冷
平均温升（>40℃）	80~150℃	55℃	80~150℃

(续)

类型	干式变压器	油浸式变压器	压缩气体变压器
体积和重量	大	小	中
价格	高	低	高
安装应用	室内接近负载	室外	城市变电站

4. 变压器的容量选择

变压器容量的选择应遵循如下规则:

1) 根据给定的负载情况计算峰值负荷。对于若干小负载间断工作, 需按照国家电气规范 (National Electrical Code, NEC) 负荷系数计算负荷; 对于大负载, 需单独按其运行时间计算负荷。

2) 由于船舶电力推进系统的谐波会引起变压器的附加谐波发热, 因此需要考虑对其负荷系数进行校正。

3) 对于未来负荷的增长, 需考虑留有一定的容量裕度。例如: 通常对于配电变压器, 一般考虑留有 20%~30% 的负荷裕量。

此外, 变压器的容量、电压和频率比还必须满足标准 IEEE-C57.12.01-2005, 其短路时的机械和发热应满足标准 IEEE Std-45-2002 标准, 以及各国的相应标准。

5. 变压器的绕组接法

三相变压器的三相绕组可采用三角形接法 (△绕组, 又称为 D 型绕组) 或星型接法 (Y绕组), 其一次绕组和二次绕组可以分别采用不同的连接方式。这样不仅可以改变电压的大小, 也可以改变一次绕组与二次绕组之间的电压相位。图 2.19 给出了几种典型的三相变压器联结方式。

(1) 配电变压器的联结 在船舶电力系统中, 用于配电的三相变压器一般都采用△/△接法, 即其一次绕组和二次绕组都联结成三角形, 如图 2.19a 所示, 称为 Dd 型变压器。这种接法的优点是: 一次侧和二次侧都无需中线, 两端都不受一次性短路电流的影响; 电压传输没有相位差; 特别是变压器两端的零序电流和三次

a) Dd联结方式　　b) Dy联结方式　　c) Ddy联结方式

图 2.19　三相变压器的典型联结方式

谐波电流, 因其三相之间无相位差, 如三次谐波电流的相位为 3×120°=360°=0°, 仅在△联结电路中流通, 而不会出现在变压器一次和二次电路中。

(2) 变流变压器的联结 在电力推进系统中, 变压器的功能除了通常的电源隔离和电压匹配外, 还大量用于电力推进装置中。作为电源变换器的输入变压器, 除了满足一般电源变压器的要求外, 相位偏移是其重要的应用要求。

由于现代船舶电力推进系统的电动机调速主要是利用电源变换器改变电压或频率来实现的, 其电力电子器件的换流作用, 使网侧电流谐波注入可以通过变压器的一次绕组与二次绕组的相位偏移来减少。一般设计三相变压器的一次侧为△绕组, 二次侧为Y绕组, 如图 2.19b 所示, 称为 Dy 型变压器。因一次绕组与二次绕组的相位相差 30°, 可避免由变频电源

产生的 3 次谐波注入电网。

如果设计变压器有多个二次绕组，通过不同绕组串联或并联产生相应的相位偏移，使多个整流器的输出可以叠加，以改善输出波形。图 2.19c 给出了一种典型的船用变流变压器设计结构，由一组三相一次绕组，两组三相二次绕组构成，其一次绕组可采用△绕组，两组二次绕组分别采用△绕组和Y绕组。因两组二次绕组的输出电压之间有 30°相位差，因此其分别供电的整流电路输出的波形也相差 30°。对于 Ddy 联结的两个二次绕组的匝数之比，在理论上应为 $1:\sqrt{3}$，在实际上却受其电压比的限制，如果其线电压有相位差，还会产生环流。为了克服二次侧移相的缺点，可以采用一次侧移相，即用两台整流变压器并联工作，一次绕组分别联结成 Y 和 D，而二次绕组均联结成 y 或 d。因这两台整流变压器二次绕组同名端线电压之间的相位移也是 30°，所以整机的脉波数也提高一倍。电压相位偏移也可采用 Z 形绕组联结来实现，通过改变 Z 形绕组分段线圈的匝数来调节其相位偏移的角度。

如果在变压器的一次绕组与二次绕组之间采取接地屏蔽措施，如采用 Dyn 变压器，还可对高频射频干扰（Radio Frequency Interference，RFI）有阻尼效应，具有较好的电磁干扰（Electromagnetic Interference，EMI）兼容性。

近年来，随着船舶用电量的增大，中高压电网应用于船舶。为此，高压整流器和变频器往往采用多移相变压器[2.6]。

2.3.2 船舶电缆

船舶电缆是一种用于各类船舶电力、照明、控制、通信传输的电缆，包括船用电力电缆、船用控制电缆、船用通信电缆等。由于船舶工作环境恶劣，船舶电缆在机械强度、绝缘强度和防护性能等方面较陆用电缆有较高的技术要求。

1. 船舶输电网

连接船舶发电机、主配电板、应急配电板与用电设备之间的电力线路，称为船舶电力网或输电网，是全船电缆最主要的部分。

（1）船舶输电网的分类

1）主电网：由主发电机通过主配电板供电的网络。

2）应急电网：由应急发电机通过应急配电板供电，或由蓄电池通过蓄电池充放电板供电的网络。当主电源失电时，应急电源自动起动并通过应急电网供电给应急用户。在主电源正常工作时，应急负载可由主配电板经联络开关供电给应急配电板，再经应急电网供电。

3）临时应急电网：由蓄电池通过蓄电池充放电板用以传输、分配临时应急电能的网络。

4）一次网络：由主配电板直接向区配电板（Area Distribution Board，ADB）、分配电板和负载供电的网络，也称一次系统。

5）二次网络：由区配电板或分配电板向负载供电的网络，也称二次系统。

6）动力电网：指供电给三相异步电动机负载的电网，也包括供电给 380V 三相电热负载的电缆。该网络输送的电能约占全船电能的 70%。

7）照明网络：船舶电网向照明设备、电风扇及小容量电热设备供电的网络。

8）弱电网络：是向全船无线电通信设备、各种助航设备、信号报警系统等用户供电的低压直流电网或中频电网。

（2）船舶输电网的结构形式　船舶电源、配电及用电设备之间电缆的连接方式主要包括树形、双母线并联、环形等结构形式。几种常用的船舶电力系统结构已在第1章中介绍，这里不再赘述。在设计船舶电力系统时，应根据用电设备的具体要求和整个电力系统的供电可靠性、经济性、灵活性以及操作方便等，合理地确定接线方式。

（3）船舶输电网的电压降计算　当负载电流通过电缆时，由于电缆本身有电阻，就会在电缆上产生功率损耗，使导线发热，同时电缆的首末端间电压将发生变化。线路中任意两点间电压的矢量差通常称为电压降，该两点间电压的代数差称为电压损失，工程上主要对电压差的绝对值感兴趣，因此常将电压损失称为电压降。电压偏移则指负载处实际电压与额定负载电压之差，可用对额定电压的百分数即相对值来表示。

例如，发电机汇流排为400V，锚机电动机处电压为375V，则由汇流排到锚机电动机的电压损失为25V（用绝对值表示），或为25/380×100%≈6.5%（用相对值的百分数表示）。

锚机电动机处电压偏移为375V-380V=-5V（用绝对值表示），或为-5/380×100%≈-1.3%（用相对值的百分数表示）。

1）线路电压降允许值。计算线路电压降是为了校核所选用的电缆回路产生的电压降是否满足有关规范和规则的要求，其实际意义在于确保电力系统的供电质量。有关规范和规则的线路电压降的允许值为3%~10%，可参阅相关手册。

2）线路电压降计算。主要包括：

①直流二线制回路的计算公式。

$$\Delta U_\mathrm{W} = \rho_\mathrm{W} \frac{2l_\mathrm{W} I_\mathrm{W}}{S_\mathrm{W}} \tag{2-11}$$

式中，ΔU_W为线路电压降（V）；I_W为线路电流（A）；l_W为线路长度（m）；S_W为电缆截面积（mm^2）；ρ_W为电阻率（Ω·mm^2/m）。

②交流单相二线制回路的计算公式。

$$\Delta U_\mathrm{W} = \rho_\mathrm{W} \frac{2l_\mathrm{W} I_\mathrm{W}}{S_\mathrm{W}}\cos\varphi \tag{2-12}$$

式中，$\cos\varphi$为负载功率因数。

③交流三相三线制回路的计算公式。

交流三相三线制回路电压降的计算与交流单相二线制回路的计算方法基本相同，所不同仅是其电流应为交流单相二线制回路负载电流的$\sqrt{3}/2$倍，所以

$$\Delta U_\mathrm{W} = \rho_\mathrm{W} \frac{\sqrt{3} l_\mathrm{W} I_\mathrm{W}}{S_\mathrm{W}}\cos\varphi \tag{2-13}$$

2. 船舶电缆的结构与分类

船舶电缆主要用于配电板和用电设备之间的电能输送。通常船舶电缆的敷设空间有限，所以船舶电缆铠装结构采用金属丝编织方式，这是其结构上与陆用普通电缆最大的区别[2.3]。

（1）船舶电缆的结构　船舶电缆主要由导体、绝缘层、护套层和铠装层组成。典型的三相交流电缆结构如图2.20所示。

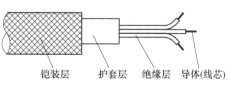

图2.20　电缆结构图

1) 导体（线芯）：用来传输电流。为了减少输电线上的电压及功率损失，船舶电缆的芯线应采用铜线。为了增加芯线的机械强度和减少温升影响，船舶电缆多用直径为 0.26～0.27mm 的多股软铜丝绞合而成。铜丝应镀锡或镀合金，表面光亮。

2) 绝缘层：是将线芯与大地以及不同相的线芯间在电气上彼此隔离，防止芯线接地或相碰造成短路事故。目前使用的绝缘材料有天然橡胶、塑料、漆布、绝缘纸和矿物等。电力电缆一般采用橡胶绝缘，照明和控制电缆一般选用耐热塑料绝缘，提高绝缘层的性能是延长电缆使用寿命的关键。

3) 护套层：是一层绝缘保护层，多用塑料做成，用来保护绝缘层，以免受到机械损伤，油雾、烟雾的腐蚀。15kV 及以上的电力电缆一般都有护套层。

4) 铠装层：保护电力电缆免受外界杂质和水分的侵入，以及防止外力直接损坏电力电缆，增强抗机械损伤，并起静电屏蔽作用。它由镀锡铜丝或镀锌钢丝编织而成，套在护套层外。

（2）船舶电缆的分类　一般电缆的分类可以分为交流电缆与直流电缆两大类，然后按照电压等级或绝缘材料来区分，还可以按照其用途来分。

1) 直流电缆与交流电缆的比较。由于早期的供电是以直流为基础的，所以早在 20 世纪初期，直流电缆就已有所采用。但是后来，随着交流输电技术的飞速发展，交流电缆得到了广泛的应用。目前交流电缆在电压等级、绝缘材料、型号规格等方面都已较为成熟。

直流电缆在发展中吸取了交流电缆的成熟经验，在结构上与交流电缆有很多相似之处，除电气运行特性与交流电缆不同外，两者差异不大。近 20 年来，直流输电技术有了很大的发展，在许多电力工程中使用了直流电缆，这其中也包括船舶电缆的应用。与交流电缆相比，直流电缆具有以下特点：

①直流输配电系统通常是二线（正、负极）运行，因此直流电缆一般为单芯电缆。因为直流电缆的导体没有趋肤效应和邻近效应，即使输送很大电流，也不必采用复杂的分割导体结构。这样，直流电缆的安装与维护就比较简单。

②直流电缆传输过程中的电能损耗较小，输送效率高。直流电缆的电能损耗主要是导体直流电阻损耗，绝缘损耗部分较小；而低压交流电缆的交流电阻比直流电阻稍大，高压交流电缆则更明显，这主要是因为趋肤效应和邻近效应，绝缘电阻的损耗占有较大比例。

③直流电缆使用安全性高。直流输电极少产生感应电流和漏电流，对其他同敷设电缆不会产生电场干扰。单芯敷设电缆不会因铁磁物质的磁滞损耗而影响电缆传输性能，具有比相同结构交流电缆较高的截流能力和过截保护能力。另外，同样电压的直、交流电场施加于绝缘上，直流电场比交流电场要安全得多。

④直流电缆控制方便，调节其电流和改变功率传送方向易行。

⑤虽然换流设备价格比变压器要高，但直流电缆线路使用成本要比交流电缆低得多。直流电缆为正负两极，结构简单；交流电缆为三相四线或五线制，绝缘安全要求高，结构较复杂，其成本是直流电缆的 3 倍多。

2) 按电压等级分类。

①低压电缆：适用于固定敷设在交流 50Hz、额定电压 3kV 及以下的输配电线路上作输送电能用。

②中低压电缆：一般指 35kV 及以下，聚氯乙烯绝缘电缆、聚乙烯绝缘电缆和交联聚乙

烯绝缘电缆等。

③高压电缆：一般为110kV及以上，聚乙烯电缆和交联聚乙烯绝缘电缆等。

④超高压电缆：275~800kV。

⑤特高压电缆：1000kV及以上。

3）按绝缘材料分类。

①油浸纸绝缘电力电缆：以油浸纸作绝缘的电力电缆，其应用历史最长。它安全可靠，使用寿命长，价格低廉。主要缺点是敷设受落差限制。自从开发出不滴流浸纸绝缘后，解决了落差限制问题，使油浸纸绝缘电缆得以继续广泛应用。

②塑料绝缘电力电缆：绝缘层为挤压塑料的电力电缆。常用的塑料有聚氯乙烯、聚乙烯、交联聚乙烯。塑料电缆结构简单，制造加工方便，重量轻，敷设安装方便，不受敷设落差限制，因此广泛应用作中低压电缆，并有取代黏性浸渍油纸电缆的趋势。其最大缺点是存在树枝化击穿现象，限制了在更高电压的使用。

③橡皮绝缘电力电缆：绝缘层为橡胶加上各种配合剂，经过充分混炼后挤包在导电线芯上，经过加温硫化而成。它柔软，富有弹性，适合于移动频繁、敷设弯曲半径小的场合。常用作绝缘的胶料有天然胶-丁苯胶混合物、乙丙胶、丁基胶等。

4）按船舶电缆的用途分类。

①照明和电力回路用电缆。

②控制和通信回路用电缆。

③电话回路用电缆。

④配电板用电缆。

⑤可移动设备用电缆。

⑥控制设备内部接线用电缆。

⑦其他特殊装置用电缆。

3. 船舶电缆的选择

船舶电缆的选择应根据敷设场所的环境条件、敷设方法、额定电流和允许电压降等因素来考虑。

（1）电缆的选择步骤和原则

1）根据电缆的用途、敷设位置和工作条件选择合适的电缆型号。

2）根据用电设备的工作制、电源种类、电缆芯线和负载电流选择合适的电缆截面。

3）根据系统短路电流计算结果，判断电缆的短路电流是否满足要求。

4）根据环境温度对电缆的额定载流量进行修正，然后再判断电缆的允许电流是否大于额定值。

5）根据成束敷设修正系数，对电缆的额定载流量进行修正，然后再判断电缆的允许电流是否大于负载电流。

6）校核线路电压降，判断线路电压降是否小于规定值。

7）根据保护装置的整定值，判断电缆与保护装置是否协调；如果不协调，判断是否可以改变合适的保护装置或整定值，否则应重新选择合适的电缆截面。

（2）电缆型号的选择　电缆型号的选择应考虑以下因素：

1）电缆的用途：用于动力、照明和无线电通信等。

2）电缆敷设位置：干燥、低温、潮湿和是否要求屏蔽等。
3）工作条件：固定敷设、穿管敷设和可移动等。

根据上述因素选择电缆型号时，还必须遵守以下原则：

1）任何电缆的额定电压不应低于其所在电路的额定电压。
2）电缆绝缘材料的额定运行温度至少比电缆敷设处可能存在或产生的最高环境温度高 10℃。
3）固定敷设在露天甲板、浴室、货物处所、冷藏处所、机器处所和通常可能出现凝结水或有害蒸气等地点的电缆，均应具有金属不透性护套（铜、铅合金）或非金属不透性护套（聚氯乙烯、氯丁橡胶等）；敷设在永久潮湿的处所，而以吸潮材料作绝缘的电缆，均应采用金属护套；在失火状况下必须维持工作的重要设备电缆，例如连接应急消防泵至应急配电板的电缆，若穿过高度失火危险区域时，则应采用耐火型电缆。
4）在选择不同类型的防护覆盖层（外护层）时，应着重考虑对每根电缆在安装和使用时可能受到的机械作用；如果认为外护层的机械强度不够，则电缆应安装在管道中或采取其他防护措施。
5）所有电缆和电气设备的外接线至少应为滞燃型。
6）失火报警、探火、应急灭火设备、失火通信、控停机用电路，以及类似的保安控制电路，在失火状态下也必须维持工作，应考虑采用耐火型电缆；但下述情况可以除外：系统为自检型或故障安全型；系统为双套。
7）在冷藏处所的电缆应具有水密或不透性护套，一般不应选用聚乙烯绝缘或护套的电缆。

（3）电缆截面的确定

1）根据电缆供电的电路，估算电缆可能承载的最大负载电流。
2）根据不同环境空气温度时的修正系数、成束敷设的修正系数和不连续工作的修正系数，对预选用电缆的额定载流量进行修正，每根电缆在修正后，电流定额不应小于该电缆所可能承载的最大电流。
3）校核线路电压降，保证电缆在正常工作条件下承载最大电流时的电压降，不超过各国规范、规则的规定值。
4）当按照上述条件确定导体截面后，校核由短路和电动机起动电流所引起的温升应满足要求。
5）导体应有足够的机械强度以满足敷设和工作条件。
6）三相交流供电系统，当电缆截面积较大时（一般限定为 $120mm^2$），可以采用二根或多根三芯电缆并联使用。
7）临时应急低压照明，选用电缆截面积不应超过 $2.5mm^2$。
8）进入蓄电池室的蓄电池连接线应选用单芯电缆，以便于连接。
9）船舶采用单线制时，照明、无线电和导航设备等所使用的电缆一般仍选用双芯电缆，通过分配电板的汇流排进行总接地。

2.4 船舶配电设备

船舶配电设备可用来接收和分配船舶电能，并能对发电机、电网及各种用电设备进行切换、控制、保护、测量和调整等。对于各种不同用途的配电设备,根据功能和作用的不同,可分为配电盘、断路器和继电器等几大类。

2.4.1 配电盘

配电盘又名配电板或配电柜,是集中、切换、分配电能的设备。配电盘一般由柜体、开关(断路器)、保护装置、监视装置、电能计量表,以及其他二次元器件组成。配电盘的主要用途是方便送电、断电,起到计量、分配和保护的作用,当发生电路故障时有利于检修。配电盘既可以单独使用,也可作为机械设备的配套使用,是最主要的船舶配电设备。

配电盘的种类有很多,主要有主配电板、应急配电板、分配电板、区配电板、蓄电池充放电板、岸电箱和交流配电板等[2.7]。

1) 主配电板。主配电板(MSB)是船舶电力系统最主要的配电设备,用来控制、监视和保护主发电机的工作,并将主发电机产生的电能通过主电网或直接给用电设备配电。它距离主发电机较近,为了避免油水的玷污,一般安装于机舱平台上。它由多个金属结构的落地式箱柜组装而成,一个箱柜称为一个屏,屏与屏之间以螺钉紧固。每一个屏的面板上装有各种必需的配电电器和测量电表。

如图2.21所示,船舶主配电板主要由发电机控制屏和负载屏组成,通常为上下配电屏布置。在要求发电机并联运行的交流船舶上还设有发电机并车屏。某些大型船舶的总配电板上还设有岸电屏以及其他的专用屏。

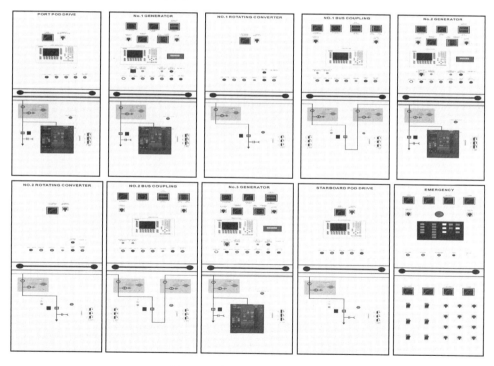

图2.21 船舶主配电板外形图

各控制屏的功能为:

①发电机控制屏是用来控制、调节、监视和保护发电机组的,每台发电机组均配备有单

独的控制屏。发电机控制屏的面板常设计成上、中、下三部分。上面板安装有测量仪表转换开关及指示灯,一般做成门式,以便进行维修;中间面板安装有主电源开关ACB、指示灯等;下面板内安装有自动励磁装置或励磁变阻器等。

②负载屏的职能是对各馈电线路进行控制、监视和保护,并通过装在负载线路上的馈电开关ACB将电能供给船上各用电设备或分电箱。供电给动力负载的负载屏称为动力负载屏,供电给照明负载的负载屏称为照明负载屏。

③发电机并车屏专供交流发电机自动并车操作和监视之用,屏内除装有监视仪表外,还有并车装置(如电抗器)和操作开关等电器。随着微电子技术和微机控制技术的不断成熟,现在大部分船舶电站都装有电能管理系统(Power Management System,PMS),自动并车屏已不作为一个独立装置,而是PMS的一个单元或一部分功能。

④岸电屏是舰船接用岸电时用来监视岸电电压的专用屏,它常布置在紧靠发电机控制屏的位置。

主配电板的汇流排可为一整体,也可分成两段或几段,中间采用母排隔离开关ACB_B连接。所有发电机和负载均可接至公共母线上。采用分段母线可以并联供电,也可单独分区供电,这样便于配电板电气设备的分段检修。图2.22所示为一远洋货船的电力系统交流主配电板单线图,其主配电板汇流排采用的就是分段母线式。该电站有发电机3台,变压器2台,还设置有岸电箱。主配电板共7屏,其中3个发电机屏用于发电机控制,1个同步屏用于并车控制,3个负载相关的屏用于对负载供电的控制。

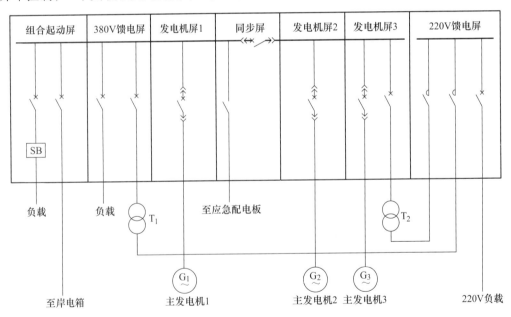

图2.22 船舶电力系统交流主配电板单线图

2)应急配电板。应急配电板用来控制、监视和保护应急发电机的工作,并将应急发电机产生的电能,通过主应急电网或直接给用电设备配电。它与应急发电机安装在同一舱室内,一般位于甲板上。应急配电板由应急发电机控制屏和应急配电屏组成,其上面安装的仪器仪表与主配电板基本相同。由于应急发电机总是单机运行,所以不需要并车屏、逆功率继电器和同步表。

应急电网平时可由主配电板供电，只有当主发电机发生故障或检修时才由应急发电机组供电。主配电板与应急配电板之间有联络开关，它与应急配电板的主开关之间设有电气联锁，以保证主发电机向电网供电（即主网不失电）时，应急发电机组不工作。一旦主发电机开关跳闸，经应急发电机组的自动起动装置确认后，自动起动应急发电机组，并合闸向应急电网供电。如图 2.23 所示，以两台主发电机为例，输入到应急配电板上的两路电源通过电气互锁的两台断路器 ACB_5 和 ACB_6 与应急配电板连接，这样应急配电板只能由应急电源或主配电板经由联络断路器 ACB_4 供电。平时需要检查和试验应急发电机组时，可把应急发电机的工作方式选择开关置于试验位置，使应急发电机脱离电网。有些采用自动管理的应急电站，只有在应急发电机工作后应急电网才允许转换为由应急发电机供电，以免与主电网发生冲突。

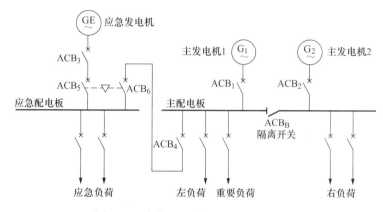

图 2.23　应急配电板与主配电板的连接

3）分配电板（DB）。分配电板用来对一组相同性质的终端电力负荷供电，是由一个或几个具有过电流保护功能的微型断路器（MCB）所组成。如图 2.24 所示，由主配电板 ACB 提供一次配电，再通过分配电板二次配电将电能分配给各用电设备；或通过主配电板 ACB 提供一次配电，通过区配电板提供二次配电，再通过分配电板三次配电将电能分配给各用电设备。分配电板通常不设总电源开关，电源直接接入开关的进线侧。

4）区配电板。区配电板（ADB）是用来向某一区域配电的开关组合。主电源或应急电源通过 ACB 向区域配电板供电（通过联锁接触器转换），ADB 再向区域内的用电设备（包括电力设备和照明设备）或配电设备供电。区域配电板通常设二段母线，中间用变压器分开。母线的一段用来向电力设备供电（380V 母线），另一段用来向照明设备供电（220V 母线），如图 2.25 所示。

5）蓄电池充放电板。蓄电池充放电板用来控制、监视和保护充电发电机和充电整流器对蓄电池组的充电与放电工作，并将蓄电池组的电能通过低压电网或直接给用电设备配电。图 2.26 所示为某船舶用整流器充电的充放电板的原理接线图，主要包括电源部分和充放电回路两部分：QS_1 为整流电源开关，QS_2 为整流后的总电源开关。该电源回路中还设置有熔断器、电压表和电流表。在每一个充放电回路中设有防止逆流的逆电流继电器或二极管，当主、应急电网都失电时，接触器 KM_1 的线圈失电，其常闭触点闭合，24V 主电平直接向小应急用电设备供电，其余用电设备分别利用开关送电。

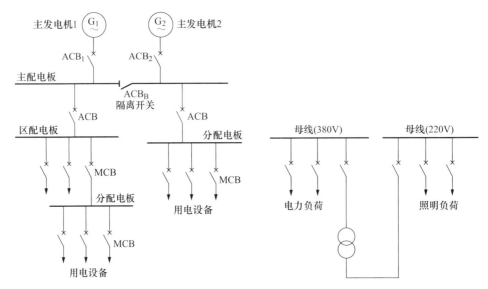

图 2.24 分配电板与主配电板的连接　　图 2.25 区配电板连接示意图

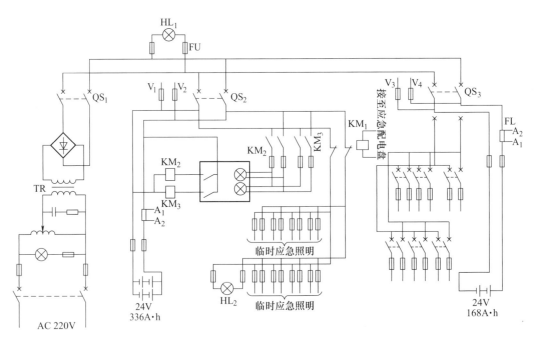

图 2.26 船舶充放电板的原理接线图

6）岸电箱。船舶停靠码头或大修时，船上发电机停止供电，将岸上电源线接到船上岸电箱，再由岸电箱送电到主配电板和应急配电板进行分配。岸电箱内应设有能切断所有绝缘极（相）的断路器或开关加熔断器，指示端电压的指示灯或电表，用于连接软电缆的合适接线端子，对岸电为中性点接地的交流三相系统，应设有接地接线柱，以便将船体接至岸上的接地装置或岸上电网的零点，应有监视岸电极性（直流时）和相对船舶配电系统的相序（三相交流时）是否相符的设施，标明船舶电力系统的配电系统的形式、额定电压和频率（对于交流）的铭牌，有时根据船东要求还应装设电度表。

配电板分配出去的电能必须与发电机的电源引线组成回路，因此发电机电源引线方式不同，将决定不同的配电方式。

1）直流电制的配电方式。

①双线绝缘系统。

②一极接地的双线系统。

③利用船体作为回路的单线系统。

④中性线接地但不以船体为回路的三线系统。

⑤中性线接地并以船体为回路的三线系统。

2）交流电制的配电方式。

①三相交流电制的配电方式：三相三线绝缘系统、中性点接地的三相三线系统（以船体作为中性线回路的三相三线系统）、中性点接地但不以船体作为中性线回路的三相四线系统。三相交流电制的配电方式如图 2.27 所示。

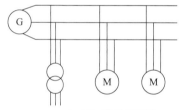
a) 三相三线绝缘系统

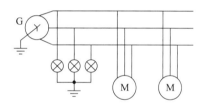
b) 中性点接地的三相三线系统

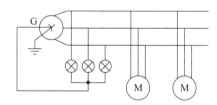
c) 中性点接地的三相四线系统

图 2.27　三相交流电制的配电方式

②单相交流电制的配电方式：单相双线绝缘系统、一极接地的单相双线系统、一极以船体作为回路的单线系统。

对于油船、化学品船等液货船及其他特殊船舶，必须注意其配电系统的特殊要求，如油船可以采用的配电系统只限制在直流双线绝缘系统、交流单相双线绝缘系统、交流三相三线绝缘系统。

实际上目前交流船舶大都采用三线绝缘系统，只有个别船舶采用中性点接地的三相四线系统。采用三相三线绝缘系统有许多优点：三相照明系统与动力系统无直接电的联系，相互影响小；发生单相接地不形成短路，仍可维持电气设备短时工作；测量三相电流可用两个电流互感器和电流转换开关和一个电流表进行。

2.4.2 断路器

断路器是指能够闭合、承载和开断正常回路条件下的电流,并能在规定的时间内闭合、承载和开断异常回路条件下的过载电流(包括短路电流)的机械开关装置。断路器可用来分配电能,不频繁地起动异步电动机,对电源线路及电动机等实行保护,当电气设备发生严重的过载或者短路及欠电压等故障时能自动切断电路,其功能相当于熔断器式开关与热继电器等的组合,而且在分断故障电流后一般不需要变更零部件[2.8]。

(1) 断路器的分类与额定值

1) 断路器的分类。船舶发电机(或负载设备)与配电盘之间,以及配电盘的不同区域之间,通常采用断路器进行连接,现已投入应用的断路器有多种类型,按其电压范围可分为高压断路器与低压断路器。高低压电器的界线划分并非十分严格,一般将 3kV 以上的电器称为高压电器。

低压断路器可用来接通和分断负载电路,也可用来控制不频繁起动的电动机,其功能相当于刀开关、过电流继电器、失电压继电器、热继电器及漏电保护器等电器部分或全部的功能总和,是低压配电网中一种重要的保护电器。

低压开关电器的机构以电磁系统为主,其理论基础是电磁系统的磁路计算以及电磁铁的特性计算。在电力系统中广泛使用的断路器、负载开关、隔离开关、接地开关等多种高压开关电器中,以高压断路器的功能最齐全、结构最复杂,为此下面主要介绍的是船用高压断路器。

2) 断路器的额定值。

① 额定工作电压 U_N:是断路器在正常(不间断)情况下工作的电压。

② 额定电流 I_N:是配有专门的过电流脱扣继电器的断路器在制造商规定的环境温度下所能无限承受的最大电流值,不会超过电流承受部件规定的温度限值。

③ 短路继电器脱扣电流整定值 I_m:短路脱扣继电器(瞬时或短延时)用于高故障电流值出现时,使断路器快速跳闸,其跳闸极限为 I_m。

④ 额定极限短路分断能力(I_{cu} 或 I_{cn}):断路器的额定短路分断电流是断路器能够分断而不被损害的最高(预期的)电流值。标准中提供的电流值为故障电流交流分量的方均根值,计算标准值时直流暂态分量(总在最坏的情况——短路下出现)假定为零。工业用断路器额定值 I_{cu} 和家用断路器额定值 I_{cn} 通常以方均根值(kA)的形式给出。

⑤ 额定运行短路分断能力(I_{cs}):断路器的额定分断能力分为额定极限短路分断能力和额定运行短路分断能力两种。额定极限短路分断能力(I_{cn})指的是低压断路器在分断了断路器出线端最大三相短路电流后还可再正常运行并再分断这一短路电流一次,至于以后是否能正常接通及分断,断路器不予以保证;而额定运行短路分断能力(I_{cs})指的是断路器在其出线端最大三相短路电流发生时可多次正常分断。

(2) 高压断路器的分类 高压断路器是电力系统中一类重要的开关设备,具有两个方面的作用:一是控制作用,即根据电网运行要求,将一部分电力设备或线路投入或退出运行状态,或转为备用或检修状态;二是保护作用,即在电力设备或线路发生故障时,通过继电保护及自动装置动作断路器,将故障部分从电网中迅速切除,保护电网的无故障部分,使之正常运行。

为实现电路的开断与闭合,从结构上高压断路器通常由开断部分、操动与传动部分、绝缘部分构成。开断部分是断路器用来进行闭合、开断和承载电流的执行元件,包括触头系统、导电部件和灭弧室等。操动和传动部分,用来带动触点系统完成分、合动作,包括操动能源和把操动能源传动到动触头系统的各种传动机构。绝缘部分包括处于高电位的导电部件、触头系统与地电位绝缘的绝缘元件,以及联系处于高电位的动触头系统与处于低电位的操动能源所用的绝缘连接件。

根据断路器的灭弧介质及其灭弧原理进行划分,高压断路器分为油断路器(包括多油断路器和少油断路器两类)、压缩空气断路器、真空断路器、六氟化硫(SF_6)断路器、磁吹断路器和(固体)产气断路器等。目前,船用较多的是真空断路器和SF_6断路器。

1)高压真空断路器。真空断路器是利用"真空"(气压为$10^{-6} \sim 10^{-2}$ Pa)来灭弧,其触头装在真空灭弧室内。这种"真空"不是绝对真空,在触头断开时由于电子发射而产生少量电弧,称为真空电弧,它能在电路电流第一次过零时(即半个周期时)熄灭。这样,燃弧时间很短,也不至于产生很高的过电压。图 2.28 所示为船用 ZN3-10 型高压真空断路器。

真空断路器具有体积小、动作快、寿命长、安全可靠和便于维护检修等优点,主要应用于频繁操作和安全要求较高的场所。真空断路器配用 CD10 型电磁操动机构或 CT7 型弹簧操动机构。

图 2.28　船用 ZN3-10 型高压真空断路器

2)高压 SF_6 断路器。SF_6 断路器利用 SF_6 气体作为灭弧和绝缘介质。SF_6 是一种无色、无味、无毒且不易燃的惰性气体,在 150℃ 以下,其化学性能相当稳定。但在电弧高温作用下要分解出氟(F_2),氟具有较强的腐蚀性和毒性,且与触头的金属蒸气化合为一种具有绝缘性能的白色粉末状的氟化物。因此,这种断路器的触头一般设计成具有自动净化的功能。这些分解和化合作用所产生的活性杂质大部分能在电弧熄灭后极短时间内自动还原,残余杂质也可用特殊吸附剂(如活性氧化铝)清除,因此对人身和设备不会产生危害。

SF_6 不含碳元素,对灭弧和绝缘介质来说,是极为优越的特性。与油断路器用油作为灭弧和绝缘介质相比,SF_6 断路器绝缘性更好,检修周期更长。因为绝缘油在电弧高温作用下会分解出碳,油中的含碳量增高,会降低油的绝缘和灭弧性能,所以油断路器在运行中要经常监视油色,分析油样,必要时更换新油。

SF_6 还不含氧元素,SF_6 断路器不存在触头氧化的问题,较之真空断路器,其触头磨损少,使用寿命长。另外,在电流过零时,电弧暂时熄灭后,SF_6 具有迅速恢复绝缘强度的能力,使得电弧难以复燃而很快熄灭。

SF_6 断路器的结构,按其灭弧方式可分为双压式和单压式两类。双压式有两个气压系统,压力低的气压系统作为绝缘,压力高的气压系统作为灭弧。而单压式只有一个气压系统,灭弧时 SF_6 气流由压气活塞产生。图 2.29 所示为单压式船用 LN2-10 型高压 SF_6 断路器。

(3)高压断路器的参数选择

1)一般参数选择。断路器的额定电压、额定电流,短路动、热稳定校验等一般参数选择，可参考电气设备选择的一般原则。

2）额定短路开断电流。断路器的短路开断电流是指断路器在规定条件下能保证开断的最大短路电流，由断路器的灭弧能力确定，一般以短路电流的交流分量有效值表示。短路开断电流又分额定短路开断电流 I_{cr} 和最大短路开断电流 $I_{cr\cdot max}$。I_{cr} 指开断该电流后，断路器仍能继续正常运行，并可以反复开断规定的次数；$I_{cr\cdot max}$ 指虽然能保证开断该电流，但是开断后，断路器已受到实质性损坏，必须维修或报废。

断路器开断能力校验一般使用额定短路开断电流，要求

$$I_{cr} \geq I_{sh3\cdot max} \qquad (2-14)$$

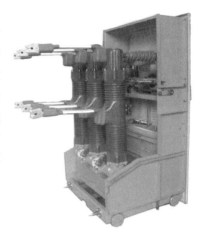

图 2.29 单压式船用 LN2-10 型高压 SF$_6$ 断路器

式中，I_{cr} 为断路器的额定短路开断电流（kA）；$I_{sh3\cdot max}$ 为断路器安装处的最大三相短路电流有效值（kA）。

3）额定短路闭合电流。供配电系统中的电气设备或线路在投入运行前可能就存在绝缘故障，甚至可能已经处于短路状态，这种情况称为预伏故障。如果未能及时发现并消除预伏故障，而将断路器闭合到预伏故障上，则可能使得触头尚未闭合，触头间隙就被击穿，产生短路电弧。短路电弧对触头产生排斥力，可能出现动触头合不到底的现象，使电弧持续存在，从而烧毁触头，甚至引起断路器爆炸。为避免这种情况的出现，断路器应具有足够的闭合短路电流的能力，一般以断路器的额定短路闭合电流 i_{sp} 表示，要求

$$i_{sp} \geq i_p \qquad (2-15)$$

式中，i_{sp} 为断路器的额定短路闭合电流（kA）；i_p 为断路器安装处的短路电流最大瞬时值（kA）。

2.4.3 继电器

继电器是一种电控制器件，是当输入量（激励量）的变化达到规定要求时，在电气输出电路中使被控量发生预定的阶跃变化的一种电器。它具有控制系统（又称输入回路）和被控制系统（又称输出回路）之间的互动关系，通常应用于自动化的控制电路中，实际上是用小电流去控制大电流运作的一种断路器，在电路中起着自动调节、安全保护、转换电路等作用，是船舶电力系统继电保护的重要设备。

(1) 继电器的分类　继电器种类繁多，分类方法也很多，可以分别按照输入信号、动作原理、动作时间、执行环节或用途等来分。如果按照继电器的工作原理或结构特征来区分，有以下几类[2.8]：

1）电磁继电器：利用输入电路内电流在电磁铁铁心与衔铁间产生的吸力作用而工作的一种电气继电器。

2）时间继电器：一种接受输入信号后触头延时动作的控制继电器，主要用于时序控制电路。

3）热继电器：是保护继电器的一种，根据电流的热效应而动作，常用于交流电动机的过载保护。

4）速度继电器：是控制继电器的一种，以转速作为输入信号来改变触头状态而实现对电路的通断控制。

5）固体继电器：指电子元件履行其功能而无机械运动构件的，输入和输出隔离的一种继电器。

6）温度继电器：当外界温度达到给定值时而动作的继电器。

7）舌簧继电器：利用密封在管内，具有触电簧片和衔铁磁路双重作用的舌簧动作来开闭或转换电路的继电器。

8）高频继电器：用于切换高频、射频电路而具有最小损耗的继电器。

9）极化继电器：有极化磁场与控制电流通过控制线圈所产生的磁场综合作用而动作的继电器。继电器的动作方向取决于控制线圈的电流方向。

（2）继电器的主要技术参数

1）额定工作电压 U_N：是指继电器正常工作时线圈所需要的电压。根据继电器的型号不同可以是交流电压，也可以是直流电压。

2）直流电阻 R_{DC}：是指继电器中线圈的直流电阻，可以通过万用表测量。

3）吸合电流 I_{pu}：是指继电器能够产生吸合动作的最小电流。在正常使用时，给定的电流必须略大于吸合电流，这样继电器才能稳定工作。而对于线圈所加的工作电压，一般不要超过额定工作电压的1.5倍，否则会产生较大的电流而把线圈烧毁。

4）释放电流 I_{re}：是指继电器产生释放动作的最大电流。当继电器吸合状态的电流减小到一定程度时，继电器就会恢复到未通电的释放状态，这时的电流远远小于吸合电流。

5）触点切换电压 U_{co} 和电流 I_{co}：是指继电器允许加载的电压和电流，决定继电器能控制电压和电流的大小，使用时不能超过此值，否则容易损坏继电器的触点。

（3）主要船用继电器简介 下面简要介绍船舶电力系统中常用的电磁式继电器、时间继电器和热继电器的结构与原理。

1）电磁式继电器。控制电路中用的继电器大多数是电磁式继电器。电磁式继电器具有结构简单，价格低廉，使用维护方便，触点容量小，触点数量多且无主辅之分，无灭弧装置，体积小，动作迅速、准确，控制灵敏、可靠等特点，广泛应用于低压控制系统中。常用的电磁式继电器有电流继电器、电压继电器、中间继电器以及各种小型通用继电器等。

电磁式继电器的结构和工作原理与接触器相似，主要由电磁机构和触点组成，如图2.30所示。电磁式继电器有直流和交流两种。在线圈两端加上电压或通入电流，产生电磁力，当电磁力大于弹簧反力时，吸动衔铁使常开触点、常闭触点动作；当线圈的电压或电流下降或消失时，衔铁释放，触点复位。

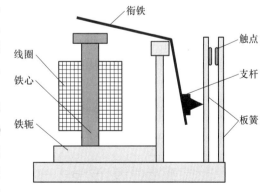

图2.30 电磁式继电器结构示意图

2）时间继电器。时间继电器通常在控制电路中用于时间的控制，其种类很多，按动作原理可分为电磁式、空气阻尼式、电动式和电子式等，按延时方式可分为通电延时型和断电延时型。空气阻尼式时间继电器是利用空气阻尼原理获得延时的,它由电磁机构、延时机构和触头系统三部分组成。电磁机构为直动式双 E 形铁心,触头系统借用 I-X5 型微动开关,延时机构采用气囊式阻尼器。图 2.31 所示为通电延时型空气阻尼式时间继电器结构示意图。

线圈通电时,衔铁吸合,带动瞬时触头动作,由于作用弹簧和进气孔的节流作用,推杆开始向左移动,但动作缓慢,经过一段时间后才移动到位,并带动杠杆压动延时触点,使其触头动作而实现延时功能。线圈断电时,在宝塔弹簧的弹力作用下,推杆向右移动,空气经出气孔迅速释放,使杠杆带动延时触点动作,触点迅速复位,不延时。调整调节螺钉改变进气孔的开度可设定延时时间,延时范围为 0.4~180s。

3)热继电器。热继电器常用于电气设备(主要是电动机)的过载保护,是一种利用电流热效应原理工作的电器,它具有与电动机容许过载特性相近的反时限动作特性,主要与接触器配合使用,用于对三相异步电动机的过载和断相保护。

热继电器主要由热元件、触头、动作机构、复位按钮和电流整定装置 5 部分组成。热继电器目前较多采用双金属片的结构,双金属片结构为两种线胀系数不同的金属片牢固轧焊而成,线胀系数大者称主动层,小者称被动层。当其受热时,根据线胀原理,双金属片将向被动层一侧弯曲。如图 2.32 所示,当发生过载时,电路电流过大,温升超限,此时接入主电路中的双金属片受热弯曲,推动导板使接入控制电路的触头状态改变,可实现控制电路的通断控制,使主电路中的负载得到保护。热继电器动作后,须经过一段时间待双金属片冷却后,再行手动或自动复位,不能马上复位。

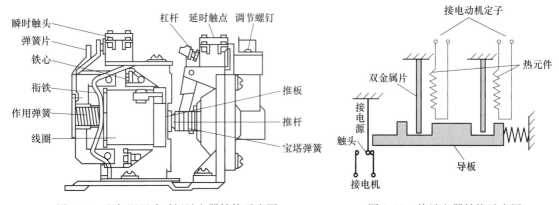

图 2.31 空气阻尼式时间继电器结构示意图　　图 2.32 热继电器结构示意图

常用的电动机保护装置种类很多,使用最多、最普遍的是双金属片式热继电器。双金属片式热继电器均为三相式,有带断相保护和不带断相保护两种。

2.5 船舶主要用电设备

2.5.1 船舶电力负荷的分类

船舶用电设备种类繁多,分布在全船的各个部位,其总用电量即构成船舶电力负荷。按照船舶用电设备的不同用途及船舶工况,可分为以下 4 类:

1)航行所需负荷:主要包括主机辅助设备,导航及无线通信设备,舵机、通风机、各类水泵和机修设备等。这类负荷的大小常与推进主机的功率有关,在运行的过程中变化不是太大。另外,对于电力推进船舶,电力负荷还应包括电动机驱动螺旋桨的用电量,是船舶电站的主要负荷。

2)机动工作所需负荷:当船舶处于进出港、离靠码头、备航等变工况状态下,各种设备(包括锚机、空压机、主动舵、侧推器、系缆绞车、应急消防设备等)工作所需的电力负荷,其一般变化较大,且具有一定的随机性。

3)泊港所需负荷:当船舶处于泊港状态下,各种设备(甲板机械、起货装置和日常生活设备等)工作所需的负荷。除靠岸停泊需要开动起货机装卸货物外,负荷通常较低。另外靠岸停泊时,应尽可能使用岸上电源提供动力,以节省船舶电站的工作时间。

4)生活所需负荷:日常生活所需负荷,包括照明、烹调、空调、冷藏和船内通风设备等。这类负荷与船舶本身的性质、航运季节以及气候条件等也有着密切的关系。

为了能够较好地对船舶电力负荷进行预测,计算全船电力负荷时,又可以将负荷按工作制分为以下3类:

1)第Ⅰ类负荷:连续使用的负荷。船舶在某一运行状态下连续使用的负荷,如航行时的主机冷却水泵等。

2)第Ⅱ类负荷:短时或重复短时使用的负荷。在某一运行状态下的使用负荷,如航行状态时的燃油输送泵、滑油输送泵等。

3)第Ⅲ类负荷:偶然短时使用的负荷以及按操作规程可以在电站尖峰负荷时间以外使用的负荷,如航行状态下的机修等。

2.5.2 船舶电力负荷的特点

从以上介绍的分类情况来看,船舶电力负荷具有以下5个特点[2.9]:

1)船舶电力负荷的大小与该船舶所处的工况有着密切的联系。不同工况下船舶启用的负载种类和频度差别是很大的,所以船舶所处的工况基本上决定了船舶的总电力负荷。表2.2列出了两种船舶在不同工况下所需的电力负荷。

表 2.2 两种船舶在不同工况下所需的电力负荷　　　　(单位:kW)

工况		航行	进出港	装卸货	停泊	油轮输送	锅炉起动	应急
电力负荷	柴油机货轮	308.0	352.5	320.5	110.7			
	涡轮机油轮	905.0		739.0		1170.7	137.2	186.0

2)设备装置功率和实际的电力负荷并不完全等同。例如,电动机是主要的船舶电气设备,一般在低于或等于其额定功率的状态下工作,这是因为在船舶设计之初,在选用标准系列电气设备和电动机时,一般都会留有一定的裕量。因此,不能把电动机的额定功率和电动机实际所需的电力负荷等同起来,在进行电力负荷计算时,需要引入负荷系数来考虑这一情况。

3)不同类型的船舶,其电力负荷的构成比例有很大的差别。这主要是因为不同类型的船舶,其电气设备和运行工况是不同的。表2.3所示为两种类型船舶各类电力负荷占全船总负荷的百分比。

表 2.3　两种类型船舶各类电力负荷占全船总负荷的百分比

电力负荷类型		动力辅机用负荷	系统设备用负荷	甲板机械与装置用负荷	电子设备负荷	武器特种设备负荷	照明与其他日常设备负荷
所占比例	驱逐舰	22%	25%	7.5%	15%	24%	6.5%
	万吨轮	17%	35%	40%	2%	—	6%

4）船舶电力负荷的工作有很强的系统属性。所谓负荷的系统属性，是指负荷的变化情况与其所属的系统及其运行状态之间的依赖和约束关系。不属于同一系统的电气设备相互之间一般没有运行的制约关系，而属于同一系统的电气设备会因系统协同动作的要求而相互之间产生某种制约关系。例如，锚机的工作通常不会受到舱内通风机工作的影响和限制，但同属于一个动力系统的两台辅助泵，却必须根据主机的要求来协同工作。

5）船舶电力负荷具有较大的随机性。虽然船舶电力负荷种类繁多，但基本可以分为两种，一种是设备运行功率基本维持不变，称为静态负荷，例如一些恒定输出的电力拖动负载、恒流量的泵和电热、照明等设备。另外一种是运行功率有较大波动的负荷，这类负载的随机性不仅体现在工作状态的交替上，而且还体现在负载功率的变化上，称为动态负荷，例如起货机、绞盘机和起/制时的各类拖动装置等。这些负载在船舶运行工况变化的条件下，在起动次数、运行功率或工作持续时间上都具有随机变化的性质。

船舶电力负荷的这些特点给负荷的计算带来了一定的困难。只有充分考虑这些特点对负荷计算的影响，才能使计算的结果确切地反映船舶电力负荷的实际情况。有关船舶电力负荷的具体计算方法，请参见本书第 5 章内容。

2.5.3　船用电动机

目前，全球电力的约 50% 供各种电动机使用。同样，电动机也是各种船舶的主要用电负荷。对于常规机械推进船舶，电动机大量用于各种泵、通风机、起货机、锚机、搅缆机、舵机等设备的驱动，用电量不少于全船用电负荷的 50%；对于电力推进船舶，主推进电动机更是船舶电力系统主要用电大户，用电量占全船发电量的 80% 以上。而且，因各种设备对电动机运行工况要求各异，对于船舶设计者和使用者都需要特别关注。本小节从用电的角度介绍常用的船舶电动机。

1. 船舶电动机的一般分类

目前常用的电动机分为直流电动机与交流电动机两大类。

（1）直流电动机　直流电动机调速和控制性能良好，通常用于船舶的电力推进与各种控制用的执行驱动器。但因直流电动机的换向器和电刷结构，需要经常维护，而且机械换向还限制了直流电动机的极限功率，当容量较大时电动机的体积很庞大，并且电刷也容易出故障，其输出功率一般不超过 4MW，目前仅在早期船舶上使用。

（2）交流电动机　交流电动机结构简单，大量应用于各种船舶电气设备的驱动。交流推进电动机又可分为异步电动机和同步电动机两种推进形式。

1）交流同步电动机目前主要有电励磁同步电动机和永磁同步电动机等，前者主要用于船用发电机和大功率电力推进系统[2.6]，其结构与原理已在 2.1 节详细论述；永磁同步电动机主要应用于各种控制电机，也有用于直驱式推进装置[2.6]。

2)交流异步电动机是船舶最为常用的电力驱动装置,用途也最为广泛。下面概要介绍船用交流异步电动机及其简单配电与控制。

2. 交流异步电动机

交流异步电动机(又称感应电动机)的定子结构与同步电动机相同,其转子结构形式有绕线转子与笼型两种绕组。笼型异步电动机的转子多相绕组短接,不需要电源供电,因而结构简单、坚固耐用、运行可靠,应用也最为广泛;绕线转子异步电动机因其转子也能馈电,早期用于串接调速,现用于双馈控制[2.1]。

(1)交流异步电动机的结构与工作原理 常用的交流三相异步电动机的基本结构如图2.33所示,当三相对称绕组通入三相交流电流时,在定、转子间的气隙中就会产生圆形旋转磁场,带动转子沿旋转磁场的方向旋转。只要转子的转速 n 低于旋转磁场的同步转速 n_s,转子绕组与旋转磁场之间就会有相对运动,从而使转子连续旋转并稳定运行。

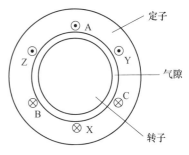

图 2.33 交流三相异步电动机的基本结构

异步电动机稳定运行时转子转速 n 为

$$n = \frac{60f_s}{N_p}(1-s) \qquad (2-16)$$

式中,s 为转差率,表示同步转速 n_s 和转子转速 n 两者之差与同步转速 n_s 的比值,即

$$s = \frac{n_s - n}{n_s} \qquad (2-17)$$

异步电动机的结构简单、体积小、重量轻、转动惯量小、动态响应快、维护方便,且可以在恶劣条件下工作,因此异步电动机是目前使用最多、应用范围最广的一种交流电动机,成为电力传动的主要形式,在船上也是应用最为广泛的驱动装置。

(2)交流异步电动机的船舶应用分类 船上交流异步电动机一般可分为:

1)恒速运行设备的驱动。船舶大量应用的通风机、各类水泵都采用交流异步电动机,过去都采用恒速运行模式。但随着节能减排与绿色低碳发展的需求,正在逐步采用变频调速方式,以节约电能。

2)短时运行设备的驱动。目前,船舶的锚机、空压机、系缆绞车、起重机、应急消防设备等也都采用交流异步电动机驱动,这些设备正常航行时不会使用,但在港口停泊与起航时运行,这些设备功率较船上其他用电负荷更大,特别是起动电流对船舶电网冲击较大,需要采用减压起动或软起动方式来限制起动电流。

3)变速运行设备的驱动。对于常规机械推进船舶,主动舵等控制用交流异步电动机;对于电力推进船舶,交流电动机目前主要应用于主推进器、侧推器等传动控制装置,为了满足船舶电力推进高功率的要求,开发了一些先进的异步电动机[2.10],如多相电动机等;对于海洋工程船舶与平台,交流异步电动机用作动力定位(DP)装置或工程作业设备的驱动。这类电力驱动装置在船舶航行时长期运行,并需要调速与控制。

(3)交流异步电动机的调速方式 根据式(2-16),笼型异步电动机的调速方式有变极调速、调压调速和变频调速等方式。其中:变极调速需要改变电机的极对数 N_p,属有级调速,常用于船舶起重机的调速控制;调压调速是一种改变转差率 s 的调速方式,调速范围窄且转子转差损耗大,常用于大电机的起动限流控制;变频调速是现代笼型异步电动机的主流调速方式,已广泛应用于船舶电力推进与节能控制。

3. 交流异步电动机运行的主要问题

交流异步电动机虽然结构简单,易于使用和维护,但仍需考虑其工作特点,便于其长期可靠运行。

(1) 异步电动机的起动　交流异步电动机在一般情况下,起动电流 I_{Mst} 比较大,而起动转矩 T_{st} 并不大,其起动特性如图 2.34 所示。

对于一般的笼型电动机,起动电流 I_{Mst} 对其额定值 I_{MN} 的起动电流倍数 K_{Mst} 约为

$$K_{Mst} = \frac{I_{Mst}}{I_{MN}} = 4 \sim 7 \quad (2-18)$$

由于中、大容量电动机的起动电流大,使电网电压降过大,会影响其他用电设备的正常运行,甚至使该电动机本身根本无法起动。特别是,对于船舶电力系统本身容量有限,情况会更加严重。在设计应用时,应根据电力传动设备的特性,采取适当措施来降低和限制电动机的起动电流。

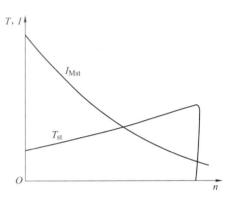

图 2.34　异步电动机直接起动时的起动特性

(2) 温升与绝缘　电动机在运行中,由于损耗产生热量,使电动机的温度升高,电动机所能容许达到的最高温度取决于电动机所用绝缘材料的耐热程度,称为绝缘等级。不同的绝缘材料,其最高容许温度是不同的。电动机中常用的绝缘材料,按其耐热能力,分为 A、E、B、F 和 H 5 级。它们的最高容许工作温度见表 2.4。

表 2.4　电动机绝缘材料的最高容许工作温度

绝缘等级	A	E	B	F	H
最高容许温度/℃	105	120	130	155	180
最高容许温升/K	60	75	85	105	130

如果电动机的绝缘材料一直处于最高容许工作温度以下,则一般情况下可以保证绝缘材料有 20 年的使用寿命。若电动机的温度超过绝缘材料的最高容许工作温度,则绝缘材料的使用寿命将减少。绝缘材料的最高容许工作温度就是电动机的最高容许工作温度;绝缘材料的使用寿命,一般来讲也就是电动机的使用寿命。

电动机工作时,因损耗而产生热量,使电动机温度升高。当电动机温度高于环境温度时,还要通过冷却介质向周围环境散热。因此,电动机的温度不仅与损耗有关,也与环境温度有关。电动机某部分的温度与冷却介质的温度之差称为该部件的温升。当电动机的绝缘材料确定后,部件的最高容许工作温度就确定了,此时温升限度就取决于冷却介质的温度。冷却介质的温度越高,容许的温升就越低。

电动机的环境温度是随季节和使用地点而变化的,为了统一,国家标准 GB/T 755—2019《旋转电机 定额和性能》规定:电机运行地点的环境空气温度应不超过 40℃;而对于船用电动机,各大船级社一般要求电动机工作环境温度不高于 50℃。但在确定电动机温升

的限值时，还需考虑电动机的冷却方式和冷却介质、温度测定的方法（电阻法、温度计法和埋置检温计法等）、电动机功率的大小以及绕组类型等因素。

（3）过载与保护　电动机的过载是指其在某个允许的时间内流过电动机的电流超过额定电流值。船用异步电动机应具有一定的过载能力，短时间过载对电动机的影响不大，但如果电动机的电流长时间超过额定电流，就会使电动机严重过热而损坏。因此，容易过载或堵转的电动机，以及由于起动或自起动条件沉重而需要限制起动时间或防止起动失败的电动机，必须装设过载保护装置。

另外，如果电动机定子绕组发生短路，也会使定子电流增加而烧毁电动机。因此，异步电动机应有过载保护装置和短路保护装置。

1）电动机的过载保护。过载保护一般采用热继电器或带长延时脱扣器的低压断路器，对于重要的大功率电动机，应采用反时限特性的过电流继电器。过载保护一般用以切断电动机电源以实现保护，必要时可发出警告信号或使电动机自动减载。

在电动机的控制回路中，常装有双金属片组成的热继电器，它利用膨胀系数不同的两片金属在过载运行时受热膨胀而弯曲，推动一套动作机构，使热继电器的一个常闭触点断开，起到过载保护作用。

一般选择热元件时，其动作电流按电动机额定电流的 1.10~1.25 倍选择。

2）电动机的短路保护。电动机短路时，短路电流很大而热继电器还来不及动作，电动机可能已损坏。这时，须设置短路保护装置。短路保护由熔断器来承担。在发生短路故障时熔断器在很短时间内就可熔断，起到短路保护作用。

一般选用熔断器保护时，其熔丝的熔断电流按电动机额定电流的 1.5~2.5 倍选择。

2.5.4　电动机驱动设备的配电与控制

交流异步电动机是船舶电力系统最大的用电负荷，也是最为重要的配电及控制保护对象。本小节主要介绍船用交流电动机的一般配电及其控制[2.11]，交流电动机的变频调速与驱动控制请参阅有关文献[2.12]。

（1）风机、水泵类电动机的控制　船舶风机、水泵类电动机在一定条件下可以采用直接起动方式。直接起动就是利用开关或接触器将电动机的定子绕组直接接到具有额定电压的电网上，也称为全压起动。这种起动方法的优点是操作简便、起动设备简单；缺点是起动电流大，会引起电网电压波动。因此，直接起动方法的应用主要受电网容量的限制，此时要求电动机额定功率（相对于运行发电机容量）较低，瞬时起动电流在可承受范围之内，瞬时起动转矩也在负载允许范围之内。

为了工作可靠，为船舶主、副机服务的燃油泵、滑油泵及海水冷却泵等电动机可设置两套机组。该机组两台泵可以自动循环工作，也可以一台作为运行泵，另一台作为备用泵，以保证主、副机等重要设备处于正常工作状态。这种双泵驱动电动机的配电与控制电路如图 2.35 所示，其中：KM_1、KM_2 是接触器，FR_1、FR_2 是热继电器，KT_1、KT_2 是时间继电器，SB_1 是 1 号泵起动按钮，SB_2 是 2 号泵起动按钮，SB_3 是停止按钮，可以切断整个控制回路。

如果先按下 1 号泵起动按钮 SB_1，KM_1 线圈得电，1 号泵运行；同时 KT_1 得电，开始计时（时间由现场情况设定）。当计时到后，常闭触点 KT_1 切断 KM_1 的控制回路，同时接通 KM_2 线圈回路并自锁，KM_2 线圈得电，2 号泵运行；这时 KT_2 得电，开始计时（时间由现场

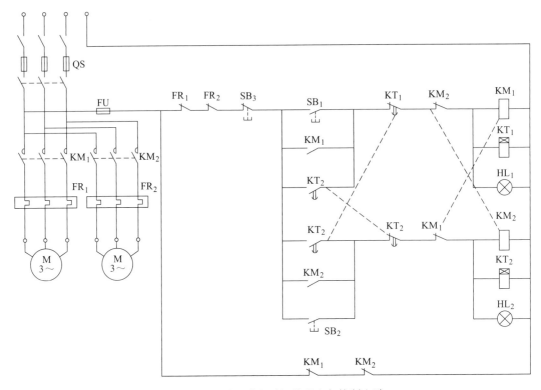

图 2.35 双泵驱动电动机的配电与控制电路

情况设定)。当计时到后,常闭触点 KT_2 切断 KM_2 的控制回路,同时接通 KM_1 线圈回路并自锁,KM_1 线圈得电,1 号泵再次运行,如此循环往复,实现两台泵的自动切换。如果先按下 2 号泵的起动按钮 SB_2,2 号泵先起动,之后都是到了时间继电器设定的时间后就会自动切换。

控制回路有两个互锁:第一个是接触器 KM_1 和 KM_2 的互锁,第二个是时间继电器 KT_1 和 KT_2 的互锁,如图 2.35 中虚线所示,其目的是保证两个机组不同时工作。

对于双泵电机的工作模式,只需将相应的时间继电器参数设置合适即可。如要停机,只需按下停止按钮 SB_3 便可。两台泵自动切换运行,还可以使两台泵的使用频率接近,这样两台泵的使用寿命才会接近。

(2)电动机的正反转控制 船舶上锚机、绞缆机等设备的工作需要利用驱动电动机的正反转功能,三相异步电动机的正反转可以通过改变定子相序来实现,其控制电路如图 2.36 所示。

1)电动机的正转。开关 QS 闭合后,按下起动按钮 SB_1,正转交流接触器线圈 KM_1 得电吸合,KM_1 的常开触点闭合,常闭触点断开,控制回路中实现自锁,使 KM_1 线圈持续得电,主回路中 KM_1 吸合的同时,电动机正转起动。按下按钮 SB_3 后控制回路断电,线圈 KM_1 失电,电动机正转停止。

2)电动机的反转。开关 QS 闭合后,按下起动按钮 SB_2,反转交流接触器线圈 KM_2 得电吸合,KM_2 的常开触点闭合,常闭触点断开,控制回路中实现自锁,使 KM_2 线圈持续得电,主回路中 KM_2 吸合的同时,电动机反向转动。按下按钮 SB_3 后控制回路断电,线圈 KM_2 失

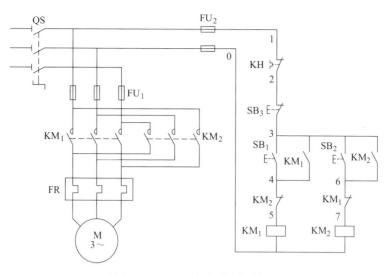

图 2.36 电动机的正反转控制电路

电,电动机反转停止。

联锁触点 KM_1 和 KM_2 具有互锁的功能,即电动机正转时不能反向运转,反之亦然,从而保证了电动机正常工作的进行。

(3) 大电动机的起动控制 对于大功率电动机,起动时因瞬间电流很大,对于容量有限的船舶电网造成电压突降等严重影响,需要采用减压起动方式。传统的减压起动方法有[2.1]:星形-三角形(Y-△)换接起动、定子串电阻(或电抗器)起动、自耦变压器减压起动等[2.3]。这些方法都是一级减压起动,起动过程中电流有两次冲击,其幅值都比直接起动时低,而起动时间略长。现在随着交流调速系统的广泛应用,开发了专门的软起动器来限制起动电流。

1) Y-△减压起动。Y-△减压起动方法只适用于正常运行时定子绕组接成三角形的电动机,如图 2.37 所示,定子每相绕组均引出两个出线端,三相共引出六个出线端。在起动时

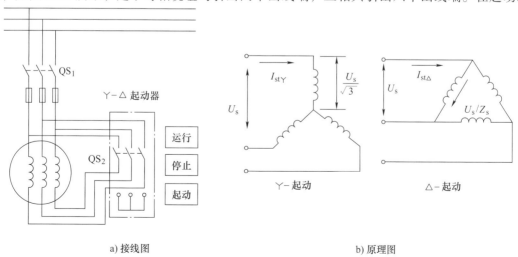

图 2.37 Y-△减压起动示意图

将定子绕组接成星形，起动完毕后再换接成三角形。这种起动方式可将起动电流降低到直接起动电流的 1/3 左右，但同时也会降低电动机的起动转矩。为确保必要的起动加速度，负载的起动转矩不能太高。

2) 自耦变压器减压起动。图 2.38 为自耦变压器减压起动接线图。起动时，把开关投向"起动"位置，这时自耦变压器一次绕组加全电压，而电动机定子绕组电压仅为抽头部分的电压值（二次电压），电动机做减压起动；待转速接近稳定（额定转速）时，把开关转换到"运行"位置，把自耦变压器切除，电动机做全电压运行，起动结束。

自耦变压器减压起动适用于容量较大的低压电动机或正常运行时联结成星形（不能采用Y-△换接起动）的电动机，其应用较广泛，有手动及自动多种控制电路。其优点是多个电压抽头可满足不同负载下对起动转矩的不同要求，缺点是起动设备体积大、重量大、价格高，并需要经常检修维护。

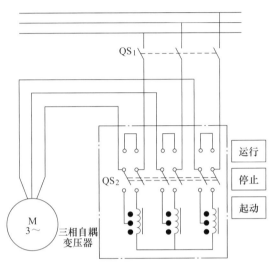

图 2.38　自耦变压器减压起动接线图

3) 软起动。异步电动机的减压起动方式（如Y-△减压起动、串电阻或电抗器减压起动，自耦变压器减压起动等），其共同的缺点是：起动转矩不可调，都有绕组电压的切换过程，对电网将产生二次冲击电流，对机械负载也有冲击作用。为克服减压起动的缺点，一种基于电力电子技术、微处理器和自动控制技术的软起动装置应运而生。

软起动就是采用一定的方法，在起动时使加在电动机上的电源电压按一定规律从零平滑过渡到全电压，以控制起动电流和起动转矩，实现电动机平稳起动。异步电动机的软起动一般有限流起动、电压双斜坡起动、阶跃恒流起动等方式[2.12]，软起动器通常可以将起动电流从额定电流的 5~6 倍降至 2~3 倍。目前的软起动器一般采用晶闸管交流调压器，完成起动后可用接触器旁路晶闸管，以免晶闸管不必要地长期工作。起动电流可视起动时所带负载的大小进行调整，以获得最佳的起动效果。

某船舶压载泵功率较大，其驱动电动机额定功率为 18.5kW，额定电压为 380V，额定电流为 39A，采用直接起动方式时电站主开关容易跳闸。现采用 3RW30 型软起动器对控制电路进行改造，如图 2.39 所示，软起动器控制电路采用阶跃恒流软起动方式。

图 2.39 中，QS 为三相负荷开关，FR 为热继电器，$FU_1 \sim FU_5$ 为熔断器，HL 为运行指示灯，SB_1 为起动按钮，SB_2 为停止按钮。软起动器的 13、14 两点间触头工作状态是：在软起动器通电时就闭合，断电时断开。23、24 两点间触头工作状态是：电动机定子电压达到额定电压时就闭合，其余时间断开。该起动器采用数码显示式操作键盘，可实现参数设定、显示、修改以及故障显示、复位和起动、停机等控制。经过参数设定与安装调试，在船舶电站试验中，测得压载泵起动电流为额定电流的 3 倍以下，起动时间为 8~10s，有效避免了压载泵起动对船舶电网的冲击，起动效果较为理想。

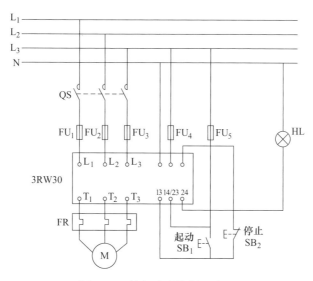

图 2.39 软起动器控制电路图

参 考 文 献

[2.1] 汤天浩，谢卫. 电机与拖动基础 [M]. 3版. 北京：机械工业出版社，2018.

[2.2] 马伟明，张晓锋，焦侬，等. 中国电气工程大典：第12卷 船舶电气工程 [M]. 北京：中国电力出版社，2009.

[2.3] PATEL M R. 船舶电力系统 [M]. 汤天浩，许晓彦，谢卫，等译. 北京：机械工业出版社，2013.

[2.4] ABB. 船舶电气装置与柴油电力推进系统 [Z]. 2003.

[2.5] 赵殿礼，张春来. 船舶电站控制与管理技术 [M]. 大连：大连海事大学出版社，2009.

[2.6] 汤天浩. 韩朝珍. 船舶电力推进系统 [M]. 北京：机械工业出版社，2015.

[2.7] 薛士龙. 船舶电力系统及其自动控制 [M]. 北京：电子工业出版社，2012.

[2.8] 郭凤仪，王智勇. 电器基础理论 [M]. 北京：机械工业出版社，2020.

[2.9] 庞科旺. 船舶电力系统设计 [M]. 北京：机械工业出版社，2010.

[2.10] LEWIS C. The advanced induction motor [C] //IEEE Power Engineering Society. IEEE Power Engineering Society Summer Meeting. Chicago：IEEE，2005：250-253.

[2.11] 兰海，卢芳，孟杰. 舰船电力系统 [M]. 2版. 北京：国防工业出版社，2015.

[2.12] 汤天浩. 电力传动控制系统 下册：提高篇 [M]. 北京：机械工业出版社，2016.

第 3 章
船舶电力系统自动控制

本章主要介绍与分析船舶电力系统自动控制的基本方法，讨论船舶电力系统数学建模及其混沌现象、船舶发电机组比例积分微分（Proportion Integration Differentiation，PID）控制与小脑模型关节控制器（Cerebellar Model Articulation Controller，CMAC）神经网络控制方法与技术，为船舶电力系统自动控制研究提供一些新思路。

3.1 船舶电力系统建模与混沌分析

3.1.1 船舶电力系统数学模型

船舶电力系统数学建模是船舶电力系统分析与控制的基础[3.1]。系统建模与仿真先要对电力系统的各个基本单元建立数学模型，然后建立电力网模型，最终建立船舶电力系统模型。数学模型可采用微分方程、传递函数或状态方程形式，要求建立的模型能反映船舶电力系统运行的各种工况。如前所述，船舶电力系统由发电机组、输配电装置及其电网和用电设备组成，其中发电机组是系统主要被控对象。

1. 同步发电机建模及其应用形式

船用发电机组大都采用凸极式同步发电机。因此，在建模与计算中主要建立凸极同步发电机的数学模型，并根据船舶电力系统的动态过程的不同要求建立不同的模型，如稳态模型、动态（暂态）模型、次暂态模型等。稳态模型主要用于船舶电力系统的稳态分析，在动态分析与仿真中，需建立与运用动态模型，次暂态模型常用于系统故障分析。本节重点建立同步发电机的动态模型和状态方程模型，稳态模型已在第 2 章介绍，次暂态模型将在第 4 章讨论。

船舶发电机建模时一般假设是理想同步发电机[3.2]：发电机的磁导率为常数，即忽略磁滞（可以考虑一定的磁饱和）、涡流与趋肤效应的影响；定子的 3 个绕组结构对称，其位置在空间相差 $120°$ 电角度，沿气隙是正弦分布；转子在结构上也是完全对称的，在气隙中产生正弦分布的磁动势；定子及转子的槽及通风沟等不影响发电机定子、转子的电感；如果忽略磁饱和，只须处理线性耦合电路，可用叠加原理进行处理。这些假设与实际测量的结果比较证实具有一定的合理性[3.3]。可以在线性磁链与电流的假设下，建立同步发电机的模型。

（1）同步发电机结构与绕组定义　船舶同步发电机的电气部分可以由不同阶数的模型来描述。图 3.1 是有一对磁极的基本三相同步发电机的结构，多对磁极的发电机也可按此方法分析。同步发电机的定子由 A、B、C 三相绕组组成，转子包括磁场绕组 F 和阻尼绕组。

磁场绕组通以直流电产生磁场,直轴(d 轴)是 N 极磁场的中心,交轴(q 轴)超前直轴 90°,当原动机驱动发电机转子旋转时,产生旋转磁场,在定子绕组中感应出交流电动势输出电能。当电机输入电能时,同步电机可作为船舶推进电动机运行。

为了便于分析,假设阻尼回路(实心转子或阻尼绕组)中的电流在两个闭合电路中流通:一个闭合回路的磁链与 d 轴磁场同轴;另一闭合回路的磁链与 q 轴磁场同轴。用下标 kd 表示直轴阻尼绕组;下标 kq 表示交轴阻尼绕组;k = 1,2,…,n 是绕组数量;θ 是 d 轴超前于 A 相绕组磁轴的角度;ω_r 是转子角速度;Φ 是磁通。

(2)同步发电机稳态模型 对于同步发电机稳态情况,可以用一个内部等效电压源、等效电阻和电抗来模拟。交流同步发电机的等效电路模型如图 3.2 所示,其中:$\dot{E}_f$ 为转子磁场所产生的电枢绕组感应电动势,R_g 为电枢绕组电阻(通常可忽略),L_g 为电枢绕组同步电感,$\dot{U}_g$ 为发电机输出端电压,$\dot{I}_g$ 为输出电流(通常滞后于端电压)。

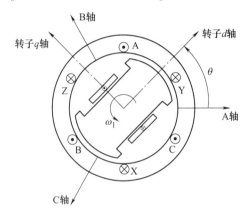
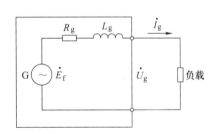

图 3.1 基本三相同步发电机结构　　　　图 3.2 交流同步发电机的等效电路模型结构

根据电路原理,发电机的输出端电压的相量形式为

$$\dot{U}_g = \dot{E}_f - \dot{I}_g(R_g + jX_g) \tag{3-1}$$

(3)同步电机 d-q 坐标系的动态模型 通用的三相同步电机定子有三相绕阻,转子带励磁绕阻和三套阻尼绕阻,各类同步电机都能通过对它做不同程度的简化或变动获得。为简化控制,通过派克(Park)变换,可在 d-q 坐标系建立模型[3.2]。同步电机在 d-q 坐标系的等效电路如图 3.3 所示。

图 3.3 中,R_s 为定子电枢电阻,R_{df} 为折算到定子侧的 d 轴励磁绕组电阻,R_{dk} 为折算到定子侧的 d 轴阻尼绕组电阻,R_{qk1} 为折算到定子侧的 q 轴 1 号阻尼绕组的电阻,R_{qk2} 为折算到定子侧的 q 轴 2 号阻尼绕组的电阻;u_{ds} 为 d 轴电势,u_{qs} 为 q 轴电势,u_{dk} 为折算到定子侧的 d 轴阻尼绕组电势,u_{df} 为折算到定子侧的 d 轴励磁绕组电势,u_{qk1} 为折算到定子侧的 q 轴 1 号阻尼绕组的电势,u_{qk2} 为折算到定子侧的 q 轴 2 号阻尼绕组的电势;ψ_{ds} 为定子 d 轴磁链,ψ_{qs} 为定子 q 轴磁链,i_{ds} 为电枢 d 轴电流,i_{qs} 为电枢 q 轴电流,i_{qk} 为 q 轴阻尼绕组电流,i_{dk} 为 d 轴阻尼绕组电流,i_{df} 为折算到定子侧的 d 轴励磁电流;L_{ls} 为定子漏感,L_{dm} 为 d 轴互感,L_{qm} 为 q 轴互感,L_{ldf} 为折算到定子侧的 d 轴励磁绕组漏感,L_{ldk} 为折算到定子侧的 d 轴阻尼绕组漏感,L_{lqk1} 为折算到定子侧的 q 轴 1 号阻尼绕组漏感,L_{lqk2} 为折算到定子侧的 q 轴 2 号

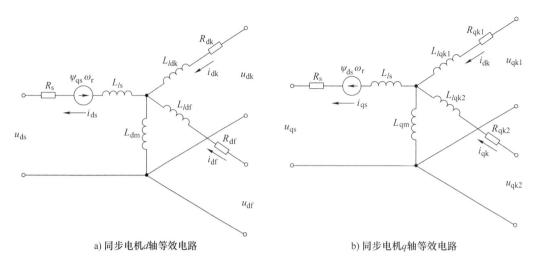

a) 同步电机d轴等效电路　　　　　b) 同步电机q轴等效电路

图 3.3 同步电机在 d-q 坐标系的等效电路

阻尼绕组漏感；ω_r 为转子角速度。

由于同步电机转子结构的不对称性，其动态方程只有在按转子位置定向的同步旋转坐标系上才能消去电感矩阵中所有与转子位置有关的表达式，因此这里只研究在此坐标系上同步电机的动态方程。设定子电流以流入方向为正，所有量都折合到定子侧，同步电机的电压方程为

$$u_{ds} = R_s i_{ds} - \omega_r \psi_{qs} + p\psi_{ds} \tag{3-2}$$

$$u_{df} = R_{df} i_{df} + p\psi_{df} \tag{3-3}$$

$$u_{dk} = R_{dk} i_{dk} + p\psi_{dk} \tag{3-4}$$

$$u_{qs} = R_s i_{qs} + \omega_r \psi_{ds} + p\psi_{qs} \tag{3-5}$$

$$u_{qk1} = R_{qk1} i_{qk1} + p\psi_{qk1} \tag{3-6}$$

$$u_{qk2} = R_{qk2} i_{qk2} + p\psi_{qk2} \tag{3-7}$$

式中，ψ_{df} 为折算到定子侧的 d 轴励磁绕组磁链；ψ_{dk} 为折算到定子侧的 d 轴阻尼绕组磁链；ψ_{qk1} 为折算到定子侧的 q 轴 1 号阻尼绕组磁链；ψ_{qk2} 为折算到定子侧的 q 轴 2 号阻尼绕组磁链；i_{qk1} 为折算到定子侧的 q 轴 1 号阻尼绕组电流；i_{qk2} 为折算到定子侧的 q 轴 2 号阻尼绕组电流。

同步电机的磁链方程为

$$\psi_{ds} = L_{ls} i_{ds} + L_{dm}(i_{ds} + i_{df} + i_{dk}) \tag{3-8}$$

$$\psi_{df} = L_{ldf} i_{df} + L_{dm}(i_{ds} + i_{df} + i_{dk}) \tag{3-9}$$

$$\psi_{dk} = L_{ldk} i_{dk} + L_{md}(i_{ds} + i_{df} + i_{dk}) \tag{3-10}$$

$$\psi_{qs} = L_{ls} i_{qs} + L_{qm}(i_{qs} + i_{qk1} + i_{qk2}) \tag{3-11}$$

$$\psi_{qk1} = L_{lqk1} i_{qk1} + L_{qm}(i_{qs} + i_{qk1} + i_{qk2}) \tag{3-12}$$

$$\psi_{qk2} = L_{lqk2} i_{qk2} + L_{qm}(i_{qs} + i_{qk1} + i_{qk2}) \tag{3-13}$$

同步电机的转矩方程为

$$T_e = \frac{3}{2} n_p (\psi_{ds} i_{qs} - \psi_{qs} i_{ds}) \tag{3-14}$$

同步电机动态模型可以转换为状态方程形式[3.2]，次暂态模型等[3.3]。

2. 船用同步发电机励磁系统建模

目前大型船用发电机励磁系统大多采用旋转整流器系统，直流输出直接馈送到发电机励磁绕组，旋转励磁机的电枢和二极管整流器随主发电机的磁场一起旋转，调节器控制整流器的输入来控制整流器的输出电流，控制系统框图如图 3.4 所示。

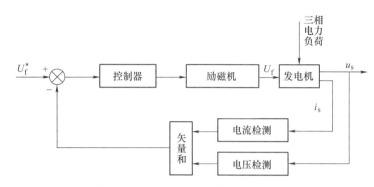

图 3.4 船用发电机励磁控制系统框图

同步发电机励磁控制系统由连续系统模块集进行建模，其系统结构框图如图 3.5 所示（不含同步发电机），各模块用传递函数描述。图中：输入电压设定参考值 U_f^*，发电机 d 轴电压为 u_d，发电机 q 轴电压为 u_q，发电机的三相电流信号为 i_s，接地零电压为 u_{s0}；励磁电压输出为 U_f。u_d 与 u_q 通过 d-q 轴电压与功率因素投影计算，再通过低通滤波器（Low Pass Filter，LPF）产生相复励的电压信号。i_s 通过与功率因素进行计算，再通过低通滤波，产生相复励中的电流分量信号。

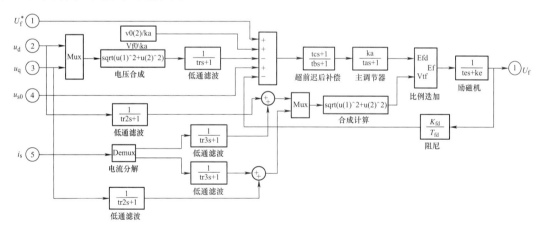

图 3.5 船用发电机励磁系统结构框图

这两部分信号合成后，一部分送入调节器回路进行闭环调节，另一部分再与调节器的输出产生比例作用，最后输出到励磁机。根据框图，可以求出前向回路的传递函数为

$$\frac{K_f(T_{hc}s+1)}{(T_f s+1)(T_{ac}s+1)(T_F s+K_F)} \tag{3-15}$$

反馈单元的传递函数为

$$\frac{K_{fd}s}{T_{fd}s + 1} \tag{3-16}$$

式中，K_f 和 T_f 为励磁主调节器的放大系数和时间常数；T_{hc} 和 T_{ac} 为超前和滞后补偿时间常数；K_F 和 T_F 为励磁机的放大系数和时间常数；K_{fd} 和 T_{fd} 为反馈阻尼环节的放大系数和时间常数。励磁系统是 PID 调节器控制，其中主调节器与补偿器在前向回路中；一个实际微分环节在反馈回路中，起到对系统的阻尼和稳定作用。

3. 船用柴油机与调速系统建模

（1）柴油机建模　船舶发电机组的原动机有多种，这里以海洋运输类船舶中运用最广泛的柴油机为例进行建模。柴油机建模若考虑其机械特性、供油、供气、冷却等，系统是很复杂的[3.4]，电力系统建模中一般是应用柴油机的转速、机械功率的输入和输出特性[3.5]，建立的模型框图如图 3.6 所示。系统输入转速设定值 ω_d^* 与转速检测值 ω_d，单位均为 rad/s，经调速器和油门调节器控制，柴油机输出转矩功率为 P_{dm}，驱动同步发电机发电。图中：P_{max} 和 P_{min} 分别为最大和最小柴油机输出转矩功率（MW）；T_1、T_2 和 T_3 分别为放大/补偿器时间常数，T_4 为负荷感应器时间常数，T_5 为控制电流驱动器时间常数，T_6 为激励器时间常数，T_7 为柴油机延时时间常数，T_8 为供油时间常数。

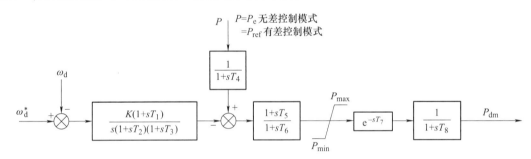

图 3.6　柴油机模型框图

（2）柴油机液压调速器建模　调速器是发电机组中用于调节发电机的频率特性的控制装置。常用的船舶柴油发电机调速器，其代表型号有 Woodward UG-8 调速器，主要由圆头滤器、放大调节器和补偿器等组成，如图 3.7 所示。其中：n_d^* 为转速设定值（r/min），n_d 为转速检测值（r/min）；A_1、A_2 和 A_3 为放大/补偿器常数（rad/s）；A_d 为恒定非固定频率运行方式常数（r/(min·in)）（1in = 0.0254m）；B_1 和 B_2 为圆头滤器常数；C_1 为调速器驱动比；K_1 为部分超高压涡轮机能量分量（Deg/in）；P_{max} 为输出转矩功率的最大值（kW），P_{min} 为输出转矩功率的最小值（kW）；T_7 为柴油机延时时间常数，T_8 为供油时间常数。

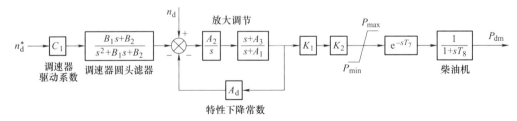

图 3.7　Woodward UG-8 调速器模型

（3）柴油机与调速系统建模　将上述模型进行串接可得船用柴油机、调速器和油门执行器的总模型，适当简化后如图3.8所示。图中所有变量用标幺值（pu）表示，输入转速设定值 ω_d^*、发电机组实际转速 ω_d；柴油机输出转矩功率为 P_{dm}。主控制器与放大单元构成了比例微分加二阶惯性环节的控制单元，柴油机输出转速通过积分单元转换为转矩，考虑柴油机的延时，该转矩通过机组延时环节后再与乘法器的转速信号相乘得到转矩功率信号，发电机在这个转矩功率的驱动下发出电功率。

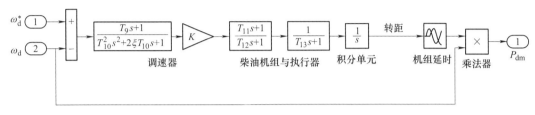

图3.8　柴油机与调速系统模型框图

根据图3.8求出前向通路的传递函数为

$$\frac{K(T_9 s + 1)(T_{11}s + 1)e^{-\tau s}}{s(T_{10}^2 s^2 + 2\xi T_{10} s + 1)(T_{12}s + 1)(T_{13}s + 1)} \tag{3-17}$$

式中，K、T_9、T_{10}分别为控制器放大系数、时间常数和二阶环节的时间常数；τ为发电机组延时时间；T_{11}、T_{12}和T_{13}为柴油机及其执行器的时间常数，这里柴油机的转速特性用二阶环节和滞后环节的组合进行建模。控制器对柴油发电机组被控对象形成转速闭环负反馈控制。

4. 基于MATLAB的船舶电力系统的仿真建模

（1）船舶电力系统模型结构　根据建模分析和船舶电力系统实际情况，可以建立大型海洋运输类船舶电力系统模型的总体结构，如图3.9所示。仿真系统由发电机组、电网与配电屏和用电负荷组成。船舶电力系统模型可以根据该结构框架与各组成单元的特性相结合进行构建。

（2）船舶电力系统建模　建立的船舶电力系统模型，是根据远洋大型集装箱船舶电力系统的结构在MATLAB的Simulink交互式仿真环境下，基于MATLAB的电力系统模块（Power System Block，PSB）集、连续系统模块集、离散系统模块集等，首先建立船舶电力系统基本电力设备模型，然后在此基础上建立船舶电力系统模型，从而形成了仿真平台。同步发电机模块（SM3.125MVA）如图3.10所示；柴油机和控制系统模块如图3.11所示，分为柴油机和调速器模块、励磁系统模块和发电机组参数测量模块。

建立的船舶电力系统模型仿真平台系统结构如图3.12所示，按典型的船舶电力系统配置：有4台主柴油发电机组和一台应急发电机组的船舶发电系统模型，每台发电机组由主开关控制进行并网或不并网运行，用PSB实现。发电机组主开关合闸后，通过MSB向负载侧推器（Side Thruster）和滑油泵（ASM1）供电，向220V负载系统供电，其他形式的电力设备可以根据运行工况进行加减。图3.12中的"3-故障单元"是模拟发生单相/双相/三相接地故障的单元，可以根据故障模拟的需要置于某个故障部位。

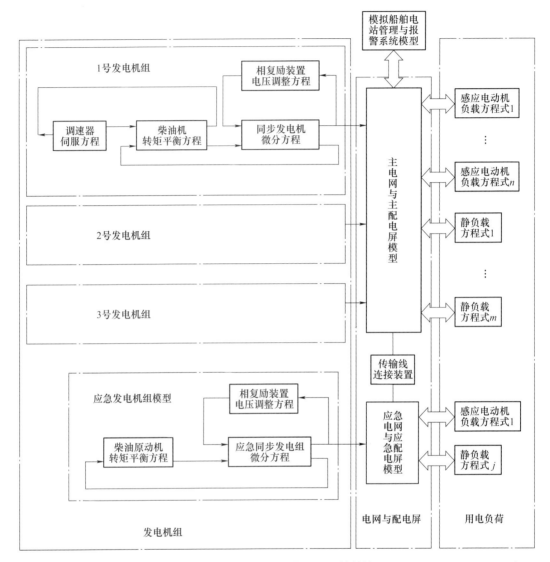

图 3.9 船舶电力系统模型的总体结构

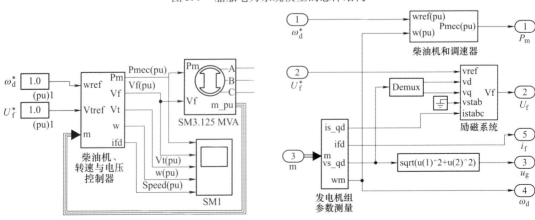

图 3.10 发电机组模块连接图　　　　图 3.11 柴油机和控制系统模块连接图

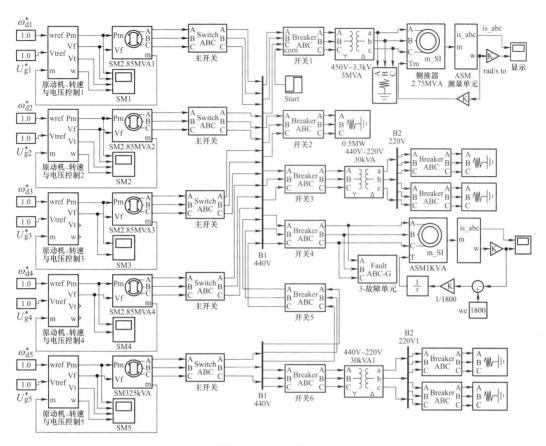

图 3.12 船舶电力系统模型仿真平台系统结构

（3）船舶电力系统运行仿真与分析　建立的基于 PSB 的船舶电力系统数字仿真系统的特点是能观察到电力系统中各点电气参数的瞬时值，以此进行分析。例如，建立某远洋大型集装箱船舶（69285 载重吨位，5250TEU）电力数字仿真系统，交流三相 440V、60Hz，有 4 台 2850kV·A（2280kW）、3657A 柴油发电机组，1 台 325kV·A（260kW）、417A 应急柴油发电机组。电力负荷配置有侧推器（2200kW）、舵机、锚机、冷藏集装箱、空压机和滑油泵 300kV·A（240kW）以及机舱服务泵等。电力系统通过主配电屏和应急配电屏的 GAC-16MC 自动化电站控制装置进行控制和管理。船用同步发电机电气参数及标准参数如下：

$P_{gN} = 2.85 \times 10^6$ V·A，$U_{gN} = 450$V，$f_{gN} = 60$Hz；$R_s = 0.0082\Omega$，$N_p = 4$ 对；$X_d = 5.88$，$X'_d = 0.236$，$X''_d = 0.138$，$X_q = 0.445$，$X'_q = 0$，$X''_q = 0.175$；$X_s = 0.0975$，$T'_d = 0.145$s，$T''_d = 0.006$s，$T''_q = 0.082$s。

船用侧推器由感应电动机通过蜗轮蜗杆机构驱动，电动机电气参数及标准参数如下：

$P_{m1N} = 2200$kW，$U_{m1N} = 3$kV，$f_{m1N} = 60$Hz；$R_{s1} = 0.029\Omega$，$LI_{s1} = 0.6 \times 10^{-3}$ H；$R'_{r1} = 0.022\Omega$，$LI_{r1} = 0.6 \times 10^{-3}$H，$L_{m1} = 34.6 \times 10^{-3}$H。

船用滑油泵由感应电动机驱动，电动机电气参数及标准参数如下：

$P_{m2N} = 300$kVA，$U_{m2N} = 440$V，$f_{m2N} = 60$Hz；$R_{s2} = 0.453\Omega$，$LI_{s2} = 0.002$H；$R'_{r2} = 0.816\Omega$，$LI_{r2} = 0.002$H，$L_{m2} = 0.0693$H。

其他参数如负荷参数，可以根据运行的负荷大小设定阻抗值。

案例 1：柴油发电机组空载起动和电网大负载侧推器运行仿真

当起动条件具备并有起动指令时，发电机正常空载起动；随着柴油机输出转矩功率不断增加，发电机转速开始上升，逐渐建立电压，可以测量到发电机转速达到稳定值在 5.5s 左右。仿真参数均按标幺值（pu）设置，励磁电压 U_f 开始很大，随着电压的建立逐渐减小，最后稳定在一个定值，系统的运行过程如图 3.13 所示。图 3.14 是大负载侧推器投入电网正常起动过程仿真，起动时三相电流值很大，中间有负载波动，最后转速达到稳定状态，电动机的电流也达到稳定状态。

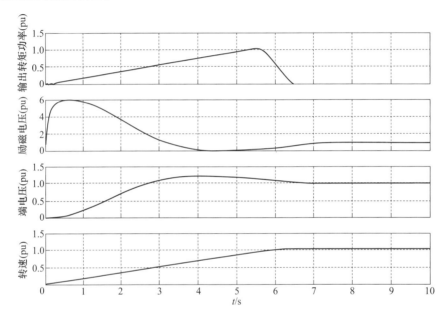

图 3.13　发电机组正常起动过程

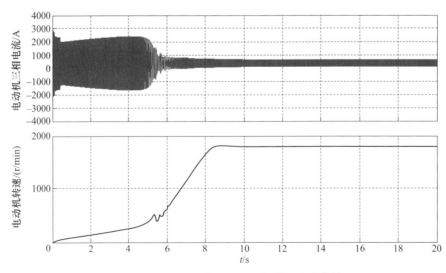

图 3.14　侧推器正常起动电流与转速变化曲线

案例 2：船舶电力系统负载短路故障仿真

船舶电力系统仿真平台用于系统的故障仿真，可观察故障现象，记录数据也很完整。例如进行船舶电力系统的负载短路故障仿真，仿真的过程是：3 台柴油发电机组并网稳定运行，首先是滑油泵起动，0.1s 时侧推器起动运行，0.2s 时滑油泵输入电缆发生了三相接地故障，0.4s 时由于短路电流过大，3 台发电机的主开关跳闸保护。系统的仿真结果如下：

1）滑油泵起动时三相电流和转速变化的仿真结果。运行工况为：滑油泵刚起动时，起动电流很大。0.1s 时由于侧推器的起动，滑油泵起动电流减小了一些，转速增加变慢；0.2s 时由于三相接地故障的发生，起动电流又减小了，转速增加更慢；0.4s 时发电机跳闸，失去供电，起动电流为零，转速开始下降（由于泵的负荷量不大，转速下降有一个过程），参数变化曲线如图 3.15a 所示。

2）侧推器起动时三相电流和转速变化的仿真结果。具体运行工况为：0.1s 时由于侧推器的起动，起动电流更大；0.2s 时侧推器的起动电流减小；0.4s 时发电机跳闸，失去供电，起动电流为零，转速开始下降，参数变化曲线如图 3.15b 所示。

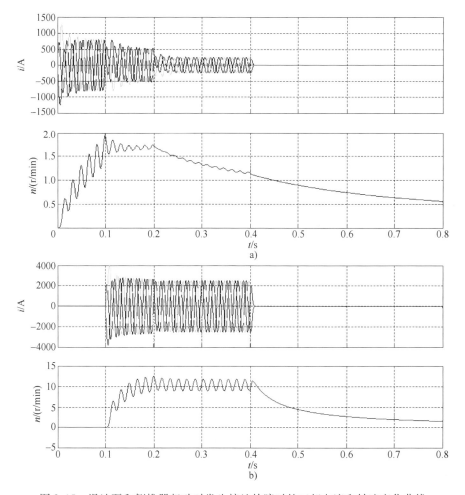

图 3.15　滑油泵和侧推器起动时发生接地故障时的三相电流和转速变化曲线

3）故障时发电机相电流、相电压和电网相电压仿真结果。运行工况为：滑油泵起动时，由于负载比较小，1号发电机输出电流比较小（其他发电机的参数类似）；0.1s时侧推器（2200kW）起动，由于负载很大，1号发电机输出电流很大。0.2s时三相接地故障发生，使发电机的电流达到极限值；0.4s时3台发电机的主开关跳闸保护，输出电流为零。在有负载起动时发电机的输出电压有下降，三相接地故障发生时输出电压下降到极限值，主开关跳闸保护后，电网电压为零，发电机的空载端电压趋向正常值，电网失压，参数变化曲线如图3.16所示。

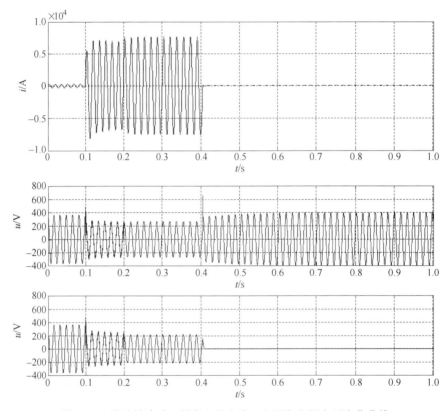

图3.16 接地故障时1号发电机电流、电压和电网电压变化曲线

案例3：船舶同步发电机短路故障仿真

船舶同步发电机短路故障仿真设置1号和2号发电机同时并网运行，在侧推器起动后的0.1s发生了2号发电机输电线路短路故障；由于过电流，在0.4s时发生了2号发电机主开关跳闸，以后电网的全部负载由1号发电机供给（为观察1号发电机的过载情况，对1号发电机的保护环节进行了调整，使其此时不发生跳闸）。仿真中对发电机的电压、电流、发电机的励磁系统、柴油机输出转矩功率和转速进行了检测，根据记录的数据可以进行详细的故障分析。

记录的1号、2号发电机组的柴油机输出转矩功率和转速，励磁电压和端电压的变化曲线如图3.17所示，图中数值均为标幺值。2号发电机跳闸后由于切除了电网的短路环节，系

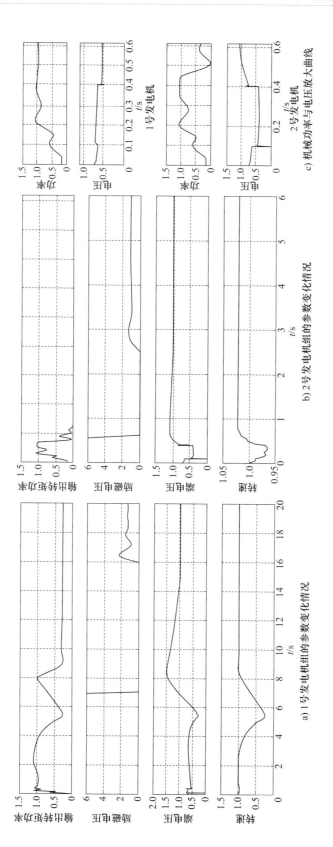

图 3.17 1号、2号发电机组输出转矩功率、励磁电压、端电压和转速变化曲线

统最终进入了 1 号发电机供电的平衡状态。1 号发电机承受了外电路短路、2 号发电机跳闸以及大负荷侧推器的起动冲击。图 3.17a 是 1 号发电机组的参数变化情况，其波动的幅度都很大，输出转矩功率标幺值超调在 70% 以上，端电压超调在 70% 以上，转速超调在 75% 以上，励磁电压达到了饱和的上下限值，发电机受到了很大的冲击。这个参数波动值，可用于实际船舶发电机的主开关保护参数的设定，从而对发电机起到保护作用。图 3.17b 是 2 号发电机组的参数变化情况，发电机也受到了很大的冲击。图 3.17c 是转矩功率与电压放大曲线。

案例 4：发电机与电网有频差运行和发电机跳闸仿真

通过设定仿真平台（见图 3.12）中发电机、电动机、主开关的时间参数和故障单元的部位与参数，可以仿真船舶电力系统的许多运行工况，记录的电气参数动态过程有很高的精度。下面两个典型的船舶电力仿真系统运行结果可以看出这一点。

1）船舶电力系统稳定运行，一台备用发电机起动，准备并网，得到的电网频率与待并机组频率不等时的脉动电压波形如图 3.18 中 $M(U_S)$ 所示。图中，U_W 为电网电压，U_F 为待并发电机电压，U_S 为两者电压差，$M(U_S)$ 为 $U_S>0$ 部分的包络线数值。

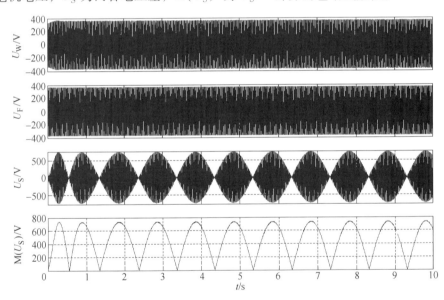

图 3.18　电网频率与待并发电机组频率不等时的脉动电压波形

2）当发生接地故障时，发电机由于过电流发生跳闸。此时发电机端电压 u_g、电网电压 u_G 和发电机输出电流 i_g 波动情况如图 3.19 所示。从图中可以很清楚地观测到发电机端电压 u_g 的波动，说明发电机转速波动大，发电机波动 7s 后基本稳定。

仿真结果可见，船舶电力系统运用仿真系统可以反映系统运行工况。

3.1.2　船舶电力系统非线性模型与混沌分析

现代船舶电力系统的结构越来越复杂，采用线性模型难以描述系统非线性现象。船舶在航行中，多次在电力系统运行中观测记录到了非周期的、看似随机的、突发或阵发性的电力

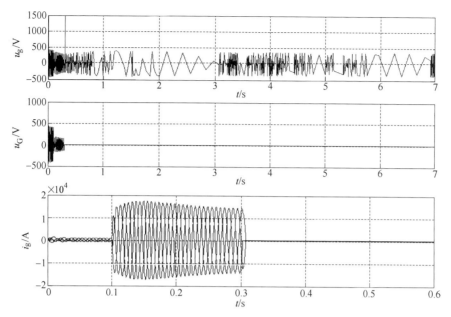

图 3.19 接地故障发生时主开关跳闸发电机电压、电网电压和发电机输出电流波动情况

系统振荡,有些现象的机理至今尚不完全清楚,对船舶电网的安全运行构成了潜在的威胁[3.6]。船舶电力系统运行条件也日益复杂[3.7],除了低频振荡、次同步振荡、电压崩溃等非线性现象以外,甚至还包含混沌过程。因此,研究分析船舶电力系统非线性混沌现象很有意义。特别是,混沌与低频振荡以及次同步振荡不同,它可能在常规控制具有较大稳定裕度时发生,振荡过程没有固定的周期,因此对系统安全稳定运行的威胁更大[3.8]。

目前,电力系统混沌研究,主要有混沌现象的发现与分析、混沌判断、混沌构造、混沌预报和混沌优化等方面。混沌是电力系统自身的属性,而对船舶电力系统中混沌的研究报道不多。本节介绍作者近年来在这方面的研究结果。

1. 混沌现象与分析方法

(1) 混沌的定义 虽然混沌现象已引起学术界的极大兴趣,但迄今为止,混沌一词还没有一个公认的普遍适用的数学定义。如正 Tome 认为,"混沌"一词不可能有严格的数学定义。目前一般认为:混沌是一种"确定性"现象,也是一种非线性动态,是相对于一些"不动点""周期点"特定形式的一种未定形的交融于特定形式间的无序状态。数学上指在确定性系统中出现的随机性态为混沌。混沌具有局部范围内的不稳定和全局范围内的稳定特性。

混沌一词最先由 T. Y. Li 和 J. A. Yorke 提出,他们给出一种数学定义,现称为 Li-Yorke 定义:

考虑一个把区间 $[a, b]$ 映为自身的、连续的和单参数映射,即

$$F: [a, b] \times R \to [a, b], (x, \lambda) \to F(x, \lambda), x \in R \tag{3-18}$$

也可写成点映射形式,即

$$x_{n+1} = F(x_n, \lambda), x_n \in [a, b] \tag{3-19}$$

定义 连续映射或点映射 $F: [a, b] \times R \to [a, b], (x, \lambda) \to F(x, \lambda)$ 称为是混沌的,

如果

①存在一切周期的周期点；

②存在不可数子集 $S \subset [a, b]$，S 不含周期点，使得

$$\liminf_{n \to \infty} |F^n(x, \lambda) - F^n(y, \lambda)| = 0, \quad x, y \in S, x \neq y$$

$$\limsup_{n \to \infty} |F^n(x, \lambda) - F^n(y, \lambda)| > 0, \quad x, y \in S, x \neq y$$

$$\limsup_{n \to \infty} |F^n(x, \lambda) - F^n(p, \lambda)| > 0, \quad x \in S, p \text{ 为周期点}$$

根据 Li-Yorke 定义，一个混沌系统应具有 3 种性质：

1) 存在所有阶的周期轨道。

2) 存在一个不可数集合，此集合只含有混沌轨道，且任意两个轨道既不趋向远离也不趋向接近，而是两种状态交替出现，同时任一轨道不趋于任一周期轨道。

3) 混沌轨道具有高度的不稳定性。

可见周期轨道与混沌运动有密切关系。

Devaney 在 1989 年给出了一种常用的混沌定义，把混沌归结为 3 个特征：不可预测性、不可分解性、具有规律性。这 3 个条件具有深刻的含义。因为对初值具有敏感依赖性，所以混沌系统是不可预测的；不可分解性表示系统不能被细分或不能被分解为两个在 f 下不相互影响的子系统；同时在混乱状态中存在规律性，即稠密的周期点。

混沌现象的发现以及上述对混沌的定义，使人们认识到客观事物的运动不仅是定常、周期或准周期的运动，而且还存在着一种具有更为普遍意义的形式，即"无序"的混沌。

（2）混沌的特征 混沌具有以下 3 点明显的特征：

1) 混沌运动对初始条件敏感，系统的未来行为是不可预测的。

2) 混沌在状态空间中表现为奇怪吸引子，奇怪吸引子在有限的相空间几何体内具有无穷嵌套的自相似结构，它是相空间中无数不稳定周期轨道的集合，事实上奇怪吸引子普遍存在于自然界中；混沌系统的频谱是连续的，有些方面与噪声的频谱有相似之处，具有连续的宽频带，混沌谱峰通常表明了混沌解的占优率。

3) 李雅普诺夫指数（Lyapunov Exponent, LE）至少有一个是正的，三维系统的 LE 为 $(+, 0, -)$，四维系统的 LE 对应于 3 种情况：$(+, +, 0, -)$、$(+, 0, 0, -)$、$(+, 0, -, -)$。对于系统混沌情况，全部的 LE 之和小于 0。

（3）混沌判定的 LE 与 Lyapunov 维方法 为了研究混沌运动，可以采用直接观察状态变量随时间变化的直观方法和在相空间（或相平面）观察其轨迹的方法。但因混沌运动的复杂性，直接观察状态难于区分混沌和其他形式的运动。在非线性动力学系统的定性描述中，由于可能出现不规则运动，可应用统计方法，考虑某些平均值的演化，来表征混沌运动规律。目前常用统计特征值之一是 LE，它是相空间中相近轨道的平均收敛性或平均发散性的一种度量。

1) LE。混沌系统由相空间中的不规则轨道奇怪吸引子来描述，引入的 LE 可定量表示奇怪吸引子的这种运动性态。对于一维动力学系统 $x_{n+1} = F(x_n)$，初始两点迭代后是相互分离还是靠拢，关键取决于其导数 $\left|\dfrac{dF}{dx}\right|$ 的值，因此可以定义动力系统的 LE 计算式为

$$\lambda = \lim_{n \to \infty} \frac{1}{n} \sum_{i=0}^{n-1} \ln \left| \frac{dF(x)}{dx} \right|_{x = x_i} \tag{3-20}$$

式中，λ 为系统在多次迭代中平均每次迭代所引起的指数分离中的指数，λ 与初始值的选取没有关系。$\lambda<0$ 意味着相邻点最终要靠拢并成一点，这对应于稳定的不动点和周期运动；$\lambda>0$ 意味着相邻点最终要分离，说明轨道的局部不稳定，故 $\lambda>0$ 可作为系统混沌行为的一个判据。

对于 n 维相空间中的连续动力学系统，定义 LE 如下，有 $R^n \to R^n$ 上的 n 维映射，考察一个无穷小 n 维球面的长时间演化过程。由于流的局部变形特性，球面将变为 n 维椭球面，第 i 个椭球主轴长度 p 定义为 $p_i(t)$，则第 i 个 LE 按椭球主轴长度定义计算为

$$\lambda_i = \lim_{t \to \infty}\left\{\lim_{p \to 0}\left[\frac{1}{t}\ln\frac{p_i(t)}{p_i(0)}\right]\right\} \tag{3-21}$$

式（3-21）说明，LE 的大小表明相空间中相近轨道的平均收敛或发散的指数率。LE 是很一般的特征数值，对每种类型的吸引子都有定义。n 维相空间有 n 个实指数，指数的集合形成了 LE 谱。指数按大小进行排列，令 $\lambda_1 \geq \lambda_2 \geq \cdots \geq \lambda_n$。一般说来，具有正和零 LE 的方向，都对吸引子起支撑作用；负 LE 对应着收缩方向，这两种因素对抗的结果就是伸缩与折叠操作，形成了奇怪吸引子的空间几何形状。因此，对于奇怪吸引子，其最大 LE 的 λ_1 为正（另外也至少有一个 LE 为负），并且 LE 的 λ_1 越大，系统的混沌性越强；反之亦然。

2）LE 谱。对于多维系统，将相关的 LE 组合在一起，形成 LE 谱进行研究。对于耗散系统，LE 谱不仅描述了各条轨道的性态，而且还描述了从一个吸引子的吸引域出发的所有轨道的总体稳性性态。对于一维（单变量）情形，吸引子只可能是不动点（稳定定态），此时 LE 是负的。对于二维情形，吸引子是不动点或极限环。对于不动点，任意方向的相空间中两靠近点之间的距离都要收缩，故这时两个 LE 都应该是负的，即对于不动点，$(\lambda_1, \lambda_2) = (-, -)$。对于极限环，如果取相空间中两靠近点之间的距离始终是垂直于环线的方向，它一定要收缩，此时 LE 是负的；当取相空间中两靠近点之间的距离沿轨道切线方向时，它既不增大也不缩小，可以想象，这时 LE=0（这类不终止于不动点而又有界的轨道至少有一个 LE=0）。所以，极限环的 LE 是 $(\lambda_1, \lambda_2) = (0, -)$。

同样，在三维情形下吸引子的描述有下面6种情况：
① $(\lambda_1, \lambda_2, \lambda_3) = (-, -, -)$，不动点。
② $(\lambda_1, \lambda_2, \lambda_3) = (0, -, -)$，极限环。
③ $(\lambda_1, \lambda_2, \lambda_3) = (0, 0, -)$，二维环面。
④ $(\lambda_1, \lambda_2, \lambda_3) = (+, +, -)$，不稳极限环。
⑤ $(\lambda_1, \lambda_2, \lambda_3) = (+, 0, 0)$，不稳二维环面。
⑥ $(\lambda_1, \lambda_2, \lambda_3) = (+, 0, -)$，奇怪吸引子。

由以上分析可以看出，LE 可以表征系统运动的特征，其沿某一方向取值的正负和大小，表示长时间系统在吸引子中相邻轨道沿该方向平均发散（$\lambda_i>0$）或收敛（$\lambda_i<0$）的快慢程度。LE 最大 $\lambda_{\max}$ 决定轨道覆盖整个吸引子的快慢，LE 最小 $\lambda_{\min}$ 则决定轨道收缩的快慢，而所有 LE 之和 $\sum \lambda_i$ 可以认为是大体上表征轨道总的平均发散快慢。因此，只要由计算得知，吸引子至少有一个正的 LE，便可以肯定吸引子是奇怪的，从而可知动力系统的运动是混沌的。

3）Lyapunov 维。分形的特点是分数维。奇怪吸引子是轨道在相空间中经过无数次靠拢和分离，来回拉伸与折叠形成的几何图形，具有无穷层次的自相似结构。由于耗散系统运动

在相空间的收缩,使奇怪吸引子维数小于相空间的维数。故奇怪吸引子的几何性质,可以通过研究它的空间维数来确定。线性系统中各种运动模式可以独立地激发,它们的数目决定了相空间维数。非线性系统中各种运动"模式"互相耦合,特别是存在耗散时,系统的长时间行为发生在维数低于相空间维数的吸引子上。由于 LE 和分维数都是描述奇怪吸引子的量,因此可以想象,它们之间可能存在一定的关系。一般地,正的 LE 代表的方向对吸引子起支撑作用;而负的 LE 对应于收缩方向,在抵消膨胀方向的作用后,贡献吸引子维数的分数部分。设 LE 按从大到小的顺序排列为

$$\lambda_1 \geqslant \lambda_2 \geqslant \lambda_3 \geqslant \cdots$$

然后从最大的 λ_1 开始(混沌运动至少有一个指数大于零),把后续的指数依次加起来。设加到 λ_k 时,总和 S_k 为正数,而加到下一个 λ_{k+1} 时,总和 S_{k+1} 为负数,很自然设想吸引子维数介于 k 和 $k+1$ 之间。可用线性插值定出维数的分数部分,Kaplan 和 Yorke 曾猜测此关系为

$$d = k - \frac{S_k}{\lambda_{k+1}} \tag{3-22}$$

式中,d 为分维数;$S_k = \sum_{i=1}^{k} \lambda_i \geqslant 0$;$k$ 为保证 $S_k > 0$ 的最大 k 值。在二维情况下,简化为 $d = 1 - \lambda_1/\lambda_2$,这一关系称为 Kaplan-Yorke 猜想;也定义为 Lyapunov 维数,由于 $\lambda_{k+1} < 0$,为计算方便,Lyapunov 维数计算定义为

$$D_L = k + \frac{S_k}{|\lambda_{k+1}|} \tag{3-23}$$

在实际计算中,D_L 收敛得比较快;对于二维系统,这个定义的 Lyapunov 维数与 Hausdorff 维数相比较,误差也很小(在 0.001 以内),Lyapunov 维是描述系统混沌的特征量,对于混沌系统 Lyapunov 维是分数值。

2. 船舶电力系统非线性模型及其混沌分析

(1)船舶电力系统双机并联模型的建立 船舶电力系统在电能生产与消耗过程没有中间存储环节,机械过程和电磁过程时间常数相差很大,是一个多自由度的强非线性非自治系统[3.9]。理论上,电力系统的动态行为可用微分方程来描述。另外,系统还受到负荷特性[3.10]、潮流方程等代数方程的制约。

船舶在航行中,为了保证用电设备供电的安全性、可靠性和连续性,在一些重要的情形,电力网虽然处于轻载工况,但也需要船舶电力系统两台发电机组同时在网运行[3.11]。对于多台发电机组在网轻载运行,可以等效为两台发电机组供电运行。观察发现,在轻载工况下船舶电力系统有时会出现周期不定的振荡现象,严重时会导致船舶电力系统的解列。若此时船舶在航道上航行,电网的解列将会给船舶的安全带来严重的威胁;考虑船舶航行的安全,对船舶电力系统双机并联轻载运行工况进行深入细致的研究是有意义的。

研究认为,船舶电力系统受到一定量的周期性负荷扰动的影响,两台发电机之间发生了一定的功率传递,产生了船舶电力系统的混沌振荡。对于船舶电力系统,当双机并联运行时,形成了发电机互联系统,其基本供电网络结构可用图 3.20 所示的电力系统等

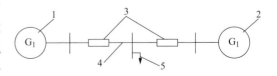

图 3.20 两台发电机组轻载运行电力系统等效图

效图表示，图中 1 和 2 为发电机，3 为系统断路器，4 为系统连接电网，5 为负荷。

根据旋转电机的能量转换原理和发电机转矩关系与电气关系，可以建立发电机互联系统的数学模型，如式（3-24）所示，该方程更适合描述图 3.20 的没有变压器的船舶电力系统。

$$\begin{cases} \dfrac{\mathrm{d}\Delta\delta(t)}{\mathrm{d}t} = \Delta\omega(t) \\ J\dfrac{\mathrm{d}\Delta\omega(t)}{\mathrm{d}t} = -P_{\max}\sin\Delta\delta(t) - D\Delta\omega(t) + P_{m1} + P_{\varepsilon}\sin(\beta t) \end{cases} \quad (3\text{-}24)$$

式中，$\Delta\delta(t)$ 为发电机 G_1 与 G_2 的 q 轴电势之间相对角度（相位差）；$\Delta\omega(t)$ 为相对角速度；J 和 D 分别为发电机转动惯量和阻尼系数；$P_{\max}$ 为 G_1 送往 G_2 的电磁功率的最大值；P_{m1} 为 G_1 的机械功率，视为常量；P_{ε} 为扰动功率的幅值；β 为扰动功率的频率。参数的量纲均为国际标准单位。当系统没有扰动（$P_{\varepsilon}=0$）时，正常情况下船舶电力系统运行在稳定的平衡点。但是，当系统存在扰动（$P_{\varepsilon}\neq 0$）时，船舶电力系统的运行轨道为通过平衡点的周期轨道。

对式（3-24）与约瑟夫森（Josephson）标准型进行比较，将式（3-24）做时间尺度变换。即令

$$t = \dfrac{1}{\sqrt{P_{\max}}}\tau \quad (3\text{-}25)$$

则式（3-24）可转化为以下二阶微分方程：

$$\dfrac{\mathrm{d}^2\Delta\delta}{\mathrm{d}\tau^2} + D'\dfrac{\mathrm{d}\Delta\delta}{\mathrm{d}\tau} + \sin\Delta\delta = P'_{m1} + P'_{\varepsilon}\sin(\beta'\tau) \quad (3\text{-}26)$$

式中

$$D' = \dfrac{D}{\sqrt{JP_{\max}}}, \quad P'_{m1} = \dfrac{P_{m1}}{P_{\max}}, \quad P'_{\varepsilon} = \dfrac{P_{\varepsilon}}{P_{\max}}, \quad \beta' = \dfrac{\beta}{\sqrt{P_{\max}}}$$

将式（3-26）与产生混沌现象的约瑟夫森标准型对照可知：发电机互联电力系统是一种标准的具有发生混沌现象可能性的非线性系统。因此，推断出在发电机的电磁功率和机械功率不变的情况下，若系统无周期性负荷扰动，则系统运行于稳定的平衡点；若系统存在周期性负荷扰动，系统的运行轨道为通过该点的周期轨道，它们可能是稳定的，也可能进入混沌振荡，甚至失去稳定。电力系统的混沌现象表现为无规则的发电机振荡现象，在混沌振荡幅度增大和时间增长的情况下，会使系统难以控制，严重时会引起电网电压或频率的大幅度波动，造成发电机逆功率，最终导致互联系统的解列[3.12]。

（2）船舶电力系统双机并联系统混沌分析 对式（3-24）进行相图分析，即将 P_{ε} 看作系统的参数，当 P_{ε} 产生变化时，研究 $\Delta\delta(t)$ 与 $\Delta\omega(t)$（$\Delta\omega(t)=\dot{\Delta\delta}(t)$）之间的关系。若双机并联系统的参数取 $P_{\max}=100$，$J=100$，$D=2$，$P_{m1}=20$，$\beta=1$，即系统的工况为：G_1 输出至 G_2 的电磁功率的最大值为 100%额定功率，发电机转动惯量和阻尼系数分别为 $100\text{kg}\cdot\text{m}^2$ 和 $2\text{N}\cdot\text{m}\cdot\text{s/rad}$，$G_1$ 的发电功率为额定功率的 20%（即发电机工作在轻载工况），系统受到负载的扰动功率的频率为 1Hz。当船舶电力系统的两台发电机之间存在一定量的功率传递，分析扰动功率的幅值 P_{ε} 产生变化时双机并联系统 $\Delta\delta(t)$ 与 $\Delta\omega(t)$ 的相图关系。当 P_{ε} 分别为 27.980、27.982、28.110、28.134、28.150、28.156、28.158、28.160 和 28.292 时，做出一系列相图轨迹如图 3.21 所示，可以明显地看出，图 3.21a 和图 3.21e 所示系统处于 4 周

期振荡状态，图 3.21i 所示系统处于一定周期范围内的振荡状态，由于系统状态没有明显的集中轨道，表示系统处于混沌振荡状态，图 3.21c 所示系统有一定的周期轨道形式，但边界不是很清晰。可以说，当 P_ε 在一定的范围内变化时，电力系统发生了周期振荡和混沌振荡形式交替进行的过程，表现为一种非周期性、似乎是无规则和阵发性的发电机振荡。

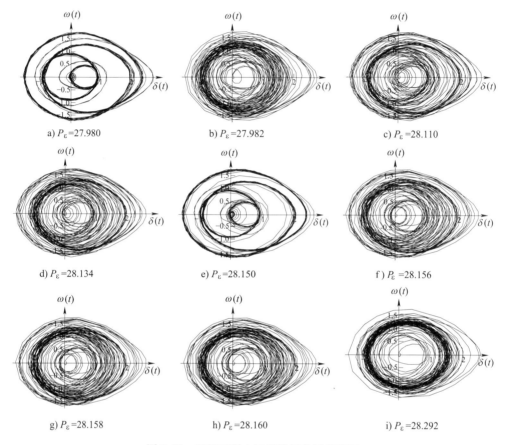

图 3.21 双机互联电网系统轻载运行相图

3. 船舶电力系统三维自治系统模型及其混沌分析

（1）船舶电力系统双机并联三维自治系统模型　由于式（3-24）中以显式包含时间变量 t，因此船舶电力系统双机并联系统是一个非自治系统。对于这个非自治系统，为了求取系统的 LE 谱和 Lyapunov 维，根据混沌特性分析方法，建立船舶电力系统双机并联三维自治系统模型。对其做变换，令 $z=t$，将系统变换为

$$\begin{cases} \dfrac{\mathrm{d}\Delta\delta}{\mathrm{d}t} = \Delta\omega \\ J\dfrac{\mathrm{d}\Delta\omega}{\mathrm{d}t} = -P_{\max}\sin\Delta\delta - D\Delta\omega + P_{m1} + P_\varepsilon\sin(\beta z) \\ \dfrac{\mathrm{d}z}{\mathrm{d}t} = 1 \end{cases} \quad (3\text{-}27)$$

为便于分析，令 $x = \Delta\delta(t)$，$y = \Delta\omega(t)$。因此，系统的形式变为

$$\begin{cases} \dot{x} = y \\ J\dot{y} = -P_{\max}\sin x - Dy + P_{m1} + P_{\varepsilon}\sin(\beta z) \\ \dot{z} = 1 \end{cases} \quad (3\text{-}28)$$

系统不以显式包含时间变量 t，系统转换为三维自治连续系统。因此，船舶电力系统双机并联三维自治系统的模型即式（3-28），在 x、y、z 方向上形成三维。

（2）船舶电力系统双机轻载并联运行 LE 谱和 Lyapunov 维计算混沌分析　对船舶发电机互联系统进行三维连续系统的 LE 谱和 Lyapunov 维计算，分析其混沌特性。式（3-28）的雅可比矩阵为

$$\boldsymbol{J}_{\mathrm{LE}} = \begin{bmatrix} 0 & 1 & 0 \\ -(P_{\max}\cos x)/J & -D/J & (P_{\varepsilon}\beta\cos z)/J \\ 0 & 0 & 0 \end{bmatrix} \quad (3\text{-}29)$$

雅可比矩阵是系统进行分析的基础，在系统 LE 谱和 Lyapunov 维的求取中，必须先求出雅可比矩阵。当 P_{ε} 在一定范围变化时，按三维自治连续系统进行分析，分别按三维空间连续动力系统的 LE 谱和 Lyapunov 维定义的计算方法求取系统的 LE 谱和 Lyapunov 维。

案例分析 1：

对于船舶发电机双机并联系统，取系统参数为：$P_{\max} = 100$，$H = 100$，$D = 2$，$P_{m1} = 20$，$\beta = 1$；形成系统一，取初始条件为 (0，0，0)，当扰动功率的幅值 P_{ε} 产生变化时，求出系统的 LE 谱和 Lyapunov 维。例如，$P_{\varepsilon} = 28.112$、28.138 和 28.150 时，系统的相图如图 3.22 所示。

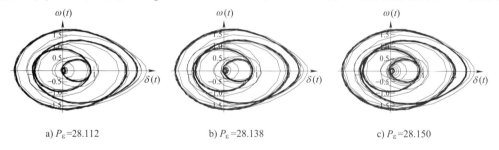

a) $P_{\varepsilon} = 28.112$　　　b) $P_{\varepsilon} = 28.138$　　　c) $P_{\varepsilon} = 28.150$

图 3.22　双机并联系统一的相图 1

按上述三维 LE 谱和 Lyapunov 维求取方法，求取船舶电力系统的三维连续系统 LE 谱和 Lyapunov 维。例如当 $P_{\varepsilon} = 28.112$ 时，在 LE 计算中，收敛过程如图 3.23 所示，LE 收敛到 (0，-，-) 形式。其他 LE 谱和 Lyapunov 维的计算情况见表 3.1。可以发现当系统处于 4 周期振荡（极限环运动）时，LE 谱 (λ_1，λ_2，λ_3) 表现为 (0，-，-) 形式，Lyapunov 维为 0，是整数。

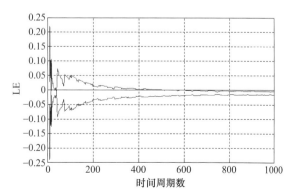

图 3.23　$P_{\varepsilon} = 28.112$ 时，双机并联系统之一的三维 LE 收敛过程

表 3.1　系统一的 LE 谱和 Lyapunov 维数值表

P_ε	λ_1	λ_2	λ_3	Lyapunov 维
28.112	0	−0.0043708	−0.015629	0
28.138	0	−0.0037510	−0.016249	0
28.150	0	−0.0036369	−0.016363	0

取初始条件为 (0, 0, 0)，求出 P_ε 在 [27.982, 28.159] 范围内变化的 LE 和 Lyapunov 维，当 P_ε = 28.109 时，LE 计算中收敛过程如图 3.24 所示，LE 收敛到 (+, 0, −) 形式。总体的计算情况见表 3.2，可以发现当系统处于混沌振荡时 LE 谱 (λ_1, λ_2, λ_3) 表现为 (+, 0, −) 形式，Lyapunov 维不为 0，而且是一个非整数的分数值。取其中 P_ε = 27.982、28.116 和 28.159，做出系统的相图如图 3.25 所示，系统的相轨迹明显表现出混沌振荡的特性。

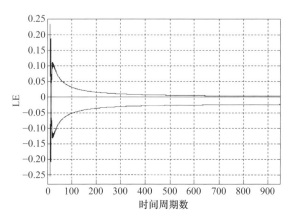

图 3.24　P_ε = 28.109 时双机并联系统之一的三维 LE 收敛过程

表 3.2　系统一的 LE 谱和 Lyapunov 维数值表

P_ε	λ_1	λ_2	λ_3	Lyapunov 维
27.982	0.0022172	0	−0.022217	2.1350
28.005	0.0031229	0	−0.023123	2.1351
28.063	0.003124	0	−0.023124	2.1351
28.095	0.0031247	0	−0.023125	2.1351
28.109	0.0031249	0	−0.023125	2.1351
28.116	0.003125	0	−0.023125	2.1351
28.134	0.0031254	0	−0.023125	2.1351
28.155	0.0031257	0	−0.023126	2.1352
28.159	0.0031258	0	−0.023126	2.1352

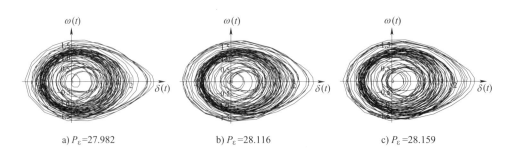

a) P_ε = 27.982　　b) P_ε = 28.116　　c) P_ε = 28.159

图 3.25　双机并联系统一的相图 2

案例分析 2：

对于船舶发电机双机并联系统，取系统参数为：$P_{max}=100$，$J=70$，$D=2$，$P_{m1}=20$，$\beta=1$；形成系统二，取初始条件为（1,1,1），当扰动功率的幅值 P_ε 在区间 [19.4500, 20.3729] 变化时，求取三维连续系统的 LE 谱和 Lyapunov 维。当 $P_\varepsilon=20.10$ 时，LE 计算中收敛过程如图 3.26 所示，LE 收敛到 (+, 0, -) 形式。P_ε 在区间 [19.4500, 20.3729] 时双机并联系统基本处于混沌振荡状态，总体上 LE 谱和 Lyapunov 维的计算情况见表 3.3。LE 谱（λ_1，λ_2，λ_3）表现为 (+, 0, -) 形式，Lyapunov 维为分数形式，因此系统处于混沌振荡。

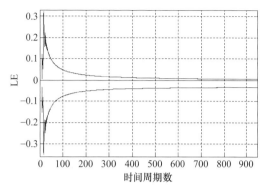

图 3.26　$P_\varepsilon=20.10$ 时双机并联系统之二的三维 LE 收敛过程

表 3.3　系统二的 LE 谱和 Lyapunov 维数值表

P_ε	λ_1	λ_2	λ_3	Lyapunov 维
19.4500	0.0030441	0	-0.031616	2.0963
19.4580	0.0024959	0	-0.031067	2.0803
19.5000	0.0032275	0	-0.031799	2.1015
19.5500	0.0033877	0	-0.031959	2.1060
19.6000	0.0035305	0	-0.032102	2.1100
19.6500	0.0036593	0	-0.032231	2.1135
19.7000	0.0037763	0	-0.032384	2.1167
19.7500	0.0038828	0	-0.032454	2.1196
19.8000	0.0039799	0	-0.032551	2.1223
19.8500	0.0040693	0	-0.032641	2.1247
19.9000	0.0041541	0	-0.032726	2.1269
19.9500	0.0042383	0	-0.032810	2.1292
20.0000	0.0043250	0	-0.032896	2.1315
20.0500	0.0044128	0	-0.032984	2.1338
20.1000	0.0044952	0	-0.033067	2.1359
20.1500	0.0021494	0	-0.030721	2.0700
20.2000	0.0020701	0	-0.030641	2.0676
20.2500	0.0019753	0	-0.030547	2.0647
20.3725	0.0016375	0	-0.030209	2.0542

从分析的结果可见，当仅有阻尼而无周期性负荷扰动时，系统不会出现混沌振荡。此时系统处于能量的不断耗散过程中。在受到较大的周期性负荷扰动时，系统的 $\Delta\delta(t)$ 和 $\Delta\omega(t)$ 出现长时间不衰减的无规则振荡，系统将出现混沌振荡，从而说明，当船舶电力系统的两台

发电机之间存在一定量的功率传递和系统受到一定幅值的周期性负荷扰动作用时将发生混沌振荡。

进一步分析表明，在周期性负荷扰动下，当阻尼系数 D 对系统产生混沌振荡也有影响。混沌振荡是一种与系统失稳不同的病态振荡现象，从发生的机理上来讲，它不需要系统"暂态能量"的增大，系统能量只须保持在一定的水平上，这时系统的能量因素的不合将导致混沌振荡。

根据这个结论可以控制脱离混沌。可以控制船舶电力系统发电机的阻尼系数 D 和扰动功率幅值 P_ε 进行混沌控制。例如：当系统 D 不变时，改变 P_ε 可以使系统从混沌态转入周期态，最后进入正常的工作状态。图 3.27 所示为增加 P_ε 系统的变化过程，系统从混沌逐渐转换到周期运动，最终到正常状态。图 3.28 所示为减小 P_ε 时系统从混沌态脱离的变化过程。

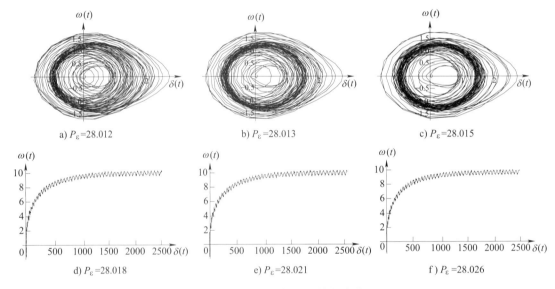

图 3.27 $D=2.0$ 时增加 P_ε 系统的变化过程

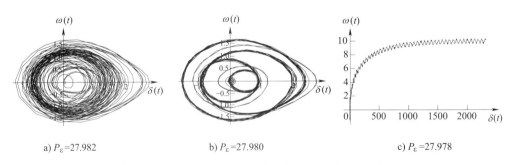

图 3.28 $D=2.0$ 时减小 P_ε 系统从混沌态脱离的变化过程

此外，还可以当系统 P_ε 不变时改变 D，也可以使系统从混沌态转入周期态，最后进入正常的工作状态。图 3.29 所示增加 D 时系统从混沌态脱离的变化过程，从混沌转换到周期运动，然后转换到正常工作过程。图 3.30 所示为减小 D（从 2.0000 到 1.9990 时）系统从混沌态脱离的变化过程。

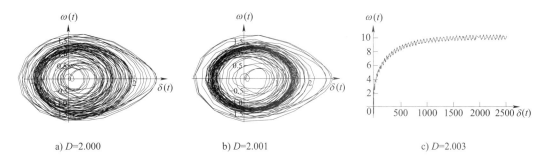

图 3.29　$P_\varepsilon = 28.063$ 时增加 D 系统从混沌态脱离的变化过程

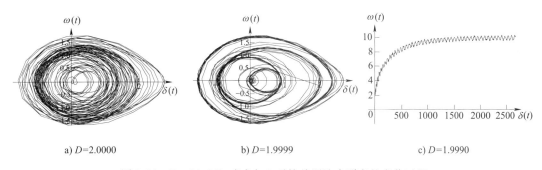

图 3.30　$P_\varepsilon = 28.063$ 时减小 D 系统从混沌态脱离的变化过程

3.2　船舶电力系统发电机组控制基本原理

船用发电机组控制是船舶电力系统控制的重要内容之一，主要包括：通过发电机电压调节控制船舶电力系统电压与无功功率；通过发电机励磁调节控制船舶电力系统频率与有功功率[3.13]。因此，发电机分为励磁与调速两个子系统。如果忽略两者的耦合，可分成调频与调压两个独立子系统，其转速控制系统框图如图 3.31 所示，通过柴油机调速实现输出电压频率调节。

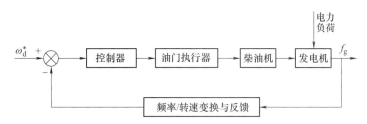

图 3.31　船舶柴油发电机转速控制系统框图

励磁控制系统原理框图如图 3.32 所示，通过发电机励磁控制调节输出电压。
当控制精度要求较高时，应该考虑柴油发电机组是一个机电耦合与电磁耦合极强的整

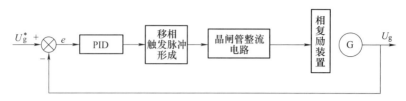

图 3.32 励磁控制系统原理框图

体,发电机电压与频率之间、发电机有功与无功系统之间具有耦合关系[3.14],对电压与频率的控制需进行解耦,属于多输入多输出控制系统,如图 3.33 所示。还有一些系统控制形式是以船舶电网各点的电压值为目标进行控制,形成电力系统参数分散式控制方案。

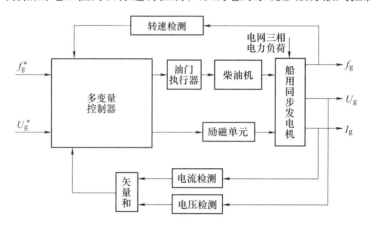

图 3.33 船用柴油发电机频率、电压多输入多输出控制系统框图

从控制策略来看,目前船舶电力系统的柴油发电机组常用的闭环控制方法有 PID 控制、多变量控制、自适应控制等,研究的热点有非线性控制、智能控制及以 PID 控制为基础构成的各种控制方法[3.15]。例如:基于 PID 控制的励磁控制系统原理图如图 3.34 所示,按发电机电压偏差的比例、积分、微分进行控制。

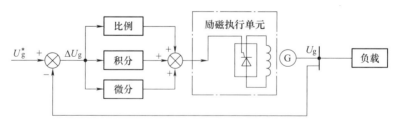

图 3.34 PID 控制的励磁控制系统原理图

3.3 船舶电力系统电压与无功功率控制

船舶电力系统的同步发电机输出端电压在负载电流变化时将发生变化,尤其是电动机起动等电感性负载电流的影响更大。发电机端电压变化将影响用电设备的正常运行,产生如电机停转、继电器/接触器释放等危害性动作[3.16]。因此,需要对电力系统/发电机的电压进

行控制，采用自动电压调整器或自励恒压装置，对发电机的励磁进行控制，以使发电机能在负载变化时自动维持电压恒定，达到对于发电机端电压与电网电压的调节作用。

3.3.1 船舶发电机励磁系统结构与分类

励磁系统的基本功能是给同步发电机磁场绕组提供直流励磁电流，控制磁场电压可调节励磁电流，实现发电机电压控制。同时也要为船舶电力系统提供无功功率调节，因而励磁控制功能包括电压和无功潮流控制。

由于船舶航行于孤立的海洋环境，电力系统的安全性至关重要[3.17]，船舶发电机励磁控制需要考虑系统稳定性与安全保护。在保护功能方面要保证同步发电机、励磁系统等设备不超过容量的极限[3.18]。随着船舶电力系统的大型化和发电机单机容量的增长，还需要提高电力系统稳定性，因此，自动电压调节器的功能还需要控制发电机的静态及动态稳定性。

从同步发电机角度考虑，励磁自动调整的基本要求是：励磁系统能供给和自动调节同步发电机的磁场电流，使得发电机的电力输出在连续变化时能维持端电压不变。当两台交流发电机并联运行时，若各发电机电势不相等，将在发电机定子绕组间产生环流，引起无功负载电流分配不均匀或不按发电机容量比例进行分配。如果电势相差太大，会引起一台发电机电流过载而烧坏。因此，需要自动调整发电机的励磁来抑制环流，使无功电流分配均衡。

从船舶电力系统角度考虑，励磁系统应该有效地控制发电机的电压和提高系统稳定性；应该能调节发电机磁场，以提高小信号稳定性；同时能够快速响应负载扰动，以提高系统的暂态稳定性[3.19]。当电网发生短路时，励磁系统也能自动快速地增加发电机励磁电流，通过强迫励磁增加发电机电动势和短路电流，以保证短路保护装置动作和电站的安全运行。

1. 发电机励磁系统基本结构

船舶同步发电机的励磁有"自励"与"他励"两种不同形式。所谓"自励"，是指发电机的励磁电源是由同步发电机本身提供。对于自励恒压同步发电机，如果它只依靠负载电流的大小进行发电机励磁调整，则称为电流复励自励恒压同步发电机；如果它依靠负载电流的大小及电流相位共同对发电机励磁进行调整，则称为相复励自励恒压同步发电机。所谓"他励"，是指励磁电流由同轴运转的交流或直流励磁机提供，也可由独立电源提供。励磁控制可以根据情况不同以电压、电流、相位作为控制系统的检测信号。自励方式一般用于容量相对较小的同步发电机，以及常规海洋运输船舶电力系统；他励方式常用于功率较大或无刷同步发电机，以及电力推进船舶等容量较大的电力系统。

船舶大功率同步发电机的励磁系统结构如图3.35所示，各单元的功能如下：

检测传感器和负荷补偿单元：检测发电机端电压或电网电压作为反馈信号。

励磁调节器单元：将输入给定与反馈信号进行比较形成偏差信号，按一定控制策略进行计算，形成励磁机控制信号。

励磁机单元：给同步发电机磁场绕组提供励磁直流电流，是励磁系统的功率级执行单元。

限制器和保护电路单元：具有很多控制和保护功能，以保证励磁机和同步发电机不超过容量极限。

其他的输入信号还有转子转速偏差、功率变化和频率偏差等。大功率的发电机配置电力系统稳定器，给调节器提供一个附加的输入信号，以提高电力系统的阻尼以抑制低频振荡，可以根据电力系统容量与供电质量要求考虑是否配置电力系统稳定器。

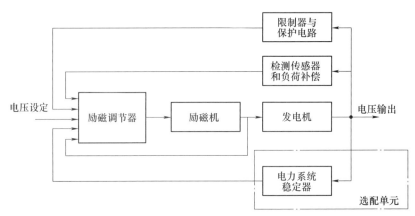

图 3.35 同步发电机的励磁系统结构

2. 发电机励磁系统分类

船舶同步发电机的自动励磁调节控制系统类型较多，不同的研究角度有不同的分类。

（1）根据励磁电流、电源的不同进行分类 可以将自动励磁调节控制系统分成三大类：直流励磁系统、交流励磁系统和静止整流器励磁系统。船舶发电机组励磁系统实现方案分类如图 3.36 所示。目前，新造大型海洋运输船舶的发电机大多采用无刷励磁方式。

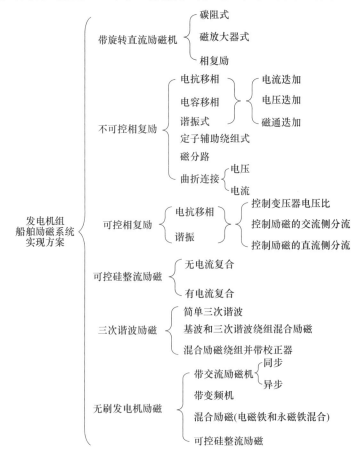

图 3.36 船舶发电机组励磁系统实现方案分类

(2) 按励磁控制的电压偏差与检测参数进行分类　船舶同步发电机自动调压按励磁控制的电压偏差与检测参数的不同可分成3种类型。

1) 按负载电流进行调节：是按发电机输出电流的大小及其功率因数来对发电机励磁电流进行调节，是一种按负载电流扰动量的大小进行控制的形式。由于控制中直接反映扰动量的大小，动态特性较好；但这类控制形式从理论上存在静差，稳态特性较差。不可控相复励调压装置就属于这种控制类型。

2) 按电压偏差进行调节：是按发电机设定电压与输出电压的偏差来对发电机励磁电流进行调节，是一种闭环控制形式。这类调节系统从理论上可做到发电机实际输出电压与设定电压之间的静态偏差为零；由于并联运行的需求，实际调压装置应是一个有差系统，所以这类装置的电压调整静态精度高，欠缺的是动态特性不如按扰动进行调节的控制方式。可控硅调压装置就属于这种控制类型。

3) 按复合原理进行调节：是按电流扰动与电压偏差的综合信号进行调节，即按发电机的电流大小及其功率因数和发电机输出电压与给定电压的偏差来对发电机励磁电流进行调节。这类调压装置是将上述两种调压装置结合在一起，所以具有上述两种装置的优点，并可以克服各自的不足之处，调压装置的静态特性与动态特性都很好。再结合电流相位，形成相复励控制。

(3) 按调节器控制规律进行分类　由于微机控制器的引入，可实现的控制规律多样化，分类比较多。按目前比较常用的控制规律进行分类，可以分为：PID控制、多变量线性最优控制和自适应控制等。

3.3.2　船舶发电机励磁控制基本原理

船舶电力系统必须保持在额定电压下运行，保持电压的恒定是供电质量的重要指标之一。船舶电网由于发电机容量小，其电压波动比陆地上大电网要大得多，运用船舶发电机励磁控制保持船舶电网电压稳定十分重要。

1. 船舶发电机自动电压调整装置的作用

根据船舶电力系统正常运行的要求，自动电压调整装置应具有发电机电压控制、无功功率分配控制等作用。

(1) 发电机电压控制　同步发电机在负载电流变化时，由于电机电枢反应的影响使其端电压发生变化，尤其是感性电流，其影响更大。太大的电枢反应，将使电网电压跌落过大，会引起船舶用电设备故障，因此通过控制发电机励磁来控制电枢反应的强弱，保持发电机端电压的恒定是自动调压装置的作用之一。这就要求电压控制能根据发电机输出电压的变化（含各种大小扰动引起），控制器按一定的控制规律，产生控制励磁电流的指令来调节励磁电流，以控制发电机电枢反应的强弱，最终控制发电机输出电压。

(2) 发电机无功功率分配控制　同步发电机并联运行时，各发电机的输出电压要求相等。若在网并联运行的发电机的电势不相等，在网上运行的发电机定子绕组间就会产生环流，引起无功功率分配不均匀。无功功率分配控制是运用自动调压装置来调整发电机的电势，以减小机组间的环流，使并联运行机组共担合理而稳定的无功功率分配，以避免造成部分机组电流偏大，部分机组电流偏小。电流过载将导致保护电器动作，发生不应有的停电事故。

（3）船舶电网短路保护 在船舶电网短路故障时，需要励磁系统适时地进行强行励磁，以产生一定数值的短路电流使选择性保护装置准确动作；并在短路故障电路被切除以后，使发电机的端电压迅速回升，来提高电力系统并联运行的稳定性和继电器保护装置动作的可靠性。

2. 对自动调压装置的基本要求

船舶电力系统中，常常称励磁控制器为自动电压调整装置，对于该装置总的要求是：简单可靠、动态特性要好；具有一定的强行励磁能力，适合船舶电力系统保护的要求；能适应合理而稳定地分配无功功率。具体表现在3个方面。

1）良好的稳态和动态特性。自动电压调整器的稳态特性方面，要求原动机在额定转速运行时，交流发电机连同其励磁系统，应能在负载自空载至额定负载范围内，且其功率因数为额定值的情况下，保持其稳态电压的变化值在额定电压的±2.5%以内；应急发电机可允许在±3.5%以内。20世纪90年代某些产品的稳态电压调整率已达到±0.5%以内，中国船级社（China Classification Society，CCS）要求稳态电压在-10%~6%范围内。

动态特性方面，要求当发电机在额定转速且电压接近额定电压下运行时，如突加或突卸60%额定电流及功率因数不超过0.4（滞后）的对称负载时，电压振荡的瞬态电压跌落应不低于额定电压的85%，当电压上升时，其瞬态电压值应不超过额定电压的120%，而电压恢复到稳态所需的时间不应超过1.5s。

2）具有无功分配控制功能。如需要输出功率相同的发电机并联运行，则当有功负载平均分配时，其每台发电机的无功负载与其按比例分配值的偏差不应超过其额定无功功率的10%。在不同额定功率的发电机并联运行时，假设有功功率按比例分配，则无功负载与其按比例应分配值之差不应超过下列两值中较小者：最大发电机额定无功功率的10%，最小发电机额定无功功率的25%。

3）具有强行励磁功能。当负载突变或发生短路时，电压会突然下降很多，这将使电力系统的运行不稳定。因此，要求调压装置的强行励磁要迅速。从短路保护的选择性要求出发，也要求调压装置在发电机运行时，一旦发生外部短路，发电机在短路瞬间应能提供足够的短路电流，以供负载开关跳闸。例如规定：当接线端子三相短路时，稳态短路电流应不小于3倍且不大于6倍的额定电流，发电机及其励磁机必须能承受此稳态短路电流2s而无损坏。

3. 同步发电机励磁数字PID控制原理

通常自动电压调节器控制系统原理框图如图3.32所示。基于PID控制如图3.34所示，构成的励磁控制回路由测量、比较、调节、触发脉冲形成和晶闸管整流电路组成。如果采用计算机数字控制，数字PID控制基本算法为

$$u(k) = K_P \left[e(k) + \frac{T}{T_I} \sum_{i=0}^{k} e(i) + T_D \frac{e(k) - e(k-1)}{T} \right] + u_0 \quad (3-30)$$

式中，K_P为比例增益，工程上的比例带与K_P成倒数关系；T_I为积分时间常数；T_D为微分时间常数；$u(k)$为控制量；$e(k)$为偏差，$e(k) = r(k) - y(k)$。

若运用微机作为调节器，采用数字PID控制器的系统框图如图3.37所示，数字励磁系统功能强，控制方法与功能由软件程序实现，算法多样化。

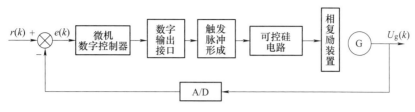

图 3.37　数字励磁系统框图

4. 无功功率补偿控制方法

同步发电机可以产生或吸收无功功率，这取决于其励磁情况。当过励时产生无功功率，当欠励时吸收无功功率，连续产生或吸收无功功率的能力受到励磁电流、电枢电流以及电机温升的极限的限制。

电力系统中，一些需要通过磁场进行作用的负荷通常吸收无功功率，例如变压器不管其负载如何，总是吸收无功功率。发电机空载时，起主要作用的是并联激励电抗；满载时，起主要作用的是串联电抗。对于船舶电力系统电压和无功功率的控制及其有效和可靠的运行应满足以下控制目标：

1）系统中所有装置的端电压应在限值范围内。船舶电气设备都是在一定的额定电压下运行，电气设备如果运行在所允许的电压范围以外，将影响它们的性能，并且可能损坏。

2）为保证最大限度利用输电系统，应加强系统稳定性。电压和无功功率控制对系统稳定有很大影响。

3）应使无功功率传输最小，以使得 RI^2 和 XI^2 损耗减小到最小，这能确保传输系统有效地运行，即主要用于有功功率传输。

无功功率补偿控制方法有：

1）无源无功补偿方法。电压稳定控制是通过全系统中控制无功功率的产生、吸收和传输而完成的，发电机励磁控制提供了电压控制的基本手段。通常还可以运用无功补偿装置如并联电容器、并联电抗器、串联电容电路电抗补偿装置、可调变压器等来控制电压。

2）同步调相机。同步调相机是一种提供主动无功补偿的装置，通过吸收/提供的无功功率可以自动调节，使得所连接的节点电压保持不变，与发电机一起维持了系统特定点的电压。同步调相机相当于在网空载运行的同步电动机，通过控制同步电机励磁，用于发出或吸收无功功率，维持船舶电力系统无功功率平衡。当功率振荡（机电振荡）时，同步调相机和电力系统之间有能量交换，可发出大量无功功率，可能是它连续额定值的两倍。它有10%~20%的过负荷能力，并可持续30min。同步调相机有一个内电压源，系统电压较低时，它可连续供给无功功率。同步调相机能够提供更为稳定的电压特性，当系统无功短缺或电压可能大幅度降低时，在防止电压崩溃方面，同步调相机能起到更好的作用。同步调相机属于主动式并联补偿器，其满载损耗约为1.5%，空载损耗约为0.5%。

一般的海洋运输船舶电力系统的容量不大，配置轴带发电机时，运用一台同步调相机作为电压和无功功率控制的设备是一种通用的选择。同步调相机是这类船舶电力系统常用的电压和无功功率补偿控制设备。

3）静止无功补偿装置。随着电力电子技术的发展及其在电力系统中应用的不断深入，静止无功补偿技术得到快速的发展，电力系统中同步调相机开始逐渐被静止无功补偿装置所取代，其价格比同步调相机低 20%~30%。目前，新设计的船舶电力系统中，静止无功补偿装置开始应用。由于静止无功补偿装置能提供对无功功率和电压的连续和快速控制，增强了输电系统的性能。例如：可以增强暂时过电压的控制，防止电压崩溃，增强暂态稳定性，增强系统振荡的阻尼。（具体内容请见第 6 章。）

大型海洋船舶或电力推进船舶常用的电压和无功功率控制装置有电容器与电抗器、同步调相机、静止无功补偿装置等。

3.4 船舶电力系统频率与有功功率控制

目前，远洋船舶中发电机是船舶电力系统主要的有功功率电源。船舶电力系统的负荷发生变化时，将引起电力系统发电机组转速的变化，因而使电网频率发生变化，从而直接影响船舶电力系统的品质。尤其是大负荷的运行，如船舶侧推器、起货机、甲板机械、空调制冷设备、机舱内大的服务泵等的拖动电动机的起/停与变负荷运行，以及电力推进船舶的主推进电机及其螺旋桨驱动系统的起/停与变负荷运行，都将产生船舶电网的大瞬时有功功率需求。控制指标需要满足《钢质海船入级规范》对于船舶电力系统突然加载大的有功负荷的要求与规定。

船舶电力系统的频率波动会严重影响运行可靠性和经济性，它不仅影响船舶无线电通信、航海仪器等电子设备的工作，而且会使电动机运行工况恶化。频率降低时将会引起铁心和电枢绕组发热，使电动机转速下降，输出功率和效率降低。当系统的频率升高时，会使电动机起动转矩减小，转速加快，对于转矩不变的机械负载，其输出功率必然增加，使电动机过载，甚至造成破坏性影响。

对于电力推进船舶，电力系统频率变化的影响更严重。根据螺旋桨特性中功率与转速的三次方关系，频率的升高将使推进电动机严重过载。极端情况会引起在网发电机之间的负荷不平衡，进而产生船舶电网失电，对船舶安全航行产生巨大威胁。频率波动的另一个不良影响是使电力系统运行不经济。

为了满足电力系统运行的可靠性和经济性，船舶力系统的频率稳定是十分重要的，而频率的调整与控制主要依靠 PMS 对原动机转速器的调整与控制实现。

3.4.1 船舶发电机组转速控制系统的结构与分类

船舶电力系统发电机组转速控制的核心设备是调速器，有机械式、液压式和电子式 3 种类型。将调速系统独立考虑时，船舶发电机组的调速系统是转速闭环的反馈控制系统，如考虑发电机频率与电压的耦合关系，则是多变量控制系统。

1. 船舶发电机转速控制系统的结构

船舶发电机转速的控制依靠柴油发动机调速控制器进行，系统结构如图 3.38 所示，控制系统通过磁电传感器检测发电机转速，

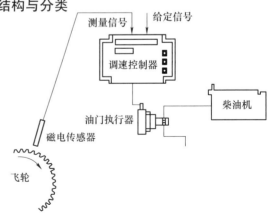

图 3.38 柴油发电机组电子调速系统结构

通过控制油门执行器控制柴油机的供油量，达到控制柴油发电机转速的目的。

从组成控制系统的功能单元分析，可以得到船舶发电机转速控制系统框图如图 3.39 所示，输入是设定转速，输出是实际转速，该转速信号从柴油机输出轴进行检测。转速反馈单元通过转速检测传感器获得发电机转速信号；柴油发电机组是系统中的被控对象，转速调节器是闭环控制系统的核心控制单元，常用 PID 控制算法；通过油门执行阀调节柴油机的供油量，实现对柴油机输出轴功率的调节，从而控制柴油机传递给发电机的转矩功率，达到对发电机组转速的定值控制。电网的电力负荷可以看作发电机的负荷与干扰信号，当负荷变化时，将立即反映到发电机电转矩的变化，引起柴油机机械转矩和电转矩的不平衡，导致发电机运动中所确定的发电机转速变化，最终产生电网的频率波动与发电机有功功率输出的不稳定。

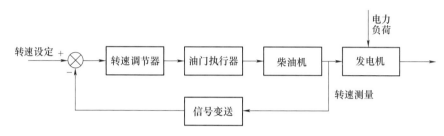

图 3.39　船舶发电机转速控制系统框图

由于发电机的转速变化会影响发电机输出电压，电压控制对发电机励磁产生作用，励磁作用产生的发电机电枢反应会影响发电机的转子力矩，因此对发电机转速的影响包含了电磁与机械两个方面。为此，可通过检测发电机输出频率来获得发电机组的转速，更能反映发电机组电、磁、机械的综合作用过程，这时控制系统对于电网频率的稳定作用也更加直接，这样，控制发电机组转速就是控制其输出电压的频率，是发电机组电压与频率的多变量解耦控制的基础。

2. 船舶发电机转速控制系统的分类

根据柴油发电机的容量与用途，首先要选用适当类型的调速器，同时对于调速器的技术性能如转速范围、稳态调速率、转速波动率、油门驱动能力等有一定的基本要求，使系统的动态与静态性能符合《钢质海船入级规范》的要求。

（1）按调速器形式分类　转速控制系统可分为直接作用式调速器、间接作用式液压调速器和电子调速器作为调节控制核心的系统。

1）直接作用式调速器。直接作用式调速器是一种由转速感应元件通过杠杆等机械连接直接带动调速油压机构的器件，也称机械离心飞锤式调速器，因此这类调速器的驱动力直接取决于飞锤的离心力，其大小是很有限的，只能用于中小容量的柴油发电机组。其灵敏度和精度也较差，但结构简单、维修方便。

2）间接作用式液压调速器。由转速感应元件把转速信号转换后输送给驱动机构，用以控制液压放大机构，得到需要的调节力来驱动油量调节机构。由于它是通过液压放大机构起作用的，故称为间接作用式。与直接作用式相比，这种调速器具有较好的调节性能和大的驱动力。

3）电子调速器。按其控制器分类，电子调速器有模拟式和数字式两类。模拟式电子调速器的控制器由运算放大器等模拟电路电子元件组成；数字式电子调速器由数字微处理器及相应的接口芯片组成。电子调速器用转速调整电位器或软件指令设定需要的发电机转速。磁脉冲式传感器通过飞轮上的齿圈测量发电机转速实际值，并送至控制器，在控制器中实际值与设定值相比较，其比较的差值经控制电路或控制算法程序，按设计的控制规律进行运算，再经放大驱动执行器输出轴，通过调节连杆拉动喷油泵齿杆，进行柴油机供油量的调节，从而达到保持发电机组在设定转速的目的。电子调速器成为主要的柴油发电机转速控制装置。

（2）按控制器输入/输出变量数量分类 转速控制系统可分为单输入单输出系统、多输入多输出系统。

1）单输入单输出系统。以发电机转速为控制参数，建立转速的单回路闭环反馈控制，这时将发电机的转速与电气励磁控制系统分离，认为两个系统之间的耦合关系不大，发电机是柴油原动机的机械负荷，系统框图如图 3.40 所示，发电机电气系统对于转速控制系统的作用可以看作柴油机的负载与干扰，这是一种简化的控制结构形式。当对系统控制的动态与静态品质要求较高时，单输入单输出控制形式就达不到要求了。

2）多输入多输出系统。由于发电机的端电压与发电机的频率（或转速）之间存在耦合，发电机的转速变化影响输出电压，电机励磁产生的电枢反应会影响输出转矩，进而影响转速。因此，发电机组的电压与频率控制应是一个多输入多输出系统，在转速与电压两个控制器之间需要协调控制，或对发电机组的两个控制子系统进行解耦，其系统控制结构如图 3.33 所示。

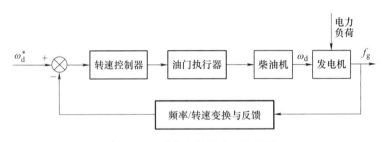

图 3.40 单输入单输出系统框图

3.4.2 船舶发电机特性及其自动调频调载控制

船舶电力系统运行时，当单一发电机组给船舶电网及其负荷供电时，转速调节器的调节作用可以改变柴油机输出功率，调节发电机组的转速，稳定电力系统的频率。当有多台发电机组对电力系统同时供电时，各台发电机组必须具有同一速度设定值，以保持各发电机的功率平衡。

为了在两台或多台并列运行的发电机之间稳定地分配负荷，控制应根据负荷增加时速度下降的特性（下垂特性）来协调。船舶电力系统的发电机并联运行时有功功率的分配中，必须使用有差调速特性的发电机组。下垂控制可通过在积分环节上增加一个静态反馈环（K_{dr}）来实现，如图 3.41 所示。

这类调速器被称为带增益 $1/K_{dr}$ 的比例控制器，K_{dr} 的值取决于稳态速度与发电机组的负荷特性之比。速度偏差（$\Delta\omega$）或频率偏差（Δf）与供油刻度/供油刻度变化或功率输出变化（ΔP）之比等于 K_{dr}。参数 K_{dr} 通称为速度调节率或下降率。它可由百分数表示为

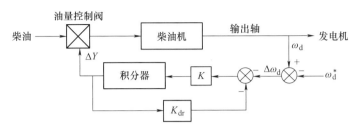

图 3.41 带静态反馈环的调速器

$$K_{dr}\% = \frac{速度或频率变化百分率}{功率输出变化百分率} \times 100\% = \left(\frac{\omega_{d0} - \omega_{dF}}{\omega_{dN}}\right) \times 100\% \quad (3-31)$$

式中，ω_{d0} 为柴油发电机空载稳态速度；ω_{dF} 为柴油发电机满载稳态速度；ω_{dN} 为柴油发电机正常标准速度或额定速度。

例如，5%的下降率或速度调节率意味着 5%频率偏差导致阀门位置或功率输出的 100%变化。

下垂特性的调速器传递函数如图 3.42 所示，其下垂控制曲线图 3.43 所示。

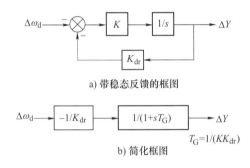

图 3.42 下垂特性的调速器框图

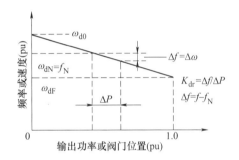

图 3.43 下垂特性的调速器理想静态特性曲线

有两台或两台以上的具有下垂特性的发电机组连接到同一电力系统，必须有相同且唯一的频率，而这个频率决定了它们分担的负荷大小及其变化大小，每台机组分配到的负荷取决于发电机下垂特性的斜率，具体如图 3.44 所示。

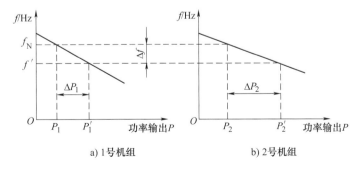

图 3.44 带下垂特性调速器的并列运行机组之间的负荷分配

一般地，若两台发电机组下垂特性相同，则每台机组输出功率相等。否则在同一频率下，下垂特性不同，使有功负载分配不均，具体如图 3.45 所示。

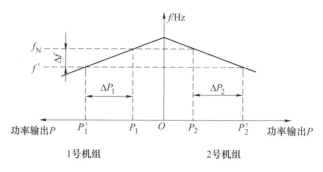

图 3.45　下垂特性有差异的并列运行机组负荷分配

从下垂特性分析可以知道，发电机组之间负荷分配要求发电机具有有差调速特性。若并联的两台发电机同时具有无差调速特性，同一频率下发电机的工作点将有很多，系统的总功率在两台发电机之间的分配找不到唯一的稳定平衡点，具体如图 3.46 所示。

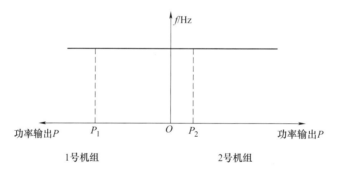

图 3.46　无差调速特性的并列运行机组之间的负荷分配

任何偶然性的原因都可能形成总负荷或一大部分负荷转移到某一台机组上，甚至会使其中一台机组过载，而另一台机组则变成逆功率状态运行，最后将对电力系统造成破坏，或导致保护系统的动作，或造成机组间有功功率的振荡，所以两台具有无差调速特性的发电机组是不能稳定地并列运行的。

船舶电力系统频率稳定与功率分配均匀之间存在着一定的矛盾，船舶上一般采用自动调频调载装置来解决这个矛盾，既能使系统频率稳定在设定的范围内，又能使功率分配误差尽量减小，同时使各在网发电机的输出功率均匀分配。自动调频调载装置通过伺服电机改变发电机负荷参考设定量，采用平行移动发电机组调速特性达到改变与均分在网发电机有功功率输出量。根据发电机调速特性分析可知，上下平移发电机组调速特性，可以改变发电机组输出有功负荷，具体如图 3.47 所示，发电机特性通过平移完成输出功率增加过程；特性上移，额定频率下发电机组输出有功功率增加，反之将减少。频率及有功功率自动调整装置是用于协助原动机调速器自动保持电网频率为额定值、维持并联运行发电机之间有功功率均匀（或按发电机容量比例）分配的自动化装置。通过对每台发电机输出有功功率的检测，根据功率差值平移发电机组的特性，使发电机组之间有功功率均匀分配。两台发电机并网运行时，特性调整过程如图 3.48 所示。

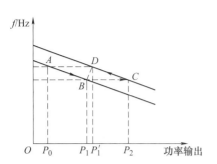
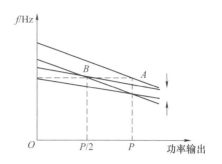

图 3.47 单台发电机运行特性调整过程　　图 3.48 两台发电机并网运行的特性调整过程

3.5 船舶发电机组神经网络控制

由于船舶电力系统是多柴油发电机组的复杂系统,各种不同种类电气电子设备密度高,动态变化频繁、常受大扰动冲击、系统波动大[3.20]。采用经典 PID 反馈控制难以解决复杂系统的强耦合性、不确定性、时变性、非线性、信息不完全性和大纯滞后等问题。随着船舶的各类电气电子设备越来越多,以及全电船的出现,发电机组向着大容量和全自动化方向发展,对船舶发电机组控制系统的品质提出了更高要求[3.21],迫切需要运用一些先进控制方法以解决上述问题。近年来人工智能(Artificial Intelligence,AI)飞速发展和广泛应用,为求解船舶电力系统控制问题提供了新思路。作者在这方面进行了探索研究,本节重点论述基于人工神经网络(Artificial Neural Network,ANN)方法的船舶电力系统控制问题[3.22]。

3.5.1 CMAC 神经网络控制方法

1. ANN 控制的优势与基本控制方式

控制理论在经历了经典控制论、状态空间论、动态规划论等阶段以后,随着被控对象变得越来越复杂、控制精度要求越来越高、对被控对象和环境未知等情况,需要探索新的控制方法。ANN 具有逼近任意非线性映射的能力和自学习、自适应、并行分布式计算与容错能力,使得 ANN 控制已成功应用于控制优化、模式识别、信号处理和图像处理等领域。ANN 控制是将神经网络在相应的控制结构中当作控制器和辨识器等,主要是用于解决复杂的非线性、不确定与不确知系统在不确定环境中的控制问题,增强系统稳定性与鲁棒性。

目前,已经有了多种 ANN 控制结构与方法,如与 PID 相结合的控制、模型参考自适应控制、前馈反馈控制(含并行控制)、内模控制、逆系统控制、预测控制与模糊控制等,图 3.49 所示为 3 种神经网络控制系统结构。

ANN 在控制中的作用可分为 4 类:第一类是在基于模型的各种控制结构中充当对象的模型;第二类是充当控制器;第三类是在控制系统中起优化计算作用;第四类是与其他智能控制方法,如专家系统、模糊控制相融合,为其提供非参数化对象模型与推理模型等。因此,ANN 控制已成为智能控制的重要研究方向。

2. CMAC 神经网络控制

1972 年 J. S. Albus 提出了小脑模型关节控制器 CMAC 神经网络,也称为小脑模型神经网

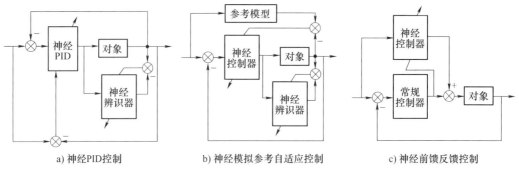

a) 神经PID控制 b) 神经模拟参考自适应控制 c) 神经前馈反馈控制

图 3.49 3 种神经网络控制系统结构

络,是一种表达复杂非线性函数的表格查询型自适应神经网络,该网络可通过学习算法改变表格的内容,具有信息分类存储的能力。

(1) CMAC 神经网络映射结构　CMAC 神经网络的映射过程可以归纳成图 3.50 所示的形式,输入状态空间 X 的维数由被控对象决定。对于模拟量输入, X 需要进行量化,然后才能送入存储区 A,状态空间中的每一点将同时激活 A 中的多个单元。多维存储表只是一个虚地址,可以把 A 的地址通过杂散编码(Hash Coding)映射到一个小得多的物理地址 A_c 中,且在 A_c 中对每一个状态也有多个地址与之对应。CMAC 的计算分为三步:量化(概念映射)、地址映射(实际映射)和 CMAC 神经网络的函数(CMAC 特性)计算输出。

图 3.50 CMAC 神经网络的映射过程

(2) CMAC 神经网络工作原理　CMAC 神经网络由一个固定的非线性输入层和一个可调的线性输出层组成,其神经网络结构如图 3.51 所示。设 CMAC 神经网络所要逼近的函数映射关系为

$$Y = f(X) \tag{3-32}$$

式中, X 为输入向量, $X = [x_1, x_2, \cdots, x_n]^T$; Y 为输出向量, $Y = [y_1, y_2, \cdots, y_r]^T$; $f(\ )$ 为 CMAC 神经网络表示的非线性映射。

1) 输入层 D: $X \rightarrow A_c$, 即 $\boldsymbol{\alpha} = D(X)$。

其中, $\boldsymbol{\alpha} = [\alpha_1, \alpha_2, \cdots, \alpha_m]^T$ 是 m 维相连空间 A_c 中的向量。$\boldsymbol{\alpha}$ 的元素只取 1 或 0 两个值。对于某个特定的 x_i,只有少数元素为 1,大部分元素为 0。可见 $\boldsymbol{\alpha} = D(X)$ 实现的是一个特定的非线性映射,在设计网络时,输入空间中的一个点对应于 $\boldsymbol{\alpha}$ 中的几个元素为 1,即对应相连空间 A_c 中的一个局部区域。

2) 输出层 P: $A_c \rightarrow Y$, 即 $Y = P(\boldsymbol{\alpha}) = W\boldsymbol{\alpha}$。

式中

$$W = \begin{bmatrix} w_{11} & w_{12} & \cdots & w_{1m} \\ \vdots & \vdots & & \vdots \\ w_{r1} & w_{r2} & \cdots & w_{rm} \end{bmatrix}, \boldsymbol{\alpha} = \begin{bmatrix} \alpha_1 \\ \vdots \\ \alpha_m \end{bmatrix} \tag{3-33}$$

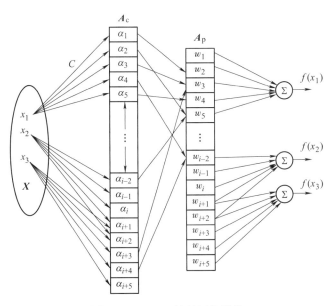

图 3.51 CMAC 神经网络结构

可见,输出层实现的是线性映射。其中连接权 $w_{ij}(i=1,2,\cdots,r;j=1,2,\cdots,m)$,是通过学习调整的参数。对于第 i 个输出,有

$$y_i = P_i(\boldsymbol{\alpha}) = \sum_{j=1}^m w_{ij}\alpha_j \qquad i = 1, 2, \cdots, r \tag{3-34}$$

网络的学习算法遵守误差纠正学习规则:

$$w_{ij}(k+1) = w_{ij}(k) + \eta(y_i^d - y_i)\alpha_j/(\boldsymbol{\alpha}^T\boldsymbol{\alpha}) \tag{3-35}$$

式中,η 为学习率;y_i^d 和 y_i 分别为第 i 个输出分量的期望值和实际值。由于相连向量 $\boldsymbol{\alpha}$ 中只有少量几个元素为 1,其余均为 0,因此在一次数据训练中只有适量的连接权需要进行调整,使得 CMAC 神经网络具有较快的学习速度。同时,由于输入空间中的一个点对应相连空间中的一个局部区域,当输入空间中的两个点比较靠近时,它们所对应的相连空间中的局部区域也比较靠近,而且互相有重叠,使 CMAC 神经网络具有局部泛化能力。

(3) CMAC 神经网络输入层非线性映射 当输入向量 $\boldsymbol{X} = [x_1, x_2, \cdots, x_n]^T$ 时,它映射为相连空间 $\boldsymbol{A}_c$ 中的向量 $\boldsymbol{\alpha}$,设 $\boldsymbol{A}_c^*$ 表示 $\boldsymbol{A}_c$ 中非零元素的集合。对于该神经网络,当泛化参数为 5 时,非线性映射的值 $\boldsymbol{A}_c^* = \{\alpha_a, \alpha_b, \alpha_c, \alpha_d, \alpha_e\}$(其中下标"a、b、c、d、e"往往是不连续的整数)。CMAC 神经网络的输出是这些非零元素的加权和。若将输入向量 $\boldsymbol{X}$ 看作地址,则输出向量 $\boldsymbol{Y}$ 可看作该地址中的内容,对于任意输入 $\boldsymbol{X}$,若要改变其内容 $\boldsymbol{Y}$,只需改变与 $\boldsymbol{A}_c^*$ 相关的连接权。

对于一般的函数映射,当输入相近时,输出也比较接近,当输入的距离较远时,相应的输出是互不相关的。为了实现这样的要求,当两个输入向量 $\boldsymbol{X}_i$ 和 $\boldsymbol{X}_j$ 距离较近时,交集 $\boldsymbol{A}_{ci}^* \cap \boldsymbol{A}_{cj}^*$ 应较大;相反,当 $\boldsymbol{X}_i$ 和 $\boldsymbol{X}_j$ 距离较远时,交集 $\boldsymbol{A}_{ci}^* \cap \boldsymbol{A}_{cj}^*$ 应较小或为空集。输入空间的距离用如下的海明距离来表示为

$$H_{ij} = \sum_{k=1}^n |x_{ik} - x_{jk}| \tag{3-36}$$

式中，x_{ik} 和 x_{jk} 分别为输入向量 $\boldsymbol{X}_i$ 和 $\boldsymbol{X}_j$ 的分量。也就是说，当 H_{ij} 较小时，$\boldsymbol{A}_{ci}^* \cap \boldsymbol{A}_{cj}^*$ 应较大；当 H_{ij} 较大时，$\boldsymbol{A}_{ci}^* \cap \boldsymbol{A}_{cj}^*$ 应较小或为空。为了实现这一点，必须要求相连空间的元素个数（用 $|\boldsymbol{A}_c|$ 表示）应远远大于 $\boldsymbol{A}_c^*$ 中的元素个数（用 $|\boldsymbol{A}_c^*|$ 表示），通常选：$|\boldsymbol{A}_c| = 100|\boldsymbol{A}_c^*|$。

对于上面的选择是否能够保证输入空间的每个点均存在唯一的映射：$\boldsymbol{X} \to \boldsymbol{A}_c$，需要加以检验。假设输入向量 $\boldsymbol{X}$ 的每个分量均可取 q 个不同的值，则输入可能有 q^n 个不同的模式。设 $u = |\boldsymbol{A}_c^*|$，$v = |\boldsymbol{A}_c|/|\boldsymbol{A}_c^*|$，则 $\boldsymbol{A}_c^*$ 可能的组合为

$$C_{uv}^u = \frac{(uv)!}{u!(uv-u)!} > \frac{(uv-u)^u}{u!} > \frac{(uv-u)^u}{u^u} = (v-1)^u \tag{3-37}$$

若对上面的选择有 $v = 100$，只需 $q^n < 99^{|\boldsymbol{A}_c^*|}$，则一定能够保证存在唯一的映射：$\boldsymbol{X} \to \boldsymbol{A}_c$。

为了实现上面的要求，CMAC 神经网络输入层的非线性映射可进一步分解为如下两步：

$$\boldsymbol{X} \to \boldsymbol{A};\quad \boldsymbol{A} \to \boldsymbol{A}_c \tag{3-38}$$

对于输入向量 $\boldsymbol{X}$ 的每个分量 $x_i (i = 1, 2, \cdots, n)$，首先按下面的方法将其转换成二进制变量 a_i，并且

① a_i 必须有且只有一个区间段的位值均为1，其余位值为0。

② 在任何一个 a_i 中位值为1的个数（记为 $|a_i^*|$）均等于 $|\boldsymbol{A}_c^*|$，即 $|a_i^*| = |\boldsymbol{A}_c^*|$。

③ 将 a_i^* 中的位下标的名字与 $\boldsymbol{X}$ 的对应关系列成表。其中，只要保持同一下标名字在同一列中的位置不变，其余次序可以是变化的。

对于一维情况，输入 $\boldsymbol{X}_i$ 与 $\boldsymbol{X}_j$ 的距离 $H_{ij} < |\boldsymbol{A}_{ci}^*|$ 时，它与 $\boldsymbol{A}_{ci}^* \cap \boldsymbol{A}_{cj}^*$ 之间有如下的关系：$H_{ij} = |\boldsymbol{A}_{ci}^*| - |\boldsymbol{A}_{ci}^* \cap \boldsymbol{A}_{cj}^*|$。

对于多维情况，则有

$$\boldsymbol{X} \to \boldsymbol{A} = \begin{cases} x_1 \to a_1^* \\ x_2 \to a_2^* \\ \vdots \\ x_n \to a_n^* \end{cases} \tag{3-39}$$

当输入向量超过一维时，将每个 a_i^* 的元素相应组合起来便可求得 $\boldsymbol{A}_c^*$。

（4）CMAC 神经网络存储的哈希编码 按照上述方法，当输入向量维数很高时，相连空间 $\boldsymbol{A}$ 的维数将很大，例如，若 $\boldsymbol{X}$ 的每个分量取 q 个不同的值，则 $\boldsymbol{A}$ 的维数将是 q^n，需要多个存储单元，对于实时控制用微机实现有较大困难。事实上，对于特定的问题，训练样本不可能遍历所有的输入空间，实际上 $\boldsymbol{A}$ 是一个稀疏矩阵。由此，可以将维数很大的相连空间 $\boldsymbol{A}$ 映射到一个维数少得多的空间 $\boldsymbol{A}_c$。

哈希编码是计算机中压缩稀疏矩阵的一个技术，可将其压缩存储。也就是要将 $\boldsymbol{A}$ 中稀疏的 $\boldsymbol{A}^*$ 通过哈希编码压缩存储到小的存储区域 $\boldsymbol{A}_c$ 中。具体可通过一个产生伪随机数的程序来实现，将大存储区域 $\boldsymbol{A}$ 的地址作为该伪随机数产生程序的变量，产生的随机数限制在一个较小的整数范围，作为小存储区域 $\boldsymbol{A}_c$ 的地址。CMAC 并行控制采用"除余数法"进行存储。因此，$\boldsymbol{A} \to \boldsymbol{A}_c$ 是一个多对少的映射。

哈希编码这种多对少的映射特性可能导致在大存储区域中不同的数据映射为小存储区域的同一地址，这个现象称为碰撞。若用程序产生的随机数的随机性较好，则可尽量减少这种

碰撞现象。

对于一个实际问题应恰当地选取$|A^*|$和$|A_c|$，$|A^*|$选得较小可使计算量减少和学习速度加快，但同时也减小了泛化能力。$|A_c|$太小，则增加了上面所述碰撞现象的概率，但太大则要求太多的存储容量。因此，$|A^*|$和$|A_c|$的选择需要折中考虑。

（5）CMAC 神经网络并行控制　设计 CMAC 神经网络并行控制系统结构框图如图 3.52 所示，神经网络控制部分由量化、地址映射、CMAC 记忆、学习算法和 CMAC 函数计算 5 个部分组成。其最主要的部分是地址映射、学习算法与 CMAC 函数计算 3 个部分。系统中 CMAC 神经网络控制与 PID 控制并行进行，构成前馈+反馈控制形式；网络以系统的给定、偏差和 PID 控制器的输出为输入。通过网络的量化、映射和学习，在 CMAC 的记忆下进行函数计算，输出控制信号。CMAC 神经网络通过在系统中的学习，当网络逐渐被训练好后，存储器中的值在输入状态空间里将近似逼近被控对象及其系统的逆动力学模型，从而 CMAC 神经控制器产生的控制量逼近于使系统跟踪理想给定值所需的控制量。最后使 PID 控制器的输出逐渐趋向于 0，CMAC 神经控制器输出起到主要控制作用。

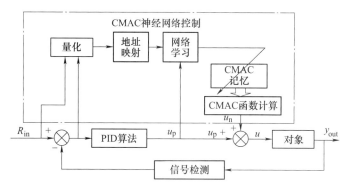

图 3.52　CMAC 神经网络并行控制系统结构框图

CMAC 神经网络控制采用在线有导师学习算法，每一个控制周期结束时，计算出相应的 CMAC 神经网络输出 $u_n(k)$，并与总控制输入 $u(k)$ 相比较，进入学习过程，修正权值。学习的目的是使总控制输入与 CMAC 的输出之差最小。经过 CMAC 神经网络的学习，使系统的总控制输出由 CMAC 神经网络产生。CMAC 神经网络的学习仅仅依赖于误差的当时测量值和变化值。该系统的控制算法为

$$u_n = \sum_{i=1}^{C} w_i \alpha_i \tag{3-40}$$

$$u(k) = u_n(k) + u_p(k) \tag{3-41}$$

式中，$\alpha_i(i=1, 2, \cdots, C)$ 为二进制选择参数；C 为 CMAC 神经网络的泛化参数；$u_n(k)$ 为 CMAC 神经网络产生相应的输出；$u_p(k)$ 为常规控制器 PID 产生的输出。CMAC 神经网络的调整指标与权值算法为

$$E(k) = \frac{1}{2}[u(k) - u_n(k)]^2 \frac{\alpha_i}{C} \tag{3-42}$$

$$\Delta w(k) = \eta \frac{u(k) - u_n(k)}{C} \alpha_i = \eta \frac{u_p(k)}{C} \alpha_i \tag{3-43}$$

$$w(k) = w(k-1) + \Delta w(k) + \beta[w(k-1) - w(k-2)] \quad (3\text{-}44)$$

式中，η 为网络学习速率，$\eta \in (0, 1)$；β 为惯性量，$\beta \in (0, 1)$。

CMAC 神经网络通过学习获得被控对象及其系统的逆模型，对于如图 3.53 所示系统，若非线性被控对象及其系统的非线性特性为 $g[\ ]$，则被控对象及其系统可描述为

$$y_{\text{out}}(k+1) = g[y_{\text{out}}(k), u(k)] \quad (3\text{-}45)$$

被控对象与系统的输出反馈到系统的输入，CMAC 通过对被控对象及其系统的输入、输出进行跟踪学习，获得被控对象及其系统关于输入、输出的逆模型为

$$u(k) = g^{-1}[y_{\text{out}}(k), y_{\text{out}}(k+1)] \quad (3\text{-}46)$$

CMAC 神经网络并行控制过程分为控制周期和学习周期两个阶段。在控制周期，控制程序完成 CMAC 神经网络算法与 PID 控制算法，并产生输出相加，对被控对象实施控制。设定输入信号的下一步期望状态为 $y_d(k) = y_i(k+1)$，输出控制量为 $u(k) = u_p(k) + u_n(k)$。在学习周期，当系统开始运行时，CMAC 网络的数据存储器中的权系数值设置为 0，此时神经控制器的输出为 0，整个系统的控制量由 PID 控制提供。随着神经网络逐步学习训练，数据存储器中的权系数值不再为零，控制程序将系统的设定值、系统的偏差值和 PID 控制器的输出值作为 CMAC 神经网络的输入；CMAC 神经控制采用有导师学习算法，每一控制周期结束时，计算出相应的 CMAC 神经网络输出 $u_n(k)$，将对应的 PID 控制器的控制量用作神经网络的理想响应值，并与总控制输入 $u(k)$ 相比较获得差值，再结合发电机组的输出反馈量进行网络学习与训练。根据这些参数的差值，CMAC 网络按 δ 学习规则修正权值，进入学习过程。学习的目的是使总控制输入与 CMAC 的输出之差最小。经过 CMAC 神经网络的迭代，存储器中的值在输入状态空间里逼近被控对象及其系统的逆动态模型；若 CMAC 神经网络反复学习后的权值为 $W(k)$，网络产生的控制量将逼近使系统跟踪期望状态所需的 $u_n(k)$，即

$$u_n(k) = N\phi[y_{\text{out}}(k), y_d(k); W(k)] \quad (3\text{-}47)$$

这样系统的总控制输出由 CMAC 产生，此时神经网络逼近了被控对象及其系统的逆动态模型，即有 $N\phi[\ ] = \hat{g}^{-1}$，$y_d(k) = y_i(k+1)$ 代替了 $y(k+1)$。

3.5.2 船舶柴油发电机组转速神经网络控制

按 CMAC 神经网络并行控制系统的设计原理构建船舶柴油发电机组转速控制系统，如图 3.53 所示。该系统在 PID 控制器的基础上，再并联一个 CMAC 控制器，形成 CMAC 控制器和 PID 控制器并行控制。CMAC 控制器通过系统在 PID 控制器作用下的在线学习，在线调整权值，目标是使反馈误差趋近于零，从而使 CMAC 控制器逐渐在控制作用中占据主导地位。控制中 CMAC 实现被控对象的逆动态模型及其控制；对于 PID 控制器，一旦系统出现特殊干扰，仍然可以重新起作用。

运用建立的大型船舶电力系统仿真平台，在发电机转速控制回路中加入 CMAC 神经网络并行控制，其他部分的结构不变。进行船舶电力系统的负荷仿真试验。在船舶电力仿真系统中，船舶发电机的额定功率为 3.125MW，额定电压为 6.6kV，频率为 60Hz。控制系统的 PID 参数为：比例系数为 8，积分系数为 25，微分系数为 0.25。CMAC 神经网络参数取 $C=5$、$\eta=0.10$、$m=300$ 和 $\beta=0.04$；CMAC 神经网络控制器 $n=3$、$r=1$。CMAC 神经网络并行控制器与柴油原动机组构成的 MATLAB 编程实现图形界面实现如图 3.54 所示。CMAC 算法

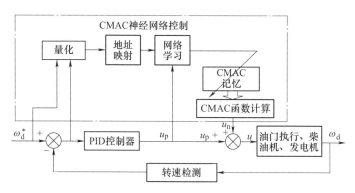

图 3.53 船舶柴油发电机组转速 CMAC 神经网络并行控制系统框图

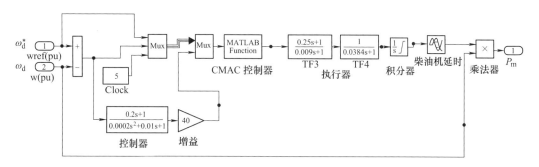

图 3.54 CMAC 神经网络并行控制器与柴油原动机系统结构

用 MATLAB 的 m 文件格式实现，时钟信号 Clock 实现 CMAC 神经网络权值的初始化。

案例 1：发电机组转速 PID 控制电力系统突加突卸 15%负载仿真

为了分析船舶发电机组系统的动态特性，先测出发电机组转速 PID 控制的电力系统的动态特性。其中船舶电力系统发电机为中压同步发电机，电气参数为：$P_{gN} = 3.125 \times 10^6 \mathrm{W}$，$U_{gN} = 6.6 \mathrm{kV}$，$f_{gN} = 60 \mathrm{Hz}$；$R_s = 0.0036$；$N_p = 2$ 对；$X_d = 1.56$，$X_d' = 0.296$，$X_d'' = 0.177$，$X_q = 1.06$，$X_q' = 0$，$X_q'' = 0.177$，$X_s = 0.052$；$T_d' = 3.7\mathrm{s}$，$T_d'' = 0.05\mathrm{s}$，$T_{q0}'' = 0.05\mathrm{s}$。

对船舶发电机组转速 PID 控制的电力系统进行突加/突卸 15%的发电机额定功率负载的反复试验，输入负载为突加阶跃信号特性负载。测量出发电机组系统运行的情况，其中发电机组的机械功率与发电机组转速为标幺值，如图 3.55 所示；测量某一台发电机的输出电流，电流波形如图 3.56 所示，在第 0s 突加第一次负载，以后在第 5s 突减同样大小的负载，可以看到在负载突变的最开始阶段，发电机机械功率有明显的尖峰，转速超调量较大，电流输出波形不光滑、连续性比较差，系统的动态过程不理想。

案例 2：发电机组转速 CMAC 神经网络并行控制电力系统突加/突卸 15%负载仿真

为便于比较，选择与 PID 控制相同的负载，对船舶发电机组转速 CMAC 并行控制系统进行突加/突卸 15%的发电机额定功率负载各两次，系统运行 10s 时间，仿真结果如图 3.57 所示，系统动态过程的稳定性有较大的改善。

再测量发电机的输出电流，在第 0s 和第 5s 负载突然变化时，电流的输出波形是好的，分别如图 3.58a 和图 3.58b 所示，6.6kV 中压系统的动态特性是相当好的。

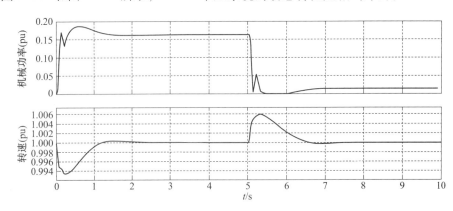

图 3.55　PID 控制系统突加/突卸 15% 发电机额定功率负载时机械功率和转速响应特性

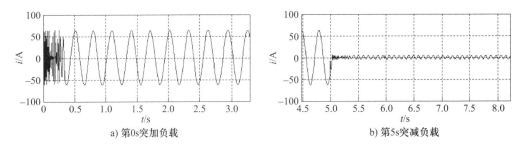

a) 第0s突加负载　　　　　　　　　　b) 第5s突减负载

图 3.56　PID 控制系统突加/突卸 15% 发电机额定功率负载时发电机 A 相电流输出特性

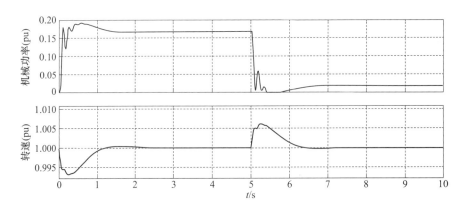

图 3.57　CMAC 并行控制系统突加/突卸 15% 负载时机械功率和转速响应特性

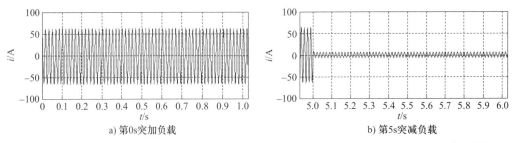

a) 第0s突加负载　　　　　　　　　　b) 第5s突减负载

图 3.58　CMAC 并行控制系统突加/突卸 15% 发电机额定功率负载时发电机 A 相电流输出特性

比较 CMAC 并行控制与 PID 控制的动态过程，CMAC 并行控制系统在过渡过程的连续性上有明显的改善，没有明显的突变，准确性和快速性得到提高。

案例 3：转速 PID 与 CMAC 并行控制电力系统突加/突卸 50% 负载与短路故障仿真

在电网的输出侧，突加/突卸 50% 的发电机额定功率的三相负载，记录常规 PID 控制系统的负载特性，如图 3.59 所示。

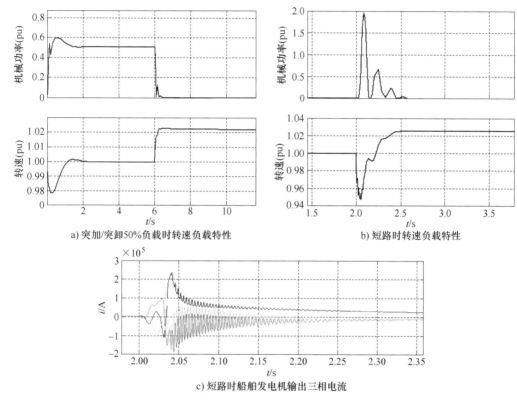

a) 突加/突卸 50% 负载时转速负载特性　　　　b) 短路时转速负载特性

c) 短路时船舶发电机输出三相电流

图 3.59　船舶发电机转速 PID 控制系统负载特性

可以看到：在第一次加载卸载仿真过程中，图 3.59a 中 PID 控制系统在第 0s 时有 50% 三相负载投入，机械功率有较大波动，发电机的转速发生了较大的下降，转速下降到谷值小于 0.98，第 6s 时将 50% 三相负载突然卸掉。在第二次仿真过程中，第 2s 时产生三相短路故障，如图 3.59b 所示，发电机组的机械转矩和转速波动非常大，短路时发电机输出的三相电流有很大的变化，瞬时值如图 3.59c 所示，电流的波形很不好。

采用 CMAC 并行控制时，同样对电力系统进行了突加 50% 的发电机额定功率的负载仿真和电网短路故障仿真，参数变化曲线如图 3.60 所示。图 3.60a 的开始阶段 CMAC 处于完整的学习过程中，转速下降接近到 0.97 的标幺值。然后，在第 12s 有 50% 的发电机额定功率负载投入；在第 18s 发生电网三相接地短路故障。可以看到在第 12s 作用后，驱动柴油机的机械功率和转速的波动值小于开始阶段调节器控制下系统的变化；还可以看出，采用 CMAC 并行控制时，输出机械功率和发电机转速的曲线连续性比用 PID 控制时转速下降小。当第 18s 发生电网三相接地短路故障时，机械功率和转速的波动变化很大，最后由于短路电流很大，0.4s 后产生主开关分闸保护；随后，机械功率趋于 0，转速趋于 1.025。发电机三相接地短路故障时的输出电流波形变化较小。在突加 50% 的负载时，系统的调速率在 10% 以内，稳定调速率在 5% 以内，动态过程时间不超过 5s；响应特性优于 PID 控制系统。

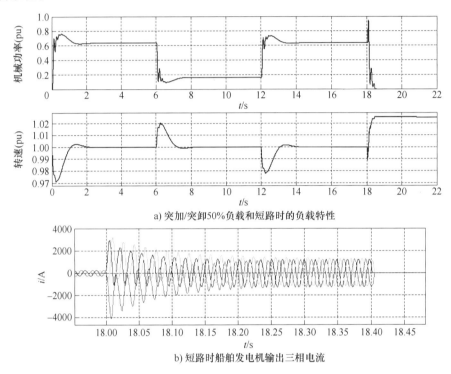

图 3.60　船舶发电机组转速 CMAC 神经网络并行控制系统负载特性

3.5.3　船舶发电机励磁神经网络控制

船舶同步发电机励磁控制将直接影响船舶电网的电压稳定和发电机无功功率输出。目前大都采用电压信号和电流信号并用的相复励励磁方式，发电机励磁系统框图如图 3.37 所示，通过 PID 控制发电机输出端电压不变，系统的大扰动是电网的三相电力负荷的变化。按 CMAC 并行控制方法设计船舶同步发电机励磁控制系统，单输入单输出相复励控制系统结构如图 3.61 所示，系统输入是船舶电力系统设定电压值 U_g^*，输出是发电机输出电压值 U_g。系统的控制特点类似于转速控制，运用基于 CMAC 的并行控制方法，以改善和解决船用发电机系统的非线性控制问题。

建立船舶电力系统数字仿真平台，在发电机励磁控制回路中加入 CMAC 神经网络并行控制，如图 3.62 所示，此时发电机调速系统仍然是 PID 控制系统。

在电网的电力输出端接入三相小负载、大负载和短路试验。船舶发电机励磁 CMAC 并行控制仿真系统中输入为电压设定值 U_g^*、电压测量值 U_g、电流测量值 i_{abc} 和接地信号 U_{g0}。在 CMAC 神经网络中，取 $N=300$、$C=5$、$\eta=0.10$、$\beta=0.04$；CMAC 控制器 $n=3$、$r=1$。

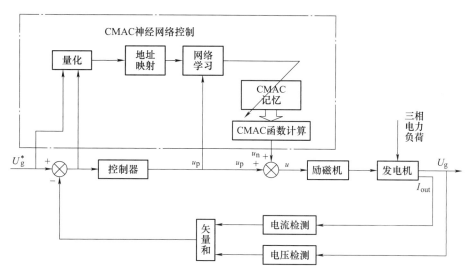

图 3.61 船舶柴油发电机励磁系统 CMAC 神经网络并行控制系统框图

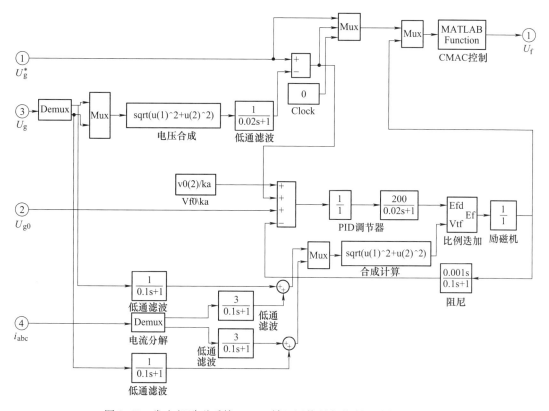

图 3.62 发电机励磁系统 CMAC 神经网络并行控制系统控制器结构

案例 1：励磁系统 CMAC 并行控制电力系统突加/突卸 20% 发电机额定负荷仿真

发电机励磁系统 CMAC 并行控制的学习过程与转速控制系统相类似，对该控制方式下的船舶电网进行 4 次突加/突卸 20% 额定负荷仿真试验，系统的动态响应过程如图 3.63a 所示。

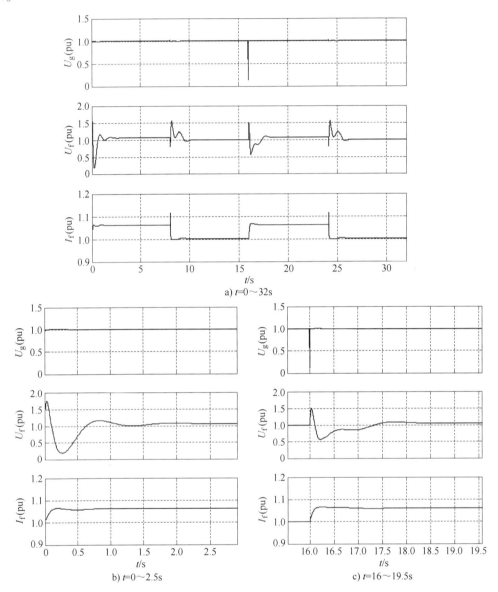

图 3.63 励磁系统 CMAC 神经网络控制电力系统突加/突卸 20% 负载特性

图 3.63 中，第 1 次动态过程 CMAC 处于学习阶段，励磁电压 U_f 和励磁电流 I_f 的波动幅度比较大，第 2、3、4 次动态过程 U_f 和 I_f 的最大动态偏差波动幅度值减小了 30%。由于最大动态偏差是动态过程准确性指标之一，因此可以说系统的准确性提高了很多。图中还可以观察到 CMAC 控制使动态过程的振荡周期数减少了，原动态过程的振荡周期为 2 个，现为 1 个多一点，过渡过程的振荡周期数下降，说明系统的稳定性得到了提高。对图 3.63a 进行放大可以观察得更仔细，图 3.63b 是 $t=0\sim2.5s$ 时突加负载的动态特性，这时 CMAC 还处于学习阶段，以 PID 控制为主，图 3.63c 是 $t=16\sim19.5s$ 时突加负载的动态特性，CMAC 处于主要

控制作用阶段，比较两动态过程的 U_f 标幺值，峰值与谷值都减少了 30% 左右。

案例 2：短路故障工况下船舶柴油发电机励磁系统 CMAC 神经网络并行控制仿真

对于船舶柴油发电机励磁系统 CMAC 神经网络并行控制系统测定仿真运行时发电机输出电流数值，系统动态响应过程如图 3.64~图 3.77 所示。其中图 3.64~图 3.66 所示为三相小负荷试验（15%发电机额定负载）结果。

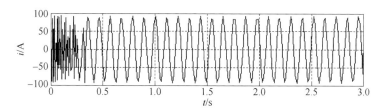

图 3.64　电网小负载起动时发电机输出相电流

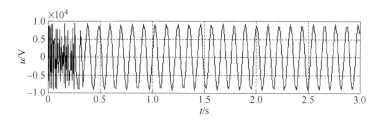

图 3.65　电网小负载起动时发电机输出 BC 相电压

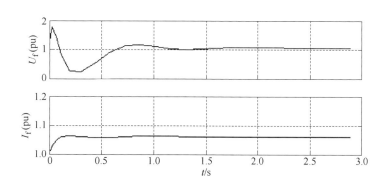

图 3.66　电网小负载起动时发电机励磁电压与励磁电流曲线图

从图 3.64~图 3.66 结果可以看出，当电力系统有小负载起动时，系统动态响应良好，输出的电流和电压在 3s 内可以达到完全稳定；稳态电压的变化值在额定电压的±2.5%以内，特性优于中国船级社《钢质海船入级规范》的要求。

在短路试验中，选用单相对地短路和三相对地短路故障进行仿真试验，图 3.67~图 3.70 为 A 相对地短路试验结果。在第 0.1s 时发生短路故障，第 0.4s 故障被切除。当 A 相短路时，测量了发电机输出 A 相的电压如图 3.67 所示，C 相电压和三相电流如图 3.68 和图 3.69 所示，可以看到输出 A 相与 C 相的不平衡；同时测量了发电机励磁电压和励磁电流，从电网 A 相短路时发电机励磁电压和励磁电流图（图 3.70）可以看出发电机励磁系统能承受这一短路冲击,有良好的稳定性。

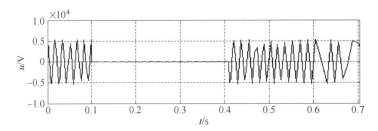

图 3.67 电网 A 相短路时发电机输出相电压

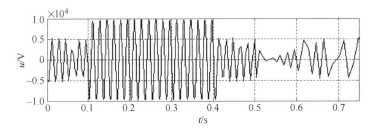

图 3.68 电网 A 相短路时发电机输出 C 相电压

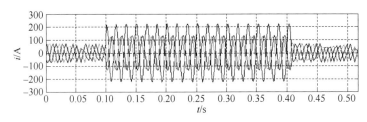

图 3.69 电网 A 相短路时发电机输出三相电流

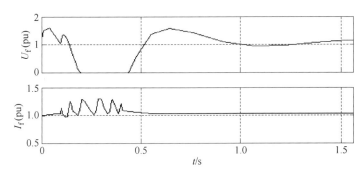

图 3.70 电网 A 相短路时发电机励磁电压和励磁电流

图 3.71~图 3.73 所示为75%发电机额定负载的三相大负载试验结果;当电力系统有大负载起动时,系统能承受大负载的冲击,最后仍能稳定运行,其瞬态电压值不低于额定电压的85%,电压恢复到与稳定值相差3%以内所需要的时间不超过1.5s,而且输出的电流和电压的波形都比较好,特性同样优于中国船级社《钢质海船入级规范》的要求。

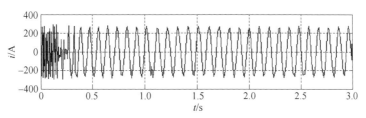

图 3.71　电网大负载起动时发电机输出相电流

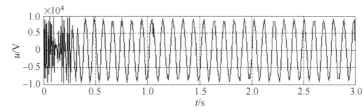

图 3.72　电网大负载起动时发电机输出 BC 相电压

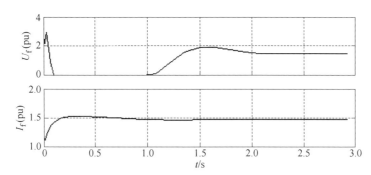

图 3.73　电网大负载起动时发电机励磁电压与励磁电流

为测试发电机励磁系统承受巨大冲击的能力，又进行了三相接地故障仿真试验，测量了发电机输出一相电压、三相电压和三相电流，以及励磁电压和励磁电流（见图 3.74 ~ 图 3.77）。

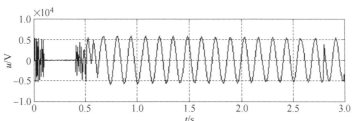

图 3.74　电网三相短路时发电机某相输出相电压

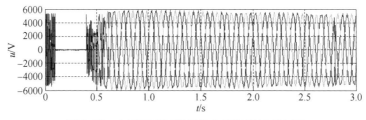

图 3.75　电网三相短路时发电机输出三相电压

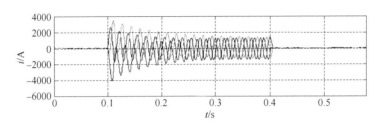

图 3.76　电网三相短路时发电机输出三相电流

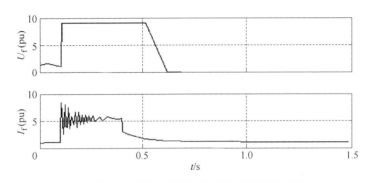

图 3.77　电网三相短路时励磁电压和励磁电流

测量出的此时发电机励磁电压和励磁电流变化说明仍然能稳定运行。仿真结果表明系统的动态变化在中国船级社《钢质海船入级规范》的要求范围以内。

3.5.4　船舶柴油发电机组双回路神经网络并行控制

1. 船舶柴油发电机组双回路控制系统结构

对于船舶柴油发电机组系统，若同时考虑频率（即发电机转速）和电压两个参数，系统将形成多输入多输出的多变量控制系统，系统结构如图 3.78 所示。由于发电机的频率与发电机端电压/输出电流的耦合关系，两回路控制器的协调控制非常重要。

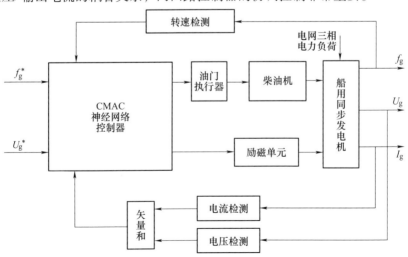

图 3.78　CMAC 神经网络多变量控制系统结构

2. 船舶柴油发电机组转速与励磁双回路 CMAC 控制系统

将船舶柴油发电机组转速与励磁双回路看作一个系统时，构成频率与电压多输入多输出控制系统。如都运用 ANN 进行控制能增强两个回路之间的适应能力，从而使系统控制的协调性增强。船舶发电机组双输入双输出 CMAC 神经网络并行控制系统结构如图 3.79 所示。船舶柴油发电机组的转速控制回路和励磁控制回路的控制都采用 CMAC 并行控制方式进行，系统控制质量方面的优点是两方面的综合，ANN 控制的自适应能力增强了系统之间的协调性。

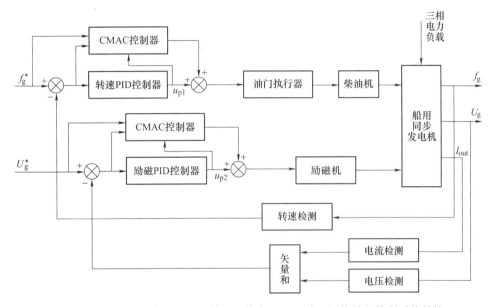

图 3.79　船舶柴油发电机组双输入双输出 CMAC 神经网络并行控制系统结构

案例：船舶柴油发电机组双回路 CMAC 控制与 PID 控制仿真与动态过程比较

对这样的综合系统进行负载试验，突加/突卸 20% 发电机额定功率的阶跃性负载，得到的运行结果如图 3.80 所示，同样 CMAC 神经网络学习完成的控制系统的动态过程好于第 1 次以 PID 为主的动态过程。

图 3.81 所示为双回路 CMAC 控制系统与 PID 控制系统在突加 20% 发电机额定功率的阶跃性负载运行的动态过程比较。

图 3.81a 是双回路 CMAC 控制系统为主的负载试验结果，图 3.81b 是 PID 控制系统为主时的负载试验结果。从上面的结果可以看出训练完成的双回路 CMAC 并行控制系统的励磁电压幅值与励磁电流幅值远远小于 PID 系统，而双回路 CMAC 神经网络并行控制系统发电机组的其他参数的波动幅值也都小于 PID 系统；对于图 3.81 的记录数据曲线，还有这样的结论，双回路 CMAC 神经网络并行控制系统在发电机的输入转矩和端电压稍小于 PID 系统的情况下，而励磁电压幅值比 PID 系统的励磁电压幅值要小 18%；由于执行量的幅值小了，因此系统的稳定性提高了。加入 CMAC 神经网络并行控制增强了系统回路之间控制的适应能力。

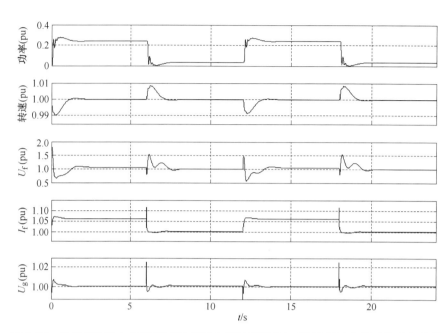

图 3.80 船舶柴油发电机组双回路 CMAC 控制系统突加/突卸 20% 负载时的动态过程

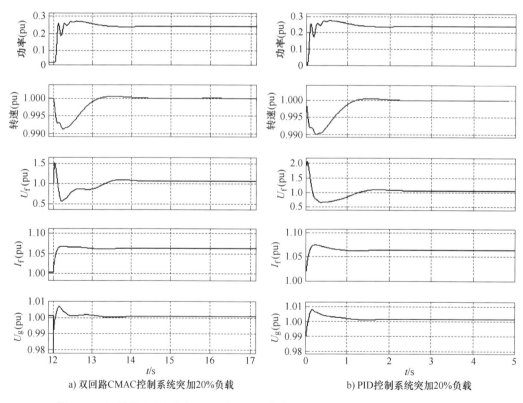

a) 双回路CMAC控制系统突加20%负载　　　　b) PID控制系统突加20%负载

图 3.81 船舶柴油发电机组双回路 CMAC 控制系统与 PID 控制系统动态过程比较

从船舶电力系统仿真运行的各种结果可以看出，CMAC 并行控制系统的动态特性完全满足中国船级社《钢质海船入级规范》要求,从而说明理论上 CMAC 控制方法是可以用于船舶发电机组系统控制的。仿真结果还表明 CMAC 的加入使得控制效果比单独的 PID 控制效果要好,当电力系统有负载运行时,在 CMAC 控制器的作用下,减小了超调,加快了控制响应速度。在一定程度上,控制器能适应于船用发电机电磁耦合非线性系统控制。

从船舶发电机组的 CMAC 并行控制仿真结果可以看出,CMAC 控制算法的主要优点体现在以下 5 个方面:

1)它是基于局部学习的神经网络,把信息存储在局部结构上,使每次修正的权值很少,在保证函数非线性逼近性能的前提下,网络的学习速度快,适合于实时控制。

2)决定网络性能的主要参数有泛化常数 C、相邻输入之间的重叠程度、输入的量化级,它们影响到逼近精度、泛化能力和学习速度。

3)泛化能力与泛化常数 C 有关,随着 C 的增大,泛化能力增强。相近的输入有相近的输出。

4)寻址编程的方式,使得在利用计算机仿真时,响应速度加快。

5)作为非线性逼近器,CMAC 神经网络对学习数据出现的次序不敏感。

研究表明,在船舶电力系统控制中,采用 ANN 控制可以克服传统 PID 控制的不足,解决复杂系统的非线性和多变量之间的解耦和协调控制,增强系统的稳定性和鲁棒性,还可进一步利用 ANN 进行负荷调配和能量优化,建立智能能量管理系统(Energy Management System,EMS)。

参 考 文 献

[3.1] 唐道贵,严新平,袁裕鹏. 综合电力系统船舶能量管理技术 [J]. 中国航海,2017,40(4):56-60.

[3.2] 汤天浩. 电力传动控制系统:下册 提高篇 [M]. 北京:机械工业出版社,2019.

[3.3] 高景德,王祥珩,李发海. 交流电机及其系统的分析 [M]. 2 版. 北京:清华大学出版社,2005.

[3.4] MASHAYEKH S, BUTLER-PURRY K L. An integrated security-constrained model-based dynamic power management approach for isolated microgrids in all-electric ships [J]. IEEE transactions on power systems,2015,30(6):2934-2945.

[3.5] 尚安利,夏立,王征. 舰船电力系统一体化系统模型和故障恢复研究 [J]. 电工技术学报,2016,31(2):163-170.

[3.6] 卓金宝,施伟锋,兰莹,等. 基于改进形态滤波器和弧长差分序列的微电网电能质量扰动定位与识别 [J]. 电工技术学报,2017,32(17):21-34.

[3.7] 余正东,王硕丰,王良秀,等. 船舶直流综合电力系统小信号稳定性分析 [J]. 船舶工程,2019,41(1):53-57.

[3.8] 宋墩文,姜苏娜,郝建红,等. 电力系统低频振荡分岔和混沌机理述评 [J]. 华东电力,2014,42(6):1115-1123.

[3.9] 马洪涛. 基于混沌分析法的舰船电力系统稳定性研究 [J]. 舰船科学技术,2015(1):152-156.

[3.10] 邓任任,杨冬梅,陈永华,等. 新型电源结构下船舶综合电力系统区域配电网技术 [J]. 舰船科学技术,2017,39(11):111-116.

[3.11] VU T V, GONSOULIN D, PERKINS D, et al. Distributed control implementation for zonal MVDC ship power systems [C]//2017 IEEE Electric Ship Technologies Symposium. Arlington:IEEE,2017.

[3.12] GHORBANI M J, CHOUDHRY M A, FELIACHI A. A multiagent design for power distribution systems automation [J]. IEEE transactions on smart grid, 2016, 7 (1): 329-339.

[3.13] 许鹏, 李楠, 王艳红, 等. 不同运行工况下船舶电力系统的负载响应特性研究 [J]. 舰船科学技术, 2020, 42 (4): 95-97.

[3.14] ZHANG W, SHI W, WANG G, et al. An improved model-free adaptive control for marine generator excitation system [J]. International journal of robotics and Automation, 2017, 32 (11): 616-624.

[3.15] 陆翔, 戴先中, 张凯锋. 电力系统神经网络逆控制中的闭环控制器设计 [J]. 东南大学学报（自然科学版）, 2004, 34 (1): 117-121.

[3.16] ZUO J, SHI W F, LAN Y. Fuzzy attribute expansion method for multiple attribute decision-making with partial attribute values and weights unknown and its applications [J]. Symmetry, 2018, 10 (12): 1-17.

[3.17] 徐西睿. 改进神经网络的舰船电力系统稳定性容错控制 [J]. 舰船科学技术, 2020, 42 (14): 115-117.

[3.18] DENG Q, DOUGAL R. Distributed independent controls for managing short circuit faults in MVDC power systems [C]//2017 IEEE Electric Ship Technologies Symposium. Arlington: IEEE, 2017.

[3.19] 施伟锋, 卓金宝, 兰莹. 一种基于属性空间相似性的模糊聚类算法 [J]. 电子与信息学报, 2019, 41 (11): 2722-2728.

[3.20] 朱志宇, 郑晨阳. 基于混沌自适应差分进化算法的舰船电力系统网络重构 [J]. 江苏科技大学学报（自然科学版）, 2013 (2): 154-158.

[3.21] 李博, 郑伟丽. 船舶电力系统配电网故障恢复重构算法研究 [J]. 舰船科学技术, 2018, 40 (3A): 79-81.

[3.22] TORRES B S, FERREIRA L R, AOKI A R. Distributed intelligent system for self-healing in smart grids [J]. IEEE transactions on power delivery, 2018, 33 (5): 2394-2403.

第 4 章
船舶电力系统的保护

本章主要研究船舶及海洋工程电力系统及主要设备在运行中可能发生的故障情况,分析电力系统故障对船舶安全运行产生的危害,以及前期需要采取的可靠应对措施;了解和掌握电力系统保护的基本原则,为工程项目设计建造安全运行提供可参照依据,确保电力系统安全运行。

如前所述,船舶电力系统主要由电源装置(包括发电机组、应急电源等)、主配电板、变压器、分配电板及设备控制中心、各种变换器、电动机、馈电电缆等构成。船舶电力系统的设计需要对系统正常运行及可能出现故障情况进行分析和预判,通常可能出现故障的原因是:船舶运行环境如湿度、高温、盐雾、振动等造成其电气设备在恶劣环境里长期运行的绝缘老化;船舶海上航行环境的不确定性与推进动力源系统之间动态过程的实时变化;海洋工程繁多作业设备(如动力定位系统)在复杂工况对动力电源装置配置及系统快速精准动态反应速度等带来故障发生的复杂性[4.1];船员人为操作失误引起系统故障;不可预见故障等。常见的电力系统故障种类有过载、过电压、欠电压、过频、欠频、逆功率等。本章将围绕上述内容进行探讨分析。

4.1 船舶电力系统保护基本原理

4.1.1 概述

船舶电力系统中各电气设备布置空间位置相对比较集中,馈电电缆较短,上下级配电电路之间故障电流数量级差较小。因此,与陆地常规电力系统相比,其故障对整个系统影响比较敏感,易对电力系统运行产生严重影响。

特别是对于电力推进船舶,其主电力推进装置通常布置在机舱的尾部,为推进系统服务的辅助设备基本靠近布置。由于机舱空间相对位置比较小,使得电气设备运行环境变差,而电缆通常采用成束敷设,某一电缆发生故障很可能蔓延到同束其他电缆,影响电力系统正常运行。

船舶电力系统故障可能产生如下影响:
1) 某一电路发生故障可能引起同束电缆故障,造成其他系统故障。
2) 电气设备故障可能造成系统电压波动,损坏控制器件。
3) 电气设备内部发生故障可能引起其自身装置损坏及其控制系统器件故障。
4) 因电力系统故障引起系统相关参数变化,最终引发局部或整个系统故障。

5）船舶电力推进装置发生故障可能引起整个电力系统不稳定，危及航行安全及丧失定位能力。

船舶电力系统由于过载运行可能造成电气设备及馈电电缆发热，长期过载造成载流导体升温发热，致使绝缘部分发热老化；电力推进船舶推进器负载的频繁变化引起电力系统负载不稳定，这些都可能引起系统发生过电压或欠电压，过频或欠频等不正常运行状态。因此，如果不实时检测设备状态，发现故障并及时处理就会发展成为事故。

为了防止上述现象发生，在电力系统设计中就必须注意以下几点：

1）尽量减少人为操作事故。
2）系统设计及运行应根据设备特性。
3）提高系统及设备检测能力，及时发现故障并采取必要措施。

通常电力系统的保护措施如下：

1）根据系统及器件运行等级分类检测报警及采取措施。
2）快速、有选择、精准切除有故障的设备或系统。

4.1.2 船舶电力系统保护的构成

1. 单电源供电短路分析

船舶电源装置配置必须考虑供电连续性，至少需配置两套电源或发电机组。在海上航行或海上作业情况下根据负载情况经常采用一套电源装置运行，正常运行时电流总是从电源端经配电装置流向各级负载，如图 4.1a 所示，由发电机 G_1 经主配电板断路器 ACB、变压器 T_1 和分配电板的断路器 MCB 供电；当供电系统中任一点发生三相短路故障情况时，如图 4.1b 所示，图中给出了在 F 点发生三相短路时等效阻抗图。短路时，短路点电压为零，从电源端发电机到短路点将流过短路电流；发电机出口端到短路点之间残余电压为

$$\Delta u_{sh} = Z_{gF} i_{sh} \tag{4-1}$$

式中，Δu_{sh} 为发电机出口端到配电系统中某一点残余电压；i_{sh} 为三相短路电流；Z_{gF} 为发电机出口端和配电系统中短路点 F 之间的短路阻抗，通常由发电机阻抗 Z_g、变压器阻抗 Z_T 和输配电线路电缆阻抗 Z_W 等构成，需根据电力系统具体的短路点与短路电流的流通线路进行分析和计算。

例如：根据图 4.1b 所示的短路线路，其 Z_{gF} 为

$$Z_{gF} = Z_{g1} + Z_{W1} + Z_{T1} + Z_{W2} + Z_{W3}$$

式中，Z_{g1} 为发电机 G_1 的阻抗；Z_{T1} 为变压器 T_1 的阻抗；Z_{W1}、Z_{W2} 和 Z_{W3} 分别为从发电机到短路点 F 的短路电流流经线路的电缆阻抗。

在船舶电力系统中发生短路故障后系统表现的总是电流量增大、电压降低、电压和电流之间相位角发生变化，实际工程中利用正常运行与发生故障时这些基本参数的差别构成保护如下：

1）反应电流增大而采取过电流保护。
2）反应电压降低而采取低电压保护。

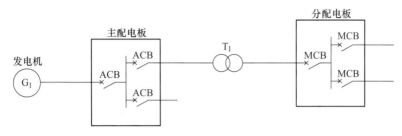

a) 正常运行结构图

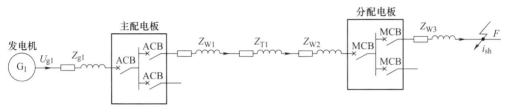

b) F点短路后等效阻抗图

图 4.1　单电源供电结构图

2. 双电源供电短路分析

船舶在进出港航行或在港与海上作业情况下根据负载情况常采用两套电源装置并联运行，图 4.2 所示为双电源供电结构图，图 4.2a 所示为双发电机 G_1 和 G_2 经主配电板通过一公共母线排输出，再经变压器降压和分配电板供电。两台发电机并联供电在 F 点发生短路故障如图 4.2b 所示，其电路与图 4.1 单电源供电基本相同，主要区别是两套发电机组之间功率输出需要均衡，为此需加设发电机逆功率保护。其短路阻抗可根据图 4.2b 给出的等效阻抗图进行计算。图 4.2c 为双电源分别供配电线路，设有母联开关 ACB_B 将两个母线排连接，通过母线排连接负载通常是对称的。正常运行情况下流经 ACB_B 的电流比较小。当供电系统中任一点发生三相短路故障情况，在 F 点发生三相短路时有一侧的发电机组电流必须经过 ACB_B 流向故障点，在图 4.2d 中 G_2 的电流经 ACB_B 流向 F 点，应按此等效阻抗进行计算，此时的发电机输出 ACB 与 ACB_B 之间需考虑保护协调性以实现供电连续性。

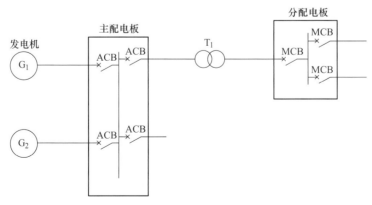

a) 单台变压器馈电结构图

图 4.2　双电源供电结构图

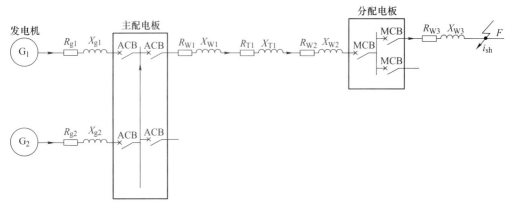

b) 单台变压器馈电 F 点短路后等效阻抗图

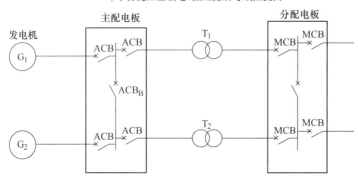

c) 双变压器馈电结构图

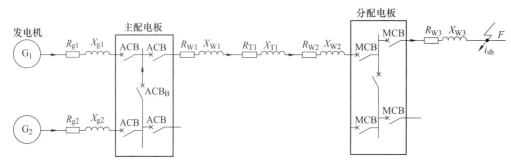

d) 双变压器馈电 F 点短路后等效阻抗图

图 4.2 双电源供电结构图（续）

3. 多电源供电短路分析

双电源（或多电源）分别由各自的配电板与母线排供电是船舶电力系统的常用结构，特别是对于供电系统可靠性要求较高的船舶，一般采用多电源与配电板分别供电模式。如图 4.3a 所示，为配电板之间连接电缆分别装设母联开关 ACB_{B1} 和 ACB_{B2}，相应地连接电缆两端均设置有保护装置。

图 4.3b 和图 4.3c 中假设有 F_1 和 F_2 两个不同短路点。当 F_1 点短路时，G_1 的短路电流经 T_1 流到 F_1 点；G_2 的短路电流经 ACB_{B2}，再经 ACB_{B1} 流向 F_1 点，其短路阻抗等效电路如

图 4.3b 所示；当 F_2 点短路时，G_1 和 G_2 的短路电流均经过各自的 ACB_{B1} 和 ACB_{B2} 流向 F_2 点，其短路阻抗等效电路如图 4.3c 所示。

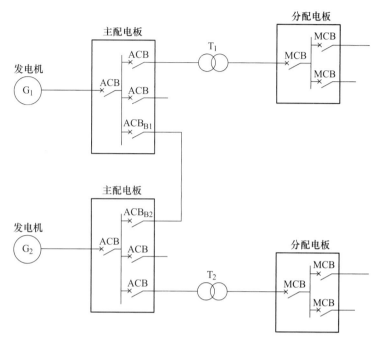

a) 正常运行结构图

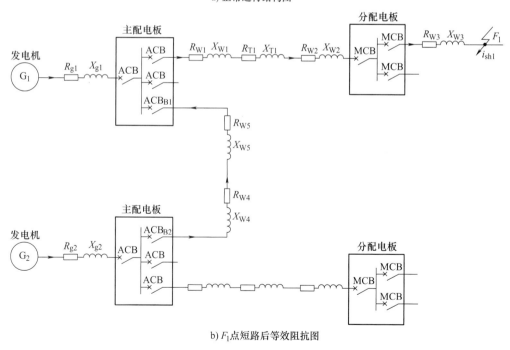

b) F_1 点短路后等效阻抗图

图 4.3　双（多）电源分屏供电结构图

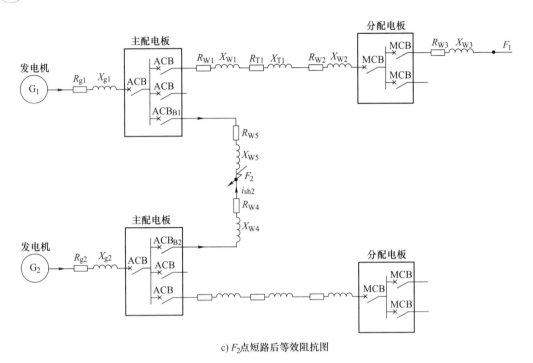

c) F_2 点短路后等效阻抗图

图 4.3 双（多）电源分屏供电结构图（续）

对于主配电板内的 ACB_B，随着故障点不同，受到两个不同方向故障电流而造成 ACB_B 误动，会扩大停电范围。为了分清这两种故障电流走向，需采用电流方向判别方法，根据电流相对于母线电压相位，由线路流向母线的功率为负，作为短路功率方向。

例如：F_1 点短路时，流经 ACB_{B1} 为负，流经 ACB_{B2} 为正；F_2 点短路时，G_1 和 G_2 的短路电流均经过各自主配电板的母联开关流向 F_2 短路点，流经 ACB_{B1} 和 ACB_{B2} 均为正。分析各个电气部件在其内部故障及外部故障时，两侧电流与电压相位或功率方向的差异就可利用差动原理构成电流差动、零序差动、方向性零序保护等。

4. 继电保护装置构成

为了确切区分船舶电力系统正常运行及发生故障时状态，通常检测正常运行与故障发生时电气参量的变化，如负序或零序电流、故障电流、电压骤降、功率突变等，以及其他物理量如各种压力、温度等的变化。综合上述情况，继电保护装置基本结构如图 4.4 所示，主要由测量及信号转换单元、逻辑分析单元、执行单元与继电保护装置构成。其中，测量及信号转换单元主要进行电源端参量检测、信号转换处理等。

图 4.4 继电保护装置基本结构

4.1.3 电力系统保护装置基本要求

作用于电力系统跳闸的保护装置，在技术上有 4 个基本要求：保护装置可靠性、保护动作区域选择性、动作时域快速性和故障反应灵敏性[4.2]。

（1）保护装置可靠性　船舶在海上航行时电力系统正常运行非常重要，一旦供电出现问题将直接影响船舶安全；在进出港高密度船舶运行区域，如果电力系统出现故障将造成严重经济损失及人身安全事故。而船舶电力系统安全运行的重要保障之一就是要有可靠的保护装置，在保护装置设定范围内出现故障时必须及时动作，而在其不应动作范围出现故障时不应误动作。

可靠性与保护装置本身的设计、产品制造性能、运行维护等密切相关，通常要求保护装置原理清晰，构成保护装置器件质量良好，接线简单，回路中节点数量少，以确保保护装置工作可靠。对于现代微机保护装置其硬件要高度可靠，其软件性能与实际系统及设备性能吻合度非常重要。

保护装置的误动作或拒绝动作都会给电力系统运行带来严重的后果，但两者往往是互相矛盾的，应根据系统设备性质设置其可靠动作。保护装置在安装完成后调试也是非常重要的，调试使设计设定更符合设备特性。

（2）保护动作区域选择性　保护动作区域选择性是要求保护装置在最小范围内将故障部分从电力系统中切除，最大限度保证非故障部分能正常运行。例如：在图4.5所示的单源供电开关选配图中，F_1点短路时只允许ACB_2动作跳闸；F_2点短路时只允许MCB_2动作跳闸；F_3点短路时只允许MCB_3动作跳闸。

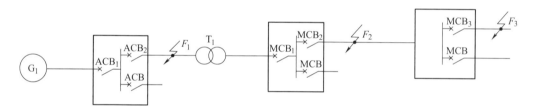

图4.5　单源供电开关选配图

上述分析是理想状态的理论分析，实际上需考虑到保护装置在系统应用中可能发生拒动或开关失灵的情况，如F_2点短路时MCB_2因保护拒动或开关失灵不能跳闸，此时ACB_2开关保护动作跳闸，ACB_2作为MCB_2后备保护也是其自身线路主保护，它们之间动作协调符合后备保护原则。有时由于技术上原因不能实现后备保护则可采用近后备保护，例如开关MCB_2主保护拒动时刻由自身的一套后备保护动作跳闸（失灵保护）。

（3）动作时域快速性　动作时域快速性是指以最短的时限将故障或不正常设备从电力系统中切除，使非故障部分快速恢复运行，同时也减轻设备损坏程度，对海洋工程作业多机并网运行时可提高系统稳定性。保护装置快速性设定需考虑电力系统短路暂态影响。

（4）故障反应灵敏性　保护装置对故障反应能力称灵敏性，是以不利运行方式和不利故障类型下故障参数与开关动作整定值之比。船舶电力系统正常运行的重要保证之一就是有合适的保护装置，上述所讲保护装置设定4个基本要求有时是互相矛盾的，往往强调快速性可能影响可靠性、选择性及灵敏性，实际工程设计设定必须结合具体情况综合平衡。保护装置选配还应考虑未来船舶运行周期，尽量采用优质器件，避免给船舶运行带来不必要的经济损失。

4.1.4 船舶电力系统保护装置安全运行特殊要求

由于保护装置对电力系统安全连续供电起重要作用,所以正确理解运用保护装置性能是对电气专业人员的要求。

1) 电力系统是由多台发电机组的一次配电系统、各设备及系统的二次保护、各种检测器件等构成。它们有其各自运行特性和故障表现形式,任一器件故障都会对系统造成不同程度的影响,故电气专业人员需对系统设备的工作原理、特性参数及故障状态有深刻理解及分析能力,以便快速准确处理突发故障情况。

2) 电力系统保护装置是综合性的学科,它基于电工、电机与电力系统等理论基础,结合现代电子、通信、计算机及信息科学技术等新方法。电力系统保护装置从继电器作为保护器件开启到现代微机保护,保护装置功能器件伴随新器件及软件发展而发展,作为电气专业人员必须不断学习跟随新技术发展。

3) 船舶电力系统保护是一个理论与实践并进的技术领域,既需要掌握电力系统运行特性、设备性能、故障情况下的状态分析和对应系统保护装置特性,还需对复杂系统保护装置安装环境、使用条件和必要仿真实验的掌握,对于背景项目入级 DP2、DP3 动力定位的船舶电力系统不仅需要进行系列动态仿真分析,同时需实船进行短路试验验证保护装置设计,计算参量与试验参量一致性校核,确保未来系统运行绝对安全。

4.1.5 电力系统保护装置发展概况

早在 19 世纪就出现了感应式过电流继电器,利用流过继电器的电流差发出信号动作于断路器来分断电路,这个原理一直沿用至今。其后,在此基础上发展了电流差动型、电流电压方向型保护器等。随着电力电子与计算机技术的发展,新型保护器件与技术发展方兴未艾,船舶电力技术保护技术也随之发生变革。

4.2 船舶电力系统的主要故障与检测

船舶电力系统主要故障之一是短路,被定义为在接地系统中一个带电导体接触另一个带电导体或接地。短路本身是一个意外事故,通常是因为导体之间的绝缘损坏产生大的短路电流,导致系统中的设备出现机械性或热损伤,如果不能及时发现并处理故障将进一步扩大,最终导致系统瘫痪。为了避免短路发生,通常在电源与每一级供电系统中的电源端位置,安装具有检测并能分断故障的开关或其他用于分断故障的设备。这些分断故障电流的断路器首先需要满足系统中不同安装点的故障电流通断能力,故研究分析电力系统可能出现的各种故障至关重要。

4.2.1 船舶电力系统的故障类型

根据结构不同,船舶电力系统通常分为三相三线对地绝缘系统、三相三线中性点直接接地系统、三相三线中性点非直接接地系统[4.3]。

1) 三相三线对地绝缘系统可能发生的故障有相与相连接的两相短路、三相短接的对称三相短路等。

2)三相三线中性点直接接地系统可能发生的故障有单相对地短路、两相短路(不接地)、两相短路并接地、三相短路、三相短路并接地。

三相短路及三相短路并接地故障被称为对称故障,涉及对称的三相导线,导致的故障电流也是平衡的对称三相电流。其他类型的故障被称为非对称故障,故障电流在3根导线中并不对称。

4.2.2 船舶电力系统的故障分析

船舶电力系统中任意点发生对称三相短路故障均可通过等效阻抗法进行建模分析,分析如下:

(1)现代船舶电力系统故障分析

1)树型电网。如图4.6所示,故障回路中所有设备的阻抗通过串并联连接而得到,图

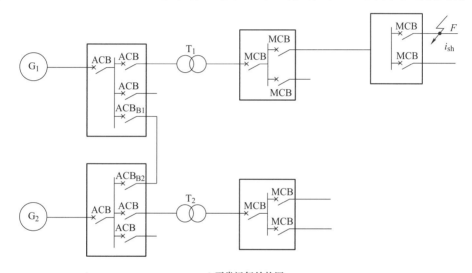

a) 正常运行结构图

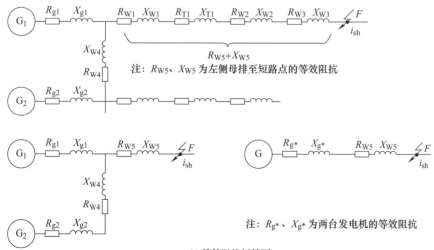

b) 等效阻抗折算图

图4.6 树型系统短路等效阻抗折算图

中每一个设备由其等效阻抗 Z 用电阻 R 和电抗 X 表示。例如：R_g 与 jX_g 之和为发电机的等效阻抗 Z_g；R_T 与 jX_T 之和为变压器的等效阻抗 Z_T，变压器一次侧及二次侧阻抗需进行变压器电压比变换，也可通过等效电路分析和计算；R_W 与 jX_W 之和为到短路点的线路各段电缆的等效阻抗 Z_W。

通常情况可忽略 R 和 X 值较小的器件，如断路器、熔断器及继电器触点等开关器件的阻抗。由于故障分析是在实际值通过等效的方法进行的，计算是基于三相中一单相电路进行，具体计算方法参见中国船级社《钢质海船入级规范》[4.3]。

2）三角形电网。图 4.7 所示为 3 组电源三角形供电系统短路等效阻抗图。

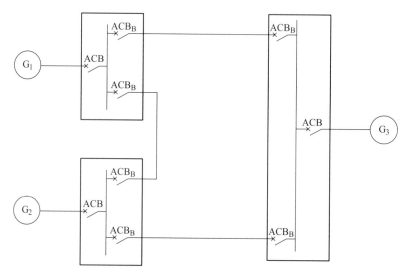

a) 正常运行结构图

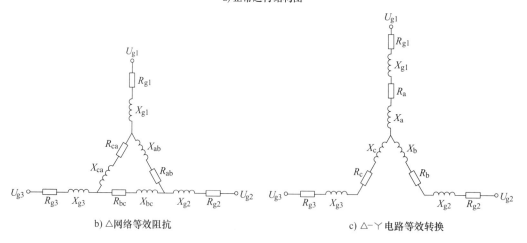

b) △网络等效阻抗　　　　　　c) △-Y 电路等效转换

图 4.7　3 组电源三角形供电系统短路等效阻抗图

三角形（△）联结的等效电路如图 4.7b 所示，其阻抗值可通过 △-Y 等效转换成 Y 联结，如图 4.7c 所示，等效阻抗变换如下：

$$X_a = X_{ab}X_{ca}/(X_{ab} + X_{bc} + X_{ca}) \tag{4-2}$$

$$X_b = X_{ab}X_{bc}/(X_{ab} + X_{bc} + X_{ca}) \tag{4-3}$$

$$X_c = X_{bc}X_{ca}/(X_{ab} + X_{bc} + X_{ca}) \tag{4-4}$$

3）环形电网。海洋工程类船舶由于作业工况复杂、供电要求高，通常采用多组电源分机舱供电结构，如在图4.8中给出了12只母排断路器和连接开关参与系统运行，考虑初投资及后续作业必须满足的动力定位等级要求，通常采用A60钢结构分隔机舱。每一机舱至少布置两台发电机组，发电机供电母排通常由母联开关进行连接，这种供电模式可在故障情况下损失最小电能，提高定位能力。

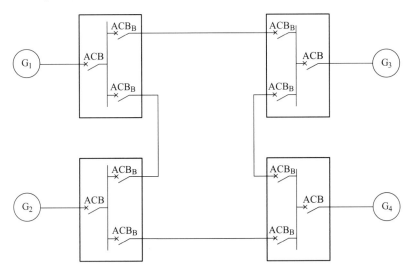

图4.8　4组电源的环形供电系统图

环形电网与目前人们对于闭环系统理论分析计算及硬件软件的成熟应用有关，为确保电力系统安全运行，各国船级社制定了基本一致的严格检验要求，在对重要计算进行软件仿真的基础上进行实船短路试验以验证电力系统保护设定的精准性。

（2）短路特性基本分析

1）系统参量等效标幺制。系统短路电流分析计算可采用实际数值进行，参见中国船级社《钢质海船入级规范》；对于大容量多级供电系统通常采用标幺制进行，以易于电力系统多器件设备特性参数比较，而且可使复杂系统计算简化；具体技术不在本书中阐述。

2）RL电路短路特性。由电源供电的简单RL电路如图4.9所示，若直流电压为U_s，线路电阻为R，电感为L，当$t=0$时开关S闭合，电源被短路，其回路方程为

$$Ri_{sh} + L\frac{di_{sh}}{dt} = 0 \tag{4-5}$$

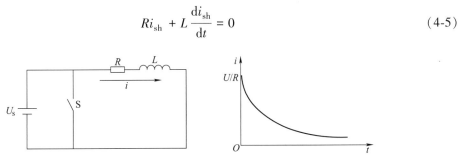

图4.9　直流电源发生短路时RL等效电路与特性

令短路电路的时间常数为 $T_{sh}=L/R$，则其短路电流呈自然指数下降曲线为

$$i_{sh} = \frac{U_s}{R} e^{-\frac{t}{T_{sh}}} \tag{4-6}$$

如果电源为正弦交流电，在 RL 电路中用开关 S 模拟短路[4.4]，如图 4.10 所示，假定在 $t=0$ 时发生短路。则电路的电压方程改为

$$u_s = \sqrt{2} U_s \sin(\omega t + \theta) = Ri + L \frac{di}{dt} \quad t > 0 \tag{4-7}$$

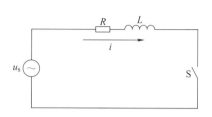

图 4.10 交流电源 $t=0$ 时发生短路故障的等效电路

交流电压 u_s 与相位有关，图 4.11a 和图 4.11b 分别给出了在电压相位 $\theta=90°$ 和 $\theta=0°$ 时的短路分析。当 $t=0$ 时发生短路故障，如果 u_s 的相位 $\theta=90°$，这时短路电压的峰值 U_p 与电源电压峰值同时出现，如图 4.11a 波形，短路电流与 $\int u_s dt$ 有关，其积分区间为 $0°\sim90°$，且 u_s 已过峰值 U_p 正在下降，故短路电流峰值最小；如果 u_s 的相位 $\theta=0°$，此时交流电压正通过其自然零点，如图 4.11b 波形，短路电流的积分区间为 $0°\sim180°$，且 u_s 正不断向峰值 U_p 上升，故短路电流峰值最大。

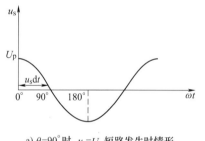
a) $\theta=90°$ 时，$u_s=U_p$ 短路发生时情形

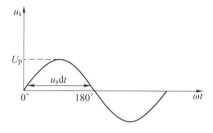
b) $\theta=0°$ 时，$u_s=0$ 短路发生时情形

图 4.11 交流电压相位与短路故障波形

当初始条件为 $t=0$ 时，式（4-7）的特解可得暂态故障电流为

$$i_{sh}(t) = \sqrt{2} I_{rms} [\sin(\omega t + \theta - \theta_z) - \sin(\theta - \theta_z) e^{-\frac{1}{T_{sh}}t}] \tag{4-8}$$

式中，θ 为故障发生角；T_{sh} 为故障电路时间常数，$T_{sh}=L/R$，R 和 L 为电路的总电阻和电感；θ_z 为阻抗角，$\theta_z = \tan^{-}(\omega L/R)$；$I_{rms}$ 为暂态项上叠加的交流分量的有效值。

因此，故障电流是 θ 与 T_{sh} 的一个复函数，呈现按指数下降的正弦波。图 4.12 给出了故障发生时，对称与非对称故障电流波形，当 $\theta=0°$ 时具有最大峰值，设备绝缘更容易被击穿。

在最坏情况下（$\theta=0°$）的暂态故障电流可近似为

$$i_{sh}(t) = \sqrt{2} I_{rms} (e^{-\frac{1}{T_{sh}}t} - \cos\omega t) \tag{4-9}$$

这是一个非对称故障暂态过程。上述仅分析了电源电压的两个极限情况，实际工程项目设计中需要对各种情况进行分析计算。

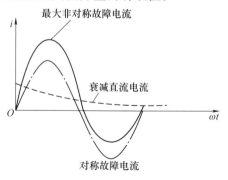

图 4.12 对称与非对称故障电流波形

(3) 故障电流偏移系数[4.4]　图 4.11 中当 $\theta = 0°$ 和 $\theta = 90°$ 时的 $i(t)$ 曲线可见，各自的第一个峰值电流 I_{p1} 的比值为

$$K_{asy} = \frac{I_{p1}(\theta = 0°)}{I_{p1}(\theta = 90°)} \tag{4-10}$$

式中，K_{asy} 为故障电流的非对称系数、偏移因子或峰值系数。

当 $\theta = 0°$（故障开始时间最坏的情况以及 $R = 0$）时，$K_{asy} = 2.0$。在各种不同 $\omega L/R$ 比值的情况下绘制曲线，可以看出在 $\omega L/R = 0$ 时 $K_{asy} = 1.0$（即 $\omega L = 0$，或纯电阻电路），在 $\omega L/R = \infty$ 时 $K_{asy} = 2.0$（即 $R = 0$，或纯电感电路）。对于 $\omega L/R$ 的比值介于两者之间的情况，K_{asy} 值介于 1.0~2.0 之间。

一般通过计算短路电流以决定与此相关设备如断路器、母排等的短路电流，断路器分断及接通电流必须大于最大工况下其安装点的短路故障对称有效值及最大非对称故障电流；然而，电气设备的机械结构和汇流排在设计时必须考虑能够承受最大非对称故障电流的冲击，并定义 K_c 为冲击系数，其表达式为

$$K_c = \frac{I_{p1\text{-}asy}}{I_{rms\text{-}sy}} \tag{4-11}$$

式中，$I_{p1\text{-}asy}$ 为最坏情况下非对称故障电流第一个峰值；$I_{rms\text{-}sy}$ 为对称故障电流有效值。

表 4.1 列出了在各种不同 X/R 比值情况下的 K_{asy} 值大小，并给出了短路电流首次峰值在 60Hz 系统中的发生时间[4.4]。

表 4.1　非对称峰值偏移因子 K_{asy}

X/R	K_{asy}	首次峰值在 60Hz 系统中的发生时间/ms
0	$1 \times \sqrt{2} = 1.414$（零不对称）	1/4(1/60)s，4.167ms
1	1.512	6.1
2	1.756	6.8
3	1.950	7.1
5	2.190	7.5
7	2.330	7.7
10	2.456	7.9
20	2.626	8.1
50	2.743	8.2
100	2.785	8.3
∞	$2 \times \sqrt{2} = 2.828$（全不对称）	1/2(1/60)s，8.333ms

表 4.1 所示的非对称故障电流具有如下特征：
1) 是稳态交流与一个从较大初始值开始按指数衰减的直流电流之和。
2) 直流成分的衰减率随着 R/X 比值的增大而增大。
3) 偏移因子 K_{asy} 的大小依赖于交流周期中短路发生的时间。

4.2.3　船舶电力系统设备故障特性

船舶电力系统结构类型及设备繁多，正确分析电力系统故障首先要了解设备特性，不同

设备在不同系统所产生的故障电流大小不同，对称三相故障将产生最大的故障电流，电力系统保护设定需要满足最小工况下故障参量，计算这些故障参量是工程设计所必需的。

1. 恒定电源的三相短路（对称故障稳态电流）

分析电力系统对称性故障时先不考虑电机的内部特性，假设电源的电压及频率是恒定的正弦波。三相短路与三相短路接地故障被称为对称三相故障，因为它们通过对称的三相导线对外馈电，导致故障电流也是平衡的对称三相电流。对称三相短路如图 4.13 所示，对称三相短路接地如图 4.14 所示，三相短路接地故障分为发电机中性点直接接地、中性点经电阻 R_G 方式接地等。对于星形三相电路无论其接地或不接地，在 F 处发生短路故障，短路点的电压变为零，从电源流出的故障电流经过短路处并流过一条电阻最小的路径返回电源，电流不再流过负载。因此，在故障电流计算中不用考虑负载，所有电源的电压都降落在故障电流流经的故障回路的阻抗上。采用有效值计算为

$$I_{sh} = \frac{U_s}{Z_{gF}} \tag{4-12}$$

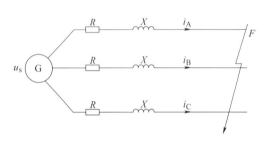

图 4.13　对称三相短路

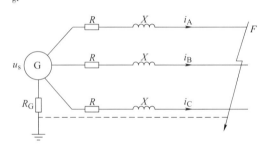

图 4.14　对称三相短路接地

从电源到故障处的阻抗 Z_{gF} 根据短路点 F 的不同而变化，主要有发电机、变压器和电缆等设备的阻抗，因此

$$Z_{gF} = \sqrt{(R_g + R_T + R_W)^2 + (X_g + X_T + X_W)^2} \tag{4-13}$$

2. 非对称故障电流[4.4]

应取三相中处于最恶劣情况的一相电流进行分析，实际上三相短路电流周期分量是对称的，而各相短路电流的非对称周期分量并不相等。在图 4.13 中取 A 相电流变化过程进行分析，设电源电压为

$$u_A = \sqrt{2} U_s \sin(\omega t + \theta) \tag{4-14}$$

假设短路前电路是开路的，短路前瞬间电流为零；短路后电流 i_{sh} 按式（4-8）计算。如果故障起始角 $\theta = 0°$，将会出现最坏情况下的故障电流，其首次峰值幅值可以通过用表 4.1 中的偏移因子 K_{asy} 乘以上述对称电流有效值而得到，即有

$$I_{p1} = K_{asy} I_{sh} \tag{4-15}$$

对于接地或者不接地系统的对称三相故障，最大故障电流（$\theta = 0°$）由式（4-15）给出。但是，同一时刻三相系统中只能有一相（如 A 相）有 $\theta = 0°$，这将会引起完全偏移非对称峰值，此时其他两相（B 相和 C 相）将分别具有 $\theta = 120°$ 和 $\theta = 240°$。因此，B 相和 C 相故障电流的峰值将有较低的偏移因子。三相故障中平均非对称峰值电流 $\bar{I}_{sh3p\text{-asy}}$ 被定义为

$$\bar{I}_{sh3p\text{-asy}} = \sqrt{3} (I_{Ap1} + I_{Bp1} + I_{Cp1}) \tag{4-16}$$

这个平均值在估算断路器跳闸前在所经过设备中产生的总发热量是很有用的。这里需要强调的是，导体之间的机械力是和电流的二次方成正比的，在第一次完全偏移非对称故障电流峰值出现时，这个机械力将会非常大。发电机绕组导线，变压器组绕组导线、汇流母排以及断路器等设备的机械结构，在不超过允许的弯曲应力和不超过支座之间最大允许偏移的情况下，必须被设计得足以承受两个支撑机构之间的应力。此外，假设断路器将在短路几个周期后切断短路电流，在此之前，热量会一直聚集在导体内，在此情况下，这些设备必须被设计得可以在故障电流存在时，将温升限制在允许的范围内。

例 某13800V三相电源的每相阻抗为 0.5+j2.5 Ω。在电源母线上发生平衡三相故障时，求故障电流的对称有效值和最大非对称峰值。

解： 电源母线每相短路阻抗为

$$Z_{gF} = \sqrt{(0.5)^2 + (2.5)^2}\ \Omega = 2.55\ \Omega$$

由式（4-12）得，对称故障每相电流的有效值为

$$I_{sh} = \frac{13800/\sqrt{3}}{2.55}A = 3125A$$

系统的 X/R 比是 $2.5/0.5 = 5$，根据表 4.1，非对称偏移因子 $K_{asy} = 2.190$。由式（4-15）可计算出最坏情况下非对称峰值电流为

$$I_{p1} = 2.190 \times 3125 = 6843A$$

主配电中心所有电气设备和汇流母排在设计时都必须能够承受6843A的峰值电流才不会出现机械损伤。然而，对发热的耐受能力取决于故障电流的切断速度，切断时间可以是100ms左右（几个周期）。

3. 同步发电机的短路特性

同步发电机稳态及动态特性参数是不同的，稳态运行时其电压、频率等参数均在稳定范围内变化；在故障发生的过程中，发电机内部特性将发生变化，发电机内部特性变化直接影响其电压、电流等参数的变化，因此对发电机暂态电抗分析是非常必要的。

分析发电机在系统故障发生时至稳态过程，发电机可以用同步电抗及不变的励磁电势表示；但在发生短路至稳态这一过渡过程中，其发电机的参数、反应、系统状态与稳态时是不同的，发电机稳态运行的 d 轴同步电抗 X_d 由定子漏电抗 X_{ls} 及电枢反应电抗（定子与转子之间互感）X_{df} 组成，即

$$X_d = X_{ls} + X_{df} \tag{4-17}$$

通常同步发电机 d 轴由励磁绕组和定子绕组构成，根据系统性能要求发电机有时设置阻尼绕组，阻尼绕组中的电流衰竭得特别快，可减少短路电流。

发电机正常运行时磁链都是守恒的。在短路发生瞬间，定子绕组短路，磁通突然快速升高，定子电流随之快速增大；但随着发电机阻尼绕组产生反向电流阻止磁通增大，短路电流逐渐衰减，磁链变化达到新的守恒。短路过程中发电机电抗与短路电流的变化过程如图 4.15 所示[4.4]。在图 4.15a 中，发电机 d 轴电抗 X_d 在短路瞬间下降为次暂态电感 X''_d；然后进入暂态过程，其电抗为暂态电感 X'_d；并最终逐渐返回到正常值 X_d。相对应的短路电流如图 4.15b 所示，短路开始时达到电流峰值，随后呈指数衰减，最后到稳态故障电流。

关于发电机定子短路过程电磁原理分析可阅读相应的参考文献[4.5]。

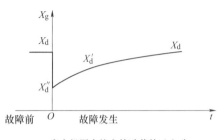
a) 发电机漏电抗突然跌落然后上升

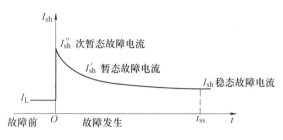
b) 故障电流峰值突然上升然后衰减

图 4.15 次暂态和暂态电抗随时间变化以及故障电流幅值

表 4.2 列出了各种大型实心转子涡轮发电机和极面带阻尼条的中型凸极发电机的 d 轴和 q 轴电抗和时间常数[4.4]。

表 4.2 同步发电机电抗（pu）和时间常数

参数	大型实心转子涡轮发电机	极面带阻尼条的中型凸极发电机
同步电抗	$X_d = X_q = 1.0 \sim 2.5$	$X_d = 0.8 \sim 1.5$，$X_q = 0.5 \sim 1.0$
暂态电抗	$X'_d = X'_q = 0.2 \sim 0.35$	$X'_d = 0.2 \sim 0.3$，$X'_q = 0.2 \sim 0.8$
次暂态电抗	$X''_d = X''_q = 0.10 \sim 0.25$	$X''_d = 0.1 \sim 0.2$，$X''_q = 0.20 \sim 0.35$
负序电抗	$X^- = 0.10 \sim 0.35$	$0.15 \sim 0.50$
零序电抗	$X^0 = 0.01 \sim 0.05$	$0.05 \sim 0.20$
时间常数 τ/s	$0.1 \sim 0.2$	$0.1 \sim 0.2$
暂态时间常数 τ'/s	$1.5 \sim 2.5$	$1.0 \sim 1.5$
次暂态时间常数 τ''/s	$0.03 \sim 0.10$	$0.03 \sim 0.10$

从次暂态到暂态再到稳态的变化是渐进式的，电抗呈指数规律上升，电流呈指数规律衰减。q 轴也发生类似的变化。

然而，实际的非对称故障电流包含两个分量，一个对称的正弦分量叠加在一个衰减的直流信号上[4.4]。在图 4.16 中，该非对称电流根据故障发生过程中的 3 个不同阶段（次暂态、暂态以及稳态）的时间范围分别画出。在每个区域初始时刻的峰值电流等于

$$I_{\text{shp}} = \frac{\sqrt{2} E_f}{X_d(0)} \quad (4-18)$$

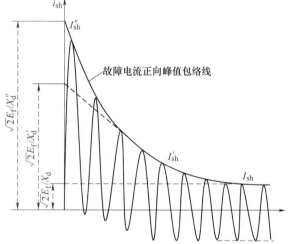

图 4.16 指数衰减非对称故障电流以及峰值包络线[4.5]

式中，E_f 为发电机故障前的空载电动势；$X_d(0)$ 为每个区域初始时刻的 d 轴电抗。

在图 4.16 中，断路器的典型跳闸时间通常是 0.1~0.2s（60Hz 系统中的 6~12 个周期，或是 50Hz 系统中的 5~10 个周期）。对于一台 100MV·A 的发电机来说，故障电流达到稳态

对称值的时间 $t_{ss}<1s$，而对于一台 1000MV·A 的发电机来说，由于转子励磁绕组的大电感，t_{ss} 高达 10s。

4. 发电机端故障电流

考虑故障电流暂态分析的复杂性，船舶设计人员根据多年设计计算参数总结，可以使用下列设备和系统参数进行前期的故障电流估算。

在所有三相系统中首次峰值平均有效值为

$$\bar{I}_{sh3p1} = 8.5 I_{gN} \tag{4-19}$$

最恶劣工况下，首次完全非对称峰值电流的有效值为

$$I_{p1\text{-}asyw} = 10 I_{gN} \tag{4-20}$$

式中，I_{gN} 为发电机额定电流有效值。

在最恶劣工况下全偏移电流的首个峰值高达 $\sqrt{2} I_{pasy}$。在计算发电机支撑结构的机械力时，必须使用该峰值，以避免最坏情况下短路故障造成的机械损伤。

5. 变压器端故障电流

当系统参数不清楚的情况下，需要估算系统中变压器处故障电流，此时可将变压器一次侧等效为无限容量电源考虑；当变压器的额定容量比发电机组容量相对较小时，这种估计是相当准确的。当故障发生前变压器在额定电压下工作，可按式（4-21）粗略地估算出对称故障电流的有效值。

最恶劣工况下的变压器对称故障电流有效值为

$$I_{Tsh} = K_{asy} \frac{100}{Z_T\%} I_{2N} \tag{4-21}$$

式中，I_{2N} 为变压器二次侧额定电流；K_{asy} 为表 4.1 中根据变压器 X/R 比确定的偏移因子（常见大功率电力变压器的典型值为 $K_{asy}=2.33$，$X/R=7$）；$Z_T\%$ 为变压器阻抗百分比，且有

$$Z_T\% = \frac{Z_T}{Z_{Tb}} \times 100\% \tag{4-22}$$

式中，Z_T 为变压器实际阻抗；Z_{Tb} 为变压器基准阻抗。

6. 电动机对故障电流的作用

电动机是船舶电力系统中用电最多的主要负载。如果发电机和电动机之间的电缆发生短路，则故障电流不仅来自发电机，同时还来自电动机。如图 4.17 所示，发电机通过电缆向一台电动机供电，电动机转子的动能和磁能变成电流流回故障处。该电流的计算比较复杂，中国船级社《钢质海船入级规范》中有明确的近似估算方法。

$$I_{Msh} = K_{asy} I_{MN} \tag{4-23}$$

式中，I_{MN} 为电动机额定电流；I_{Msh} 为电动机对称故障电流有效值。

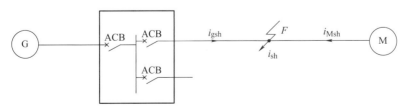

图 4.17 电动机回路故障

当电动机电压小于 240V 时，$K_{asy}=2$；当电动机电压在 240~600V 之间时，$K_{asy}=3$；当电动机电压大于 600V 时，$K_{asy}=4$。

流入接地故障的总电流（尽管不是在电缆中）等于来自发电机的电流加上来自电动机的电流。用对称有效值表示为

$$\sum I_{sh} = I_{gsh} + I_{Msh} \tag{4-24}$$

式中，$\sum I_{sh}$ 为短路故障总故障电流；I_{gsh} 由所有已知阻抗计算得到的从发电机流出的故障电流；I_{Msh} 为从电动机流出的故障电流，等于电动机额定电流的 2~4 倍。

电动机流出的故障电流可做如下分析：在故障发生前，电网向电动机供电；故障发生后电网电压跌落到零，变成电动机的反电势向电网供电，导致电流从电动机流向故障点，一直到电动机的电磁能量和动能全部耗尽。

船舶电力系统中大负载多为电动机，特种用途船舶如海洋工程类及邮轮上推进负载容量更大，故对电动机馈送故障电流不可小视，对于电动机馈送故障电流对开关及电缆影响需根据系统潮流分析而定。

4.3 船舶电力系统的保护

4.3.1 概述

船舶用途多样，其所需的电力系统也各不相同。根据电源装置和发电机容量确定主配电系统电压等级，制约主配电系统电压等级的主要是配电开关短路电流，按照船级规范要求的电压等级为：高压≥1000~1500V；低压≤1000V。

低压电气设备的构造和安装一般也适用于高压电气装置。交流低压配电装置及高压配电装置的配电应符合：配电装置至少分成 2 个独立的分段，通过至少一个断路器或隔离开关分隔，每个分段至少由一台发电机供电。如果两个独立配电装置由电缆进行连接，则在电缆的每一端应设有断路器。双套设备应分别连接至配电装置的不同分段或者相互连接的不同的独立配电装置，图 4.18 所示为典型的船舶高压配电板的单线示意图。

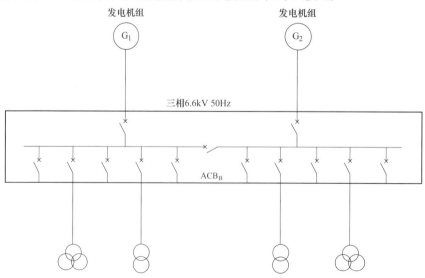

图 4.18　典型的船舶高压配电板的单线示意图

电力系统配置应考虑在系统运行中对正常和非正常操作所引起的故障电流及电压进行保护。由于设备老化和振动引起绝缘能力降低或过电压引起绝缘击穿时会出现故障（短路）。鉴于船舶的特殊环境（湿度高、高温和振动），选择适当的船用电气设备绝缘等级对于船舶电力系统至关重要。

电力系统的设计必须考虑当发生最危险故障情况下非对称故障电流对相关电气设备的热力效应及相应措施，以确保系统中设备免受损伤。

电力系统保护装置必须能够快速检测故障参量如电压、电流、温度等信号，并快速精准分析，发出执行指令。对于系统中出现超暂态故障电流（发电机超暂态电抗 X_d'' 作用时），必须承受在发电机暂态电抗 X_d' 衰减结束前断开电路。对于负载设备的故障电流，设备则必须在导体允许发热温度前断开电路。实现系统保护的基本要求如下：

1）在系统中的不同位置使用合适的断路器或熔断器，需对系统在各种运行工况下不同故障点的故障电流进行分析，计算包括对称电流有效值和非对称峰值故障电流，确定保护设定所需要参量。

2）根据最危险故障计算参量选择确定系统中各对应点断路器及熔断器，并考虑留有一定的裕量。

3）在系统中需要的位置安装合适的故障检测器件。

4）按系统故障参量分析计算，协调各保护环节，确保所有熔断器和断路器的跳闸时序正确。

5）弧光保护装置对故障设备中出现的弧闪进行风险和危害程度分析和评估。

6）负载设备分别设有保护，确保故障动作范围尽可能小而不影响其他负载设备运行。

7）保护装置设置在负载设备输入电源端，以防故障经线路延伸至其他负载。

4.3.2 保护装置及器件

船舶电力系统主要保护装置已在第 2 章介绍，这里重点论述保护装置的选用。

1. 高压断路器

断路器选用根据其所在系统及环境。不同电压等级对应有不同的断路器类型，中压断路器往往把保护及控制单元与断路器本体分隔开，保护单元是综合性能很强的微电子控制单元，用于主电路自动分断和闭合，断路器操作可远程遥控或就地控制。船用高压断路器的数据见表 4.3。

表 4.3　船用高压断路器主要数据（摘自 ABB 公司产品样本）

数据	单位	VD4-7-2	VD4-12
额定电压	kV	7.2	12
额定绝缘电压	kV		
额定工频耐受电压	kV/1m	20/32	28/42
额定雷电冲击耐受电压	kV	60	75
额定频率	Hz	50/60	50/60
额定短时耐受电流	kA/3s	50	50
额定峰值耐受电流	kA	125	125

(续)

数据	单位	VD4-7-2	VD4-12
内部燃弧耐受电流	kA/1s	40	40
	kA/0.5s	50	50
主母线额定电流	A	1250~4000	1250~4000
分支母线额定电流	A	630~3150	630~3150
分支母线额定电流（带强制风冷）	A	3600~4000	3600~4000

对于具有高 X/R 比值的系统，用断路器断开系统是有难度的，因为它会产生与故障电流对称有效值相同的非对称峰值电流。当承载电流的触点打开时，存储在系统漏电感中的磁场能量使电流保持流动，直到所有的磁场能量被转移和/或通过某种形式损耗掉。直流电流更难被切断，因为它没有自然正弦过零点。

在电流被切断后，触点之间的电压经过一段时间后上升到系统电压值，然后瞬间上升到系统额定电压的 2 倍，这被称为恢复电压。在恢复电压的峰值，如果触点之间的空气由于电弧刚被灭掉还存在导电离子，触点可能会被重新导通，使故障再次出现。因此，在选择断路器时，需要考虑其最大负载电流，见表 4.4。

表 4.4 最大负载电流

额定电压/kV	最大负载电流
3.6	160A，200A，315A，250A，360A，450A
7.2	160A，200A，250A，285A，315A，355A
12	160A，200A

2. 高压真空接触器

真空接触器可以安装中压熔断器实现进一步的保护功能。接触器、熔断器和保护装置的配合符合标准 IEC 60470—2000。

带熔断器的接触器最大负载能力为：

1) 电动机（kW）：1500、3000、5000。
2) 变压器（kV·A）：2000、4000、5000。
3) 电容器（kvar）：1500、3000、4800。

高压真空接触器主要数据见表 4.5（摘自 ABB 公司产品样本）。

表 4.5 高压真空接触器主要数据

数据	单位	VSC3.6	VSC7.2	VSC12
额定电压	kV	3.6	7.2	12
额定绝缘电压	kV	3.6	7.2	12
额定工频耐受电压	kV/1m	18	32	42
额定雷电冲击耐受电压	kV	40	60	75
额定频率	Hz	50~60	50~60	50~60
额定短时耐受电流	kA/3s	50	50	50

(续)

数据	单位	VSC3.6	VSC7.2	VSC12
额定峰值耐受电流	kA	125	125	125
内部燃弧耐受电流	kA/1s	40	40	40
	kA/0.5s	50	50	50
最大额定开断电流	A	400	400	400

3. 低压断路器

低压断路器根据其额定电流大小配置不同的保护功能，额定电流<400A 的低压断路器配置热磁脱扣保护单元，额定电流≥400A 的低压断路器配置微电子保护单元，通常根据配电系统需要选用不同低压断路器。其保护功能如下：

1）过载保护（L），其特性为 $I^2t=k$；通常有多个电流设定点及多条曲线可供选择，每条曲线均已标明电流 3 倍门限值电流时的脱扣时间。

2）选择性短路保护（S），可设定两种不同的曲线，其中一条脱扣时间与电流无关（定时限，即 $t=k_1$），另一条为将允通能量定为常数的反时限（即 $t=k_2/I^2$）。通常有多个电流设定点及多条曲线可供选择。

3）瞬时短路保护（I）。

4）接地故障保护（G）。

小容量断路器（额定电流≤200A）带有电磁脱扣单元及热保护元件；微型断路器（额定电流≤63A）带有电磁脱扣单元及热保护元件，仅适用于照明及微小型设备的使用；图 4.19 所示的小容量断路器热保护"电流-时间"特性与熔断器相似，即其 i-t 曲线呈反时限特性，电流越大，其断开时间越短。

当分布在系统中的电流和电压传感器（通常是 TA 和 TV）检测到故障时，断路器会跳闸从而自动切除故障。短路故障引起的异常电流使保护单元发出信号至断路器执行机构动作跳开断路器。

电力系统设计时必须在对系统进行相关计算后选择合适参数的断路器，参数包括额定电压 U_N、额定工作电流 I_N、短路脱扣电流整定值 I_m、分断能力 I_{cs} 或 I_{cu}(kA) 和故障情况下经过上/下级协调后断路器动作特性选择等。根据现行 IEC 相关标准，断路器承受短路分断、接通能力均在设备产品样本中有明确表示，根据具体系统计算参量选用即可。

4. 熔断器

熔断器由可熔断金属条外加磨砂型填料填充及陶瓷壳体组成，在电路故障时通过熔断金属连接条来提供保护。选择熔断器三要素为：额定电流 I_N、额定电压 U_N 与分断能力 I_{cs} 或 I_{cu}（≥熔断器处预期故障电流）。熔断器额定电流选择如下：

1）能持续通过 110% 的额定电流至少 4h 不发生断开。

2）当通过 135% 的额定电流时，1h 内能断开。

3）当通过 200% 的额定电流时，2min 内断开。

4）当通过 1000%（10 倍）的额定电流时，1ms 内断开。

5）在额定电流的情况下电压降小于 200mV。

熔断器选定的额定电压值通常是它所保护负载电路的额定电压，而额定电流则为负载电

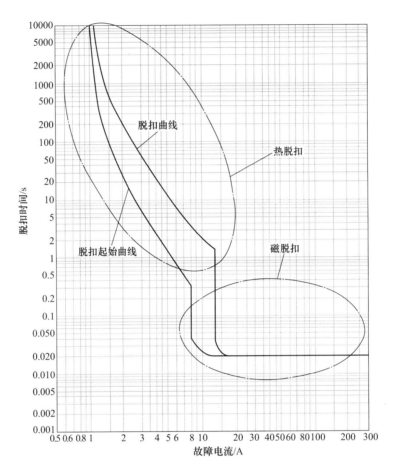

图 4.19 电磁脱扣特性曲线

路电流的 1.2~1.3 倍,向上选取最接近的高等级标准。

当熔断器断开时,电路中的电流中断,导致熔断器两端承受全部 U_N。如果负载是电感性的,因为电感储能的存在,该熔断器两端的瞬态电压可能高达 2 倍的 U_N 而出现过电压 U_{arc},在熔断处产生具有破坏性的电弧;在最坏的情况下产生的热和压力可能会导致该熔断器爆炸。因此在选择该熔断器的额定电压时,应保证它能完全切断短路,而不发生碎裂、产生火焰或射出熔融的金属碎片。

当船舶运输可燃材料可能会产生爆炸性气体时,如果使用一般非密闭熔断器,熔断器熔断时产生的电弧将成为安全隐患,在这类应用场合,可以使用密封熔断器。必须采用满足国家电气规范(NEC)的相关熔断器产品。

在行业中针对不同应用有以下类型的熔断器:

1)标准(单熔丝)熔断器,是在照明和小功率电路中使用的通用熔断器。采用单根熔丝,当积累的热量达到熔化温度时,该熔丝被熔断。它的 i-t 特性具有一个很宽的范围。

2)延时(慢速熔断或双元件)熔断器,延时的目的是在某些负载设备如电动机、变压器、电容器、加热器等起动的瞬间,允许其产生的浪涌电流通过。这种熔断器有两个串联部件:一个是厚的球状物,在过载电流作用下缓慢升温;另一个是具有大散热面积的薄片,只有故障且当电流迅速上升到非常高的值时才会断开。表4.6列出了3种类型熔断器的典型应用[4.6]。

表 4.6 熔断器的典型应用

熔断器类型	两倍额定电流下的熔断时间	典型应用
快熔熔断器	<1s	电力电子电路及仪表保护
标准（单熔丝）熔断器	<10s	标准电路的大多数常规保护（防雷，小功率电路）
延时熔断器	>10s	启动时有大浪涌电流的电路，防止误跳闸（电动机、变压器、加热器、电容充电等）

5. 电弧光器

在传统的380V~15kV级开关柜中没有专用的母线排主保护装置，通常采用变压器过电流保护作为母排的后备保护。理论上推算延时300~500ms，实际上动作时间可能长达1.5~2s，起不到对母线排保护作用，并且使变压器低压侧绝缘有较大的结构性损坏，母线排后备保护是有缺陷的。

弧光保护产品的引入提升了船舶电力系统保护性能。电弧光器的工作原理是将光信号转换为电流信号，弧光出现时电信号会有一个较强的突变，其反应时间（速断时间）为5~7ms，提高了继电保护对"可靠性、选择性、快速性、灵敏性（四性）"的要求。

众所周知，电力系统继电保护"四性"要求之间有着复杂的内在联系，四个基本要求之间，有的相辅相成，有的相互制约，需要针对不同的使用条件和系统情况分别进行协调、计算和选择参数，但却很难达到完善和完美的统一。而弧光保护创新地把弧光作为判据引入保护之中，使其与其他保护的各电气量之间的联系甚少，解决了"四性"中存在的矛盾和问题。

传统保护受接线方式、短路电流、潮流分布、系统阻抗、大小运行方式的影响较大，整定的灵敏度难以得到保证，特别是船舶中压系统，负荷大、线路短、阻抗小，保护的整定计算和选择性难以掌控，上下级系统之间配合矛盾突出。

对如何躲过穿越性故障电流造成的越级跳闸、最大负荷电流及冲击负荷对时限级差的影响、寄生电流对微机保护的干扰等比较烦琐问题，电弧光器是独立组成系统，能快速切除故障、稳定系统，做到无选择地保护要保护的设备。在这方面，电弧光器保护显示出它的突出优势：

1）使系统保护的整定计算趋于简单。传统系统保护的整定计算是一个烦琐的任务，电力系统结构变化、运行情况具有复杂性和多样化；传统保护的故障参数是依据系统实际可能的最不利运行方式和故障类型来计算的，而对于不同作用的保护装置和被保护设备要求是不同的，这就很难做到满足系统的全部要求；尤其是发生在中低压开关柜内部的弧光短路故障，由于电弧电阻的原因，故障电流达不到过零、速断整定的动作值而不能保证正确切除故障，这是很危险的状态，也是传统保护不能解决的矛盾之一。而弧光保护基本上可以不考虑上述因素，弧光采集系统和电流增长率基本上是两个恒定的参数，故参数的选取与系统的诸多因素无关，因此可做到精准化。

2）解决了与保护装置之间的配合问题。保护装置之间的协调配合是系统保护的重要问题，它们的配合受工况的限制和制约，各种不同的负载特性（如大型起重吊机、螺旋桨推进电机、用于定位作业的推进装置、变压器合闸涌流等）常造成保护的误动和拒动。而电弧光器保护因自成系统，可不用考虑配合。

3）缩短系统时限级差。传统时限级差 Δt 在树型网络中，一直是难以配合，以满足各级之间的选择性保护要求，而弧光保护用于主馈线保护时，此问题迎刃而解，这也是弧光保护带给系统保护的又一优势，见表 4.7。

表 4.7 内部电燃弧耐受时间及成本估计

燃弧时间	设备损坏程度
35ms	没有明显损坏，检测绝缘电阻后可投入使用
100ms	没有明显损坏较小，在配电屏再次投入运行前仅需进行清洁或可能的小的修理
500ms	设备损坏严重，现场人员可能受到严重伤害，必须更换部分设备才可再投入运行

电弧光保护装置基本组成如图 4.20 所示，包括：主控单元、弧光传感器、光纤电缆及连接器等。

电弧光保护在高压配电装置内部使用，可实现如下功能：

1）有针对性地对内部故障燃弧进行保护。
2）通常在 100ms 内检测到并消除内部故障。
3）最大限度地减少内部故障对主要元件的损坏。
4）最大限度地减少停电时间。

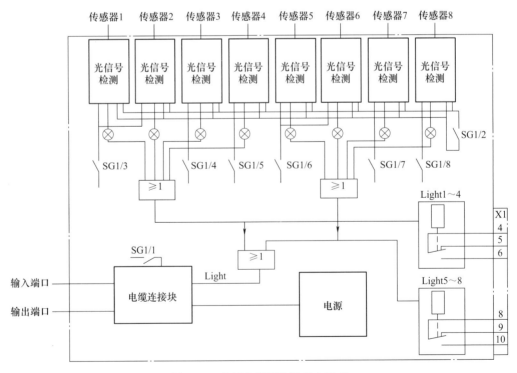

图 4.20 电弧光保护装置基本组成

为了实现对内部故障电弧的主动保护，安装在各个隔室内的传感器能立即检测到突发的内部故障燃弧并有选择性地分断断路器。

较早的电弧光保护产品系列的激活时间约 20ms，最新的产品系列的激活时间为 3ms。其传感器包括位于开关柜顶部高压隔室（主开关室、母线室和电缆室）泄压板附近的限位开关。

内部故障电弧产生的冲击波打开泄压板，使连接到断路器分闸线圈的微动开关动作，从而断开断路器。在当今中压开关设备的开发过程中，人身安全必须摆在首位，开关柜需按其最大短路耐受电流引起的内部电弧设计并通过内部燃弧试验。试验结果表明开关柜的金属外壳能防止内部电弧窜出而伤害开关柜附近的操作人员。

内部电弧故障是最不易发生的故障之一，尽管理论上它可由各种因素造成，比如：
1）因绝缘件老化而引起的绝缘能力降低，如恶劣的环境和高污染的空气对绝缘件的影响。
2）大气过电压和操作过电压。
3）不按规程操作或运行人员培训不足而造成的误操作。
4）闭锁机构失效。
5）因主回路接触面腐蚀或连接螺栓松动导致发热。
6）小动物进入开关柜内。
7）安装或维护时遗留物件在柜内。

内部故障时会产生下列现象。
1）内部压力增加。
2）内部温度升高。
3）声光的出现。
4）开关柜上出现机械应力。
5）金属部件熔化、解体和汽化。

如果不对内部故障电弧进行适当的控制，将会对操作者造成严重的后果，如机械伤害（冲击波，飞出的物件和门被冲开）和烧伤（热气体）等。

为此，在开关柜里应安装传感器，如图 4.21 所示。

表 4.8 给出了开关柜燃弧耐受时间与电弧光保护所增加成本之间的对应关系。

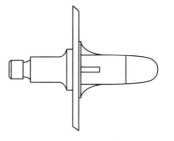

图 4.21 在开关柜内安装传感器示意图

表 4.8 开关柜燃弧耐受时间及电弧光保护增加成本

开关柜提供燃弧的耐受时间	开关柜增加的成本
200ms	10%
1s	100%

6. 检测器

（1）电流互感器（TA） 在正常使用条件下，其二次电流与一次电流实际成正比且在联结方法正确时相位差电流接近于零，按其使用类型分为测量用和保护用电流互感器[4.7]。

1）对于保护用电流互感器，应能满足系统或设备故障工况下的要求，即在短路故障时，互感器所在回路的一次电流变送到二次回路，且误差不超过规定范围。电流互感器的铁心饱和度是影响其性能的最重要因素。在稳态对称短路故障（无非周期分量）下，影响互感器饱和的主要因素是：短路电流幅值、二次回路（包括互感器二次绕组）的阻抗、电流互感器的工频励磁阻抗、匝数比和剩磁等。保护用电流互感器的基本要求是：

①保证保护动作的可靠性。要求保护区内故障时电流互感器误差不致影响保护可靠动作。

②保证保护动作的安全性。要求保护区外最严重故障时电流互感器误差不会导致保护误动作或无选择性动作。

在实际的短路暂态过程中，短路电流可能存在严重偏移的非周期分量。这可能导致电流互感器严重暂态饱和，如图 4.22 所示。为保证准确变送暂态短路电流，电流互感器在暂态过程中所需磁链可能是变送稳态对称短路电流磁链的几倍至几十倍。

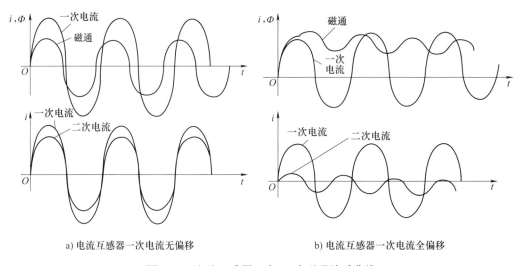

a) 电流互感器一次电流无偏移　　　　b) 电流互感器一次电流全偏移

图 4.22　电流互感器一次/二次磁通关系曲线

保护措施包括：选择适当类型和参数的互感器，保证互感器饱和特性不致影响保护动作性能。对电流互感器的基本要求是保证在稳态短路情况下的误差不超过规定值。对短路电流非周期分量互感器剩磁等引起的暂态饱和影响，则应根据具体情况和运行经验进行调整处理。保护装置采取减轻饱和影响的措施，保证互感器在特定饱和条件下不致影响保护性能。母线差动保护装置一般采取抗饱和措施，对其他保护装置也有适当的抗饱和要求。保护用电流互感器分为两级：

①P(Protect) 级电流互感器，包括 P、PR、PX 等级。该类电流互感器的准确度由一次电流为稳态对称短路故障的复合误差或励磁特性拐点来确定。其中 PR 级电流互感器为低剩磁型，PX 级电流互感器为低漏磁型。

a. P 级——没有剩余磁通限值，在对称短路条件下规定其饱和特性。

b. PR 级——具有剩余磁通限值，在对称短路条件下规定其饱和特性。

c. PX 级——没有剩余磁通限值的低漏抗，在已知其励磁特性、二次绕组电阻、二次负载电阻和匝数比时，便可确定与其联结系统负载特性参数。

d. PXR 级——具有剩余磁通限值，在已知其二次励磁特性、二次绕组电阻、二次负载电阻和匝数比时，便可确定与其联结系统负载特性参数。

P 级及 PR 级互感器的标准准确级为：5P、10P、5PR 和 10PR。

②TP 级：TP 为暂态保护电流互感器。该类电流互感器的准确度是考虑一次电流中同时具有周期分量和非周期分量，并按某种规定的暂态工作循环时的峰值误差来确定的。该类电流互感器适用于考虑短路电流中非周期分量暂态影响的情况。其中：

a. TPX 级——没有剩余磁通限值，以峰值瞬时误差在暂态短路情况下规定其饱和特性。

b. TPY 级——具有剩余磁通限值，以峰值瞬时误差在暂态短路情况下规定其饱和特性。

c. TPZ 级——具有二次时间常数限值，以峰值交流分量误差在暂态短路情况下规定其饱和特性。

设备采用差动回路，电流互感器额定一次电流应尽量使两侧互感器的二次电流进入差动继电器时基本平衡。当采用微机保护时，可由保护装置实现两侧电压比差和相角差的校正。在选择额定一次电流及二次绕组接线方式时，应注意使两侧互感器的二次负荷尽量平衡，以减少可能出现的差电流。

2) 测量用电流互感器：为仪器仪表变送信息的互感器。它可分为：

①伏安容量型。≤30V·A 的各测量级、P 级、PR 级额定输出标准等级为 2.5V·A、5V·A、10V·A、15V·A、20V·A、25V·A 及 30V·A 等。

②电阻性负载型。TPX 级、TPY 级、TPZ 级额定输出电阻性负载标准等级为 0.5Ω、1Ω、2Ω、5Ω 等。

测量用电流互感器准确级可分为：0.1、0.2、0.5、1、3、5；特种测量用电流互感器准确级为：0.2S、0.5S。其计算选用须参阅相关书籍资料。

（2）电压互感器（TV）　在正常使用条件下，其二次电压与一次电压实际成正比且在联结方法正确时相位差接近于零。按其使用类型分为测量用和保护用电流互感器[4.6]。

1) 测量用电压互感器。电磁式电压互感器准确级为：0.1、0.2、0.5、1、3。

2) 保护用单相电磁式电压互感器，为保护电器用电压互感器。保护用电磁式电压互感器准确级为：0.1、0.2、0.5、1、3，同时应满足电压误差和相位差的限值为 3P（表示电压误差在±3%内）、6P（表示电压误差在±6%内）中的一个。保护用电压互感器的选择应考虑：

①额定输出等级：10V·A、15V·A、25V·A、50V·A、75V·A、100V·A。

②剩余绕组。组成三相组的单相电压互感器的一个绕组，用于连接成开口三角形的三个电压互感器组中，其用途为：在 3~35kV 非有效接地系统发生单相接地故障时产生剩余电压。保护用电压互感器剩余电压绕组的准确级为 6P。

③二次绕组容量选择。应保证二次实接负载在额定输出的 25%~100% 范围内，以保证互感器的准确度。在功率因数为 0.8（滞后）时，额定输出标准容量为：10V·A、15V·A、25V·A、30V·A、50V·A、75V·A、100V·A、150V·A、200V·A、250V·A、300V·A、400V·A、500V·A。对三相互感器而言，其额定输出值是指每相容量的额定输出。

④热极限输出。在电压互感器可能作为电源检测时，可规定其额定热极限输出。在这种情况下，误差限值可能超过规定值，但温升不能超过规定值。对于多个二次绕组的互感器，应分别规定各二次绕组的热极限输出，但使用时只能有一个达到极限值。剩余绕组接成开口三角形，仅在故障情况下承受负载。额定热极限输出以持续时间 8h 为基准。额定热极限输

出以 V·A 表示,在额定二次电压及功率因数为 1 时,数值应为 15V·A、25V·A、50V·A、75V·A、100V·A 及其十进位倍数。

⑤二次回路电压降。保护用电压互感器二次回路允许电压降应在互感器负载最大时不大于额定电压的 3%。

现代检测器件、电源端检测器件电流互感器及电压互感器结构及性能原理均有了根本性改变,通常在源端检测器件电流互感器及电压互感器输出信号直接进信号变送器,通过信号变送器将电流互感器及电压互感器输出量转换成数字量信号,送至需要微机控制及测量显示单元,相对传统模拟量其信号比较精准,传输速率高。

4.3.3 船舶发电机的保护

船舶发电机的主要故障类型有:定子绕组相间短路、定子绕组单相匝间短路、定子绕组绝缘损坏而引起单相接地、转子绕组两点接地等[4.6, 4.2]。

1. 常见的发电机异常运行状态

1)外部系统短路引起定子绕组过电流。
2)外部设备使用负载增加,超过发电机额定容量,引起过载。
3)外部负载不对称或非对称短路故障引起发电机三相电压及电流不平衡。
4)外部突加/突卸负载引起发电机过电压或欠电压。
5)励磁系统故障引起发电机运行异常。
6)发电机逆功率。
7)频率异常。
8)失步。

因此,船舶发电机的保护需要按照所有规范标准的相关规定,对发电机可能出现的故障情况从系统设计到设备的保护配置采取必要措施。

2. 发电机定子绕组短路保护

对发电机定子绕组及输出供电系统发生相间短路故障应配置如下保护:

(1)过电流保护 3 台及 3 台以上并联运行发电机组需考虑装置短路时瞬动保护,如果瞬动保护灵敏度不能满足要求,则应考虑安装纵联差动保护;对中性点没有引出线的发电机可装设低压过电流保护。

两台及以下发电机组考虑发电机之间保护选择性,通常装设过电流短延时保护及低压保护。

容量≥1500KV·A 的单台发电机装设差动保护,该保护主要作为发电机定子绕组过电流保护即主保护,发电机定子绕组出线端外部过电流保护作为发电机过电流保护的后备保护。

常规的电流保护其检测器件只能安装在一侧来监测故障情况,造成无法准确识别电流方向及区分故障发生在本线路末端还是下级线路,因此需考虑采用差动保护。根据船舶及海工项目具体情况,本节内容仅叙述发电机纵差保护,故后续所叙均为纵差保护内容。

发电机内部短路包括定子绕组不同相之间的相间短路、同相不同分支之间和同相同分支之间的匝间短路,但不包括各种接地故障。发电机组大多未考虑匝间短路保护,所以这些发电机组定子绕组只有在匝间短路发展为相间短路后才由纵差保护跳闸。

差动保护原理为：设被保护设备有多个端子，并设这些端子流入电流为正方向，当被保护设备本身内部无故障（包括正常运行及外部故障）时，则有流入电流等于流出电流，即

$$\sum_{k=1}^{N} i_k = 0 \tag{4-25}$$

一个Y连接的发电机定子绕组差动保护示意图如图4.23所示。

在图4.23中，当发电机正常运行或外部故障时 $I_{sh}=0$，内部故障时电流为

$$I_{csh} = I_{c12} - I_{c22} = \frac{I_{c11} - I_{c21}}{n} \neq 0 \tag{4-26}$$

式中，I_{c1} 为互感器一次电流；I_{c2} 为互感器输出的检测电流；n 为电流互感器电流比。

如图4.24所示，发电机定子绕组差动保护设定参见第5章相关内容。

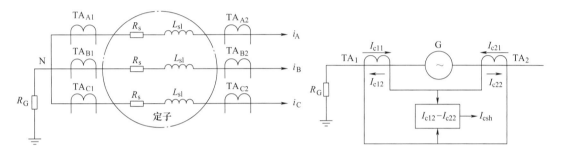

图4.23 发电机定子绕组差动保护示意图　　图4.24 发电机定子绕组差动保护单相接线图

差动保护设计注意如下：

为了优化差动保护性能，避免因测量电流互感器的性能参数不一及外部短路的暂态过程中非周期分量流入互感器造成保护装置误动，需选用特殊性能电流互感器及制动功能器件，优化差动保护性能。

（2）定转子绕组过载保护　发电机普遍采用定转子绕组过载保护，即单相定时限过电流保护。过载保护反时限特性如下：

$$t = \frac{K_T}{I_\lambda - (1+\gamma)} \tag{4-27}$$

式中，K_T 为随发电机变化的发热特性常数；γ 为修正系数，$\gamma = 0.01 \sim 0.02$；I_λ 为过载电流（以额定电流为基准）。

（3）发电机逆功率保护　当柴油机油门系统出现故障但发电机出口断路器并未跳闸时，发电机变成电动机运行，从电力系统吸收有功功率，利用逆功率保护确切的反应功率方向，及时发送信号在允许时间内自动停机。为了防止柴油机飞车事故，通常在柴油机油门关闭后再允许跳闸发电机断路器。

（4）低励磁及失磁保护　发电机的转子电流（励磁电流）用于产生电磁场以维持发电机正常运行。发电机失磁故障是指励磁系统提供的励磁电流突然全部消失或部分消失，发电机失磁后将转入异步运行状态，从原来的发出无功功率转变为吸收无功功率。发电机发生部分或全部失磁将使发电机产生异常运行状态，如果与其他机组并联运行则影响整个电力系统安全，具体分析如下：

1）对系统影响：并联运行时失磁发电机不再向电力系统发出无功而向系统吸收无功功

率，如果系统其他机组无功储备不能满足，则系统将出现无功缺额，系统电压无法维持，严重时会引起系统电压崩溃。

2）失磁对自身损害：失磁初期（失步前），有功功率基本不变，而倒送无功功率很大，使定子过电流，失磁前发电机所带有功功率越大，失磁后发电机转子转差越大，发电机等值电抗越小，倒送无功功率和定子过电流就越大，造成定子部分温升越高；与其并联的其他机组需要补充失磁机组无功功率及加大励磁电流而导致定子过电流保护动作。失磁机组由于转差造成转子端部护环等部位被感应产生转差电流造成转子局部发热。

3）单台运行发电机发生失磁将造成系统电压跌落使设备无法运行；对于有限容量多机组并列运行的电力系统，一台机组发生失磁故障首先反映为系统无功功率不足、电压下降，严重时将造成系统的电压崩溃，使一台发电机的失磁故障扩大为系统性事故。在这种情况下，失磁保护必须快速可靠动作，将失磁机组从系统中解列，保证系统的正常运行。

发电机从失磁开始进入稳态异步运行，一般分为3个阶段：

1）失磁后到失步前。失磁初期（即失步前），由于原动机驱动同步发电机输出有功功率P_g基本不变，电力系统倒送的无功功率Q_g很大，致使定子绕组过电流，失磁前P_g越大，失磁后转子转差越大，发电机组的等值电抗就越小，倒送的Q_g和定子电流I_{gs}越大，造成定子部分温升过高；转子出现转差，转子本体和端部将感应产生转差频率电流，造成转子端部发热。

2）临界失步点。隐极式同步发电机的输出功率与功率角δ_g关系如图4.25所示，随着δ_g的增加，P_g也增加，直到$\delta_g=90°$时输出最大功率P_{max}。一旦$\delta_g>90°$，随着δ_g的增加，P_g不断下降，转入异步运行，发电机组不能稳定运行。故称P_{max}为电机的稳定极限功率（或失步功率），该点称为临界失步点。对于机组容量较大的系统，通常考虑装设失磁保护装置，以避免发电机超过临界点运行。

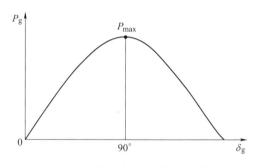

图4.25 同步发电机输出功率与功率角δ_g的关系[4.4]

3）异步运行阶段。同步发电机失磁造成转子磁链及定转子耦合磁场减小，失磁初期转子产生转动惯量，调速器来不及反应，使δ_g不断加大，同时随发电机同步电抗的电动势和输出端电压U_g的减少Q_g不断减小直至负值，当δ_g从90°滑至180°时，$P_g=0$，反向吸收无功功率，使得电流I_g完全为无功电流，Q_g为负值。

引起发电机失磁的原因大致有：

1）发电机转子绕组故障。
2）励磁系统故障。
3）自动灭磁开关误跳闸。
4）回路发生故障。

应对策略：失磁过程物理现象比较复杂，需结合发电柴油机组性能进行综合分析。国际上通常采用检测发电机机端阻抗解决发电机失磁问题，利用阻抗继电器检测发电机机端电流及电压，分析失磁过程中机端阻抗的变化轨迹，综合分析判断从而实现失磁保护。

(5) 失步保护　动力定位系统是目前海洋工程作业所必不可少的核心系统之一。动力定位系统主要由柴油发电机组、配电装置、推进系统、日用配电装置、不间断电源（Uninterruptible Power Supply，UPS）系统、全方位定位装置与控制系统组成。其中除柴油发电机组外，基本分为电力与控制两大部分，柴油机部分在高等级动力定位系统中对其稳定运行有了要求，满足自身安全运行的同时需适应整个电力系统运行要求（即加强型发电机保护）。失步保护是加强型发电机保护的一部分，失步形成的原因有柴油机油门调速系统故障、发电机励磁系统故障、短路及短路故障跳闸、柴油机控制系统或电站管理系统出现故障等，使发电柴油机组输入、输出功率不平衡而造成系统振荡。有些振荡现象可恢复同步或稳定振荡，有些不能恢复同步导致失步或不稳定振荡。

柴油发电机组失步时系统电压、电流、功率的大幅度变化必将影响系统设备用电质量，有时造成保护装置误动，严重时将发展为系统谐振而瓦解电力系统。对于有加强型发电机保护要求时应装设失步保护，不能用失磁保护替代。对发电柴油机组失步保护基本要求如下：

1) 正确区分短路故障与失步。
2) 判别同步振荡与失步。
3) 快速检测失败振荡以便及时采取防止失步和进一步扩大事故的措施。

对于能实现并满足上述保护功能的原理分析及设备可参阅其他相关文献。

4.3.4　船舶电力变压器保护

常见的电力变压器异常运行状态有[4.2]：系统发生相间短路引起过电流、励磁冲击电流（励磁涌流）、过载和过励磁等。通常采用的保护措施如下：

(1) 电流速断保护　通常在变压器一次侧馈电开关上考虑装设电流速断保护，设定原则如下：

1) 躲过变压器二次短路的短路电流。
2) 躲过变压器合闸励磁涌流。
3) 动作电流灵敏度系数按保护安装处最小短路电流校验≥2。

(2) 变压器差动保护　变压器绕组之间通过磁路产生电压和电流，它们之间没有电路的联系。当变压器一次侧的断路器突然合闸馈电时，一次绕组会为铁心的初始励磁产生冲击电流，又称变压器励磁涌流 $I_{T\Phi}$。如空载合闸则可能产生数倍至十余倍变压器额定电流的暂态励磁涌流，该电流只在变压器一侧流动，其二次电流全部流入差动回路，使差动保护误动。因变压器各次绕组之间没有电路连接而只有磁路耦合，易使励磁涌流混淆了正常运行与内部短路的界线。以Y-△双绕组三相变压器为例分析其差动保护二次接线，两侧一次电流大小和相位均不相同，这是变压器差动保护的又一特点。图4.26所示为Yd11联结的三相变压器差动保护接线图，可通过变换电流互感器（TA）不同接线方式使它们相位相同。三相变压器合闸励磁涌流影响因素大致有合闸初相角、三相绕组接线方式、电源内电阻等。变压器励磁涌流主要特征为涌流最大值、衰减速率、涌流的直流分量（非周期）、涌流的二次谐波及其高次谐波分量等。

变压器差动保护整定：

1) 为防止正常运行电流互感器二次回路断线误动，其动作电流 $I_{dpop} \geq 1.3 I_{TN}$（I_{TN}为变压器额定电流）。

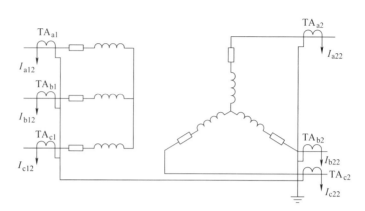

图 4.26 Yd11 联结的三相变压器差动保护接线图

2）躲过外部短路时最大不平衡电流，动作电流 $I_{dpop} \geqslant 1.3 I_{shp-asy}$。

3）不管按上述哪一种原则考虑，都必须考虑变压器励磁涌流的影响，励磁涌流与所选用差动继电器性能有关，故实际差动保护设定需要经过现场空载合闸校验。

4）灵敏系数校核。设灵敏系数为

$$K_{se} = \frac{I_{shmin}}{I_{dpop}} \geqslant 2 \tag{4-28}$$

式中，I_{shmin} 为保护范围内最小短路电流；I_{dpop} 为差动保护动作电流。

4.3.5 电动机馈电分路保护

根据关于电动机的分析[4.4]，现代船舶常用交流电动机驱动机电设备的运行。异步电动机因结构简单、易于控制多用于风机水泵类、锚机、绞缆机和起重机等设备的驱动，也用于电力推进与海洋工程船舶的驱动电机；同步电动机相对结构复杂，起动比较麻烦，故多用于比较特殊的场所，如电力系统中无功补偿、船舶推进电机（永磁同步电动机）、船舶轴带发电机（PTO/PTI）船舶推进及进出港侧推模式等。异步电动机和同步电动机出现的主要故障及异常运行方式有：

1）定子绕组相间短路。
2）定子绕组过载。
3）定子绕组低电压。
4）同步电动机失磁。
5）同步电动机出现非同步冲击电流（断电失步）。
6）相电流不平衡及断相。

为此，应装设相应的保护装置，见表4.9。对电动机绕组及出线端的相间短路，需采用电流速断保护；电动机容量大于或等于1.5MW，或电流速断保护灵敏系数不符合要求的1.5MW以下电动机，应设置差动保护；保护装置可采用两相或三相接线，并应瞬时动作于跳闸；具有自动灭磁装置的同步电动机，保护装置应瞬时动作于灭磁。需装设过电流保护作为差动保护的后备保护。保护装置可采用两相或三相接线，并应延时动作于跳闸，保护装置应延时动作于灭磁。

表 4.9 电动机保护基本配置

电动机容量	保护装置						
	电流瞬动保护	差动保护	过载保护	负序过电流保护（不平衡）	低电压保护	失步保护	防止非同步冲击的断电失步保护
≤1.5MW（异步电动机）	√	当电流速断不能满足灵敏性要求时装设差动保护			√		
≥1.5MW（异步电动机）		√	√	√	√		
≤1.5MW（同步电动机）	√	当电流速断不能满足灵敏性要求时装设差动保护			√	√	根据需要
≥1.5MW（同步电动机）		√	√	√	√	√	根据需要

对电动机的过载应装设过载保护，并应符合下列规定：

1）对于易发生过载的电动机应根据负载特性，带时限作用于信号或跳闸。

2）起动或自起动困难的电动机，为防止起动时间过长，需装设过载保护，并应动作于跳闸。

对于同步电动机的失步应设置失步保护。失步保护需带时限动作，对重要电动机应动作于再同步控制回路；不能再同步或根据生产过程不需要再同步的电动机，应动作于跳闸。

对同步电动机失磁，需装设失磁保护，且应带时限作用于跳闸。

对于容量大于或等于 1.5MW 的同步电动机，应设置防止电源短时中断再恢复时造成非同步冲击的保护，保护装置应确保在电源恢复前动作，重要的电动机保护，应动作于再同步控制回路；不能再同步或不需要再同步的电动机，保护应动作于跳闸。对于容量大于或等于 1.5MW 的重要电动机，可装设负序电流保护；保护装置应动作于跳闸或信号。

当设备由两台及以上电动机共同作业时，电动机的保护装置应实现对每台电动机的保护；由双电源供电的双速电动机，其保护应按供电回路分别装设。

电动机馈电分路主要包括：电动机控制、电动机及馈电电缆保护。第 2 章给出了电动机馈电及保护电路基本配置。

IEC 60947-4-1—2003 对热继电器脱扣等级要求见表 4.10。

表 4.10 热继电器脱扣等级

等级	动作时间			
	$1.05I_N$	$1.2I_N$	$1.5I_N$	$7.2I_N$
10A	t_c>2h	t_c<2h	t_h<2min	2s<t_h<5s
10	t_c>2h	t_c<2h	t_h<4min	4s<t_h<10s
20	t_c>2h	t_c<2h	t_h<8min	6s<t_h<20s
30	t_c>2h	t_c<2h	t_h<12min	9s<t_h<30s

注：I_N 为电动机额定工作电流；t_c 为冷态电动机所需动作时间；t_h 为热态电动机所需动作时间。

电动机保护整定计算需考虑以下情况：

1）电流瞬动保护的动作电流 I_{Mop}（对于异步电动机）为

$$I_{\text{Mop}} = \frac{K_{\text{re}} K_{\text{ct}} K_{\text{st}} I_{\text{MN}}}{n_{\text{TA}}} \tag{4-29}$$

式中，K_{re} 为可靠系数，用于电流速断保护时取 1.3，用于过电流保护时取 1.2，用于差动保护时取 1.3，用于过载保护动作为信号取 1.05，动作于跳闸取 1.1；K_{ct} 为接线系数，接于相电流时取 1.0，接于相电流差时取 $\sqrt{3}$；K_{st} 为电动机起动电流倍数（见表 4.11）；I_{MN} 为电动机额定电流；n_{TA} 为电流互感器电流比。

2）保护装置的动作时限 t_{op}（大于电动机起动及自起动时间 t_{st}）对于一般电动机为 $t_{\text{op}} = 1.1 \sim 1.2 t_{\text{st}}$，对于真空压缩机、鼓风机等保护装置为 $t_{\text{op}} = 1.3 \sim 1.5 t_{\text{st}}$。其中，$t_{\text{op}}$ 一般为 10~15s，应在实际起动时校验其能否躲过起动时间；t_{st} 为电动机实际启动时间。

电动机各种起动方式也在图 2.37~图 2.39 中给出，在系统设计时将根据单个电动机容量所占电源容量之比及起动电流对系统影响综合确定；在系统设计阶段必须综合考虑电动机起动方式，在起动方式确定后对馈电开关瞬动保护设定时可参照表 4.11。

表 4.11 不同起动方式保护瞬动值设定

起动方式		保护瞬动值/电动机起动电流	电动机起动电流/额定电流			
			5	6	7	8
			保护瞬动值/电动机额定电流			
直接起动		1.7	8.5	≈10.0	≈12.0	≈14.0
星-三角（开口）起动		2.7	≈13.5	≈16.0	≈19.0	21.5
自耦变压器	抽头：0.80	≈3.0	15.0	18.0	21.0	34.5
	抽头：0.65	≈3.0	14.0	17.0	20.0	22.0
	抽头：0.50	2.5	13.0	15.0	18.0	20.0
直接起动瞬时再起动		3.4	17.0	20.0	24.0	27.0

4.3.6 电力系统保护协调性

电力系统上下级保护装置之间应有动作电流及时间的相互协调以实现系统在故障后的正常运行。不同用途的船舶应根据其电力系统要求设置不同的保护方案，但船舶电力系统保护协调的基本准则是相同的。

电力系统中上下级保护装置的动作设定值应相互配合，以确保保护装置具有选择性。现代船舶及海洋工程平台的电站容量随着船舶容量及复杂海工作业需求不断增大，从以前低压电站发展为中高压电力系统。船舶电气设备性能随着控制与计算机技术而发展，开关及其控制功能从以前人工手操发展为现今远程自动控制，开关保护特性比以前机械式更精准，但上下级开关之间动作电流及时间的选择性配合原理是基本相同的。配合原理主要有：

（1）船舶电力系统按动作电流设定　船舶电力系统通常采用树型或环形结构，现对树型船舶配电网进行分析。

1）发电机开关 ACB 瞬动保护设定原则：

①电站由两台发电机组构成，其系统结构如图 4.27 所示，发电机组 G_1 和 G_2 分别通过断路器 ACB_1 连接到母排。考虑到电站供电的连续性和可靠性，在网运行发电机开关的出线

端故障时其开关 ACB_1 不可设定瞬动保护,而是通过时间延序设定来达到保护目的,以确保系统可靠供电。如果发电机开关设定瞬动保护,则在 F 点发生故障时将造成全网失电情况。

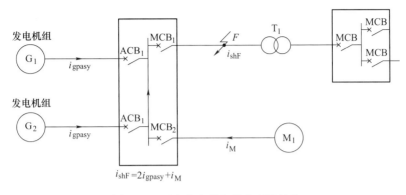

图 4.27 两台发电机组供电系统结构

②电站由三台及以上发电机构成。每一台发电机其开关瞬动设定值必须大于其自身送出的故障电流,即在发电机开关 ACB_1 的出线端故障时,开关不会立即动作跳闸,而在发电机出口端故障时其瞬动保护动作跳闸,切断与系统连接以确保系统可靠供电。如图 4.28a 所示,发电机开关 ACB_1 设瞬动保护,则在 F_1 点发生故障时开关瞬动保护动作跳闸,切断与系统连接以确保系统供电连续性;如图 4.28b 所示,如果故障发生在 F_2 点,则 ACB_1 瞬动保护因设定值高于自身送出故障电流而不会跳闸,实现了上下级开关选择性。

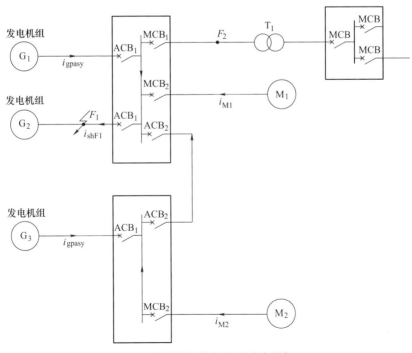

a) 三台发电机组供电时 F_1 点发生故障

图 4.28 三台发电机组供电系统结构

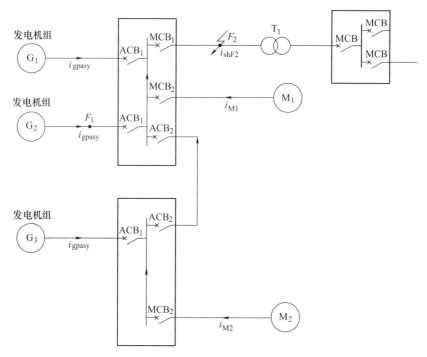

b) 三台发电机组供电时 F_2 点发生故障

图 4.28 三台发电机组供电系统结构（续）

2) 发电机开关 ACB 与馈电分路开关 MCB 瞬动保护设定原则。首先分析短路发生在馈电开关出线端 F_2 点故障电流情况，故障发生时三台发电机经开关 ACB_1 馈送最大非对称故障电流为 i_{gpasy}，母排联结开关 ACB_2 所流过最大非对称故障电流为 $i_{gpasy}+i_{M2}$ 或 $2i_{gpasy}+i_{M1}$，馈电分路开关 MCB_1 流过最大非对称故障电流峰值为 $3i_{gpasy}+i_{M1}+i_{M2}$，发电机开关 ACB_1 瞬动保护设定值为

$$I_{sACB1} \geqslant \frac{(1.2 \sim 1.4) i_{gpasy}}{\sqrt{2}} > i_{gpasy} \tag{4-30}$$

母排联结开关 ACB_2 瞬动保护设定值为

$$\left(I_{sACB2} \geqslant \frac{i_{aACB1}}{\sqrt{2}}\right) < (2i_{gpasy} + i_{M1}) \text{ 或 } (i_{gpasy} + i_{M2}) \tag{4-31}$$

馈电分路开关 MCB_1 瞬动保护设定值为

$$I_{sMCB1} = (10 \sim 16) i_N < 3i_{gpasy} + i_{M1} + i_{M2} \tag{4-32}$$

式中，i_{M1}、i_{M2} 分别为母排开关两侧等效电动机馈送的短路电流。

理论上分析三级开关均能实现在馈电开关下部短路时短路电流瞬动保护协调性，但由于 MCB 开关特性与 ACB 开关特性有所不同，在设定时必须注意特性选配。

3) 变压器一次馈线分路开关与二次配电开关协调配合。在图 4.29 中，短路发生在二次配电板馈电分路开关出线端子外，则保护协调分析如下：

设短路点 F_3 短路电流为 I_{shF3}，折算至变压器一次侧为 I_{shF1}，变压器一次侧开关瞬动动

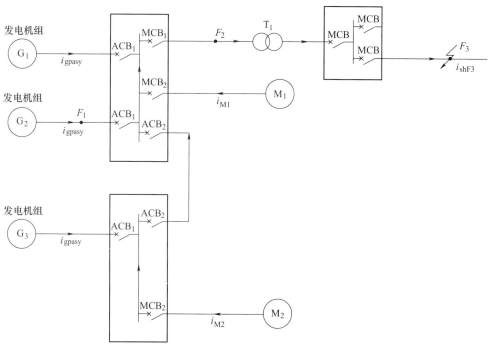

图 4.29 变压器一次馈线分路开关与二次配电开关协调配合

作电流设定为

$$I_{\text{Top}} > I_{\text{shF1}} \text{ 及 } I_{\text{Top}} > I_{\text{T}\Phi} \tag{4-33}$$

式中，$I_{\text{T}\Phi}$ 为变压器开关合闸励磁涌流。

（2）保护装置的设定动作时间的协调配合　保护装置的设定动作时间的协调配合基本原则为[4.2,4.7]：时间设定原则和电流设定原则；按动作时限配合，上、下级保护装置的动作时间有一差值 Δt，图 4.30a 为保护装置定时限特性，Δt 约为 0.5s，图 4.30b 为反时限特性，保护之间的 Δt 约为 0.7s，图 4.30c 为定时限特性与反时限特性之间的配合，保护之间的 Δt 约为 0.7s。

配电网络如采用定时限过电流保护，如图 4.30a 所示，在选择保护装置动作时限时，应从电源最末一级保护装置起逐级递加，最末一级保护装置动作时间从 t_1 开始，见曲线①，其上一级保护装置的过电流保护动作时限则为 $t_2 = t_1 + \Delta t$，见曲线②。

配电网络如采用反时限过电流保护，如图 4.30b 所示，在选择保护装置动作时限时，应从电源最末一级保护装置起逐级递加，见曲线①，设下级保护装置 1 的一次动作电流为 I_{r1}，在 b 点的动作时限为 $t_b = t_1 + \Delta t_b$；接着整定保护装置 2，见曲线②，电流为 I_{r2} 时，保护装置 2 的动作时限设置为 $t_2 = t_b + \Delta t$。

配电网如采用定时限与反时限保护装置配合，如图 4.30c 所示，保护装置时限整定从末级保护装置 1 的电流速断保护装置的动作电流值为 I_{r1}，在定时限动作特性曲线①的 b 点，确定该电流下的动作时限 t_b，再按保护装置 2 的反时限动作特性曲线②，动作时限设置为 $t_2 = t_b + \Delta t_2$；如果保护装置 2 的一次动作电流为 I_{r2}，则动作时限设置为 $t_2 = t_1 + \Delta t_2$。

（3）过载长延时保护反时限动作性能

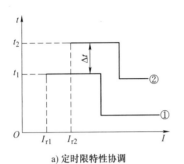
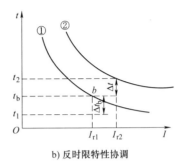

a) 定时限特性协调   b) 反时限特性协调

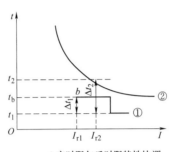

c) 定时限与反时限特性协调

图 4.30 保护动作协调性

1) 通用 I^2t 长延时反时限动作特性见表 4.12、表 4.13。其中

$$T_{op} = \frac{(1.5I_{r1})^2 t_1}{I_{r2}} \tag{4-34}$$

表 4.12 通用 I^2t 长延时反时限动作特性（配电用）

电流	动作时间						
$1.05I_{r1}$	2h 内不动作						
$1.30I_{r1}$	≤1h 动作						
$1.50I_{r1}$	整定时间 t_1/s	15	30	60	120	240	480
$2.00I_{r1}$	动作时间 T_{op}/s	8.4	16.9	33.7	67.5	135.0	270.0
$6.00I_{r1}$	动作时间 T_{op}/s	0.94	1.88	3.75	7.50	15.00	30.00
动作时间允差为±10%，可返回时间大于动作时间的80%							

表 4.13 通用 I^2t 长延时反时限动作特性（电动机保护用）

电流	动作时间						试验状态	周围空气温度
$1.05I_{r1}$	2h 内不动作						冷态	
$1.20I_{r1}$	≤1h 动作						热态	
$1.50I_{r1}$	整定时间 t_1≤s	15	30	60	120	240	480	热态	-5℃、20℃和40℃
$6.00I_{r1}$	动作时间 T_{op}/s	0.94	1.88	3.75	7.50	15.00	30.00	—	
$7.20I_{r1}$	动作时间 T_{op}/s	0.65	1.30	2.60	5.20	10.00	21.00	冷态	
脱扣级别	—	—	10A	10	20	30			
适用于 I_N≤1000A 的断路器，动作时间允差为±10%，可返回时间大于动作时间的80%									

2）非常反时限动作特性见表4.14、表4.15。其中

$$T_{\text{op}} = \frac{0.5t_1}{I/I_{\text{r1}} - 1} \tag{4-35}$$

表 4.14 非常反时限动作特性（配电用）

电流	动作时间					
$1.05I_{\text{r1}}$	2h 内不动作					
$1.30I_{\text{r1}}$	≤1h 动作					
$1.50I_{\text{r1}}$	整定时间 t_1/s	10	15	30	60	90	120
$2.00I_{\text{r1}}$	动作时间 T_{op}/s	5.0	7.5	15.0	30.0	45.0	60.0
$6.00I_{\text{r1}}$	动作时间 T_{op}/s	1.0	1.5	3.0	6.0	9.0	12.0
动作时间允差为±10%，可返回时间大于动作时间的80%							

表 4.15 非常反时限动作特性（电动机保护用）

电流	动作时间						试验状态	周围空气温度
$1.05I_{\text{r1}}$	2h 内不动作						冷态	
$1.20I_{\text{r1}}$	≤1h 动作						热态	
$1.50I_{\text{r1}}$	整定时间 t_1/s	10	15	30	60	90	120	热态	-5℃、20℃和40℃
$6.00I_{\text{r1}}$	动作时间 T_{op}/s	1.0	1.5	3.0	6.0	9.0	12.0	—	
$7.20I_{\text{r1}}$	动作时间 T_{op}/s	0.81	1.21	2.42	4.84	7.26	9.68	冷态	
脱扣级别	—	—	—	10A	10	20			
适用于 I_N≤1000A 的断路器，动作时间允差为±10%，可返回时间大于动作时间的80%									

3）高压熔丝配合动作特性见表4.16，其中

$$T_{\text{op}} = \frac{4.0625t_1}{(I/I_{\text{r1}})^2 - 1} \tag{4-36}$$

表 4.16 高压熔丝配合动作特性

	电流	动作时间					
配电用	$1.05I_{\text{r1}}$	2h 内不动作					
	$1.30I_{\text{r1}}$	≤1h 动作					
	$1.50I_{\text{r1}}$	整定时间 t_1/s	60	120	240	480	960	1440
	$2.00I_{\text{r1}}$	动作时间 T_{op}/s	16.25	32.50	65.00	130.00	260.00	390.00
	$6.00I_{\text{r1}}$	动作时间 T_{op}/s	0	0	0.75	1.51	3.01	4.52
	$7.20I_{\text{r1}}$	动作时间 T_{op}/s	0	0	0	0.73	1.45	2.18
动作时间 T_{op}≤t_2 时，按短延时整定时间 t_2 动作								
动作时间允差为±10%，可返回时间大于动作时间的80%								

EN 型控制器过载长延时保护只有通用 I^2t 长延时反时限动作特性，见表4.12~表4.16。环网结构电力系统保护除了具有上述基本要求外，还有其特殊要求，详见第5章。

4.4 交流三相不平衡系统分析

船舶交流电力系统三相对称短路电流计算是判断系统设备通断能力所必需的，这部分计算在中国船级社钢质海船入级规范中已有。本节分析三相不对称系统的短路故障。

4.4.1 交流三相不平衡电流分析

电力系统中除了三相对称短路之外还有不对称短路，如单相接地（L-G），两相短路（L-L），两相短路接地（L-L-G）等[4.4]。对称分量法是分析计算电力系统不对称短路电流的基本方法[4.4]，其基本思路是将一组不对称的 A、B、C 相量变换为三组各自对称的三相相量，分别称为正序、负序和零序相量。与各序电压、电流相量对应，电力系统也可分为正序、负序和零序网络。

任何对称的三相相量 A、B、C 可以根据其相序表示为：对称正序分量、对称负序分量和零序分量，如图 4.31 所示。

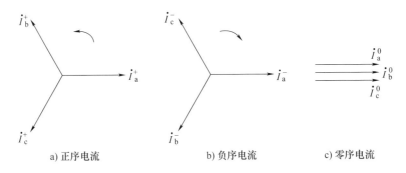

a) 正序电流　　b) 负序电流　　c) 零序电流

图 4.31　3 组独立平衡的三相电流

图 4.31a 中有 3 个电流相量 i_a^+、i_b^+、i_c^+，其绝对值相等，相位差 120°，按逆时针方向旋转，旋转次序为 a→b→c，三相中相序关系与三相对称运行时相序关系是一致的，称作正序分量。若取 i_a^+ 为基准矢量，则有正序分量表达式为

$$i_a^+ = i_a^+ \tag{4-37}$$

$$i_b^+ = i_a^+ \angle 120° = i_a^+ e^{120°} \tag{4-38}$$

$$i_c^+ = i_a^+ \angle -240° = i_a^+ e^{-120°} \tag{4-39}$$

图 4.31b 中的 3 个电流 i_a^-、i_b^-、i_c^-，它们绝对值相等，相位差 120°，但按顺时针方向旋转，但它们旋转次序为 a→c→b，即 c 相落后 a 相 120°，b 相落后于 c 相 120°，与正序分量的相序关系相反，称作负序分量。若取 i_a^- 为基准矢量，则有负序分量表达式为

$$i_a^- = i_a^- \tag{4-40}$$

$$i_b^- = i_a^- \angle 240° = i_a^- e^{-120°} \tag{4-41}$$

$$i_c^- = i_a^- \angle 120° = i_a^- e^{120°} \tag{4-42}$$

图 4.31c 的 3 个电流 $\dot{i}_a^0$、$\dot{i}_b^0$、$\dot{i}_c^0$，它们绝对值相等，相位角为零，相位相同，因 a、b、c 三相的相位差为零，称作零序分量。则有

$$\dot{i}_a^0 = \dot{i}_b^0 = \dot{i}_c^0 \tag{4-43}$$

由此，三相不平衡系统的电动势是其正序分量、负序分量与零序分量之和，即为

$$\dot{i}_a = \dot{i}_a^+ + \dot{i}_a^- + \dot{i}_a^0 \tag{4-44}$$

$$\dot{i}_b = \dot{i}_b^+ + \dot{i}_b^- + \dot{i}_b^0 \tag{4-45}$$

$$\dot{i}_c = \dot{i}_c^+ + \dot{i}_c^- + \dot{i}_c^0 \tag{4-46}$$

为了分析计算方便，引入运算符号 α，α 的模数是 1，辐角是 120°，则

$$\alpha = e^{120} = \cos 120° + j\sin 120° = \angle 120° \tag{4-47}$$

$$\alpha^2 = e^{240} = \cos 240° + j\sin 240° = \angle 240° \tag{4-48}$$

$$1 + \alpha + \alpha^2 = 0 \tag{4-49}$$

将运算符号代入前面公式可得三相系统的电流为

$$\dot{i}_a = \dot{i}_a^0 + \dot{i}_a^+ + \dot{i}_a^- \tag{4-50}$$

$$\dot{i}_b = \dot{i}_a^0 + \alpha^2 \dot{i}_a^+ + \alpha \dot{i}_a^- \tag{4-51}$$

$$\dot{i}_c = \dot{i}_a^0 + \alpha \dot{i}_a^+ + \alpha^2 \dot{i}_a^- \tag{4-52}$$

反之，一组不平衡的三相电流也可分解为正序、负序、零序分量，如图 4.32 所示。

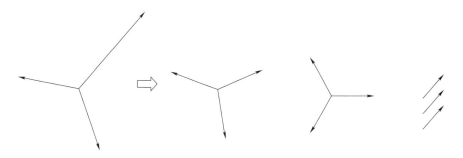

图 4.32 不平衡三相电流的分解

经过推导得到

$$\dot{i}_a^0 = \frac{1}{3}(\dot{i}_a + \dot{i}_b + \dot{i}_c) \tag{4-53}$$

$$\dot{i}_a^+ = \frac{1}{3}(\dot{i}_a + \alpha \dot{i}_b + \alpha^2 \dot{i}_c) \tag{4-54}$$

$$\dot{i}_a^- = \frac{1}{3}(\dot{i}_a + \alpha^2 \dot{i}_b + \alpha \dot{i}_c) \tag{4-55}$$

同理，电力系统发生不对称故障后产生的不对称电压等，也可采用对称分量法，将其分解到 3 个序网，在各序网内按照序电压、电流对称的方式进行分析，之后再合成为实际的 A、B、C 相量，从而使得不对称故障计算大为简化。

4.4.2 发电机不对称分量及序电抗关系

前面已分析了对称分量法的运算方法,即将三相不对称电流分解为3组相应的对称分量,或将3组相应的对称分量合成一组不对称三相电流,本小节将分析发电机与阻抗之间关系。一个丫绕组的三相发电机供电系统如图4.33所示。

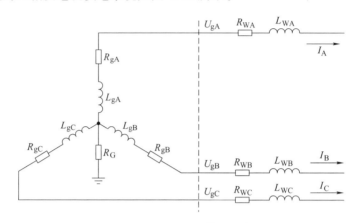

图 4.33 三相发电机供电系统图

1. 发电机的不对称分量

发电机正常工作时,三相对称系统中性点对地没有电流流过,中性点接地电阻上没有电压降,中性点与地等电位。考虑到相电阻较相电抗较小,可以忽略,相电压方程(以 A 相为例)写为

$$\dot{U}_{gA} = \dot{U}_{gA}^+ = \dot{E}_{fA}^+ - \dot{I}_A^+(R_{gA} + jX_{gA}^+) \approx \dot{E}_{fA}^+ - \dot{I}_A^+ jX_{gA}^+ \tag{4-56}$$

当发电机三相负载不平衡或发生故障时,三相系统不对称,将产生负序分量,可写出 A 相负序电压关系为

$$\dot{U}_{gA}^- = \dot{E}_{fA}^- - \dot{I}_{gA}^-(R_{gA} + jX_{gA}^-) \tag{4-57}$$

式中,$\dot{U}_{gA}^-$ 为发电机的相电压负序分量;$\dot{E}_{fA}^-$ 为发电机空载电动势负序分量;X_{gA}^- 为发电机的负序电抗;$\dot{I}_{gA}^-$ 为发电机的负序电流。

由于一个三相平衡发电机只产生正序电动势而不产生负序电动势,因此 $\dot{E}_{fA}^-$ 为零,且忽略电阻上电压降,式(4-57)可简化为

$$\dot{U}_{gA}^- = -\dot{I}_{gA}^-(R_{gA} + jX_{gA}^-) \approx -\dot{I}_{gA}^- jX_{gA}^- \tag{4-58}$$

式(4-58)为负序电压、电流和电抗的基本关系式。当零序对称分量作用于电路时,由于零序三相电流大小相等、相位相同,所以流入发电机中性点 n 的电流为

$$\dot{I}_{gn} = \dot{I}_{gA} + \dot{I}_{gB} + \dot{I}_{gC} = \dot{I}_{gA}^0 + \dot{I}_{gB}^0 + \dot{I}_{gC}^0 = 3\dot{I}_{gA}^0 \tag{4-59}$$

由此可见中性点 n 对地有 3 个电流,因此中性点接地电阻 R_G 上就有电压降,则中性点对地的电压 $\dot{U}_{gn}$ 为

$$\dot{U}_{gn} = -\dot{I}_{gn}(R_{gn} + jX_{gn}) = -3\dot{I}_{gA}^0(R_{gn} + jX_{gn}) \approx -3\dot{I}_{gA}^0 jX_{gn} \tag{4-60}$$

式中，R_{gn} 为中性点接地电阻；X_{gn} 为中性点接地电抗。

由于中性点 2 对地电压是由零序电流产生的，实际上是 3 倍零序电流 $\dot{I}_{gA}^0$ 在零序电抗上产生的电压增加了 2 倍。此时，A 相的零序相电压为

$$\dot{U}_{gA}^0 = \dot{E}_{fA}^0 + \dot{U}_{gn} - \dot{I}_{gA}^- jX_{gA}^0 \tag{4-61}$$

式中，$\dot{E}_{fA}^0$ 为发电机的零序相电势；X_{gA}^0 为发电机的零序相电抗。

一个三相平衡发电机不产生零序电动势，因此 $\dot{E}_{fA}^0 = 0$，且考虑接地电抗较小，可以忽略，再将式（4-60）式代入式（4-61），可简化为

$$\dot{U}_{gA}^0 = -3\dot{I}_{fA}^0 jX_{gn} - \dot{I}_{gA}^- jX_{gA}^0 \approx -\dot{I}_{gA}^- jX_{gA}^0 \tag{4-62}$$

式（4-62）为零序电压、电流及电抗的基本关系式。归纳前面分析，式（4-56）、式（4-58）和式（4-62）3 个方程表示了发电机各序电压、电流和电抗之间的基本关系。同理可以写出 b 相和 c 相的各序电压回路方程。

2. 序阻抗分析

当发电机发生不对称运行（如单相接地或相间短路等）时，三相电流 I_A、I_B、I_C 和输出端电压 U_{gA}、U_{gB}、U_{gC} 是不平衡的，但发电机发出的电动势 E_{fA}、E_{fB}、E_{fC} 是平衡的。此外，需要分析外接电路如电缆、变压器等的序阻抗。

（1）电缆的阻抗　高、低压电缆的正序和零序阻抗 Z_W^+、Z_W^0 的大小与电缆制造工艺水平和标准、电缆绝缘材料、敷设方式等有关，故计算时需由电缆制造商提供相关参数。

（2）电抗器阻抗　三相电抗器的电流相互影响很小，可认为每相磁链只由本相电流产生，不受其他相电流的影响，因此其正序、负序、零序电抗相等，即

$$X_{er}^+ = X_{er}^- = X_{er}^0 \tag{4-63}$$

（3）变压器的序电抗　变压器一般可分为单相变压器与三相变压器，分别分析它们的序电抗。

1）单相变压器。船舶单相变压器铁心上有两个绕组，一个是高压绕组，一个是低压绕组，被称为双绕组变压器，其等效电路如图 4.34 所示，用一个电阻与电感表示变压器的线路损耗。

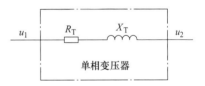

图 4.34　单相变压器等效电路[4.4]

由此，变压器的正序短路阻抗 Z_T^+ 可计算为

$$Z_T^+ = R_T + jX_T \tag{4-64}$$

式中，R_T 和 X_T 为双绕组变压器的电阻和电抗。Z_T^+ 还可按式（4-65）计算。

$$Z_T^+ = \frac{u_{ZN}}{100\%} \frac{U_{TN}^2}{S_{TN}} \tag{4-65}$$

式中，u_{ZN} 为额定阻抗电压百分数，其值由变压器设备厂家提供；U_{TN} 为变压器一次侧或二次侧的额定电压（kV）；S_{TN} 为变压器的额定容量（MV·A）。

$$R_T = \frac{u_{RN}}{100\%} \frac{U_{TN}^2}{S_{TN}} \times 100\% \tag{4-66}$$

式中，u_{RN} 为额定电阻电压分量百分数，可根据变压器电流为额定电流时的绕组总损耗 ΔP_{TL} 和额定容量 S_{TN} 计算得到，即

$$u_{RN} = \frac{\Delta P_{TL}}{S_{TN}} \times 100\% \tag{4-67}$$

由式（4-66）可计算双绕组变压器的电抗 X_T 为

$$X_T = \sqrt{Z_T^2 - R_T^2} \tag{4-68}$$

负序短路阻抗和零序短路阻抗为

$$Z_T^- = Z_T^+ = R_T + jX_T \tag{4-69}$$

$$Z_T^0 = R_T^0 + jX_T^0 \tag{4-70}$$

上述相关参数可从设备铭牌或设备制造厂得到。

R_T/X_T 通常随着变压器容量的增大而减小。计算大容量变压器短路阻抗时，可忽略绕组中的电阻，只计电抗，仅在计算短路电流峰值或非周期分量时才计及电阻。

2) 三绕组变压器。当变压器铁心上有 3 个绕组时，一个是高压绕组，两个是低压绕组，如图 4.35a 所示。

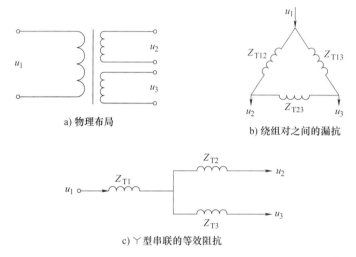

a) 物理布局

b) 绕组对之间的漏抗

c) Y 型串联的等效阻抗

图 4.35　具有两个不同的二次电压的三绕组变压器等效电路模型[4.4]

在这种变压器中，通过磁耦合，一个输出端负载的变化会影响另外一个输出端的电压变化。一个二次侧的电流短路同样会对另一二次侧的输出电压产生影响。为方便分析采用三绕组变压器的等效电路，如图 4.35b 所示，绕组 1 和 2 之间的阻抗用 Z_{T12} 表示，绕组 2 和 3 之间的阻抗用 Z_{T23} 表示，绕组 1 和 3 之间的阻抗 Z_{T13} 表示。Z_{T12} 的值由绕组 1 和 2 之间的短路试验结果决定，其余的以此类推。进一步可转换成如图 4.35c 所示的Y 型串联等效电路，以显著地简化分析。

这样，三绕组变压器的短路阻抗分别为

$$Z_{T1} = \frac{1}{2}(Z_{T12} + Z_{T13} - Z_{T23}) \tag{4-71}$$

$$Z_{T2} = \frac{1}{2}(Z_{T12} + Z_{T23} - Z_{T13}) \tag{4-72}$$

$$Z_{T3} = \frac{1}{2}(Z_{T13} + Z_{T23} - Z_{T12}) \tag{4-73}$$

图 4.35 也是变压器正序及负序电路图,因为变压器 3 个单相磁路是相互独立的,所以和电抗器一样其三相正序、负序、零序电抗是完全相等的。

3) 三相变压器。无论采用Y或△联结方式,通常三相变压器是三相对称的,可以看作 3 个单相变压器,其等效电路与图 4.34 类似,每相的正序、负序、零序电抗相等。虽然变压器的零序电抗和正序、负序电抗一样,但其零序等效电路和正序、负序等效电路大不相同,取决于零序电流的通路条件。如果变压器的接线方式使零序电流有通路,则其零序电抗起作用;相反,如果零序电流没有通路,则零序等效电路就相当于开路,零序电抗就不起作用。

现以典型的Y-△联结为例分析,如图 4.36 所示,因三相变压器一次绕组中性点接地,其三相零序电流 $\dot{i}_{TY}^0$ 流向中点,并在二次绕组感应出相应的电流,所以零序电流流过一次绕组的漏抗为 X_{1l} 和二次绕组感应的互感为 X_{ml};由于二次绕组△联结,零序电流 $\dot{i}_{T\triangle}^0$ 在 3 个绕组内部闭合流通,相当于等效电路中二次与中性线短路,而变压器在二次侧输出端开路的,即从输出端看进去其零序电抗为 0,零序等效电路如图 4.36b 所示。

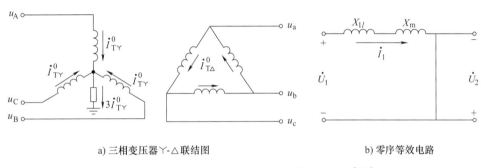

a) 三相变压器Y-△联结图   b) 零序等效电路

图 4.36 三相变压器Y-△联结零序等效电路图[4.4]

由此,Y-△联结的无中性点接地三相变压器的零序电抗为

$$X_{TY\triangle}^0 = X_{1l} + X_m \tag{4-74}$$

对于一次侧有中性点经 X_n 接地,则零序电抗为

$$X_{TYn\triangle}^0 = X_{1l} + X_m + 3X_n \tag{4-75}$$

总之,当任一变压器的绕组联结成△或中性点不接地Y时,从△和不接地Y一侧看,其零序电抗总是无穷大,因施于此绕组的零序电压不能在变压器内部产生零序电流。

(4) 发电机的序阻抗 发电机在正常运行时电流是平衡的,为一组正序电流,产生的定子旋转磁场与转子主磁通同步旋转,发电机 d 轴同步电抗 X_d、暂态电抗 X_d'、次暂态电抗 X_d'' 均为发电机的正序电抗。当发电机定子中流过一组负序电流时,产生一旋转磁场,其旋转方向与转子旋转方向相反,一会儿和 d 轴重合,一会儿和 q 轴重合,发电机励磁阻尼绕组中磁通一直在变而稳定不下来,励磁绕组和阻尼绕组时刻都在感应电流来维持绕组中磁链恒定。这种情形相当于发电机在暂态情况,当负序旋转磁场与 d 轴重合时,负序电抗等于 d 轴次暂态电抗 X_d'',当负序旋转磁场与 q 轴重合时,负序电抗等于 q 轴次暂态电抗 X_q'',因此发电机负序电抗可表达为

$$X_g^- = \frac{1}{2}(X_d'' + X_q'') \tag{4-76}$$

对于 d 轴和 q 轴均有阻尼绕组的发电机负序阻抗为

$$X_g^- \approx 1.22 X_d'' \tag{4-77}$$

对于 d 轴和 q 轴没有阻尼绕组的发电机负序阻抗为

$$X_g^- \approx 1.45 X_d' \tag{4-78}$$

实际计算中也可取

$$X_g^- \approx X_d'' \tag{4-79}$$

零序分量电流在发电机定子绕组内流动时,由于3个电流在时间上同相位,而定子绕组在空间布置上相差120°,因此3个电流所产生的合成磁场为零,和零序电流有关的只是每个绕组漏磁通,所以零序电流不等于发电机的正序或负序阻抗,发电机的零序电抗可以表达为

$$X_g^0 \approx (0.15 - 0.5) X_d'' \tag{4-80}$$

综上所述,电力系统中各设备器件的序电抗有:序电抗是序电压与序电流的比值,从电磁感应定律得知一电抗上电压大小取决于磁链的变化率($e=-d\phi/dt$),在三相系统中各绕组的每相磁链和各相电流所产生的磁链有关的。

船舶电力系统设备可以分为两类:

1)一类为静止设备,静止设备又可以分为:

①每相磁链仅由本相电流产生,这种情况下设备的正序、负序、零序电抗是完全相同的,属于这类设备的有3个单相变压器连接的三相变压器和电抗器。

②每相磁链由三相电流产生3个磁通共同作用,如电缆、架空线,这种情况下其正序和负序电抗是相同的,而零序电抗不同。

2)另一类就是旋转电机如发电机或电动机,其序电抗取决于三相电流产生的总磁通与转子的相互作用关系,所以发电机的正序、负序及零序电抗都不同。

4.4.3 三相系统不对称故障分析

对于三相电网系统不对称短路分析,IEEE Std-45-2002 标准针对这类故障采用对称分量法进行分析,并给出了一些实用公式。在短路点 F 发生故障时,将短路点的不对称(不平衡)三相电压 $\dot{U}_{Fa}$、$\dot{U}_{Fb}$、$\dot{U}_{Fc}$ 分解为三组对称(平衡)电压:正序电压、负序电压和零序电压,然后采用式(4-81)求3个对称分量电流。

$$I_{shsy} = \frac{U_{shsy}}{Z_{shsy}} \tag{4-81}$$

式中,I_{shsy} 为对称分量电流;U_{shsy} 为对称分量电压;Z_{shsy} 为对称分量阻抗。

不对称相电流 I_{shasy} 则为3个对称分量电流相量之和,即为

$$I_{shasy} = I_{shsy}^+ + I_{shsy}^- + I_{shsy}^0 \tag{4-82}$$

也可以采用对称分量法将三相不对称短路电流 $\dot{I}_a$、$\dot{I}_b$、$\dot{I}_c$ 分解成各序分量。本小节将根据 4.4.2 节关系导出的各序网的等效电路分析不对称短路故障。

(1)三相系统三相短路故障分析 一个对称的三相发电机供电系统如图 4.37 所示,在输电线路的某点(例如 A 相)F 发生短路,与发电机中性点接地相连,形成不对称短路故障。

由于不对称故障造成系统不平衡时可以通过其所产生的不平衡电压及电流系统分解成3个平衡的子系统，即正序、负序、零序系统，每一个子系统代表一个平衡的三相系统；或把一个不平衡的实际网络用3个平衡的子网络来代替，即正序网络、负序网络、零序网络。

1）正序网络。因三相短路电流是一组正序电流，所流过的网络就是一个正序网络，由此可以用正序网络作为分析三相短路的等效电路，如图4.38所示。

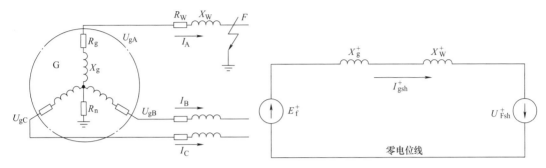

图4.37　发电机供电系统不对称短路故障线路图　　图4.38　发电机供电系统不对称故障正序等效电路图

现以 A 相的正序网络为例进行分析，图中从故障点 F 看进去网络总电抗称为正序电抗 X_F^+，即

$$X_F^+ = X_g^+ + X_W^+ \tag{4-83}$$

正序网络的电路方程为

$$\dot{U}_{Fsh}^+ = \dot{E}_{gf}^+ - \dot{I}_{gsh}^+ jX_F^+ \tag{4-84}$$

2）负序网络。由于发电机负序电势为零，其负序等效电路如图4.39所示，从故障点 F 看进去网络总电抗称为总的负序电抗 X_F^-，即

$$X_F^- = X_g^- + X_W^- \tag{4-85}$$

负序网络的电路方程为

$$\dot{U}_{Fsh}^- = -\dot{I}_{gsh}^- jX_F^- \tag{4-86}$$

3）零序网络。零序电流实际上是一个电流流经三相电路中点的单相电流，经过地再流返三相电路中，它所流过的路径与正序电流及负序电流截然不同。图4.40所示为发电机供电系统不对称故障零序等效电路图。

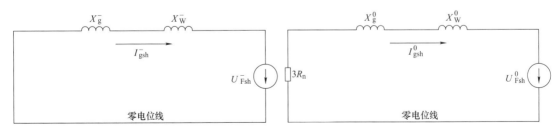

图4.39　发电机供电系统不对称　　　　图4.40　发电机供电系统不对称
　　故障负序等效电路图　　　　　　　　　故障零序等效电路图

在短路点 F 处的3个单相电压在零序电流流通时是相等的，零序网络仅代表一相的网络，而在接地电阻中流过的电流是三相的零序电流之和，所以在接地电阻中实际电压降落需

增大到 3 倍计算，因此总的零序电抗 X_F^0 为

$$X_F^0 = 3R_n + X_g^0 + X_W^0 \tag{4-87}$$

零序网络的电路方程为

$$\dot{U}_{Fsh}^0 = -\dot{I}_{gsh}^0 jX_F^0 \tag{4-88}$$

（2）三相系统单相接地故障分析 三相系统最容易发生单相接地故障。在图 4.41 给出的三相供电系统中，在 F 点发生单相接地故障，现以 A 相为例进行分析，其他两相分析相同。当 A 相电路的导体发生接地，则 $U_{Fsh} = 0$；B 相和 C 相仍开路，则 $I_B = 0, I_C = 0$。

根据上述单相接地的假设条件，可得

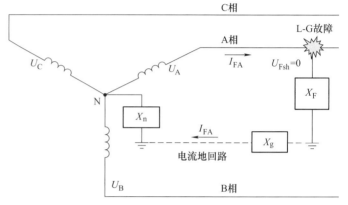

图 4.41 单相接地故障的三相供电系统[4.4]

$$\dot{I}_{FA}^0 = \frac{1}{3}(\dot{I}_A + \dot{I}_B + \dot{I}_C) = \frac{1}{3}\dot{I}_A \tag{4-89}$$

$$\dot{I}_{FA}^+ = \frac{1}{3}(\dot{I}_A + \alpha\dot{I}_B + \alpha^2\dot{I}_C) = \frac{1}{3}\dot{I}_A \tag{4-90}$$

$$\dot{I}_{FA}^- = \frac{1}{3}(\dot{I}_A + \alpha^2\dot{I}_B + \alpha\dot{I}_C) = \frac{1}{3}\dot{I}_A \tag{4-91}$$

由此可得

$$\dot{I}_{FA}^+ = \dot{I}_{FA}^- = \dot{I}_{FA}^0 \tag{4-92}$$

因 $\dot{U}_{FA} = 0$，则有

$$\dot{U}_{FA} = \dot{U}_{FA}^0 + \dot{U}_{FA}^+ + \dot{U}_{FA}^- = 0 \quad (4-93)$$

由式（4-92）可知，3 个序网电流相等，故发生单相接地时其正序、负序和零序网络是通过序阻抗串联起来的，其等效电路如图 4.42 所示。

在图 4.42 中，正序网络总正序电抗用 X_F^+ 表示、负序网络总负序电抗用 X_F^- 表示，零序网络总电抗用 X_F^0 表示，如果忽略短路接地电路电抗 X_F、X_g 和 X_n，可得到如图 4.43 所示的三相系统单相接地序阻抗等效电路。

从图 4.43 中可导出三相系统 F 点的单相短路电流 $\dot{I}_{Fsh}$ 为

$$\dot{I}_{Fsh} = \frac{\dot{E}_f}{(jX_F^+ + jX_F^- + jX_F^0)}$$

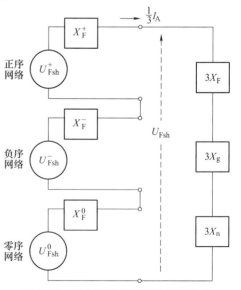

图 4.42 发电机供电系统单相接地序阻抗连接等效电路[4.4]

由 $\dot{I}_{FA}^+ = \frac{1}{3}(\dot{I}_A + \alpha \dot{I}_B + \alpha^2 \dot{I}_C) = \frac{1}{3}\dot{I}_A$,可得

$$\dot{I}_{Fsh} = \frac{3\dot{E}_f}{jX_F^+ + jX_F^- + jX_F^0} \tag{4-94}$$

(3) 三相系统两相短路故障分析　三相系统常发生两相短路故障。假设在三相系统中 B 相和 C 相短路,如图 4.44 的 F 点,其 B 相和 C 相的相电压相等,$\dot{U}_{FB} = \dot{U}_{FC}$,相电流幅值相等但方向相反,$\dot{I}_{FC} = -\dot{I}_{FB}$,A 相开路,$\dot{I}_A = 0$,则两相短路电路的 3 个相序电流分别为

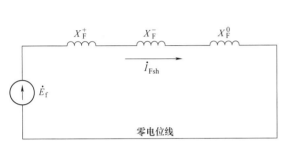

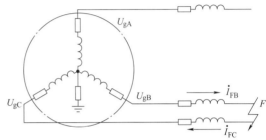

图 4.43　发电机供电系统单相接地序阻抗等效电路　　图 4.44　发电机供电系统两相短路故障单线图

$$\dot{I}_{Fsh2}^+ = \frac{1}{3}(\dot{I}_A + \alpha \dot{I}_B + \alpha^2 \dot{I}_C) = \frac{1}{3}(0 + \alpha \dot{I}_B - \alpha^2 \dot{I}_B) = \frac{j\dot{I}_B}{\sqrt{3}} \tag{4-95}$$

$$\dot{I}_{Fsh2}^- = \frac{1}{3}(\dot{I}_A + \alpha^2 \dot{I}_B + \alpha \dot{I}_C) = \frac{1}{3}(0 + \alpha^2 \dot{I}_B - \alpha \dot{I}_B) = \frac{-j\dot{I}_B}{\sqrt{3}} \tag{4-96}$$

$$\dot{I}_{Fsh2}^0 = \frac{1}{3}(\dot{I}_A + \dot{I}_B + \dot{I}_C) = \frac{1}{3}(0 + \dot{I}_B - \dot{I}_B) = 0 \tag{4-97}$$

由此可见,两相短路的正序与负序电流大小相等,方向相反,即 $\dot{I}_{Fsh2}^+ = -\dot{I}_{Fsh2}^-$。

利用 $\dot{U}_B = \dot{U}_A^0 + \alpha^2 \dot{U}_A^+ + \alpha \dot{U}_A^-$ 和 $\dot{U}_C = \dot{U}_A^0 + \alpha \dot{U}_A^+ + \alpha^2 \dot{U}_A^-$ 可求得 F 点短路时 B 相及 C 相电压关系为

$$\dot{U}_{FB} = \dot{U}_{FA}^0 + \alpha^2 \dot{U}_{FA}^+ + \alpha \dot{U}_{FA}^- \tag{4-98}$$

$$\dot{U}_{FC} = \dot{U}_{FA}^0 + \alpha \dot{U}_{FA}^+ + \alpha^2 \dot{U}_{FA}^- \tag{4-99}$$

因 $\dot{U}_{FB} = \dot{U}_{FC}$,所以有

$$\dot{U}_{FA}^+ = \dot{U}_{FA}^- \tag{4-100}$$

根据上述分析结果得到图 4.45a 所示的两相短路序阻抗连接,进一步简化可得到图 4.45b 所示的两相短路等效电路。

由上述等效电路,可得两相短路的故障电流计算公式为

$$\dot{I}_{Fsh2} = \frac{\dot{E}_f}{jX_{F2}^+ + jX_{F2}^-} \tag{4-101}$$

式中,X_{F2}^+ 为两相短路正序阻抗,$X_{F2}^+ = X_g^+ + X_W$;X_{F2}^- 为负序电抗,$X_{F2}^- = X_g^- + X_W$。

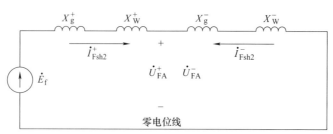

a) 三相系统两相短路序阻抗连接图

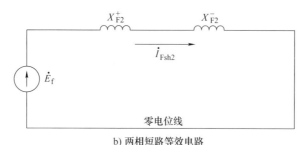

b) 两相短路等效电路

图 4.45　两相短路序阻抗等效电路

根据两相短路正序电流计算公式

$$\dot{I}_{\text{Fsh2}}^{+} = \frac{1}{3}(\dot{I}_A + \alpha \dot{I}_B + \alpha^2 \dot{I}_C) = \frac{j \dot{I}_B}{\sqrt{3}} \quad (4\text{-}102)$$

可得到两相短路 B 相电流计算公式为

$$\dot{I}_{\text{Bsh}} = \frac{\sqrt{3} \dot{I}_{\text{Fsh2}}^{+}}{j} = -j\sqrt{3} \dot{I}_{\text{Fsh2}}^{+} \quad (4\text{-}103)$$

因此，两相短路 C 相电流计算公式为

$$\dot{I}_{\text{Csh}} = -\dot{I}_{\text{Bsh}} = j\sqrt{3} \dot{I}_{\text{Fsh2}}^{+} \quad (4\text{-}104)$$

综上分析，三相短路时，短路点 F 直接接零电位线；而在两相短路时，短路点 F 经 X_{F2}^{-} 与零电位线相连，计算两相短路时加入负序电抗 X_{F2}^{-} 即可。

参 考 文 献

[4.1] 汤天浩, 韩朝珍. 船舶电力推进系统 [M]. 北京: 机械工业出版社, 2015.
[4.2] 王维俭. 电力系统继电保护基本原理 [M]. 北京: 清华大学出版社, 1991.
[4.3] 中国船级社. 钢质海船入级规范　第 4 篇: 电气装置 [S]. 北京: 人民交通出版社, 2022.
[4.4] PATEL M R. 船舶电力系统 [M]. 汤天浩, 许晓彦, 谢卫, 等译. 北京: 机械工业出版社, 2013.
[4.5] 高景德, 王祥珩, 李发海. 交流电机及其系统的分析 [M]. 2 版. 北京: 清华大学出版社, 2005.
[4.6] 贺家李, 李永丽, 董新洲, 等. 电力系统继电保护原理 [M]. 5 版. 北京: 中国电力出版社, 2018.
[4.7] 刘屏周. 工业与民用设计手册: 上册 [M]. 北京: 中国电力出版社, 2016.

第 5 章
现代船舶电力系统设计

本章以船舶及海洋工程为背景（简称：背景工程）研究分析构成现代船舶电力系统的特点、性能及系统构成，并通过实际案例进一步展示现代船舶电力系统设计方案，为从事船舶电力系统设计者、建造者和使用者提供借鉴。

如前所述，现代船舶电力系统是由多组电源装置、多套主配电板、多台变压器、若干分配电及设备控制中心、各种变换器、驱动装置、馈电系统、多层次控制系统等构成[5.1]。随着船舶及海洋工程的发展，为满足船舶特种功能需求，海洋工程复杂作业功能以及精准作业动力定位等要求，综合电力系统（IPS）得到更多的应用[5.2]。

5.1 船舶电力系统设计

5.1.1 船舶电力系统设计的基本依据

船舶电力系统构成与背景工程应用和需求密切相关，不同背景工程就有不同的电力系统，背景工程所有功能确定后即可设计完全符合背景工程使用要求的电力系统。

1. 船舶与海洋背景工程基本概况

常规运输船使用低速柴油机直接推进，船上只须配置为主推柴油机泵组及其他辅助设备用电的电站，电力系统配置如图 1.2 所示的结构形式，一般采用中速柴油发电机组发电，故称辅机。由于采用柴油机直接驱动的主推进装置，故电站容量相对较小，电压等级多采用低电压等级，其系统也相对比较简单；近些年由于特种货物运输需要，船上载运货物对电能的特殊需求，船舶电站容量在扩增，电压等级在升高；豪华邮轮有单独的规范要求，安全及舒适度使得邮轮必须采用综合电力推进方案以实现其功能要求；邮轮电站一定是多机组组成，至少分别供电至两块相互独立的主配电板，各配电板必须位于 A60 防火分隔的机舱，两套或多套完全冗余的电力系统，如图 1.11 所示；邮轮电站容量比较大，必须采用中压电站及多级配电系统，同时需配置若干不间断电源装置及系统[5.3]。

海洋工程作业船因海上作业环境特殊，作业设备繁多，在有限的空间布置实现各种设备功能作业要求，单个设备需用电功率大，作业时对船体定位要求高，同时需考虑不同定位等级的最大单点故障要求，冗余度高，所有这些要求都需电站及电力系统特别配置。

2. 相关法规、规范、标准内容研究执行

船舶设计建造前期需了解其入级规范、挂旗国法规要求、挂旗国港口特殊要求、执行国际标准、公约、国家标准（IEC、SOLAS 及 GB 等）等。国际上主要船级社/组织如下：

中国船级社（China Classification Society，CCS）。

美国船级社（American Bureau of Shipping，ABS）。
法国船级社（Bureau Veritas，BV）。
挪威船级社（Det Norske Veritas，DNV）。
英国劳氏船级社（Lloyd's Register of Shipping，LRS）。
国际海事组织（International Maritime Organization，IMO）。
国际海事承包商协会（International Marine Contractors Association，IMCA）。

5.1.2 船舶电力系统的工程设计

1. 电力负荷估算

1）各种工况下使用设备及所需估算设备的明细；同时根据负载使用性质确定其供配电等级、负载使用功率及效率（前期大多采用估算法）、辅助设备使用功率等。

2）工况需用功率估算主要包括：

①动力定位装置配置须满足各种工况下动力定位能力所需功率。

②电力负荷容量按照动力定位最大所需功率及系统损耗考虑。

③艏侧推装置进出港按100%负载估算。

④电网损耗。

a. 电网电压≤1000V 按照5%损耗考虑。

b. 电网电压≥1000V 须分级考虑电网设备损耗，从高压电网直接供电的损耗可忽略不计。

⑤变压器自身损耗需考虑。

⑥电力推进系统设备损耗需考虑：构成电力推进装置中各设备的效率，通常采用螺旋桨推进输入功率为基准（由船体专业提供）。

各设备效率需根据设备商提供数据为准，前期可按90%左右估算。相关专业配套设备如吊机、厨房设备、各种配套用泵组等原则上根据专业使用要求；机舱泵风机根据负载利用系数计算。

3）各工况电站负载率确定，可分为

航行工况：≤90%。

进出港工况：80%左右。

作业工况：80%左右。

备注：上述各种工况需设有自动卸载，对于以作业功能为主的海工项目设有自动限功率功能，电能管理系统（PMS）与推进控制系统自动实现。

2. 主电源装置

（1）发电机数量确定　需根据电力负荷估算各种工况下的计算结果来平衡最佳机组容量及数量，同时需与动力专业协商发电柴油机组数量（机组匹配）。

（2）估算确定主电源电压等级

1）估算主电源及配电装置短路电流（T/2 周期），按如下方法：

方法1：直接估算法。采用如下公式估算

$$I_{sh} = 8.5 N I_{gN} \tag{5-1}$$

式中，I_{sh} 为主配电板短路点的短路电流（方均根值）（kA）；I_{gN} 为单台发电机额定电流（kA）；N 为可能投入运行发电机最多的工况下发电机数量（需考虑发电机负载转移期间在网运行时数量）。

方法2：按照相关计算软件估算。可采用 CCS 计算方法或其他等效计算软件进行。

2）根据短路电流确定主电源及配电装置电压等级。

①主配电板器件及开关参数：

a. 短路分断电流 I_{cs}（额定运行短路分断能力，kA）大于其安装点估算短路电流 I_{shmax}（最大预期对称短路电流，kA）（前期设计需考虑）。

b. 配电装置内部器件通断电流 I_{cs}（额定运行短路分断能力，kA）大于其安装点估算短路电流 I_{shmax}(kA)（设备需满足）。

②主电源装置发电机及配电装置电压等级确定。估算所采用电压即为主电源及配电装置（主要是开关额定电压）标称电压等级；如果其安装点估算短路电流 I_{shmax}（kA）大于其安装点开关短路分断电流 I_{cs}(kA)，则需提升电压等级重新估算，以满足 $I_{cs}>I_{shmax}$ 的要求，开关分断电流查阅相关设备商样本。

③系统及电源装置标称电压等级。标称电压等级见表5.1。

表 5.1 标称电压等级

系统标称电压（线电压）/kV		电源装置额定电压/kV	
50Hz	60Hz	50Hz	60Hz
0.38	0.44	0.40	0.45
0.66	0.66	0.69	0.69
3.00	3.30	3.00	3.30
6.00	6.60	6.30	6.60
10.00	11.00	10.50	11.00
15.00	13.80	15.00	13.80

3. 主配电板

主配电设备主要性能参数实现分为两部分：

（1）基本要求

1）配电板数量需与背景项目作业要求相匹配（特指海上作业有动力定位等级要求的项目）。

2）配电板需与发电机组位于同一防火区布置（特指动力定位入级符号项目）。

3）配电板内母排需用断路器进行分段，其对应机舱重要设备需通过不同母排段供电。

4）配电板内开关布置应考虑馈电设备电缆走向尽量不要交叉，以最短电缆长度走向为佳。

（2）主要性能参数

1）所有用于分合主回路的开关或器件必须具有过电流及过载保护。

2）开关及分合器件的短路电流大于短路点估算的短路电流。

3）短路点计算。

①配电开关及器件短路电流必须大于其安装点预期计算值（方均根值，kA）。预期计算

值是指所有使用工况下，可能投入运行发电机数量最多的工况下的最大短路电流（需考虑发电机负载转移期间在网运行时数量）。

②发电机进线端开关的短路电流大于发电机出线端短路的短路电流。

③负载分路馈电开关的短路电流大于所有使用工况下可能投入运行最大发电机数量馈送短路电流加上等效电动机馈送短路电流。

（3）主配电板馈电负载考虑　根据规范要求的重要设备即为航行推进装置服务的设备，必须由主配电板直接供电；其他设备建议采用组合供电至负载中心进行二次配电。配电板负载开关排序最好采用最短距离供电方式布置，避免电缆交叉敷设及绕弯；组合供电负载需注意负载性质，即有特殊控制功能负载与无特殊控制功能负载尽量不要采用同一路配电分路（尤指风机油泵与其他泵组）。

（4）主配电板馈电给变压器考虑　变压器电磁特性——变压器开关合闸瞬间的励磁涌流根据容量不同，通常大于其10倍额定电流。变压器的一次侧开关性能需做以下考虑：

1）过电流保护设定需躲过合闸励磁涌流。

2）过电流保护设定需躲过变压器二次侧配电板处短路时短路电流。

3）对于大容量变压器通常采用其他措施解决合闸涌流，措施如下：

①选相合闸。

②预励磁合闸。

③特种合闸方式。

4. 分配电箱及组合起动屏

船舶电力系统馈电主要特点是在负载中心就近馈电，其基本性能要求有：

1）分配电箱内开关器件直接馈电至负载。

2）对于通过分配电箱单一开关直接馈电至泵组控制器的情况，控制器内如已设有过载保护，则其馈电开关可仅设过电流保护其馈电电缆。

3）开关及分合器件的短路电流大于短路点估算的短路电流。

4）非重要负载可采用上下级串级开关保护形式（需选用经设备商试验验证的开关）达到短路电流要求。

5）组合起动屏直接馈电至负载。

6）组合起动屏内开关及控制器件设有过电流及过载保护。

5. 电缆选择

（1）总则　电缆应选用具有船级社认可证书或产品证书的产品。

（2）电缆的选择要素　船舶电缆主要选择要素：电压等级、短路电流、环境条件、敷设方法、电流定额、需要系数及允许电压降等。

1）电压等级。交流系统电缆的额定电压选择见表5.2。

表 5.2　交流系统电缆的额定电压选择　　　　　　　　　　（单位：kV）

系统额定（相间）电压 U_{phN}	电缆额定电压 U_{phN}/U_{lN}
≤0.25	0.15/0.25
≤1.00	0.60/1.00

(续)

系统额定（相间）电压 U_{phN}	电缆额定电压 U_{phN}/U_{lN}
≤3.00	3.60/6.00
≤6.00	6.00/10.00
≤10.00	8.70/15.00

注：U_{ph} 为电缆任一相导体对"地"（金属护层或周围介质）之间的相电压，如三相电力系统的相电压 U_A、U_B、U_C 等；U_l 为电缆任何两相导体之间的电压（即线电压），如 U_{AB}、U_{BC} 等。

注意：采用中性点对地绝缘三相三线系统的设备及系统电缆的绝缘介电强度要提高至 $\sqrt{3}$ 倍以上。

对大于 1000V 的系统，如采用中性点对地绝缘三相三线系统，则设备及系统电缆绝缘介电强度要提高至 $\sqrt{3}$ 倍以上。

变频器驱动电机产生的共模电压根据变频器形式不同其幅值不同，变频器至驱动电机的电缆结构形式也不同，需要结合变频器结构形式由设备商提供具体电缆规格及结构要求配套。

2）短路电流。考虑电缆绝缘材料耐受温度限制，以及电缆短路电流允许值，设计部门需根据背景项目技术状况计算校核主系统选用的电缆截面积。电缆短路电流计算公式为

$$I_{Wsh} = \frac{A}{\sqrt{t}} > I_{shmax} \tag{5-2}$$

式中，I_{Wsh} 为系统中对应位置保护分断周期内短路电流有效值（kA）；A 为 1s 时间额定短路容量（产品样本提供）（A）；t 为短路持续时间（s）。

电缆短路容量由电缆制造商提供。

3）环境条件。背景项目机舱及主要设备处所使用的环境温度是由船东决定的，设计方需根据规格书要求选择设备容量及电缆导体截面；如果电缆穿越空间周围环境温度与选用的电缆产品所给出环境温度不同，需进行修正。

4）敷设系数。对于成束电缆，当超过 6 根电缆绑在一起使用时，规范要求单根电缆载流量需考虑 0.85 的校正系数。如果超过 6 根的电缆并联，电缆周围空气自由流通，以确保 2D（2 倍电缆外径）间距，则校正系数可不考虑。另外，Nexans 公司建议对于穿管敷设，单根电缆载流量需考虑 0.9 的穿管发热系数。

5）连续工作制的电流定额。系统设计时应根据负载工作性质选择其馈电电缆容量，连续工作制船用交联聚乙烯绝缘电力电缆载流量参见标准 IEC 60092-352[5.4]。

6）非连续工作制校正系数。对于非连续工作制负载，如绞缆机、起锚机、起货机，用于进出港侧推等，其电缆载流量选择需按下列计算方法进行修正。

根据标准 IEC 60092-352[5.4]，0.5 或 1 小时工作制修正系数为

$$k_1 = \sqrt{\frac{1.12}{1-\exp\left(-\frac{t_s}{T}\right)}} \tag{5-3}$$

式中，k_1 为修正系数；t_s 为工作时间（min）；T 为时间常数 $T=0.24d^{1.35}$（min），d 为电缆外径（mm）。

根据标准 IEC 60092-352[5.4]，对于间歇性短时工作制修正系数，其电缆容量选择需按下列计算方法进行：

$$k_2 = \sqrt{\frac{1-\exp\left(-\dfrac{t_p}{T}\right)}{1-\exp\left(-\dfrac{t_n}{T}\right)}} \tag{5-4}$$

式中，k_2 为修正系数；t_p 为间隙时间段（10min）；t_n 为间断率（min），有 4min 负载，6min 为空载。

7）交流中压系统电缆修正。对于中压系统，需考虑电缆趋肤效应影响，通常考虑效应系数为 0.95。

5.2 背景工程技术要求综合分析认证

船舶及海洋工程运行或作业在恶劣多变的环境中，由船体、结构、动力、电气、控制等多专业构成完整背景项目，在这个完整背景项目链中的任何一个专业出现颠覆性技术问题都可能导致背景项目发生重大损失，为此必须进行船舶电力系统的可靠性分析与认证。

5.2.1 船舶电力系统可靠性分析

（1）船舶电力系统可靠性要求　考核船舶电力系统可靠性性能的指标有：背景项目、设定使用条件、使用周期、功能要求等。

1）背景项目：是可靠性的基础，包括材料、构件、装置、器件、系统、控制硬件及软件等。结合电气专业有电站装置、配电设备、推进装置及系统、多设备装置控制、多层次系统控制及软件等，均有可靠性问题。

2）设定使用条件：对于背景项目运行及作业海域是确定海上使用的重要条件，一旦背景项目运行海域确定，其相关专业产品性能可靠性指标均需满足。

3）使用周期：背景项目使用周期及周期裕度，是各专业设定产品的重要依据，船东对背景项目使用均有使用周期规划，电气专业的所有装置及系统均需满足使用周期规划。

4）功能要求：背景项目各种作业功能的实现需要与电气专业密切配合，电气专业系统设计须考虑故障情况影响。

（2）电力系统主架构可靠性分析　电源主架构是背景项目正常运行及作业的重要保证之一，其可靠性对电力系统有非常大的影响。电源装置故障可能会使一套或多套电源装置与电网解列，致使在网运行负载无法正常运行。因此，在项目前期必须结合具体项目进行电源装置配置研究分析，关于可靠性分析已有许多方法供参考选用[5.5]。

常规运输船通常在电力负荷估算基础上配置发电机单机容量及数量，在其基础上再考虑备用机组以满足背景项目在任何工况下的供电可靠性。海工类有动力定位入级要求的背景项目在满足规范要求前提下，还需考虑各种设备或器件隐蔽性故障下的供电可靠性。

1）主电源装置的可靠性分析。在前期设计阶段，须了解主电源装置性能参数与背景项目适配性、主电源装置市场应用情况、故障率概况等。

2）配电主架构器件可靠性分析。构成配电主架构器件如断路器、配电变压器、母联及联结断路器、电流和电压检测器件等,在系统中状态是不同的,有些器件在系统中只起电能传送作用,有些器件在系统中根据设定工况有动态变化的作用并有可能改变电气主架构;在海工项目中要求2级和3级动力定位系统需对定位作业所有系统及器件进行故障模式与影响分析(Failure Mode Effect Analysis,FMEA)并采取措施。故障模式与影响分析主要内容如下:

①电气主架构分析:主要分析主架构各种可能故障时架构发生变化的供电结构是否满足定位作业功能;同时分析故障发生时开关器件或保护器件失灵拒动时的隐形故障,这些器件的故障在正常运行情况下是不会被发现的,只有当电力系统发生故障需要它们动作时而拒动,造成系统性故障。

②系统故障:分为延伸型及非延伸型故障,延伸型故障是系统设计时对各种可能发生的故障对系统的影响进行分析和计算并采取有效措施去避免的,通常采用冗余措施确保定位能力,非延伸型故障令器件本身退出运行即可。

③断路器故障:断路器在系统运行中起重要作用,是系统保护最终的执行机构,断路器性能直接影响系统在故障情况下精准切除故障部分的能力,对有动力定位等级要求的系统必须选用性能优越的断路器或采用其他可靠措施。

3)构成主配电结构的可靠性分析。在前期设计阶段,对不同主配电结构形式进行可靠性分析,选择符合背景项目的主配电结构,尤其是海工项目的主配电结构需考虑各种隐蔽性故障的可靠性分析。

(3)船舶电力系统全生命周期评估 以船舶及海工类项目为背景,电力系统使用寿命是不同的,因运行环境比较恶劣及专业门类较多(类似于海上工厂或城市),总体、结构、固定安装材料、柴油发电机组等大型设备等需满足船东要求使用寿命周期。

5.2.2 海洋工程项目特殊要求

随着人类对海洋的开发利用,伴随而来的海工作业项目繁多,不同作业功能对背景项目要求各异,根据背景项目国际海事组织及各国船级社均制定了相应规则要求,比如:国际海事组织(IMO)的准则 IMO MSC/Circ 645《船舶与动力定位系统》;国际海事承包商协会(IMCA)IMCA M166《故障模式与影响分析指南(FMEA)》。国际主要船级社对动力定位(DP)等级的划分见表5.3[5.6]。

表5.3 动力定位等级划分

技术要求	IMO	CCS	ABS	LRS	DNV
在指定最大环境条件下,手动定位和自动首向控制	—	—	DPS-0	DP(CM)	DNV-T
在指定最大环境条件下,手动及自动定位和首向控制(一个单一的故障事件可能导致失去定位)	Class 1	DP-1	DPS-1	DP(AM)	DNV-AUT DNV-AUTS
在指定最大环境条件下,手动及自动定位和首向控制,跟踪定位期间除一个机舱丢失外任何单点故障(两套独立计算机系统);(一个单一的动态设备或系统故障不会导致失去定位,通常静态部件将不考虑失败情况)	Class 2	DP-2	DPS-2	DP(AA)	DNV-AUTR

(续)

技术要求	IMO	CCS	ABS	LRS	DNV
在指定最大环境条件下，手动及自动定位和首向控制，跟踪定位期间除一个机舱（由于失火或进水）丢失外任何单点故障（至少两套独立的计算机系统，具有A60分隔完全独立的备用计算机系统）；（单一的故障事件包括：定位等级2所列情形及一般静态部件的失效和故障。在任何一个水密舱内所有组成部件因火灾或水灾失效；或在任何一个防火分区所有组成部件因由火灾或浸水（包括电缆）失效	Class 3	DP-3	DPS-3	DP(AAA)	DNV-AUTRO

上述规范规则适用于具有动力定位的工程有潜水支援船（Diving Support Vessel，DSV）、钻井船及平台（Drill Rig & Platform）、浮式生产储油装置（FPU/FPSO）、甲板居住驳船（Accommodation Barge）、起重铺管船（Crane & Pipelaying Vessel/Barge）、穿梭/转运油轮（Shuttle Tanker）、科学考察船、水下机器人（Remote Operated Vehicle，ROV）支援船、双体作业船（Two-Vessel Operations）等。

CCS对动力定位系统的配置要求见表5.4[5.7]。

表5.4 CCS对动力定位系统的配置要求

附加标志设备		DP-1	DP-2	DP-3
推进装置系统	推进装置布置	无冗余	有冗余	有冗余，舱室分开
	推进装置的手动控制	有	有	有（主动力定位控制站）
动力系统	发电机和原动机	无冗余	有冗余	有冗余，舱室分开
	配电板	1	1	2，舱室分开
	功率管理系统	—	有冗余	有冗余，舱室分开
	UPS	1	2	2+1，舱室分开
控制系统和测量系统	自动控制，计算机系统	1	2	3（其中之一位于备用控制站）
	独立的联合操纵杆系统	1	1	1
	位置参照系统	2	3	2+1，其中之一位于备用控制站
	运动传感器系统	1	3	2+1，其中之一位于备用控制站
	首向传感器系统	1	3	2+1，其中之一位于备用控制站
	风速风向传感器系统	1	2	1+1，其中之一连接至备用控制系统
备用控制站		—	—	有
报警打印机		1	1	1

5.3 环形电网开环运行模式设计

海洋工程船舶电力系统常采用环形电网[5.8]，其运行方式有开环和闭环两种模式。开环运行模式是指交流主电网供电母排之间的连接开关闭合成直线型的电力系统。

5.3.1 开环运行模式特点

(1) 开环运行的形式 传统的各级动力定位船舶,其电力系统的开环运行形式如下:

1) 1级:电力系统无需冗余,一般为一座主配电板。

2) 2级:电力系统需冗余,无需物理上分隔,一般为一座主配电板,至少分为两段独立运行。

3) 3级:电力系统需冗余,物理(A60级防火及水密)上分隔,一般至少为二座主配电板,各自独立运行。

开环/闭环系统的出现是基于行业发展的趋势,作业周期内大量时间为2级或3级动力定位模式,比如钻井船、起重船等,已经认识到使用开环/闭环电力系统的好处。在环境条件较好的情况下,用于动力定位的推进装置的负荷通常非常低,导致电网中发电机组的负荷率也偏低,效率较低。通过将配电板母排连接成开环/闭环的形式,使所有在网发电机组并联运行以平均分担负荷,可以减少在网发电机组数量,提高在网发电机组的效率。

(2) 开环/闭环电力系统的特点

1) 减少发电机组的运行时间,延长发电机组使用寿命。

2) 提高能源转换效率,降低油耗。

3) 降低二氧化碳、氮氧化物等气体排放。

开环或闭环电力系统必须设计为具有更高的可靠性和冗余性,且具有与传统分断电力系统相当的安全和完整性水平。

由于传统的动力定位分排模式将电网分割成若干个独立子电网,各段配电板相互独立,各冗余组(每段配电板连接的发电机组、推进装置及配电)独立运行,这样清晰的分隔使得最大单点故障最多造成一段配电板及其对应的冗余组损失,而不会影响其他冗余组。

而开环电网由于各个冗余组仍然通过高压配电板连在一起,最大单点故障造成的电压波动给整个系统的稳定性带来挑战。另一个主要挑战是如何能快速定位故障点并隔离故障区域,比如发电机励磁单元故障、短路故障及接地故障等。传统继电保护对这些故障往往不能做到精准定位故障点,或者简单地依靠打开所有联络开关来隔离故障区域。但如果每段配电板上发电机数量不一致,这种突然打开联络开关的方式往往会造成健康段配电板失电(因来不及起动发电机)。

因此,开环电力系统要求每个冗余的动力定位分组内至少有1台发电机组在网运行,以确保在任意段配电板发生故障被隔离后,剩余健康段配电板上仍有至少1台发电机组在网运行,为动力定位系统提供电力。

典型的开环运行模式如图5.1所示。

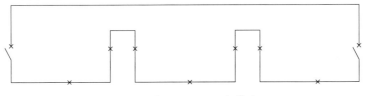

图5.1 典型的开环运行模式

(3) 开环运行模式设计要点　船舶电力系统为达到开环运行要求的性能指标，设计中一般考虑下列配置：

1) 发电机自动电压调节器（AVR）。AVR采用双路供电，具有强制励磁功能。

2) 柴油机调速器。采用双套转速传感器，进行油门齿条位置命令及反馈监测。

3) 电网配置要求主要包括：

①高压配电板设置综合继电保护装置。

②高压配电板各电缆室带弧光保护。

③发电机保护系统。

④日用变压器带预励磁功能。

⑤具有低电压穿越能力。

⑥能快速降负荷。

⑦失电可恢复。

⑧有隐藏故障识别能力。

4) 工程仿真计算参数需与实际设备系统试验结果比对完善。

5.3.2　背景工程简介

背景工程是以一艘钢质自航起重工程船（以下简称起重船）为例。船首设有居住区及直升机起降平台，船尾设置一台近5000吨的大型海洋工程起重机。配备DP-3级动力定位系统，用于深水海域作业。

起重船入中国船级社（CCS），采用无人机舱，动力定位3等级，电力推进系统。主要设备配置情况如下：主柴油发电机组（$G_1 \sim G_8$）：8台，5585kV·A、11kV、60Hz；艏侧推装置（$T_1 \sim T_2$）：2台，2500kW；艏伸缩推装置（$T_3 \sim T_4$）：2台，3300kW；主推装置（$T_5 \sim T_6$）：2台，4000kW；主推装置（$T_7 \sim T_8$）：2台，4500kW。

5.3.3　设计依据及设计方法

设计除了依据相关的规范规则要求外，需了解背景工程的运行工况。运行工况根据是否使用动力定位系统分为非动力定位和动力定位两种工况。其中，非动力定位工况主要为全速航行工况，动力定位工况主要为起重工况。

对于动力定位船舶来说，电力系统主要是围绕各种动力定位工况下作业要求而进行设计。通常来讲，应首先根据设计任务书的要求，选取合适的动力系统（主发电机组数量及容量）及推进装置系统（推进装置形式、数量及功率），并预先进行动力定位分组（指动力与推进装置系统的分组，通常是2个分组及以上，以2个和3个分组居多，但4个分组的项目也越来越常见）；再依据动力定位能力分析报告的结果来复核预先设计是否合适，如不合适，则需综合考虑动力与推进装置系统的选型以及动力定位分组原则，同时再次进行动力定位能力分析，直至满足设计任务书的要求，从而最终确定该项目的动力与推进装置系统的选型以及动力定位分组。然后，围绕动力定位分组来进行总体布置，包括机舱区域内主发电机组的布置、推进装置分舱布置、配电板的布置以及电缆通道的布置。

根据背景工程动力定位作业要求，最终核算下来，最大单点故障只能损失2台推进装置，剩余推进装置的推力可以继续保持动力定位要求，并且发电机的使用台数应根据作业情况做到最合理的配置。故障后船员可根据电站情况确定继续作业或进行作业设备安全操作后退出动力定位作业工况。

根据以上要求，背景工程设计为4个动力定位分区，每个分区根据规范要求均为水密及防火分隔。其中：

1号动力定位分区：主发电机组G_1和G_2、艏伸缩推装置T_3及主推装置T_5、1号11kV高压配电板及相应的AC 440V和AC 230V低压主配电板。

2号动力定位分区：主发电机组G_3和G_4、艏伸缩推装置T_4及主推装置T_6、2号11kV高压配电板及相应的AC 440V和AC 230V低压主配电板。

3号动力定位分区：主发电机组G_5和G_6、艏侧推装置T_1及主推装置T_7、3号11kV高压配电板及相应的AC 440V和AC 230V低压主配电板。

4号动力定位分区：主发电机组G_7和G_8、艏侧推装置T_2及主推装置T_8、4号11kV高压配电板及相应的AC 440V和AC 230V低压主配电板。

根据以上分区情况，损失任何一个分区都不会损失超过2台推进装置，因此满足既定定位作业要求。

然后根据工况及分区情况，确定每种工况下电网的运行方式：

1）在动力定位工况下，起重工况采用开环模式，如图5.2所示。此运行方式可将发电机的使用率控制在较为合理的范围内，并且最大单点故障后可按分段方式运行。

2）非动力定位工况也采用开环模式，其单线图与图5.2相同。

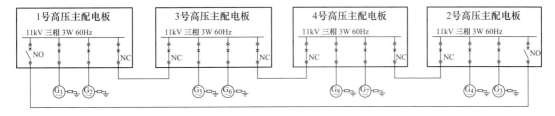

图5.2 动力定位工况开环运行的电力系统单线图

5.3.4 高压配电系统设计

1. 高压配电系统开环结构

高压配电系统开环结构单线图如图5.3所示。

2. 不同工况下高压配电系统开环运行结构形式

5.3.3节中提到本船高压配电系统在动力定位工况及非动力定位工况均采用开环结构。配电系统如图5.4所示，1~4号高压配电板之间通过电缆连接，每块高压配电板与其他高压配电板相连接的部分都设有联络开关。1号与3号高压配电板连接，1号高压配电板上的联络开关为BT13M，3号高压配电板上的联络开关为BT13S；3号与4号高压配电板连接，3号高压配电板上的联络开关为BT34M，4号高压配电板上的联络开关为BT34S；4号与2号

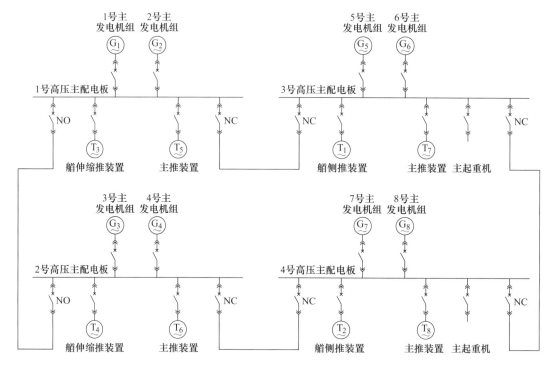

图 5.3 高压配电系统开环结构单线图
注：NC 表示正常闭合，NO 表示正常打开。

高压配电板相连，4 号高压配电板上的联络开关为 BT42M，2 号高压配电板上的联络开关为 BT42S；2 号与 1 号高压配电板相连，2 号高压配电板上的联络开关为 BT21M，1 号高压配电板上的联络开关为 BT21S。

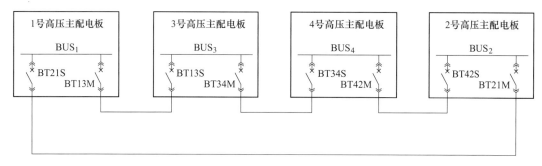

图 5.4 高压电网配电系统开环运行结构图

3. 高压配电板组成

以 1 号高压配电板为例，1 号高压配电板由 8 个屏组成，主要包括：从联络屏（BT21S）1P01、1 号日用变压器馈电屏 1P02、舭伸缩推装置 T_3 变压器馈电屏 1P03、1 号主发电机屏 1P04、测量屏 1P05、2 号主发电机屏 1P06、主推装置 T_5 变压器馈电屏 1P07 和主联络屏（BT13M）1P08。

4. 主要保护功能

系统中主发电机屏及联络屏的保护发挥着最主要的作用，保护设置如下所述。

(1) 主发电机屏　主发电机屏的保护设置见表5.5。

表 5.5　主发电机屏的保护设置

保护功能	设备编号（IEEE C37.2）
三相方向性过电流（工作在非方向性模式）	67
方向性接地故障	67N
剩余过电压	59N
欠电压	27
过电压	59
发电机差动保护	87G
热过载保护（通过PT100实现）	49G
低频率	81U
高频率	81O
欠励磁	40
过励磁	24
逆功率	32
负序	46
压力传感器（电缆室弧光保护）	63

(2) 联络屏　联络屏保护设置见表5.6。

表 5.6　联络屏保护设置

保护功能	设备编号（IEEE C37.2）
三相方向性过电流	67
方向性接地故障	67N
欠电压	27
过电压	59
低频率	81U
高频率	81O
负序	46
压力传感器（电缆室弧光保护）	63

5.3.5　电力负荷计算

根据背景工程的营运特点，对各种工况下的功率需求以及主要设备的运行情况进行分析后，对以下各工况（包括各种非动力定位工况和动力定位工况）的电力负荷进行分析计算，得出的每种工况下发电机的最佳使用台数及负荷率。

背景工程采用需要系数法进行计算。

1. 非动力定位工况-全速航行

该工况下，4台主推装置以额定功率运行，并考虑必要的机舱辅助设备、空调通风及生活用电需求。负荷率见表5.7。

表 5.7　全速航行工况负荷率

需要总功率/kW	22286
运行发电机总功率（单台发电机功率/kW×数量）	4747.25×6
备用发电机总功率（单台发电机功率/kW×数量）	4747.25×2
运行发电机总负载率	78%

通过计算，该工况需使用6台主发电机组，剩余2台作为备用；4块高压配电板合排运行；1号与3号低压主配电板合排运行，由1台日用变压器供电；2号与4号低压主配电板合排运行，由1台日用变压器供电。

2. 动力定位工况

背景工程动力定位作业时的环境条件如下：有义波高为2.5m；波浪周期为8~11s；风速为13.8m/s；流速为2.0n mile/h。

对于3级动力定位系统，要求至少计算所有推进装置全在线工况以及最大单点故障工况下的电力负荷。在动力定位起重作业时，因船舶所受外力（风、浪、流）方向不确定，不同角度下推进装置所发出的推力及所需的功率均不同。

（1）全在线工况　该工况下，所有推进装置均正常运行。推进装置所需功率如图5.5所示，在船舶所受外力360°范围内，推进装置均能提供足够的推力以维持船位与艏向。全船负荷功率如图5.6所示。电站负荷率如图5.7所示。

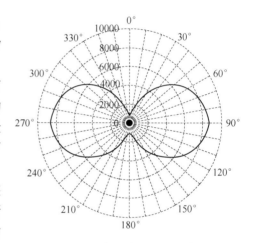

图 5.5　推进装置所需功率

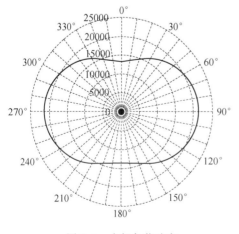

图 5.6　全船负荷功率

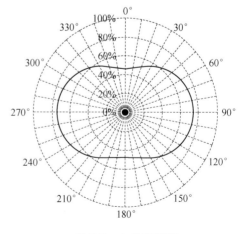

图 5.7　电站负荷率

从图5.6和图5.7可以看出，在所受外力为90°或270°时，电站负荷率最大。通过计算,该工况需使用 6 台主发电机组,剩余 2 台作为备用;4 块高压配电板合排运行;4 块低压主配电板各自独立运行,分别由对应的日用变压器供电。外力 90°时电站负荷率见表 5.8。

表 5.8　全在线工况外力 90°时电站负荷率

需要总功率/kW	21404.3			
运行发电机编号	1	5&6	3	7&8
运行发电机功率/kW	4747.25	4747.25	4747.25	4747.25
备用发电机编号	2	—	4	—
备用发电机功率/kW	4747.25		4747.25	
运行发电机总负载率	75%			

(2) 最大单点故障工况　该工况下,因 1 号机舱损失,使艏侧推装置 T_1 及主推装置 T_7 损失。推进装置所需功率如图 5.8 所示,在船舶所受外力 360°范围内,推进装置均能提供足够的推力以维持船位与艏向。

全船负荷功率如图 5.9 所示,电站负荷率如图 5.10 所示。

假设因 1 号机舱损失,连带 1 号高压配电板损失后,3 号、4 号及 2 号电站仍并联运行。从图 5.9 和图 5.10 可以看出,在所受外力为 90°或 270°时,电站负荷率最大。通过计算,剩余 6 台主发电机组需全部投入运行;剩余 3 块高压配电板合排运行;剩余 3 块低压主配电板各自独立运行,分别由对应的日用变压器供电。

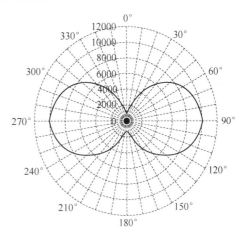

图 5.8　推进装置所需功率

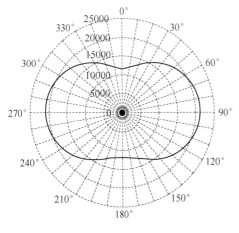

图 5.9　全船负荷功率

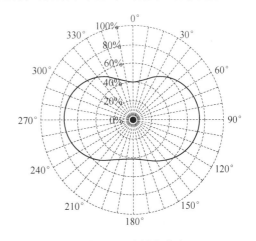

图 5.10　电站负荷率

外力 90°时电站负荷率见表 5.9。

表 5.9 全在线工况外力 90°方向的负荷率

需要总功率/kW	21139.5			
运行发电机编号	—	5&6	3&4	7&8
运行发电机功率/kW	—	4747.25	4747.25	4747.25
备用发电机编号	—	—	—	—
备用发电机功率/kW	—	—	—	—
运行发电机总负载率	74%			

5.3.6 短路电流计算

在三相交流系统中可能发生的短路故障主要有三相短路、两相短路和单相短路（包含单相接地故障）。通常，三相短路电流最大，当短路点发生在发电机附近时，两相短路电流可能大于三相短路电流。

短路过程中短路电流变化的情况取决于电网电源容量的大小或短路点离电源的远近。在工程计算中，如果以供电电源容量为基准的短路电路计算电抗不小于3，短路时即认为电源母线电压维持不变，不考虑短路电流交流分量（周期分量）的衰减，可按短路电流不含衰减交流分量的系统即无穷大电源容量的系统，或远离发电机端短路进行计算。否则，应按短路电流含衰减交流分量的系统即有限电源容量的系统，或靠近发电机端短路进行计算。对于背景工程项目的短路电流计算，应按照有限电源容量的系统或靠近发电机端短路进行计算。

根据背景工程不同的工况，进行 AC 11 kV、AC 440 V 和 AC 220 V 电网的短路电流分析，评估可能存在的潜在短路电流。

短路电流计算应求出最大短路电流，用以校验电气设备的动稳定、热稳定及分断和接通能力，整定继电保护装置；还应求出最小短路电流，作为校验机电保护装置灵敏系数和校验电动机起动的依据。

以下将从非动力定位工况和动力定位工况来详细阐述背景工程各工况下的短路电流。

1. 非动力定位工况短路电流计算

全速航行工况下，6台主发电机组在网，4块高压配电板按照1-3-4-2的顺序连成一字排运行，1号与3号低压主配电板合排运行，由1台日用变压器供电，2号与4号低压主配电板合排运行，由1台日用变压器供电。

各故障点的短路电流计算结果见表5.10。

表 5.10 全速航行工况短路电流计算结果

序号	短路故障点	对称短路电流（T/2）/kA	非对称短路电流（T/2）/kA
1	高压配电板	12.8	33.4
2	低压主配电板 450V	62.1	136.4
3	低压主配电板 230V	19.3	32.8
4	应急配电板 450V	46.4	81.3
5	应急配电板 230V	15.3	25.0

2. 动力定位工况短路电流计算

该工况为短路电流最大工况，8台主发电机组在网，4块高压配电板按照1-3-4-2的顺序连成一字排运行，4台日用变压器各自独立运行，4台照明变压器各自独立运行。

各故障点的短路电流计算结果见表5.11。

表 5.11 动力定位工况短路电流计算结果

序号	短路故障点	对称短路电流（T/2）/kA	非对称短路电流（T/2）/kA
1	高压配电板	17.1	44.6
2	低压主配电板 450V	60.3	135.4
3	低压主配电板 230V	21.8	39.2
4	应急配电板 450V	46.0	82.1
5	应急配电板 230V	15.3	25.0

3. 结论

根据以上工况下的短路电流计算，得出了最严重情况下的故障电流。

所选择的各电压等级的断路器的分闸能力必须大于所计算故障点的对称短路电流，合闸能力必须大于所计算故障点的非对称短路电流。

具体的故障点短路电流及所选择的断路器见表5.12。

表 5.12 断路器分合闸能力校核

设备描述	最大故障电流		断路器能力	
	对称短路电流（T/2）/kA	非对称短路电流（T/2）/kA	分闸能力/kA	合闸能力/kA
高压配电板	17.1	44.6	31.5	80
低压主配电板 450V	62.1	136.4	100.0	220
低压主配电板 230V	21.8	39.2	50.0	105
应急配电板 450V	46.4	81.3	100.0	220
应急配电板 230V	15.3	25.0	50.0	105

5.3.7 保护电器设定

1. 保护设置概述

合理地选择各级电网中继电保护电器的设定值，并保证它们相互之间协调配合的关系，以便在发生故障时，按照预定要求快速而有选择性地切除故障，这是保证电网安全运行的必要条件。

在工程设计阶段，应进行必要的整定计算，用于检验继电保护电器是否符合规范并满足系统运行的要求。

在确定电网继电保护电器的设定值时，一般按照下面要求进行。

（1）逐级配合原则

1）上下级保护之间，除有特殊规定外，必须遵循逐级配合原则。在上下级灵敏系数之间与上下级动作时间之间均需相互配合，以保证在电网发生故障时或出现异常运行情况下，保护有选择地动作。

2）各种保护按阶段原则选择整定值和控制短路功率的方向（如果这是必要的）来保证动作的选择性，具有"绝对选择性"的纵联或横联差动保护除外。

3）相邻保护之间，一般主保护段与主保护段配合，后备保护段与后备保护段配合，如果后备保护段与相邻主保护段配合可以满足后备段灵敏度，也可以这样配合，以加速保护动作时间。

4）反应同种故障类型的保护之间进行配合，即相间短路保护与相间短路保护配合，接地保护与接地保护配合。

5）当保护装置使用瞬时测量回路时，应考虑在相邻线路故障，有关开关相分闸的整个过程中，其定值均能与相邻线路保护相互配合，并应保证在区外故障又引起振荡的情况下，故障元件保护的选择性。

（2）灵敏系数校验原则

1）保护灵敏系数允许按常见不利运行方式下的不利故障类型进行校验。线路保护的灵敏系数除在设计原理上需要靠相继动作的保护来保证以外，还必须在对侧开关分闸前和分闸后均能满足规定的要求。常见不利运行方式是指正常不利运行方式和一条线路或一台电力设备检修的运行方式。

2）在复杂网络中，当相邻元件故障，而其保护或开关拒动时，允许按其他有足够灵敏度的分支相继分闸后的条件来校验本保护的灵敏系数。

3）在工程设计中，灵敏系数的校验均采用金属性短路作校验条件。有配合关系的相邻保护之间的灵敏系数应保证本线路保护的灵敏系数高于相邻线路有配合关系的保护的灵敏系数。

（3）时限级差的选择原则　定时限保护装置之间除在灵敏系数上必须配合外，在动作时限上也应配合。动作时限的配合按时限阶梯原则来确定。两个相邻保护装置之间动作时差由以下3个因素确定：

1）被整定保护时间元件的正误差及相互配合保护的负误差，一般取0.04s。

2）断路器分闸时间（从发脉冲到熄弧），一般取0.06s。

3）储备时间，一般取0.1s。高压继电保护装置一般时间差为0.2s。

（4）短路电流　继电保护电器中的短路保护是通过计算短路电流来校核短路故障下的保护设定。计算具体见5.3.6节描述。

2. 高压系统保护电器设定

下面以发电机屏及联络屏为例具体说明综合保护继电器的设定。

（1）发电机屏综合保护继电器设定　发电机屏综合保护继电器设定见表5.13。

表5.13　发电机屏综合保护继电器设定

保护功能	设备编号（IEEE C37.2）	设定值	延迟时间
三相方向性过电流（工作在非方向性模式）	67	$1.05I_N$（307.6A）	0.9s（反时限）
		$2.5I_N$（732.5A）	1s（定时限）
方向性接地故障	67N	1.4A	0.2s

(续)

保护功能	设备编号 （IEEE C37.2）	设定值	延迟时间
剩余过电压	59N	$0.25U_N(2750V)$	2s
欠电压	27	$0.7U_N(7700V)$	4s
过电压	59	$1.2U_N(13200V)$	4s
发电机差动保护	87G	$2.5I_N(732.5A)$	瞬时
热过载保护 （通过PT100实现）	49G	140℃（报警） 155℃（分闸）	
低频率	81U	54Hz	4s
高频率	81O	64Hz	4s
欠励磁	40	$-14\%X_d$	3s
过励磁	24	$1.02U_N/f_g$	0.5s
逆功率	32	$0.08P_g(475kW)$	10s
负序	46	28.24A	反时限
压力传感器 （电缆室弧光保护）	63		0.1s

（2）联络屏综合保护继电器设定　联络屏1（1号高压配电板109屏；2号高压配电板209屏；3号高压配电板301屏；4号高压配电板401屏）综合保护继电器设定见表5.14。

表5.14　联络屏1综合保护继电器设定

保护功能	设备编号 （IEEE C37.2）	设定值	延迟时间
三相方向性过电流	67	600A	0.1s（方向性） 0.75s（非方向性）
方向性接地故障	67N	1.4A	0.6s
欠电压	27	$0.7U_N(7700V)$	2s
过电压	59	$1.2U_N(13200V)$	2s
低频率	81U	54Hz	2s
高频率	81O	66Hz	2s
负序	46	10.59A	反时限
压力传感器（电缆室弧光保护）	63		0.1s

联络屏2（1号高压配电板101屏；2号高压配电板201屏；3号高压配电板312屏；4号高压配电板412屏）综合保护继电器设定见表5.15。

表5.15　联络屏2综合保护继电器设定

保护功能	设备编号 （IEEE C37.2）	设定值	延迟时间
三相方向性过电流	67	800A	0.1s（方向性） 0.75s（非方向性）
方向性接地故障	67N	1.4A	0.6s

(续)

保护功能	设备编号 (IEEE C37.2)	设定值	延迟时间
欠电压	27	$0.7U_N$(7700V)	2s
过电压	59	$1.2U_N$(13200V)	2s
低频率	81U	54Hz	2s
高频率	81O	66Hz	2s
负序	46	10.59A	反时限
压力传感器 (电缆室弧光保护)	63		0.1s

5.3.8 发电机保护系统

1. 发电机保护系统的基本功能

对于开环电力系统，因不同动力定位分组的发电机组并联运行，对于某些类型的故障如自动电压调节器和调速器等故障，仅依靠监视故障发电机本身是无法辨别的。这些故障会引起在网的健康发电机为保持电网电压或频率而产生错误反应，从而使健康发电机脱扣，只剩下故障发电机在网。在失去健康的发电机维持电压和频率后，这些故障可能会进一步导致全船失电。对于开环电力系统的可靠性而言，是不允许发生的。

为此需设置发电机保护系统，通过监视在网发电机，结合功率管理系统和调速器控制模式，可以辨别出故障发电机，在其引发更大的故障前，将其从电网脱扣。该系统有两大功能：监测速度控制系统（有功功率分配）和监测电压控制系统（无功功率分配）。

1) 监测速度控制系统包括以下监测内容：
①柴油机不能提供要求的功率，如调速器故障、燃油滤器阻塞。
②柴油机提供过多的功率，如调速器反馈故障。
③柴油机功率与油门位置不匹配等。

2) 监测电压控制系统包括以下监测内容：
①过励磁，如丢失电压反馈给自动电压调节器。
②欠励磁，自动电压调节器故障。
③自动电压调节器主报警，无励磁等。

发电机保护系统会持续把在线运行发电机组的调速器和自动电压调节器反馈的数值和内部系统数学模型推断数值进行对比，实现故障机组的识别。内部数学模型是基于发电机组有功功率（0~100%）和无功功率（0~100%）测试数据建立的。如果运行机组的调速器或自动电压调节器响应与内部模型不一致，本系统会触发报警并起动备用机组。如果发电机组反馈的数值和内部模型偏差超过规定的一级限制值，该系统会报警并起动备用发电机；当偏差超过二级限制值，该系统会将故障发电机主开关分闸，故障发电机组停机。如故障发电机主开关未及时断开，该系统会脱开故障发电机组所在的配电板之间的联络开关实现区域隔离。

2. 背景工程的发电机保护系统

该发电机保护系统是集成在功率管理系统软件中的一个模块，系统的能力图在动态窗口中显示了根据柴油机速度控制和发电机电压控制而绘制的发电机健康状况。如果故障或健康的发电机达到边界值，发电机保护系统将关闭故障机组。

每块高压配电板都配备独立的发电机保护系统，在同一个界面上可以监测全船电网状态以及发电机保护系统状态。船员可以在功率管理系统模拟图页面中选择打开或关闭发电机保护系统功能。当发电机保护系统关闭时，功率管理系统中会有一个警报提示。在动力定位操作模式下，发电机保护系统应始终处于打开状态。

除功率管理系统本身使用的部件外，发电机保护系统不需要配置专用的部件，因此功率管理系统处理的所有故障模式也适用于发电机保护系统本身。

发电机保护系统由两个主要的软件功能模块组成，即配电板模块及发电机保护系统模块。其中，每段高压配电板都配备独立的配电板模块，配电板模块有两个主要功能：

1) 监测柴油机调速系统（有功功率分配）：通过油门齿条位置偏差、频率偏差及有功功率偏差等进行监测。

2) 监测电压调节系统（无功功率补偿）：通过励磁电流偏差、电压偏差及无功功率偏差等进行监测。

发电机保护系统模块是配电板模块的一个扩展，包括以下3个主要功能：

1) 监测预估值偏差的变化。

2) 监测速度控制（有功功率和油门齿条位置）和自动电压调节器（无功功率和励磁电流）中的静态偏差。

3) 监测励磁电流值和故障状态。发电机保护系统不间断地比较实际测量值和经系统内部模型计算出的估计值，以检测哪台发电机组出现故障。如果发电机组的响应与内部模型不一致，发电机保护系统将发出警报并起动备用机组。如果发电机组的响应与内部模型之间的偏差进一步扩大，则发电机保护系统将使故障的发电机组分闸。某些情况下也会导致联络开关分闸，特别是在总电网频率很低的情况下。对上面列出的每个故障发电机保护系统都有两种保护功能：

- 通过偏差或变化率使发电机主开关分闸。
- 区域保护/智能区域保护，调整故障高压主配电板的两段联络开关。

①动态窗口。设置动态窗口的目的是让船舶尽可能长时间地拥有动力，即使是在连接到配电板的发电机组出现故障的情况下。在任何一台在网的发电机组超出动态窗口的限制之前，故障机组不会被断开。在达到报警的偏差极限后，发电机保护系统仍然会发出相应的报警，但在任何在网的发电机组达到动态窗口极限之前，不会进行故障机组的断开。

②区域保护。区域保护是一个独立的功能（二级保护），当主发电机组达到无功功率低/高、有功功率低/高或母排频率低的限制值时，它将自动断开故障发电机所在配电板两端的联络开关。

区域保护可以被动态窗口越控。如果有3台或更多的发电机组在网时，当其中一台机组出现故障，而其他在网的机组可以提供足够的有功功率和无功功率时，通过投票机制来控制，不会断开联络开关。这种功能是防止当故障发电机组为其所在配电板上唯一的机组时，若断开联络开关，则该段配电板会发生停电的情况。

③智能区域保护。区域保护是由故障段主配电板内的发电机保护系统触发。当故障段主配电板内的发电机保护系统不能正常工作时，将由智能区域保护功能来作为后备保护。智能区域保护是由健康段主配电板内的发电机保护系统触发，不需要与故障段主配电板内的发电机保护系统进行通信。智能区域保护将打开健康段主配电板内与故障段主配电板相连的联络开关，从而隔离故障段主配电板。

④投票机制。为处理因故障而造成电网频率或电压波动很小的情况,增加了一个投票系统来监测有功功率和油门齿条位置的偏差以及无功功率与励磁电流偏差。只有当3台或更多的发电机组在网并联运行时,该系统才会投入运行。除了正常监测估计值的偏差之外,投票系统也将被激活。投票机制(故障发电机组和健康发电机组之间的差异)的设置与偏差极限相同,并具有相同的时间延迟。

⑤发电机保护系统保护设置。发电机保护系统保护和区域保护能够在各种负载条件下清除故障。区域保护和智能区域保护有相同的设置。表5.16及表5.17显示了保护功能断开发电机/联络开关的设定值和时间延迟。

表5.16 发电机保护系统和高压配电板保护继电器设置(速度控制)

故障			发电机有功功率不足		发电机有功功率过大	
		标准	偏差限制值	时间延迟	偏差限制值	延时
发电机保护系统	第一级保护(发电机分闸)	负载偏差	10%	3s	10%	3s
		频率偏差	0.3Hz	3s	0.3Hz	3s
		油门齿条位置偏差	8%	3s	8%	3s
		变化率 负载	10%	1.5s	10%	1.5s
		变化率 频率	0.3Hz	1.5s	0.3Hz	1.5s
		变化率 油门齿条位置	8%	1.5s	8%	1.5s
	第二级保护(区域保护)	有功功率限制	-3%	5s	105%	5s
发电机/高压配电板	发电机断路器	过频(81O)/欠频(81U) 设定值	54Hz	4s	64Hz	4s
		逆功率(32) 设定值	-8%	10s	—	—
	联络开关	过频(81O)/欠频(81U) 设定值	54Hz	2s	66Hz	2s

表5.17 发电机保护系统和高压配电板保护继电器设置(电压控制)

故障			发电机欠励磁		发电机过励磁	
		标准	偏差限制值	时间延迟	偏差限制值	时间延迟
发电机保护系统	第一级保护(发电机分闸)	无功功率偏差	10%	3s	10%	3s
		电压偏差	0.3%	3s	0.3%	3s
		电流偏差	8%	3s	8%	3s
		变化率 无功功率	10%	1.5s	10%	1.5s
		变化率 电压	0.3%	1.5s	0.3%	1.5s
		变化率 电流	8%	1.5s	8%	1.5s
	第二级保护(区域保护)	无功功率限制	-5%	5s	110%	5s
发电机/高压配电板	发电机断路器	过电压(59)/欠电压(27) 设定值	70%	4s	120%	4s
	联络开关	过电压(59)/欠电压(27) 设定值	70%	4s	120%	4s

当发电机处于极端低负荷或高负荷时，区域保护可以在发电机分闸前动作。例如，当负载低于7%时，如果一台发电机组欠励磁，在达到发电机保护系统保护偏差限定值10%之前，区域保护-3%限制值将首先被激活。而本项目的负荷在20%~78%之间，发电机分闸将总是在区域保护之前进行。

从表5.16及表5.17可以看出，由发电机保护系统提供的保护对设定点的偏差限制值较小，并且有较短的时间延迟。在自动电压调节器或调速器发生故障时，发电机保护系统提供第一级保护，高压配电板保护继电器则作为后备保护。

440V和230V的低压断路器上同样设有欠电压保护，并且具有动作选择性。由于低压主配电板运行在母联断开状态，联络开关的设定值与此不相关。440V负载的欠电压设置范围为额定电压的35%~70%，延时为1.5s；日用变压器一次侧断路器的欠电压设置范围为额定电压的35%~70%，延时为2.0s。

在低压主配电板上没有过电压、欠频率和过频率保护。在11kV电网设有保护功能，并且具备良好的保护协调性，并有足够的屏障来防止相关故障发生。

发电机保护系统保护功能与高压配电板保护继电器的保护功能不能有重叠。

5.3.9 开环保护分析

1. 区域保护

传统的配电保护往往高度依赖于上下游的时间选择性保护，优点是简单可靠，这种保护的结构通常被认为是纵向的，但对相邻区域的保护无能为力。区域保护是除了有各区域的纵向保护外，增加了区域之间的横向保护。

对于开环运行的电力系统，高压配电板的保护思路是基于区域保护的理念。几个相互独立的保护区域构成了整个配电板的保护。如果在某一个保护区域发生故障，故障所在的区域会将该故障消除并隔离。如果该区域未能消除故障的影响，后备保护会将故障隔离。横向保护使得系统能定位故障所在区域，并能快速地隔离故障。即使横向保护由于某种原因失效，后备保护和纵向保护依然能起作用，以隔离故障区域，图5.11给出了区域保护示意图。其主要功能包括：

1）发电机区域保护。发电机区域保护用来保护发电机。它包含发电机开关，发电机到开关间的电缆以及发电机本身。这个区域的保护通过差动保护来实现。电缆或发电机的短路故障会断开发电机开关并将发电机去励磁。如果差动没有动作，后备保护包括非方向性过电流保护、接地故障电流、欠电压保护等将起作用。

2）配电板区域保护。配电板区域保护用来保护某一段配电板的母排。母排通过联络开关与其余段母排隔离。配电板区域保护会将该段母排上的故障在该段配电板范围内消除。这种保护通过多种手段综合实现。主保护有燃弧保护、联络开关方向性过电流保护及联络开关方向性接地故障保护等。后备保护有联络开关非方向性过电流保护、残电压保护及欠电压保护等。对于该配电板区域内馈电回路故障，当发现下游端短路时，馈电开关的综合保护继电器将发出闭锁信号给此配电板区域的左右两端的联络开关，以防止联络开关先动作。在此区域内的保护，上下游依旧按照时间选择性进行保护。

3）联络电缆区域保护。联络电缆区域保护用来保护两块配电板之间的连接电缆。该区域主保护有电缆两端的联络开关的方向性过电流保护及方向性接地故障保护等。后备保护有联络开关非方向性过电流保护及发电机过电流保护等。

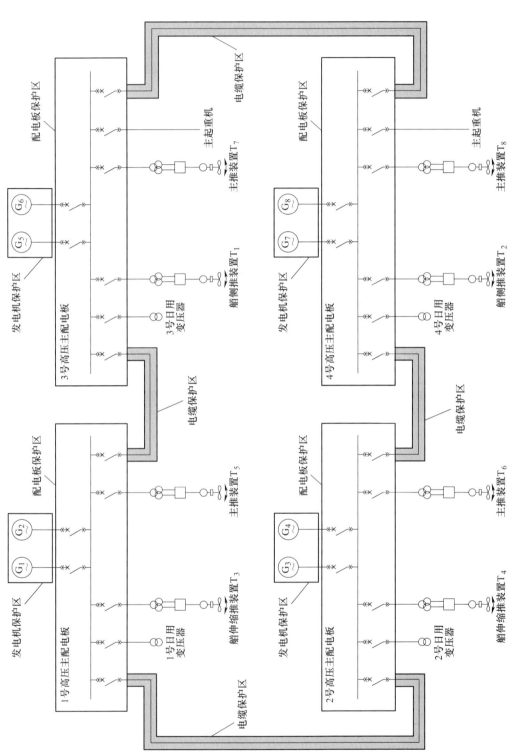

图 5.11 区域保护示意图

因 4 个高压配电板的配置较为类似，现以 1 号高压配电板举例说明。由图 5.11 可以看出，每个继电保护装置在硬件、信号和通信方面均独立。各高压配电板内的联络开关、馈线开关及测量屏均共用 1 套电压互感器。电压互感器的故障作为这些保护继电器的公共故障点。临近配电板内的保护继电器作为后备保护。

主配电板内的方向性保护（包含过电流和接地故障）和发电机过电流使其相关的联络开关分闸需要保护继电器之间的通信。通信失败将使这些保护功能失效。闭锁功能也需要保护继电器之间的通信。通信失败将失去闭锁功能。没有闭锁功能，方向性保护（包括过电流和接地故障）将无法隔离故障段主配电板，相反，它将断开所有主配电板的联络开关。如果没有来自馈线开关的闭锁功能，馈线上的短路将导致隔离故障段主配电板，而不是分闸故障的馈线开关。

下面章节将根据故障类型的不同进行具体保护分析。

2. 短路故障保护分析

高压配电板上的短路故障保护设置见表 5.18。

表 5.18　高压配电板短路故障保护设置

故障点	保护功能	保护动作	动作延时设定
主发电机或供电电缆	差动保护	分闸发电机主开关，灭磁	瞬时
高压配电板之间的母联电缆	方向性过电流保护	分闸联络开关	0.1s
高压配电板负载	非方向性过电流保护	分闸负载开关	0.6s
高压配电板	联络开关的方向性过电流保护	当高压配电板之间网络通信正常工作时，隔离故障段配电板	0.1s
高压配电板	联络开关的非方向性过电流保护	当高压配电板之间网络通信未工作时，隔离故障段配电板（作为配电板短路保护的后备保护）	0.75s
高压配电板	发电机断路器的非方向性过电流保护	当高压配电板之间网络通信未工作时，隔离故障段配电板（作为配电板短路保护的后备保护）	0.75s
高压配电板	发电机断路器的非方向性过电流保护	故障段配电板上的发电机主开关分闸并灭磁，以完全隔离故障段配电板（作为配电板短路保护的后备保护）	1.0s
高压配电板	弧光保护（电缆室）	故障段配电板上的断路器分闸	0.1s

因短路点位置不同，对应的保护动作也不尽相同，具体见表 5.19。

表 5.19　短路故障保护分析

故障点	第一级保护			第一级保护可能的故障	第二级保护			第二级保护可能的故障
	保护装置	保护功能	保护动作		保护装置	保护功能	保护动作	
发电机内部	发电机综合继电保护装置	87G（发电机差动保护）	瞬动脱扣故障发电机主开关	保护继电器内部故障；保护继电器输入信号故障（电流、电压采样）	故障段配电板联络开关的综合继电保护装置	67（三相方向性过电流保护）	故障段配电板联络开关 0.1s 打开	保护继电器内部故障；保护继电器输入信号故障（电流、电压采样）

（续）

故障点	第一级保护			第一级保护可能的故障	第二级保护			第二级保护可能的故障
	保护装置	保护功能	保护动作		保护装置	保护功能	保护动作	
发电机内部	发电机综合继电保护装置	87G（发电机差动保护）	瞬动脱扣故障发电机主开关	保护继电器输出信号故障（开关脱扣信号）	故障段配电板联络开关的综合继电保护装置	67（三相方向性过电流保护）	故障段配电板联络开关0.1s打开	保护继电器输出信号故障（开关脱扣信号）
				开关未能打开				开关未能打开
								保护继电器之间的通信故障
发电机进线电缆	发电机综合继电保护装置	87G（发电机差动保护）或63（弧光保护）	87G瞬动脱扣故障发电机主开关或63 0.1s脱扣故障发电机主开关	保护继电器内部故障	故障段配电板联络开关的综合继电保护装置	67（三相方向性过电流保护）	故障段配电板联络开关0.1s打开	保护继电器内部故障
				保护继电器输入信号故障（电流、电压采样）				保护继电器输入信号故障（电流、电压采样）
				保护继电器输出信号故障（开关脱扣信号）				保护继电器输出信号故障（开关脱扣信号）
				开关未能打开				开关未能打开
								保护继电器之间的通信故障
高压配电板上主汇流排	故障段配电板的联络开关综合继电保护装置	67（三相方向性过电流保护）	故障段配电板联络开关0.1s打开	保护继电器内部故障	非故障段配电板联络开关的综合继电保护装置或所有发电机的综合继电保护装置	67（三相方向性过电流保护工作在非方向性模式）	所有非故障段配电板上联络开关0.75s打开	
				保护继电器输入信号故障（电流、电压采样）				
				保护继电器输出信号故障（开关脱扣信号）				
				开关未能打开				
				保护继电器之间的通信故障	非故障段配电板联络开关的综合继电保护装置	67（三相方向性过电流保护工作在非方向性模式）	所有非故障段配电板联络开关0.75s打开	

（续）

故障点	第一级保护			第一级保护可能的故障	第二级保护			第二级保护可能的故障
	保护装置	保护功能	保护动作		保护装置	保护功能	保护动作	
高压配电板之间的连接电缆	故障段电缆两端的联络开关综合继电保护装置	67（三相方向性过电流保护）或63（弧光保护）	故障段电缆两端的联络开关0.1s打开	保护继电器内部故障	非故障段配电板联络开关的综合继电保护装置或所有发电机的综合继电保护装置	67（三相方向性过电流保护工作在非方向性模式）	所有非故障段配电板上联络开关0.75s打开	
				保护继电器输入信号故障（电流、电压采样）				
				保护继电器输出信号故障（开关脱扣信号）				
				开关未能打开				
				保护继电器之间的通信故障	非故障段配电板联络开关的综合继电保护装置	67（三相方向性过电流保护工作在非方向性模式）	所有非故障段配电板联络开关0.75s打开	
日用变压器开关出线侧	日用变压器馈电屏综合继电保护装置	67（三相方向性过电流保护工作在非方向性模式）	故障变压器开关0.6s打开	保护继电器内部故障	配电板联络开关的综合继电保护装置或所有发电机的综合继电保护装置	67（三相方向性过电流保护工作在非方向性模式）	所有联络开关0.75s打开	
				保护继电器输入信号故障（电流、电压采样）				
				保护继电器输出信号故障（开关脱扣信号）				
				开关未能打开				
日用变压器出线电缆	日用变压器馈电屏综合继电保护装置	67（三相方向性过电流保护工作在非方向性模式）或弧光保护	故障变压器开关0.6s打开	保护继电器内部故障	配电板联络开关的综合继电保护装置或所有发电机的综合继电保护装置	67（三相方向性过电流保护工作在非方向性模式）	所有联络开关0.75s打开	
				保护继电器输入信号故障（电流、电压采样）				
				保护继电器输出信号故障（开关脱扣信号）				
				开关未能打开				

（续）

故障点	第一级保护			第一级保护可能的故障	第二级保护			第二级保护可能的故障
	保护装置	保护功能	保护动作		保护装置	保护功能	保护动作	
推进变压器开关出线侧	推进装置变压器馈电屏综合继电保护装置	67（三相方向性过电流保护工作在非方向性模式）	推进变压器开关0.4s打开	保护继电器内部故障	配电板联络开关的综合继电保护装置或所有发电机的综合继电保护装置	67（三相方向性过电流保护工作在非方向性模式）	所有联络开关0.75s打开	
				保护继电器输入信号故障（电流、电压采样）				
				保护继电器输出信号故障（开关脱扣信号）				
				开关未能打开				
推进变压器出线电缆	推进装置变压器馈电屏综合继电保护装置	67（三相方向性过电流保护工作在非方向性模式）或弧光保护	推进变压器开关0.4s打开	保护继电器内部故障	配电板联络开关的综合继电保护装置或所有发电机的综合继电保护装置	67（三相方向性过电流保护工作在非方向性模式）	所有联络开关0.75s打开	
				保护继电器输入信号故障（电流、电压采样）				
				保护继电器输出信号故障（开关脱扣信号）				
				开关未能打开				
推进变频器或推进电动机	变频器内部保护装置	变频器内部保护	推进变压器开关瞬时打开	变频器内部保护故障	推进变压器馈电屏综合继电保护装置	67（三相方向性过电流保护工作在非方向性模式）	推进变压器开关0.4s打开	保护继电器内部故障
								保护继电器输入信号故障（电流、电压采样）
				开关未能打开				保护继电器输出信号故障（开关脱扣信号）
								开关未能打开

3. 接地故障保护分析

发电机接地故障保护仅在发电机电缆或内部绕组发生接地故障的情况下运行。发电机后备保护和汇流排保护是基于额定电压测量，设置为25%。当故障发生在同一段汇流排上或发生在负载段且负载断路器未清除故障,将分断联络开关和发电机断路器。表5.20给出了高压配电板接地保护动作。

表5.20 高压配电板接地保护动作

故障点	保护功能	保护动作	动作延时设定
主发电机或供电电缆	方向性接地故障保护	分闸主发电机断路器,灭磁	0.2s
	剩余过电压	故障段配电板上的发电机断路器分闸并灭磁,已完全隔离故障段配电板	2s
变压器一次侧或供电电缆	非方向性接地故障保护	分闸变压器断路器	0.2s
高压配电板之间的母联电缆	剩余过电压	分闸联络开关(另外,作为下游接地故障的后备保护)	1.5s
高压配电板	方向性接地故障保护继电器监测到单个区域内出现接地故障	分闸联络开关	0.6s
	方向性接地故障保护继电器监测到母联电缆两段均出现接地故障	分闸联络开关	0.4s

其分闸命令如下:

第一步:分闸负载或者发电机的断路器。

第二步:母排或者发电机的剩余过电压保护继电器首先分闸联络开关,然后分闸发电机断路器。

因接地点位置不同,对应的保护动作也不尽相同,具体见表5.21。

表5.21 接地故障保护分析

故障点	第一级保护			第一级保护可能的故障	第二级保护			第二级保护可能的故障
	保护装置	保护功能	保护动作		保护装置	保护功能	保护动作	
发电机内部或发电机进线电缆	发电机综合继电保护装置	67N(方向性接地保护)	0.2s脱扣故障发电机主开关	保护继电器内部故障	故障段配电板联络开关的综合继电保护装置	67N(方向性接地保护)	故障段配电板联络开关0.6s打开	保护继电器内部故障
				保护继电器输入信号故障(电流、电压采样)				保护继电器输入信号故障(电流、电压采样)
				保护继电器输出信号故障(开关脱扣信号)				保护继电器输出信号故障(开关脱扣信号)
				开关未能打开				开关未能打开
								保护继电器之间的通信故障

（续）

故障点	第一级保护			第一级保护可能的故障	第二级保护			第二级保护可能的故障
	保护装置	保护功能	保护动作		保护装置	保护功能	保护动作	
高压配电板上主汇流排	故障段配电板的联络开关综合继电保护装置	67N（方向性接地保护）	故障段配电板联络开关0.6s打开	保护继电器内部故障	非故障段配电板联络开关的综合继电保护装置	59N（剩余过电压）	所有其他联络开关1.5s打开	
				保护继电器输入信号故障（电流、电压采样）				
				保护继电器输出信号故障（开关脱扣信号）				
				开关未能打开				
				保护继电器之间的通信故障				
高压配电板之间的连接电缆	故障段电缆两段的联络开关综合继电保护装置	67N（方向性接地保护）	故障段电缆两段的联络开关0.4s打开	保护继电器内部故障	非故障段配电板联络开关的综合继电保护装置	59N（剩余过电压）	所有其他联络开关1.5s打开	
				保护继电器输入信号故障（电流、电压采样）				
				保护继电器输出信号故障（开关脱扣信号）				
				开关未能打开				
				保护继电器之间的通信故障				
日用变压器开关出线侧或出线电缆	日用变压器馈电屏综合继电保护装置	67N（方向性接地保护工作在非方向性模式）	故障变压器开关0.2s打开	保护继电器内部故障	故障段配电板联络开关的综合继电保护装置	67N（方向性接地保护）	故障段配电板联络开关0.6s打开	保护继电器内部故障
				保护继电器输入信号故障（电流、电压采样）				保护继电器输入信号故障（电流、电压采样）
				保护继电器输出信号故障（开关脱扣信号）				保护继电器输出信号故障（开关脱扣信号）
				开关未能打开				开关未能打开
								保护继电器之间的通信故障

(续)

故障点	第一级保护			第一级保护可能的故障	第二级保护			第二级保护可能的故障
	保护装置	保护功能	保护动作		保护装置	保护功能	保护动作	
推进变压器主开关出线侧或电缆或变频器	推进装置变压器馈电屏综合继电保护装置	67N（方向性接地保护工作在非方向性模式）	推进变压器开关0.2s打开	保护继电器内部故障	故障段配电板联络开关的综合继电保护装置	67N（方向性接地保护）	故障段配电板联络开关0.6s打开	保护继电器内部故障
				保护继电器输入信号故障（电流、电压采样）				保护继电器输入信号故障（电流、电压采样）
				保护继电器输出信号故障（开关脱扣信号）				保护继电器输出信号故障（开关脱扣信号）
								开关未能打开
				开关未能打开				保护继电器之间的通信故障
推进变频器或推进电动机	变频器内部保护装置	变频器内部保护	推进变压器开关瞬时打开	变频器内部保护故障	推进变压器馈电屏综合继电保护装置	67N（方向性接地保护工作在非方向性模式）	故障变压器开关0.2s打开	保护继电器内部故障
								保护继电器输入信号故障（电流、电压采样）
				开关未能打开				保护继电器输出信号故障（开关脱扣信号）
								开关未能打开

4. 负序故障保护分析

由于负序保护功能基于反时限过电流曲线，而负序电流的大小取决于当时电网负荷情况，在低负荷条件下，电网中的负序电流不高，不足以触发保护。具体见表5.22。

表5.22 负序故障保护分析

故障点	第一级保护			第一级保护可能的故障	第二级保护		
	保护装置	保护功能	保护动作		保护装置	保护功能	保护动作
发电机内部或发电机进线电缆	发电机综合继电保护装置	46（负序保护）	设定值$0.08I_N$，延时时间依据反时限过电流曲线脱扣发电机主开关	保护继电器输出信号故障（开关脱扣信号）	故障段配电板联络开关的综合继电保护装置	50BF（主发电机主开关故障信号）送至故障段配电板联络开关的综合继电保护装置	故障段配电板两端的联络开关1s打开
				开关未能打开			

（续）

故障点	第一级保护			第一级保护可能的故障	第二级保护		
	保护装置	保护功能	保护动作		保护装置	保护功能	保护动作
发电机内部或发电机进线电缆	发电机综合继电保护装置	46（负序保护）	设定值 $0.08I_N$，延时时间依据反时限过电流曲线脱扣发电机主开关	保护继电器内部故障	故障段配电板联络开关的综合继电保护装置	46（负序保护）	故障段配电板两端的联络开关依据反时限过电流曲线（从电流60A开始）打开
				保护继电器输入信号故障（电流、电压采样）			
高压配电板上主汇流排	故障段配电板的联络开关综合继电保护装置	46（负序保护）	故障段配电板两端的联络开关依据反时限过电流曲线（从电流60A开始）打开	保护继电器输出信号故障（开关脱扣信号）	相邻段配电板联络开关的综合继电保护装置	46（负序保护）	相邻段配电板两端的联络开关依据反时限过电流曲线（从电流60A开始）打开
				开关未能打开			
				保护继电器内部故障			
				保护继电器输入信号故障（电流、电压采样）			
日用变压器开关出线侧或出线电缆	日用变压器馈电屏综合继电保护装置	46（负序保护）	设定值 $0.08I_N$，延时时间依据反时限过电流曲线脱扣日用变压器开关	保护继电器输出信号故障（开关脱扣信号）	故障段配电板联络开关的综合继电保护装置	50BF（日用变压器开关故障信号）送至故障段配电板联络开关的综合继电保护装置	故障段配电板两端的联络开关1s打开
				开关未能打开			
				保护继电器内部故障	故障段配电板联络开关的综合继电保护装置	46（负序保护）	故障段配电板两端的联络开关依据反时限过电流曲线（从电流60A开始）打开
				保护继电器输入信号故障（电流、电压采样）			
推进变压器主开关出线侧或电缆	推进装置变压器馈电屏综合继电保护装置	46（负序保护）	设定值 $0.06I_e$，延时时间依据反时限过电流曲线脱扣推进变压器主开关	保护继电器输出信号故障（开关脱扣信号）	故障段配电板联络开关的综合继电保护装置	50BF（推进变压器主开关故障信号）送至故障段配电板联络开关的综合继电保护装置	故障段配电板两端的联络开关1s打开
				开关未能打开			
				保护继电器内部故障	故障段配电板联络开关的综合继电保护装置	46（负序保护）	故障段配电板两端的联络开关依据反时限过电流曲线（从电流60A开始）打开
				保护继电器输入信号故障（电流、电压采样）			

根据动态仿真结果得，主配电板之间的连接电缆处的负序故障只会导致很低的负序电流，不会触发任何保护。对于主配电板的负序，在 4 台发电机并联运行的中、高负荷条件下，负序电流使故障主配电板内的发电机首先分闸，在发电机主开关断开后，流经联络开关的负序电流增加，进而触发联络开关的保护动作。

5.3.10 开环系统仿真及实效试验

（1）概述 对于开环系统的试验，一般先进行仿真试验，验证整个系统配置的准确性，然后进行实效试验，包括码头及海上的实效试验。

（2）仿真试验 仿真试验作为实效试验的参照，应尽可能模拟各种可能存在的情况，一般需考虑电网运行工况和单点故障类型两个方面。

电网运行工况主要分析在动力定位工况下发电机组在网运行数量及各用电负载的功率分布情况。单点故障类型主要分析对称短路故障、不对称短路故障、接地故障、负序故障及发电机自动电压调节器电压采集信号故障等典型故障。

分析完电网运行工况以及单点故障类型后，需进行精确的数字模型搭建工作。通常包含以下设备/部件：主发电机及其自动电压调节器、推进装置负载、变压器、电缆、综合保护继电器、断路器、电子调速器及柴油机等。数字模型搭建后，进行计算机仿真试验。

（3）实效试验 仿真试验完成后，接下来须进行实效试验，主要做短路故障试验。

1）试验条件。短路故障试验应在所有其他 DP 的 FMEA 试验完成并被认可后进行。发电机自动电压调节器、柴油机电子调速器、变频器、发电机保护系统和综合保护继电器的设置已经确定。

2）故障前状态。高压电力系统采用开环形式，1+1+1+1 发电机（每块配电板上 1 台发电机）在线，采用有差负荷分配模式，约为 20%的负荷率。与 DP 相关的设备和系统正常工作，没有报警。所有推进装置在线，并进入 DP 模式，推进装置的负荷由船员操作 DP 操纵杆维持。

所有 DP 操作系统、控制器和传感器都在线。由于在码头附近试验的限制，只有差分全球定位系统（Differential Global Position System，DGPS）在线并被选入 DP；水下声呐和激光定位的计算机都在运行；张紧索系统没有运行。所有 DP 必要的辅助设备都在运行。

为了试验，主配电板短路保护的第一级保护的方向性过电流时间延迟设定由 0.1s 调整为 0.9s。故障点馈电开关的过电流保护被禁用，故障点馈电开关的欠电压分闸延时设定由 3.5s 调整为 5s。

3）试验目标。

①验证主配电板短路保护动作按设计意图执行。

②验证发电机非方向性过电流保护及非故障段配电板上联络开关的非方向性过电流保护作为后备保护，断开所有联络开关。

③验证故障穿越的能力。

④验证在短路和恢复过程中，DP 系统在没有人工干预的情况下恢复到正常工作状态，并且没有推进变频器退出或船位失位。

⑤验证故障排除后，主配电板的电压和频率是否成功恢复到其额定值。

⑥验证电力系统动态仿真模型的准确性。
⑦验证发电机短路衰减曲线的准确性。
⑧验证保护系统的整体协调性。
⑨验证故障电流是否符合预期。
⑩验证所有发电机在短路事件中是否保持同步。

4）预期的结果。

①主配电板短路保护的第二级保护为发电机非方向性过电流保护及非故障段配电板上联络开关的非方向性过电流保护延迟0.75s后断开所有联络开关。
②所有连接到健康段配电板的主发电机都恢复到正常状态。
③所有连接到健康段配电板的推进装置在整个过程中保持DP状态。
④连接到故障段配电板发电机触发非方向性过电流保护动作，延迟1s后分闸。
⑤主配电板和发电机的电压、电流和频率匹配动态仿真结果。

5）要记录的数据。

①综合保护继电器的日志。
②发电机电压、电流和频率的趋势。
③主配电板电压、电流和频率的趋势。
④所有推进器装置驱动变频器的直流电压和转速趋势。
⑤故障前后DP相关的重要设备的状态。
⑥故障前后DP相关的重要设备的趋势。
⑦由电能管理系统（PMS）和DP记录的警报。

5.4 环形电网闭环运行模式设计

环形电网闭环运行模式是指连接所有配电板母排的母联开关及联络开关全部闭合，从而形成一个整体的封闭环形电网[5.8]。

5.4.1 闭环运行模式特点

闭环运行的特点包括以下两个方面：

1）提高电网供电的安全性及可靠性。当任一段母排出现故障时，可通过完善的保护装置精准切除该段母排，保证其他配电网络安全供电，因此闭环供电具有较高的安全性及可靠性。典型的闭环运行模式单线图如图5.12所示。

图5.12　典型的闭环运行模式单线图

2）更加合理利用能源，达到节能减排。配有2级和3级动力定位的船舶，当船舶在较好的海况天气作业时，分区供电时发电机负荷率可能较低；当船舶在恶劣海况天气作业时，由于推进装置输出功率变化,导致发电机组负荷率不稳定或较高,从而影响发电机组燃烧及效率。

船舶环形电网采用闭环结构形式供电[5.8],可以避免上述弊端。闭环供电网使所有发电机组形成一个整体供电网络,发电机组的运行台数取决于电站的负载率,通过电站管理系统保证电站的负载率保持在较好的负荷率,使发电柴油机组运行效率保持在最佳状态,从而达到节能减排及节约成本效果。

5.4.2 背景工程简介

新型深潜水工作母船(下称背景工程),是一艘具有动力定位能力的多功能深潜水支持/铺管船,具备饱和潜水和硬管、软管铺设能力。

(1) 入级符号 背景工程入双船级:CCS 船级和 DNV 船级。

(2) 重要作业系统配置 背景工程配有饱和潜水系统、垂直铺管系统、深水作业主起重机及水下机器人等重要作业系统。

(3) 重要设备配置情况 重要设备配置情况如下:

1) 主发电机组($G_1 \sim G_6$):6 套,4656kW,AC 6.6kV,60Hz。

2) 推进系统:

①主推装置($T_5 \sim T_7$):3 台,5500kW,AC 6.6kV,60Hz。

②舷侧推装置(T_1,T_3):2 台,3100kW,AC 6.6kV,60Hz。

③舷伸缩推装置(T_2,T_4):2 台,3100kW,AC 6.6kV,60Hz。

3) 舷侧推装置变压器:2 台,3720kV·A,AC 6.6kV/2×1.760kV。

4) 舷伸缩推装置变压器:2 台,3720kV·A,AC 6.6kV/2×1.760kV。

5) 主推装置变压器:3 台,6600kV·A,AC 6.6kV/2×1.780kV。

5.4.3 设计依据及设计方法

设计除了依据相关的规范规则要求外,需了解背景工程的运行工况。运行工况分为非动力定位和动力定位两大工况。其中:

1) 非动力定位工况包括航行工况、经济航行工况、码头起重工况等。

2) 动力定位工况包括饱和潜水工况和铺管工况等。对于动力定位船舶来说,电力系统主要是依据各种动力定位工况下作业要求设计的。

根据背景工程动力定位的作业要求,即最大单点故障只能损失 2 台推进装置,剩余推进装置的推力可以继续保持动力定位的定位能力,并且发电机的使用台数应根据作业情况做到最合理的配置。故障后操作员可根据电站情况确定继续作业或进行作业设备安全操作。

根据以上要求,背景工程设计了 4 个动力定位分区,每个分区根据规范要求均为水密及防火分隔。

1 号动力定位分区:主发电机组 G_1 和 G_2、舷侧推装置 T_1 及主推装置 T_7 及 1 号 6.6kV 高压配电板。

2 号动力定位分区:主发电机组 G_3 和 G_4、舷伸缩推装置 T_2 及主推装置 T_5 及 2 号 6.6kV 高压配电板。

3 号动力定位分区:主发电机组 G_5 和 G_6、舷侧推装置 T_3 及主推装置 T_6 及 3 号 6.6kV

高压配电板。

4号动力定位分区包括艉伸缩推装置T_4。其中，由于4号动力定位分区没有发电机，因此艉伸缩推装置T_4是由1号动力定位分区或2号动力定位分区供电。

根据以上分区情况，损失任何一个分区都不会损失超过2台推进装置，因此满足既定定位作业要求。然后根据工况及分区情况，确定每种工况下电网的运行方式。

动力定位工况下，饱和潜水工况和铺管工况都可采用闭环模式，即所有高压配电板之间的联络开关全部闭合，形成环形网络，具体如图5.13所示。此运行方式可将发电机的使用率控制在最合理的范围内，并且最大单点故障后仍可按"一"字排方式运行。

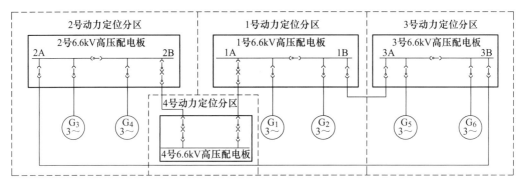

图5.13 背景工程高压电网闭环架构图

非动力定位工况不论是航行工况、经济航行工况还是码头起重工况，都采用联排模式，即2号高压配电板、4号高压配电板、1号高压配电板及3号高压配电板之间的联络开关闭合，2号高压配电板和3号高压配电板之间的联络开关断开，形成一字排运行，具体如图5.14所示。

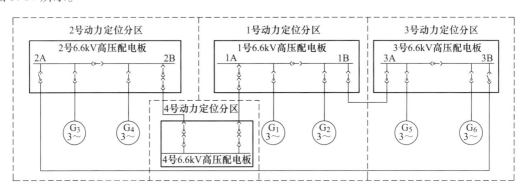

图5.14 背景工程高压电网开环架构图

5.4.4 高压配电系统设计

1. 高压配电系统闭环结构

船舶高压电力系统环形电网的闭环运行模式单线图如图5.15所示。

背景工程有4个动力定位分区，每个分区均设有1块高压配电板（1~4号高压配电板）。6台发电机平均分配在1~3号高压配电板上，每块配电板各2台发电机。4号高压配

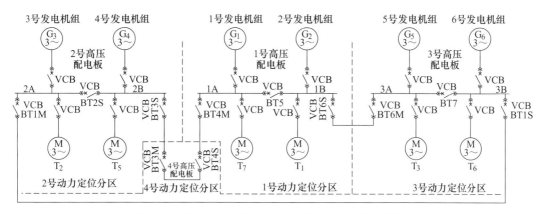

图 5.15　高压电力系统环形电网的闭环运行模式单线图

电板无发电机。

艏侧推装置 T_1、主推装置 T_7 由 1 号高压配电板供电，艏伸缩推装置 T_2、主推装置 T_5 由 2 号高压配电板供电，艏侧推进器 T_3、主推装置 T_6 从 3 号高压配电板供电，艏伸缩推装置 T_4 由 4 号高压配电板供电。

2. 各种工况下的高压配电系统结构

非动力定位工况下，5.4.3 节中提到背景工程高压配电系统并不是闭环运行，采用联排运行模式，即 2 号高压配电板和 3 号高压配电板之间的联络开关是断开的，高压配电板形成一字排。

动力定位工况下，高压配电板采用闭环结构形式，所有母联开关及联络开关都是闭合的，如图 5.16 所示。

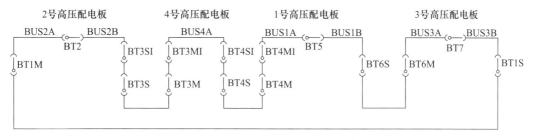

图 5.16　动力定位工况闭环结构图

1~4 号高压配电板之间通过电缆连接，每块高压配电板与其他高压配电板相连接的部分都设有联络开关。如图 5.16 所示，1 号与 3 号高压配电板连接，1 号高压配电板上的联络开关为 BT6S，3 号高压配电板上的联络开关为 BT6M；3 号与 2 号高压配电板连接，3 号高压配电板上的联络开关为 BT1S，2 号高压配电板上的联络开关为 BT1M；1 号与 4 号高压配电板相连，1 号高压配电板上的 2 只联络开关为 BT4MI 和 BT4M，4 号高压配电板上的 2 只联络开关为 BT4SI 和 BT4S；2 号与 4 号高压配电板相连，2 号高压配电板上的 2 只联络开关为 BT3SI 和 BT3S，4 号高压配电板上的 2 只联络开关为 BT3MI 和 BT3M。

其中 1~3 号高压配电板各由 2 段汇流排（A、B）组成，中间由 1 只母联开关连接。1 号高压配电板 BUS1A 和 BUS1B 之间的母联开关为 BT5。2 号高压配电板 BUS2A 和 BUS2B 之间的母联开关为 BT2。3 号高压配电板 BUS3A 和 BUS3B 之间的母联开关为 BT7。

以上介绍联络开关和母联开关代号是为了下面更清晰地介绍高压配电板的结构及原理。

3. 高压配电板组成

以 1 号高压配电板为例，1 号高压配电板由 13 屏组成，包括：

① 1P01：主联络开关屏（BT4M）。
② 1P02：主中间联络开关屏（BT4MI）。
③ 1P03：提升/接地/测量/同步屏。
④ 1P04：1A 号动力变压器屏。
⑤ 1P05：1 号主发电机屏。
⑥ 1P06：辅助起重机供电屏。
⑦ 1P07：主推装置 T_7 变压器供电屏。
⑧ 1P08：母联开关屏（BT5）。
⑨ 1P09：提升/接地/测量屏。
⑩ 1P10：舷侧推装置 T_1 变压器供电屏。
⑪ 1P11：2 号主发电机屏。
⑫ 1P12：1B 号动力变压器屏。
⑬ 1P13：从联络开关屏（BT6S）。

4. 主要保护功能

（1）主发电机的保护功能　主发电机具体保护措施见表 5.23。其中"未锁定"为开关跳闸后可以再闭合，而"锁定"为开关跳闸后不能再闭合，即闭合操作被禁止。

表 5.23　主发电机具体保护措施

故障描述	真空开关跳闸（未锁定）	真空开关跳闸（锁定）	其他动作/说明
过励磁（V/Hz）	√		
欠电压（第 1 级）			母联和联络开关跳闸（母联开关和联络开关保护未锁定）
欠电压（第 2 级）	√		
欠电压（船级社定义）	√		
逆功（有功功率）	√		
逆功（无功功率）		√	
失磁		√	
负序/相不平衡（第 1 级）			母联和联络开关跳闸（母联开关和联络开关保护未锁定）
负序/相不平衡（第 2 级）	√		
发电机绕组高温			送至功率管理系统进行报警（1 级和 2 级报警）
发电机轴承高温		√	1 级报警、2 级跳闸

第5章 现代船舶电力系统设计

（续）

故障描述	真空开关跳闸（未锁定）	真空开关跳闸（锁定）	其他动作/说明
短路（第1级）			母联和联络开关跳闸（母联开关和联络开关保护锁定）
短路（第2级）		√	与母联和联络开关协调性保护
短路（瞬动保护）		√	无延时
真空开关故障	√		母联和联络开关跳闸（母联开关和联络开关保护锁定）
长时间过电流	√		
母排接地故障（外部）（第1级）			母联和联络开关跳闸（母联开关和联络开关保护未锁定）
母排接地故障（外部）（第2级）		√	
备用接地故障（中性点接地电阻）		√	
过电压（第1级）			母联和联络开关跳闸（母联开关和联络开关保护未锁定）
过电压（第2级）	√		
电流互感器故障			功率管理系统报警并禁止保护功能动作
电压互感器故障			功率管理系统报警并禁止保护功能动作
发电机接地方向性保护故障（第1级）			母联和联络开关跳闸（母联开关和联络开关保护未锁定）
发电机接地方向性保护故障（第2级）		√	
欠频（第1级）			母联和联络开关跳闸（母联开关和联络开关保护未锁定）
欠频（第2级）	√		
过频（第1级）			母联和联络开关跳闸（母联开关和联络开关保护未锁定）
过频（第2级）	√		
发电机差保动作		√	
跳闸电路监测			PMS报警并禁止开关合闸
AVR二极管故障（短路）		√	
AVR监测丢失		√	
AVR看门狗跳闸		√	
保护继电器看门狗动作		√	功率管理系统报警
来自柴油机的燃油系统的跳闸信号	√		
发电机冷却水泄露		√	

(续)

故障描述	真空开关跳闸（未锁定）	真空开关跳闸（锁定）	其他动作/说明
来自调速器软件的卸载停车信号			操作员在遥控/半自动模式下要求柴油机调速器卸载时非锁定跳闸
弧光监测故障跳闸		√	弧光监控器使开关跳闸并锁定
发电机进线母排区域差动保护		√	在母排提升屏上复位
增强型发电机保护系统的锁定跳闸信号		√	
增强型发电机保护系统的非锁定跳闸信号	√		
应急切断系统跳闸信号	√		禁止低压断路器合闸

主发电机保护跳闸信号至母联和联络开关、AVR 及增强型发电机保护和柴油机控制板的相关保护动作见表 5.24。

表 5.24　主发电机保护跳闸信号输出表

故障描述	真空开关跳闸（未锁定）	真空开关跳闸（锁定）	其他动作/说明
来自发电机保护的跳闸信号（第 1 级）综合成一个跳闸信号输出：欠电压、负序/相不平衡、备用接地故障（中性点接地电阻）、过电压、发电机接地方向性保护故障、过频、欠频、真空开关故障	√		来自发电机保护装置的第 1 级综合跳闸信号，仅送到各配电板之间的联络开关
来自发电机保护的跳闸信号（第 1 级）综合成一个跳闸信号输出：欠电压、负序/相不平衡、备用接地故障（中性点接地电阻）、过电压、发电机接地方向性保护故障、过频、欠频、真空开关故障	√		来自发电机保护装置的第 1 级综合跳闸信号，仅送到每块配电板的母联开关
锁定保护跳闸信号输出至主机控制板停机	√		来自发电机保护装置的第 2 级综合锁定保护跳闸信号
锁定保护和线路接地故障跳闸信号输出至主机控制板停机	√		来自发电机保护装置的第 2 级综合锁定保护跳闸信号和接地故障信号
锁定保护跳闸信号输出至自动调压器/增强型发电机保护控制板以停止 AVR 工作			来自发电机保护装置的第 2 级综合锁定保护跳闸信号
锁定保护健康信号输出至自动调压器/增强型发电机保护控制板允许 AVR 继续工作			来自发电机保护装置的第 2 级综合锁定保护健康信号

（2）联络开关和母联开关的保护功能

1）主联络开关保护。主联络开关保护措施见表 5.25。

表 5.25 主联络开关保护措施

故障描述	真空开关跳闸	真空开关跳闸（锁定）& 禁止合闸	其他动作/说明
欠电压	√		作为发电机保护装置第1级故障跳闸的后备保护
负序/相不平衡	√		作为发电机保护装置第1级故障跳闸的后备保护
过电压	√		作为发电机保护装置第1级故障跳闸的后备保护
欠频	√		作为发电机保护装置第1级故障跳闸的后备保护
过频	√		作为发电机保护装置第1级故障跳闸的后备保护
短路		√	
敏感接地故障（非方向性）（采用磁芯平衡电流互感器）		√	
电流互感器监测			功率管理系统报警并禁止保护装置动作
电压互感器监测			功率管理系统报警并禁止保护装置动作
方向性过电流（正向）典型：联络开关馈线保护装置输出闭锁信号至相邻母联开关			输出闭锁信号至相邻母联开关，阻止母联开关的保护装置动作
方向性过电流（逆向）典型：联络开关馈线保护装置输出闭锁信号至相连配电板的联络开关			输出闭锁信号至相连配电板的联络开关（一组主从联络开关），阻止相邻配电板母联开关的保护装置动作
方向性接地故障（逆向）典型：联络开关馈线保护装置输出闭锁信号至相连配电板的联络开关			输出闭锁信号至相连配电板联络开关（一组主从联络开关），阻止相邻配电板母联开关的保护装置动作
方向性接地故障（正向，使用磁芯平衡电流互感器）典型：联络开关馈线保护装置输出闭锁信号至同一块配电板的联络开关			输出闭锁信号阻止同一块配电板另一侧的联络开关跳闸
跳闸电路监测			功率管理系统报警并禁止保护装置动作
保护继电器看门狗跳闸		√	功率管理系统报警
来自母排上发电机保护的跳闸信号（第1级）综合成一个跳闸信号输出：欠电压、负序/相不平衡、备用接地故障（中性点接地电阻）、过电压、发电机接地方向性保护故障、过频、欠频	√		来自发电机保护装置综合跳闸信号（第1级）

（续）

故障描述	真空开关跳闸	真空开关跳闸（锁定）& 禁止合闸	其他动作/说明
来自相同配电板的母联开关内部联动跳闸信号	√		来自母联开关保护装置
用于联络开关和母联开关的母排区域性差动保护			位于提升屏，并在提升屏上复位
锁定跳闸（信号来自增强型发电机保护）		√	
非锁定跳闸（信号来自增强型发电机保护）	√		

主联络开关保护装置跳闸信号输出至相邻联络开关或母联开关的相关保护措施见表5.26。

表5.26 主联络开关保护跳闸信号输出表

故障描述	真空开关跳闸	真空开关跳闸（锁定）& 禁止合闸	其他动作/说明
方向性过电流（正向）典型：联络开关馈线保护装置输出闭锁信号至相邻母联开关			输出闭锁信号至相邻母联开关阻止母联开关的保护装置动作
方向性过电流（逆向）典型：联络开关馈线保护装置输出闭锁信号至相连配电板的联络开关			输出闭锁信号至相连配电板的联络开关（一组主从联络开关），阻止相邻配电板母联开关的保护装置动作
方向性接地故障（逆向）典型：联络开关馈线保护装置输出闭锁信号至相连配电板的联络开关			
方向性接地故障（正向）典型：联络开关馈线保护装置输出闭锁信号至同一块配电板的联络开关			输出闭锁信号至同一块配电板的另一侧的联络开关阻止保护装置动作
联络开关检测到母排接地故障后输出联动跳闸信号至母联开关			输出跳闸信号至母联开关，将配电板分为2块，阻止由于接地故障损失2台发电机

2）母联开关保护。母联开关保护措施见表5.27。

表5.27 母联开关保护措施

故障描述	真空开关跳闸	真空开关跳闸（锁定）& 禁止合闸	其他动作/说明
欠电压	√		作为发电机保护装置第1级故障跳闸的后备保护
负序/相不平衡	√		作为发电机保护装置第1级故障跳闸的后备保护
过电压	√		作为发电机保护装置第1级故障跳闸的后备保护

（续）

故障描述	真空开关跳闸	真空开关跳闸（锁定）& 禁止合闸	其他动作/说明
欠频	√		作为发电机保护装置第1级故障跳闸的后备保护
过频	√		作为发电机保护装置第1级故障跳闸的后备保护
短路		√	
电流互感器监测			功率管理系统报警并禁止保护装置动作
电压互感器监测			功率管理系统报警并禁止保护装置动作
方向性过电流（正向） 典型：母联开关馈线保护装置输出闭锁信号至相邻联络开关			输出闭锁信号至同一块配电板的联络开关，阻止联络开关的保护装置动作
方向性过电流（逆向） 典型：母联开关馈线保护装置输出闭锁信号至相邻联络开关			输出闭锁信号至同一块配电板的联络开关，阻止联络开关的保护装置动作
跳闸电路监测			功率管理系统报警并禁止保护装置动作
保护继电器看门狗跳闸		√	功率管理系统报警
来自母排上发电机保护装置的跳闸信号（第1级）综合成一个跳闸信号输出：欠电压、负序/相不平衡、备用接地故障（中性点接地电阻）、过电压、发电机接地方向性保护故障、过频、欠频	√		来自发电机保护装置综合跳闸信号（第1级）
接地故障后由主联络开关保护装置输出联动跳闸信号至同一块配电板的母联开关	√		来自主联络开关保护装置的联动跳闸信号
接地故障后由从联络开关保护装置输出联动跳闸信号至同一块配电板的母联开关	√		来自从联络开关保护装置的内部跳闸信号
联络开关和母联开关的母排分区差动保护			位于提升屏，并在提升屏上复位
锁定跳闸（信号来自增强型发电机保护）		√	
非锁定跳闸（信号来自增强型发电机保护）	√		

母联开关保护装置跳闸信号输出至联络开关的相关保护措施见表5.28。

表5.28 母联开关保护装置跳闸信号输出表

故障描述	真空开关跳闸	真空开关跳闸（锁定）& 禁止合闸	其他动作/说明
方向性过电流（正向） 母联开关保护装置输出闭锁信号至主联络开关			输出闭锁信号至同一块配电板的主联络开关，阻止主联络开关的保护装置动作
方向性过电流（逆向） 母联开关保护装置输出闭锁信号至从联络开关			输出闭锁信号至同一块配电板的从联络开关，阻止主联络开关的保护装置动作

(续)

故障描述	真空开关跳闸	真空开关跳闸（锁定）& 禁止合闸	其他动作/说明
由母联开关发出联动跳闸信号至主联络开关			联动跳闸信号输出至同一块配电板的主联络开关
由母联开关发出联动跳闸信号至从联络开关			联动跳闸信号输出至同一块配电板的从联络开关

3) 联络开关和母联开关的方向性保护闭锁关系（过电流和接地故障）。通过以上对联络和母联开关保护措施功能的描述，对基本功能有所了解，下面再根据每块配电板的开关代号对闭锁功能的逻辑关系进行详细说明。

1号高压配电板闭锁关系见表5.29，其中所描述的开关代号如图5.16所示。

表5.29 高压配电板闭锁关系表

开关代号	输入	输出	信号描述
主联络开关 BT4M	输入1		来自母联开关 BT5 的闭锁信号（正向过电流）
主联络开关 BT4M	输入2		来自4号配电板从联络开关 BT4S 的闭锁信号（逆向过电流和接地故障）
主联络开关 BT4M	输入3		来自从联络开关 BT6S 的闭锁信号（正向接地故障）
主联络开关 BT4M		输出1	输出至母联开关 BT5 的闭锁信号（正向过电流）
主联络开关 BT4M		输出2	输出至4号配电板从联络开关 BT4S 的闭锁信号（逆向过电流和接地故障）
主联络开关 BT4M		输出3	输出至从联络开关 BT6S 的闭锁信号（正向接地故障）
主联络开关 BT4M		输出4	和母联开关 BT5 的联动跳闸信号
从联络开关 BT6S	输入1		来自母联开关 BT5 的闭锁信号（逆向过电流）
从联络开关 BT6S	输入2		来自3号配电板主联络开关 BT6M 的闭锁信号（逆向过电流和接地故障）
从联络开关 BT6S	输入3		来自主联络开关 BT4M 的闭锁信号（正向接地故障）
从联络开关 BT6S		输出1	输出至母联开关 BT5 的闭锁信号（逆向过电流）
从联络开关 BT6S		输出2	输出至3号配电板主联络开关 BT6M 的闭锁信号（逆向过电流和接地故障）
从联络开关 BT6S		输出3	输出至主联络开关 BT4M 的闭锁信号（正向接地故障）
从联络开关 BT6S		输出4	和母联开关 BT5 的联动跳闸信号
母联开关 BT5	输入1		来自主联络开关 BT4M 的闭锁信号（正向过电流）
母联开关 BT5	输入2		来自从联络开关 BT6S 的闭锁信号（正向过电流）
母联开关 BT5	输入3		和主联络开关 BT4M 的联动跳闸信号
母联开关 BT5	输入4		和从联络开关 BT6S 的联动跳闸信号
母联开关 BT5		输出1	输出至主联络开关 BT4M 的闭锁信号（正向过电流）
母联开关 BT5		输出2	输出至从联络开关 BT6S 的闭锁信号（逆向过电流）
母联开关 BT5		输出3	和主联络开关 BT4M 的联动跳闸信号
母联开关 BT5		输出4	和从联络开关 BT6S 的联动跳闸信号

每个闭锁和联动跳闸信号都是冗余的（2套）。联络开关和母联开关将一直监视2个输入闭锁信号的差异。一旦出现信号差异，则联络开关会禁用闭锁信号，从相邻的联络开关或

母联开关输入的闭锁信号将不会闭锁此联络开关。

5. 高压配电板的安全接地

(1) 馈电分路接地　所有发电机进线断路器、高压配电板之间的联络开关和馈电分路断路器在各自电路侧配置一个完整接地开关。断路器和接地开关之间的机械联锁仅允许断路器打开并在抽出位置时才能闭合接地开关。此外，在相应接地开关闭合时机械联锁装置可防止断路器返回服务位置并重新闭合。

发电机断路器的接地开关只能在发电机电压还没建立、柴油机静止且断路器不在服务位置时被使用。当发电机断路器处于抽出位置且接地开关闭合时，从高压配电板到柴油机就地控制板的跳闸/起动抑制联锁信号将停止柴油机并防止柴油机起动，这与柴油机面板的保护锁定跳闸相结合。

对于高压配电板之间的联络开关，仅在主电缆联结末端处向地下电缆电路提供接地开关，用于电缆的接地。然而，在接地开关侧的抽出联络开关将跳闸并禁止在其他高压配电板上重新合闸。

对于推进装置断路器，接地机构将释放一个按键，使变频器进入控制程序。

(2) 母排接地　每块高压配电板部分（配电板的左侧和右侧）都配备有母排接地开关。此开关只能用机械键操作。该键通常是锁住的，只有当供电给配电板部分的相应发电机、联络开关、母联开关及变压器供电开关都被有效隔离时才能被操作。当高压配电板特定部分接地时，联锁将防止上述开关的重新闭合。

(3) 锁定跳闸　一旦发生锁定跳闸情况，在尝试重新复位锁定继电器及闭合相应的断路器之前，必须确认发生故障的性质。如果报告了多次闭锁跳闸（如发电机和母联/联络开关）故障，意味着母排或联络开关的电缆存在隐性故障，在授权的操作人员进行彻底检查之前不能恢复供电。

5.4.5　电力负荷计算

根据背景工程的营运特点，对各种工况下的功率需求以及主要设备的运行情况进行分析后，对以下各工况（仅包括动力定位工况）的电力负荷进行分析计算，得出每种工况下的发电机的最佳使用台数及负荷率。

在动力定位工况下，电力负荷计算除了对主要设备的功率需求及运行情况进行分析，还需要根据动力定位能力分析报告中推进装置的实际功率来进行分析。以下将结合动力定位能力分析报告来详细阐述每种动力定位工况下的电力负荷。

动力定位能力分析报告一般包括：结合能力分析图和文字说明来描述所有推进装置都运行时的定位能力；对于 DP-2 和 DP-3 附加标志，结合能力分析图和文字说明来描述出现最大单一故障后的定位能力；环境条件应采用标准的蒲福等级或其他公认的划分方法；环境力（风、浪、流）和推力应通过风洞和水池试验或其他公认的方法评估。

动力定位环境条件：有义波高为 4.0m；波浪周期为 9.4s；风速为 16m/s；流速为 2.0n mile/h；船首向为所有方向。

每种工况计算均基于下述两种模式：

1）所有推进装置均在线。

2）最大单点故障，丢失 3 号和 4 号发电机 G_3 和 G_4，艉伸缩推装置 T_2 和主推装置 T_5。

1. 饱和潜水工况

（1）所有推进装置均在线　全船推进装置实际输出功率如图 5.17 所示。船舶在 360°范围内均可定位。根据能力分析报告中 360°（每 15°计算一次）的所有推进器实际输出功率计算结果，选择出所有角度中推进装置输出功率之和最大值进行电力负荷计算，结果见表 5.30，90°方向时所有推进装置输出功率总和最大，为 5477kW。

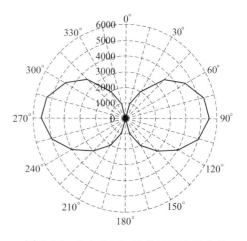

图 5.17　全在线工况推进装置所需功率

表 5.30　全在线工况外力 90°方向时推进装置输出功率表

环境条件			推进装置数据	
	角度/(°)	数值	推进装置代号	输出功率/kW
风	90	31n mile/h	T_1	927
浪	90	4m	T_2	931
流	90	2n mile/h	T_3	927
			T_4	881
			T_5	616
			T_6	605
			T_7	590
			总和	5477

（2）最大单点故障　假设丢失 3 号和 4 号发电机 G_3 和 G_4，艉伸缩推装置 T_2 和主推装置 T_5，全船推进装置实际输出功率如图 5.18 所示。船舶在 360°范围内均可定位。

根据能力分析报告中 360°（每 15°计算一次）的推进装置实际输出功率计算结果，选择出所有角度中剩余推进装置输出功率之和最大值进行电力负荷计算。结果见表 5.31，最大单点故障，90°时剩余推进装置输出功率总和最大，为 6752kW。

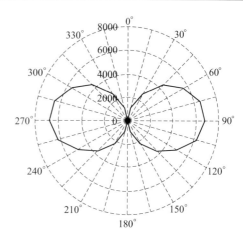

图 5.18　最大单点故障推进装置所需功率

表 5.31　最大单点故障工况外力 90°方向时推进装置输出功率

环境条件			推进装置数据	
	角度/(°)	数值	推进装置代号	输出功率/kW
风	90	31n mile/h	T_1	1545
浪	90	4m	T_2	0
流	90	2n mile/h	T_3	1545
			T_4	1479
			T_5	0
			T_6	1070
			T_7	1113
			总和	6752

（3）计算结果　根据上述两种工况下的推进装置功率，以及在饱和潜水工况下主要设备的功率需求和运行情况，需要总功率、运行发电机台数、备用发电机台数及运行发电机总负荷率见表 5.32。

表 5.32　饱和潜水工况下负荷率

	所有推进装置均在线	最大单点故障，丢失 3 号和 4 号发电机 G_3 和 G_4，艏伸缩推进装置 T_2 和主推装置 T_5
需要总功率/kW	14500.7	12690.4
运行发电机总功率（单台发电机功率/kW×数量）	4656.0×4	4656.0×4
备用发电机总功率（单台发电机功率/kW×数量）	4656.0×2	4656.0×0
运行发电机总负荷率	77.9%	68.1%

2. 铺管工况

（1）所有推进装置均在线　全船推进装置实际输出功率如图 5.19 所示。船舶在 360°范围内均可定位。根据能力分析报告中 360°（每 15°计算一次）的所有推进装置实际输出功率计算结果，选择出所有角度中推进装置输出功率之和最大值进行电力负荷计算。

计算结果见表 5.33，90°方向时所有推进装置输出功率总和最大，为 7225kW。这时铺管的角度为 180°。

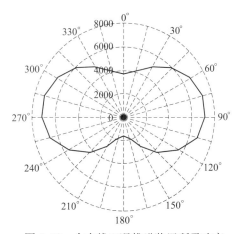

图 5.19　全在线工况推进装置所需功率

表 5.33　全在线工况外力 90°方向时推进装置实际输出功率表

环境条件			推进装置数据	
	角度/(°)	数值	推进装置代号	输出功率/kW
风	90	31n mile/h	T_1	936
浪	90	4m	T_2	1081

(续)

环境条件			推进装置数据	
	角度/(°)	数值	推进装置代号	输出功率/kW
流	90	2n mile/h	T_3	936
			T_4	1050
			T_5	1273
			T_6	712
			T_7	1237
			总和	7225

（2）最大单点故障　假设丢失3号和4号发电机 G_3 和 G_4，艏伸缩推装置 T_2 和主推装置 T_5，全船推进装置实际输出功率如图5.20所示。船舶在360°范围内均可定位。

根据能力分析报告中360°（每15°计算一次）的推进装置实际输出功率计算结果，选择出所有角度中剩余推进装置输出功率之和最大值进行电力负荷计算，结果见表5.34。

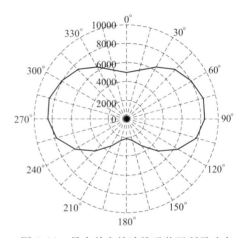

图 5.20　最大单点故障推进装置所需功率

表 5.34　最大单点故障工况外力 90°方向时推进装置输出功率表

环境条件			推进装置数据	
	角度/(°)	数值	推进装置代号	输出功率/kW
风	90	31n mile/h	T_1	1621
浪	90	4m	T_2	0
流	90	2n mile/h	T_3	1621
			T_4	1875
			T_5	0
			T_6	1474
			T_7	2757
			总和	9348

如表5.34所示，最大单点故障，丢失3号和4号发电机 G_3 和 G_4，艏伸缩推装置 T_2 和主推装置 T_5，90°时所有推进装置输出功率总和最大，为9348kW。这时铺管的角度为180°。

（3）计算结果　根据上述两种工况下的推进装置功率，以及在铺管工况下主要设备的功率需求和运行情况，需要总功率、运行发电机台数、备用发电机台数及运行发电机总负荷率见表5.35。最大单点故障情况下，剩余5台推进装置需要发出的推进装置功率虽然相大一些，但是丢失了一半的铺管设备功率，因此负荷率相对较小。

表 5.35 铺管工况负荷率表

	所有推进装置均在线	最大单点故障，丢失 3 号和 4 号发电机 G_3 和 G_4，艏伸缩推装置 T_2 和主推装置 T_5
需要总功率/kW	16547.8	15011.1
运行发电机总功率（单台发电机功率/kW×数量）	4656.0×5	4656.0×4
备用发电机总功率（单台发电机功率/kW×数量）	4656.0×1	4656.0×0
运行发电机总负荷率	71.1%	80.6%

3. 小结

通过以上电力负荷计算，在预设的动力定位环境条件下，当发生任意单点故障或最大单点故障后，仍能保持船位及艏向。电站容量充足，满足既定作业要求。

5.4.6 短路电流计算

进行短路计算的目的是正确选择和检验背景工程电气设备及其保护装置。三相短路电流是选择和检验电气设备的基本依据。

根据背景工程不同的作业工况，进行 AC 6.6 kV、AC 690 V、AC 440 V 和 AC 230 V 电源的短路电流分析，评估可能存在的潜在短路电流，确保所选择的开关具有足够的分断和接通能力。

1. 非动力定位工况

由于航行工况下发电机使用的台数最多，因此非动力定位工况只计算了航行工况下的短路电流。高压配电板联络开关及母联开关闭合情况见表 5.36。

表 5.36 联络开关及母联开关闭合情况

联络开关和母联开关	BT1M	BT2	BT3S/BT3SI	BT3M/BT3MI	BT4S/BT4SI	BT4M/BT4MI
状态	断开	闭合	闭合	闭合	闭合	闭合
联络开关和母联开关	BT5	BT6S	BT6M	BT7	BT1S	
状态	闭合	闭合	闭合	闭合	断开	

联络开关 BT1M 和 BT1S 断开，其他联络开关和母联开关均闭合，形成联排模式。
计算时考虑因素如下：
1）6 台发电机均在网。
2）3 台 2500kV·A，AC 6.6kV/450V 动力变压器在网。
3）3 台 350kV·A，AC 450V/230V 照明变压器在网。

2. 动力定位工况

背景工程在动力定位工况下的短路电流计算考虑了两种工况，包括饱和潜水工况和铺管工况。其中每种工况都计算两种情形，即所有推进器全在线及最大单点故障（丢失 3 号和 4 号发电机 G_3 和 G_4，艏伸缩推装置 T_2 和主推装置 T_5）下的短路电流。

（1）饱和潜水工况
1）所有推进装置全在线。高压配电板联络开关及母联开关闭合情况见表 5.37。所有联络开关和母联开关均闭合，低压配电板联络开关及母联开关均断开。计算时考虑因素如下：

①5 台发电机均在网，1 台发电机备用。
②6 台 2500kV·A，AC 6.6kV/450V 动力变压器均在网。
③6 台 350kV·A，AC 450V/230V 照明变压器均在网。
④2 台 2500kV·A，AC 6.6kV/450V 饱和潜水变压器均在网。
⑤T_4 推进装置辅助变压器 250kV·A，AC 6.6kV/450V 在网。

表 5.37 联络开关及母联开关闭合情况

联络开关和母联开关	BT1M	BT2	BT3S/BT3SI	BT3M/BT3MI	BT4S/BT4SI	BT4M/BT4MI
状态	闭合	闭合	闭合	闭合	闭合	闭合
联络开关和母联开关	BT5	BT6S	BT6M	BT7	BT1S	
状态	闭合	闭合	闭合	闭合	闭合	

2）最大单点故障。假设丢失 3 号和 4 号发电机 G_3 和 G_4，舱伸缩推装置 T_2 和主推装置 T_5，高压配电板联络开关及母联开关闭合情况见表 5.38。

表 5.38 联络开关及母联开关闭合情况

联络开关和母联开关	BT1M	BT2	BT3S/BT3SI	BT3M/BT3MI	BT4S/BT4SI	BT4M/BT4MI
状态	断开	断开	断开	断开	闭合	闭合
联络开关和母联开关	BT5	BT6S	BT6M	BT7	BT1S	
状态	闭合	闭合	闭合	闭合	断开	

联络开关 BT1M、BT1S、BT3S、BT3M/BT3MI 断开，母联开关 BT2 断开，丢失了 2 号动力定位分区，剩下的 1 号、3 号及 4 号高压配电板形成联排运行模式。计算时考虑因素如下：

①剩余 4 台发电机均在网。
②4 台 2500kV·A，AC 6.6kV/450V 动力变压器均在网。
③4 台 350kV·A，AC 450V/230V 照明变压器均在网。
④1 台 2500kV·A，AC 6.6kV/450V 饱和潜水变压器均在网。
⑤T_4 推进器辅助变压器 250kV·A，AC 6.6kV/450V 在网。

(2) 铺管工况

1）所有推进装置全在线。高压配电板联络开关及母联开关闭合情况见表 5.39。所有联络开关和母联开关均闭合，形成闭环结构，低压配电板联络开关及母联开关均断开。计算时考虑因素如下：

①5 台发电机均在网。
②6 台 2500kV·A，AC 6.6kV/450V 动力变压器均在网。
③6 台 350kV·A，AC 450V/230V 照明变压器均在网。
④2 台 2500kV·A，AC 6.6kV/2×480V 铺管变压器均在网。
⑤T_4 推进装置辅助变压器 250kV·A，AC 6.6kV/450V 在网。

表 5.39 联络开关及母联开关闭合情况

联络开关和母联开关	BT1M	BT2	BT3S/BT3SI	BT3M/BT3MI	BT4S/BT4SI	BT4M/BT4MI
状态	闭合	闭合	闭合	闭合	闭合	闭合
联络开关和母联开关	BT5	BT6S	BT6M	BT7	BT1S	
状态	闭合	闭合	闭合	闭合	闭合	

2) 最大单点故障。假设丢失 3 号和 4 号发电机 G_3 和 G_4，艉伸缩推装置 T_2 和主推装置 T_5，高压配电板联络开关及母联开关闭合情况见表 5.40。联络开关 BT1M、BT1S、BT3S、BT3M/BT3MI 断开，母联开关 BT2 断开，丢失了 2 号动力定位分区，剩下的 1 号、3 号及 4 号高压配电板形成联排运行模式。计算时考虑因素如下：

①剩余 4 台发电机均在网。
②4 台 2500kV·A，AC 6.6kV/450V 动力变压器均在网。
③4 台 350kV·A，AC 450V/230V 照明变压器均在网。
④1 台 2500kV·A，AC 6.6kV/2×480V 铺管变压器在网。
⑤T_4 推进装置辅助变压器 250kV·A，AC 6.6kV/450V 在网。

表 5.40 联络开关及母联开关闭合情况

联络开关和母联开关	BT1M	BT2	BT3S/BT3SI	BT3M/BT3MI	BT4S/BT4SI	BT4M/BT4MI
状态	断开	断开	断开	断开	闭合	闭合
联络开关和母联开关	BT5	BT6S	BT6M	BT7	BT1S	
状态	闭合	闭合	闭合	闭合	断开	

3. 结论

根据以上所有工况下的短路电流计算，得出了最严重情况下的故障电流。所选择的各电压等级的开关的分闸能力必须大于所计算故障点的对称短路电流，合闸能力必须大于所计算故障点的非对称短路电流。具体的故障点电流及所选择的开关见表 5.41。

表 5.41 断路器分合闸能力校核

设备描述	最大故障电流		开关能力	
	对称短路电流 (T/2)/kA	非对称短路电流 (T/2)/kA	分闸能力/kA	合闸能力/kA
AC 6.6kV 高压配电板	27.0	73.0	31.5	82.0
AC 440V 辅配电板	51.0	109.0	85.0	187.0
AC 440V 饱和潜水配电板	52.0	113.0	65.0	143.0
AC 440V 艉伸缩推装置 T_4 组合起动屏	9.0	15.0	22.0	48.4
AC 690V 主起重机进线集电环	78.7	157.0	85.0	187.0
AC 480V 铺管配电板	22.7	44.7	65.0	143.0
AC 230V 辅配电板	17.0	28.0	65.0	143.0

背景工程所选择的开关均满足规范要求。

5.4.7 保护电器协调动作分析

背景工程对高压和低压配电系统进行了保护电器协调性动作分析，以确定保护动作设定值及时间能做到上下级的完全选择性保护。以下仅分析计算高压配电板上开关的保护设定值，低压部分不做描述。分析的高压开关见表 5.42。

表 5.42 高压开关

开关名称		开关代号
6 台发电机开关		1P05，1P11，2P03，2P11，3P03，3P12
12 只联络开关	4 只主联络开关	1P01，2P01，3P01，4P01
	4 只从联络开关	1P13，2P16，3P15，4P08
	2 只主中间联络开关	1P02，4P02
	2 只从中间联络开关	2P15，4P07
3 只母联开关		1P08，2P08，3P08

1. 发电机开关的保护设定值

保护设定值见表 5.43。

表 5.43 发电机保护设定值

保护类型	实际设定值
过励磁	起始点：$1.2U_N/f$，延时：3s，不闭锁
欠电压（规范要求）	$70\%U_N$，延时：1.5s 不闭锁（发电机开关跳闸）
欠电压（第 1 级）	$80\%U_N$，延时：12s 不闭锁（联络开关及母联开关跳闸）
欠电压（第 2 级）	$80\%U_N$，延时：13s 不闭锁（发电机开关跳闸）
欠电压继电器故障	发电机开关禁止闭合
逆功（有功功率）	$8\%S_N(372.5\text{kW})$，延时：10.5s，不闭锁
逆功（无功功率）	$12.5\%S_N(361\text{kV}\cdot\text{A})$，延时：10.5s，闭锁
负序/相不平衡（第 1 级）	$20\%I_N$，延时：15s 不闭锁（联络开关及母联开关跳闸）
负序/相不平衡（第 2 级）	$10\%I_N$，延时：20s 不闭锁（发电机开关跳闸）
发电机绕组高温	第 1 级：报警（130°） 第 2 级：报警（140°）
发电机轴承高温	第 1 级：报警（90°） 第 2 级：跳闸（95°），开关闭锁
短路（第 1 级）	$1.9I_N(1197\text{A})$，延时：0.4s 不闭锁（联络开关及母联开关跳闸）
短路（第 2 级）	$1.9I_N(1197\text{A})$，延时：0.45s 闭锁（发电机开关跳闸）
短路（瞬动保护）	$10.4I_N(6552\text{A})$，无延时 闭锁（发电机开关跳闸）

(续)

保护类型	实际设定值
断路器故障	$0.2I_N$(126A)，延时：140ms （联络开关及母联开关跳闸）
长时间过电流	$0.83I_N$(523A)，延时：0.5s，不闭锁
母排接地故障（外部）（第1级）	3A，延时：2s （联络开关及母联开关跳闸）
母排接地故障（外部）（第2级）	3A，延时：2.5s 闭锁（发电机开关跳闸）
备用接地故障（中性点接地电阻）	3A，延时：3s 闭锁（发电机开关跳闸）
过电压（第1级）	$120\%U_N$，延时：12s 不闭锁（联络开关及母联开关跳闸）
过电压（第2级）	$120\%U_N$，延时：13s 不闭锁（联络开关及母联开关跳闸）
发电机接地方向性保护故障（第1级）	3A，延时：0.4s，$-45°$，故障方向：直线型 （联络开关及母联开关跳闸）
发电机接地方向性保护故障（第2级）	3A，延时：0.5s，$-45°$，故障方向：直线型 闭锁（发电机开关跳闸）
欠频（第1级）	54Hz，延时：11s 不闭锁（联络开关及母联开关跳闸）
欠频（第2级）	54Hz，延时：12s 不闭锁（发电机开关跳闸）
过频（第1级）	65Hz 延时：11s 不闭锁（联络开关及母联开关跳闸）
过频（第2级）	65Hz，延时：12s 不闭锁（发电机开关跳闸）
发电机差保动作	$0.1I_N$(63A)，延时：12s 不闭锁（发电机开关跳闸）
跳闸电路监测	在功率管理系统中报警
AVR二极管故障（短路）	闭锁
AVR失去感应	闭锁
保护继电器看门狗动作	开关持续跳闸 在功率管理系统中报警
来自柴油机的燃油系统 切断的跳闸信号	跳闸，不闭锁
发电机冷却水泄露	跳闸，闭锁
来自调速器软件的卸载停车信号	跳闸，不闭锁
弧光监测故障跳闸	跳闸，闭锁
发电机进线母排区域差动保护	跳闸，闭锁
来自增强型发电机保护系统锁定跳闸信号	1级保护：跳闸，不闭锁 2级保护：跳闸，闭锁
来自外部应急切断	开关禁止合闸

2. 母联开关的保护设定值

保护设定值见表5.44。

表5.44 母联开关保护设定值

保护类型	实际设定值
欠电压	70%U_N，延时：1.5s，不闭锁
欠电压	80%U_N，延时：12s，不闭锁
负序/相不平衡	10%I_N，延时：25s，不闭锁
过电压	120%U_N，延时：12s，不闭锁
欠频	54Hz，延时：11s，不闭锁
过频	65Hz，延时：11s，不闭锁
短路	0.75I_N(1200A)，延时：0.4s，闭锁
方向性过电流（正向） 典型：母联开关馈线保护装置输出 闭锁信号至相邻联络开关	0.75I_N(1200A)，延时：无，45° 故障方向：联络开关方向
方向性过电流（逆向） 典型：母联开关馈线保护装置输出 闭锁信号至相邻联络开关	0.75I_N(1200A)，延时：无，45° 故障方向：母排方向
跳闸电路监测	在功率管理系统中报警
保护继电器看门狗跳闸	在功率管理系统中报警，闭锁
来自母排上发电机保护装置的跳闸信号（第1级）综合成一个跳闸信号输出	
母排区域差动保护	跳闸，闭锁
来自增强型发电机保护系统锁定跳闸信号	1级保护：跳闸，不闭锁 2级保护：跳闸，闭锁

3. 联络开关的保护设定值

保护设定值见表5.45。

表5.45 联络开关保护设定值

保护类型	实际设定值
欠电压	70%U_N，延时：1.5s，不闭锁
欠电压	80%U_N，延时：12s，不闭锁
负序/相不平衡	10%I_N，延时：25s，不闭锁
过电压	120%U_N，延时：12s，不闭锁
欠频	54Hz，延时：11s，不闭锁
过频	65Hz，延时：11s，不闭锁
短路	0.75I_N(1200A)，延时：0.4s，闭锁
接地故障（非方向性）	3A，延时：1.5s，闭锁

(续)

保护类型	实际设定值
母排差动保护	30% I_N I_d/I_t: 17%
方向性过电流（正向） 典型：母联开关馈线保护装置输出闭锁 信号至相邻联络开关	$0.75I_N$（1200A） 延时：无 45° 故障方向：联络开关方向
方向性过电流（逆向） 典型：母联开关馈线保护装置输出闭锁信号 至相邻联络开关	$0.75I_N$（1200A），延时：无，45° 故障方向：母排方向
方向性接地故障（正向） 典型：联络开关馈线保护装置输出闭锁信号 至相连配电板的联络开关	3A，延时：0.5s，45° 故障方向：联络开关方向
方向性接地故障（逆向）典型：联络开关 馈线保护装置输出闭锁信号至同一块配电板的联络开关	3A，延时：0.5s，45° 故障方向：母排方向
跳闸电路监测	在功率管理系统中报警
保护继电器看门狗跳闸	在功率管理系统中报警 闭锁
来自母排上发电机保护装置的跳闸信号 （第1级）综合成一个跳闸信号输出	
母排区域差动保护	跳闸，闭锁
来自增强型发电机保护系统锁定跳闸信号	1级保护：跳闸，不闭锁 2级保护：跳闸，闭锁

5.4.8 暂态压降计算

1. 计算的目的

在电机起动期间，起动电机在系统中表现为小阻抗连接到汇流排中，并从系统中吸取大电流，通常约为电机额定电流的6倍电流，可导致电力系统电压明显下降，并对电力系统中其他连接和运行负载的正常运行造成很大的影响。由于电机加速转矩依靠电机端子电压，在某些情况下，起动电机因为终端电压极低而可能无法达到其额定转速。因此，需要进行电机起动分析。

背景工程由于设备繁多，因此进行暂态电压降分析的目的如下：

1）计算电力系统网络上的暂态电压降，以检查电机的起动是否影响系统中其他负载的正常运行。

2）计算电机终端的暂态电压降，以检查电机是否能够正常起动。

3）检查计算的暂态电压降是否符合规范要求。

2. 背景工程计算结果

背景工程所选择的电机及不同计算点的电压降计算结果见表5.46。

表 5.46 电压降计算结果

配电板	电机名称	电机额定功率/kW	基础负载/kV·A	计算点电压降（%）			
				6.6kV 配电板	440V 配电板	组合起动屏	电机终端
1号6.6kV配电板 1号440V配电板	冷媒水循环泵 （直接起动）	66	2293	2.34	10.13		12.48
1号6.6kV配电板 1号440V配电板	2号绞车液压泵站（软起动）	315	2365	3.04	11.61		12.69
1号6.6kV配电板 1号440V配电板	2号冷水机组 （星三角起动）	214	1816	1.93	8.11		8.54
2号6.6kV配电板 2号440V配电板	主推装置T_5 2号液压泵 （星三角起动）	132	2619	1.39	9.26		11.76
2号6.6kV配电板 2号440V配电板	2号DGO制冷机组 （直接起动）	56	2680	1.78	10.15		12.31
3号6.6kV配电板 3号440V配电板 440V组合起动屏	9号海水冷却泵 （5号主发） （直接起动）	38.4	2832	1.58	10.19	11.00	13.29
3号6.6kV配电板 3号440V配电板	主推装置T_6 1号液压泵 （星三角起动）	132	2846	1.41	9.92		12.45
3号6.6kV配电板 3号440V配电板	3号DGO制冷机组 （直接起动）	56	2856	1.80	10.68		12.71
3号6.6kV配电板 3号440V配电板	2号空压机 （星三角起动）	150	2756	1.62	10.06		10.80
3号6.6kV配电板 3号440V配电板	5号绞车液压泵站 （软起动）	250	2917	2.52	12.14		14.04
440V应急配电板 2号440V配电板	2号消防泵 （直接起动）	57	932	8.23	8.69		9.91
440V应急配电板 2号440V配电板	主推装置T_5 1号液压泵 （星三角起动）	132	833	4.88	5.24		7.74
440V应急配电板 2号440V配电板	主起重机应急泵站电机 （星三角起动）	200	1010	9.16	9.67		12.79

5.4.9 增强型发电机保护系统

1. 背景工程的增强型发电机保护系统

背景工程的增强型发电机保护系统监控电力系统的有功功率和无功功率，并对两者进行保护，检测出有故障的柴油机或发电机，并在故障到达保护继电器的动作范围之前将其切断。通常电力系统是由功率管理系统进行随时的监控。增强型发电机保护系统只在功率管理系统出现故障并且电力系统变得不稳定时才会动作。功率管理系统故障的严重性以及由此产生的不稳定性与增强型发电机保护系统将采取的动作级别相对应。

2. 增强型发电机保护的功能

背景工程增强型发电机保护的功能共分为 3 大部分，内容如下所示：

(1) 数据处理与计算功能

1) 模拟和数字输入的预处理。

2) 发电机参数（电压、电流、频率、有功功率、无功功率）计算。

3) 基于额定电流的发电机励磁电流估算。

4) 发电机轴输入功率估算。

(2) 监测功能

1) 独立的燃油保护。

①燃油过量/不足监测，包括快速过油监测、快速欠油监测、慢速过油监测、慢速欠油监测。

②调速器有功功率反馈监测。

③功率管理系统升速/降速脉冲监测。

④功率管理系统基准频率监测。

⑤功率管理系统基准有功功率监测。

⑥燃油齿条指令监测，包括燃油齿条及燃油齿条卡滞指令监测（与功率相关联的响应能力）。

⑦燃油齿条位置监测，包括燃油齿条位置及燃油齿条卡滞位置监测（与功率相关的响应能力）。

2) 独立的励磁保护。

①过励磁/欠励磁监测，包括快速过励磁监测、快速欠励磁监测、慢速过励磁监测、慢速欠励磁监测。

②AVR 无功功率反馈监测。

③功率管理系统电压升高/降低脉冲监测。

④功率管理系统基准电压监测。

⑤功率管理系统基准无功功率监测。

⑥AVR 输出监测（与功率相关的响应能力）。

3) 分布式共享功能。

①系统连接性分析（哪些发电机并联）。

②系统数据分析（发电机分组、每块配电板上最大/最小负荷率及变化率）。

4) 分布式燃油功能。监测分布式燃油，包括分布式快速过油监测、分布式快速欠油监控及分布式快速绝对燃油监测，调速器模式监测。

5) 分布式励磁功能。监测分布式励磁，包括分布式快速过励磁监测、分布式快速欠励磁监控及分布式快速绝对励磁监测，AVR 模式监测。

(3) 监测功能　主要包括：电压互感器监测；电流互感器监测；断线/短路监测；冗余数字输入监测，断线/信号不匹配监测；电流反馈与断路器状态信号的相关性；跳闸监控和故障自动升级。详细功能见表 5.47。

表 5.47 增强型发电机保护功能

功能应用	说明
快速过油监测	独立监控柴油机/发电机,以确定其是否在驱动故障,或是否受到其他故障的影响。工作功率、功率变化率和网络频率/电压决定了是否应对该发电机采取行动以保护电力系统,或应将其隔离以保护其免受外部故障的影响
快速欠油监测	
快速过励磁监测	
快速欠励磁监测	
追踪检测-频率	统计可能引起断电响应(功率管理系统/变频器等)的频率和电压偏移。超过事件计数器时发出警报
追踪检测-电压	
调速器功率反馈监测	将增强型发电机保护系统测量的电功率与调速器/AVR 报告的值进行比较,以检查接收数据的正确性
AVR 无功功率反馈监测	
功率管理系统基准频率监测	确保功率管理系统针对运行条件适当控制电力系统,即参考值在适当范围内。检查电力系统是否准确跟踪参考,是否正确接收反馈
功率管理系统基准有功功率监测	
功率管理系统有功功率反馈监测	
功率管理系统基准电压监测	
功率管理系统基准无功功率监测	
功率管理系统无功功率反馈监测	
功率管理系统频率/功率脉冲监测	监视手动和功率管理系统升高和降低命令适用于电力系统运行状态。检查是否有断线或杂散信号
功率管理系统电压/无功功率脉冲监测	
燃油齿条卡滞命令监测	监控网络频率的变化以及调速器(燃油齿条指令)或柴油机(燃油齿条位置)的相应变化
燃油齿条卡滞位置监测	
励磁输出卡滞监测	监测网络电压的变化和励磁电流的相应变化
燃油齿条指令监测	监测调速器(燃油齿条指令)和柴油机工作功率是否正确跟踪。如果柴油机功率的额定值降低,例如温度过高或出于维修/维护原因,则可以提高功能。对调速器逆功故障的早期检测具有特别重要的意义
燃油齿条位置监测	监测燃油齿条位置和柴油机工作功率是否正确跟踪
励磁无功功率监测	监测励磁机励磁电流,以确保正确跟踪和运行
慢速过油监测	检测对电力系统影响较小的缓慢传播的故障
慢速欠油监测	
慢速过励磁监测	
慢速欠励磁监测	
分布式快速过油监测	将柴油机有功功率的变化率与网络上其他柴油机以及网络频率的变化率进行比较,以确定是否有任何一台柴油机/调速器出现故障,或出现逆功
分布式快速欠油监测	
分布式快速过励磁监测	将发电机的无功功率变化率与网络上其他发电机以及网络电压的变化率进行比较,以确定是否有任何一台发电机/AVR 发生故障,或出现逆功
分布式快速欠励磁监测	
分布式快速绝对燃油监测	监测并联柴油机/发电机的负载,并识别未按比例分担负载、过载或接近逆功的柴油机/发电机
分布式快速绝对励磁监测	
监测并联发电机组的调速器模式	监测并联发电机/AVR 的运行模式(同步/无定向或下垂),并识别并联的发电机是否在不同模式下运行
监测并联发电机组的调压器模式	

(续)

功能应用	说明
计算发电机参数，监测电流互感器和电压互感器	独立测量和计算基本电气值。包括缺相、断线、短路和接地故障的管理。默认为在多个传感器故障时从保护继电器读取数据
发电机励磁电流的估算	允许与测量的 AVR 励磁电流进行比较，以检测 AVR 操作的故障。励磁电流必须通过增强型发电机保护系统硬件，以保持独立性。出于速度和鲁棒性的原因，增强型发电机保护不能依赖 AVR 测量和报告信号
柴油机机械输出功率估算	使用提供的数据表参数测量发电机电气值，以说明损耗和机械惯量。验证燃油齿架在稳态、瞬态和失速期间的行为是否可接受
负载突加、突卸/发动机失速检测	检测柴油机出现负载突加/突卸超过柴油机的承受能力，允许增强型发电机保护系统确定燃油不足和失速之间的差异。功率管理系统和其他负载卸载功能可以恢复电力系统。增强型发电机保护系统提供数字输出，用于通知负载突加/突卸
I/O 预处理器	处理模拟和数字 I/O 以确定是否断线。将发电机断路器状态与发电机断路器电流相关联（状态=打开时检查测量电流）
根据连接/断路器状态启用/禁用保护模式	监测快速链路连接、I/O 状态、串行链路和断路器状态，以动态确定要启用的保护功能。尽可能使用增强型发电机保护系统可用的替代数据源。在重新建立数据源之前，数据缺失的功能将被禁用。保护将以无障碍的方式恢复
分布式保护的电力系统连通性分析	确定每个增强型发电机保护系统与其他增强型发电机保护系统的连接。确定哪些发电机处于分排运行状态，哪些发电机独立运行
分布式保护系统数据分析	整理来自于所有 EGM 的分布式保护功能的数据。标识分排运行负荷最大和最小的发电机
跳闸动作监测	配置增强型发电机保护系统可以执行的操作，并监视外部系统以响应请求的操作。升级不动作

3. 增强型发电机保护动作

根据故障及其严重程度，增强型发电机保护系统将会根据不同阶段故障采取保护措施，见表 5.48。

表 5.48　增强型发电机保护措施

阶段	动作	导致此操作的功能实例
1	报警	监测到在发电机组之间参数低度不匹配，预计不会对电网稳定性造成影响。例如： 1）与并联发电机组的真实有功/无功功率之间有偏离 2）燃油齿条与预期功率之间低度不匹配 3）功率管理系统向调压器和调速器发出断续错误指令
2	功率管理系统停止/第一级切断	监测到在发电机组之间参数重度不匹配。对网络稳定性的影响较小。特定的发电机能可靠地识别。例如： 1）在燃油齿条位置与所需功率之间明显不匹配 2）与并联发电机组之间存在持续明显的负荷分配不均故障
3	切换到下垂模式（电压和频率）& 功率管理系统失去负载共享功能	重大的实际功率/无功功率显示负载分配故障。不能明确地识别是单一发电机组故障还是柴油机/发电机的硬件故障，断开开关无法解决故障。功率管理系统负载分配、任一调速器或调压器控制模式失去功能（强制下垂）。如有必要，由其他级采取进一步动作。例如： 1）功率管理系统持续发出错误指令 2）调速器同步负载分配故障

(续)

阶段	动作	导致此操作的功能实例
4	发电机跳闸	监测到在发电机组之间参数重度不匹配,预期会对电网稳定性产生重大影响,因此需要快速排除故障。例如: 1) 功率管理系统切断失败 2) 检测到燃油过量故障 3) 检测到过励磁故障
5	分断母排	持续参数偏差没有可识别的发电机,发电机组可能正在受到外部电力系统故障的影响,需要进行隔离以保护自身不受系统影响 在系统中别处发电机组增强型保护被强制断开或故障,阶段 5 遥控操作其自身两边母联开关动作来保护自己,每个电力系统区域可自动操作图 2-1 中泵组;例如: 1) 持续的电网频率偏差,没有可识别的发电机故障 2) 持续的发动机逆功率,没有可识别的发电机故障 3) 持续的电网电压偏差,没有可识别的发电机故障 4) 发电机持续过励磁/欠励磁,没有可识别的发电机故障 5) 当发电机开关无法打开时,第 4 阶段的跳闸信号升级到第 5 阶段

阶段 1:报警。对系统的修改、参数的调整以及硬件的替换也可能影响系统的运行,从而导致报警。增强型发电机保护系统还可以对内部故障模式如断线或网络故障发出报警。如果不允许操作员在增强型发电机保护系统运行时重新配置功率管理系统或检查,则可以屏蔽报警。

阶段 2:功率管理系统动作。发出此命令时,功率管理系统将执行以下动作:

1)当要移除故障发电机时,同时起动同一段母排上的备用发电机,分为下面两种情况:

①如果没有备用发电机可以起动,则忽略阶段 2 直到有新的发电机可用,或者增强型发电机保护系统删除此请求。

②如果没有备用发电机可以起动,且电力系统稳定,则增强型发电机保护系统将发出"未检测到响应"报警。如果电力系统稳定性变差,则会采取其他动作。

2)新发电机的同步和负载共享。

3)卸载故障发电机。

4)断开故障发电机。当发电机停止后,操作员应立即检测故障发电机。引起第 2 阶段动作的详细信息将显示在增强型发电机保护系统人机界面中,并记录历史跳闸信息。

阶段 3:强制进入下垂模式。发出此命令时,电力系统将按照如下方式运行:

1)增强型发电机保护系统将会向同一母排上所有发电机的调速器和调压器发送单独的信号。

2)功率管理系统将停止所有收到阶段 3 信号的发电机负载共享。

3)调速器退出等时模式并返回下垂模式(如果尚未处于下垂模式)。

4)调压器退出网络负载共享模式并返回下垂模式(如果尚未处于下垂模式)。

5)如果功率管理系统随后被要求执行阶段 2 的功率管理系统停止,而增强型发电机保护系统同时发送阶段 3 的信号,功率管理系统必须仍然能够加载和卸载发电机。同样地,对于调速器和调压器,仍必须响应同步器或手动控制的升/降输入。来自其他来源的卸载发电机的请求也应继续执行。阶段 3 的目的是将调速器、调压器和功率管理系统从负载共享中移除，而不是阻止功率管理系统发送脉冲信号。

阶段 4：发电机开关跳闸。增强型发电机保护系统通过发电机保护继电器发送跳闸命令，以确保跳闸原因可在本地和增强型发电机保护系统人机界面上显示，并在自动化系统中显示综合报警。默认情况下，阶段 4 按如下配置：

1）非闭锁（默认配置）。增强型发电机保护系统将向保护继电器发送跳闸脉冲信号；可立即重新闭合发电机开关。

2）闭锁（非默认配置）。增强型发电机保护系统将闭锁保护继电器的跳闸脉冲。保护继电器应闭锁跳闸，作为其闭锁功能的一部分。检测到发电机开关打开时，增强型发电机保护系统则闭锁开关。直到清除故障和复位保护继电器闭锁功能之前，都不能重新闭合发电机开关。

3）如果未检测到发电机开关打开，增强型发电机保护系统将按以下方式升级，由非闭锁升级到闭锁，闭锁控制母联及联络开关。

4）如果配电板上仅剩 1 台发电机，则第 4 阶段的跳闸将被阻止。

5）根据发电机的自起动和负载分配，功率管理系统将自动起动下一台可用的发电机。

大多数阶段 4 的动作是在 1s 内完成的。一些增强型发电机保护系统的功能要求功率管理系统先完成阶段 2 的动作，在功率管理系统无法卸载故障发电机的情况下，阶段 4 作为备用动作。但是在燃油齿条卡住这个故障下是不可能卸载发电机的。因此，增强型发电机保护系统将会先尝试完成阶段 2 的动作，然后强制移除故障发电机（阶段 4），以避免电力系统在已知故障情况下继续运行。

与任何跳闸发电机动作一样，电力系统需要卸载以保证剩余发电机容量足够满足系统运行。

阶段 5：跳闸母联/联络开关。在系统其他地方出现无法辨别故障或阶段 4 发电机断路器故障无法跳闸，阶段 5 增强型发电机保护仅作用跳闸其两边的母联开关，保护自身机组不受系统影响。

背景工程设置了 4 种故障监测来启用阶段 5 跳闸功能：快速过油监测、快速欠油监测、快速过励磁监测、快速欠励磁监测。

5.4.10 闭环保护分析

1. 闭环保护概述

闭环电力系统的保护主要包括 AC 6.6kV 高压配电板、发电机、柴油机的保护。根据规范要求，闭环电力系统关键部分既有一级保护又有二级保护。

电力系统的设计应满足所有既定的操作模式。电源管理系统（PMS）对电力系统远程运行时，提供远程控制和监控设施。每台发电机都配有增强型发电机保护系统，提供额外的保护和功能，对闭环操作至关重要。

2. 背景工程闭环保护方案

背景工程 AC 6.6kV 高压配电板保护将采用弧光保护、差动保护及方向性保护 3 种不同的保护方案。

（1）内部弧光监测保护　AC 6.6kV 高压配电板都配置了内部弧光监测系统，包括控制器、相关光纤传感器及光电电缆。当任意汇流排或开关发生弧光故障时，发生故障的汇流排部分的供电开关将自动跳闸。当任意一段电缆发生故障，则仅电缆连接的开关跳闸。

如果检测到内部弧光故障，相应的故障汇流排将从汇流排电网中脱开并被隔离，锁定直至操作人员复位。内部弧光监测和保护系统分为以下 7 个区域：

1）区域 1A：1 号 AC 6.6kV 高压配电板 1A 号汇流排。
2）区域 1B：1 号 AC 6.6kV 高压配电板 1B 号汇流排。
3）区域 2A：2 号 AC 6.6kV 高压配电板 2A 号汇流排。
4）区域 2B：2 号 AC 6.6kV 高压配电板 2B 号汇流排。
5）区域 3A：3 号 AC 6.6kV 高压配电板 3A 号汇流排。
6）区域 3B：3 号 AC 6.6kV 高压配电板 3B 号汇流排。
7）区域 4：4 号 AC 6.6kV 高压配电板 4 号汇流排。

设计逻辑为内部弧光监测保护，将遵循以下要求：

1）每个高压空气断路器电缆连接区域均安装光纤电弧检测器。
2）每个高压空气断路器均安装光纤电弧检测器。
3）每段高压空气断路器的汇流排均安装光纤电弧检测器。
4）每段汇流排区域均安装电弧检测器。
5）内部弧光保护是第一保护，在汇流排过电流和方向性保护之前动作。
6）如果高压空气断路器电缆连接区域检测到弧光故障，只有相对应的空气断路器跳闸，清除故障部分。
7）如果高压空气断路器或汇流排检测到弧光故障，则发电机开关、母联开关及配电板之间的联络开关将全部跳闸，以隔离故障汇流排区域，清除故障。

（2）一级保护：差动保护方案　母排分区差动保护可以使配电板之间的联络开关及母联开关跳闸。当任何汇流排或连接电缆由母排分区差动保护线路检测到相/相故障后，将使相应的联络开关和发电机开关跳闸，以隔离故障汇流排，剩余健康的汇流排继续给船用设备供电。母排分区差动保护将使用专门的差动保护继电器。

对于高电阻接地（中性接地电阻器系统），母排分区差动保护不会拾取低接地故障电流。由于母排分区差动保护方案的故障隔离时间最短约为 100ms（包括保护动作开始及开关跳闸的延时时间）。在设计整体保护方案时，保护原理考虑了时间延迟的因素。母排分区差动保护备用方案设置了当一段母排发生弧光故障后，发电机开关跳闸的功能。差动保护备用方案设置为发电机内部母排弧光故障时跳闸发电机断路器。设置保护装置：

1）母排分区差动保护-联络开关。主联络开关多功能保护继电器（提供差分电缆保护）。
2）母排分区差动保护-母排区域。高阻抗母排差动保护继电器。插入式锁定继电器（通过重叠区域的两只保护继电器检测到汇流排的故障，使故障汇流排上的母联及联络开关跳闸）。

配电板之间联结和母排分区差动保护如图 5.21 和图 5.22 所示。

（3）二级保护：方向性保护（定时限）　二级备用保护方案是使用方向性过电流保护继电器对母排进行保护。包括使用正常保护的电流互感器、母排或联络开关的正向/反向定时过电流继电器，以及发电机和负载开关中的高设置双向定时保护元器件。该方向区域保护

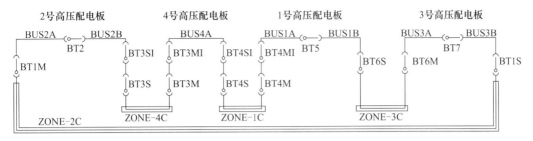

图 5.21 配电板之间联结电缆差动保护

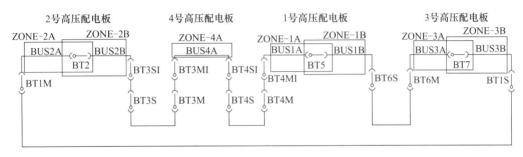

图 5.22 母排分区差动保护

方案可用于过电流和接地故障。

发电机短路保护设置为当汇流排内部弧光故障率达到时使发电机开关跳闸,除此之外,还使用上面描述的方向保护的母排分区保护。对于外部故障,当发电机短路保护使用闭锁输入作为区域保护整体闭锁方案的一部分时,禁止此功能使发电机开关跳闸。应注意:当母联开关失效,阻止母联开关跳闸时,发电机保护通过使用第 1 阶段高整定过电流保护继电器使母联开关/联络开关跳闸。母排故障保护有 3 个跳闸保护级和 2 个不同的阶段,具体如下:

第 1 阶段:联络开关/母联开关保护。故障两边的联络开关/母联开关将首先跳闸(300ms 内)以隔离故障段。作为内部联络开关保护的备用,在短路时(300ms 内)发电机保护继电器发出跳闸信号使内部联络开关跳闸。

第 2 阶段:发电机保护。一旦故障母排被隔离并故障未被清除,在未达到母排弧光率时,发电机保护将跳闸发电机开关(450ms 内)。

对于母排接地故障,有 3 个跳闸阶段:

①闭环运行时跳闸母联开关。首先,根据闭锁方案,如果处于闭环模式,母联开关将在 1s 内跳闸。

②联络开关跳闸。接地故障发生,剩余母排上的联络开关将在 1.5s 内跳闸以隔离故障母排。如果是分段运行,一个母排上两段的联络开关同时跳闸。发电机的备用保护(第 1 阶段)用于在非闭锁(第 2 阶段)时跳闸联络开关/母联开关。

③发电机保护跳闸。发电机保护继电器在发生接地故障时发出跳闸信号,使相关发电机开关在 2.5s 内跳闸。作为最终保护的备用保护,在接地故障发生时,通过多功能保护继电器发出跳闸信号,在 3s 内使相关发电机开关跳闸。

上述保护原理允许无故障的母排继续正常运行。

3. 背景工程具体故障模式保护分析

下面详细分析闭环短路故障、接地故障及相不平衡等的一级和二级保护。

对于每个短路、接地故障和相不平衡保护，应考虑并以下 5 种特定故障条件下的一级和二级保护。

故障 1：4 号 AC 6.6kV 高压配电板联络开关与 1 号或 2 号 AC 6.6kV 高压配电板联络开关之间的电缆故障。

故障 2：馈线电缆或下端负载故障。

故障 3：发电机电缆或发电机故障。

故障 4：1 号和 3 号 AC 6.6kV 高压配电板或 2 号和 3 号 AC 6.6kV 高压配电板之间的电缆故障。

故障 5：一段母排故障。

图 5.23 指出了 5 种故障情况的具体位置。

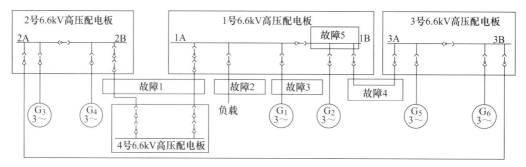

图 5.23　故障模式图

（1）短路故障保护

1）短路故障 1 保护分析见表 5.49。

表 5.49　短路故障 1 保护分析

4 号 AC 6.6kV 高压配电板联络开关与 1 号或 2 号 AC 6.6kV 高压配电板联络开关之间的电缆故障		
保护类型	一级保护	二级保护
功能	仅隔离电缆	仅隔离电缆
保护名称	电缆差动保护	方向性过电流保护
输入传感器	2 套电流互感器： 主联络开关电流互感器 从联络开关电流互感器	1 套电流互感器： 从联络开关电流互感器
控制器	主联络开关保护装置	从联络开关保护装置
输出信息	跳闸信号直接输出到：主联络开关、主中间联络开关、从联络开关 跳闸信号经过从保护继电器输出到：从中间联络开关	跳闸信号直接输出到：从联络开关、从中间联络开关、主联络开关 跳闸信号经过主保护继电器输出到：主中间联络开关
输出跳闸装置	主联络开关保护装置	从联络开关保护装置
时间设置	无延时	400ms
是否有联锁装置	无	来自相邻配电板联络开关和母联开关的闭锁信号

2）短路故障 2 保护分析见表 5.50 和表 5.51。

表 5.50 大型变压器短路故障 2 保护分析

大型变压器（动力变压器、潜水变压器、铺管变压器、深水起重机变压器、推进装置变压器）故障		
保护类型	一级保护	二级保护
功能	隔离负载	隔离供电母排
保护名称	差动保护	方向性过电流保护
输入传感器	2 套电流互感器：变压器一次侧和二次侧	2 套电流互感器：联络开关电流互感器 母联开关电流互感器
控制器	负载保护装置	联络开关和母联开关保护装置
输出跳闸装置	负载保护装置跳闸负载开关	联络开关和母联开关保护装置跳闸联络开关和母联开关
时间设置	无延时	400ms
是否有联锁装置	无	来自相邻配电板联络开关的闭锁信号

表 5.51 小型变压器短路故障 2 保护分析

小型变压器（T_4 辅助设备变压器）故障		
保护类型	一级保护	二级保护
功能	隔离负载	隔离供电母排
保护名称	短路保护	方向性过电流保护
输入传感器	1 套电流互感器：变压器一次侧	2 套电流互感器：联络开关互感器电流 母联开关互感器电流
控制器	负载保护装置	联络开关和母联开关保护装置
输出跳闸装置	负载保护装置跳闸负载开关	联络开关和母联开关保护装置跳闸联络开关和母联开关
时间设置	无延时	400ms
是否有联锁装置	无	来自相邻配电板联络开关的闭锁信号

3）短路故障 3 保护分析见表 5.52。

表 5.52 短路故障 3 保护分析

发电机或发电机与配电板之间电缆故障		
保护类型	一级保护	二级保护
功能	隔离发电机	隔离供电母排
保护名称	差动保护	方向性保护
输入传感器	2 套电流互感器：发电机进线电流互感器	2 套电流互感器：联络开关电流互感器 母联开关电流互感器
控制器	发电机保护装置	联络开关和母联开关保护装置
输出跳闸装置	发电机保护装置跳闸发电机开关	联络开关和母联开关保护装置跳闸联络开关和母联开关
时间设置	无延时	400ms
是否有联锁装置	无	来自相邻配电板联络开关的闭锁信号

4) 短路故障 4 保护分析见表 5.53。

表 5.53　短路故障 4 保护分析

1 号和 3 号 AC 6.6kV 高压配电板（2 台发电机屏）之间电缆故障	
保护类型	一级保护	二级保护
功能	仅隔离电缆	仅隔离电缆
保护名称	方向性过电流保护	方向性过电流保护
输入传感器	1 套电流互感器： 主联络开关电流互感器	1 套电流互感器： 从联络开关电流互感器
控制器	主联络开关保护装置	从联络开关保护装置
输出跳闸装置	主联络开关保护装置跳闸主联络开关	从联络开关保护装置跳闸从联络开关
时间设置	400ms	400ms
是否有联锁装置	来自相邻配电板联络开关和母联 开关的闭锁信号	来自相邻配电板联络开关和母联 开关的闭锁信号

5) 短路故障 5 保护分析见表 5.54。

表 5.54　短路故障 5 保护分析

一段母排故障	
保护类型	一级保护	二级保护
功能	隔离故障母排	隔离故障母排
保护名称	母排差动保护	方向性过电流保护
输入传感器	1 套发电机进线电流互感器 1 套联络开关电流互感器 1 套母联开关电流互感器	2 套电流互感器： 联络开关电流互感器 母联开关电流互感器
控制器	高阻抗差动保护继电器	联络开关和母联开关保护装置
输出跳闸装置	高阻抗差动保护继电器输出信号至： 联络开关、母联开关、发电机开关同时跳闸	联络开关和母联开关保护装置跳 闸联络开关和母联开关保
时间设置	500ms	400ms
是否有联锁装置	无	来自相邻配电板联络开关的闭锁信号

（2）接地故障保护

1) 接地故障 1 保护分析见表 5.55。

表 5.55　接地故障 1 保护分析

4 号 AC 6.6kV 高压配电板联络开关与 1 号或 2 号 AC 6.6kV 高压配电板联络开关之间的电缆接地故障	
保护类型	一级保护	二级保护
功能	仅隔离电缆	仅隔离电缆
保护名称	接地方向性保护	接地方向性保护
输入传感器	1 套电流互感器： 主联络开关电流互感器	1 套电流互感器： 从联络开关电流互感器
控制器	主联络开关保护装置	从联络开关保护装置

(续)

4号AC 6.6kV高压配电板联络开关与1号或2号AC 6.6kV高压配电板联络开关之间的电缆接地故障		
保护类型	一级保护	二级保护
输出信息	跳闸信号直接输出到：主联络开关、主中间联络开关、从联络开关 跳闸信号经过从保护继电器输出到：从中间联络开关	跳闸信号直接输出到：从联络开关、从中间联络开关、主联络开关 跳闸信号经过主保护继电器输出到：主中间联络开关
输出跳闸装置	主联络开关保护装置	从联络开关保护装置
时间设置	2s	2s
是否有联锁装置	来自相邻配电板联络开关的闭锁信号	来自相邻配电板联络开关的闭锁信号

2) 接地故障2保护分析见表5.56。

表5.56 接地故障2保护分析

负载接地故障		
保护类型	一级保护	二级保护
功能	隔离负载	隔离供电母排
保护名称	接地故障保护	接地故障方向性保护
输入传感器	1套电流互感器： 负载	2套电流互感器： 主联络开关电流互感器 从联络开关电流互感器
控制器	负载保护装置	主联络开关和从联络开关保护装置
输出跳闸装置	负载保护装置跳闸负载开关	主联络开关保护装置直接跳闸主联络开关及母联开关，或从联络开关保护装置直接跳闸从联络开关及母联开关
时间设置	1s	1.5s（母联开关） 2s（联络开关）
是否有联锁装置	无	来自相邻配电板联络开关的闭锁信号

3) 接地故障3保护分析见表5.57。

表5.57 接地故障3保护分析

发电机或发电机与配电板之间电缆接地故障		
保护类型	一级保护	二级保护
功能	隔离发电机	隔离供电母排
保护名称	接地故障方向性保护	接地故障方向性保护
输入传感器	1套电流互感器： 发电机进线电流互感器	2套电流互感器： 主联络开关电流互感器 从联络开关电流互感器
控制器	发电机保护装置	主联络开关及从联络开关保护装置
输出跳闸装置	发电机保护装置跳闸发电机开关	主联络开关保护装置直接跳闸主联络开关及母联开关，或从联络开关保护装置直接跳闸主联络开关及母联开关

(续)

发电机或发电机与配电板之间电缆接地故障		
保护类型	一级保护	二级保护
时间设置	0.5s	1.5s（母联开关） 2s（联络开关）
是否有联锁装置	无	来自相邻配电板联络开关的闭锁信号

4）接地故障 4 保护分析见表 5.58。

表 5.58 接地故障 4 保护分析

1 号和 3 号 AC 6.6kV 高压配电板（2 台发电机屏）之间电缆接地故障		
保护类型	一级保护	二级保护
功能	仅隔离电缆	仅隔离电缆
保护名称	接地故障方向性保护	过电流方向性保护
输入传感器	1 套电流互感器： 主联络开关电流互感器	1 套电流互感器： 从联络开关电流互感器
控制器	主联络开关保护装置	从联络开关保护装置
输出跳闸装置	主联络开关保护装置跳闸主联络开关	从联络开关保护装置跳闸从联络开关
时间设置	2s	2s
是否有联锁装置	相邻配电板联络开关闭锁信号	来自相邻配电板联络开关的闭锁信号

5）接地故障 5 保护分析见表 5.59。

表 5.59 接地故障 5 保护分析

一段母排接地故障		
保护类型	一级保护	二级保护
功能	隔离故障母排	隔离故障配电板
保护名称	接地故障方向性保护	接地故障方向性保护
输入传感器	2 套电流互感器： 主联络开关电流互感器 从联络开关电流互感器	2 套电流互感器： 相邻的从联络开关电流互感器 相邻的主联络开关电流互感器
控制器	主联络开关和从联络开关保护装置	相邻的从联络开关和相邻的主联络开关保护装置
输出跳闸装置	主联络开关保护装置直接跳闸主联络开关及母联开关，或从联络开关保护装置直接跳闸从联络开关及母联开关	相邻配电板的从联络开关直接跳闸相邻的从联络开关和故障母排的主联络开关；相邻配电板的主联络开关直接跳闸相邻的主联络开关和故障母排的从联络开关
时间设置	1.5s（母联开关） 2s（联络开关）	2s（联络开关）（左高压配电板） 2s（联络开关）（右高压配电板）
是否有联锁装置	来自相邻配电板联络开关的闭锁信号	来自相邻配电板联络开关的闭锁信号

（3）相不平衡故障保护 导致相不平衡的剩余故障为导体损耗及配电板上负载不平衡。

1）相不平衡故障 1 保护分析见表 5.60。

表 5.60 相不平衡故障 1 保护分析

4 号 AC 6.6kV 高压配电板联络开关与 1 号或 2 号 AC 6.6kV 高压配电板联络开关之间的电缆相不平衡故障		
保护类型	一级保护	二级保护
功能	仅隔离电缆	仅隔离电缆
保护名称	相不平衡保护	相不平衡保护
输入传感器	1 套电流互感器： 主联络开关电流互感器	1 套电流互感器： 从联络开关电流互感器
控制器	主联络开关保护装置	从联络开关保护装置
输出信息	跳闸信号直接输出到：主联络开关、主中间联络开关、从联络开关 跳闸信号经过从保护继电器输出到：从中间联络开关	跳闸信号直接输出到：从联络开关、从中间联络开关、主联络开关 跳闸信号经过主保护继电器输出到：主中间联络开关
输出跳闸装置	主联络开关保护装置	从联络开关保护装置
时间设置	5%I_N(60A)，25s	5%I_N(60A)，25s
是否有联锁装置	无	无

2）相不平衡故障 2 保护分析见表 5.61。

表 5.61 相不平衡故障 2 保护分析

负载位置相不平衡故障		
保护类型	一级保护	二级保护
功能	隔离负载	隔离供电母排
保护名称	相不平衡保护	相不平衡保护
输入传感器	1 套电流互感器：负载	3 套电流互感器
控制器	负载保护装置	发电机保护装置
输出跳闸装置	负载保护装置跳闸负载开关	发电机保护装置跳闸发电机开关
时间设置	10%I_N，10s	第一阶段 20%I_N(95.8A)，15s 第二阶段 10%I_N(47.9A)，20s
是否有联锁装置	无	无

3）相不平衡故障 3 保护分析见表 5.62。

表 5.62 相不平衡故障 3 保护分析

发电机或发电机与配电板之间电缆相不平衡故障		
保护类型	一级保护	二级保护
功能	隔离发电机	隔离供电母排
保护名称	相不平衡保护	相不平衡保护
输入传感器	3 套电流互感器： 发电机进线电流互感器	2 套电流互感器： 联络开关电流互感器 母联开关电流互感器
控制器	发电机保护装置	联络开关和母联开关保护装置

(续)

	发电机或发电机与配电板之间电缆相不平衡故障	
保护类型	一级保护	二级保护
输出跳闸装置	发电机保护装置跳闸发电机开关	联络开关和母联开关保护装置跳闸联络开关和母联开关
时间设置	第一阶段 20% I_N(95.8A)，15s 第二阶段 10% I_N(47.9A)，20s	5% I_N(60A)，25s
是否有联锁装置	无	无

4）相不平衡故障 4 保护分析见表 5.63。

表 5.63　相不平衡故障 4 保护分析

	1 号和 3 号 AC 6.6kV 高压配电板（2 台发电机屏）之间电缆接地故障	
保护类型	一级保护	二级保护
功能	仅隔离电缆	仅隔离电缆
保护名称	相不平衡保护	相不平衡保护
输入传感器	1 套电流互感器：主联络开关电流互感器	1 套电流互感器：从联络开关电流互感器
控制器	主联络开关保护装置	从联络开关保护装置
输出跳闸装置	主联络开关保护装置跳闸主联络开关	从联络开关保护装置跳闸从联络开关
时间设置	5% I_N，25s	5% I_N，25s
是否有联锁装置	无	无

5.4.11　闭环系统短路试验

短路试验的目的是通过在背景工程的 AC 6.6kV 高压配电板母排上模拟短路，来验证整个电力系统的设计，通过保护系统的正确功能，发生短路的故障汇流排安全隔离后，剩余电力系统可以继续运行。

背景工程的短路试验是采用备用开关施加短路故障，并且关闭一级保护即一级保护失效，以验证二级保护功能的正确性。短路试验必须在系泊试验、航行试验和故障模式与影响分析（FMEA）试验完成后才能进行。

（1）短路试验前的准备

1）发电机。检查所有柴油机、发电机和 AVR 的数据，以达到短路试验要求。

2）AC 6.6kV 高压配电板。关闭所有一级保护，只保留二级保护设定即方向性保护。方向性保护首先隔离故障母排部分，然后跳闸发电机开关。故障段的清除分为两个阶段：

第 1 阶段：联络开关和母联开关将检测到故障，通过过电流保护继电器跳闸。使用方向性过电流闭锁功能将防止未受影响的联络开关和母联开关跳闸。

第 2 阶段：故障母排被隔离，故障母排上的发电机将继续检测故障，一旦超过设定时间，则过电流保护继电器保护跳闸。

（2）短路试验

1）短路试验方案。利用 6.6kV 高压配电板上备用开关出线端子触发短路故障，使 AC

6.6kV 主配电板发生单一的三相故障。备用开关将在发电机开关跳闸后才能跳闸，因此对于整个闭环系统，短路故障一直作用在整个母排上。该试验将测试方向性过电流和过电流保护继电器的保护功能，采用母排闭锁方案和方向性保护。在试验中，2 台发电机并联运行，1 台为故障发生的母排上的发电机，发电机保护以及联络开关和母联开关保护将触发，以隔离和清除故障。同时运行 2 台发电机而不是 6 台发电机可以降低发电机和配电板开关设备故障水平。即可以验证闭合系统的二级保护，又最大限度地减少对船舶的危害。需注意的是，AC 6.6kV 高压配电板上的弧光保护功能是不能关闭的，在短路试验期间保持运行状态。

2）短路试验内容与步骤。

①配电板配置。AC 6.6kV 高压配电板开关闭合见表 5.64。

表 5.64 短路试验开关闭合情况

1 号高压配电板配置	2 号高压配电板配置	3 号高压配电板配置	4 号高压配电板配置
BT4MI 联络开关闭合	BT1M 联络开关闭合	BT6M 联络开关闭合	BT3MI 联络开关闭合
BT4M 联络开关闭合	2A 号动力变压器开关闭合	3A 号动力变压器开关闭合	BT3M 联络开关闭合
1A 号动力变压器开关闭合	伸缩推装置 T_2 变压器开关闭合	艉侧推装置 T_3 变压器开关闭合	T_4 MCC 供电变压器开关闭合
1 号主发电机运行	BT2 母联开关闭合	BT7 母联开关闭合	艏伸缩推装置 T_4 变压器开关闭合
主推装置 T_7 变压器开关闭合	主推装置 T_5 变压器开关闭合	主推装置 T_6 变压器开关闭合	BT4SI 联络开关闭合
BT5 母联开关闭合	2B 号动力变压器开关闭合	6 号发电机运行	BT4S 联络开关闭合
艏侧推装置 T_1 变压器开关闭合	BT3SI 联络开关闭合	3B 号动力变压器开关闭合	
1B 号动力变压器开关闭合	BT3S 联络开关闭合	BT1S 联络开关闭合	
BT6S 联络开关闭合			

除上述开关闭合外，其余 4 台发电机开关均断开。

②短路试验。短路试验步骤及内容见表 5.65。

表 5.65 短路试验步骤及内容

步骤	试 验 内 容
1	3 号高压配电板备用开关闭合，用预先设计的铜短路连接条连接三相输出端，确保所有三相输出端都短接，正确地扭动，使三相短路故障发生在整个 6.6kV 闭环运行的母排上
2	BT6M、BT6S、BT4MI、BT4M、BT5、BT4S、BT4SI、BT3M、BT3MI、BT3S、BT3SI、BT2、BT1M 联络开关和母联开关通过母线闭锁方案进行闭锁并禁止跳闸
3	母联开关 BT7 不会被闭锁，将通过 ANSI50 保护跳闸，以隔离故障汇流排 BUS-3B，记录跳闸时间
4	联络开关 BT1S 不会被闭锁，将通过 ANSI50 保护跳闸，以隔离故障汇流排 BUS-3B，记录跳闸时间
5	6 号发电机 ANSI 50 第 1 级保护将向 BT7 和 BT1S 发送跳闸信号，作为备用保护的一部分（信号不会被抑制）
6	BT7 和 BT1S 开关跳闸后，1 号、2 号、4 号配电板和 3 号配电板汇流排 BUS-3A 与故障隔离，并由 1 号发电机供电（被 ANSI 67 方向性保护闭锁）
7	6 号发电机 ANSI 50 第 2 级保护在故障持续时跳闸，记录跳闸时间

(续)

步骤	试 验 内 容
8	BUS-3B 汇流排断电,故障清除。备用开关保护被安排在预期的发电机 2 级保护清除故障后 150ms 跳闸
9	确认系统运行正常:未受影响的母排部分正常运行,1 号发电机正常供电,未受影响的推进装置继续正常运行
10	短路试验成功,记录完整结果

短路试验结束后,根据记录的数据分析形成短路试验报告,最终验证电力系统保护功能设定的正确性。

参 考 文 献

[5.1] 汤天浩,韩朝珍. 船舶电力推进系统 [M]. 北京:机械工业出版社,2015.
[5.2] DOERRY N H, DAVIES J C. Integrated power system for marine applications [J]. Naval engineers journal,1994 (5):77-90.
[5.3] PATEL M R. 船舶电力系统 [M]. 汤天浩,许晓彦,谢卫,等译. 北京:机械工业出版社,2013.
[5.4] IEC. Electrical installations in ships-Part 352:Choice and installation of electrical cables:IEC 60092-352:2005 [S]. Geneva:IEC, 2005.
[5.5] 鲁宗相. 可靠性预测与防范 [M]. 北京:中国电力出版社,2007.
[5.6] IMO MSC Circular 645:1994, Guidelines for Vessels with Dynamic Positioning Systems [S].
[5.7] 中国船级社. 钢质海船入级规范第 8 篇其他补充规定 [S]. 北京:人民交通出版社,2022.
[5.8] 中国船级社. 闭环动力定位系统检验指南(2020)[S]. 北京:人民交通出版社,2020.

第 6 章
船舶电力系统的电能质量分析与控制

船舶电网是独立的电力系统，其电能质量对于保障电力系统运行和船舶安全尤为重要。本章首先对船舶存在的电能质量问题进行分析，进而论述谐波检测算法和仿真验证，并讨论船舶电网谐波抑制方法与电网的电压暂降问题。

6.1 船舶电力系统电能质量问题

由于船舶电力系统与陆上电力系统配置不同，使得它们的电能质量问题既有一定相似性又有其特殊性。本节首先对船舶电能质量进行概述，然后针对船舶电力系统出现的谐波问题、其他电能质量问题以及船级社限定标准进行分析与整理，最后介绍船舶电能质量参数变化造成的影响。

6.1.1 船舶电能质量概念、要求与特性

1. 船舶电力系统特点

船舶电力系统是一个海上移动的孤立电力系统，其结构和运行工况要满足海洋环境要求[6.1]，如图 6.1 所示。

船舶电力系统可认为是把陆上电力系统经过高压输电线路后进行变压器降压后的部分等效为柴油发电机组和新能源发电装置等发出来的电能；而配电网等效为船舶电网，但因船舶的特殊性全部采用电缆而非架空线；电能用户主要是船舶电力推进器等大型电力传动设备和日常负载，如照明、空调、风机、水泵等。把陆上电力系统移植到船舶上的准确表达就是陆上配电网等效为船舶电网，说明陆地电网的电能质量问题在船舶上也会出现，而由于船舶电网容量小，且负荷是动态的，会更加严重。

2. 船舶电力系统电能质量的定义与特点

根据 IEEE 给出电能质量技术定义：合格的电能质量是指给敏感设备提供的电力和设置的接地系统均是适合该设备正常工作的[6.2]，并且正式采用了"电能质量"（Power Quality）这一个术语。IEC 是从电磁兼容（Electromagnetic Compatibility，EMC）的角度去定义：电能质量是指供电装置在正常工作情况下不中断和干扰用户使用电力的物理特性[6.3]。提出"电磁兼容"这一术语，主要强调的是设备与设备或者电源与设备之间的相互作用。通过研究发现，电能质量定义可以从供电电压质量、电流质量等方面去理解，另外电能质量也同时取决于供电电压参数与负载的特性。

船舶电力系统中的"电能质量"根据标准 IEC 61000-4-30：2015 中所述，定义为根据电

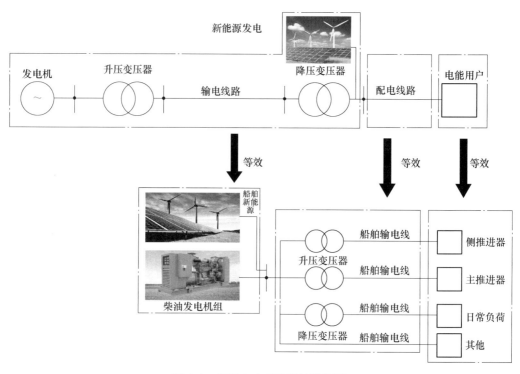

图 6.1　船舶电力系统等效结构图

力系统上给定的电气特性,依据一组参考技术参数进行评估[6.4]。船舶独特的电气特性与其他电网不同,取决于船舶电力系统的配置和运行工况。船舶电力系统电能质量的定义可以参照电网电能质量定义,但具体的指标标准要符合 IEEE、IEC 以及各船级社的要求。为此,船舶电力系统电能质量主要包括在各种船舶工况(操纵工况、海上运行、停靠港口、应急工况)下电能的产生、分配以及使用中产生的谐波、间谐波、电压暂降、电压波动与闪变、冲击脉冲、衰减振荡等,部分扰动参数波形如图 6.2 所示。

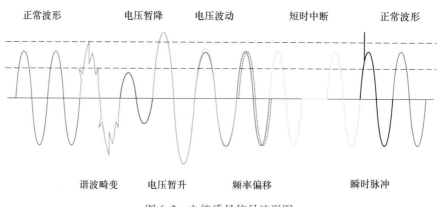

图 6.2　电能质量信号波形图

因船舶运行的独特环境与陆地电网有所差异,船舶电能质量参数指标的限制对陆地电网而言是不同的。

电能是一种广泛应用的能源，或者说是一种特殊的商品，无论是发电、变电、输电还是用电的过程都具有特殊性。因此，与其他产品的质量相比，电能质量具有相关性、动态性、潜在性、复杂性、传播性、整体性等特点。

3. 船舶供电质量与用电质量

船舶电力系统分为供电与用电两部分，其电能质量也取决于这部分的设备及特性。

（1）供电质量 船舶电力系统中的供电质量主要取决于驱动发电机的原动机类型、发电机电压控制装置的特性及其原动机速度调节器的特性。具体要求以我国船级社《钢质海船入级规范》2018版为例，发电机组的频率控制系统和电压控制系统必须确保以下几点[6.5]：

1）当负载在0%~100%额定负载范围内变化时，保持转速与额定值的差值在5%范围内。

2）突然卸载额定负载或者突加一半额定负载时，速度变化不应超出发动机额定转速的10%，且在5s之内必须恢复到原转速。

3）当负载在0%~100%额定负载以及额定功率因数范围内变化时，保持电压在额定值的±2.5%差值范围内。

4）运行在额定转速以及额定电压的发电机，负载的三相平衡性发生突变时，引起的电压降不能低于额定值的15%，电压升不超过额定值的15%，且发电机电压在1.5s内应该恢复。

在应急工况下，电压允许的变化范围要比主发电机稍微宽些。表6.1中列出了《钢质海船入级规范》2018年版的验船规范[6.6]。

表6.1 船舶电网中电压和频率变化范围

参数	额定电压偏差		
	稳态	瞬态	
	值（%）	值（%）	恢复时间/s
电压	6 -10	±20	1.5
频率	±5	±10	5

另外，电网的电压降会引起船舶电网电压其他方面的变化。根据我国船级社的要求，电压降不应超出（占额定电压的百分比）以下范围：

1）对于连接发电机和主配电板或应急配电板的电缆来说不应超出1%。

2）对于连接主配电板或应急电板和正常工作的负载电缆来说不应超出6%。

而对于信号灯以及航海灯来说，在保证所需照明的条件下，其允许的电压降更低。对于短周期负载，如起动电动机的过程中，只要对安装的负载不产生有害的影响，可允许更高一些的电压降。

3）对于直接起动的交流电机电缆来说不应超出25%。

通常，船舶发电机产生的应是三相平衡的正弦电压，因此对于发电机来说，要求其所产生电压波形瞬时值与基波相应值之间的差别，不应超过基波峰值的5%，如图6.3所示，逆序分量和零序分量的值不应超过正序分量值的2%。

各船级社对船舶并联发电机组的有功功率与无功功率的分配进行了规定[6.7-6.9]，一般要求每套发电机组的有功负载在20%~100%额定负载范围内，其下限也可以是发电机最大额定有功输出的15%，或者是最小额定有功输出的25%。另外，在20%~100%额定输出范围内变化时，允许的电流变化被限制在发电机最大输出电流的15%范围内。

（2）用电质量　用电质量指负载消耗电能的性质，即对由同一电网供电的其他负载而言，无论是静态还是动态时都没有干扰。负载对船舶电网电能质量的影响主要表现在：大负载因起停或误操作引起的过渡过程；由于非线性负载产生的高次谐波；负载不平衡等。

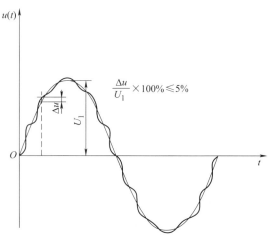

图6.3　非正弦电压波形图

船舶电网电压和频率的变化基本源于大负载，通常是一些直接起动的电动机。例如，起动空气压缩机或者锚机的驱动电动机，其额定功率可能达到单台发电机组输出功率的百分之几十，船舶推进电动机的额定功率也很大。大电机起动时的大电流将引起发电机输出端的电压降，以及电缆连接处的电压降。船舶电缆由于长度较短，且船舶电网的电压较低，其电抗可忽略。船舶电网中的电压畸变，过去主要是由配电设备和负载的投切过程，以及熔断器熔断时的过电压引起的，现在电力电子变流器也是引起电压的畸变原因之一。典型的电压畸变如图6.4所示。图中，u_{1m}为电压基波幅值，u_m为实际电压最大值，u_w为基波电压瞬时偏差系数。

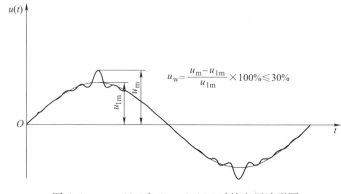

图6.4　$u_w=30\%$和$K_u=9.95\%$时的电压波形图

对于船舶电网的无线电干扰，应确保电力电子设备能够抵御电力系统中出现的下列常规干扰：

1）供电电路以及接地电路中，振幅为2kV的脉冲，纳秒级脉冲干扰；控制电路和信号电路中1kV的脉冲；在每种脉冲极性下5min的测试周期（其中所采用的脉冲为：上升时间/脉冲宽度=5ns/50ns）。

2）供电电路以及接地电路中，1kV脉冲振幅的高能脉冲干扰；控制电路和信号电路中0.5kV的脉冲；对于每种脉冲极性5min的测试周期（其中所采用的脉冲为：上升时间/脉冲宽度=1.2μs/50μs）。

3）频带宽度在150kHz~80MHz之间的馈电线高频干扰，信号的振幅有效值为3V。

4）实施频带宽度在0.05~10kHz之间的馈电线低频干扰，其相应的测试电压水平为：

到 15 次谐波为止，采用额定供电电压有效值的 10%，从 100 次谐波~200 次谐波，采用额定供电电压有效值的 1%。

4. 船舶电力系统电能质量参数

为了电力系统安全、高效地运行，借助可测量且能用于评估的特性指标，来描述电能质量特征是有必要的。这些指标定义了电能质量参数偏离其标准值的允许偏差，在电能的生产、传输、使用中都能用到。

船舶电力系统是一个独立有限的电力系统，因负荷波动、大量电力电子非线性负载、设备工况改变时电压波动和谐波问题更加严重，同时影响到导航、推进和通信等船舶系统的安全运行。针对船舶电网特殊性，根据船级社的规定选择适用于船舶电网的电能质量参数指标，主要的电能质量参数有：

（1）描述电压（电流）、频率的偏差参数

1）电压静态偏差。电压静态偏差用来描述电网供配电系统中电压偏离实际值的指标，定义为负载端偏差值与额定值之间比值。电压静态偏差可表示为

$$\delta U = \frac{\Delta U}{U_N} \times 100\% = \frac{U - U_N}{U_N} \times 100\% \tag{6-1}$$

式中，U 为端电压有效值；U_N 为额定电压有效值；δU 为电压偏移程度。

2）频率静态偏差。频率静态偏差用来描述电网供配电系统中频率偏离规定值的指标，定义为负载端频率偏差与额定频率之间比值。频率静态偏差可表示为

$$\delta f = \frac{\Delta f}{f_N} \times 100\% = \frac{f - f_N}{f_N} \times 100\% \tag{6-2}$$

式中，f 为负载端实际频率；f_N 为电网额定频率；δf 为频率静态偏移程度。

电流偏差与电压偏差类比可以得出，这里不再赘述。电压、频率与额定值的偏差应该在静态和动态时都予以考虑。动态时，应测定瞬时状态持续的时间。例如，对于配有调压器、调速器的发电机组来说，电压瞬时状态持续时间会达到 1s，而频率瞬时状态持续时间会达到 4.5s。此外，还需要考虑电压脉冲对船舶电网的影响。

（2）描述电压（电流）不平衡参数　理想的船舶电网电压是三相三线制，任意时刻的三相电压幅值相等但相位互差 120°，但实际的船舶运行电压并不是平衡的。三相不平衡电压可用不平衡度或系数表示为

$$U_{ub} = \frac{U^-}{U^+} \times 100\% \approx \frac{U_{max} - U_{av}}{U_{av}} \times 100\% \tag{6-3}$$

式中，U_{ub} 为三相电压不平衡系数；U^+ 和 U^- 分别为三相电压的正序和负序电压有效值；U_{max} 为三相最大电压；U_{av} 为三相平均电压。

三相电流不平衡参数类比三相电压不平衡参数可以得出，这里不再赘述。根据国际电工委员会的规定（在 IEC 报告 892/1987 中给出），若电压不平衡超过 5%，则必须对电机运行进行电压对称逆序分量的分析。对于轻微的电压不平衡，应根据电压不平衡情况降低电机负载。

（3）描述电压（电流）波形畸变和功率因数参数

1）波形与畸变指标。在正弦情况下，电压平均畸变指标 K_{av} 为电压有效值 U_{rms} 与平均值 U_{av} 的比值，可表示为

$$K_{av} = \frac{U_{rms}}{U_{av}} \tag{6-4}$$

在非正弦情况下，电压平均畸变指标等于基波有效值与整个信号有效值的比率，可表示为

$$K_{avn} = \frac{U_1}{\sqrt{U_1^2 + \sum_{h=2}^{\infty} U_h^2}} \tag{6-5}$$

式中，U_1 为电压基波分量的有效值；U_h 为第 h 次电压谐波有效值。

当电网谐波含量较多时，会发生正弦波畸变和波形失真，可以用总谐波畸变率（Total Harmonic Distortion，THD）和总波形失真率（Total Waveform Distortion，TWD）来表示。

THD 用来表示电压或电流波形的畸变程度，例如电压 THD 的计算公式为

$$\text{THD}_u = \frac{\sqrt{\sum_{h=2}^{\infty} U_h^2}}{U_1} \tag{6-6}$$

TWD 用来表示电压或电流波形的失真程度，例如电压的 TWD 计算公式为

$$\text{TWD}_u = \frac{\sqrt{U_h^2 - U_1^2}}{U_1} \tag{6-7}$$

同理，可以表示和计算电流总谐波畸变率 THD_i 和总波形失真率 TWD_i。以上参数可作为船舶电力系统波形畸变的指标，由于电动机、变压器、仪器或者用来改善功率因数的电容器所产生的高次谐波电流会导致额外的能量损失，我国船级社规定低压电网电压总谐波畸变率低于 5%，挪威和美国船级社的规定也为 5% 限值，但俄罗斯和波兰船级社规定是低于 10%。

2）功率因数。在船舶电网中的功率因数主要是基波功率因数 λ_1，主要表示电能的有功功率占比，但电压和电流畸变对 λ_1 有较大影响，可表示为

$$\lambda_1 = \frac{P_1}{S} = \frac{U_{1rms} I_{1rms} \cos(\varphi_1 - \phi_1)}{U_{rms} I_{rms}} = \frac{\cos(\varphi_1 - \phi_1)}{\sqrt{1 + \text{THD}_u^2}\sqrt{1 + \text{THD}_i^2}} \tag{6-8}$$

式中，P_1 为基波有功功率；S 为视在功率；U_{1rms} 为电压基波有效值；I_{1rms} 为电流基波有效值；$\varphi_1 - \phi_1$ 为基波电压与电流的相位差。

（4）描述并联运行发电机组的有功功率和无功功率分配 船舶电网在运行中会出现多台发电机并联运行，需要通过参数描述发电机并联运行中功率分配关系。有功功率与无功功率分配系数可分别表示为

$$\delta P_i = \frac{P_i - \alpha_i \sum_{i=1}^{r} P_i}{P_N} \times 100\% \tag{6-9}$$

$$\delta Q_i = \frac{Q_i - \alpha_i \sum_{i=1}^{r} Q_i}{Q_N} \times 100\% \tag{6-10}$$

式中，P_i 和 Q_i 分别为发电机并联运行中第 i 台发电机输出的有功功率和无功功率；P_N 和 Q_N 分别为并联运行中输出功率最大的发电机的额定有功功率和无功功率；r 为并联的发电机数目；α_i 为比例系数，这个分配比例关系到船舶运行的安全性，所以要时刻测量 δP_i 和 δQ_i 的值，且在静态时和动态时都需要测量，保证发电机组并联运行有功功率与无功功率分配比例。

（5）其他用于船舶电力系统的电能质量参数指标

1）电压频率比平均偏移系数。由于船舶电力系统特性较软且单个发电机组的控制系统较为独立，会出现电压与频率比值与额定值的偏差较大。电压频率比，简称压频比（U/f），其平均偏移系数定义为

$$\delta(U/f)_{av} = \frac{U/f - U_N/f}{U_N/f} \times 100\% \tag{6-11}$$

船舶在运动状态下，若压频比发生较大变化，会导致变压器等磁通量剧烈变化。若保持压频比恒定，电机的机械特性比较硬，保持磁通量不变。受磁路影响该指标应长时间测量。

2）电压动态偏差。电压动态偏差是指电网电压有效值的快速波动，与静态电压偏差相比，动态电压波动发生时间短且变化剧烈。电压动态偏差可表示为

$$\delta U_d = \frac{U_{max} - U_{min}}{U_N} \times 100\% \tag{6-12}$$

式中，$U_{max} - U_{min}$ 为电压波动差值；U_N 为电压额定值。

3）暂态指标参数。船舶上可用一组指标来描述电压突降、电压暂降等。电压突降是大幅度下降后又回到原来水平，一般的指标描述如下：

$$\Delta U_{sag} = \frac{U_{min} - U_N}{U_N} \times 100\% \tag{6-13}$$

式中，ΔU_{sag} 为电压降的深度；U_{min} 为电压突降过程中电压最低有效值。

电压暂降指的是瞬时值剧烈变化，可通过电压暂降深度系数 MF 描述为

$$\text{MF} = \frac{\Delta u(t)}{U_m(t)} \tag{6-14}$$

式中，$\Delta u(t)$ 为瞬时电压的幅值变化值；$U_m(t)$ 为供电电压瞬时值的幅值。

电压暂降是船舶运行在恶劣环境条件下，特别容易发生的故障，对此参数指标的设定以及测量，进而抑制此种情况是非常有必要的。

5. 船舶电力系统电能质量指标标准

在表 6.2 中，以中国船级社（CCS）《钢质海船入级规范》2018 版的第 4 分册为例[6.6,6.10]，列出了船舶电网的电能质量指标及其限制值。表中一些指标的限制条件的缺失，意味着电能质量的相关指标未在该船级社的规定中定义。

表 6.2 船舶电网电能质量指标和其限制值

指标	限制值
电压畸变指标 THD_u	5%
基波电压瞬时偏差系数 u_w	—
特定次谐波影响因子 k_{ih}	—

(续)

指标	限制值
电压平均畸变 K_{av}	—
电压静态偏差 δU	-10%和6%
频率静态偏差 δf	±5%
电压动态偏差 δU_d	±20%在1.5s内
频率动态偏差 δf_d	±10%在5s内
电压平均偏差 δU_{sr}	—
频率平均偏差 δf_{sr}	—
有功功率静态分配系数 δP_i	15%
无功功率静态分配系数 δQ_i	10%
有功功率动态分配系数 δP_{id}	—
无功功率动态分配系数 δQ_{id}	—
电压不平衡系数 U_{ub}	—
电压频率比平均偏移系数 $\delta(U/f)_{av}$	—
有功功率畸变系数 W_p	—

随着现代船舶的发展，电力电子装置和可再生能源广泛应用在船舶上，《钢质海船入级规范》2018版[6.6]的第8篇对谐波限制进行了补充：含有变流器装置的电网，前15次谐波不得超过5%，并且第100次谐波要在1%下。对于专用系统，总电压畸变应不超过10%。此外，对于船舶电网功率的分配标准方面也在第4篇进行了更正：严格要求有功功率分配系数在±15%以内，无功功率分配系数在±10%以内，取消了25%的限制标准。

电压和频率波动以及谐波失真的限值在国外由多项海事标准规定。如 IEC 60092-101-2018[6.11]、LRS 标准[6.12]、海军军事机构标准化标准 STANAG 1008-2004[6.13]、ABS 标准[6.14] 和 IEEE 标准 IEEE Std-45-2002[6.15]，都规定了许多特殊的适用于船舶电网的电压和频率要求[6.16]。值得一提的是，随着现代船舶的发展，在电压和频率波动以及谐波失真的限值方面，ABS、LRS 以及国际船级社协会（International Association of Classification Societies，IACS）等具有相同的限制值，但 DNV 为紧急分配系统规定了附加条件，不超过 3.5%[6.4]。另外 LRS 对频率波动提出不超过 1.5Hz/s[6.17-6.18]。

时至今日，各个船级社对谐波失真的限制仍然没有统一。2017 年 IACS 签约建造的船舶统一采用船舶配电系统谐波失真不超过 8%，并且要求至少每年进行船舶主汇流排的谐波失真水平测量[6.19]。但 DNV 在此基础上要求任何单次谐波含量不超过 5%[6.20]；PRS 要求前 50 次谐波含量不能超过 8% 的标准[6.17]。此外，除了针对民用或商用船舶的谐波失真标准和规则之外，STANAG 1008 对海军舰船有所规定：40 次谐波以下，总谐波失真系数应小于 5%，单次谐波失真系数不应超过 3%。虽然各个船级社都对谐波失真进行了规定限制，但是仍然有不少的模糊之处，甚至还有缺失。到目前为止，没有一个船级社对间谐波进行限制规定，多数是基于整数次谐波的规定[6.21]。

最后，为了船舶电力系统中电能质量的评估，大多数主要的船级社均规定了类似的指标，主要区别在于限制值，各船级社标准对比见表 6.3[6.1,6.22]。

表 6.3　各船级社船舶电力系统电能质量指标的对比

船级社	IACS	LRS	DNV	NKK	ABS	RS
THD（%）	配电 8	8	5（单次） 10 *	***	5 **	10
u_w（%）	—	—	—	—	—	30
δU（%）	6，-10	6，-10	6，-10	6，-10	6，-10	6，-10
δf [%]	±5	±5	±5	±5	±5	±5
δU_d [%]	±20	±20，-15	±20，-15	±20	±20	±20
δf_d [%] $t = 1.5s$	±10	±10	±10	±10	±10	±10
δP_i [%] $t = 5s$	—	15/25	15/25	15/25	15/25	15/25
δQ_i [%]	—	5	10/25	10/25	10/25	10/25

注：1. * 适用于带有电力电子变流器的系统；** 仍在讨论中；*** 目前数据缺乏。
　　2. RS 为俄罗斯船级社。

表 6.2 和表 6.3 显示了静态和动态时，电压、频率允许的偏差值，从中可以看出各项能确保负载正确运行的限制值。然而对发电机组类似的要求更加严格，如要求 $\delta U = 2.5\%$。

在各船级社规定的大多数指标中，δU、δf、δU_d、δf_d 阐明了"安装在船舶电力系统中负载的要求"，THD_u 体现了供电电压畸变的允许程度，δP_i 和 δQ_i 给出了发电机组并联运行的条件。另外，各船级社也提出了电磁兼容测试的相关要求，如电能控制和使用仪器设备、计算机，及其外围设备（如射频、辐射、快速瞬态过程、慢速瞬态过程）。此外，发现表 6.2 和表 6.3 中缺少对供电电压不平衡的要求。

上述指标参数对于船舶电能质量的评估和治理是非常重要的。未来船舶会向着信息化和智能化发展，还需要考虑更多电能质量指标，比如电压调制、间谐波、谐波子群、频率调制和新的瞬态指标等，新考虑的新指标的标准限制以及检测和评估领域也会不断开展。

6. 船舶电力系统电能质量特性

船舶电网电能质量不仅依赖于由发电装置所发电能的质量，而且依赖于电力负载的用电质量。前者主要涉及供电电源，包括发电机和其他电源，特别是新能源对电能质量的影响。然而负载对船舶电网电能质量的影响主要为：①接通和关断大功率装置所引起的瞬态响应；②电力装置被误操作时的瞬态响应；③非线性负载造成的电网谐波；④不平衡负载。

实际上，在船舶电网中具有确定和随机两种特性的扰动是明显不同的。对于随机性扰动，船舶电力系统响应的决定因素有电站的构造、主配电板上的负载、控制系统的特性等。然而，随机性扰动可以归因于噪声特性的干扰，例如平衡泵、推进电机或甲板起重机械的起动等。但这些扰动可以认为具有相当的确定性。相反，有些装置的起动或停止过程却不具有确定性，因为它们的工作过程要视控制对象的变化情况，如制冷机、压缩机或者水泵等。然而，区分船舶电网中干扰的性质比较困难，但可以通过一些测量参数来描述。

船舶电网一般为低压电网，目前也采用中压电网。船舶电网上的交流电压波形只能近似地看作正弦波。除了基波之外，还存在畸变，并且除了周期性的畸变波外，还有随机产生的畸变波。在陆上电力工业标准中，畸变波常常被称为干扰。图 6.5 显示了在船舶电网中所出现的干扰的实例。

6.1.2 船舶电力系统的谐波分析

目前，国际上公认的谐波定义为：谐波是一个周期电气量的正弦波分量，其频率为基波频率的整数倍。综上所述，电气参量经傅里叶级数分解后，除了基波外，从广义上讲，其余的一系列波都属于谐波[6.3]。

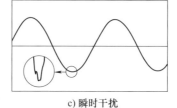
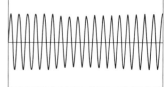

a) 谐波干扰　　　　　　　b) 谐波和间谐波干扰

c) 瞬时干扰　　　　　　　d) 短时间电压变化(上升或下降)

图 6.5　船舶电网电压畸变的实例

在三相平衡的电网中，偶次谐波因对称被抵消，奇次谐波是主要来源。电网的谐波主要分布在 $6n\pm1$ 次，例如 5、7、11、13、17、19 次谐波等。另外船舶电网的容量有限，使得电压与频率之比 U/f 偏移变化，导致 29~50 次之间的高次谐波占比增多，这也是与陆地电网谐波的明显区别。船舶由于运行工况复杂，还需要考虑由变频器、异步电动机和电弧装置产生的间谐波。

在现代船舶电力系统中，大量电力电子装置的应用，使谐波成为船舶电网最受关注的问题。进入 21 世纪，船舶电力系统有交流制、直流制与交直流混合制的方案，根据特定场合采用合适的电制是非常必要的。第一：综合电力系统的发电侧存在整流设备，会造成交流谐波的非线性问题；第二：负载侧的电力推进装置（电机）采用变频装置，出现严重的非线性特性，会进一步加重船舶电力系统的干扰，严重时会给船舶的运行经济安全性带来负面影响[6.23]。

谐波扰动信号的数学模型普遍基于傅里叶级数，可表达为

$$f(t) = \sum_{i=1}^{n} A_i \sin(2\pi f_i t + \varphi_i) \tag{6-15}$$

式中，A_i 为谐波幅值；f_i 为频率；φ_i 为初相位。

船舶电力系统电能质量中谐波干扰是主要问题之一，某船舶电网电压的畸变波形如图 6.6 所示，可以发现电网电压发生了严重的畸变。对船舶电力系统谐波的精确高效检测和完善治理是目前课题研究的热点之一。

当前，船舶电力系统产生谐波的谐波源主要有两种分类方式，一种是按其非线性特性，另一种是基于谐波产生的机理。本节采用后一种分类方式来分析船舶电力系统的谐波源。根据谐波产生的机理，分为 3 类阐述谐波产生原因。

（1）船舶电力电子装置的广泛使用　船舶主要谐波源是大功率变流装置[6.24]。常用变频器的主电路包括整流器和逆变器。变频器因采用二极管或晶闸管整流器产生网侧谐波电流，加上船舶电网线路短、负荷密度大，会导致谐波畸变恶化；高次谐波会导致船舶电网的

第6章 船舶电力系统的电能质量分析与控制

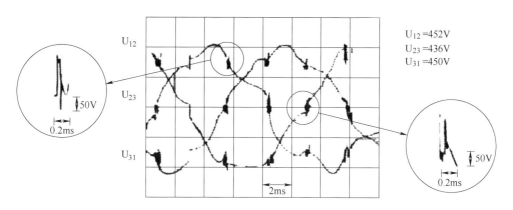

图6.6 船舶电网电压的畸变波形

电压谐振，产生过电压的危害[6.25]。除了变频调速系统外，船舶大功率充电设备、通信、导航及报警等系统所需直流电源均需要整流器，船用录像机、洗衣机、空调和电冰箱等生活电器，也都有变流装置，均会产生谐波的污染[6.26-6.27]。

近年来，随着船舶可再生能源发电和大容量储能技术的快速发展，在发电端接入了非正弦电源，使得电网谐波畸变问题更需引起重视。例如：光伏逆变器的输入、输出关系具有非线性，开关器件频繁的开通、关断会对船舶电网造成谐波，虽然并网逆变器一般都是利用脉冲宽度调制（Pulse Width Modulation，PWM）技术，但仍有高次谐波注入电网[6.28]。

（2）电磁装置磁路饱和产生谐波　电磁磁路饱和会造成感应电势存在谐波成分。船用变压器的励磁回路具有非线性电感，其励磁电流在漏电抗上面产生电压降，使得变压器感应电势中包含谐波分量，其中3次谐波最为严重[6.25]。变压器基本磁化曲线如图6.7所示，当磁路饱和时，励磁电流i_F与磁通Φ呈非线性关系，且i_F变化比Φ变化快，且随着饱和程度高，i_F波形畸变越严重。将i_F波形进行分解，得到3、5、7、…次谐波，其中3次谐波幅值占比最大，是变压器的谐波主要来源。

船用变压器通常采用△-△联结，以避免出现故障电流影响船舶运行。此外，船舶上电压与电流互感器、接触器、制动电磁铁和继电器等电磁装置均由于磁饱和特性的存在，使得线圈电流和感应电压呈现非线性特性，甚至在投切过程中产生浪涌电流，也会造成谐波畸变。

（3）船用交流电弧焊机电弧现象引起谐波　工作的交流电弧焊机，不仅出现电弧点燃，还会出现变动，进而电弧的电压、电流波动不规律，参数表现非线性相关，使得大量谐波注入船舶电网。在运行过程中，此现象会对船舶电网造成一定冲击，严重影响船舶电网稳定运行[6.26]。

如图6.8所示，三相发电机发出的电能，经电力电子变流器驱动电动机。可将三相电路分解成3个单相电路，任选一个单相电路进行分析。

图6.8中，P_1为发电机发出的有功功率；P_h为电力电子变流器产生的谐波有功功率；P为电动机的有功功率；Z_s可视作电源和输电线的等效阻抗。电路中的有功功率不是常量，通过下述关系式进行定义：

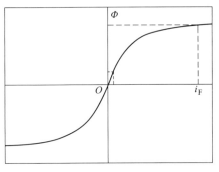

图 6.7 变压器基本磁化曲线　　　　图 6.8 带非线性负载的单相电路分析

$$P = \frac{1}{T}\int_0^T u(t)i(t)\mathrm{d}t$$

$$= \frac{1}{T}\int_0^T \left[\sum_{h=1}^{\infty}\sqrt{2}U_h\sin(h\omega t+\varphi_{uh})\right]\left[\sum_{h=1}^{\infty}\sqrt{2}I_h\sin(h\omega t+\varphi_{ih})\right]\mathrm{d}t$$

$$= U_1 I_1 \cos\varphi_1 + \sum_{h=2}^{\infty} U_h I_h \cos\varphi_h = P_1 + \sum_{h=2}^{\infty} P_h \tag{6-16}$$

三相桥式变流器常用于船舶电力拖动系统的控制系统,变流器不仅在电网中吸收 f_1 = 50Hz 的基波电流,并且在电网中产生频率为 nf_1 的谐波电流。如图 6.9 所示,变流器相电流被分解成 1 次、5 次、7 次谐波图形。

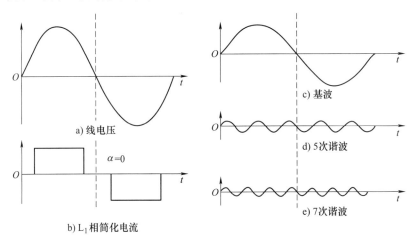

图 6.9 六脉冲变流器相电流的谐波分解(全控型,且 $\alpha=0$)

在图 6.8 所示电路中出现的高次谐波,将导致电压和电流的有效值被高估为 M_{rms},(假定有效值应为 M_1,为一常量),如式(6-17)所示。

$$M_{\mathrm{rms}} = \sqrt{\sum_{h=1}^{h_{\max}} M_h^2} = M_1\sqrt{1+\mathrm{THD}^2} \tag{6-17}$$

可见,高次谐波将导致所消耗的总功率增加,造成附加功率损耗,还引起由电涡流导致的附加涡流损耗。

如果把图 6.8 电路中的负载看作频率变换器,它将以脉冲性负载的形式影响电网电压。

电压畸变程度取决于它的阻抗和负载电流。第 h 次谐波电压的相对幅值可定义为

$$U_h = \frac{\sqrt{R^2 + h^2 X^2}}{U} I \times 100\% \tag{6-18}$$

式中，R 为电网等效电阻；X 为电网相对于基波电流的电抗值。

6.1.3 船舶电能质量其他类型问题

（1）频率偏差与波动　频率偏差是由电力系统有功功率的不平衡引起的，与发电机的转速直接相关。当发电量与负荷用电量出现非动态平衡时，频率相应会微小变化，而船舶的基频波动或者浮动是最严重的。描述船舶频率偏差的数学模型表达式为

$$f(t) = U_m \sin[2\pi f_p(t) t] \tag{6-19}$$

式中，U_m 为交流电压幅值；f_p 为变化的频率。

图 6.10 所示为船舶频率偏差的扰动波形（归一化）。

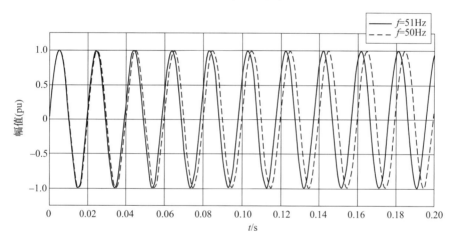

图 6.10　船舶频率偏差的扰动波形

图 6.11 所示为某动力定位全电力船基频波动的波形。

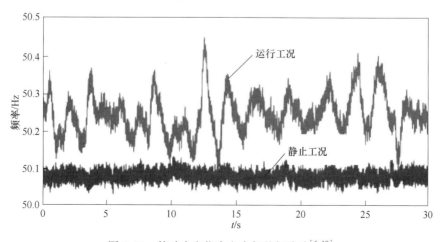

图 6.11　某动力定位全电力船基频波动[6.18]

发电机的原动机转矩脉动以及风、浪等环境导致负载频繁变化,是船舶电力系统频率波动来源。船舶大功率负荷与冲击性负载接入船舶电网,是船舶频率波动的主要原因之一。冲击性负荷接入后,原动机出现滞后的功率调节,在发电端口产生不平衡的有功功率,使同步发电机组转速出现变化,造成频率波动。其中船舶的基频波动最为严重,对导航通信系统、调速电机等敏感负荷的正常工作造成影响[6.29]。随着分布式电源(Distributed Electric Resource,DER)接入船舶电网,对频率波动有很大影响,比如光伏逆变装置具有随机性和波动性,会出现有功功率与负荷之间的动态不平衡,导致频率波动,严重时可能超过频率限定标准值[6.30]。

(2) 功率因数低　功率因数低是船舶电力系统运行中遇到的另一个电能质量问题。船上大量使用电动机等感性负载,使得功率因数滞后[6.4]。除电动机外,船舶电网中还存在大量电力电子装置等非线性负载,以及如空调、冰箱、日常电气设备等,都会消耗无功功率,导致功率因数降低。低功率因数会带来如下危害[6.31]:

1) 引起船舶电网电压波动。船舶发电机组的无功功率通过励磁调节提供,功率因数低会导致船舶电网电压波动严重,影响船舶负荷的正常工作,进一步恶化船舶电力系统电能质量问题。

2) 增加线路损耗。在船舶电网无功功率的传输过程中,无功电流会流过传输线路,造成船舶电网有功功率损耗,进而会影响船舶电力系统运行经济性。此外,线路损耗严重时,降低有功分量,进而导致低功率因数现象更加严重,影响船舶正常运行。

(3) 三相不平衡　船舶电力系统也有三相电压/电流不对称问题,但一般不报告电压三相不平衡,因为多数大功率接收装置都是三相设备。但在大功率负载故障时,可以观察到不平衡的现象[6.4]。可见船舶电网三相电压不平衡的来源是负载不均衡、感应电动机(Induction Machine,IM)故障等[6.32];而谐波、间谐波以及感应电动机在起动瞬间也会造成三相不平衡现象,甚至还会引发电压、频率等波动的问题,具有一定连锁反应。图 6.12 所示为船舶电网三相电压不平衡扰动仿真波形的例子,由电压不平衡度 U_{ub} 表示。

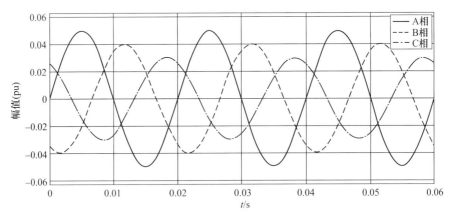

图 6.12　船舶电网三相不平衡电压扰动仿真波形

(4) 船舶电网电压暂降　船舶电网电压暂降是指电压出现异常,电压幅值下降到额定值的 10%~90%,并持续 0.01~60s 的电压暂时性跌落现象。船舶因其特殊复杂的运行环境,电压暂降最重要的来源是船舶电网的短路故障、大容量变压器空载合闸引起励磁涌流、大容

量感应电动机直接起动等[6.33]。电压暂降是船舶最严重的暂态电能质量问题之一。船舶电网电压暂降可表示为

$$u_{sag}(t) = U_m\{1 - \alpha[\varepsilon(t-t_1) - \varepsilon(t-t_2)]\}\sin(\omega t + \varphi) \quad (6-20)$$

式中，α 为下降程度系数，一般 $0.1 \leq \alpha \leq 0.9$。$0.5T \leq t_2 - t_1 \leq 30T$，$\omega = 2\pi f_1$。

电压暂降的特征参数包括暂降幅值、持续时间和相位跳变，如图 6.13 所示为船舶电网电压暂降扰动仿真波形例子。船舶电网的电压暂降因为船舶电网容量有限，又受航行工况（加速、减速、转向、急停避让）的影响，具有特殊性。电压暂降对于船舶系统的可靠性而言至关重要，因为应用大量数字技术的设备对电压暂降十分敏感。据不完全统计，多数电压暂降的剩余电压占比在 70% 以上，占比低于 50% 的几乎为 0，可以用单相短路接地故障模拟电网电压暂降[6.34]。

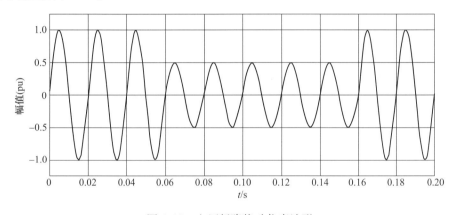

图 6.13 电压暂降扰动仿真波形

6.4 节会详细描述船舶电力系统电压暂降问题，这里不过多讲述。

（5）船舶电力系统其他电能质量问题 除上述谐波、频率偏差、三相不平衡外，船舶电压波动问题来源主要是大功率电动机频繁起停瞬间等引发。船舶在海洋上航行存在各种运行工况，如大风大浪天气进行加速、急停、躲避等都会造成严重的电压波动，这是不可忽略的船舶电能质量问题。描述船舶电力系统电压波动扰动的数学表达式为

$$U_d(t) = [1 + \alpha\sin(2\pi f\beta t)]U_m\sin(2\pi f t) \quad (6-21)$$

式中，α 为波动幅值；β 为波动频次；U_m 为原始波形幅值。

图 6.14 所示为船舶电力系统电压波动与基波波形对比。

暂态电能质量问题发生时，危险程度往往会高于稳态方面问题。电压暂升又被称为短时电压上升，被定义为 0.01~60s 内工频电压幅值上升至标准电压的 1.1~1.8pu 之间，通常用剩余电压和持续时间来描述特征。船电压暂升主要由电容器投切与故障引起。

电压暂升常与系统故障条件联系在一起，但它没有电压暂降出现的频率高。电压暂升的数学表达式为

$$u_{swell}(t) = U_m\{1 + \alpha[\varepsilon(t-t_1) - \varepsilon(t-t_2)]\}\sin(\omega t + \varphi) \quad (6-22)$$

式中，α 为上升程度系数，一般 $0.1 \leq \alpha \leq 0.8$。$0.5T \leq t_2 - t_1 \leq 30T$，$\omega = 2\pi f_1$。

图 6.15 所示为船舶电力系统暂态电压的扰动波形。

短时电压中断，指电压幅值降至标准电压的 10% 以下，且时间不超过 1min 的电压变化。

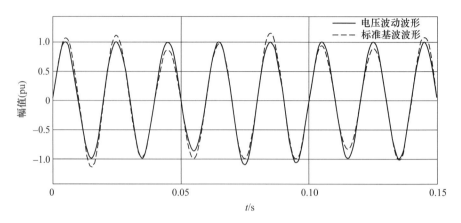

图 6.14 电压波动与基波波形对比

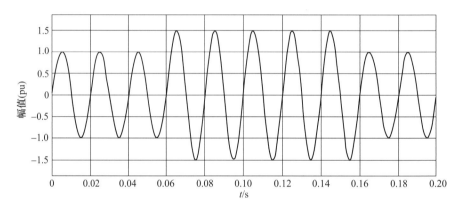

图 6.15 船舶电力系统暂态电压的扰动波形

短时电压中断通常采用持续时间来描述,其数学表达式为

$$u_{\text{sh}}(t)=\begin{cases}\sin(\omega t+\varphi_1) & t\leqslant t_1 \text{ 或 } t\geqslant t_2\\ \alpha\sin(\omega t+\varphi_2) & t_1\leqslant t\leqslant t_2\end{cases} \tag{6-23}$$

式中,α 为中断程度系数,一般 $0\leqslant\alpha\leqslant 0.1$。

图 6.16 所示为船舶电力系统短时电压中断扰动模拟波形。

船舶上大负荷的起动、线路故障和电容器的投切还会出现脉冲暂态,又称为冲击暂态,是一种在稳态运行条件下、极短时间内,电压或电流非工频、单极性的突变现象。脉冲负载是船舶电力系统中环境中特有的,受雷击影响。可采用持续时间极短的矩形波近似模拟,其数学表达式为

$$u_{\text{sp}}(t)=\begin{cases}\sin(\omega t+\varphi) & \\ \alpha+\sin(\omega t+\varphi) & t\in[t_1,t_2]\end{cases} \tag{6-24}$$

式中,α 为突出程度系数;$5\text{ns}\leqslant t_2-t_1\leqslant 1\text{ms}$。

图 6.17 所示为船舶电力系统脉冲暂态干扰波形。

另外,船舶暂态电能质量还包括瞬时振荡、短时谐波等,因篇幅限制,这里不做介绍。实际的船舶电网中,由于负荷装置数量与种类繁多,各运行工况下负载切换频繁等,不仅会

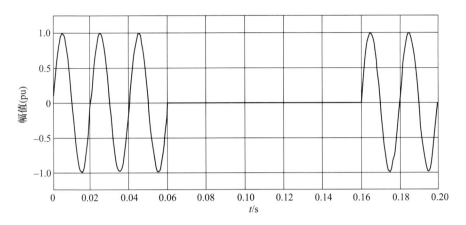

图 6.16 短时电压中断扰动模拟波形

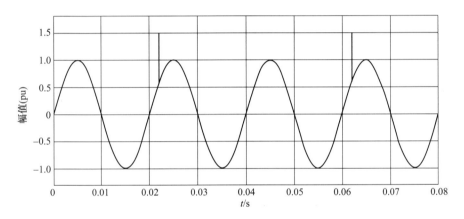

图 6.17 脉冲暂态干扰波形

出现单一的稳态、暂态电能质量扰动,甚至会出现复合的船舶电网电能质量扰动。

总的来说,船舶电网中的电能质量取决于发电与用电的质量。这些问题是相互关联的,只有在适当假定条件下才可分开考虑。

6.1.4 船舶电能质量问题影响

船舶电力系统在电能的生产、传输和使用过程中是否符合质量要求是系统能否正常运行的基本条件,对船舶运行经济性与安全性至关重要。船舶电力系统电能质量问题的主要影响表现在:

1)电压与频率波动造成的影响。它不利于电力设备的运行。例如:电压的变化造成感应电动机损耗增加,绕组温度升高与绝缘老化;频率的变化还会影响电动机的转速与船用电子仪器和自动控制设备的正常运行。

2)电压与频率偏差造成的影响。当电压与频率的比值变化较大时,它将影响电动机和仪器的磁路的磁通量发生变化,使其偏离了最佳运行条件。因此,船舶电网中电压和频率的比值应保持恒定。

3)三相电压不平衡造成的影响。它主要对电动机运行的影响较大,引起绕组温度上升；影响许多单相用电设备正常运行；引起整流器、变频器输入电流谐波含量增加，导致电网电压畸变，进而影响其他船载负荷的正常工作。

4）电压波形畸变造成的影响。高次谐波和间谐波，以及瞬时电压降和宽频域内的噪声对用电设备的影响各异。供电电压中包含的谐波和间谐波，几乎对所有用电设备的运行都有影响。例如：高次谐波引起发热和增加损耗、加剧绝缘老化以及导致设备故障等；谐波电流使电动机定子和转子产生电磁力矩，增大振动及噪声等；负载电流中的谐波会对测量系统和电力保护系统产生不利影响；瞬时扰动及噪声对无线电通信和电子导航设备以及自动化系统的影响较大。瞬时扰动会引起这些设备不正常运行，甚至停止运行。由于船舶波形畸变问题严重时会有重大安全事故，为此 2009 年中国船级社（CCS）就要求主汇流排的 THD≤10%，分汇流排要求不超过 5%。

6.2 船舶电力系统谐波检测与分析

电力系统参数检测分析是电能质量控制与改善的基础。最初的参数检测多采用模拟技术，现在可采用数字技术。本节首先介绍船舶电力系统谐波的标准与检测意义；其次对不同类型船舶产生的谐波进行分析；接着介绍船舶电网谐波的检测方法与测量系统，其中就三相无功功率检测和希尔伯特-黄变换（Hilbert-Huang Transform，HHT）进行了算例仿真说明；最后将上述几种检测算法优劣进行对比分析说明。

6.2.1 船舶电力系统的谐波检测标准

（1）船舶电力系统谐波标准　一些国际学术组织和国家根据自己国家实际情况相继制定了限制谐波的标准和规定。目前，国际上把谐波限制标准分 3 大类：用户系统谐波限制标准、设备谐波电流限制标准和谐波测量标准。

各国考虑的谐波次数有所不同。例如，对于最高次谐波，欧洲电气协调委员会取 40 次，但英国一般只取到 19 次，美国和加拿大取到 50 次。并且电网的谐波水平基本是用电压的谐波含有率和总畸变率来反映的。当前世界各国谐波电压标准限制大体限制为：

低压电网（≤1kV）　　　　　4%～5%
中压电网（2～72kV）　　　　2%～5%
高压电网（≥72kV）　　　　　1%～2%

但对于船舶电力系统而言，上述的谐波标准可作为一个参考，但不能直接套用。针对船舶电力系统的特殊性，各国船级社标准、国家军用标准（GJB）、IEEE 标准、EN 标准等都制定了相关谐波限制。

当前，根据现有的资料显示，现有的舰船相关标准中，仅对 380V 等级低压电网电压谐波总畸变率和单次谐波最大含量给出了规定[6.35]，见表 6.4。

表 6.4　舰船 380V 等级低压电网电压谐波限定值标准对比

标准	GJB	CCS	IEC	DNV	德国 LORDS	美军标	英军标
单数次谐波含有量（%）	3	3	3	3	—	3	3
电压谐波总畸变率（%）	5	5	5	5	8	5	5

表 6.4 中可以看出船舶的相关标准与陆用公用电网相关标准有所不同,并没有给出 6kV、10kV 等各电压等级的限制标准,也没有给出各单次谐波含有量的限制值。因此,船舶电压谐波限制标准应在现有低压电网电压谐波限制要求的基础上,有选择地借鉴相关电网电压谐波限制标准。

对于一般的舰船电力系统来说,常用三相交流 380V(220V)一级主供电网络,所以船级社的谐波标准与公用电网谐波标准可互用。但对于船舶综合电力系统而言,存在 3kV/6kV/11kV、(690V)、380V 两级或三级主供电网络,电力系统网络短路容量有限,并且电力推进变频装置是船舶最大的谐波源,相当于谐波源在中压侧,其幅值远大于低压侧,且中压电流通过变压器流入低压网络,造成严重电压畸变。因此,船舶综合电力系统的中压电网电压总谐波畸变率要高于低压电网,否则会危害船舶的安全运行,故公用电网谐波标准不适用。

《钢质海船入级规范》2018 年版[6.6]对船舶电力系统谐波做了如下限制:单次谐波~15 次谐波应不超过标称电压的 5%,其后逐渐减少,到第 100 次谐波时应减少到 1%。对配电板而言,电压畸变率不能高于 10%。谐波标准实质上是解决谐波源和电网之间谐波干扰的重要标准。

(2)船舶电力系统谐波检测的意义 船舶在环境复杂多变的海洋中运行,电力系统工况条件复杂,谐波检测应适应船舶需求。当前应用最广泛的谐波检测装置是基于傅里叶变换(Fourier Transform,FT)方法,正在研究采用更加适合的谐波检测算法,研制出实时、精确、高效的船舶电网谐波检测装置。未来,新的课题是研究暂态谐波检测,以解决瞬态谐波扰动,进一步减少船舶经济损失,提高船舶各工况的运行效率。

6.2.2 不同类型船舶电力系统谐波分析

船舶交流电力推进系统均采用变频器,它将以脉冲性负载的形式来影响电网电压和电流。电网畸变程度取决于变频器的电路结构和负载电流,现根据船舶交流推进变频器主要类型进行分析和比较。

(1)采用电压源型逆变器的变频器谐波 通常变频器采用二极管整流与电压源型逆变器(Voltage Source Inverter,VSI 逆变),如果是三相桥式整流电路,在交流输入端可观测到其电流波形为对称阶梯波,如图 6.18 所示。

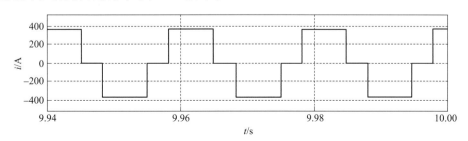

图 6.18 采用 6 脉波整流电路的变频器输入电流波形

假设变频器与变压器均为三相对称结构,且变频器与整流器通过直流母线的电容完全解耦,在变频器网侧的谐波电流分量有

$$h = kp \pm 1 = 5, 7, 11, 13, \cdots \tag{6-25}$$

（2）采用电流源型逆变器的变频器谐波 采用电流源型逆变器（Current Source Inverter, CSI）的变频器其电路结构与采用 VSI 的变频器相似，但船舶大功率 CSI 变频器一般采用晶闸管整流器，而且其直流母线通过电感解耦不如 VSI 变频器，导致其逆变器输出的电流谐波也会影响网侧。这样在 CSI 变频器网侧电流谐波中含有机侧的谐波，即

$$f_i = h_i f_G \pm h_o f_s \tag{6-26}$$

式中，f_i 为网侧电流总谐波频率；f_G 为电网频率；f_s 为电动机定子频率；h_i 为变流器输入端的网侧谐波次数；h_o 为变流器输出的谐波次数。

由于电动机采用变频调速，其频率与电网频率不同，也并非电网频率的整数倍，造成了变频器网侧谐波出现非整数倍的谐波分量，其大小主要取决于直流电感，电感越大其幅值越小。通常非整数倍谐波分量的幅值要小于整数倍谐波的幅值。而且，随着晶闸管整流器相控角的变化，将使网侧的功率因数也发生畸变。

（3）循环变流器的谐波 循环变流器是一种交-交变频器，其每相电路通常是由两组晶闸管三相桥式整流器反并联构成，直接进行交-交变频，而无中间直流环节。因此，其网侧的谐波也含有输入谐波和输出谐波两种谐波分量。对于三相桥式整流电路，一个周期有 6 个脉冲，其网侧的谐波频率为

$$f_i = (6h_i \pm 1)f_G \pm 6h_o f_M \tag{6-27}$$

式中，$h_i = 1, 2, \cdots$；$h_o = 0, 1, 2, \cdots$。

此外，可再生能源发电引入船舶电网带来新的谐波问题，主要是光伏、风力与氢能等发电装置都含有电力电子变流器，其主电路拓扑与谐波分析与上述内容相似，不再重复。

6.2.3 船舶电力系统谐波测量方法

对于谐波的测量，可以采用模拟测量或数字测量方法。但不论采用哪种测量方法，测量系统都要符合船舶运行的条件。

（1）谐波的模拟测量方法 目前有许多模拟测量方法来测量非正弦波形的电压、电流以及功率的有效值。测量变换器的组成中包括实现二次方、积分、乘法、求和等数学运算功能，可方便地用来测量涉及电压、电流畸变的一些指标。另外，除了传统受控参数，如电压、频率、电流和功率，有必要引入一个描述船舶电网主汇流排上电压波形畸变的指标，电压 THD 是船舶电力系统电能质量主要参数。

1）畸变系数模拟式仪表。如图 6.19 所示，图中有两条输入值处理通道：一是测量电压基波的有效值；二是模拟线用来测量高次谐波的有效值。高通滤波器（High Pass Filter, HPF）可消除信号基波。

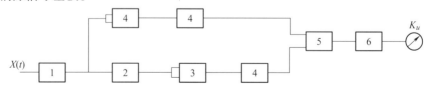

图 6.19 船舶电网主汇流排电压畸变系数的测量系统
1—输入系统 2—高通滤波器 3—平方运算 4—低通滤波器 5—除法运算
6—平方根运算 $X(t)$—输入电压 K_u—仪表显示的输出值

2) 模拟量频谱分析仪。模拟量频谱分析仪包括多通道频谱分析仪和计算频谱分析仪,按设定的范围进行频率划分后,记录并显示所有不同频率信号的变化。这种全频域的同步分析方式非常适合完成需要较高频率分辨率的测量,实现方案如图6.20所示。

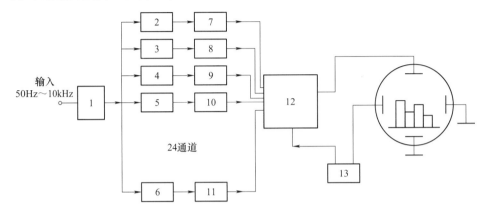

图6.20 在全频域范围(50Hz~10kHz)内的多功能频谱同步分析仪

1—前端放大器 2—频率在45~55Hz的带通滤波器 3—频率在56~70Hz的带通滤波器
4—频率在71~89Hz的带通滤波器 5—频率在90~110Hz的带通滤波器 6—频率在2.0~11.1kHz的带通滤波器
7~11—常量探测器 12—电子扫描系统 13—扫描信号发生器

船舶电力系统中的频带问题使得模拟测量技术的适用性降低,主要是中低频率的窄带滤波器的研制问题。但基于模拟量的谐波测量既有优点,又有缺点,目前数字测量技术成为谐波测量的主要手段。

(2) 谐波的数字测量方法 数字测量原理为:将测量数据的模拟量信号经过采样处理成数字化格式。根据信号周期内适当选取的采样数目,采用香农-奈奎斯特定理,将测试信号中所包含的谐波分量进行重构。所得信息的数字化过程,可以通过傅里叶分析,或者通过基于相关关联定义的被测量,运用数字积分过程来完成。数字式谐波测量的主要功能包括:

1) 测量电压$u(t)$以及相电流$i(t)$的瞬时值。
2) 测量频率f_s、f_g以及相位角φ。
3) 计算电压、电流和功率的有效值(U、I、P、S)。根据选定的测量功能可以测量的系数值有:$\cos\varphi$、λ或者$\cos\varphi/\lambda$。
4) 定性的(粗略的)和定量的(精确的)测量值。
5) 将最终的测量结果与外部计算机系统进行通信。

一种多功能测量仪表的设计概念如图6.21所示。

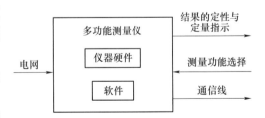

图6.21 应用在船舶电网中的多功能测量仪表的设计

谐波的数字化测定,需要根据已知的关系,电压、电流以及有功功率信号的有效值进行数字化计算。已测得电压或电流的有效值的计算如下:

$$A_{\text{rms}} = \sqrt{\frac{1}{N}\sum_{k=0}^{N-1} a_k^2} \qquad (6\text{-}28)$$

式中，A_{rms} 为电压或电流的有效值；N 为一个周期内信号采样的次数；a_k 为电压或电流的第 k 次采样值。

有功功率可由类似的方法得到：

$$P = \frac{1}{N}\sum_{k=0}^{N-1} u_k i_k \qquad (6\text{-}29)$$

式中，P 为有功功率；u_k 为电压的第 k 次采样值；i_k 为电流的第 k 次采样值。

6.2.4 船舶电力系统谐波测量系统

船舶电力系统谐波测量系统的选择有两种实现方式：

1）多功能可编程仪表（FCDIS-0x 系列）。它可以测量电网电压、频率及其相关量（如频率偏差、频差），以及系数 $\cos\varphi$，测量相电流和相电压之间相位角 φ。这种方案下不用 A/D 转换器，采用适当的时间间隔，对被测量进行测量。多功能微处理器仪表（FCDIS-0x 系列）的原理示意图如图 6.22 所示，图中，u_{L1}、u_{L2}、u_{L3} 为电网电压，u_{g} 为发电机电压，i_{L3} 为相电流，FS 为成型系统，SS 为分隔系统，MMS 为微处理测量系统，IS 为感应系统，SC 为串联，MF 为测量功能选择系统。

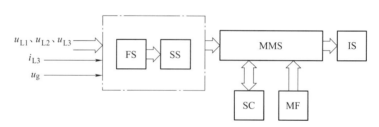

图 6.22 多功能微处理器仪表（FCDIS-0x 系列）的原理示意图

2）FCDIS-1x 系列仪表。图 6.23 给出了基于 FCDIS-1x 的基本测量算法结构。

微处理器的内部程序，控制着微处理器的运行及相应功能，由于 A/D 变换，数字信号替代了模拟采样信号，则电网的参数表述如下：

对于单相系统：

$$u_{\text{rms}} = \sqrt{\frac{1}{N}\sum_{k=0}^{N-1} u_k^2} \qquad (6\text{-}30)$$

$$I_{\text{rms}} = \sqrt{\frac{1}{N}\sum_{k=0}^{N-1} i_k^2} \qquad (6\text{-}31)$$

$$P_{\text{1p}} = \frac{1}{N}\sum_{k=0}^{N-1} u_k i_k \qquad (6\text{-}32)$$

$$S_{\text{1p}} = U_{\text{rms}} I_{\text{rms}} \qquad (6\text{-}33)$$

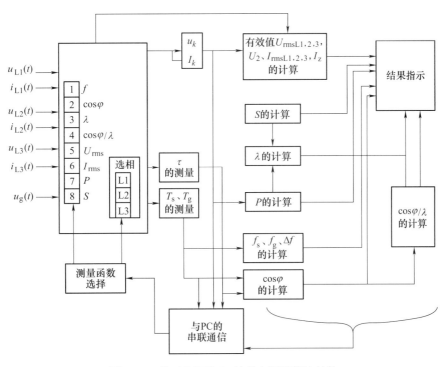

图 6.23 基于 FCDIS-1x 的基本测量算法结构

$$\lambda_{1p} = \frac{\sum_{k=0}^{N-1} u_k i_k}{\sqrt{\sum_{k=0}^{N-1} u_k^2 \sum_{k=0}^{N-1} i_k^2}} \tag{6-34}$$

对于三相系统：

$$\lambda_{3p} = \frac{\sum_{k=0}^{N-1}(u_{1k}i_{1k} + u_{2k}i_{2k} + u_{3k}i_{3k})}{\sqrt{\sum_{k=0}^{N-1}(u_{1k}^2 + u_{2k}^2 + u_{3k}^2)\sum_{k=0}^{N-1}(i_{1k}^2 + i_{2k}^2 + i_{3k}^2)}} \tag{6-35}$$

值得一提的是，在一般情况下，对于畸变的信号 $u(t)$ 和 $i(t)$，三相电网中有功功率因数 λ_{3p} 测量可由 A/D 变换技术以及图 6.24 所示的算法实现。

上述功率因数的实际意义显著：可以测量出船舶电站主汇流排供电过程中，三相负载的利用率等。

控制畸变功率 D 的方法是比较 $\cos\varphi$ 与有功功率因数 λ_p 的测量值，计算出相电压和相电流波形中超出允许谐波含量的部分，将 $\cos\varphi$ 与有功功率因数 λ_p 的偏差定义为 $\Delta = \cos\varphi - \lambda_p$，两者的比率 $k_{PF} = \cos\varphi/\lambda_p$，其计算过程如图 6.25 所示。

该方法有助于初步评估电力系统畸变信号对电能影响。说明：通过 k_{PF} 测量，来初步评估电网中出现的谐波是可行的。因 k_{PF} 可以体现畸变特性，并对产生畸变的设备进行定位，然后进一步确定电网中引起信号畸变的对象。

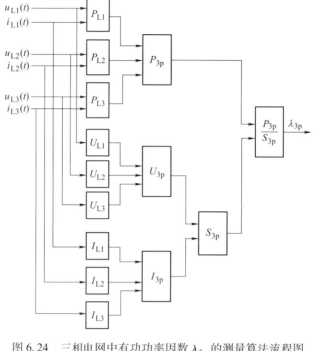

图 6.24 三相电网中有功功率因数 λ_{3p} 的测量算法流程图

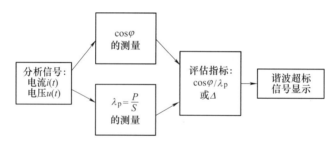

图 6.25 对信号中谐波进行初步的快速功率分析

用于船舶电网电能质量参数测量的多功能仪表可以实现 k_{PF} 的测量,从而进行电力系统电能质量的评估。但是,该仪表仅用于一些特定情形(例如仅有一种信号出现畸变),不能用于同时发生电压和电流的瞬时畸变。电能质量分析仪表的检测功能见表 6.5。

表 6.5 电能质量分析仪表的检测功能

测量指标	功　能
频率/电压/电流	可测量三相电压、三相电流、频率等
谐波	可测量 50 次以内的谐波,测量结果包括各次谐波电压、谐波电流幅值、电压谐波总畸变率、各次电压(电流)谐波含有率,显示谐波频谱图等
功率	可测量三相视在功率、三相有功功率、三相无功功率、功率因数等
三相不平衡	测量三相电压(电流)的不平衡度及正负零序
浪涌	记录 40 以上个浪涌事件

(续)

测量指标	功　　能
闪变/波动	测量波动、短时闪变和长时闪变
暂升/暂降	记录至少 40 以上电压暂升/暂降事件
数字示波器	用于查看电压/电流信号波形
监测记录	长时间记录基本电能质量参数

电能质量分析仪表能测量很多电能质量参数，这里仅简述谐波方面的参数，若读者对其他方面感兴趣，可查阅相关参考资料。

6.2.5　船舶电力系统谐波检测分析方法

谐波分析最基本的方法是傅里叶变换（FT），但仅适用于平稳信号。小波变换（Wavelet Transformation，WT）弥补了 FT 的不足，可以在非平稳信号有较好应用。希尔伯特-黄变换（Hilbert-Huang Transform，HHT）不仅适用于线性、平稳信号，也适用于非线性、非平稳信号，成为现代检测分析方法的研究热点。本节主要介绍船舶电网的谐波分析方法，对比总结各种谐波分析方法的优劣特点，并指出了未来谐波检测分析的发展趋势和展望。

1. FT 变换

为了测得描述电压和电流波形的参数，首先需要进行电压和电流信号的频谱分析，接着计算所需的量。FT 方法早已普遍地用于信号分析，为了适应数字处理推出了快速傅里叶变换（Fast Fourier Transform，FFT）运算方法。FFT 方法极大地加速了计算过程并降低了对处理器容量的要求。若测试信号由傅里叶级数中特定次数谐波之和来表述，则频谱分析可以被认为是在时域内处理。傅里叶级数表示为

$$x(t) = \frac{1}{2}a_0 + \sum_{h=1}^{\infty}(a_h\cos2\pi hft + b_h\sin2\pi hft) \quad (6-36)$$

傅里叶变换可将相应的时变函数转化为频谱函数，即

$$X(f) = \int_{-\infty}^{\infty} x(t)\mathrm{e}^{-\mathrm{j}2\pi ft}\mathrm{d}t \quad (6-37)$$

傅里叶逆变换也可将频谱函数转换成对应的时间函数，即

$$x(t) = \int_{-\infty}^{\infty} X(f)\mathrm{e}^{\mathrm{j}2\pi ft}\mathrm{d}t \quad (6-38)$$

若是离散信号，时域函数 $x(t)$ 被离散化为 $x(n)$，该信号由采样时间 T_s 内 N 次平均采样值组成，式（6-38）中无穷时间的积分被有限项的和替代为

$$X(k) = \sum_{n=0}^{N-1} x(n)\mathrm{e}^{-\mathrm{j}\frac{2\pi k}{N}} \quad (6-39)$$

$$x(n) = \frac{1}{N}\sum_{k=0}^{N-1} X(k)\mathrm{e}^{-\mathrm{j}\frac{2\pi k}{N}} \quad (6-40)$$

式中，k 为频域离散参数；n 为时域离散参数。

离散傅里叶变换（Discrete Fourier Transform，DFT）在时域内有 N 个采样序列点，对于 N 点序列 $x(n)$，其 DFT 定义为

$$\begin{cases} X(k) = \sum_{n=0}^{N-1} x(n) W_N^{nk} \\ x(n) = \dfrac{1}{N} \sum_{k=0}^{N-1} X(k) W_N^{-nk} \end{cases} \quad (6\text{-}41)$$

式中，W_N 为 e 算子，$W_N = \mathrm{e}^{-\mathrm{j}\frac{2\pi}{N}}$。

FFT 可大大缩短计算时间，在极短时间内将信号多次采样并计算出 FT，此后推出许多新的算法。总体来说，FFT 的发展方向有两个：一是针对 $N=2$ 的整数次幂的算法，如基 2 算法、基 4 算法等；二是 $N \neq 2$ 的整数次幂的算法，它是以 Winograd 为代表的一类算法。

图 6.26 给出了 8 个点抽取的 FFT 算法的流程。

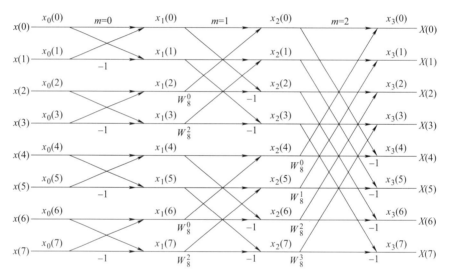

图 6.26　8 个点抽取的 FFT 算法的流程

2. 改进的 FT

因 FT 的谐波测量要求是整周期采样，而传统的同步采样法由于信号频率的偏移和定时器的分辨率有限，总是存在同步偏差，难以实现理想的同步采样。因此，如何减少因同步偏差而引起的测量误差成了众多学者和相关组织关注的焦点和对象。电力系统的谐波具有以下特点[6.36]：

1）奇对称性的特点是，展开为傅里叶级数时没有余弦相，仅含有正弦相。
2）偶对称性的特点是，展开为傅里叶级数时没有正弦相，仅含有余弦相。
3）半波对称的特点是，没有直流分量并且偶次（2，4，6，…）谐波被抵消。

因为电力系统是由双向对称的元件组成的，这些元件产生的电压和电流具有半对称性，由此可以忽略电力系统中的偶次谐波。针对电网信号具有半波对称性的特点，文献 [6.37] 提出了一种改进的 FFT 算法。其算法流程如图 6.27 所示，频率抽取（Decimation in Frequency，DIF）算法同时计算各次谐波，包括奇次谐波和偶次谐波，并将每一组计算得到的输出序列按奇、偶分开，再根据半波对称性只计算含有奇次谐波分量，省去偶次谐波计算。

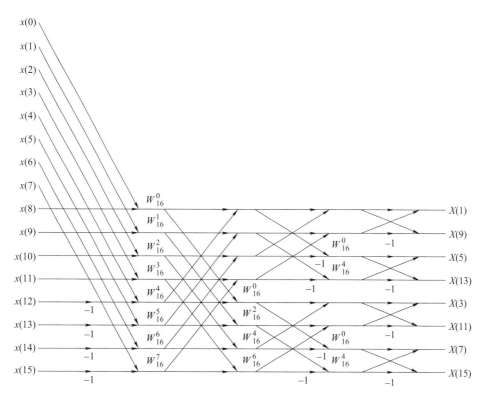

图 6.27 半波对称 FFT 算法流程

由于是根据电网信号具有半对称性特点而提出的改进算法,因此称该改进算法为半波对称 FFT 算法,其计算量是传统 FFT 的一半,大大节省了运算时间。

通过比较可知,半波对称 FFT 算法仍是基于 DIF 基 2 FFT 算法的,只是去掉了 DIF 算法中计算偶次谐波的部分,即图 6.26 中的上半部分。因此半波对称 FFT 算法,仍然要求用分析的点数 $N=2$ 的整数次幂。具体的一些算法可以参看参考文献 [6.37]。

3. 短时 FT 与小波变换

FT 其本质是将时域内的函数变换为频域内的函数进行分析。然而,船舶电力系统的实际信号中,除了谐波和间谐波引起了信号畸变,还出现了一些瞬时扰动。这些扰动周期很短,从几纳秒到几十毫秒,对 THD 的测量以及谐波含量的测量,并不能保证能够正确地对瞬时扰动进行评估。原因是 FT 中,相互正交的正弦-余弦函数其积分时间为无穷,因此只能确定信号中出现了何种频率,而未指出频率在时域中的分布。这些信息对于稳定信号来说,并不重要。但是,实际情况中经常有这种瞬时干扰的发生。解决问题的办法之一是引进短时傅里叶变换(Short-Time Fourier Transform,STFT),划分待测信号区域,并假定在特定截频窗口中的信号恒定,即

$$\text{STFT}_x^\omega(\tau,f) = \int_t [x(t)\omega^*(t-\tau)] e^{-j2\pi ft} dt \qquad (6\text{-}42)$$

式中,$x(t)$ 为变换函数;τ 为位移;$\omega(t)$ 为窗函数。

由此获得的信息既描述了时域信号,又描述了频域信号。然而其缺点之一是截频窗口的

长度需要预先设定。若长度缩短,则时域内测量会得到改进,但代价是损害了测量的分辨率。而小波变换的使用可以解决这个问题。

目前,一种用于对瞬时信号包括含瞬时成分信号进行分析的方法,为小波变换(WT)。如果式(6-42)中,一组积分时间为无穷的正弦-余弦函数改为有限持续时间且相互正交的函数(窗函数非必要),将其适当扩展并沿着信号进行移位,就可得到连续小波变换(Continuous Wavelet Transform,CWT):

$$\mathrm{CWT}_x^\psi(\tau,s) = \frac{1}{\sqrt{|s|}} \int x(t) \psi^* \left(\frac{t-\tau}{s} \right) \mathrm{e}^{-\mathrm{j}2\pi f t} \mathrm{d}t \qquad (6\text{-}43)$$

式中,s 为尺度;$\psi_{\tau,s}(t)$ 为基小波(母小波)。

小波变换将时间函数变换为两个变量——时间和频率的函数。因此,当给定频率出现时可以测量瞬时值,把干扰的性质与持续时间识别出来。频率越高(尺度越小)则时域内分辨率越高,而频域内分辨率越低。低频段不能在时域内较好地"定位",而在频域内则可以。由于实际信号的低频部分持续时间更长,小波变换的多分辨特性比短时傅里叶变换更有优势。由此,小波变换成为瞬时干扰检测和分析的工具之一,可精确确定干扰的时间函数,并确定其特征。

目前,离散小波变换(Discrete Wavelet Transform,DWT)已经用于船舶电力系统中谐波的测量和评估。DWT算法中用到了两种滤波器:低通滤波器和高通滤波器。信号在分成3种频带的情况下,形成了较复杂的结构,如图6.28所示。为简化,图示结构包含了3种较高频带的信号的分解与重构(分析与合成)。实际中频带的设定取决于测试信号的基波以及采样频率。因此,在精度与必要的数学运算过程之间要采取折中的办法。图中:f_p 为采样频率,p 为重构信号时所选的频带数目,$a(k)$ 为频率带宽在 $f_p/16$ 与 $f_p/8$ 的信号取样,$b(k)$ 为频率带宽在 $f_p/8$ 与 $f_p/4$ 的信号取样,$c(k)$ 为频率带宽在 $f_p/4$ 与 $f_p/2$ 的信号取样,$s(k)$ 为频率带宽在 $f_p/16$ 与 $f_p/2$ 的信号取样。

瞬时扰动的测量和评估算法中,有两个基本步骤:信号分解与重构。频率范围在 $0 \sim f_p/2^{p+1}$ 之间包含的信号分解后进行信号的重构。数字滤波系数 $g(n)$ 与 $h(n)$ 之间的关系如图6.28所示,可由式(6-44)表述:

$$h(L-1-n) = (-1)^n g(n) \qquad (6\text{-}44)$$

式中,L 为滤波系数数目;$h(n)$ 为高通滤波器;$g(n)$ 低通滤波器。

4. 基于 Prony 算法的谐波分析法

此方法是1795年数学家Prony提出的利用指数函数的线性组合描述等间距数据的数学模型。其基本原理是将等间距的数据变为一组 n 个任意幅值、相位、频率等的指数函数之和,在时间序列自回归(Autoregressive,AR)或者自回归移动平均(Autoregressive Moving Average,ARMA)模型基础上进行改进,利用最小二乘法估算给定的幅值、频率和相位等提取特征量,再对结果进行分析。其模型为

$$\hat{x}(n) = \sum_{k=1}^{p} b_k z_k^n \quad n = 0,1,\cdots,N-1 \qquad (6\text{-}45)$$

$$b_k = A_k \mathrm{e}^{\mathrm{j}\theta_k} \qquad (6\text{-}46)$$

$$z_k = \mathrm{e}^{(\alpha_k + \mathrm{j}2\pi f_k)\Delta t} \qquad (6\text{-}47)$$

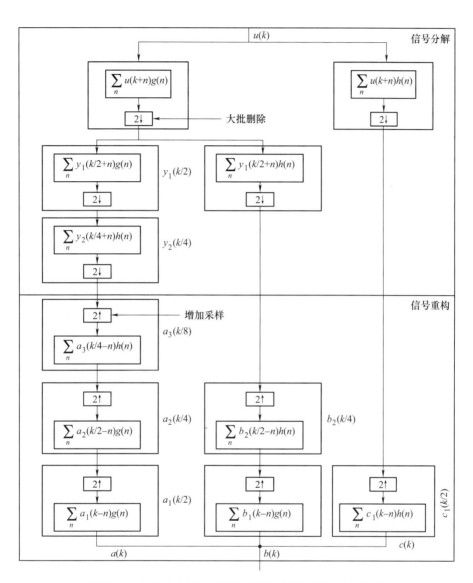

图 6.28 用离散小波变换进行瞬时扰动检测的算法流程图

式中,A_k 为振幅;α_k 为阻尼因子;f_k 为频率;θ_k 为相位;Δt 为时间采样间隔。

Prony 算法是现代谱估计方法,它的优点是可把非线性拟合问题变成线性问题来处理,进而带来分析的便利。其实用性较强,为电能质量分析提供理论基础。同时它也存在一些缺点:对噪声十分敏感,抗干扰能力差并且确定正确的模态阶数还需要多次假定,很消耗时间。为此,一些学者提出了改进算法[6.38],基于 Prony 算法和其他算法组合的新算法也是解决方案之一,有待继续深入研究。

5. 基于三相瞬时无功功率的谐波检测法

三相瞬时无功功率的基础理论详见参考文献[6.39]。目前,基本的三相无功功率谐波检测算法分为两种:$p\text{-}q$ 算法和 $i_p\text{-}i_q$ 算法。$p\text{-}q$ 运算方式计算简单、实时性好,电网电压无畸变时，可以准确地检测出来。当电压发生畸变时，由于检测算法与电压直接相关，故检测结果误差较大。而基于 i_p-i_q 运算方式的应用范围较广一些，并且不受电网电压畸变的影响，因为三相电压本身并没有直接参与，而是与其同步的三相对称的单位正弦量与余弦量，无论电网电压是否畸变，都会准确地进行谐波检测。

在船舶电网中，由于容量小运行工况复杂，出现电网电压畸变的可能性大一些，所以采用 i_p-i_q 运算方式进行船舶电网谐波检测是合理、合适、实时准确的。基于有源滤波器 i_p-i_q 运算方式的谐波检测原理图如图 6.29 所示。

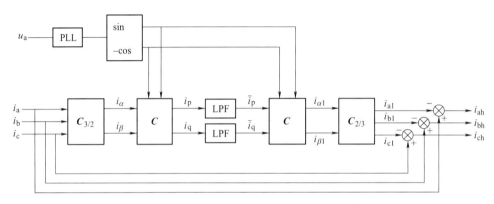

图 6.29　i_p-i_q 运算方式的谐波检测原理图

三相电网电流 i_a、i_b、i_c 经过坐标变换得两相 dq 坐标系的电流 i_p、i_q，经低通滤波器 (LPF) 得到其直流分量 $\bar{i}_p$、$\bar{i}_q$，再通过坐标反变换计算出三相基波电流 i_{a1}、i_{b1}、i_{c1}。

$$\begin{bmatrix} i_{a1} \\ i_{b1} \\ i_{c1} \end{bmatrix} = \boldsymbol{C}_{2/3} \boldsymbol{C} \begin{bmatrix} \bar{i}_p \\ \bar{i}_q \end{bmatrix} = \boldsymbol{C}_{2/3} \begin{bmatrix} \sin\omega t & -\cos\omega t \\ -\cos\omega t & -\sin\omega t \end{bmatrix} \begin{bmatrix} \bar{i}_p \\ \bar{i}_q \end{bmatrix} \tag{6-48}$$

式中，$\boldsymbol{C}_{2/3}$ 为两相静止坐标系到三相静止坐标系的变换矩阵；$\boldsymbol{C}$ 为两相旋转坐标系与静止坐标系的变换矩阵。

检测出电流波形的基波分量后，用电网电流去除电流基波分量就得到了所有的谐波电流之和。

$$\begin{bmatrix} i_{ah} \\ i_{bh} \\ i_{ch} \end{bmatrix} = \begin{bmatrix} i_a \\ i_b \\ i_c \end{bmatrix} - \begin{bmatrix} i_{a1} \\ i_{b1} \\ i_{c1} \end{bmatrix} \tag{6-49}$$

当要检测谐波和无功电流之和时，只需要断开图 6.29 中 i_p 线路通道。而如果要是只检测无功电流，只要对 i_q 反变换即可。在进行船舶电网谐波抑制时，所检测到的谐波电流之和就可以经过逆变得到补偿电流，进而消去负载电流中谐波，实现船舶电网的谐波抑制，提高船舶安全运行的可靠性。但此方法在电网不平衡或者畸变严重的情况下，会出现较大的误差。

根据 MATLAB/Simulink 的仿真工具箱，对 i_p-i_q 运算方式的谐波检测理论进行建模仿真验证。仿真主电路图采用 380V 线电压电源，经过线路后，再经变压器降压后接入三相桥式整流电路的谐波源。其产生的电流波形主要都是 $6n \pm 1$ 奇次谐波，下面通过三相电源电压的两种方式说明三相无功功率检测的仿真效果。

（1）三相电压无畸变时　本次选取电压波形为标准的正弦波，有效值为220V，三相相位互差120°。三相标准相电压、产生畸变三相电流和经 i_p-i_q 运算检测到的谐波电流（无基波）波形如图 6.30~图 6.32 所示。

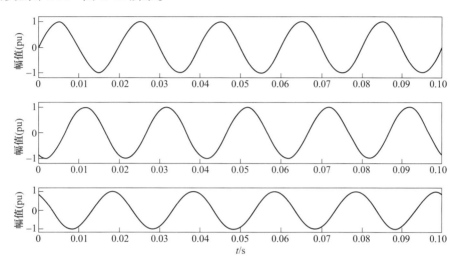

图 6.30　三相无畸变相电压波形图

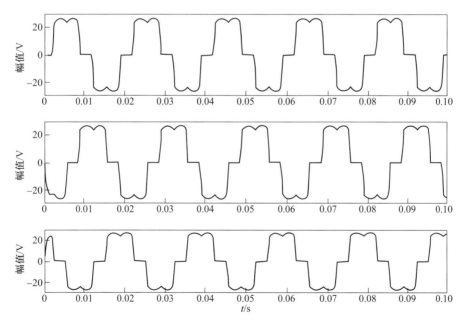

图 6.31　A、B、C 三相电流波形（电压无畸变）

通过上述波形很难观测出是否准确检测出谐波，需要对波形进行 FFT 分析，因电源具有对称性，这里仅给出 A 相电流频谱图，如图 6.33 所示；检测出 A 相的电流谐波频谱图如图 6.34 所示。其余两相电流读者可以自行去完成。

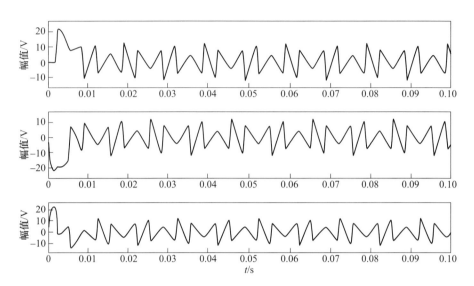

图 6.32 i_p-i_q 运算方式下检测出 A、B、C 三相谐波电流波形（电压无畸变）

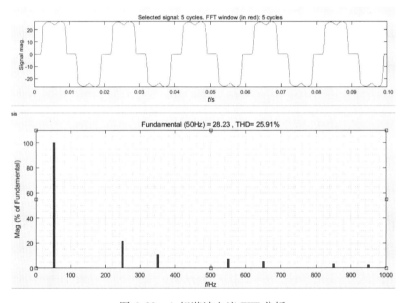

图 6.33 A 相谐波电流 FFT 分析

从图 6.33 可见，谐波主要分布在 5、7、11、13、17、19 次。THD = 25.91% 超过 5% 的标准限制，需要进行一定抑制，否则影响船舶的稳定性。

从图 6.34 可见，基波占有量仅为 1.327，远远低于其他奇次谐波。基于 i_p-i_q 算法在电压没有畸变的情况下，可以较为准确检测基波与谐波电流。

（2）三相电压有畸变时 如加入幅值为 0.3、相位为 -120° 的 3 次谐波和幅值为 0.2、相位为 120° 的 8 次谐波，会使得三相电压波形发生畸变，不再是标准正弦波，如图 6.35 所示。

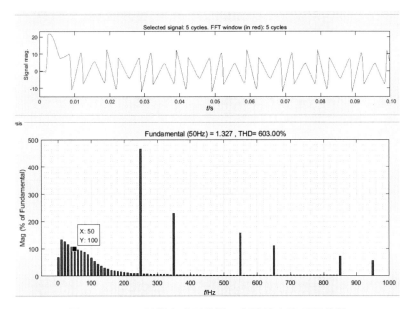

图 6.34 i_p-i_q 运算方式下检测 A 相谐波电流 FFT 分析

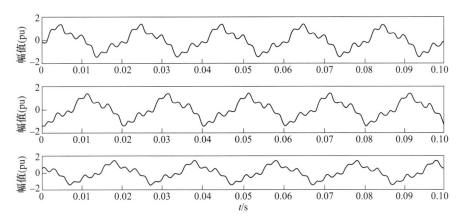

图 6.35 三相有畸变相电压波形图

存在三相电压畸变情况下，A、B、C 三相谐波电流波形如图 6.36 所示。

此时，含有三相电压畸变情况下，采用 i_p-i_q 运算方式下检测出 A、B、C 三相谐波电流波形和基波电流波形，分别如图 6.37 和图 6.38 所示。

然后将图 6.37 中得到的 A 相谐波电流波形和图 6.38 中经过 i_p-i_q 运算方式检测出的 A 相基波电流波形进行 FFT 频谱分析，如图 6.39 和图 6.40 所示。

从图 6.39 中可以发现，当电压畸变后，谐波并没有集中分布在 5、7、11、13、17、19 次上面，此外还有许多偶次谐波出现，A 相电流谐波畸变率 THD=31.46%，远超过 5% 的标准限制，说明电压畸变对谐波电流有严重影响。从图 6.40 发现，A 相基波占有量仅为 1.234，远低于其他各次谐波，说明已经一定程度上滤去了基波。可以发现基于 i_p-i_q 运算方式在电压发生畸变的情况下，仍可以较为准确的检测出 A 相基波与谐波电流，这是因为此

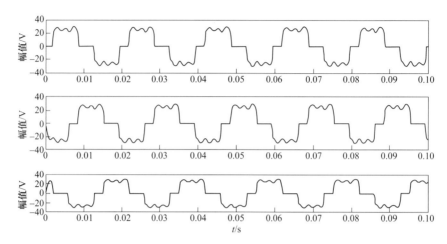

图 6.36 A、B、C 三相谐波电流波形（电压畸变）

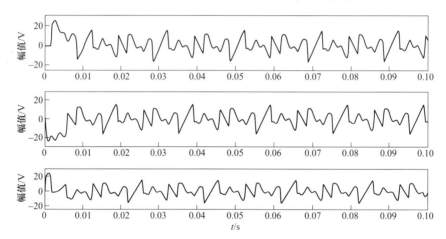

图 6.37 i_p-i_q 运算方式下检测出 A、B、C 三相谐波电流波形（电压畸变）

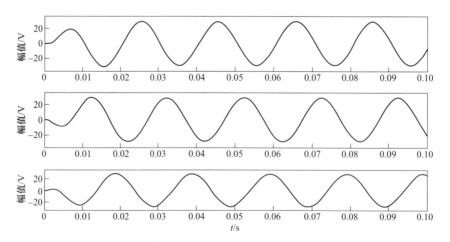

图 6.38 电压畸变时 i_p-i_q 运算方式下检测 A、B、C 三相基波电流波形

第6章 船舶电力系统的电能质量分析与控制

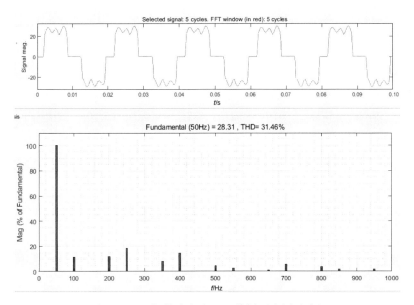

图 6.39　A 相谐波电流 FFT 分析（电压畸变）

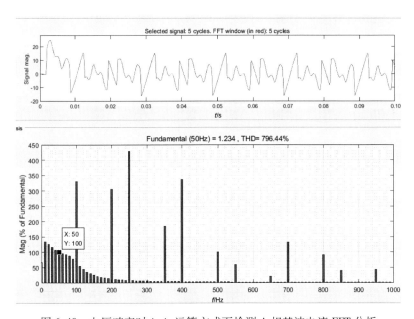

图 6.40　电压畸变时 i_p-i_q 运算方式下检测 A 相基波电流 FFT 分析

方法在运算过程中没有直接用到三相电压的数值，仅仅用到了 $\sin(\omega t)$ 和 $-\cos(\omega t)$，也就是此方法不受电压畸变的影响。

根据基波波形发现，0~0.02s 波形幅值很小且在变化，达到稳定响应的时间较长。下面给出 i_p 经过低通滤波器后得到的直流量 $\bar{i}_p$ 电流信号的波形，如图 6.41 所示。

根据图 6.41 发现，在 0.012s 开始波形逐渐变得稳定，到 0.02s 后基本保持稳定。直流

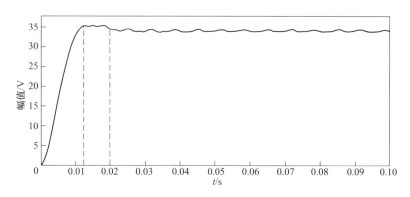

图 6.41 电压畸变时 i_p 直流侧电流波形

电压稳定所需时间有些长,会降低谐波检测实时速度。

6. 基于希尔伯特-黄算法的谐波检测分析法

1998 年,N. E. Huang 等人提出了新型非平稳信号处理方法:希尔伯特-黄变换(HHT)。该方法具有较强的自适应性,尤其是对非线性的信号。HHT 由经验模态分解和希尔伯特变换(Hilbert Transform,HT)组成,其核心是经验模态分解(Empirical Mode Decomposition,EMD),对信号进行平稳化处理,然后将信号中不同尺度的波动分解开,产生不同特征尺度的数据序列,每一个序列都是一个固有模态函数(Intrinsic Mode Function,IMF)分量,再在每个 IMF 基础上进行 HT 得到信号频谱图,准确反映系统的原有特性。但信号要是非平稳的信号直接进行 HT,可能失去了原有物理意义[6.40]。

HHT 是信号检测理论的一个重要工具,通过 HT 建立一个复数域信号。设实部信号为 $x(t)$,则 HT 后记作 $X(t)$:

$$X(t) = H[x(t)] = \frac{1}{\pi}\int_{-\infty}^{\infty}\frac{x(\xi)}{t-\xi}d\xi \tag{6-50}$$

由式(6-50),可以把 $x(t)$ 的 HT 看作 $x(t)$ 与 $\frac{1}{\pi t}$ 的卷积,其实质是一个 90°移相器,它将信号中的正频率部分相移 -90°,相当于顺时针转 90°;将信号中的负频率部分相移 90°,相当于逆时针转 90°。即 HHT 不会改变实信号 $x(t)$ 的振幅和能量,仅仅在相位上发生了改变,体现了 HT 的局部性。

对于非平稳信号的瞬时频率可采用 HT 构造复函数并求相位导数的定义法[6.41]。并非所有信号的 $x(t)$ 都能求出的瞬时频率,有些瞬时频率可能为负,说明瞬时频率求取前需要满足一定条件。

根据 HT,构造复函数:

$$z(t) = x(t) + jX(t) \tag{6-51}$$

可以求出瞬时幅值和相位:

$$a(t) = \sqrt{x^2(t) + X^2(t)} \tag{6-52}$$

$$\theta(t) = \arctan\frac{X(t)}{x(t)} \tag{6-53}$$

然后对相位求导,可以得到原始信号 $x(t)$ 的瞬时频率为

$$f_f(t) = \frac{1}{2\pi}\frac{\mathrm{d}\theta(t)}{\mathrm{d}t} \tag{6-54}$$

在电力领域，可以根据 $a(t)$ 和 $f_f(t)$ 的特性即可实现电网/微电网中谐波、间谐波参数的检测工作。

当一个复杂信号由许多 IMF 叠加而成时，为了对其分析，可以采用 EMD 方法对复杂信号进行分解（也被称为提取 IMF 过程）[6.42]：

①根据 $x(t)$ 信号确定大小极值点，然后采用合适的插值方法连接各个值点，形成上下包络线 $v_1(t)$ 和 $v_2(t)$。这里多采用三次样条插值或者埃尔米特差值法。

②求出平均包络线 $m_1(t) = \dfrac{v_1(t)+v_2(t)}{2}$，并让其与原始信号 $x(t)$ 做差得到：

$$h_1 = x(t) - m_1(t) \tag{6-55}$$

③若 h_1 不是 IMF，可将其视为一个新信号，重复步骤①、②，得到新的上下包络线均值 $m_{11}(t)$，进而 $h_{11} = h_1 - m_{11}(t)$，一直进行循环，直至 $h_{1k} = h_{1(k-1)}(t) - m_{1(k-1)}(t)$ 的 h_{1k} 满足 IMF 条件：

$$\mathrm{SD}_k = \sum_{t=0}^{T}\left[\frac{|h_{1(k-1)}(t) - h_{1k}(t)|^2}{h_{1(k-1)}^2(t)}\right] \tag{6-56}$$

当 h_{1k} 满足筛选终止准则的要求时，则视其为第一个 IMF 分量，记为 $c_1(t)$。

④从原始信号 $x(t)$ 中减去 $c_1(t)$ 得到残余信号，记为 $r_1(t)$：

$$r_1(t) = x(t) - c_1(t) \tag{6-57}$$

将 $r_1(t)$ 视为一组新信号，多次重复上述①~③过程，最终可以得到所有固有模态函数 $c_i(t)$ 以及残差函数 $r_i(t)$：

$$r_i(t) = r_{i-1}(t) - c_i(t) \quad i = 1,2,3,\cdots,n \tag{6-58}$$

⑤当残差 $r_n(t)$ 成为一个单调函数不能在从中分离满足 IMF 条件的分量时，分解停止。原信号 $x(t)$ 可以表示为各个 IMF 和残差之和的形式：

$$x(t) = \sum_{i=1}^{n} c_i(t) + r_n(t) \tag{6-59}$$

HHT 算法与传统方法的不同在于：既能处理平稳信号，又能处理非平稳信号，没有基函数而且自适应性强。HHT 算法分析信号的流程图如图 6.42 所示。

图 6.42 表示 HHT 主要就是 EMD 和 HT，其中 EMD 算法引入的是三次样条函数，用来精确得到上下包络线。经过上述 HT 后可以得到解析信号的瞬时参数，瞬时参数的满足条件与否对这个谐波分析方法的准确性和精度有很大影响，HT 分为连续型的信号和离散型的信号。根据 EMD 的算法理论和 HT 的理论，可以归纳出完整 HHT 算法的流程图如图 6.43 所示。

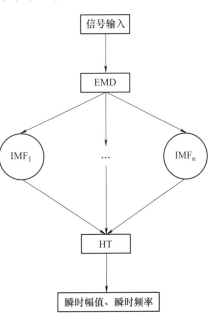

图 6.42 HHT 算法分析信号的流程图

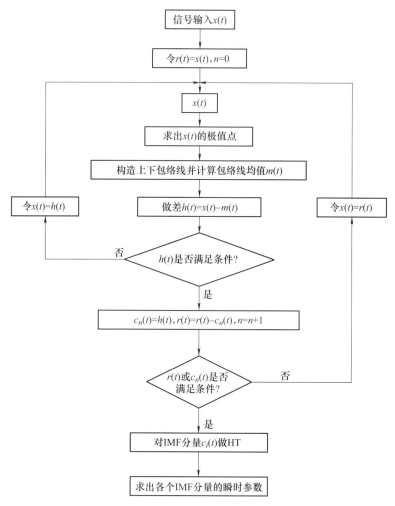

图 6.43 HHT 算法的流程图

基于 HHT 算法进行谐波分析是现在热点研究之一，在船舶运行期间，大量非线性负载和电力电子变流装置的存在，会导致谐波污染很严重，但 HHT 对于非线性、非平稳的信号都有较好的检测分析精度，在船舶上应用时可以进行更加精确的实时监测。但是此方法在船舶电力系统谐波检测分析方面的实际应用还不太广泛，未来会逐步推进。

各种谐波分析方法的特点对比见表 6.6。

表 6.6 各种谐波分析方法的特点对比[6.43-6.44]

方法	FT	WT	ANN	HHT
基函数	正弦函数	小波基函数	无	无
基础	先验性	先验性	先验性	自适应性
频率	卷积：全部不确定	卷积：局部不确定	结构：结构不确定	微分：局部不确定
表现	能量-频率	能量-时间-频率	能量-时间-频率	能量-时间-频率

(续)

方法	FT	WT	ANN	HHT
非平稳	不适用	适用	适用	适用
非线性	不适用	不适用	适用	适用
理论	完整	完整	基于经验	基于经验
特征提取	不适用	离散不适用 连续适用	数据少不适用	适用

7. 船舶电力系统谐波检测的发展趋势与展望

传统的谐波检测算法已经较为成熟，但随着电网规模的扩大和复杂，船舶领域向着大型化、复杂化、信息化、智能化等发展，单一算法的缺陷也就暴露了出来，很多单一算法无法适用现在的谐波检测要求。在原有的算法基础上进行优化或者结合算法相互配合，取长补短地克服单一算法的不足是未来陆地电网和船舶电网的谐波检测发展趋势。

随着新能源的发展，分布式发电并网引起的电能质量谐波问题不能忽视，特别是融入新能源的船舶或者是新能源纯电船。新能源的融入会运用大量电力电子变流装置，对船舶电力系统造成大量谐波污染，引入新能源的船舶在未来安全稳定运行上对谐波检测提出了更高的要求。

随着未来船舶信息化、智能化的发展，研究电力系统谐波检测新方法，进一步提升谐波检测精度和抗干扰能力；研发适用于船舶电力系统的谐波综合测量技术，将谐波的检测、分析、监测、抑制等功能集成在一起，寻求船舶电力系统电能质量问题的新方案。

6.3 船舶电力系统谐波抑制方法

谐波抑制是提高电能质量的重要措施之一。目前主要措施是：对谐波源的治理，抑制谐波产生；采用谐波补偿装置消减谐波。改善电网谐波技术主要分为两类：①被动式治理，采用滤波器，也包括有源滤波器（Active Power Filter, APF）；②主动式治理，采用电力电子技术进行谐波的抑制。

6.3.1 谐波主动式抑制方法

主动式谐波抑制直接从谐波源本身治理，主要包括以下几方面：

（1）多相整流技术　变流装置是船舶电网的主要谐波源，其根本原因是二极管或晶闸管整流器所产生的谐波注入电网，采用多相整流技术抑制谐波产生。多相整流技术的基本思路是采用2个以上的整流电路按照一定规律进行组合，通过移相和多重联结后，按照一定的规律叠加合成从而抵消自身谐波电流[6.45]。典型的船用12脉波整流器如图6.44和图6.45所示图6.46给出了6脉波和12脉波整流器电流波形对比。

6脉波整流器与12脉波整流器的谐波电流比较见表6.7。可发现12脉波整流器电路拓扑可有效地降低电流的THD。

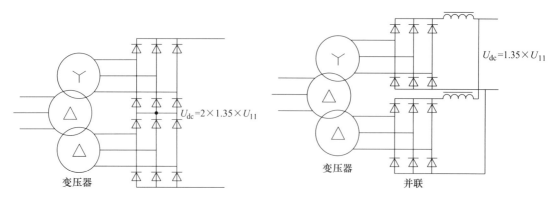

图 6.44 12 脉波整流器电路拓扑（串联逆变型）　　图 6.45 12 脉波整流器电路拓扑（并联逆变型）

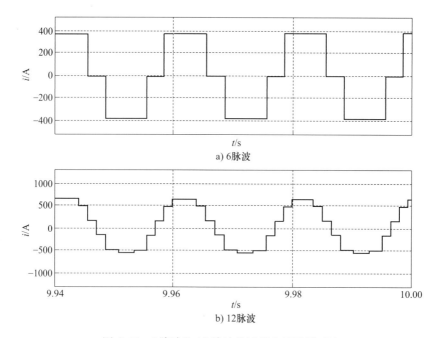

a) 6 脉波

b) 12 脉波

图 6.46 6 脉波和 12 脉波整流器电流波形对比

表 6.7 6 脉波整流器与 12 脉波整流器的谐波电流比较

H	1	5	7	11	13	17	19	THD
I_{h6p}/A	100	20.0	14.3	9.1	7.7	5.9	5.2	28.45%
I_{h12p}/A	100	1.8	1.6	6.6	5.4	0.33	0.3	9.14%

船用 CSI 变频器的 12 脉波整流电路拓扑如图 6.47 所示。

船用 24 脉波整流电路拓扑如图 6.48 所示。

由此可见：采用 12 脉波整流电路可消除 5、7、17、19 等奇次谐波，只剩下 12k±1 次谐波，且控制电流谐波畸变率在 10% 以内，但仍无法降至中国船级社（CCS）标准以下；而采用 24 脉波整流电路可消除 11、13、19 等次谐波，且控制电流谐波畸变率在 5% 以内[6.46]。

（2）电源变压器设计　改进变频器输入变压器的接法也能抑制谐波。例如：采用 Ddy

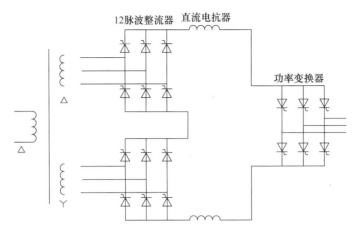

图 6.47 船用 CSI 变频器的 12 脉波整电路拓扑

型变压器,可以有效地消除 3 倍频的谐波,即 3、9、15 次等谐波分量;采用谐波抑制变压器是较常用的一种限制电网中谐波的方法。这种变压器通过增加从电网变换而来的电压的脉冲数目,使得从电网上吸收的电流,其瞬时值波形得以改进;另外,采用多相整流技术也需要其电源变压器设计成移相变压器。

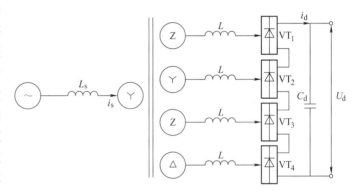

图 6.48 24 脉波整流电路拓扑

通常,对于变频器的输入隔离变压器,应选用短路阻抗较高的变压器,以平稳负载电流,减小谐波含量。一般的配电变压器的短路阻抗小于 4%,可设计变频器的隔离变压器短路阻抗在 5%~8%。在变压器一次绕组与二次绕组之间设置一个导电片,通过一个高频接地母线可靠接地,以屏蔽谐波从二次绕组耦合到一次绕组,并满足 EMI 要求。

基于变压器的电压滤波作用可以把对电压波形畸变或电压脉冲敏感的用电设备与电网隔离开,设计每相的铁心与磁轭之间的交叉部分比普通变压器的铁心要大,其一次绕组与二次绕组采用圆柱形绕组。若一次电压的相绕组为三角形联结,二次绕组成 Z 字形联结。有关船用变压器的结构与设计请见第 2 章。

(3)采用 PWM 技术 随着电力电子技术的发展,可采用 PWM 整流器替代传统的二极管或晶闸管整流器,通过开关器件的开通与关断,产生一定的电压波形序列,达到抑制谐波的目的。此外,PWM 整流器不仅输入电流接近正弦,且与电源电压同相,从而得到接近于 1 的功率因数。PWM 整流电路拓扑及调制原理见文献 [6.5]。

6.3.2 谐波被动式治理方法

被动式谐波抑制是传统的降低谐波方法,采用谐波补偿装置来消除谐波。被动式补偿装置主要是无源滤波器、有源滤波器、混合型滤波器以及统一电能质量控制器（Unified Power Quality Conditioner，UPQC）。

（1）无源滤波器 船舶最早使用无源滤波器来进行谐波治理，具有无源滤波器设计较容易、成本低、补偿效果较好等优点。船舶电网谐波治理采用 LC 无源谐振式滤波器，安装在谐波源附近，由其谐振特性达到抑制谐波目的。图 6.49 给出了几种不同的 LC 滤波器连接方法。其中，图 6.49a 可以获得比单个电容效率更高的等效电容，但工作在相电压下；图 6.49b 与电抗有公共连接点，电容的绝缘介于对地电压和相电压之间，改进了可靠性；图 6.49c 的方案在实际中被广泛采用，所用的电抗通常接成单相的，采用空气心或者气隙可调，标准的三相电容器通常有一个公共结点。用于抑制多种谐波的滤波器构造，往往具有设计形式的可变更性，以及元器件的可替代性和方案的可调整性。

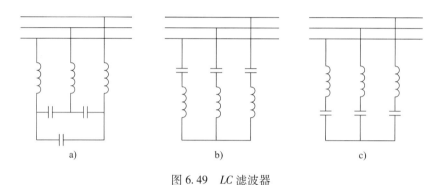

图 6.49 LC 滤波器

但无源滤波器缺点是体积大、损耗高，且只能抑制固定频率的谐波，随着电网频率或者系统阻抗变化而产生谐振现象等。因此实际应用中，更有效的设计方案是组合 LC 滤波器，以适用于多种谐振频率。常用组合无源联合滤波器的拓扑结构如图 6.50 和图 6.51 所示。

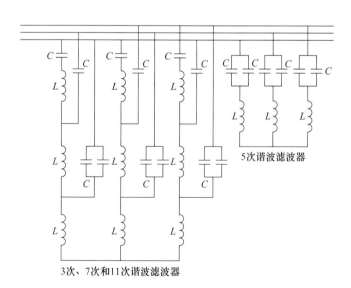

图 6.50 3次、5次、7次、11次谐波联合滤波器

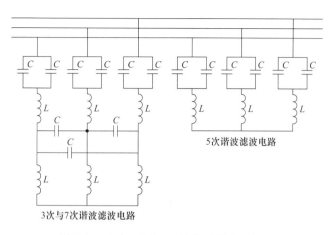

图 6.51　3 次、5 次、7 次谐波联合滤波器

本质上，谐振式滤波器作为谐波源的低阻抗旁路电路，降低了谐波对电网中其他负载的影响。但无源滤波器与电网阻抗形成了一个并联的谐振电路，在电网侧对某些特定频率形成谐振。由于并联谐振的存在，LC 滤波器只能在特定频率处，滤除较高次的谐波，但不能滤除较宽频带内的电流谐波。

（2）有源滤波器　有源滤波器（APF）是一种电力电子变换器，采用适当控制技术，可以对变化的谐波电流实时追踪补偿。在实际应用中，有源滤波器不仅可以对谐波进行抑制，还可以对三相不平衡、电压波动以及电压暂降等进行补偿。

目前，有源滤波器主要包括并联和串联两类：并联型有源滤波器的基本结构为基于脉宽调制的三相逆变器，如图 6.52 所示，选择适

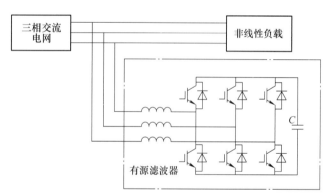

图 6.52　并联型有源滤波器结构图

当的高频调制频率，按照 20Hz～30kHz 的顺序，可以补偿至 19 次谐波造成的畸变，应用较为普遍。实际应用中有两种逆变器：电流源型逆变器（电感作为储能元件）和电压源型逆变器（电容作为储能元件）。

串联型有源滤波器如图 6.53 所示。

图 6.52 所示的是三相三线并联型有源滤波系统，图中变流器的作用是以瞬时无功功率理论为基础，通过与标准正弦波形的对比，形成补偿电流。电容器的功能为储能，用于平衡负载所吸收功率的脉动性。图 6.53 所示的串联有源滤波器可以进行 100%脉宽调制。另外，串联有源滤波器可以用来补偿线路电抗电压降，滤除由特定电压源或者负载产生的电压谐波，作相位调整器等。但有文献表示对于船舶中压电力系统，因其额定功率有限，使用有源滤波器会影响抑制效果[6.47]。

有源滤波器用于抑制船舶电网所产生的谐波，主要是有两个核心部分，一个是谐波检测

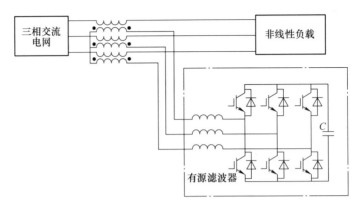

图 6.53 串联型有源滤波器结构图

信号的准确性,另一个就是控制算法的精确度。

(3) 混合型滤波器 为了克服有源滤波器、无源滤波器使用中的不足之处,提出了混合型滤波器,高效且经济地解决各种类型的谐波问题。因此,混合有源滤波器 (Hybrid Active Power Filter, HAPF) 成为近几年的研究热点之一。混合型滤波器的部分简化结构图如图 6.54 和图 6.55 所示。

混合型滤波器可以在并联型或串联型有源滤波系统的基础上进行构建。图 6.56 所示为混合型滤波器的系统结构图之一的三相混合滤波系统结构图。

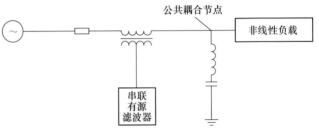

图 6.54 串联有源滤波器与并联 PF 混合滤波

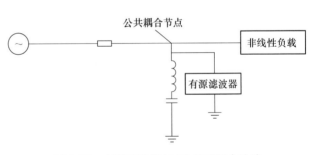

图 6.55 有源滤波器与 PF 并联混合滤波

该系统由三相交流电网供电给三相桥式可控整流器,连接的负载为电阻-电感性的,参数为 R_0 和 L_0。供电电网阻抗由电感 L_s 来代替。无源 LC 滤波器为星形联结,且与整流器并联,可滤除 5 次、7 次及更高次谐波。三相有源滤波器本质上为一个附加电压,接在 3 个变压器的一次绕组上,变压器的二次绕组则与电网串联。

有源滤波器则通过附加的低功耗元件 L_R 和 C_R 与变压器的一次绕组相连,以防止电压突增。其作用首先是能够有效抑制电网电流中所包含的低次谐波。抑制系数随着谐波次数的增加而降低,即:5 次电网电流谐波,抑制系数为 8,而 19 次电网电流谐波,其相应的抑制系数只是略大于 2,结果还是令人满意的。

将各种有源滤波器和无源滤波器组合起来,可构成多种类型的混合型滤波器。一般地,混合型滤波器(包括其控制系统)的系统框图主要有以下几种:

1) 将附加串联式电压源连接至电网。

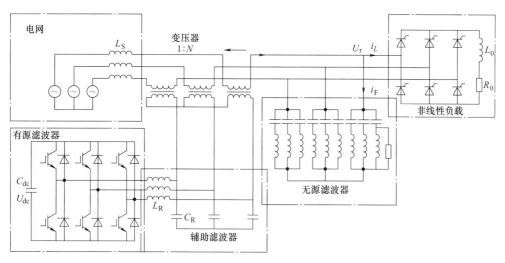

图 6.56 带串联有源滤波器的三相混合滤波系统结构

2) 将附加串联式电压源连接至无源滤波器。
3) 将附加串联式电流源连接至无源滤波器。
4) 附加电流源并联至单条支路的无源滤波器。

有源滤波器与无源系统连接后,有源滤波器所包含的变换器中,电压和电流就可以降低,另外视在功率也随着降低,可以降低成本。

(4) 统一电能质量控制器　随着电网结构和负荷类型的日益复杂,多种电能质量问题在同一电网中出现同时出现的情况逐渐变多。需要同时安装串联型和并联型的补偿装置,但是随着装置的增多会加大治理成本,又不经济。因此,集串并联型装置为一体的电能质量控制器由此产生[6.48]。共用中间直流将两者背靠背结合起来构成统一电能质量控制器(UPQC)。UPQC 的两种基本拓扑结构如图 6.57 和图 6.58 所示。

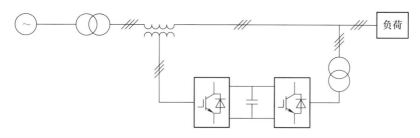

图 6.57　UPQC 基本拓扑结构

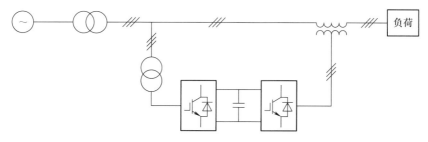

图 6.58　并联侧接系统、串联侧接负荷结构

其中，图 6.57 是 UPQC 最基本的拓扑结构。系统主电路拓扑结构由直流储能装置和两个 PWM 逆变单元两部分组成。两个 PWM 逆变单元分别构成串联单元和并联单元的主要部分，直流储能装置则是两个 PWM 逆变单元共用的。其中，直流母线上可以有蓄电池、超导储能线圈等直流能源。串联部分用来在公共连接点向线路插入一个与出路电流成正比的串联电压，从而既可抑制谐波，又可起到缓冲器的作用，以消除线路电压暂降或闪变以及电压不平衡问题。而并联部分则用来通过直流中间环节向串联补偿器提供潮流控制所需的有功功率，也可对较低频率的谐波进行补偿。不难发现，串联的有源滤波器和动态电压恢复器（Dynamic Voltage Rectorer，DVR）功能一致，因此 UPQC 可以集成有源滤波器和动态电压恢复器两者的功能。

6.3.3 船舶电网谐波抑制应用举例

本节举例说明船舶电网谐波抑制装置的应用。

1. 带轴带发电机组的船舶电站

为了节能有的船舶安装了轴带发电机。但因船舶航行时主柴油机的转速变化影响发电输出，需加变流器，轴带发电机组的船舶电站的构成如图 6.59 所示。

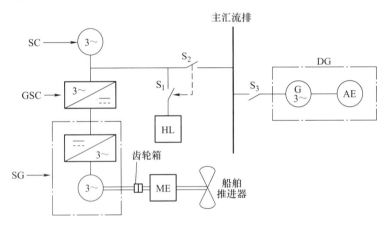

图 6.59 安装有轴带发电机组的船舶电站的构成

图 6.59 中：ME 为船舶主机，AE 为船舶辅机，SG 为带有整流器的轴带发电机，通过网侧变流器（GSC）与柴油发电机组 DG 的船舶电网连接。SC 为同步补偿器，用来提供无功功率，调节轴带发电机的输出功率因数。为消除波形畸变增设了谐波滤波器（Harmonic Filter，HF）。

2. 船舶系统中变流器的谐波抑制

船舶电力系统中变流器产生谐波，可以通过下列方法来限制：

1）船舶电力系统的分区。SOLAS 国际海上人命安全公约（International Convention for Safety of Life at Sea）规定，功率大于 3MW 的船舶电站，其主配电板汇流排须独立分区。电站主配电板的结构图如图 6.60 所示，被分为两个相互独立的配电区域。

这种方法经常应用于电力推进器船舶，因为变频器能引起系统中电压和频率较大的变化。另外，这种方法也适用于电力系统中包含有产生扰动的设备，如电力电子变流器等。

2）滤除高次谐波。船舶系统中安装了许多对供电电压畸变较敏感的重要设备。采用有源滤波器或者混合型滤波器，可以将那些"安全"设备单独地安装在畸变较轻微的子系统中。对有源滤波器或者混合型滤波器的选择，取决于安装在"安全"子系统中的负载容量。

3）隔离变压器和机电转换器。为了避免大功率可控硅变流器吸收非线性电流的不利影响，船舶通用电网通常在电站的主汇流排上安装变压器或者转换器。这为在电力推

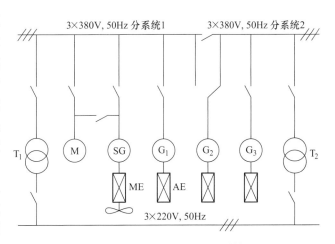

图 6.60　船舶电站主配电板的结构图

进系统和电网中采用不同的电压，提供了便利，即对于大功率的推进设备，电站常用660V或者1000V 的发电机，而通用电网目前最常用的是380V 电压。船舶主汇流排安装变压器或转换器的谐波抑制方式如图 6.61 所示。

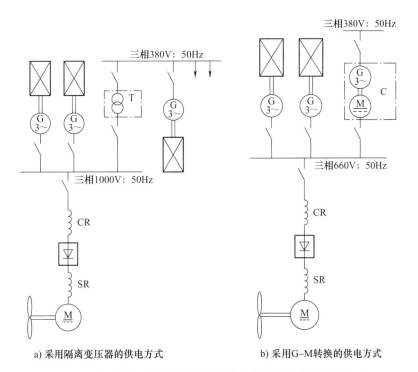

a) 采用隔离变压器的供电方式　　b) 采用G-M转换的供电方式

图 6.61　船舶主汇流排安装变压器或者转换器的谐波抑制方式

图 6.61a 所示的系统由主汇流排经由变压器 T、换向电抗器 CR 和平波电抗器 SR 向船舶通用电网（3×380V，50Hz）供电。图 6.61b 所示的系统由主汇流排经 G-M 转换（图中 C 装置）、换向电抗器 CR 和平波电抗器 SR 向船舶通用电网（3×380V，50Hz）供电。

4）其他设计方案。船舶主电力推进系统使用双工系统或者双电源系统，来降低系统中因带有变流器子系统而产生的干扰。

例如：基于交-交直接频率变换器的交流驱动系统采用几对反相并联的变流器，如图 6.62 所示。为了抑制可控硅整流器（Silicon Controlled Rectifier，SCR）产生的谐波，采用两台变压器分别供电，其中一台变压器的二次绕组为星形联结，另一台变压器的二次绕组为三角形联结。通过改变两个可控整流器的供电电压相位，从而降低注入电网的高次谐波。采用这种方法，可以用较小容量的滤波器把 6.6kV 主汇流排上的高次谐波限制在允许的范围内，已应用于 ABB 船舶主电力推进系统。

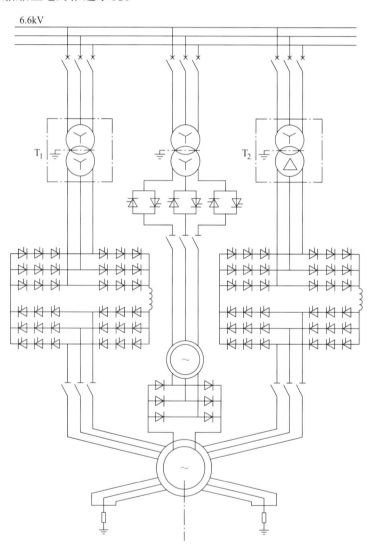

图 6.62 交-交直接频率变换器的连接图—由 Alsthom 制造的"同步"型

除了产生谐波扰动，变流器对系统电能质量的影响还在于过电压以及无线电高频干扰（RFI）。无线电高频干扰在带宽 150kHz～30MHz 之间时，与功率半导体器件开关频率有关，又称为"开关干扰"。为了避免变流器特别是频率变换器造成的这种扰动，可采用屏蔽电缆来连接电动机的变流器与 RFI 滤波器（阻止无线电高频干扰），以及无源 LC 滤波器（削弱扰动）。

船舶电力系统谐波治理的发展方兴未艾，将船舶电网电能质量检测技术和电力物联网结合，采用信息化、云计算（Cloud Computing，CC）、大数据和人工智能方法对谐波信号数据的提取、检测等技术，将 UPQC 与储能技术结合，包括蓄电池、飞轮储能、超导储能、超级电容器储能等，实现电能质量治理与能量管理的结合，综合性地对包括谐波在内的电能质量进行治理[6.49-6.50]。

6.4 船舶电网的电压暂降分析

在船舶电力系统运行过程中，短路故障以及大容量负荷投切等问题，会造成船舶电网的电压暂降。本节简要对电网电压暂降进行分析。

6.4.1 电压暂降及其特征参数

电压暂降是影响供电电压质量的一大主要因素，日益受到关注。

1. 电压暂降的概念

电压暂降也称为电压跌落、电压骤降等，一般是指供电电压方均根突然下降到设定阈值之下，经短暂时间内又重新恢复的现象[6.51]，如图 6.63 所示。IEC 标准中将其定义为电压幅值下降到额定值的 1%~90%，经过 10ms~1min 的短暂持续后恢复正常的现象。IEEE 标准中将其定义为电压幅值下降到额定值的 10%~90%，并持续 0.5~30 个周波时间的电压暂时性跌落现象。而船舶电网又因受航行工况的影响，更易发生电压暂降。在电网电压暂降的分析研究中，最关注的是 3 个主要参数特征：电压暂降幅值、持续时间和相位跳变。

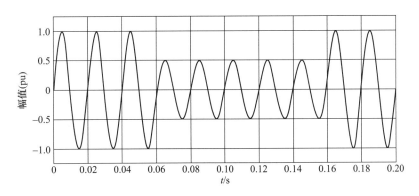

图 6.63 电压暂降扰动波形

2. 电压暂降的特征参数[6.3]

1) 电压暂降幅值，即电压发生突然下降后的电压幅值大小，常用电压暂降深度 MF 来表示：

$$\mathrm{MF} = \frac{U_{\mathrm{Nrms}} - U_{\mathrm{sag}}}{U_{\mathrm{Nrms}}} \tag{6-60}$$

式中，U_{Nrms} 为电压暂降前的电压有效值；U_{sag} 为电压暂降后的电压有效值，当发生不对称电压暂降时，指电压基波正序分量的有效值。

2）电压暂降持续时间，也指电压暂降起止时刻。实际的测量仪器中可对不同电压暂降幅值给出相应的持续时间，即将电压方均根值低于指定电压门槛值的一段时间定义为与特定电压暂降幅值对应的持续时间。

3）相位跳变，是指电压暂降前后相位角的变化，出现相位跳变是由于系统和线路的电抗阈电阻值不同，或者不平衡电压暂降向低压系统传递引起的。

3. 船舶电网电压暂降的来源

对于陆地电网，雷击和输电线路发生短路故障、大型感应电动机起动、变压器投切是引起陆地电网电压暂降的主要原因[6.52]。但船舶因其特殊的运行环境，与陆地电网具有不同的表现，具体如下：

船舶电网的电压暂降最重要的来源是船舶电网的短路故障、大容量船舶变压器空载合闸引起励磁涌流、大容量船舶感应电动机直接起动等。其中，船舶大容量电机起动瞬间相当于突然加大负载，会出现高达额定电流6~8倍的起动电流，对船舶电网形成冲击，导致电网电压大幅度下降，是引起船舶电网电压暂降的主要原因之一。除了上述的原因之外，大容量负荷投切、变速驱动、焊接设备等负荷和装置所产生的功率大幅度波动（特别是无功功率）等，都会导致电流迅速上升变化，进而引起电网的电压暂降。

4. 电网电压暂降的危害

随着计算机、自动化控制、大功率电力电子技术的发展，新型电力电子设备对电能质量的要求极为严格，对系统的干扰非常敏感，在系统发生暂态故障时，几个周期的电压暂降都可能引起设备的异常工作，造成极大的经济损失[6.53]。电压暂降对船舶用电设备安全运行的危害不容忽略，如：

1）电压暂降对电子设备的危害。当发生电压暂降时，船上的计算机与电子设备的电源将在1s内停止工作。

2）船舶电网发生电压暂降会导致可编程控制器（Programmable Logic Controller，PLC）程序逻辑紊乱，发生错误跳闸，船舶上的接触器和继电器可能会断开等，当电压暂降到正常电压的70%以下时，设备就已经运行不正常了。

3）电压暂降往往也伴随着电压相位的突变，这给电压幅值的检测带来一定的干扰，另外背景谐波问题也不容忽视，同样会对检测的快速性和准确性造成影响。

由于电压暂降持续时间仅几个周期，大部分难以被察觉。因此，由电压暂降引起的许多事故较难被发现，同时也不易处理该类事故。表6.8给出了国内外关于电压暂降对部分电子设备的影响。

表6.8 电子设备受电压暂降的影响[6.53]

电子设备名称	电压暂降对其影响
计算机	电压小于额定电压50%、持续时间超240ms时，会导致计算数据丢失等异常操作
调速电机	电压低于额定电压时产生旋转磁场，增加转子损耗，使转子温度增加，同时也会产生二倍频的振动

(续)

电子设备名称	电压暂降对其影响
变频调速器	电压小于额定电压且持续时间超过 120ms 时，调速驱动器（Adjustable Speed Drive，ASD）被切除。对一切精细加工业的电机，电压幅值低于额定值 90% 且持续时间超 60ms 时，电机则会跳闸退出运行
PLC	电压小于额定电压 81% 时，PLC 停止工作；外接的 I/O 设备，当电压小于 90% 且持续几十毫秒时，会被切除

总之，电压暂降严重的时候会使得敏感设备不能正常运行工作，给船舶的安全运行和经济带来巨大损失。据不完全统计，电压暂降发生的电能质量问题占 70% 以上，其中船舶上的三相短路故障占比最大，如何减少故障次数和发生故障后的波及范围是一个挑战。

6.4.2 船舶电网电压暂降故障仿真分析

船舶电网电压暂降的主要来源就是船舶电网的短路故障。船舶多数采用三相三线制，发生三相短路的概率最高，其次是两相相间短路。当船舶电网配电板发生短路时，会导致电流迅速升高，短路点附近电压快速下降，严重时会影响船舶敏感设备的正常工作。

可将船舶电网简化为辐射型网络，如图 6.64 所示。假设在船舶配电板出现短路故障，故障点 F 与公共耦合节点（Point of Common Coupling，PCC）处之间的阻抗变为 Z_F，流经线路与变压器等阻抗 Z_W 的电流 I_g 变成短路电流 I_{sh}。此时，PCC 处点的电压下降为

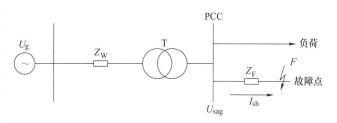

图 6.64 船舶电网电压暂降示意图

$$U_{sag} = U_g - I_{sh}(Z_F + Z_W)$$

由于短路后电流 I_{sh} 远大于正常运行时电流值 I_g，Z_W 两端电压降很大，导致 PCC（分配电板）处和主配电板均发生电压暂降，待支路故障解除后，PCC 处和主配电板处电压恢复正常。

按此搭建船舶电网短路故障仿真模型，如图 6.65 所示，采用 6.6kV/15MV·A 的中压电源、6.6kV/0.38kV 变压器、10MV·A 的功率负载以及短路故障器等。

下面分析船舶配电板的电压暂降情况。短路模块分别设置三相短路、两相短路与两相接地和单相接地短路等故障。配电板仿真模块各参数设置见表 6.9。

表 6.9 船舶电网仿真模块各参数设置

模　块	参　数
电源装置	船舶中压 6.6kV/15MV·A
降压变压器	20MV·A、6.6kV/0.38kV
负载	10MV·A
故障器	时间设置 0.05~0.15s

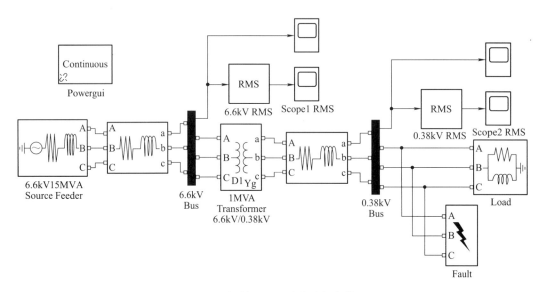

图 6.65 船舶电网短路故障仿真模型

图 6.66 所示为船舶电网发生三相短路故障时配电板上三相电压波形和有效值波形，短路故障引起的电压暂降为三相平衡电压暂降。

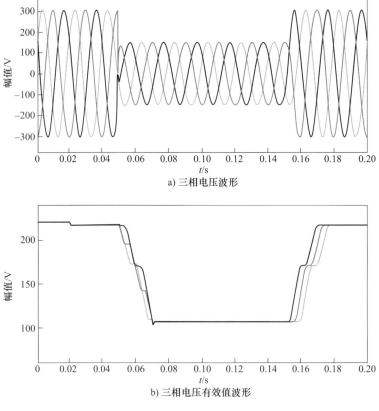

a) 三相电压波形

b) 三相电压有效值波形

图 6.66 三相短路故障配电板上波形

故障发生在 0.05~0.15s 之间，配电板三相电压出现了下降，三相电压的有效值由 220V 跌落至约 107.2V，但 A、B、C 相的相位仍相差 120°，没有出现相位跳变。在 0.15s 故障切除后，三相故障电压逐步恢复至正常值。

图 6.67 所示为电网发生 A、B 相相间短路故障波形，引起了不平衡电压暂降。船舶电网短路故障发生在 0.05~0.15s 之间，A 相电压降至约 154.2V，B 相电压降低至约 130.5V，同时存在相位跳变，三相电压在相间短路故障期间相位差不再是 120°。在 0.15s 故障切除后，三相故障电压逐步恢复至正常值。

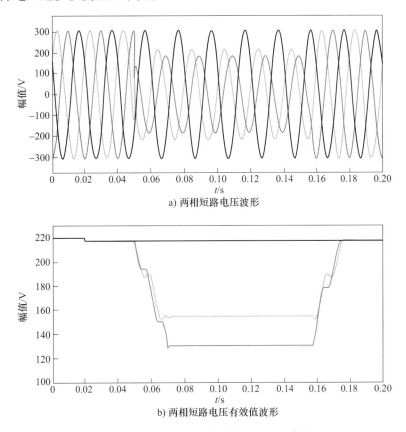

a) 两相短路电压波形

b) 两相短路电压有效值波形

图 6.67 两相相间短路故障配电板上波形

图 6.68 所示为电网发生 A、B 相短路接地故障时船舶配电板故障波形，两相短路接地引起的电压暂降为不平衡电压暂降，船舶电网短路故障发生在 0.05~0.15s 之间，A、B 相电压出现相同程度的电压下降，A、B 相电压有效值由 220V 降至约 107.8V，同时存在相位跳变，两相短路接地故障期间三相电压相位差不再是 120°。在 0.15s 故障切除后，三相故障电压逐步恢复至正常值。

图 6.69 所示为电网发生 A 相短路接地故障时船舶配电板故障波形。单相短路接地引起的电压暂降为不平衡电压暂降，船舶电网短路故障发生在 0.05~0.15s 之间，A 相电压出现短暂的电压下降，A 相电压有效值由 220V 降至约 109.7V，同时存在相位跳变，单相短路接地故障期间三相电压相位差不再是 120°。在 0.15s 故障切除后，三相故障电压逐步恢复至正常值。

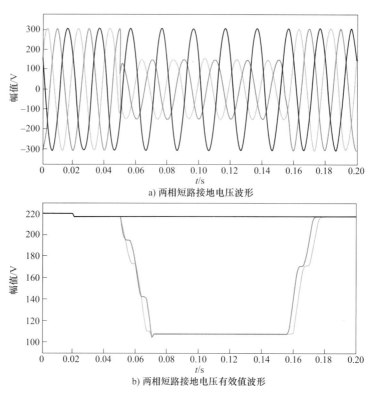

a) 两相短路接地电压波形

b) 两相短路接地电压有效值波形

图 6.68 两相短路接地故障配电板上波形

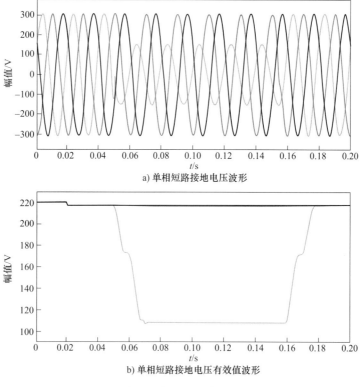

a) 单相短路接地电压波形

b) 单相短路接地电压有效值波形

图 6.69 单相短路接地故障配电板上波形

船舶电网中的冲击负荷，例如感应电动机起动和船舶变压器的投切均会造成电网电压暂降。其发生暂降波形如图 6.70 和图 6.71 所示。

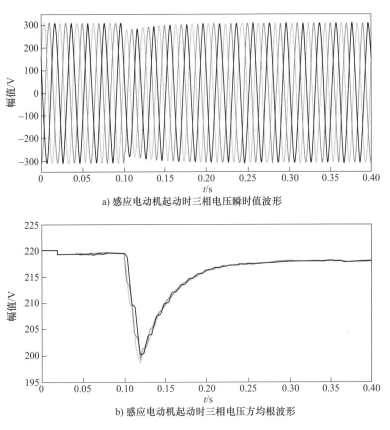

图 6.70 感应电动机投入时故障波形

由图 6.70 可知感应电机起动引起的电压暂降典型特征有[6.51]：①三相电压同时发生暂降，且幅值相同；②电压暂降幅值不会低于额定值的 85%；③电压暂降逐步恢复，恢复过程没有突变发生；④电压暂降过程中有功功率会出现一定的变化。

由图 6.71 可知变压器投入引起的电压暂降典型特征有[6.51]：①三相电压幅值不相等，电压暂降幅值不会低于额定值的 85%；②电压暂降逐步恢复，恢复过程没有突变发生；③暂降电压中有以 2 次谐波为主的谐波分量。

6.4.3 电网电压暂降检测方法与算例分析

电压暂降的幅值、持续时间和相位跳变是标称电压暂降的 3 个特征量，分为时域与变换域检测方法，各具特点，可适用于不同的应用场合。

（1）时域检测方法

1）有效值检测法。电能质量检测仪标准 IEC 61000-4-30-2015 推荐通过计算电压有效值对电压进行检测。计算有效值的方法可以衡量电压暂降的程度。有效值检测法利用方均根值的定义进行运算，连续周期信号 $u(t)$ 的方均根值 U_{rms} 定义为

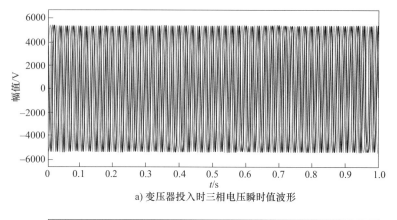

a) 变压器投入时三相电压瞬时值波形

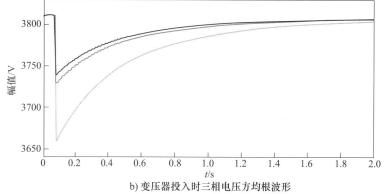

b) 变压器投入时三相电压方均根波形

图 6.71 变压器投入时故障波形

$$U_{\text{rms}} = \sqrt{\frac{1}{T}\int_{t}^{t_0+T} u^2(t)\,\mathrm{d}t} \tag{6-61}$$

式中，T 为基波周期或半个基波周期。

式（6-61）数字化处理后的离散化形式为

$$U_{\text{rms}} = \sqrt{\frac{1}{N}\sum_{n=0}^{N-1} u^2(n)} \tag{6-62}$$

式中，N 为基波周期或半个基波周期内的采样点个数。

如图 6.72 所示，在方均根值计算中通常采用滑动平均值的方法来计算有效值，即将电压采样值放入一个滑动的数据窗，每新采集到一个电压值，便更新一次有效值数据，但该种方法通常要经半个或一个基波周期时间才能准确得到有效值信息，而且不能明确地给出电压暂降起止时刻以及无法检测相位突变情况，但实现简单，易操作[6.54]。

2) 缺损电压法[6.55]。缺损电压法依靠瞬时电压与实际瞬时电压之间的偏差量计算实际电压的幅值和相位信息。其中，瞬时电压波形是采用锁相环（Phase Lock Loop，PLL）法获得的，故称 $u_{\text{PLL}}(t)$ 为"PLL 波形"。根据三角函数性质，任意两个正弦波的和或差仍为正弦波，仅仅是其幅值和相位不同。由此可以做如下假设：

设瞬时电压表达式 $u_{\text{PLL}}(t)$ 为

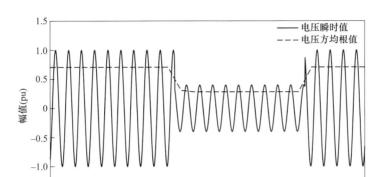

图 6.72 电压暂降方均根值检测结果

$$u_{\text{PLL}}(t) = \sqrt{2}\,U_1\sin(\omega t + \varphi_1) \tag{6-63}$$

实际发生暂降的电压表达式 $u_{\text{sag}}(t)$ 为

$$u_{\text{sag}}(t) = \sqrt{2}\,U_2\sin(\omega t + \varphi_2) \tag{6-64}$$

则缺损电压 $u_{\text{err}}(t)$ 的表达式为

$$u_{\text{err}}(t) = u_{\text{PLL}}(t) - u_{\text{sag}}(t) = \sqrt{2}\,U_3\sin(\omega t + \varphi_3) \tag{6-65}$$

根据三角函数知识和矢量合成，不难求得缺损电压的有效值和相位的表达式，即

$$\begin{cases} U_3 = \sqrt{U_1^2 + U_2^2 - 2U_1 U_2\cos(\varphi_1 - \varphi_2)} \\ \varphi_3 = \arctan\dfrac{U_1\sin\varphi_1 - U_2\sin\varphi_2}{U_1\cos\varphi_1 - U_2\cos\varphi_2} \end{cases} \tag{6-66}$$

由式 (6-66) 可知，在计算缺损电压的幅值时，需要构造瞬时电压，因此应引入锁相环并与电压有效值计算方法配合，另外还需要已知瞬时电压和实际暂降电压的相位，但获取这些特征量均需要一定的时间延时，从而会影响检测算法的快速性。此外，缺损电压计算法并不能有效地解决方均根计算法中电压暂降起止时刻。并且，该方法也不能检测相位跳变。

3) 瞬时电压 dq 变换法[6.51]。缺损电压法中因暂降电压幅值与相位不能瞬时确定，不适用于实时的补偿，而采用 Park 变换，进行瞬时电压 dq 分解。将三相电压变换到 dq 坐标可以得到如下关系：

$$\begin{bmatrix} u_\text{d} \\ u_\text{q} \end{bmatrix} = \sqrt{\dfrac{2}{3}} \begin{bmatrix} \sin\omega t & \sin\left(\omega t - \dfrac{2\pi}{3}\right) & \sin\left(\omega t + \dfrac{2\pi}{3}\right) \\ -\cos\omega t & -\cos\left(\omega t - \dfrac{2\pi}{3}\right) & -\cos\left(\omega t + \dfrac{2\pi}{3}\right) \end{bmatrix} \begin{bmatrix} u_\text{a} \\ u_\text{b} \\ u_\text{c} \end{bmatrix} = \begin{bmatrix} \sqrt{3}\,U \\ 0 \end{bmatrix} \tag{6-67}$$

式中，$\sin\omega t$ 和 $\cos\omega t$ 与 A 相电压同相位。

忽略高频振荡信号，可以认为 d 轴分量反映的就是电压的方均根值。通过 dq 变换，可瞬时求取对称三相电压的方均根值。特别是单相电压暂降的检测，可以用单相电源为参考电压迅速构造虚拟的对称三相系统，用 dq 变换法进行分析。

考虑到一般的电能质量扰动情况，可将电压表示为基波分量与高频振荡信号的叠加，再

进行 dq 坐标变换，则相电压（以 A 相为例）可以表示为

$$u_A = \sqrt{2}U\sin\omega t + \sqrt{2}\sum U_h\sin(h\omega t + \theta_h)e^{\beta_h t} \tag{6-68}$$

式中，U_h 为 h 次高频信号的方均根值；θ_h 为初相位；$e^{\beta_h t}$ 为衰减指数。

在不考虑相位跳变时，电压基波方均根值在 u_d 中表现为直流分量，第 h 次高频振荡信号则分解为 $h±1$ 次高频振荡信号的叠加，q 轴电压的变换结果不含直流分量。特别注意，当电压中含有较大的扰动时，u_d 不能代表基波电压的方均根值，此时可采用滤波技术提取其直流分量，获得相应的电压方均根值。

当发生相位跳变角度为 α 和电压方均根值为 U_{sag} 的电压暂降时，设置好 A 相电压，根据单相延迟法构造另外两相电压，将构造的三相电压信号进行坐标变换，将变换后的 dq 轴电压分量中的直流成分 $U_{d\alpha}$ 和 $U_{q\alpha}$ 采用合适方法提取出来，可以得到

$$\begin{cases} U_{d\alpha} = \sqrt{3}U_{sag}\cos\alpha \\ U_{q\alpha} = -\sqrt{3}U_{sag}\sin\alpha \end{cases} \tag{6-69}$$

因 $U_{d\alpha}$ 和 $U_{q\alpha}$ 经实测计算为已知量，则由式（6-69）可求出电压暂降的幅值和相位跳变分别为

$$\begin{cases} U_{sag} = \dfrac{\sqrt{3}}{3}\sqrt{U_{d\alpha}^2 + U_{q\alpha}^2} \\ \alpha = \arcsin\left(\dfrac{-\sqrt{3}U_{q\alpha}}{3U_{sag}}\right) = \arcsin\left(-\dfrac{U_{q\alpha}}{\sqrt{U_{d\alpha}^2 + U_{q\alpha}^2}}\right) \end{cases} \tag{6-70}$$

为了直观方便地了解 dq 变换法，其检测原理图如图 6.73 所示。

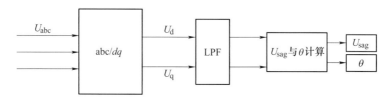

图 6.73 电压暂降 dq 变换法检测原理图

快速准确地提取 $U_{d\alpha}$ 和 $U_{q\alpha}$，是求解暂降电压幅值和相位跳变的关键。目前最主要的提取方法分为两类：一类是平均值法，采用将若干个 dq 变换结果进行平均值处理进而进行直流分量的提取；另一类是低通滤波法，将 dq 变换的结果通过低通滤波器（LPF）提取直流分量。采用平均值法时要注意其参与计算点数与 LPF 的设计，应该去除掉非电压暂降产生的扰动以及检测法的动态特性。

4）单相电压变换平均值法。此方法可以同时计算电压暂降和相位跳变两个特征量，具有较好的实时性。具体原理如下：

假设电压信号为

$$u(t) = U_m\cos\varphi\cos\omega_0 t - U_m\sin\varphi\sin\omega_0 t \tag{6-71}$$

令 $x = U_m\cos\varphi$，$y = U_m\sin\varphi$，可得

$$u(t) = x\cos\omega_0 t - y\sin\omega_0 t \tag{6-72}$$

式中，ω_0 为基波角频率。

设 $\sin\omega_0 t$ 和 $\cos\omega_0 t$ 是阈电压暂降前电压同相位的正、余弦信号,则可得

$$\begin{cases} u_d(t) = 2u(t)\cos\omega_0 t \\ u_q(t) = 2u(t)\sin\omega_0 t \end{cases} \tag{6-73}$$

或者

$$\begin{cases} u_d(t) = x + x\cos(2\omega_0 t) - y\sin(2\omega_0 t) \\ u_q(t) = -y + y\cos(2\omega_0 t) + x\sin(2\omega_0 t) \end{cases} \tag{6-74}$$

对以上两个新信号取基波频率 0.5 个周期(或其整数倍)的平均值,则可由 u_d、u_q 的平均值求出 x 和 y,从而可以得到电压暂降幅值为 $\sqrt{(x^2+y^2)/2}$,相位跳变为 $\arctan(y/x)$。此方法至少有半个周期延时。

由上述可看出,该法通过将单相电压变换求其平均值,可以求出电压暂降幅值和相位,但是不能给出电压暂降起止时间。由于 u_d、u_q 中所含有的 2 倍频分量相互之间不能抵消,导致结果中含有大量的 2 倍频分量,从而严重影响到检测暂降幅值和相位跳变的准确性。

除上述方法外,电压暂降特征量还可以采用峰值电压法、基波分量法、两点检测法等来进行检测。每种方法在计算和应用上有不同的特点,实际操作中可根据需要选取相应的检测算法或者几种算法的结合[6.56-6.57]。

(2) 变换域检测方法 时域检测法在波形不发生畸变情况下,电压暂降检测结果较为准确,但是当待检测电压中存在高次谐波时,时域检测法普遍会出现检测误差。为此提出了基于变换域的电压暂降检测方法,比如 STFT 检测法、WT 检测法、HHT 检测法等,这些方法前面已有介绍,这里不再重复。

(3) 检测方法及部分仿真分析

1) 时域部分检测方法仿真分析。在 MATLAB/Simulink 中对时域中的有效值检测法、dq 变换检测法对比进行仿真验证。

采用 A 相电网电压暂降模拟信号的数学表达式为

$$u(t) = \begin{cases} 220\sqrt{2}\sin(2\times50\pi t) & 0 \leq t < 0.15 \text{ 和 } 0.35 < t \leq 0.5 \\ 154\sqrt{2}\sin(2\times50\pi t) & 0.15 \leq t \leq 0.35 \end{cases} \tag{6-75}$$

模拟信号如图 6.74 所示。

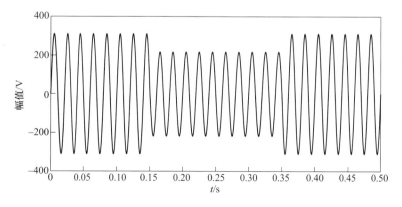

图 6.74 电网电压暂降模拟信号

利用 A 相构造三相故障电压，其中采用频率设置为 2000Hz，采样个数为 1001 个，暂降的起止时刻分别为 0.15s 和 0.35s，持续时间为 0.2s。图 6.75 所示为搭建的电压暂降的有效值检测法、dq 变换检测法对比仿真模型。

仿真结果如图 6.76 所示。对比发现：两种方法在幅值检测上准确度都比较高，220V 和 154V 处基本重合一起。但是发现突变起时刻，基于瞬时 dq 变换检测法比有效值检测的时间上要迅速，有效值检测法需要一定的反应时间。有效值检测法在恢复时刻也存在一定的恢复时间。dq 变换检测法在快速性方面明显优于有效值检测。

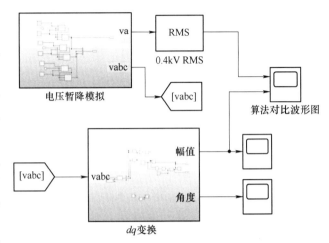

图 6.75　电网电压暂降检测方法对比仿真模型

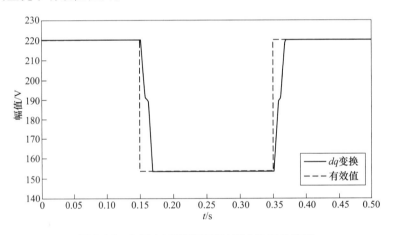

图 6.76　电网电压暂降时域检测方法对比波形

2）变换域部分检测方法仿真分析。采用 MATLAB 编程中对变换域中的 STFT 检测法、WT 检测法、HHT 算法以及改进的 HHT 算法进行仿真验证。图 6.77 和图 6.78 为不含谐波干扰与含谐波干扰的基于 STFT 算法的基波电压检测结果的对比。由图 6.77 可见，当待测电压无谐波干扰时，STFT 检测法可以有效提取出基波电压幅值信息，曲线光滑，但是在突变起止时刻存在一定误差。

由图 6.78 可见，当待检测电压存在谐波干扰时，STFT 算法仍然可以有效地提取出基波电压幅值信息，曲线依旧光滑，但在突变时间点仍然存在误差，说明此方法适合检测一些简单的信号，结果较为准确。

将有无谐波曲线进行对比（见图 6.79），发现曲线基本重合，进一步验证抗谐波干扰性能较好。但该算法受所加窗函数的宽度等因素影响较大，不同的窗函数，可能检测效果不同。进一步仿真发现，其快速性和对高次谐波的分辨能力会出现矛盾情况，同时不能检测突

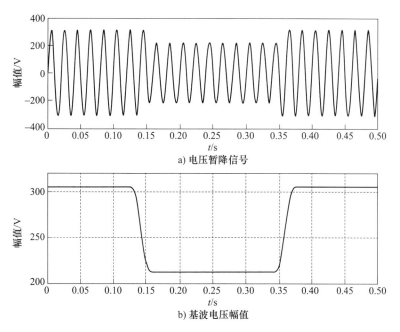

图 6.77 基于 STFT 算法的基波电压幅值曲线（无干扰）

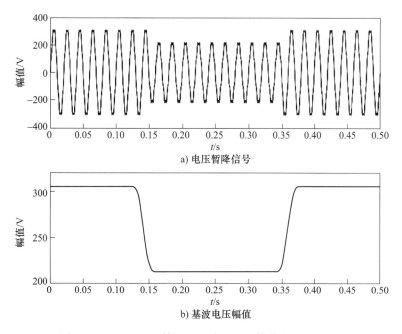

图 6.78 基于 STFT 算法的基波电压幅值曲线（有干扰）

变时刻相位跳变，具有一定局限性，因此不能很好地对电压的暂降情况做出判断。

图 6.80 和图 6.81 分别为不含谐波干扰与含谐波干扰的电压信号基于 WT 算法的电压暂降检测结果。采样频率为 2kHz，采样点为 1001 个，采用 db10 小波，分解为 3 层。可见：无论是否有谐波干扰，低频系数 a3 反映了暂降电压波形的外形，两图的电压基频波形被近

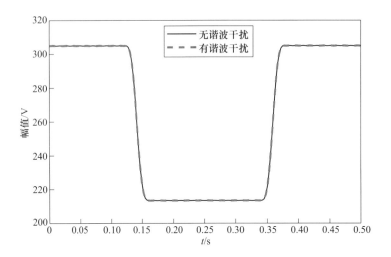

图 6.79　基于 STFT 算法的基波电压幅值对比曲线

似还原，再将 a3 与 HT 结合，可求出瞬时幅值变化。而高频系数中 d3 则在两个突变点有较大的冲击信号，可以用作突变点的检测。

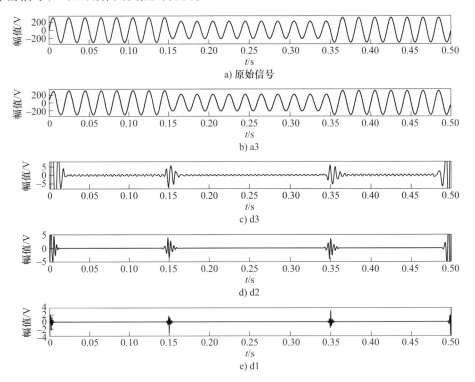

图 6.80　基于 WT 算法的电压暂降检测结果（无干扰）

但当电压暂降含有谐波时，高频系数也不能完全准确反映突变时刻。

图 6.82 和图 6.83 分别为不含谐波干扰与含谐波干扰的电压信号基于 HHT 算法的电压暂降检测结果。采样频率为 2kHz，采样点个数为 1001 个。可以看出：HHT 算法的自适应性

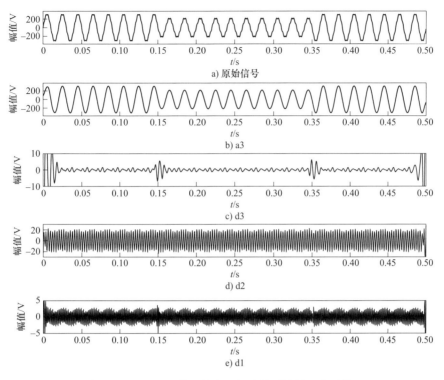

图 6.81 基于 WT 算法的电压暂降检测结果（有干扰）

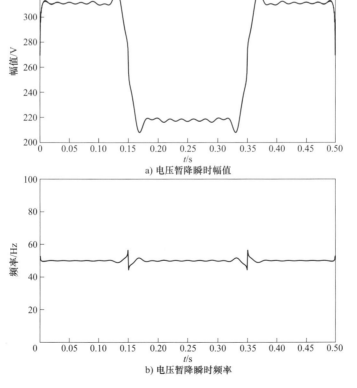

图 6.82 基于 HHT 算法的电压暂降检测结果（无干扰）

非常强,瞬时幅值可以检测暂降电压的幅值大小,瞬时频率可以很好地反映突变时刻。在不含谐波干扰的情况下,HHT 算法可以准确检测电压幅值大小以及突变时间点,但仍然会出现一些波动,这与 EMD 的插值的选取准确度相关。当有谐波干扰时,HHT 算法抗干扰性较差,幅值出现很大的波动,快速性差,并且突变时刻出现不明显的趋势,影响突变点的定位时间。HHT 算法还需要进一步改进,提高其准确性与抗干扰性。

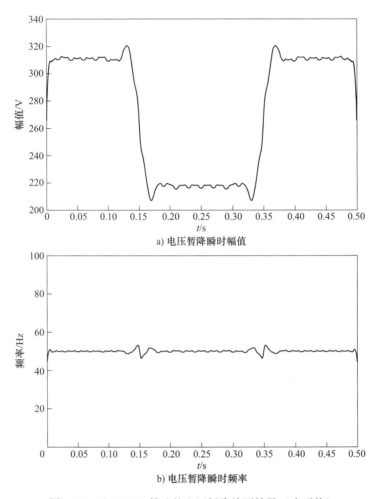

图 6.83 基于 HHT 算法的电压暂降检测结果(有干扰)

下面将变换域的 3 种检测算法进行对比分析,由图 6.84 和图 6.85 可见,在没有谐波干扰时,3 种方法均可以较好地检测暂降电压幅值,但是 WT 算法出现较大的波动,这一点没有 HHT 算法以及改进 HHT 算法效果好,改进的 HHT 算法在接近突变处的幅值较 HHT 算法有所下降,暂降电压幅值区域最为平滑,三者中准确性较好。但是从快速性和定位时间来看,WT 算法是优于另外两者的,但是小波基的选取却很严重影响检测精度。在存在谐波干扰情况下,发现三者中 HHT 算法的效果较差,波动性较大,而改进的 HHT 算法在一定程度上减缓了暂降期间的波动。WT 算法的波动性也较大,抗干扰性一般,但是 WT 算法的快速性和突变点的定位还是高于另外两种的。

对各种电压暂降检测算法进行对比分析,从快速性、准确性、突变起止时刻检测性能、

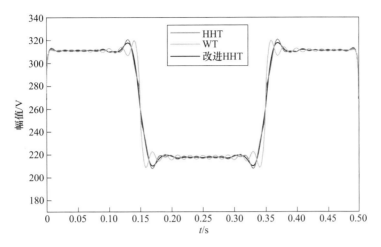

图 6.84　部分变换域电压暂降检测算法比较（无干扰）

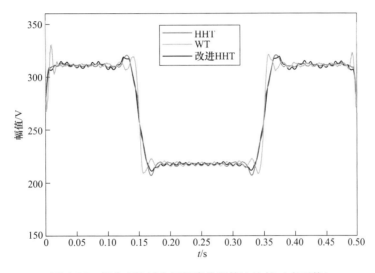

图 6.85　部分变换域电压暂降检测算法比较（有干扰）

抗谐波干扰性、能否同时检测相位突变、离散化等方面做总结，见表 6.10。

表 6.10　电网电压暂降检测算法优劣性比较[6.56]

检测方法		快速性	抗谐波干扰性	检测相位突变效果	离散化
时域检测法	方均根值检测	一般	较好	不能	简单
	缺损电压检测	一般	较差	能	一般
	dq 变换检测	较好	一般	能	简单
	两点检测	好	较差	仅检测突变时刻	简单
变换域检测法	STFT 法	一般	好	能	一般
	WT 法	一般	一般	不能	困难
	S 变换法	较好	好	能	困难
	HHT 法	一般	较差	能	困难

6.4.4 电压暂降的抑制措施

电压暂降是暂态电能质量问题之一,是发生率最高、危害性最严重的暂态电能质量问题。治理电压暂降要比治理稳态电能质量困难,不仅要考虑补偿无功功率,还要考虑补偿有功功率。电压暂降的治理问题本质上是供电电压暂降水平与用电设备电压暂降耐受能力的兼容性问题[6.57]。对于电能质量电压暂降的抑制措施有串联补偿、并联补偿、串并联补偿等,特别是采用基于电力电子技术的补偿装置,构建柔性交流输电系统(Flexible Alternative Current Transmission Systems, FACTS)。目前主要的电力电子补偿装置有可控串联补偿装置(Thyristor Controlled Series Compensator, TCSC)、静止同步串联补偿器(SSSC)、静止无功补偿装置(Static Var Compensator, SVC)、静止同步补偿装置(Static Synchronous Compensator, STATCOM)、统一电能质量控制器(UPQC)等。对于船舶电压暂降,其抑制措施主要从下面两方面着手:

(1) 优化改造电网系统的方式,降低发生故障的概率 船舶独特的运行环境使短路故障发生的概率要大一些,出现短路故障就会引起船舶电网电压暂降,电压暂降是不可避免的。首先通过实时监控船舶电网、定时维修来减少故障发生次数;其次缩短船舶电网的故障消除时间,虽然不能降低发生次数,但可以降低持续时间;最后对船舶电网的拓扑结构进行改善和优化,如采用环形网络供电、采用母线分段、增加电源和增设电抗器等,提高船舶电网供电安全性和抗干扰能力等,从源头上防止船舶电网电压暂降问题的发生,可有效降低船舶电网电压暂降问题。

(2) 安装电压暂降的治理装置 供电系统与用电负荷的接口处安装补偿设备是目前电网电压暂降最常用的治理方案。随着船舶大量电力电子装置的应用,采用电力电子技术改善电能质量是治理电压暂降的新的重要举措[6.58]。

1) 在线式不间断电源(UPS)。UPS 在解决供电中断的问题的同时,也会抑制电网电压暂降问题。在线式 UPS 当电压暂降发生时,蓄电池储能元件中的电能会经逆变器转化为交流电,保证负荷正常工作。但 UPS 体积小、容量小,不适用于负荷容量大的情况。此外,UPS 造价高,一定程度内限制了使用范围。

2) 动态电压恢复器(DVR)。DVR 被认为是有效保证敏感负荷供电的电压质量的补偿装置,在消除电压暂降、提高船舶电力系统供电质量方面有明显效果,具有灵活性和实时性。其结构原理如图 6.86 所示,一般是由能量存储单元、直流稳压单元、滤波单元、电压源换流器(Voltage Source Converter, VSC)

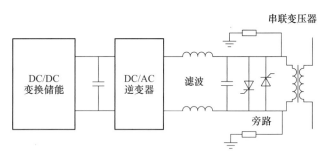

图 6.86 DVR 结构原理图

型逆变器和串接变压器、保护与控制等单元组成的串联型电能质量控制器,其动态特性可以抑制电压暂降问题。在正常供电情况下,DVR 处于低损耗备用状态;在供电电压发生突变时,DVR 反应迅速,在几毫秒内产生与电网电压同步的三相交流电压,来补偿正常电压与故障电压之差,进而将电压恢复至正常值附近。

3）超导磁储能（SMES）系统。SMES 系统将电网交流电源转换成直流电后利用超导线圈储能装置以磁能形式存储起来，需要时经过磁能转换电能返回电网，效率高，时间短，对电网电压暂降抑制有很大作用。现在，此方面研究正在蓬勃发展，并已经有微型 SMES 系统投入使用。但是此方法一方面投入成本较大，另一方面在运行维护等方面有较大困难，目前的实用性不高。

4）静止同步补偿装置（STATCOM）。STATCOM 能在数毫秒内检测到电压变化的具体情况，并及时对电压暂降事件进行响应，且在电压暂降发生时，它能够在 60% 额定电压范围内将电压调整至正常水平。同时，为了发挥更大的电压补偿能力，还可以在 STATCOM 的直流侧安装配置一些超导储能装置。但是，STATCOM 的缺点是响应速度慢，不能对暂降电压进行实时补偿。

5）固态切换开关（Solid-State Transfer Switch，SSTS）[6.59]。SSTS 是近年来一种基于电力电子技术的无触点开关，可以在一个周期内完成双电源切换的极高速切换装置。SSTS 具有切换速度快，切换过程中不会产生电弧，能满足敏感负载对电能质量的要求的特点。目前，SSTS 已经开始应用于中压系统，这与船舶的电网等级匹配，如供电回路的投切等。但 SSTS 的相关触发理论并不成熟，目前还没有应用实际的信息。

对于电压暂降的抑制装置，除上述外，还有 APF、SVC、UPQC 等。相比于 UPS、SMES 等装置，DVR 响应速度更快，是治理电压暂降最适宜的设备。DVR 不仅可以治理电压暂降，还可以降低故障点的短路电流，提高线路的实际阻抗；通过向具有谐波扰动的电力系统注入与电压扰动谐波各次分量大小相等、方向相反的补偿电压，抑制谐波产生的影响，来消除电力系统中的电压谐波。

参 考 文 献

[6.1] 施伟锋，许晓彦. 船舶电力系统建模与控制［M］. 北京：电子工业出版社，2012.
[6.2] 程浩忠，周荔丹，王丰华. 电能质量［M］. 2 版. 北京：清华大学出版社，2017.
[6.3] 程浩忠，吕千云，周荔丹. 电能质量监测与分析［M］. 北京：科学出版社，2012.
[6.4] TARASIUK T, JAYASINGHE S G, GORNIAK M, et al. Review of power quality issues in maritime microgrids［J］. IEEE Access, 2021, 09: 81798-81817.
[6.5] 汤天浩，韩朝珍. 船舶电力推进系统［M］. 北京：机械工业出版社，2015.
[6.6] 中国船级社.《钢质海船入级规范》2018 年综合文本发布［J］. 船舶标准化工程师，2018，51（4）：67.
[6.7] IEC. Electrical and electronic installation in ships-Electromagnetic compatibility: IEC 60533-1999［S］. Geneva: IEC, 1999.
[6.8] IEC. Electromagnetic compatibility (EMC) part 3: Limits-Section 2: Limits for harmonic current emissions (equipment with input current <= 16A per phase): IEC 61000-3-2-1995 + AMD1: 1997 CSV［S］. Geneva: IEC, 1997.
[6.9] IEEE Interharmonic Task Force, CIGRT 36.05/CIRED 2 CC02 Voltage quality working group. Interharmonics in Power Systems［S］. 1997.
[6.10] 中国船级社. 钢质海船入级规范第 4 分册 第 4 篇：电气装置［Z］. 2018.
[6.11] IEC. Electric installations in ships-part 101: definitions and general requirement: IEC 60092-101-2018

[S]. Geneva: IEC, 2018.

[6.12] Lloyd's Register of Shipping. Rules and regulations for the classification of Ships part6 [Z]. 2014.

[6.13] NATO. Characteristics of shipboard electrical power systems in warships of the North Atlantic Treaty Navies: STANAG 1008-2004 [S]. [s. n.]: [S. l.], 2004.

[6.14] American Bureau of Shipping. Guidance notes on control of harmonics in electrical power systems [Z]. 2006.

[6.15] IEEE. IEEE recommended practice for electrical installations on Shipboard: IEEE std 45-2002 [S]. New York: IEEE, 2002.

[6.16] GUERRERO J M, JIN Z, LIU W, et al. Shipboard microgrids: maritime islanded power systems technologies [C]// Shanghai: International Exhibition and Conference for Power Electronics, Intelligent Motion, Renewable Energy and Energy Management, 2016: 1-8.

[6.17] LR. Rules and Regulations for the Classification of Ships [Z]. 2020.

[6.18] TARASIUK T, ZUNINO Y, MB LÓPEZ, et al. Frequency fluctuations in marine microgrids: origins and identification tools [J]. IEEE electrification magazine, 2020, 8 (3): 40-46.

[6.19] IACS. Requirements concerning electrical and electronic installations [Z]. 2016.

[6.20] DNV. Rules for classification, ships, Part 4 systems and components—chapter 8 electrical installations [Z]. 2019.

[6.21] PRS. Technical requirements for shipboard power electronic systems [Z]. 2021.

[6.22] MINDYKOWSKI J. Power quality on ships: today and tomorrow's challenges [C]// IEEE Computer Society. 2014 International Conference and Exposition on Electrical and Power Engineering (EPE). Iasi: IEEE, 2014: 1-18.

[6.23] 俞庆. 船舶电网电力参数监测系统的研究与设计 [D]. 镇江: 江苏科技大学, 2013.

[6.24] GNACINSKI P, TARASIUK T, MINDYKOWSKI J, et al. Power quality and energy-efficient operation of marine induction motors [J]. IEEE Access, 2020, 08: 152193-152203.

[6.25] 杨欣, 赵龙腾. 浅析孤网系统的电能质量问题及解决方案 [C]//全国电压电流等级和频率标准化技术委员会. 第九届电能质量研讨会论文集. 2018: 16. 南京: [s. n.],

[6.26] 郭伽. 三相双输出变换器及其在舰船电网 UPQC 中的应用 [D]. 哈尔滨: 哈尔滨工业大学, 2019.

[6.27] 郑旻颖. 小型船舶电力推进系统的有源滤波装置研发 [D]. 厦门: 集美大学, 2013.

[6.28] 徐文丽, 鲍伟, 王巨波, 等. 分布式电源并网对电能质量的影响研究综述 [J]. 电源技术, 2015, 39 (12): 2799-2802.

[6.29] 张东峰. 船舶电力系统的电能质量治理 [C]//中国电源学会电能质量专委会. 电能质量与高效优质用电论文集. 济南: 第四届全国电能质量学术会议暨电能质量行业发展论坛, 2015: 11.

[6.30] 朱永强, 朱凌志. 分布式电源接入电网的电能质量 [M]. 北京: 中国电力出版社, 2015.

[6.31] 李超. 船舶轴带发电机中无功补偿技术的研究 [D]. 大连: 大连海事大学, 2013.

[6.32] 张文保, 施伟锋, 兰莹, 等. 基于层次分析: 模糊综合评估法的电力推进船舶电能质量实时评估系统 [J]. 中国舰船研究, 2019, 14 (6): 48-57.

[6.33] 丁长健, 王乐, 程武, 等. 电力推进船舶的电能质量探讨 [J]. 机电设备, 2018, 35 (2): 31-35.

[6.34] 蒋正荣, 陈建业. 从无源到有源: 谐波与无功控制 [M]. 北京: 机械工业出版社, 2015.

[6.35] 张志强, 马守军, 余林刚. 船舶综合电力推进系统电力谐波标准探讨 [J]. 船电技术, 2012, 32 (3): 12-15.

[6.36] IEEE. IEEE recommended practice for monitoring electric power quality: IEEE std 1159. 3-2019 [S]. New York: IEEE, 2019.

[6.37] 汤天浩, 郑慧. 一类半波对称 FFT 改进算法与电网谐波分析 [J]. 电源学报, 2011 (2): 80-85.

［6.38］何君如，杨俊华，吴捷．基于改进 PSO-Prony 算法的谐波和间谐波分析［J］．陕西电力，2016，44（4）：33-37.

［6.39］王兆安，李民，卓放．三相电路瞬时无功功率理论的研究［J］．电工技术学报，1992（3）：55-59；39.

［6.40］贺伟．HHT 理论算法及其在现代信号处理中的应用研究［M］．长春：吉林大学出版社，2018.

［6.41］张敢．电力系统谐波与间谐波检测研究［D］．无锡：江南大学，2018.

［6.42］HUANG N E, SHEN Z, LONG S R, et al. The empirical mode decomposition and the Hilbert spectrum for nonlinear and non-stationary time series analysis［J］. Royal Society of London Proceeding Series A, 1998, 454：903-998.

［6.43］陈明德．基于 HHT 算法的电力系统谐波分析的研究［D］．武汉：湖北工业大学，2014.

［6.44］李勇．基于 HHT 的谐波检测分析与研究［D］．兰州：兰州理工大学，2014.

［6.45］邹惠通．极地船电力推进系统谐波仿真与抑制研究［D］．镇江：江苏科技大学，2020.

［6.46］何金平，朱沈红．24 脉冲电力推进船舶电网谐波分析［J］．船电技术，2015，7（35）：26-34.

［6.47］TERRICHE Y, MUTARRAF M U, MEHRZADI M, et al. More in-depth analytical investigations of two effective harmonics filters for more electric marine vessel applications［C］//SHAHNIA F, DEILAMI S. ICPES 2019. Perth：2019 9th International Conference on Power and Energy Systems（ICPES），2019.

［6.48］赵东元，王轩．电能质量实用控制技术［M］．北京：中国电力出版社，2015.

［6.49］张文海，肖先勇，汪颖．人工智能算法在电能质量领域的应用［J］．供用电，2020，37（9）：3-8；16.

［6.50］孙晓，李妍．新能源并网及储能技术研究综述［J］．通信电源技术，2020，37（2）：12-14.

［6.51］徐永海，陶顺，肖湘宁．电网中电压暂降和短时间中断［M］．北京：中国电力出版社，2015.

［6.52］涂方明．舰船电力系统电压暂降检测方法研究［J］．船电技术，2016，36（8）：28-32.

［6.53］贺开明．电压暂降特征分析与检测技术研究［D］．西安：西安科技大学，2020.

［6.54］张艳，殷礼胜，马瑞卿，等．基于复小波变换和有效值算法的电压暂降检测方法［J］．电测与仪表，2017，54（10）：74-79.

［6.55］NAIDOO R, PILLAY P. A new method of voltage sag and swell detection［J］. IEEE transactions on power delivery, 2007, 22（2）：1056-1063.

［6.56］陈和洋，吴文宣，郑文迪，等．电力系统谐波检测方法综述［J］．电气技术，2019，20（9）：1-6.

［6.57］伍红文，郭敏，邹建明，等．电压暂降在时域和变换域中的检测算法综述［J］．电测与仪表，2021，58（8）：1-10.

［6.58］胡安平，陶以彬，陈嘉源，等．电压暂降治理措施及设备综述［J］．电力电子技术，2019，53（7）：1-5；10.

［6.59］杜立．动态电压恢复器电压暂降检测与补偿方法研究［D］．镇江：江苏大学，2017.

第 7 章
船舶电力系统的应用举例

前面各章介绍了船舶电力系统的结构、主要设备及其控制方法,并深入分析了系统设计、保护和电能质量等问题,为学习和研究船舶电力系统提供了技术基础。本章重点介绍典型的船舶电力系统应用案例,为进一步掌握船舶电力系统设计与工程应用提供实际参考。

目前,各种水上运输船舶及海洋工程作业船舶都必须装备电力系统。船舶电力系统主要应用于以下几种船舶类型[7.1]中:

1) 运输船舶:集装箱船、散货船、油轮、液化天然气(Liquid Natural Gas,LNG)船等。
2) 客运船舶:邮轮、渡轮、豪华游艇等。
3) 工程船舶:海洋工程船、铺管船、风电安装船、钻井安装船等。
4) 特种船舶:破冰船、科考船、救捞船等。

7.1 船舶电力系统典型案例

本节主要根据电网电压,分低压与高压两类介绍船舶电力系统典型案例。

7.1.1 船舶低压电力系统

一般货运船舶主要采用内燃机作为主要动力装置,常用低速柴油机驱动螺旋桨,其电力系统则采用中高速柴油发电机组供电。因船舶主动力为内燃机直接驱动,电力负荷主要为锚机、舵机、风机、水泵及照明等,平时所需电力不大,故通常采用低压电力系统。此外,有些电力推进船舶因推进功率不大,采用低压变频器与电动机,也常用低压电力系统,比如渡轮、内河船舶、中小型货船或客船等。

1. 普通货轮

某小型货轮的低压电力系统结构如图 7.1 所示[7.2],由两台 460V 主发电机、一台 460V 应急发电机提供全船电源,通过主配电板向各种用电设备分配和输送电力,一路经 450V 配电线路向船舶的重负荷如锚机、绞缆机、舵机、各种电动机等供电,一路为 120V 配电网向小型负荷如船舶驾驶和通信设备、照明等供电。制冷设备有自己的控制面板,电源充电器可以从 120V 应急母线上获得电能。船舶启航时,由 2 台主发电机并网发电,供锚机、绞缆机等大负荷用电;正常航行时,1 台主发电机运转,供船舶一般负荷和照明等;在港口抛锚时,发电机可停止运转,使用岸电为船上供电;在紧急状况时,起动应急发电机,向各种应急负荷提供必要的电力,蓄电池可提供 24V 应急照明。

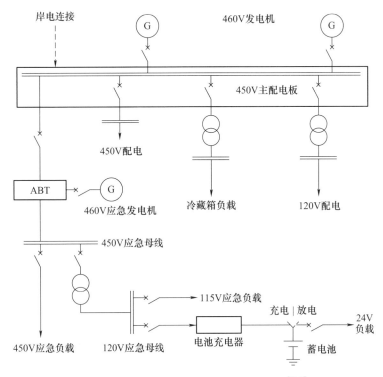

图 7.1 某小型货轮的低压电力系统结构[7.2]

2. 成品油轮

成品油轮可以选择不同的电力系统配置,中小型油轮常用低压电力系统。现以 2002 年下水的 Stena Calypso 号成品油轮为例,该船排水量 9996t,配备了低压电力系统,结构单线图如图 7.2 所示,采用 2 台 2500kV·A 和 2 台 750kV·A 柴油发电机组,通过 690V 双母线交错并联输电,分别给电力推进系统与船舶其他电气设备供电;电力推进系统由 2 台 2200kW 主推进电动机、2 台独立的方位推进器和 1 台带软起动的 650kW 艏推进器组成,改善了船舶的机动性和操控性,主推进电动机采用移相变压器与 PWM 变频器进行变流与调速控制[7.3];每个母线各自有两条电缆为船舶的水力包供电,作为油轮的消防等设备的电源。船舶其他设备与日用负荷经 2 台 700kV·A 配电变压器变压为 450V 电源。

由于船舶电力系统采用了双母线交错并联输配电,具有 R2 冗余结构,满足了油轮高可靠性要求。

3. 化学品船

化学品船这类危险品运输船要求有很高的可靠性和故障冗余,常采用电力推进方式。对于中小型化学品船也选用低压电力系统,现以 2005 年建造下水的 Fox Sunrise 号化学品运输船为例,说明该船的电力系统,图 7.3 给出了其单线图。

该船 3364 吨,采用 440V/60Hz 低压电力系统,配备了 5 台 500kV·A 中速柴油发电机组,1 台 63kW 应急发电机,采用双母线交错并联输电结构;推进系统由 2 台 360° 吊舱式主推进器内置 900kW 电动机与 1 台 250kW 电动机的 180° 艏推进器组成,分别通过交-交变频

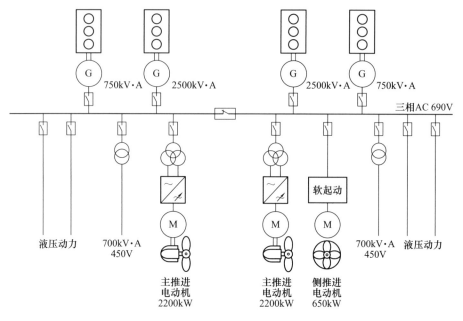

图 7.2　Stena Calypso 号成品油轮低压电力系统单线图（来源于西门子）

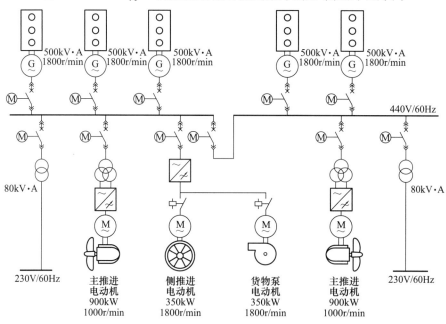

图 7.3　Fox Sunrise 号化学品运输船电力系统单线图（来源于西门子）

器（又称同步变频器）实现调速控制[7.4]；同时有 1 台 350kW 电动机驱动货物泵与艏推进器共用 1 台交-交变频器；其他船舶电气设备经由 2 台 80kV·A 变压器输出 230V/60Hz 低压交流电；并配置了电能管理系统（PMS），全部由西门子提供。

7.1.2　船舶中高压电力系统

随着船舶电站容量的增加，额定电流和短路电流也增加。由于汇流排的机械和热应力以及开关能力的限制,有必要采用中压系统来增加电压和减少电流。目前新建的大型船舶,如集装箱船、客滚船、油轮、液化天然气船、豪华游轮、半潜船等,由于电力系统容量非常大,则大多采用中压电力系统;而海洋平台及海洋工程船,由于运用电力推进动力定位系统,绝大多数采用中压电力系统。国内外此类新型船舶的设计、施工及营运等实践证明,中压电力系统应用于现代船舶取得了很好的效果,体现了未来船舶电力系统发展的方向,将成为未来大型海洋船舶电力系统主干电网的主流形式。本节举例介绍几种典型的应用案例。

(1) 客滚船 某客滚船舶采用中压电网,其电力系统单线图如图7.4所示,配备了4台6.6kV/3500kV·A的柴油发电机组,主电网6.6kV/60Hz直接供电给两台4100kW推进电机与两台710kW电机;同时通过两套2200kV·A变压器变成400V低压给船舶其他用电负荷供电,再通过2台125kV·A低压变压器给220V电压用户供电。

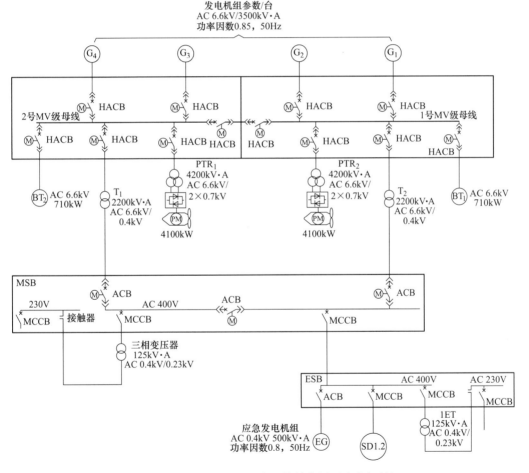

图7.4 某客滚船中压电力系统单线图(嘉豪船舶)

注:1) 背景项目电源采用发电柴油机组供全船电力推进及进出港车辆上下船作业功能。
2) 背景项目高压主配电采用两块分舱式安装形式,满足航行及进出港供电连续性。
3) 背景项目配置简易型DP1,实现电力推进系统航行及进出港操作需求。

(2) 大型邮轮 大型邮轮就像一座漂浮在海上的城市,全部采用电力推进系统,全船的电力需求很大。例如：著名的玛丽皇后2号豪华邮轮，是世界第一艘柴-燃联合电力推进船舶，排水量为151400吨，可载客3056人，船员1253人，装备了6台发电机组，总功率达118MW，4台8.4MW柴油发电机组，2台50MW的燃气轮机发电机；主电网13.8kV/60Hz双母线交错并联，直接给4台21.5MW的推进同步电动机供电，其他大型电动机也采用高压供电；450V电压配电系统由两台变压器供电。

Norwegian Sky和Norwegian Sun号豪华邮轮排水量为78309吨，航速20节，主尺寸为258.47m×32.92m×7.92m，最大载客为2400人，其电力系统单线图如图7.5所示，配置了6台柴油发电机组，其中3台12.48MV·A、3台10.7MV·A；采用10kV/60Hz双母线输配电方式，2个10kV中压主配电板。4套同步变频器控制2台双绕组同步电动机并作为主推进器，为了提高主推进系统的故障冗余，同步电动机为双绕组，分别由各自的变频器通过移相变压器供电，其中有2套变压器采用双母线分别向变频器直接供电，另有2套变压器采用双母线交叉供电的方式；同步电动机的励磁装置除各自独立供电外，还备有1路备用励磁电源替代有故障励磁装置。另有5台10kV/1.7MW的交流异步电动机，其中3台驱动艏推进器、2台驱动艉推进器，采用变距桨调速。此外，4台10kV/1.2MW交流异步电动机驱动的冷却器也连接到中压电网，还配置了4台滤波器抑制电网谐波。

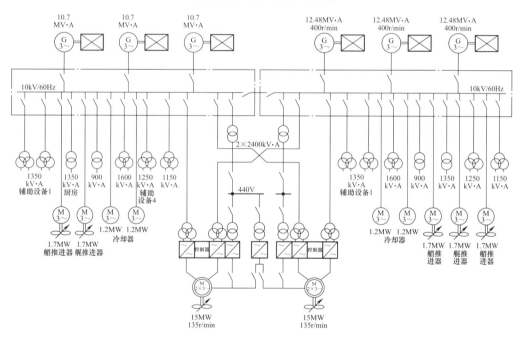

图7.5 Norwegian系列豪华邮轮电力系统单线图

低压配电系统通过8～16台变压器供电，比如1台1350kV·A变压器向厨房供电，在紧急情况下，确保有1路主母线分配低压电力到全船所有的防火区。

（3）工程船舶 海洋工程船舶与运输类船舶不同，船舶电力系统除了为常规电力负荷供电外，还需为船上的工程作业设备供电。而且这类船舶种类繁多，比如挖泥船、起重船、铺管船、布缆船、远洋渔船、钻井平台的支援船等，各自的作业设备差异很大，对于所需电力及系统要求不同，需要有针对性的特殊设计。

案例1：TyCom公司为了用于海底系统敷设和保养，在2001—2003年建造了6艘排水量为12184吨的敷缆船。ABB公司提供的电力系统，装有5台1990kW柴油发电机组，2台3.1MW吊舱式360°全回转推进器，其中1台可向下360°旋转，使船舶在执行危险任务时保持灵活的操作和稳定的状态；在船艏各安装了1台1.7MW的前置艏推进器，设有3台主缆线舱，缆线重达5000吨，可跨越大西洋作业，航速13.9节，系缆拖力120吨。

案例2：Teigenes号渔船的电力系统结构如图7.6所示，配置了2台1700kV·A柴油发电机组和1台1140kV·A柴油发电机组（泊港和应急），690V母线输电；采用1台3800kW主柴油机与1台2000kW的推进电动机组成混合推进系统，调距桨调速，为了节能增效，主柴油机还驱动1台2900kV·A轴带发电机，在航行时由轴带发电机发电；此外，安装了1台882kW艏推进器和1台995kW艉推进器；2台150kV·A变压器为船舶其他负荷供电。

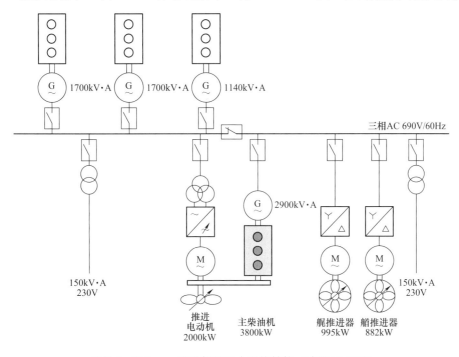

图7.6　Teigenes号渔船的电力系统结构（来源于ABB）

（4）特种船舶　科学考察船、破冰船、打捞船等特种船舶也大多采用电力推进，且各种设备需要电力也很大，需要采用中高压电力系统。由于特种船舶大多工作任务重要，运行环境复杂恶劣，需要电力系统高可靠性和设置故障冗余，以保障船舶的安全运行和作业。

案例1：雪龙2号极地考察船（H2560）是中国第一艘自主建造的极地科学考察破冰船，于2019年7月交付使用。雪龙2号也是全球第一艘采用船艏、船艉双向破冰技术的极地科考破冰船，能够在1.5m厚冰环境中连续破冰航行，填补了中国在极地科考重大装备领域的空白。该船采用中压电力系统，其结构如图7.7所示，装备了4台/6.6kV同步发电机组；通过双母线输电，母线额定电压6.6kV/50Hz，额定电流为1600A；直接由4台4350kV·A三绕组移相变压器分别为2台3300V电压等级中压电压源型变频器供电，驱动2台7500kW、215r/min中压同步电动机，主推进系统采用水下破冰型吊舱。

案例2：国内自主设计制造的某12000吨打捞船电力系统单线图如图7.8所示，配备了

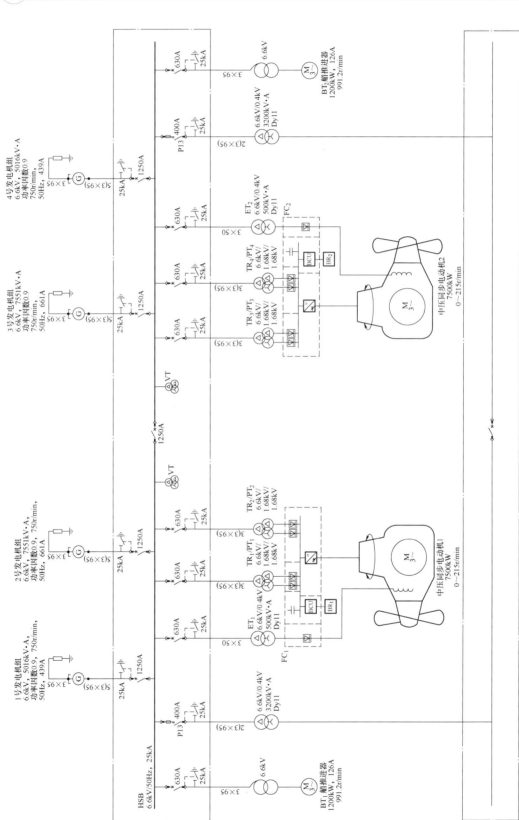

图 7.7 雪龙 2 号采用中压电力系统单线图（来源于 ABB）

第7章 船舶电力系统的应用举例

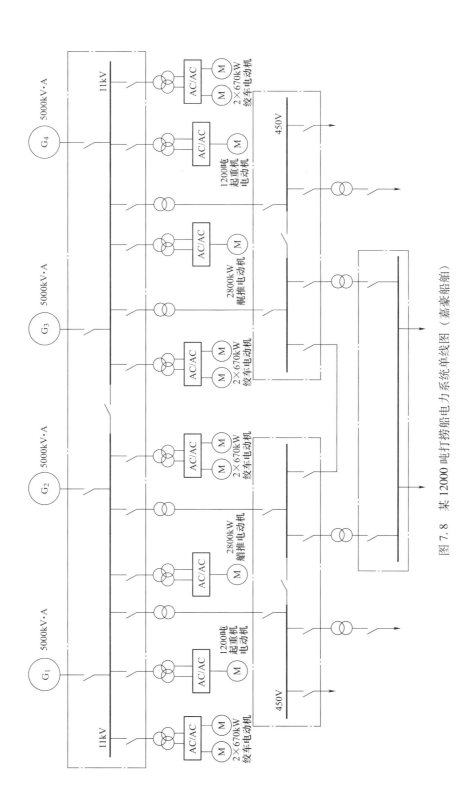

图7.8 某12000吨打捞船电力系统单线图（嘉豪船舶）

4台5000kV·A发电机组,主电网11kV直接给1台2800kW艉推进电动机和1台2800kW艏推进电动机、2台1200吨起重机电动机、4套绞车的2×670kW电动机供电;通过4台3200kV·A变压器为450V低电配电系统供电。为了提高电力系统的可靠性和冗余度,采用2台主配电屏,物理隔离,但电气互为备份;各分配电屏也是双母线并联供电,确保电力安全。

7.2 船舶IPS的应用举例

船舶综合电力系统(IPS)主要用于大功率电力推进系统的船舶如大型邮轮、军用舰船等中。图7.9是Alstom公司为某电力推进军用船舶设计的IPS结构图[7.3],采用了4台4.69MW/6.6kV/60Hz柴油发电机组和1台1.56MW/6.6kV/60Hz发电机组,总发电量的额定值为20.32MW。在该船舶的6.6kV中压电力系统中,电力网的主要电能用于电力推进。在图中,发电机主要通过4台4266kV·A/6.6kV/1460V变压器对2×7MW的独立双单元主推进器电动机供电,通过2台1366kV·A/6.6kV/820V变压器分别对1320kW(艏侧推器)和855kW(艉侧推器)2个侧推器进行供电。与中压电力推进船舶的甲板机械和机舱泵的供电通过变压器进行供电相类似,低压电力设备由于使用与维护方便仍然可以得到运用。电力系统中接近80%的容量用于电力推进,由于电力推进中大量地使用了大功率可控硅器件,因此电网中配置了2套谐波滤波器装置。

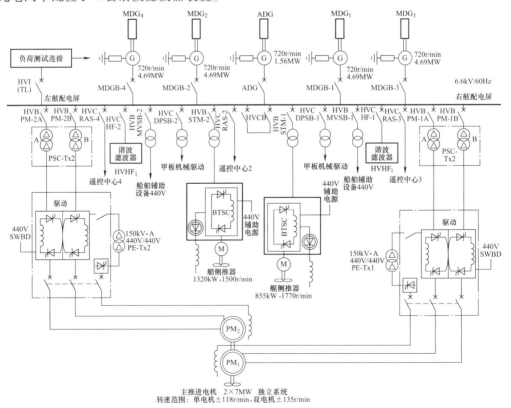

图7.9 某船舶IPS结构图[7.3]

7.3 海洋平台的电力系统

海洋平台是海洋能源钻探、采集和加工的核心装备,长期工作在海上,需要电力系统提供生产和生活电力。海洋平台上设备很多,其主要设备如钻探、动力定位等设备都采用电机驱动,用电量大,作业人员多,日程生活用电也需要充足电力供应。

另外,海洋工程船舶具有动力定位功能,其作业平台上连续型生产设备电机驱动都要求电力系统安全可靠,需要更多配置物理上独立的冗余系统,使得船舶电力系统的结构发生了突破性变化[7.4]。如今,船上各个不同系统之间的相互联系已变得日趋复杂,从而使船舶的设计、建造和应用更具综合性。

按照 ABS 规定的海洋工程平台 DP3 的冗余要求[7.5-7.6],应设置有 4 组发电机组独立分区供电,采用水密舱物理隔离,在 4 个主配电板之间有开关连接,以便在故障时互为备份。

案例 1:我国设计建造的某 5000 吨起重铺管船电力系统采用 IPS 结构,配置了 4 组 8 台 11kV/5000kV·A 发电机组,每 2 台发电机组连接 1 条母线,分 4 个主配电屏分区供电,采用环形电网结构,在故障时可以接替供电,共有 8 台交流变频调速电动机驱动推进器,既可以作为船舶主推进,也可在海上停船作业时作为动力定位,保持船舶稳定作业。4 个分配电屏为各区低压电气供电。

案例 2:West Venture 号半潜式海洋钻井平台,排水量为 31248 吨,钻井深度大于 9000m。电力系统由 ABB 供货,其系统结构如图 7.10 所示。

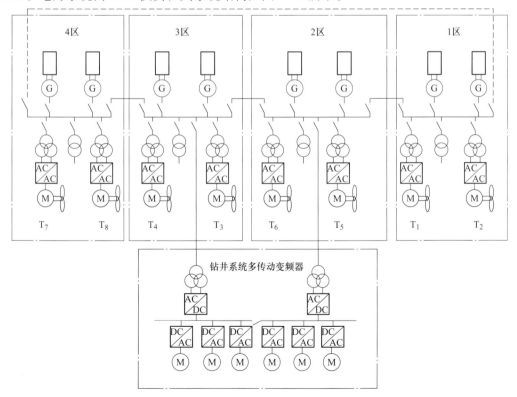

图 7.10 West Venture 号半潜式海洋钻井平台电力系统结构(来源于 ABB)

系统采用8台柴油发电机组,4条11kV母线,由4个主配电板分4个区独立供电,4台30~80kV·A的UPS作为后备电源;配电系统由38个高低压变压器,20个690V带软起动器的配电板,16个400/230V低压配电板组成。推进系统有8台3.2MW电力推进装置作为平台的动力定位控制。钻探系统有2台交流传动装置、8台泥泵驱动电动机、4台海水冷却驱动电动机,也采用双母线供电。

案例3: 我国首座自主设计建造的海洋石油981深水半潜式钻井平台于2008年开工建造,整合了全球一流的设计理念和一流的装备,是世界上首次按照南海恶劣海况设计的,能抵御200年一遇的台风。该钻井平台的电力系统采用8台5530kW、11kV同步发电机组。中压配电:4段母线,母线额定电压为11kV,60Hz,额定载流量为2000A。推进系统采用8台5300kV·A三绕组移相变压器,8台3300V电压等级中压电压源型变频器和8台4600kW、600r/min中压交流异步电机驱动。选用DP3动力定位系统,1500m水深内锚泊定位,入级中国船级社(CCS)和美国船级社(ABS)双船级。该平台的建成,标志着我国在海洋工程装备领域已具备了自主研发能力和国际竞争力。

7.4 船舶电力系统的其他形式

除了前述船舶电力系统主要结构形式外,有时为了船舶的特殊需要,构建船舶电力系统特殊结构或配置定制化设备。

7.4.1 专供谐波敏感负荷的"清洁"电力母线

在电力母线上电力电子变换器会产生谐波,虽有谐波滤波器,但对于高次谐波敏感负载,可采用电动机-发电机组提供谐波功率为零的电源,如图7.11所示。

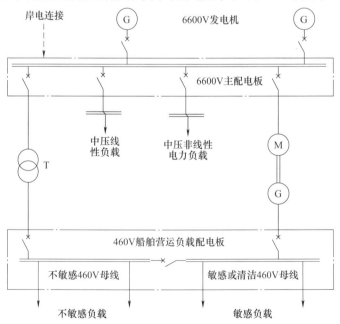

图7.11 为谐波敏感负载提供的"清洁"电力母线[7.2]

图 7.11 中，除了通常的柴油发电机供电电网外，增加了一路专用电网，该电网由一台三相交流电动机 M 驱动同步发电机 G 恒速运行，又称为 M-G 发电机组，其产生的交流电压可通过调节器发电机的励磁保持恒定，且与主母线是隔离的，因为两者之间没有电气连接，不受主电网的波动与谐波干扰。通过专用的 460V 母线为敏感负载提供无谐波污染的交流电源。这种供电方式常用于船舶电子导航设备、舰船特种电源等需要清洁电源的场合。为了保证专用电网的供电，还设置了一路通过变压器 T 的备用线路，当 M-G 有故障时还能保持电网供电。

7.4.2 应急柴油机-发电机组起动系统

应急发电机是船舶必备的应急电源，通常采用柴油机-发电机组，不过容量相对较小，仅在所有主发电机发生故障不能运行时才起动运行，向应急所需的设备供电。为了保证船舶在应急情况下不断电，应急发电机组的起动系统需要特殊设计，能迅速响应。起动系统通常由压缩空气、液压和电源（或 UPS）组成，如图 7.12 所示，配备了两路电源和一路液压装置。该结构有冗余的起动能力，不仅可起动发电机而且当船舶的主要电力系统（在主母线上可检测零点电压）起动失败后，在 45s 之内可处理应急负荷。

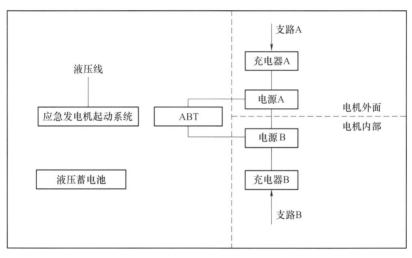

图 7.12　应急发电机的起动系统[7.2]

7.4.3 岸电电源

船舶停泊港口或进厂维修时连接岸电电源，可让船舶发电机停机，既可以保持船舶用电，也能达到节能减排的目的。连接岸电是在不停电的情况下，进行开关切换，通过快速插头的连接和连续转移负荷，使得船舶靠港的全部电气负荷保持连续运行，然后关闭船舶柴油发电机组。典型的岸电系统结构如图 7.13 所示，通过高压进线柜与高压变压器将电网高压电降压后，经变频电源柜变换为船舶所需的电压与频率，再经过隔离变压器与高压出线柜接到船舶岸电箱，向靠港船舶供电。

对于国际港口，因各国的船舶电力系统的电压与频率制式不同，采用岸电时必须将港口的供电网与船舶电力系统进行电源转换，以适用于船舶电力需要。

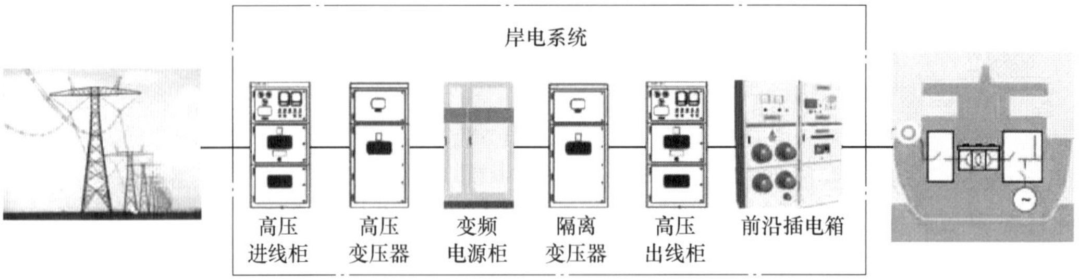

![岸电系统结构图]

图7.13 典型的岸电系统结构

目前，通常中小型船舶采用低压电源，大型船舶采用中压电源，为此岸电电源也分为低压与中压两类，连接的功率范围为0~20MW。

1）低压岸电电源按照标准IEC/IEEE 80005-3，一般要求低压岸电连接交流电压低于1kV，直流电压低于1.5kV。其电缆、插座和插头均按此标准配置。

2）中压岸电电源按照标准IEC/IEEE 80005-1：2019，一般要求中压岸电连接交流电压为6.6~11kV；电缆、插座和插头均按集装箱船6.6kV，邮轮6.6~11kV，滚装船和客渡船11kV标准配置。

图7.14给出了ABB公司的岸电系统作为示例[7.7]，该系统可接入10kV/50Hz的市电，通过进线开关柜和移相变压器，输入到静止频率变换器（Static Frequency Converter，SFC）经二极管整流与集成门极换流晶闸管（Integrated Gate Commutated Thyristor，IGCT）的中点钳位三电平逆变器，输出6~11kV/60Hz交流电供船舶用电所需。

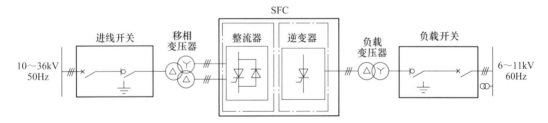

图7.14 岸电系统的结构[7.7]

通常，船舶与岸电电源的连接顺序为：当船舶靠港时，连接岸电电源电缆与控制，使船舶发电机运行与陆地电源电网同步，闭合岸电连接开关；然后船舶发电机卸载并停止发电机运行。岸电电缆连接与控制可采用手动与自动方式，有的岸电电源还配置了自动监控与电能管理系统等。

由此可见，岸电已经从过去仅用于停泊维修时的临时电源，变为港口节能减排的重要措施，利用清洁的岸电来减少船舶污染排放。当全球范围内的主要港口开始实施严格的排放规则时，国内外许多港口采用船舶靠港时强制使用岸电。

特别需要指出：随着全电船的逐步应用，对于采用蓄电池等储能装置作为主要电源的船舶，比如渡轮、拖轮、内河船舶等，岸电还可以作为充电装置为靠岸的船舶充电，以保护港口与航道绿色低碳，实现零排放。

展望未来，构建绿色低碳港口与水域已成为新的发展趋势。为此，岸电电源要求集成紧凑，功能多样，以适应不同应用需求；对于国际港口，便于安装在港口码头建筑或集装箱内，也可作为车载移动电源；对于电动船充电装置，可小型化制作为充电桩，便于船舶靠泊充电。另外，自动化、信息化和智能化也是岸电新的发展方向，以适应未来物联网与智能运输系统构建。

参 考 文 献

[7.1] LRS. Rules and regulations for the classification of ships [Z]. 2007.

[7.2] PATER M R. 船舶电力系统 [M]. 汤天浩，许晓彦，谢卫，等译. 北京：机械工业出版社，2013.

[7.3] 汤天浩，韩朝珍. 船舶电力推进系统 [M]. 北京：机械工业出版社，2015.

[7.4] WHITE R D, BRADLEY K J. The analysis of large marine drives using synchronous machines and cyclo-converters [C] // Proceedings of International Conference on the Evolution and Modern Aspects of Synchronous Machines. Zurich：[s. n.]，1991，1：393-398.

[7.5] ÅDNANES, A K. How to ensure system integrity for the power plant in vessels with DP or thruster assisted mooring [C] // Offshore Electrical Power Systems International Meeting. Rio de Janeiro：[s. n.]，1998.

[7.6] ÅDNANES A K, ∅RENSEN A J, HACKMAN T H. Essential characteristics of electric propulsion and thruster drives in DP vessels [C]// Proceedings of Dynamic Positioning Conference. Houston：[s. n.]，1997，22-23.

[7.7] BERNACCHI R. Shore-to-ship power solutions [J]. Maritime joural：the european commercial marine magzaine.

第 8 章
船舶电力系统的储能技术、能量管理与优化

为应对全球能源紧缺和环境保护问题,全电船是未来的发展趋势。在由电力推进替代传统的热机推进方式的过渡阶段,采用机-电混合动力方式是一种可行的船舶推进模式。本章主要涉及混合动力船舶的系统结构,船舶储能技术、能量管理与优化,深入探究混合动力船舶的构建与能效控制核心技术,并通过应用举例说明其节能成效。

8.1 船舶电力系统的储能技术

船舶电力系统很早就使用蓄电池作为后备应急电源,用于船舶紧急状态时为必要的照明和仪器设备提供电力,通常容量不大。但是随着船舶电力推进系统的不断应用,许多大功率的负载也不断在船舶上出现,由于船舶电力系统是一个孤立的微型电网,大功率负载变化就会导致船舶电网的频率与功率产生波动,严重时甚至还有可能影响船舶航行与安全。因此,引入船舶电力系统储能技术可以在船舶电网整体负荷不高时,吸收多余的电量,以平滑电网波动;同时在系统负荷过高,储能装置可释放电能来补充电网能量的不足,满足整个电力系统的需求。

8.1.1 船舶电力系统的储能技术概述

常用的储能技术主要分为物理储能、化学储能和电磁储能(如超导磁储能、超级电容储能)三大类,图 8.1 给出了目前主要储能技术的分类。综合比较各种储能技术的特点,飞轮储能、超导磁储能和超级电容储能适合于需要提供短时较大脉冲功率的场合,如应对电压暂降和瞬时停电、抑制电力系统低频振荡和提高系

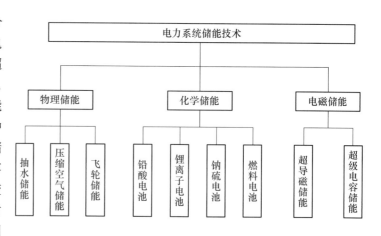

图 8.1 储能技术分类

统稳定性等;而抽水储能、压缩空气储能和化学电池储能适合于系统调峰、大型应急电源、

可再生能源并入等大规模大容量的应用场合[8.1]。在船舶领域里，飞轮储能、蓄电池储能、锂离子电池及超级电容储能等技术已有不少应用。

根据具体应用情况，船舶电力技术储能技术可以分为单一储能和混合储能。

1. 单一储能技术

（1）蓄电池　蓄电池是指盛有电解质溶液和金属电极以产生电流的杯、槽或其他容器或复合容器的部分空间，能够将化学能转为电能的装置，具有正负极之分。在汽车、船舶等领域中，常用蓄电池有铅酸电池、锂离子电池等。

1）铅酸电池（LaB）。由多孔的铅为负极与氧化铅为正极组成，硫酸作为电解质，在正极发生氧化反应，在负极发生还原反应。根据其电解质的特性分为液体电池和固体电池。电池的电荷保持能力用 C 来表示，单位为安时（A·h），表示一个电量为 C 的电池可以在 C 安培的电流下放电 1h，也可以在 C/n 安培的电流下放电 n 小时。蓄电池的特性一般用充电/放电电压、充电/放电安时比、自放电和涓流充电比、充放电循环效率、充放电周期数等参数来表示。

铅酸电池的技术相对成熟，在铅酸电池 80% 的放电深度下能够循环使用 1500 次左右，比较易于回收，充电技术更加简单，其主要优点是：能量成本低、适用温度宽、使用寿命长和安全性能高。因此，铅酸电池被广泛使用[8.2]。

在船舶中也早已使用铅酸蓄电池，比如它早期的潜艇中作为动力电源，目前在普通商船中通常作为发动机的起动电源和应急电源。

最近，一些新的电化学技术被用于制作蓄电池，比如镍镉电池、镍氢电池、锂电池、钠硫电池等。

2）锂电池（LiB）。锂电池是由金属锂或含锂化合物为正/负极，使用非水溶液为电解质的一类化学电池。锂电池大致可分为两类：锂金属电池和锂离子电池。锂离子电池不含有金属态的锂，并且是可以充电的，应用较为广泛。

一般来说，锂离子电池使用的负极材料是碳或石墨，正极材料采用锂的化合物如 $LiMnO_2$、$LiNiO_2$ 等。LiB 充放电过程是通过锂离子在正负极的嵌入和脱嵌实现的，充电时，正极释放锂离子到电解质中（此为脱嵌），然后负极通过电解质吸收锂离子（此过程为嵌入）；放电过程与之相反。负极的碳成层状结构，充放电过程中嵌入碳层的锂离子越多，其容量越高[8.3]。

常用的锂电池有磷酸铁锂电池、三元锂电池、钛酸锂电池。其中，磷酸铁锂电池尽管在成本上不占优势，但其安全性较高、使用寿命更长、能量密度也较大、循环次数较高，同时支持快速充电，使其在船舶上使用的潜力巨大。

不同类型电池的能量密度主要通过能量比质量和能量比体积来表示，其放电过程的平均电压主要取决于电化学反应，不同类型电池的放电电压及适用范围的比较见表 8.1[8.4]。

表 8.1　不同类型电池的放电电压及适用范围

电化学类型	典型应用	单体电池电压/V	评注
铅酸电池	工业领域、汽车、船舶	2.0	最廉价的技术
镍镉电池	可移动设备	1.2	有记忆效应
镍氢电池	汽车	1.2	对温度较敏感

(续)

电化学类型	典型应用	单体电池电压/V	评注
锂离子电池	手机、电动汽车等	3.6	安全，不含金属锂
锂离子聚合物电池	计算机、手机、宇宙飞船	3.0	含有金属锂

(2) 超级电容 超级电容（Super Capacitor，SC）是建立在德国物理学家亥姆霍兹提出的界面双电层理论基础上的一种全新的电容器。其基本原理是在电解液中同时插入两个电极，通过浸泡在电解液中的隔膜分开，并在其间施加一个小于电解质溶液分解电压的电压，这时电解液中的正、负离子在电场的作用下会迅速向两极运动，并分别在电极的表面形成紧密的电荷层，即双电层，故又称为双电层电容器。它所形成的双电层和传统电容器中的电介质在电场作用下产生的极化电荷相似，从而产生电容效应，紧密的双电层近似于平板电容器，但是，由于紧密的电荷层间距比普通电容器电荷层间的距离小得多，因而具有比普通电容器更大的容量，可达数万法拉，而且其放电迅速，成了近年来的一个研究与应用方向[8.4]。

SC 的储能与普通电容相似，其存储的电能为

$$W_{SC} = \frac{1}{2} C_{SC} U_C^2 \tag{8-1}$$

式中，W_{SC} 为超级电容储能；C_{SC} 为超级电容的容量；U_C 为电容两端的电压。

SC 既具备传统电容快速充放电的特性，也有电池的高容量储能特性。其主要特点表现在：功率密度高，远高于蓄电池；循环寿命长；工作温度限定小；充放电速度快等。但是 SC 对电压特别敏感，当电容器电压超过标称电压时，将会导致电解液分解，同时电容器会发热，容量下降，而且内阻增加，寿命缩短。

一般在船舶上会使用 SC 与蓄电池构成混合储能系统，利用这两类储能装置的优点，取长补短。

(3) 飞轮储能系统 飞轮储能（Flywheel Energy Storage，FWES）系统由驱动电机、电力变换器、飞轮、轴承、真空室组成[8.5]。飞轮储能是利用旋转的飞轮在转速变化时需要获得能量而加速，减速过程需要减少动能而释放能量。其基本结构如图 8.2 所示。

FWES 系统的基本工作原理是：当驱动电机工作于电动状态时，将电能转换为动能存储在高速旋转的飞轮内；当电机工作于发电制动状态时，将飞轮存储的动能转换为电能输出。飞轮转矩的存储能量 W_{FW} 为

$$W_{FW} = \frac{1}{2} J_{FW} \omega_{FW}^2 \tag{8-2}$$

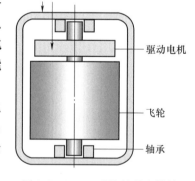

图 8.2 FWES 系统的基本结构

式中，ω_{FW} 为飞轮的角速度；J_{FW} 为飞轮的转动惯量，与飞轮的质量 m、半径 r 有关，即有 $J = \frac{1}{2} m r^2$。

由此可见，飞轮转矩的储能与其质量、半径及旋转速度有关。即采用高密度的材料制作

飞轮、增大飞轮半径、提高电动机转速和电磁转换效率都是增加飞轮转矩储能的有效途径。因此，FWES 系统通常都采用高速电动机作为驱动器，常用的结构如图 8.3 所示[8.5]。

比较上述几种飞轮储能装置的结构，采用径向磁场的电机，其结构简单，易于构造；采用轴向磁场的电机，其飞轮外圈的机械转速高，气隙面积大，提高了电磁转换能力。

另外，为了提高飞轮的惯量，一般都选用高密度质量的材料。例如：采用 300 号高镍合金钢制成实心圆柱体的飞轮，可达到 $330W \cdot h/L$ 的储能。采用复合材料制作飞轮能达到更好的储能效果，例如采用聚酰胺和环氧树脂制作的飞轮能达到 $133W \cdot h/kg$ 的 5 次方。

因飞轮储能时运行速度很高，为了减小摩擦系数，还可采用磁轴承来降低摩擦损耗。一个实际的飞轮储能装置如图 8.4 所示[8.5]。

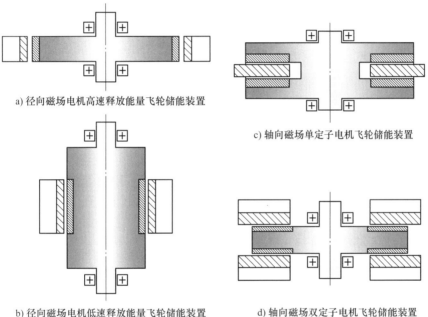

a) 径向磁场电机高速释放能量飞轮储能装置

c) 轴向磁场单定子电机飞轮储能装置

b) 径向磁场电机低速释放能量飞轮储能装置

d) 轴向磁场双定子电机飞轮储能装置

图 8.3 几种飞轮储能装置的结构

图 8.4 飞轮储能装置

FWES 系统具有效率高、寿命长、对环境无污染等优点,在短时高频领域具有很好的应用前景。船舶应用 FWES 系统主要为瞬时大功率或脉冲型负载提供短时的电能补充。

(4) 超导磁储能系统 超导磁储能(Superconducting Magnetic Energy Storage, SMES)系统是一种基于超导线圈的储能设备,其系统结构如图 8.5 所示[8.6],利用在超低温下的超导特性,由大电流产生的磁场存储电能。

图 8.5 中,超导磁体由制冷系统维持在超导态,经电能变换单元与船舶电力系统相连接。控制系统实时获得网侧、超导磁体等单元的状态数据,对系统进行充放电控制,从而实现能量存储和对电网的调节。SMES 系统的储能为

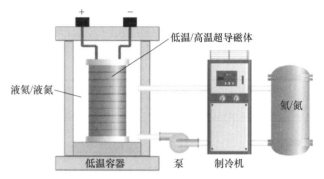

图 8.5 SMES 系统结构

$$W_{SM} = \frac{1}{2} L_{SM} I_d^2 \tag{8-3}$$

式中,W_{SM} 为 SMES 系统存储的电能;L_{SM} 为超导线圈电感;I_d 为超导线圈的直流电流。

SMES 系统具有显著优点:①能效利用率高,在 95% 以上;②响应时间短,在毫秒级,仅为电池的 0.1%~1%;③能量密度(1~10W·h/kg 或 0.25~2.50kW·h/m³)和功率密度(0.5~2kW/kg 或 1~4MW/m³)之间的均衡性好;④单位功率价格适中,为 200~500 美元/kW,略高于飞轮储能而远低于锂离子电池储能;⑤再充电性能好,不因充放电循环而性能退化;⑥生命周期长,约为 15~25 年;效率极高(>97%),并具有很高的功率密度。超导线圈本身没有任何损耗,其损耗主要来自外部的电力电子器件。SMES 系统主要的缺陷是,要维持超导状态需要极低的温度,因而运行维护成本较高。尽管如此,随着高温超导技术的进步,SMES 系统将是具有潜力的大功率储能设备[8.6]。

由此可见,SMES 系统在船舶电力系统中具有良好的应用前景,能够有效提升船舶电力系统的稳定性,并提高船舶供电质量。

(5) 燃料电池 燃料电池(Fuel Cell, FC)是一种直接将化学能转化为电能的装置[8.4],氢基燃料电池就是利用氢能进行氧化反应发电。目前已经应用于汽车与航天等领域,也是船舶未来电力系统的主要电源,将于第 10 章介绍。

表 8.2 给出了不同储能设备的寿命、功率密度和能量密度等技术参数。

表 8.2 储能设备技术参数[8.4]

储能设备	寿命/年	效率(%)	功率密度/(W/kg)	能量密度/(Wh/kg)
铅酸电池	3~12	65~80	75~300	30~50
锂离子电池	5~15	90~97	150~315	75~200
SC	10~20	85~98	>100000	>20
FWES	20~30	90~95	400~1500	10~30
SMES	>20	90~95	500~2000	0.5~5
燃料电池	10~30	20~50	>500	800~10000

2. 混合储能技术

上述各种储能技术与装置各具特点，图8.6给出了主要储能系统的输出功率与储能的分布区域。图中，普通铅酸电池储能一般在1MW·h，输出功率小于10MW，适用于长时电能存储；而SC储能一般在1kW·h，而输出功率可达10MW，属于短时电能存储装置；FWES则具有更快速的放电能力，可在1min内提供大于100MW的功率；SMES储能高达10MW·h，可在1h输出100MW功率。因此，可以利用不同储能装置的特点，取长补短，优势互补。

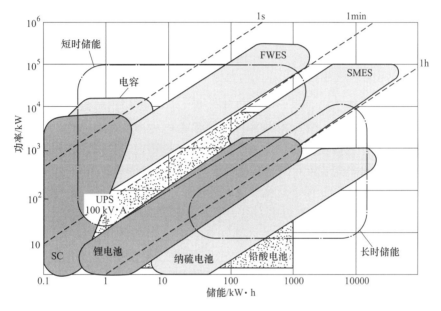

图8.6 主要储能系统的输出功率与储能的分布区域（Sanken）

混合储能技术是通过不同储能装置的组合，充分利用各种储能的优势。例如，蓄电池充放电时间长，能量密度高，且价格便宜，可提供平稳的电能；而超级电容、飞轮储能装置和超导磁储能系统等可以提供瞬时大功率电力，但是电能持续时间有限，价格昂贵。因此采用高能量密度与高功率密度储能装置组成混合储能系统是船舶电网储能有效解决方案。下面介绍一些混合储能技术的组合方案。

（1）蓄电池-超级电容　蓄电池与超级电容组成的混合储能技术是较为成熟的混合储能技术方案，可利用蓄电池的供电时间较长与超级电容功率密度高的特点，在面对冲击性负荷时，先采用超级电容的快速充放电来平抑负荷电能波动，然后由蓄电池进行储能或供电来平衡电网能量。这样，可充分发挥两种技术的优势，同时获得高功率密度和高能量密度储能[8.7]。

（2）蓄电池-飞轮储能　对于船舶电力推进系统这类大功率的推进负荷波动，以及海洋工程船舶的脉冲性大功率负荷需求，蓄电池和飞轮混合储能系统也是一种选择方案。该方案采用飞轮储能装置可在瞬间提供极大功率的脉冲电能，作为冲击或脉冲负荷的缓冲，将负荷波动与船舶电网进行隔离。特别是在复杂海况下，飞轮储能性能优于超级电容，但因平时飞轮储能的旋转损耗大、控制复杂、噪声大、价格较高[8.8]。

（3）蓄电池-超导磁储能　超导磁储能是一种新型的高效储能，装置容量大且占地小，便于船舶这类移动电源的储能。但因价格昂贵,故采用蓄电池加超导磁储能对于缓解负荷突变、保持系统稳定有积极的影响,也可相对减少超导磁储能配置容量,以降低系统成本。为此,将蓄电池与超导磁储能系统组成的混合储能系统作为一种较合理的方案。因为在全电船舶上,负载可能突然出现负荷波动,但由于发电机的斜坡速率通常在30~50MW/min之间,而应对波动的脉冲负载需要100MW/min的斜坡速率,因此超导磁储能对短时间内提供能量具有一定优势[8.9]。

也有人研究分析了蓄电池、飞轮、超级电容的混合最佳搭配,最终得出蓄电池加飞轮混合储能可以获得更好的性能,飞轮加超级电容会引起频率振荡,由于容量大小和重量的限制,3种组合过于繁杂、臃肿,并不可取[8.10]。

8.1.2 船舶储能系统结构

船舶储能系统常见的结构包括:交流母线结构、直流母线结构以及交直流混合母线结构[8.11]。每种结构各有特点,在实际应用中,可根据电力系统和负载的特性来选择,如大型船舶交流电源较多可选择交流母线结构,而小型船舶等直流电源较多可选择直流母线结构。本节以蓄电池作为储能装置介绍这3种系统结构。

(1)交流母线储能结构 船舶交流母线的储能系统结构如图8.7所示,母线电压为AC 400V或450V,柴油发电机组不通过电力电子变换器直接接在交流母线上。动力电池需通过AC/DC双向变换器接到交流母线上。推进电机通过AC/AC变频器从母线上取电,可根据推进系统的要求,必要时由AC/AC变频器升压(AC 600V或690V)。另外,岸电装置也不需要通过电力电子变换器,可直接接到交流母线上。

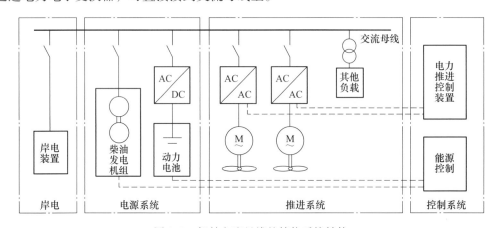

图8.7 船舶交流母线的储能系统结构

交流母线方式的混合动力船舶系统结构相对简单,可以减少电力电子变换器的使用,但是蓄电池储能系统需要双向的AC/DC变换器与AC母线连接,放电的逆变控制除了交流并网的恒频恒压控制外,还需要重点考虑多个交流电源的同相位问题,控制相对复杂。

(2)直流母线储能结构 船舶直流母线的储能系统结构如图8.8所示,母线电压为DC 230V或500V,对于DC 230V电网,DC/AC逆变器输出电压受限,必要时需要升压。柴油发电机组通过AC/DC整流器接到直流母线上。动力电池通过DC/DC变换器接入直流母线,简单情况下,动力电池浮充电可省去DC/DC变换器。推进电机通过DC/AC逆变器从直流母线上取电,也可根据推进系统的要求,必要时由 DC/AC 逆变器升压(AC 600V 或 690V)。另外,岸电装置也需要通过一个 AC/DC 整流器接到直流母线上。

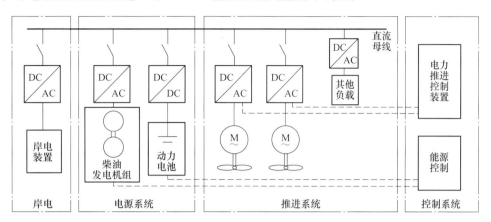

图 8.8　船舶直流母线的储能系统结构

船舶直流母线是目前船舶电力系统的发展方向,将在第 9 章详细介绍。

(3)交直流混合电网的储能结构　有些船舶电力系统的一次电网为交流电网,二次电网为直流电网,其储能系统的结构如图 8.9 所示,兼有交流母线和直流母线的特点,通过多个 AC/DC、DC/AC、DC/DC 变换器构成了一个开放直流母排的交流变频调速系统,配置更加灵活,但是混合电网的系统结构较前两种更为复杂,特别是 PMS 的调度功能。

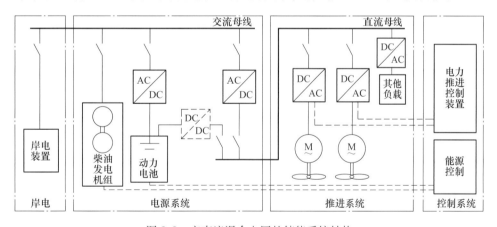

图 8.9　交直流混合电网的储能系统结构

8.1.3　船舶储能系统的变流技术

配备了储能装置的船舶电力系统既可用于普通船舶的节能与负荷平衡,更适用于混合动力与纯电动船舶的能量调度与优化管理,因而成为当前新能源船舶重要发展方向之一,也是解决船舶节能减排的最新技术。

船舶储能关键技术主要包括:电力电子变换器、控制系统、电池管理系统(Battery Management System,BMS)。

1. 储能系统的 DC/DC 变换器

电力电子变换器是船舶储能系统中连接储能装置与电网的电能转换接口,通常有双向 DC/DC 变换器、双向 AC/DC 变换器和双向 AC/AC 变换器等。

(1) 基本的 DC/DC 变换器　目前常用的 DC/DC 变换器分为单向与双向两大类,又可按有无隔离变压器分为非隔离与有隔离 DC/DC 变换器。船舶电力系统采用 DC/DC 变换器主要用于不同直流电压之间的变换,比如蓄电池的充放电、储能系统、直流输配电等。基本的 DC/DC 变换器有 Buck 和 Boost 两种 DC/DC 变换器[8.12]:

1) 降压型 DC/DC 变换器。最基本的 Buck 电路如图 8.10a 所示,由主开关 S_1 与续流二极管 VD_2 组成,通过控制 S_1 的导通与关断将输入的直流电压 U_i 斩波成脉冲波,再经 LC 滤波输出直流 U_o,其输出电压取决于主开关的占空比 D,且低于输入电压,故称为降压型 DC/DC 变换器。

2) 升压型 DC/DC 变换器。升压型 DC/DC 变换器最基本的 Boost 电路如图 8.10b 所示,由主开关 S_1 与隔离二极管 VD_2 组成,输入的直流电压 U_i 通过控制 S_1 的导通与关断,经 L 储能使得输出直流 U_o 高于输入电压。

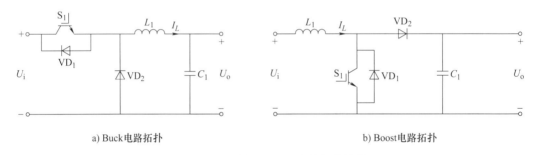

a) Buck电路拓扑　　　　　　b) Boost电路拓扑

图 8.10　基本的 DC/DC 变换拓扑结构

Buck 与 Boost 电路代表了降压和升压两种 DC/DC 变换基本电路拓扑,因其电能只能单方向流动,故称为单向 DC/DC 变换器。此后,又开发出多种 DC/DC 变换器可供选用,比如正激、反激、推挽、半桥、全桥等变换器等[8.13]。几种 DC/DC 变换器比较见表 8.3。

表 8.3　几种 DC/DC 变换器比较

拓扑	反激	单管正激	双管正激	半桥	全桥	推挽
功率	<1000W	100~300W	100~500W	100~500W	>500W	25~200W
电压比	$\frac{U_o}{U_i}=n\frac{D}{1-D}$	$\frac{U_o}{U_i}=nD$	$\frac{U_o}{U_i}=nD$	$\frac{U_o}{U_i}=nD$	$\frac{U_o}{U_i}=2nD$	$\frac{U_o}{U_i}=nD$
优点	元件最少	元件少,$D>0.5$（依复位方式）		$D>0.5$	$D>0.5$	便于驱动
缺点	峰值电流大,电流纹波大		需高端侧驱动,$D<0.5$	需高端侧驱动	需高端侧驱动	变压器复杂
开关管	1个（电压高）	1个（$=2U_i$）	2个（$=U_i$）	2个（$=U_i$）	4个（$=U_i$）	2个（$=2U_i$）
成本	最低	中等	中等	中等	高	中等

(续)

拓扑	反激	单管正激	双管正激	半桥	全桥	推挽
变压器	需要电感	不需要电感	不需要电感	二次侧插头	二次侧插头	一次侧、二次侧插头
励磁	单向	单向	双向	双向	双向	双向
复位	不需要	需要	不需要	不需要	不需要	不需要

(2) 双向 DC/DC 变换器 对于需要电能双向传输的 DC/DC 变换器（BDC）主要分为隔离型和非隔离型两种[8.14]。如果变换器输入侧与输出侧之间有电气隔离，则该变换器为隔离型，否则，该变换器为非隔离型。

1）基本双向 DC/DC 变换器。由于单向 DC/DC 变换器只能实现能量从输入侧向输出侧的单向流动，为实现能量的双向流动，将单向 DC/DC 变换器上的二极管都替换成 IGBT 反并联二极管的全控型开关器件，构成了单相 Buck/Boost BDC 变换器，如图 8.11 所示。

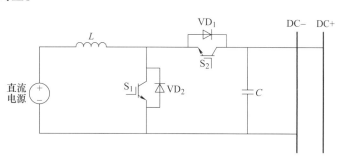

图 8.11 基本 BDC 变换器主电路拓扑

该电路有两种换流模式：

①Boost 工作模式。当 S_1 导通、S_2 关断时，直流电源经过 Boost 升压与直流母线相连，由直流电源向系统提供电能。

②Buck 工作模式。当 S_2 导通、S_1 关断时，直流母线则经过 Buck 降压对直流电源传输电能。

由此可见，BDC 变换器相当于升降压电路组合而成，通过 S_1 和 S_2 的关断、导通实现能量的双向流动，又称为 Buck/Boost 双向变换器。

2）交错式并联型 BDC 变换器。单相 Buck/Boost 双向变换器电路简单，便于控制，但因受限于单个开关管的容量，常用于小型 BDC 变换器，比如普通电池的充放电等。为了提高 BDC 变换器的容量，一种简便的方法就是将单相 Buck/Boost 电路并联起来，提高其变流能力和容量。三相交错式 BDC 变换器是由 3 个采用脉冲移相技术的单相 BDC 变换器并联组成，其电路拓扑如图 8.12 所示，也可看作是 3 个半桥并联，其中每个变换器的驱动脉冲各相差 120°[8.15]。

由于采用三相交错技术，使得每相电流纹波相互叠加，交错抵消，减小了总的电流纹波，且纹波频率变成了每相的 3 倍。采用交错技术不仅可以减小总的电流纹波，还可降低变换器的大小、损耗以及成本，降低直流母线电容器的电流应力，更好地利用功率半导体开关器件，改善了动态特性和可控性。

三相交错式 BDC 变换器与单相 BDC 变换器相似，具有相同的工作原理和换流模式，还可根据需要扩展为多相交错并联 BDC 变流器。

3）H 型变换器。大容量 DC/DC 变换器另一种形式为 H 桥电路，其主电路拓扑如图

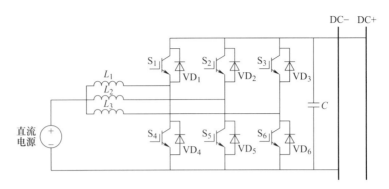

图 8.12 三相交错式 BDC 变换器主电路拓扑

8.13 所示,将 2 个半桥并联构成全桥电路,可分别控制 4 个主开关的导通与关断[8.12],使变换器工作在 DC/DC、AC/DC 或 DC/AC 工作模式。

① DC/DC 控制模式:如果在两个桥臂中点之间是直流电源,可通过 Buck 控制将 DC 母线电压 U_{dc} 降压为直流电 U_x 给储能装置充电;反过来可通过 Boost 控制将储能装置输出的直流电压 U_x 升压为 U_{dc} 向 DC 母线供电。

② AC/DC 控制模式:如果在两个桥臂中

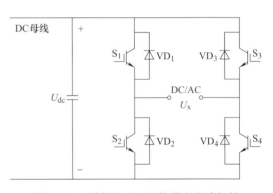

图 8.13 H 桥 DC/DC 变换器主电路拓扑

点之间是交流电源 U_x,可通过 PWM 整流控制将 AC 电压 U_x 整流成 DC 电压 U_{dc} 输出到 DC 母线。

③ DC/AC 控制模式:可通过 PWM 逆变控制将 DC 电压 U_{dc} 变换 AC 输出电压 U_x。

(3) 隔离型 BDC 变换器 非隔离型的 BDC 因其转换效率高、体积小、设计成本低被广泛应用于无需电气隔离、小功率等场合。由于缺少电气隔离,其缺点也很明显,抗干扰能力弱、输入/输出变换比不高、安全性也较隔离型变换器低等[8.16]。

隔离型 BDC 的基本结构如图 8.14 所示,采用两个 H 桥电路,直流电源通过 DC/AC 变换器逆变为高频交流电,经隔离变压器变压后,再通过 AC/DC 整流输出直流电;反之亦然。实现双向 DC/DC 变流,利用高频变压器将高压侧与低压侧隔离,且可减小变压器的体积。

图 8.14 隔离型 DC/DC 变换器的基本结构

在直流电力系统中采用双向 DC/DC 变换器控制储能装置(电池或电容)的充电和放电过程,来达到电能存储或输出的目的。

2. 储能系统的 AC/DC 变换器

在交流或交直流混合电网中，需要双向 AC/DC 变换器，其主要分为两类结构：单级式和双级式，如图 8.15 所示[8.17]。单级式拓扑结构如图 8.15a 所示，交流电网经过滤波器，直接连接至双向 AC/DC 变换器，其输出连接至储能装置；双级式拓扑如图 8.15b 所示，交流电网经过滤波器连接至双向 AC/DC 变换器，再通过双向 DC/DC 变换器连接至储能装置。

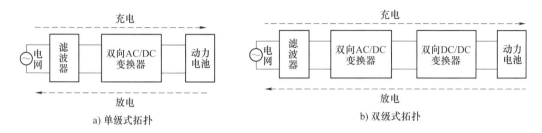

图 8.15 双向 AC/DC 变换器结构分类

与双向 DC/DC 变换器类似，双向 AC/DC 变换器又可以分为无隔离和有隔离两种形式。最基本的单级式双向 AC/DC 变换器拓扑结构如图 8.13 所示，采用 H 桥电路。它有两个工作模式：

1) 充电模式，通过 PWM 主动整流控制（比如正弦波 PWM（Sinusoidal PWM，SPWM）控制），将交流电网的电能整流为直流给储能装置充电。

2) 放电模式，通过 PWM 逆变控制，将储能装置的直流电能逆变为恒压恒频（Constant Voltage Constant Frequency，CVCF）的正弦交流电输出到交流电网。

对于三相交流电网可采用三相桥式电路作为双向 AC/DC 变换器，其主电路拓扑请见第 9 章的图 9.14。对于中高压交流电网，可采用多电平主动整流器，一种二极管中点钳位（Neutral Point Clamped，NPC）三电平整流电路拓扑如图 9.15 所示。T 形三电平整流电路也是一种解决方案，其电路拓扑见第 10 章。这里不再赘述。

3. 双向 AC/AC 变换器

对于 FWES，其机械动能与电能的转换是交流电机，因此需要通过双向 AC/AC 变换器进行交流电网与 FWES 之间的电能转换。一种采用双 PWM 变换器的飞轮转矩储能装置及其控制系统结构如图 8.16 所示[8.18]，由飞轮储能装置、机侧变换器（Motor Side Convertor，MSC）和网侧变换器（GSC）组成。

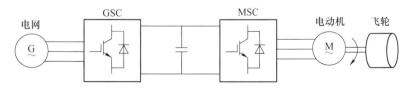

图 8.16 飞轮转矩储能装置及其控制系统结构

系统中飞轮储能装置采用双 PWM 变换器，与电网连接，其两组变换器背靠背连接，可实现电能的双向传输。双 PWM 变换器有两种工作模式：

1) 储能模式。变换器从电网吸收电能，控制电动机电动运行，驱动飞轮高速旋转。此时，对 GSC 进行 PWM 整流控制，将电压和频率恒定的交流电变成直流电，对 MSC 进行 PWM 逆变控制，输出电压和频率可调的交流电，将电能转变为飞轮的机械动能。

2）放能模式。控制电动机发电制动，对变频器的 MSC 进行 PWM 整流控制，将交流电变成直流电，GSC 进行 PWM 逆变控制，输出电压和频率恒定的交流电反馈回电网，此时，将电能传输给电网或需要瞬时用电的负载。

8.1.4 船舶储能系统的控制技术

储能系统的控制应根据储能装置的特性和技术要求，选择合适的控制方法，设计相应的控制器。控制主要包括储能装置的能量转换控制、变换器的控制等。

1. 蓄电池的控制

蓄电池是电能输入转变为化学能存储，再以电能形式输出的能量转换过程。不同的电池具有不同的正负极材料、电化学特性和应用特征，蓄电池充、放电的速率影响其使用效率和寿命。

蓄电池的充电过程受其内部能量转换过程影响，理想的电池充电电流为

$$i_{ch} = I_{ch0} e^{-At} \tag{8-4}$$

式中，i_{ch} 为充电瞬时电流；I_{ch0} 为初始充电电流；A 为充电接受比（电池可充入电量与其容量之比）。

由式（8-4），理想的充电曲线如图 8.17 所示。当充电电流小于 i_{ch} 时，电池虽然可以正常充电，但是充电效率低；当充电电流大于 i_{ch} 时，充电电流过大，会降低电池的使用寿命；当充电电流为 i_{ch} 时，既能保证充电安全且能保证一定的效率。但是在实际的应用中，该方法没有考虑电池的特性差异引起的最大充电电流不同。

目前典型的充电方法有：常规充电法（包括恒压充电、恒流充电、恒流恒压充电等）和快速充电法（包括 Reflex™ 快速充电、脉冲充电、变电流和变电压间歇充电等）[8.19]。

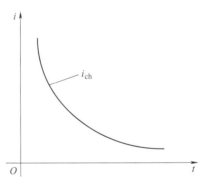

图 8.17 理想充电曲线

1）恒流充电。恒流充电是一直保持恒流状态或者分阶段的恒流充电的方法，结构简单，适应性强，但后期电池析气现象严重，电池不能充满。

2）恒流恒压充电。恒流恒压充电是开始先以小电流对电池预充电，当电池的电压上升到恒流充电的限定值时，采用较高的、电池能够适应的电流恒流充电，在这个过程中电池的充电速度会很快。当电池电压达到电压上限时，换成恒压的充电方式，这样电流会逐渐减小，直到设定值时停止充电。

3）脉冲充电。根据充电充满时所需的总能量是一定的，脉冲充电就是大电流以脉冲的形式对电池充电，脉冲的幅值是一定的，宽度即时间，随着电压和电池容量的变化而自动调节。这样就缩短了电池的充电时间，并且可以一定程度地消除极化现象。但是脉冲的变化不易控制，容易损坏电池。采用 Reflex™ 充电策略能够提高电池的充电效率，并且延长电池的使用寿命。

典型的 Reflex™ 充电策略由正极性的充电脉冲、负极性的放电脉冲和一段休整时间组成[8.20]。这个过程一直重复直到电池充满为止。它在充电过程中提供的负脉冲和休整时间对电池有去极化作用，并能够减缓电池内部压强的上升。用于快速充电方案的脉冲充电电流控制电路如图 8.18 所示，主要由一个差分放大器和两个由主控芯片的两个输出引脚所控制的模拟开关组成。通过改变正负脉冲的频率、幅值和占空比，可控制充电时间间隔，具体控制电路与软件请见文献 [8.20]。

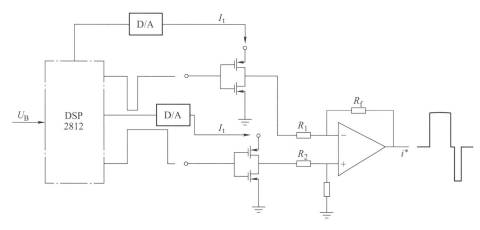

图 8.18 脉冲充电电流控制电路

4) 放电控制。蓄电池的放电特性一般采取恒流放电的方式，以不同的放电倍率放电直至电池端电压下降至放电截止电压，避免过放电影响电池性能。如果过度放电，或者没有控制放电电流，会导致蓄电池失效。

因此，为使蓄电池处于良好的状态，应时刻检测其充放电状态，控制其充放电电流，以延长电池寿命，避免电池失效。

5) 蓄电池储能系统的变流控制。如 8.1.3 节所述，蓄电池储能系统根据电网形式可采用 DC/DC 变换器或 AC/DC 变换器。因连接直流电网的 DC/DC 变换器控制相对简单，现以连接交流电网的 AC/DC 变换器为例说明蓄电池储能系统的控制。

一个连接三相交流电网的 AC/DC 变换器的蓄电池储能系统控制系统如图 8.19 所示，采用电压电流双闭环控制，其中电压外环引入电网电压前馈解耦控制[8.17]，使得电流内环的两个电流分量 i_d 和 i_q 解耦，分别储能系统的无功功率和有功功率。变换器采用基于空间矢量 PWM（Space Vector PWM，SVPWM）的方法，即可工作于主动整流模式，也可工作于并网逆变模式；在进行并网时需要对电网的相位进行锁相同时在 dq 坐标变换时也需要电网的相位角，采用了基于单同步旋转坐标锁相环（Single Synchronous Reference Frame-Software Phase Locked Loop，SSRF-SPLL）获取电网的相位信息，同时还可以通过锁相环获得交流的幅值以及频率等信息。

在稳定运行时，不仅可以输出稳定的直流母线电压，也可以控制电网电流。通过控制交流侧的输入电流的正弦度以及相位，还可控制系统四象限运行。

2. 超级电容的控制[8.21]

SC 的电能转换电路与蓄电池基本相同。但是与蓄电池相比，SC 是一个非常特殊的控制

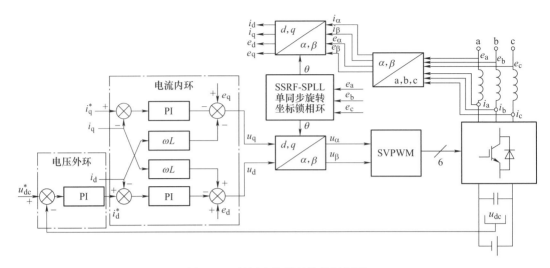

图 8.19 并网变换器整体控制框图

对象，其控制要复杂得多。其主要特点有：

1）SC 储能单元的电压与能量成正比的函数关系，是非常重要的控制参数。为此需要保证 SC 的电压足够大，才能有足够的电能储备供负载使用。在应用中，一般应保证超级电容的电压在其额定电压的 50%~100% 之间工作。

2）SC 的输出电流反映了储能装置瞬时输出和吸收电功率的能力，控制超级电容的输出电流，则控制了其充放电速度。SC 不同，其最大输出电流会有所不同，一般在 ±200A 之间，短时最大电流可达 500A。

3）SC 在充放电的过程中，电压会随之变化。但与蓄电池储能不同，SC 的充放电控制是通过电压控制实现的。而且，系统无法直接通过控制 DC/DC 双向变换器的输出电压，来限制 SC 的输出电压。SC 的电压尽管非常重要，却又无法直接控制，这成了 SC 储能装置的控制难点。

4）SC 的输出电流和电压需要限幅保护。由于 SC 单元的瞬时输出功率很大，但是大电流的充放电过程，会使 SC 单元本身的电压升高或降低过快，在极短时间内达到极限值。因此，在控制回路中一定要关注 SC 电压和电流之间的相互配合，保证限幅保护。SC 的基本控制系统结构如图 8.20 所示，采用电流控制模式。

高级控制器用来计算 SC 的参考电流（I_{sc}^*），根据峰值功率单元来定义 SC 的状态：

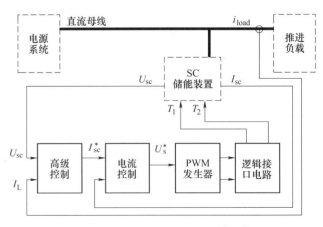

图 8.20 SC 的基本控制系统[8.22]

1)当 $I_{sc} > 0$,DC/DC 变换器工作在 Buck 模式,进行充电控制。
2)当 $I_{sc} \leq 0$,DC/DC 变换器工作在 Boost 模式,进行放电控制。

因此,电流控制模式以 I_{sc} 作为系统的控制对象,与参考电流 I_{sc}^* 做比较,实现电流控制策略,其输出控制信号给到双向 DC/DC 变换器 S_1 和 S_2 开关管。

但是电流控制法控制精度不高,抗干扰能力也比较差。如不控制电压,SC 会在欠载或过载状态下工作。为此,可采用电压或功率控制法等。一种改进的控制方法结构如图 8.21 所示[8.22],以平均功率法,同时采用电流、电压双闭环控制系统。该控制系统做了以下几处改进:

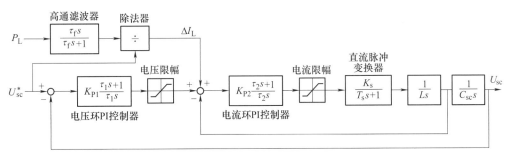

图 8.21 基于平均功率的 SC 双闭环控制系统

1)该方法采用双闭环控制策略,系统中内环为电流环,外环为电压环。同时采用 PI 调节器实现控制目的,并达到高要求的动态和稳态控制精度。

2)将负载功率 P_L 采样通过一个高通滤波器滤除稳态情况下的平均功率需求,剩余的扰动部分则作为 SC 需要吸收或者释放的动态功率。用超级电容参考电压 U_{sc}^* 除以负载功率 P_L,可以获得较为稳定的电流补偿值 ΔI_L。另外,功率环作为控制系统的前馈部分,实现电网、SC 装置以及负载的能量传输平衡关系。

3. FWES 系统控制

一种采用双 PWM 变换器的 FWES 控制系统结构如图 8.22 所示[8.23],飞轮储能装置有两种工作模式:电动机电动运行,驱动飞轮高速旋转来存储能量;电动机制动,释放飞轮存储的动能,并转换为电能。这就需要采用电力电子变换器,系统中飞轮储能装置采用双

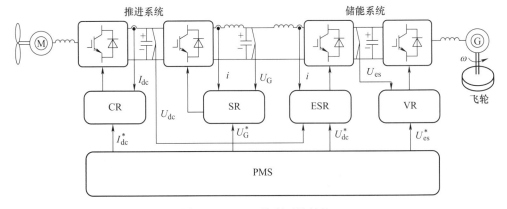

图 8.22 FWES 控制系统结构

PWM 变换器,其两组变换器背靠背连接,可实现电能的双向传输。储能时,变换器从电网吸收电能,控制电动机电动运行;放能时,电动机发电制动,通过变换器将电能传输给电网或需要用电的负载。

4. SMES 系统控制

SMES 系统的船舶电力系统结构框图如图 8.23 所示,包括控制器、冷却系统、失超保护系统、超导线圈、变换器、变压器、船舶电力系统以及显示报警等。功率调节主要通过变换器来实现,变换器主要采用电流型 AC/DC 或 DC/DC 双向变换器,以实现超导磁储能系统和电网之间的功率交换[8.6]。船用 SMES 系统的控制核心功能是判断船舶上自动化设备负载的变化,并根据这些变化来实现超导线圈的充放电,以减小船舶电力系统中的电力波动,并有效改善电力系统供电质量。

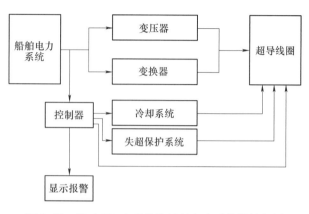

图 8.23 基于 SMES 系统的船舶电力系统结构框图

8.1.5 储能系统的能量管理

目前,船舶储能大多数采用蓄电池,电池管理系统(BMS)是保证电池工作安全、电源系统正常应用和提高电池循环寿命的重要技术措施。它能够对电池组整体性能以及单体电池性能起到保护作用,防止单体电池过早损坏,具有电池状态监控、能量控制管理以及电池信息管理等作用。IEC 为此专门制定了关于电池管理系统的标准,主要功能包括电池荷电状态(State of Charge,SOC)与健康状态(Health of State,SOH)估计、电池均衡控制、电池老化信息、电池异常报警(如温度以及高温报警)、检测电池的关键数据(如电压、电流)等[8.19]。

(1) 蓄电池的主要性能参数

1) 电池容量。电池容量是指在满电状态、指定的条件下,放电到终止电压时输出的电量,单位为 A·h。电池容量又可以分为理论容量、额定容量、实际容量 3 种。

2) SOC。SOC 表示蓄电池的剩余电量,其值为电池在一定放电倍率下,剩余容量与相同条件下最大可用容量的比值,即有

$$\text{SOC} = \frac{Q_{\text{rem}}}{Q_{\text{max}}} \times 100\% \tag{8-5}$$

式中,Q_{rem} 为电池的剩余容量;Q_{max} 为电池的最大可用容量。

当电池的开路电压达到放电终止电压时的电池状态时,SOC = 0%;当电池的开路电压达到充电终止电压时的电池状态时,SOC = 100%。

3) 电池循环使用寿命。以电池充电一次和放电一次为一个循环,电池所经历的充放电循环总次数是评价电池寿命性能的一项重要指标。在实际使用过程中,工作环境、温度、一致性等因素会影响电池的实际使用寿命。

(2) SOC 估计方法 蓄电池的电量在充放电过程中受到多种因素的影响,与电池的端

电压、电路中的电流以及内阻等因素都有着直接的关系。通常用 SOC 作为衡量电池容量的参数，它不仅能够反映电池充放电状态，而且能够为储能系统控制提供策略，直接影响电池的利用率和系统的性能，也是电池管理系统的关键参数之一。

电池的 SOC 不能够像电流、电压那样直接测量，只能通过在线和离线的手段用可以直接测量的数据来估计其数值。目前常用的 SOC 估计方法有：

1）放电法。放电法是对电池采用恒流放电的实验方法并记录放电的时间，根据电流与时间的乘积可以得到电池的剩余电量，此方法适用于所有电池，但是需要的时间比较长，限于实验室条件下的研究。

2）开路电压法。电池的开路电压是衡量电池电量的重要参数，电压越高，剩余电量越大。通常测量电池的端电压，记录电池开路电压与 SOC 的对应关系曲线。但不同型号与容量的电池 SOC 有着一定的差异。

3）安时积分法。因电池的总电量减去放出的电量可以得到电池的剩余电量，对电流进行积分可得电池吸收或放出的电量，充放电过程中电量的变化量 ΔQ 为

$$\Delta Q = \int_{t_1}^{t_2} i dt \tag{8-6}$$

该方法简单，并且能够动态地观测电池的电量，适用于所有电池，可靠性高。但随着时间的累积，安时积分法估计 SOC 的误差会越来越大。

4）基于卡尔曼滤波的 SOC 估算。卡尔曼滤波（KF）理论是对系统状态的最小方差最优估计，进行 SOC 估计时，电池被看成动态系统，SOC 被看作系统的内部状态，通过调节 KF 增益得到 SOC 最优估计[8.24]。KF 估计 SOC 的核心是建立包括 SOC 估计值和反映估计误差的协方差矩阵的递归方程，协方差矩阵用来给出估计误差范围。但由于电池是一个非线性系统，采用线性模型的 KF 估计误差较大，可采用基于非线性电池动态模型的扩展卡尔曼滤波算法（EKF）[8.25]。

（3）电池健康状态估计　电池健康状态（SOH）估计对于保证每个电池组的充/放电性能，延长整个电池组的寿命具有重要意义。作为 BMS 的重要组成部分，相比于电池 SOC 和电池均衡系统的研究，SOH 估计方法的研究明显落后。其主要难点有：

1）复杂多变的工作环境导致电池内部的观测数据不能简单转化成整个电池系统所发生的变化。

2）电池是一个高度非线性时变系统。

3）电池整个工作过程很容易受到环境的影响。

近些年，SOH 估计方法取得了较大进展，例如结合电池模型的非线性估计方法和具有自学习能力的新型智能算法，基于 KF 法的联合估计方法等[8.26]。人工神经网络（ANN）法能够很好地适应电池的非线性时变系统，因而被用来进行电池 SOH 估计。Andre 等人提出结构 ANN 法，并与 EKF 法一起使用[8.27]。

（4）电池电压均衡　任何种类的蓄电池，其单体电池的端电压都较低，为 1~2V，且容量有限。为了获得所需要的电池电压和电流，通常需要将许多单体电池串联、并联或电池簇，而大容量储能系统则需要将电池簇串并联起来，如图 8.24 所示。

所有连接在一起的电池簇的综合电池指标主要由电池放电的平均电压，以及电池的电压降落到一个特定极限之前所能释放出来的总能量来表示。这就需要解决电池簇内单体电池的

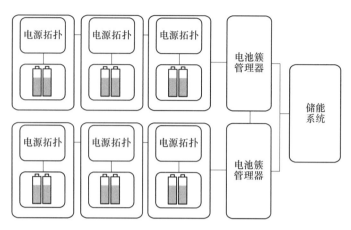

图 8.24 蓄电池储能系统结构

电压平衡问题[8.28]，目前有两类主要的电压均衡方法。

1）被动均衡。基于能量均衡原理，采用均衡模块将快要充满的单体电池的能量消耗掉，以便其余没有充满的电池继续充电，从能量保护的角度讲，该方法是被动消极的，依赖充电过程。

2）主动均衡。采用储能元件如电感、电容等，不论在充电、放电还是静止的情况下，只要单体电池之间存在电压差异，就进行均衡。一个电感均衡的电路如图 8.25 所示，采用电池专用控制芯片 BQ78PL116 进行均衡控制[8.29]。这类均衡效率高，并能充分利用能量，是目前均衡电路的研究重点。

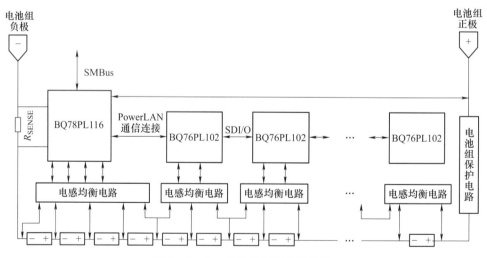

图 8.25 电感均衡控制硬件结构图

一种混合主动均衡法如图 8.26 所示[8.29]，其基本思路是将串联电池组中一定数量的单体电池作为一个单元，对于单元内的单电池采用电感均衡，而单元之间采用变压器均衡。混合均衡的电路中：Pack 是电池单元，其内部能量的不一致再由电感均衡法均衡；当单元之间的电压不一致相差余度较大时，开启变压器 T 均衡，用以能量均衡，最终实现所有单体电池电压的一致。

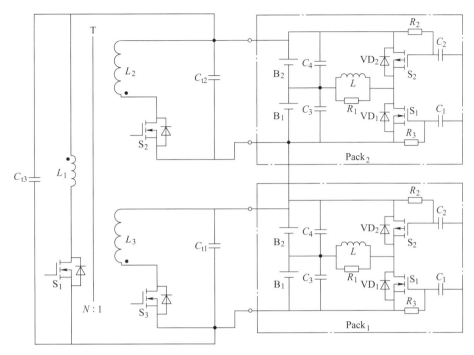

图 8.26 混合主动均衡原理图

此外，如果用一个充电器对两个以上并联的电池组进行充电，可能因其中单体电池的性能差异，产生很大的不平衡电流，从而导致电池发热并缩短电池寿命。为避免这种情况的发生，一种并联控制电路如图 8.27 所示，给每个电池组都串联一个独立的二极管，或采用独立的充电器，以阻止电池组之间的环流。

(5) 电池能量管理 BMS 的主要功能之一是根据电网的负荷需求，对电池进行能量调度与管理。一种简单的 SC 储能的 BMS 控制结构如图 8.28 所示[8.22]，P_{av} 是电网所能提供的最大功率输出，与负载功率进行逻辑比较，取其中的较小的作为负载参考功率。当电网无法满足负载功率需求时，无论负载功率如何变化，直接输出电网的最大功率。

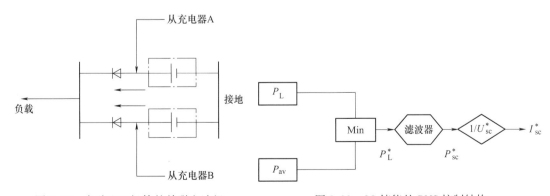

图 8.27 有独立二极管的并联电池组　　图 8.28 SC 储能的 BMS 控制结构

SC 的 BMS 在系统中实现如下两个功能：

1) 限定负载功率需求，防止电网过载运行。

2) 限定 SC 功率输出，防止储能装置电压太低而欠电压运行。

(6) BMS 设计　针对锂电池储能装置设计了一个电池监控和管理系统[8.29]，其结构如图 8.29 所示，整个系统由充放电电路、电压均衡电路与电池监控及能量管理模块组成。其中：电压均衡控制是由两部分组成，电池单元采用电感均衡电路，电池单元之间通过变压器均衡电路，其均衡控制采用专用 BQ78PL116 控制芯片。电池的关键数据监测以及剩余电量均通过电感均衡模块中的专用芯片获得，由 SMBus 实现与 DSP 主控制芯片的通信。DSP 与 LCD 显示以及上位机监控软件均是通过串口实现。历史数据的记录通过上位机软件与数据库结合实现。

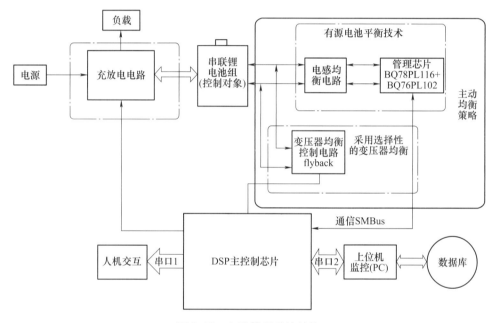

图 8.29　电池管理系统结构

电池管理系统主要功能包括电池组整体数据以及组内单体电池的数据实时监测、电池组状态估计、能量管理、安全管理、通信与通信终端软件监控、数据显示等。

1) 电池数据的实时监测：主要是对充放电以及静止过程中数据的监测，包括电池组电压、单体电池电压、充放电电流、电池温度以及电池剩余电量等，并对关键参数如电压、电流和温度等是否超出范围、是否需要保护等进行判断。

2) 电池组状态估计：主要是提供整体电池组的剩余电量，由于无法从电池直接获得这个参数，通常是通过采集到的数据计算出来。

3) 能量管理：这里主要是指电池组中单体电池出现不一致时，为了防止单体电池的过充过放以及降低电池组容量与循环寿命而设计的电能均衡管理。

4) 安全管理：其实是电池的保护功能，通过分析实时监测到的电压、电流、温度等是否超过限制而采取相应的保护措施。防止电池过度充放电，防止电池过热而出现安全隐患。

5) 通信及通信终端：通信是将电池关键数据传输到其他设备的重要功能。通信终端即上位机软件可以通过通信接收到数据并保存数据库实现历史数据的记录，便于以后故障状态的分析。通信一般采用标准通信接口，如 CAN、串口通信、I^2C 或 SMBus 等，本文采用了串口通信以及 SMBus 两种，实现与 LCD、上位机以及 ASIC 的通信。

6) 数据显示：为了实时观察电池情况，将电池的关键数据在液晶屏中显示。

(7) 储能系统应用与仿真 现以在电力推进船舶中采用 SC 储能为例，通过系统仿真来说明船舶储能系统的应用。一个采用 SC 储能的船舶直流电网系统结构如图 8.30 所示，该系统可以将大负载扰动所回馈给系统的能量储存在 SC 装置内，等待需要大功率输出的工况下为系统供电。由于 SC 储能装置需直流充放电，因此需要将 SC 装置直接连接在电力推进系统的直流母排上。

为验证 SC 应用对于船舶节能的效果，利用 ABB 船舶电力推进试验室的 MATLAB/Simulink 仿真库建立了船舶仿真系统[8.22]，如图 8.31 所示，有发电机模块、移向变压器模块、ACS800 变频驱动模块、可控负载模块，搭建了储能系统模型进行 SC 及其 EMS 功率管理的仿真研究与试验。

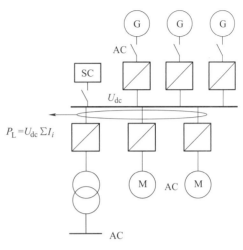

图 8.30 SC 储能的船舶直流电网系统结构

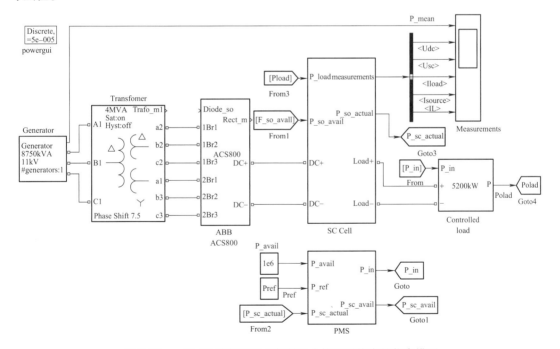

图 8.31 一种 SC 储能装置在船舶电力推进系统中的仿真模型

系统仿真试验结果表明：由于配备了 SC 并设有 EMS 功率管理，实现了能量优化控制，可提高系统效率，降低投资成本和减少能源消耗。

特别是在动态定位的船舶中，有时负载的波动大且快速，这种高频负载扰动会造成电网波动。如果采用 SC 储能装置，则能很好地解决了这一问题。SC 储能装置可以吸收低载时的能量，并在负载高峰时释放，而电网仅需维持供应在负载平均功率附近的输出功率，则可保证负载的波动需求。

从仿真结果可以看到，当系统负载侧的波动在为满负荷的 30%~100% 范围时，因采用 SC 储能装置，而在电网侧的负荷波动适当地减小为满负荷的 40%~60%，这相当于减少 1 台在线的发电机运行。节省电能的计算公式为

$$W_{sa} = \frac{N_{off}}{N_{\Sigma}} \eta_g \approx 15.6\% \tag{8-7}$$

式中，N_{off} 为减少的在线发电机台数；N_{Σ} 为总的发电机台数。假设原有 3 台发电机组在线运行，考虑到柴油发电机的工作效率 η_g 一般不会超过 50%，如采用 SC 装置可减少 1 台发电机运行，能使系统节省 15% 以上的油耗。这说明，船舶电力推进系统应用储能装置能进一步提升经济效率，请详见文献 [8.22]。

8.1.6 船舶电力系统的储能技术应用

蓄电池是当前混合动力船舶的主要储能装置，考虑到船用环境，船舶电池应具有比能量高、比功率大的特点且结构更紧凑以适应船舶有限空间；自放电少、续航能力更强，能较好地满足船舶航行需求；考虑到船舶空间有限，电池规模大（高电压、高容量），湿热环境、高盐雾环境，电池应具有安全性好、可靠性高、免维修或少维修的特点；同时要求易于拆卸，便于充电、使用寿命长等特性。

对于新型储能装置的船舶应用，美国和法国等率先进行了尝试，构建了一个船舶综合储能的示范实验系统 ESTD，其结构如图 8.32 所示[8.30]。系统中：电力系统采用 2 台 21MW 的 Rolls-Royce WR21 型燃气轮机和 2 台 4MW 的 Typhoon 型燃气轮机驱动发电机（4.16kV/60Hz、3600r/min），组成中压电网，为电力推进系统与中压负载供电；推进电机采用 15 相 AIM 型异步电动机，每台推进电机 20MW、0~180r/min，配置了 15 相 VDM25000 型变频器为电机 15 相绕组分别供电；中压负载配置了谐波滤波器。柴油发电机组为 440V/60Hz 低压电网的负荷供电；中压与低压电网之间有变压器，还配置了 2 个 1MW 液流电池（Flow Cell）供电 10min 的储能装置。另外，设置了飞轮储能装置（ZPSU）提供 300kW 低压电源专供区域负载用电，5 个飞轮系统可提供 200kW、4min 电能。

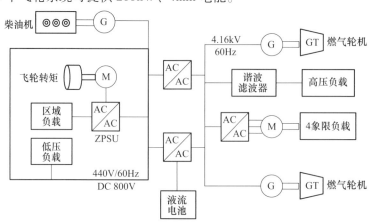

图 8.32 ESTD 系统结构

上述具有综合储能装置的船舶电力系统结构是一种新的探索，其中，液流电池是一种新型蓄电池，通过正、负极电解质溶液活性物质发生可逆氧化还原反应实现电能和化学能的相互转化。但液流电池的正负极电解液分开，各自循环，具有容量高、循环使用寿命长、适应各种环境条件的特点，主要用于电力系统储能与负荷调配平衡；飞轮转矩储能系统则可为脉冲性大负荷提供短时的大容量电力补充。

采用储存装置及混合电源有如下优点：

1）具有削峰填谷的功能。当推进系统需要较大的功率时，储能系统提供额外的电能；当推进系统仅需要较少的功率时，储能系统进行充电吸收多余的能量。这样可以更有效地运行发电机，可减少装机容量。

2）减少系统对剧烈波动负荷干扰。在负载功率出现频繁波动时，由储能装置来提供电力，可以保证柴油发电机恒功率输出，并处于一个更高效的工作点。

3）提高化石能源的燃烧效率。当一个或多个柴油发电机在小负荷下运行效率低下时，仅需由储能装置提供全部电力；当柴油发电机在较低燃油消耗、CO_2 和 NO_x 排放的工作点上运行时，又可利用储能装置充电效果优化工作点，达到节省燃料、减少排放、减少噪声、增加舒适度等效果。

4）在紧急情况下，如柴油发电机失效时，储能系统可以提供备用电源。可以省去应急柴油发电机作为备用的需要，从而降低船舶如具有动力定位的工程船的装机功率。

5）在船舶制动时储存再生能量。在目前的电力推进装置中，船舶通常不需要快速停船，在制动时能量被消耗在制动电阻中，所以存储来自推进的制动能量而节省的燃料是有限的。但是，在装有重型起重机装置的船舶，或者一些海洋工程船、钻井平台上，就可以吸收这些制动能量。

目前正在进行船舶大容量储能技术新的研究，特别是聚焦在混合储能装置的构建、能量的调配、管理和优化等关键技术，为全船电气化发展提供新的思路。

8.2 船舶混合动力技术

虽然纯电动船舶电力推进系统是未来船舶技术的研究前沿，但由于现阶段大多数纯电动船舶的续航能力受电池容量制约，而船舶混合动力技术有助于缓解能源环境问题与技术不成熟之间的矛盾，为船舶从传统的柴油机推动过渡到绿色推进提供了可行性方案，本节重点研究混合动力系统的结构与性能[8.31]。

8.2.1 船舶混合动力系统分类

混合动力船舶指多种能源都转换成电能，并将这些电能串联、并联或混联的方式给船舶提供推进动力。常见的混合动力船舶类型主要有太阳能/风能混合动力船舶、燃料电池/柴油混合动力船舶、超级电容/柴油混合动力船舶、LNG/柴油混合动力船舶、风翼/柴油机混合动力船舶，以及太阳能/锂电池/柴-电机组混合动力船舶。

船舶混合动力技术可分为机械-电气混合和电力混合两大类，如图8.33所示，其中，机械-电气混合方式可以分为机电混合和带储能的机电混合系统，电力混合方式可以分为直流混合和交流混合系统。

（1）船舶机械-电气混合动力方式（也可称为并联式）

1）机电混合动力系统。机电混合推进是电力推进和内燃机推进相结合，如图 8.34 所示。

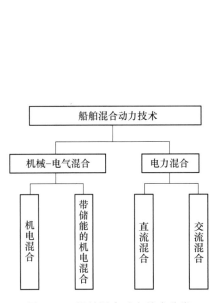

图 8.33　船舶混合动力技术分类

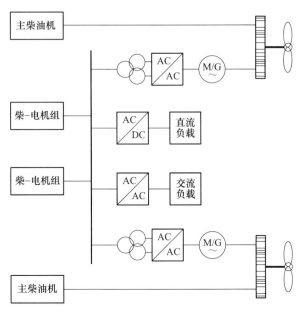

图 8.34　机电混合推进

该系统采用柴油机直接机械推进，为船舶高速工况提供高效推进动力；采用电力驱动通过齿轮箱耦合到同一轴，或直接连接到驱动螺旋桨的轴，为船舶低速工况提供推进，从而避免了部分负载下的主发动机效率低下。当机械推进有多余功率时，可将电动机变成发电机，为船舶电网上负荷提供电力。这种推进方式有机械推进、电力推进、混合推进、机械推进带主轴发电 4 种工作模式。

2）带储能的机电混合动力系统。该系统是在机电混合推进中增加了储能装置，如图 8.35 所示，由主柴油机直接机械推进、电力推进（柴-电机组）以及储能装置的组合构成船舶电力系

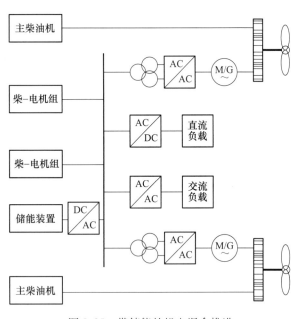

图 8.35　带储能的机电混合推进

统，充分利用各种动力装置的优势，并始终工作在高效率区。在推进功率较低时，电力推进可用于推进船舶并关闭机械推进。同样，电力推进的电动机也可用作发电机。由于系统有储能装置，在机械推进与柴电推进单独或混合推进时，有多余的电能可以储存在储能装置。

(2) 电力混合动力方式（也可称为串联式）

1) 直流混合动力系统。直流混合动力系统主要分为两类：

一类包含变速柴油发电机，如图 8.36a 所示，利用储能装置使柴油发电机始终运行在燃油高效区，从而减少燃料消耗、排放、噪声以及发动机的机械和热负荷。

另一类包含新能源和储能装置，如图 8.36b 所示，这种基于新能源发电装置的直流混合推进完全是零排放、零污染，静音性也较好。但主要缺点是由于新能源的间歇性特征使得其电源的持续性不能保证，船舶的续航能力较弱，因此适合近海、内河的中小型船舶使用。

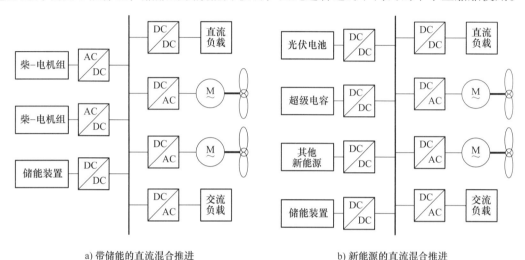

a) 带储能的直流混合推进　　　　　　b) 新能源的直流混合推进

图 8.36　船舶直流混合推进系统结构

总之，直流混合推进结构对故障具有冗余性，直流混合推进中使用了较多的电力电子器件，由于其允许对电气变量进行瞬时控制，因而电气故障不会扩散到整个电网，干扰电网的电压和频率，同时能源的扩展性和灵活性较好。其缺点是：所有电源和负载都需要通过电力电子变换器连接到直流网络，这会导致成本大幅增加，此外还需要有一个合理的控制策略来提高系统稳定性。

2) 交流混合动力系统。交流混合动力系统均采用交流方式组网，构成了交流电网。组网不需要很多电力电子变换器，这使得交流混合推进的成本比直流混合推进低，但是交流混合时，需要考虑交流电的相位，如多个电源混合时，使得控制较为复杂。这种方式也基于储能的电力推进系统，如图 8.37 所示。

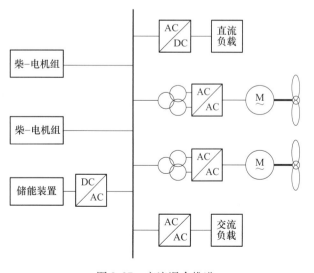

图 8.37　交流混合推进

船舶混合动力的主要目的是节能减排，主要方式是采用主轴发电和混合动力。目前，混合动力系统在船舶的实际应用正不断扩大，主要有机械与电力推进结合的混合动力系统、双燃料混合动力系统和全电力混合推进系统等。本节主要论述机械与电力混合动力系统，另外两种混合动力系统将在第12章讨论。

8.2.2 船舶主轴发电混合动力系统

主轴发电技术的提出已有时日，当时主要是采用主机驱动发电机，这种发电方式就像汽车发动机上带一个小发电机一样，在早期的小型船舶、渔船等都有应用。但由于发电机的转速随主机转速变化，其电力输出不稳定，而难以在要求电力稳定的大型船舶上应用。由于船舶主机使用重油作为燃料，价格低廉，且低速二冲程柴油发电机油耗低，可显著节省燃料，因此用主轴发电替代柴油发电机组可以大大节省燃油成本。为了解决主轴发电的电力稳定问题，引入了电力电子变流装置，通过整流与逆变控制，使其输出电压、频率稳定的交流电并入船舶电网。

1. 轴带发电系统

轴带发电系统结构如图8.38所示，在主发电机传动轴上连接一个轴带发电机（SG），当主机运行时，驱动发电机运行发电。早期的主轴发电系统采用了晶闸管整流与逆变器，为了调节功率因数与相位，加入一个小型同步发电机（SC）。

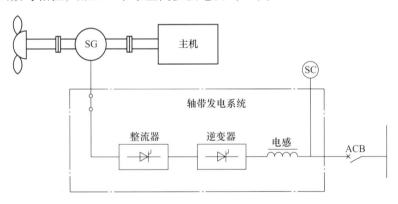

图8.38 船舶轴带发电系统结构

现代的轴带发电系统可以采用背靠背的双向PWM变换器，实现电能的双向流动。当主机运行时，由SG发电经变换器输出恒定的交流，为船舶电网供电，此时可关停1台柴油发电机组运行，以节能减排；当主机故障时，由船舶其他柴油发电机组供电，通过PWM变换器控制SG作为电动机运行，驱动螺旋桨推进船舶保持一定船速前进，实现船舶的容错控制，以保障航行安全。随着储能系统的发展，全轴发电与储能组成的混合动力船舶提供了节能减排新的解决方案[8.32]。

为此，SG及其变换器与控制工作于两种模式：

1) 发电模式。主机驱动SG发电，电能从发电机经机侧AC/DC变换器整流，DC/AC逆变器并网输出恒压恒频的交流电，其系统控制类似于风力发电系统。

2) 电动模式。由电网经网侧AC/DC变换器整流，DC/AC逆变器变频输出，将SG变成电动机变压变频调速系统。

2. 混合动力系统安装与布置形式[8.33]

(1) 电机安装在齿轮箱上　基于主轴发电的混合动力系统由主柴油机与轴带电机通过齿轮箱并联连接,如图 8.39 所示。轴带电机可工作于发电模式,由主柴油机推进螺旋桨,同时驱动轴带电机发电,向船舶供电;也可工作于电动机模式,由船舶电网供电,轴带电机与主柴油机共同推进螺旋桨;此外,在主机发生故障时,由轴带电机单独推进螺旋桨,增加推进的容错性。该系统的优点是较常规的安装方式,电机、齿轮箱都是常规设计,较易选型。缺点是需配置齿轮箱,增加布置难度。

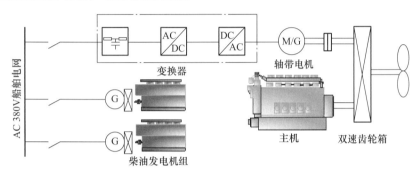

图 8.39　电机安装在齿轮箱上的布置形式示意图

(2) 电机穿轴式安装在轴系上　基于主轴发电的混合动力系统的轴带电机与主柴油机同轴安装,如图 8.40 所示。其优点是电机穿轴安装,且无需齿轮箱,系统占用空间小。缺点是电机尺寸、重量较大,对电机本身要求也较高。如果实现安全返港(Power Take me Home,PTH)功能需要脱开主机,还需要配置离合器。

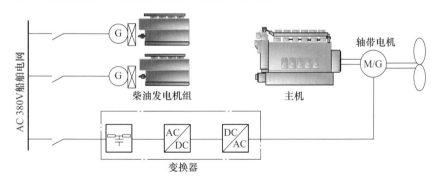

图 8.40　电机穿轴式安装在轴系上的布置形式示意图

(3) 电机安装在柴油机自由端　这种混合动力系统结构如图 8.41 所示,轴带电机与主柴油机通过齿轮箱串联安装,其优点是较常规的安装方式,电机、增速齿轮箱都是常规设计,较易选型。缺点是只适合电机作为发电使用的船舶,不适合需要电动功能的船舶。

8.2.3　船舶机械与电力推进混合动力系统

就像混合电动汽车,船舶采用主柴油机与电力推进混合动力也是节能减排的一种好办法。

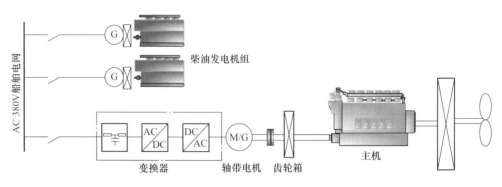

图 8.41　电机安装在柴油机自由端的布置形式示意图

1. 船舶机电混合动力系统

一个混合动力船舶电力系统结构如图 8.42 所示，其中，主柴油机提供船舶 70% 的动力；电力推进器提供 30% 的动力，两个螺旋桨相对设置。可以减少传动轴损耗 2%，电能损耗 8%，全部损耗减少 10%。另外，在主机故障时，电力推进装置仍然能推进船舶运动，既可节能减排，又能故障容错。

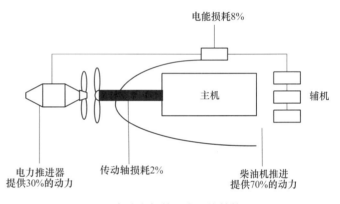

图 8.42　混合动力船舶电力系统结构（ABB）

例如，Akashia 和 Hamanasu 是日本建造的第一艘混合对转桨（Contra-Rotating Propulsion，CRP）吊舱推进系统滚装渡轮，由 ABB 提供电力与推进系统。混合动力系统结构如图 8.43 所示，采用吊舱式全回转舵桨与 2 台 12600kW 主柴油机联合驱动的螺旋桨对推方式，电力系统由 2 台 12600kW 柴油发电机组与 1 台 2700kW 应急发电机组成，其优点是集成化程度高，布置简单灵活。

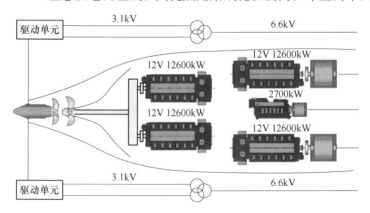

图 8.43　全回转舵桨对推式混合动力系统结构（ABB）

2. 船舶带储能系统的机电混合动力系统

船舶带储能系统的机电混合动力系统结构如图 8.35 和图 8.36 所示,其实质是增加了动力电池作为储能系统。与传统柴-电推进船舶相比,混合动力电力推进船舶多了储能系统,存在多种供电模式。船舶在航行过程中,通过选择最优的供电模式,可以达到提高燃油经济性、减少排放的目的,同时多种供电模式也扩大船舶的航行区域,如排放控制区等。以油电混合动力船舶为例,详细分析几种供电模式的效能[8.31]。

(1) 动力电池独立供电 当动力电池 SOC 较高时,柴电机组停止运行,整个电力推进系统由动力电池独立供电,如图 8.44 所示。

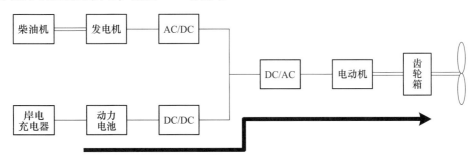

图 8.44 动力电池独立供电

在动力电池独立供电模式下,全船推进功率全部由动力电池提供,因此混合动力系统的总效率 η_{hp} 为推进功率 P_D 与电池功率 P_B 之比,即

$$\eta_{hp} = \frac{P_D}{P_B} \tag{8-8}$$

而此时螺旋桨获得的推进功率为

$$P_D = P_B \eta_{dh} \eta_{dc} \eta_{iv} \eta_D \eta_{gr} \tag{8-9}$$

因此,可得到动力电池独立供电模式下动力系统的效率为

$$\eta_{hp} = \frac{P_D}{P_B} = \eta_{dh} \eta_{dc} \eta_{iv} \eta_D \eta_{gr} \tag{8-10}$$

式中,η_{dh} 为电池放电效率,与放电电流及 SOC 等因数有关;η_{dc} 为双向 DC/DC 变换器效率;η_{iv} 为逆变器效率;η_D 为推进电动机电动状态效率;η_{gr} 为推进齿轮箱效率。

(2) 发电机组独立供电 在有些航行工况下,可能采用发电机组独立供电模式,如当船舶的需求功率可以使发电机运行在高效区,且动力电池 SOC 低于目标值不宜供电时,混合动力系统由发电机单独驱动,如图 8.45 所示。

在发电机组独立供电模式下,全船推进功率全部由发电机组提供,因此混合动力系统的效率 η_{hp} 为推进功率 P_D 与柴油机燃油等效功率 P_{DG} 之比,即

$$\eta_{hp} = \frac{P_D}{P_{DG}} \tag{8-11}$$

而此时螺旋桨获得的推进功率为

$$P_D = P_{DG} \eta_{de} \eta_g \eta_{rec} \eta_{iv} \eta_D \eta_{gr} \tag{8-12}$$

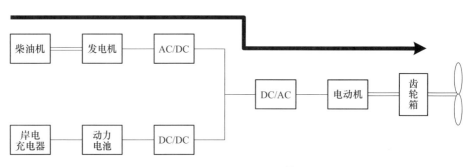

图 8.45 发电机组独立供电

式中，η_{de} 为柴油机机械效率；η_g 为发电效率；η_{rec} 为整流器 AC/DC 效率。

为了便于比较，不考虑柴油机的热效率，仅考虑柴油机的机械效率。因此，可得到发电机组独立供电模式下动力系统的效率为

$$\eta_{hp} = \frac{P_D}{P_{DG}} = \eta_{de}\eta_g\eta_{rec}\eta_{iv}\eta_D\eta_{gr} \tag{8-13}$$

可见，在柴油发电机组独立供电模式下，动力系统的效率要低于动力电池独立供电模式。

（3）发电机组与动力电池联合供电　当船舶高速航行，推进需求功率很大，超过发电机组或动力电池独立供电能力，而且动力电池 SOC 高于阈值时，发电机组和动力电池联合供电，为动力系统提供电能，以满足船舶推进所需的功率，如图 8.46 所示。

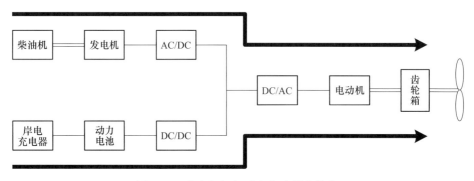

图 8.46 发电机组与动力电池联合供电

在联合供电模式下，全船推进功率由发电机组和动力电池共同提供，因此混合动力系统的效率为推进功率 P_D 与发电机功率 P_g 和动力电池功率 P_B 的和之比，即

$$\eta_{hp} = \frac{P_D}{P_g + P_B} \tag{8-14}$$

$$P_D = (P_g\eta_g\eta_{rec} + P_B\eta_{dh}\eta_{dc})\eta_{iv}\eta_D\eta_{gr} \tag{8-15}$$

联合供电模式下，动力系统的效率为

$$\eta_{hp} = \frac{(P_g\eta_g\eta_{rec} + P_B\eta_{dh}\eta_{dc})\eta_{iv}\eta_D\eta_{gr}}{P_g + P_B} \tag{8-16}$$

可见在联合供电时，动力系统的效率介于发电机组独立供电与动力电池独立供电之间。

(4) 发电机组供电动力电池充电　当动力电池 SOC 低于目标值，且船舶的推进需求功率较小时，发电机组运行供电，发电机输出功率的一部分用于船舶螺旋桨推进，另一部分用于给动力电池充电，如图 8.47 所示。

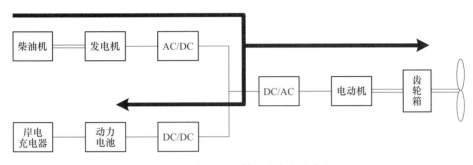

图 8.47　发电机组供电动力电池充电

在发电机组供电、动力电池充电模式下，混合动力系统的效率为推进功率 P_D 与动力电池功率 P_B 的和与柴油发电机功率 P_{DG} 之比，即

$$\eta_{hp} = \frac{P_D + P_B}{P_{DG}} \tag{8-17}$$

由图 8.47 可见，柴油发电机组输出的电功率在直流母排处分为两条支路，一条支路供推进电动机驱动螺旋桨，另一条支路供动力电池充电，即

$$P_{DG} = \frac{\dfrac{P_D}{\eta_{gr}\eta_D\eta_{iv}} + \dfrac{P_B}{\eta_{ch}\eta_{dc}}}{\eta_{rec}\eta_g\eta_{de}} \tag{8-18}$$

整个动力系统的效率为

$$\eta_{hp} = \frac{P_D + P_B}{\eta_{de}} = \frac{(P_D + P_B)\eta_{de}\eta_g\eta_{rec}}{\dfrac{P_D}{\eta_{gr}\eta_D\eta_{iv}} + \dfrac{P_B}{\eta_{ch}\eta_{dc}}} \tag{8-19}$$

式中，η_{ch} 为动力电池充电效率，受充电电流、SOC 和电池温度等参数影响，与放电效率 η_{dh} 近似相同。

可见，在发电机组供电、动力电池充电模式下分析功率流时，首先考虑柴油机的机械效率、发电机组效率和整流器效率，螺旋桨推进功率应考虑逆变器效率、电动机电动状态效率和推进齿轮箱效率，动力电池充电功率应考虑双向 DC/DC 变换器效率和电池充电效率。

(5) 推进电动机再生制动动力电池充电　当船舶快速停车或快速减速时螺旋桨处于水涡轮状态，推进电动机运行于再生制动输出电功率，此时如果动力电池 SOC 未达到极限值，可以利用推进电动机发电对电池充电，将螺旋桨制动能量回收，如图 8.48 所示。如果电池 SOC 超过极限值，无法继续充电，则此时利用制动电阻消耗螺旋桨制动能量。

螺旋桨制动状态下，螺旋桨在船舶运动作用下旋转，推进功率为制动功率，阻止螺旋桨的继续旋转。制动功率经过齿轮箱与电动机后转换为电功率，向动力电池充电，此时动力系统的效率为动力电池功率 P_B 与螺旋桨推进功率 P_D 之比，即

$$\eta_{hp} = \frac{P_B}{P_D} = \eta_{gr}\eta_{br}\eta_{iv}\eta_{dc}\eta_{ch} \tag{8-20}$$

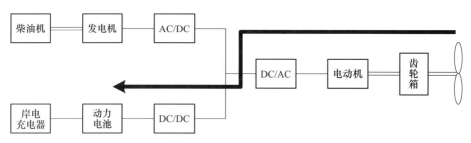

图 8.48 电动机再生制动动力电池充电

式中，η_{br} 为电动机再生制动效率，略低于电动状态效率 η_D。

由于推进电动机在发电状态下的效率低于电动状态，因此螺旋桨制动能量回收存储与动力电池的效率低于动力电池独立供电时的效率。一般说来，螺旋桨制动能量回收率在 75% 左右。

（6）船舶停航充电　当船舶停航且电池 SOC 较低时可以利用发电机或岸电对动力电池进行充电。

1）利用发电机对动力电池充电。当船舶停航但没有靠泊，或靠泊码头没有岸电时，利用船舶柴油发电机组对动力电池充电，如图 8.49 所示。

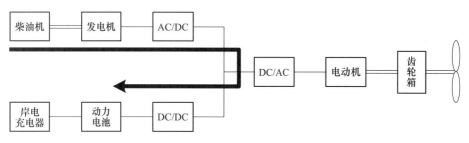

图 8.49　停航发电机组向动力电池充电

此时，动力系统的效率为

$$\eta_{hp} = \frac{P_B}{P_{DG}} = \eta_{de}\eta_g\eta_{rec}\eta_{dc}\eta_{ch} \tag{8-21}$$

2）利用岸电对动力电池充电。当船舶靠泊停航且码头设有岸电时，利用岸电对动力电池充电，如图 8.50 所示。

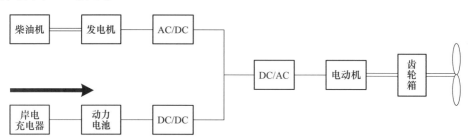

图 8.50　停航岸电向动力电池充电

此时，动力系统的效率为

$$\eta_{hp} = \frac{P_B}{P_{po}} = \eta_{po}\eta_{ch} \tag{8-22}$$

式中，η_{po} 为岸电充电机效率；P_{po} 为岸电输出功率。

比较式（8-21）和式（8-22）可知：利用岸电充电，能量仅经过充电机一次转换即可完成充电；利用柴油发电机组充电，能量经过柴油发电机、整流器和 DC/DC 变换器 4 次转换，才能完成充电。因此，利用岸电充电的效率高，在有岸电的条件下尽可能利用岸电充电，以提高能源利用率，减少排放。

3. 船舶带储能系统控制的关键技术

由以上分析可知：混合动力船舶电力系统因兼有传统电力推进船舶和纯电动船舶的特点，配有储能系统，还可利用新能源。混合动力船舶的关键控制技术包括：混合动力船舶能量控制策略、动力系统参数匹配与优化、再生制动系统。

1）混合动力船舶能量控制策略。它是混合动力船舶实现高效节能减排的核心技术，协调各子系统工作，包括能源子系统、推进子系统、负载子系统、辅助负载子系统等。其目的是在充分考虑船舶电力系统稳定性的前提下，实现能源的优化配置和管理，达到最佳的能耗、排放和续航能力。混合动力船舶能量控制系统通过对船舶电力系统需求分析，建立系统和设备的机理模型和算法，给出能源调度和管理的原则和实现方法。其不仅对电网、机组运行状态和各种负荷具有监控功能，而且还负责管理全船电力的产生、传输和调配，并向推进负荷和日常负荷等提供稳定、连续和高质量的电力，确保船舶航行安全。

2）动力系统参数匹配与优化。它是基于船舶航行区域、功能特点而设计的动力性指标，确定船舶发电机组、推进电机、储能系统等关键动力设备的功率、容量等重要参数，并通过优化有效地降低发电机组的装机容量，提高混合动力船舶的燃油经济性，提升废气排放性能，减少动力电池组经受大电流的冲击，延长动力电池组的使用寿命，降低混合动力船舶的投入成本，提高船舶的运行效率。

3）再生制动系统。对于具有储能的系统，它可以在船舶制动时候进行能量回收，可以减少能源的消耗、提高能源的利用率。

8.2.4 船舶混合动力系统应用

混合动力系统主要适用于工况复杂多变（如公务船、拖船、海洋工程船等）、有静音航行需求（科考船等）或动力系统冗余需要（渡船、化学品船）的船舶。

1）拖船、海洋工程船。由于此类船舶的任务要求低负荷运行时间长、作业负荷大、工况变化频繁、负荷变化明显、机动性要求较高，非常适合使用混合动力系统。例如：船舶待命低负荷运行时可以采用电机推进，长距离航行时采用柴油机带动轴带电机发电，作业工况采用柴油机直接推进或者柴油机和电机并车推进。

2）公务船。公务船执法需要巡航工况，如采用常规的推进形式，巡航工况下柴油机经常处于负荷率较低的区间。如采用混合推进动力系统，在巡航工况下可以采用柴油带动轴带电机发电，电机推进或者一机双桨推进等。

3）科考船。科考船通常有静音要求，此时航速非常低，推进功率较小，如采用柴油机直接机械推进柴油机的负荷率会很低。而采用混合推进动力系统可以在静音科考工况下采用电机推进,而且通常相比电力推进系统所使用的电机功率更小。

4)渡船、化学品船。渡船、化学品船等对船舶运行可靠性要求较高,如采用混合推进动力系统,在船舶主动力出现故障时,船舶配置的冗余推进系统仍然可以维持船舶安全返港,增强船舶的生命力。

船舶柴电混合动力系统中电机可以安装在齿轮箱上,或者穿轴式安装在轴系上,或者安装在柴油机自由端,对于配置全回转舵桨的船舶,还可以选择集成在全回转舵桨上。下面举例说明混合动力船舶的应用。

(1)主轴发电混合动力系统 Teigenes 号深海拖网渔船采用西门子混合电力推进系统,系统结构如图 8.51 所示,由 2 台 1700kV·A、1 台 1140kV·A 的柴油发电机组与 1 台 2900kV·A 的轴带发电机组成,主柴油机与 1 台 2000kW 的电动机共同驱动主螺旋桨;还设置了 1 台 995kW 的艉侧推进器和 1 台 882kW 的艏侧推进器。

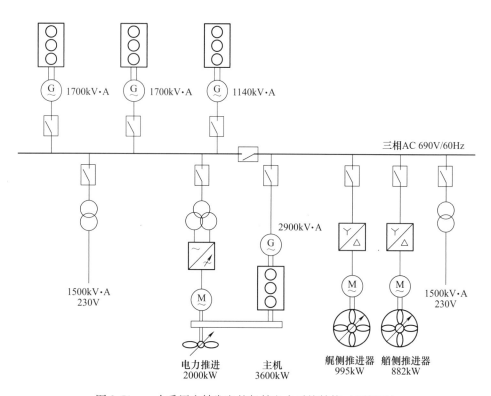

图 8.51 一个采用主轴发电的船舶电力系统结构(西门子)

(2)混合动力推进案例 图 8.52 给出了 UT788 系列深水三用工作船的海洋石油 681/682 号的电力系统结构图,采用 Rolls-Royce 公司的混合动力系统。

(3)带储能的混合电力推进 2020 年,深圳海上危险品应急指挥船"深海 01"轮交接入列,可用于在液化天然气(LNG)等危险气体海上泄漏扩散区进行监测监控、事故应急、人员救助的专业危险品应急指挥船,由中国船舶集团 708 所设计,黄埔文冲船舶有限公司建造,总长约 78m,型宽 12.8m,型深 5.5m,设计吃水 3.4m,满载排水量约 1450 吨,如图 8.53a 所示。

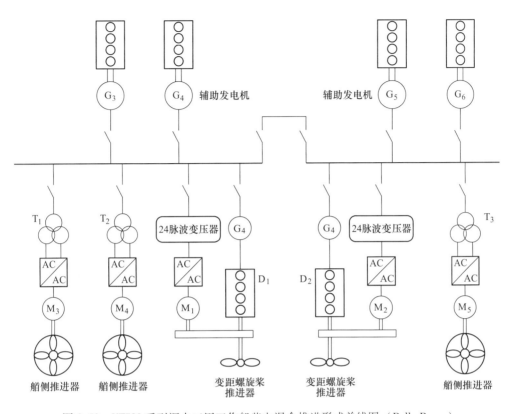

图 8.52 UT788 系列深水三用工作船柴电混合推进形式单线图（Rolls-Royce）

图 8.53b 是该船电力系统的单线图，混合动力系统方案由 ABB 提供采用 3 台 2000kW 柴油发电机组加 2 组 650kW·h 的磷酸铁锂动力电池，构成"油电"混合电力推进。

a)"深海01"轮交接入列

图 8.53 带储能的混合电力推进系统实船应用（ABB）

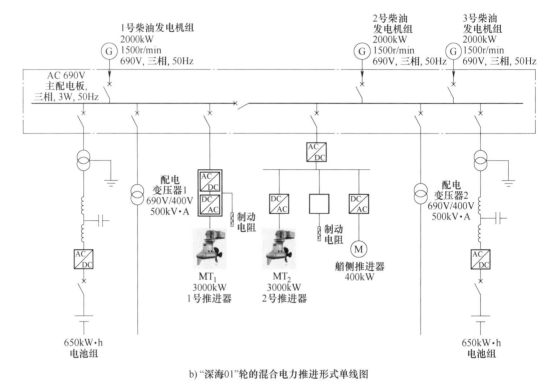

b)"深海01"轮的混合电力推进形式单线图

图 8.53 带储能的混合电力推进系统实船应用（ABB）（续）

8.3 船舶电能管理系统

船舶电能管理系统（PMS）是现代电力系统对发电、输配电和用电进行能量综合管理和优化的重要环节。在船舶中采用 PMS 能根据船舶的运行模式提高所需的电力，优化电能的使用，提高船舶电力系统的效率并降低消耗，特别对于电力推进船舶或具有 DP 的海洋工程船和作业平台，因其电能消耗大而尤显重要。

8.3.1 船舶 PMS 的结构与功能

1. 船舶 PMS 的基本结构

船舶 PMS 是在船舶电力监控系统的基础上，设置专门的 PMS 模块。因此，其硬件结构与船舶电力监控系统相同，但功能包括对发电机组、主配电屏和主要用电负荷的控制和保护，可采用 PLC 或计算机构成，安装在主配电板中。一个典型的船舶 PMS 控制结构如图 8.54 所示，其柴油发电机组系统与配电系统采用实时控制方式，PMS 作为系统监督和管理模块实现电能管理与优化。

2. 船舶 PMS 的主要功能

船舶 PMS 的主要功能有：

1）发电机组与断路器的控制。

2）根据用电负荷需求自动控制发电机组的起动或停止。

3）根据故障状况自动控制发电机组的起动或停止。

4）根据用电量自动或手动停止发电机组运行。

5）选择备用发电机组的序列。

6）自动脱卸负载和重载用户处理。

7）停电预处理和自动恢复。

8）故障报警及事件处理，包括：

①高压/低压、高频/低频。

②发电机断路器动作、过电流、逆功率。

③差分保护。

④开关柜熔断器故障。

⑤柴油机停机。

⑥通信故障、PLC 内部错误等。

⑦历史记录和显示、人机界面等。

PMS 实现的功能框图如图 8.55 所示。

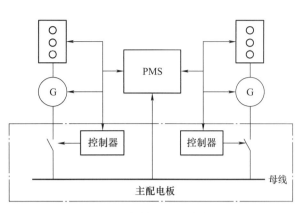

图 8.54 船舶 PMS 控制结构

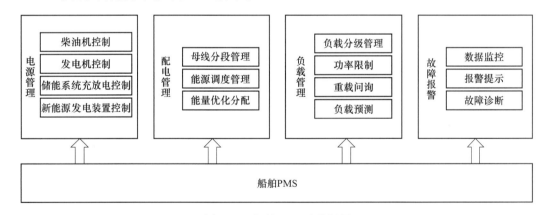

图 8.55 船舶 PMS 功能框图

（1）电源管理

1）柴油机控制。PMS 控制柴油机起动停止次序，并能利用预警功能防止柴油机的突然停机，或自动触发起动下一台可用机组。同时，根据不同的负载变化控制调速器，改变柴油机的喷油量，从而调节柴油机速度，实现预设负荷输出。

2）发电机控制。主要包括：①发电机起停及调频调压控制（详见第 3 章）；②发电机并网与解列，当电力负荷需求较大，且在网的发电机组功率不足时，起动待并发电机，根据设定的优先级并网供电；当电力荷载较小时，关停在网发电机，根据优先级解列最低级别发电机组；③发电机失电恢复。一旦发生全船失电，PMS 要在较短时间内自动恢复正常的电力系统功能,在同一时间起动所有可用的发电机组并投入运行。将根据当前的运行模式按照设定好的次序依次闭合所有变压器、配电断路器和母联开关,实现船舶电力系统的重新配置。

一个典型的发电机停机保护流程如图 8.56 所示,当检测到发电机停机时,PMS 断开断路器并起动备用发电机。故障发电机被设置为手动模式,从而排除在 PMS 的自动起动/停止控制之外,并在报警列表和 PMS 用户界面上触发报警。

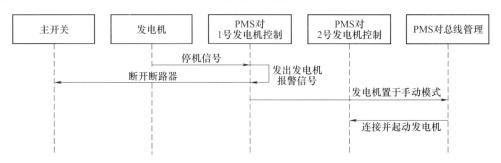

图 8.56　PMS 中的发电机停机保护流程（ABB）

3）储能系统充放电控制。对于具备储能装置的船舶电力系统,需要利用 PMS 根据控制策略或控制算法控制储能系统的充放电,可采用两种方式实现储能装置的控制:一是利用储能装置自带的电池管理系统（BMS）,由 PMS 与 BMS 构成两级能量管理架构,PMS 根据电力系统的负荷需求调度发电机与储能装置的投切与分离,以满足系统用电需要;二是在 PMS 内部设置储能装置的控制功能,与发电机控制并列,通过系统软件实现电力负荷的调配。因此,带储能装置的 PMS 可实现如下功能:

①储能对船舶电力系统动态响应。PMS 可控制储能对船舶电力系统动态响应功能,将 AC/DC 变换器转为频率控制模式。AC/DC 变换器控制电流来实现储能系统对船舶电力系统频率突变的响应。如图 8.57 所示,当系统因负荷变化使频率突然下降时（如虚线所示）,将储能系统投入提供补充功率（如实线所示）,使得具有储能的系统频率响应曲线在略有下降后很快恢复（如点画线所示）。

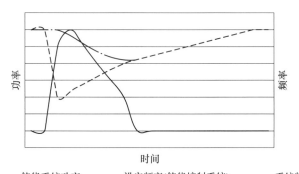

图 8.57　储能对船舶电力系统频率突变的响应（ABB）

②削峰填谷。削峰填谷功能是 PMS 控制储能系统的功率,通过对电池放电,使得发电机组负载保持在极限载荷以下。如图 8.58 所示,当电力系统负荷增加时,控制储能系统放电,使得发电机组保持功率稳定。

③电池充电。在低负荷条件下,PMS 控制发电机组对储能系统充电,可以让发电机组保持在较高载荷工况,以提高发电机效率,如图 8.59 所示。

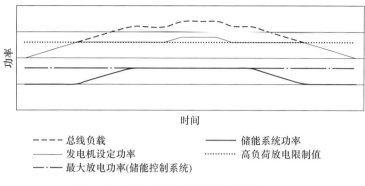

- - - - 总线负载　　　　　　　———— 储能系统功率
———— 发电机设定功率　　　　........ 高负荷放电限制值
—·—·— 最大放电功率(储能控制系统)

图 8.58　储能系统的削峰填谷控制（ABB）

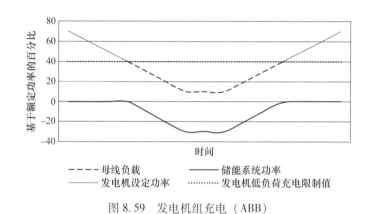

- - - - 母线负载　　　　　　　———— 储能系统功率
———— 发电机设定功率　　　　........ 发电机低负荷充电限制值

图 8.59　发电机组充电（ABB）

4）新能源发电装置控制。船舶采用新能源发电时，可通过变换器构建功率调节装置，控制船舶新能源发电系统运行。

（2）配电管理

1）母线分段管理。通常实现母线分段的连接和断开的控制，并在出现故障、短路等紧急情况时，能快速切断母联开关，隔离故障分段。在船舶智能电力系统中，为保障全船的不间断供电，特别是电力推进船舶中的推进系统稳定供电，PMS 以系统重构的方法重新构建配电系统的拓扑结构，对其配置和序列进行控制，同时配置满足船舶要求的操作模式。此外，进行低压用电设备的电力分配。

2）能源调度管理。从能量供给的角度，当船舶电力系统遇到严重的故障如发电机停电时，PMS 可采用多种不同的防停电机制，如自动起动备用发电机或应急发电机，卸除非关键负载，减少推进功率等；针对多能源船舶，PMS 可以协调各类在电力系统中的储备能源，通过控制电力电子变换器来实现调度管理。或者当两台以上发电机同时工作时，为保证负载均衡而对发电机协同控制。

3）能量优化分配。利用 PMS 实现能量优化的目标是尽可能让发电机运行于高效状态，并将负载进行合理分配；而对于具备储能系统的混合动力船舶 PMS 应在保证船舶电力系统稳定的前提下，实现最少能耗、最少排放、最大续航能力等多重目标。为此，PMS 具有提供船舶能量优化分配和协调控制的功能。

(3) 负载管理

1) 负载分级管理。负载在不同类别的船舶及其不同工况下的重要性并不相同，其对 PMS 的影响大小也不同，为了给 PMS 实现负载管理提供决策依据，需要对负载系统进行分级管理，同时考虑到负载的优先级随船舶的运行工况而变化，应该动态地设定负载的优先级。当发生发电机脱扣或停机等严重故障时，为了能及时阻止系统过载，降低全船重大事故的发生，PMS 将综合考虑负载的优先级和卸载的难易程度，快速卸掉一部分负载。

通常如发电机负载大于预先设定值，同时备用电源系统无法及时提供应急能源时，PMS 首先会向电力负载发出减载指令；但如果在限定时间内减载不够，PMS 接着向若干次要的负载开关发出脱扣指令。断开次要负载功能分为一级、二级、三级卸载，首先一级卸载，如果减载仍不够，再依次进行二级、三级卸载，根据负载的重要性划分不同的卸载等级有效地保护了重要负载的安全运行。

2) 功率限制。在多台发电机组并联供电时，某一台发电机组因严重故障而跳闸，在网的其他发电机组势必过载运行。为了防止这些过载现象，PMS 需要考虑电力系统的可用功率。针对电力推进船舶，考虑到变频驱动设备的功率能够迅速下降，因此可以通过控制推进系统来限制功率超过设定值，直到有更多的功率余量提供为止。特别是对具有脉冲负载的船舶，如打桩船、起重船等，由于大功率负载起动过程中，如果不进行必要的功率限制，负载会瞬间吸收大量电网功率。通常，采用固定变化率界限来限制充电功率，但这种方法存在储能或负载响应速度太慢的问题。可以利用动态功率限制技术，即根据电网可用功率及其变化情况动态地调整脉冲负载的充电功率，优化储能过程，增大负载的响应速度[8.34]。

3) 重载问询。一般应将额定功率大于等于主发电机单机额定功率 15%~20% 的负载视为大功率用电负载。重载设备的启动情况，应系统设计中予以充分考虑。大功率负载若直接启动，可能造成系统过载，所以应该对 PMS 进行重载问询，当功率条件满足时，允许大功率负载起动；若功率条件不满足，则需起动发电机组或卸载若干负载，从而完成负载的起动和能量的调度。

4) 负载预测。随着纯电或混合电力的船舶出现，特别是具有周期性作业的船舶，如渡轮、港作拖轮和水上巴士等，它们单个工作周期之间的负载功率具有相似的内在特性。在保证船舶动力性能的前提下，尽可能提高船舶续航能力，PMS 应该具备船舶负载功率预测能力，利用对负载的精确预测，会在很大程度上提高船舶航行的安全性、稳定性及经济性[8.35]。

(4) 故障报警 检测与报警是船舶电力系统必备的装置，原属于电力系统独立的子系统，当船舶电力系统设置 PMS 后，可合并为 PMS 的一个模块。其主要功能为：

1) 系统监测与异常报警。当传感器检测参数达到危险值报警时，会发出声光报警，对系统设备正常起、停过程中引起的报警应自动屏蔽以防止误报警。所有测点均可设定定时自动记录报警和消警记录功能。

2) 报警处理流程。检测到报警信号后的处理流程是 PMS 的核心。

一个典型的发电机预警流程如图 8.60 所示，当检测到绕组高温、轴承高温、停机预警或减载时，发电机发出预警警报，PMS 起动下一台备用发电机，并在新发电机在线时断开故障发电机。在报警列表和 PMS 用户界面上触发报警。

发电机起动超时报警处理流程。当发出预定义数量的起动命令且达到预定义的时间限制后发电机未起动时，则发出发电机起动故障，如图 8.61 所示。

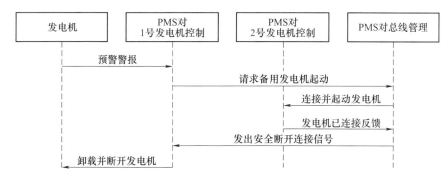

图 8.60　PMS 中的发电机预警流程（ABB）

发电机同步超时报警处理流程如图 8.62 所示，如果在可配置延迟后从 PMS 发送同步命令后未收到发电机断路器闭合信号，则会发出发电机同步超时故障。

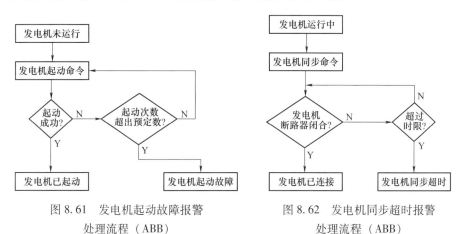

图 8.61　发电机起动故障报警　　　　图 8.62　发电机同步超时报警
　　　处理流程（ABB）　　　　　　　　　　处理流程（ABB）

发电机断路器跳闸报警处理流程如图 8.63 所示，当断路器在 PMS 未发送断开命令的情况下断开时，会发出发电机断路器跳闸报警。

发电机停机超时报警处理流程如图 8.64 所示，如果在发出发电机停止命令后发电机未停止，且可配置的延时已过期，则发出发电机停机故障。

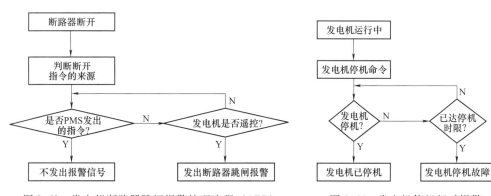

图 8.63　发电机断路器跳闸报警处理流程（ABB）　　图 8.64　发电机停机超时报警
　　　　　　　　　　　　　　　　　　　　　　　　　　　　　处理流程（ABB）

3) 监控显示。各种参数经传感器变换成电信号送入测量箱，经测量箱 A/D 转换成数字信号送入网络。系统测量精度≤±1%（不含传感器）。再通过彩色显示器以图形及字符表格方式动态直观地显示系统的工作状态及各测点参数值。可进行运行参数全段、分段、召唤打印并对故障报警、故障恢复进行打印记录。

图 8.65~图 8.68 所示为某船舶 PMS 软件界面。

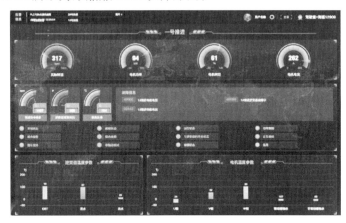

图 8.65　某船舶 PMS 动力系统监测界面

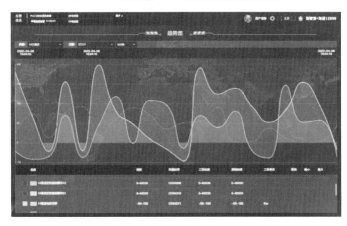

图 8.66　某船舶 PMS 参数趋势曲线界面

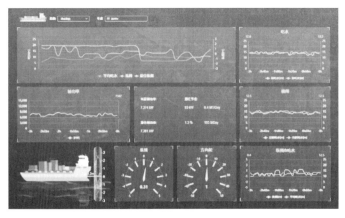

图 8.67　某船舶 PMS 纵倾优化界面

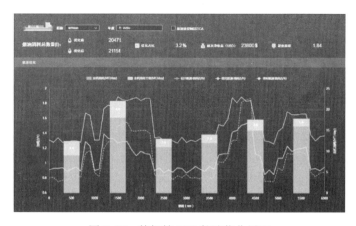

图 8.68　某船舶 PMS 航速优化界面

8.3.2　船舶电能管理系统的组成

PMS 是船舶动力控制的核心，以能量控制、优化、协调为目标，实现集控制、监测、保护和管理于一体的综合性系统，其包含了多项先进技术如数据采集和信息处理技术、传感与变送技术、计算机与网络通信技术、控制与调节技术、预测预警与显示技术、系统决策与管理技术等。

一种基于储能系统的船舶 PMS 控制方案如图 8.69 所示。该控制方案架构由设备控制层和系统管理层组成。

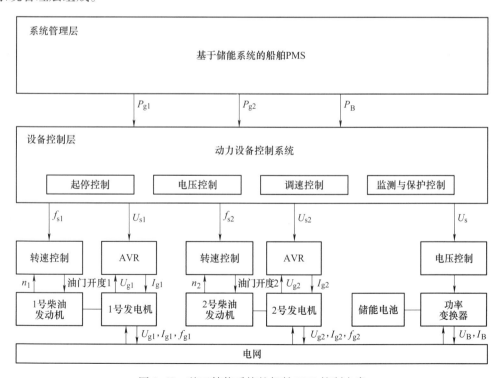

图 8.69　基于储能系统的船舶 PMS 控制方案

第一层设备控制层主要实现动力设备的电能管理控制，包括柴油发电机组的起动/停止、母线电压控制、调速控制以及动力设备的电力参数的监测与保护控制。该层还负责各类驱动器、现场控制器和电力设备之间的通信和控制。

第二层是系统管理层，通过控制策略将在每一时刻计算提出优化问题的解，生成功率参考值 P^* 并发送给第一层进行控制，以确定柴-电机组和储能电池之间的功率分配。动力设备控制系统给出每个电源应提供的电量，发送调速频率、电压及油门开度等参考值给相应的控制对象（发动机、发电机、储能电池），从而实现基于船舶能量实时控制策略。

（1）船舶 PMS 硬件组成　以带储能系统的船舶为例，PMS 的硬件由 3 大模块组成：

1）数据采集模块。数据采集模块采集各个动力源以及电能转化装置、主配电箱、直流驱动装置的数据，包括模拟量和数字量。模拟量主要有电压、电流、功率、SOC 等信号；开关量主要有设备运行、报警等信号。利用数据采集模块将对信号进行预处理，然后通过 CAN、工业以太网、Profibus、RS485 等总线网络进行转发、存储，为 PMS 控制算法的运算、处理、决策等提供数据支持。

2）控制模块。控制模块接受来自系统管理层的设备起停控制、电压控制、频率控制等指令信号，并基于 PMS 的相应控制算法执行控制。可采用 PLC、DSP 等构建硬件电路，并设有冗余功能，在故障发生时，自动从当前控制系统切换到热备份系统。同时，控制模块位于主设备总线上，并集成一种或多种总线接口。

3）计算机网络及显示系统。由数据采集模块采集的现场数据经由网关接入全船平台网实现数据共享，并通过上层 PMS 的控制策略下发控制命令至控制器，要配备相应的计算机网络系统，通常由具备多台互为备用的服务器构建成船舶能量管理系统网络架构。图 8.70 所示为一个 PMS 系统的网络架构图。

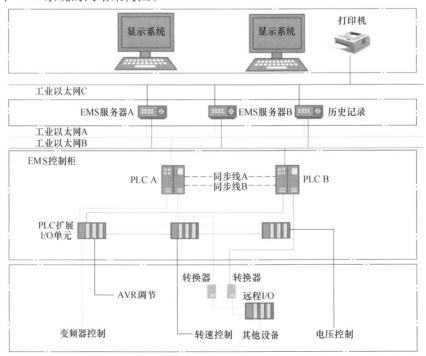

图 8.70　PMS 系统的网络架构图

这些服务器除了执行算法之外，还可以存储大量运行数据和历史数据，同时也作为船岸远程一体化系统一部分。显示系统对船舶设备的运行情况进行显示，是运行数据、历史数据及能量管理优化数据可视化的过程。

（2）船舶 PMS 软件组成　船舶 PMS 软件具备监测、控制、优化、统计等基本功能，如图 8.71 所示，分为 3 层。数据层是整个软件系统的数据支撑，其主要功能包括：通过外部环境接口，利用数据采集和处理组件从现场设备采集数据；与中间服务层和应用层进行数据交互。中间服务层是从数据层读取数据，按一定的组件粒度，实现能量管理应用组件和公共应用组件，供应用层调用。应用层根据各功能模块的需求，调用服务层组件，实现船舶能量管理、优化、监控等功能。

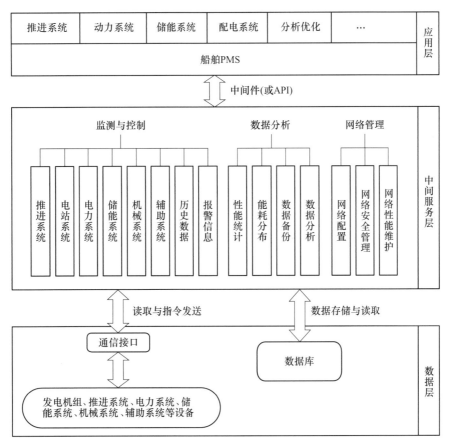

图 8.71　船舶 PMS 软件架构示意

软件的开发平台应选择较为通用的操作系统和开发界面，采用模块化的设计，具有可扩展性和可升级性，以实现系统可裁减、组件可替代、流程可重组的灵活组合式系统体系结构，实现信息的互联与互通，保证系统的良好开放性并能够简单高效地升级和扩展系统。

8.3.3　船舶 PMS 的应用与发展

传统的船舶 PMS 是独立子系统或作为信息采集系统的一部分，与船舶电力系统和推进系统分别供货。随着计算机硬件功能的日益增强和网络通信的广泛应用，可以将这些子系统集成为一个船舶综合自动化系统（Integrated Automation System，IAS），包括发电机组、中压配电盘、输配电变压器、电力推进系统和 PMS 等。一种嵌入式综合自动化系统结构如图 8.72 所示[8.36]，系统直接控制单元（Direct Control Unit，DCU）与 PMS 和 IAS 通过通信网络组成一个全船综合自动化系统，使原先各自独立运行的子系统通过信息交互进行协调控制，提高了系统的自动化程度和整体性能，也提高了系统效率和可靠性，并为全船自动化、信息化和智能化提供了发展空间。

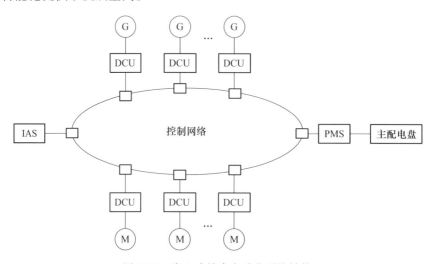

图 8.72　嵌入式综合自动化系统结构

例如，ABB 公司研发了标准的 DCU 控制器，采用 AC800M 系列硬件平台和可编程环境，嵌入在 PMS、IAS、柴油发电机监控系统（Diesel Generator Monitoring System，DGMS）和 Azipod 控制系统中，保证了系统的兼容性。在 DCU 与驱动系统之间采用 DriveBus 现场总线，以保证系统的可靠性。这种嵌入式方式使各系统之间的数据传输更为简便、可靠和快速，也使用户可以方便地将各个单一的系统集成起来，还可扩展状态监控和故障诊断系统等。

为了增强系统的可靠性和适用性，提高系统效率，可以开发和扩展先进的功能，比如断电快速恢复、柴油发电机组的能效管理等。

其中，PMS 提供的主要功能为船舶电站的自动或手动控制及状态监控，包括：根据负荷起动或停止发电机；当柴油机发生故障或停车时，备用发电机起动；电力系统报警处理和状态显示；工作模式选择；断电和局部断电处理；发电机同步运行；负荷分配控制；频率控制；推进系统负载控制；负荷脱卸等。

通过 PMS 操作站，操作员能根据工作模式和负荷情况，控制并联运行发电机的数量；操作员依据系统接收的信息以及配电盘中汇流排断路器的连接状态，做出操作决定；当柴油机或发电机维修时，也允许操作员设置单独发电机为手动控制。PMS 的功能必须与测量仪表、保护装置和主配电盘的功能集成。

对于大型船舶可设置多个配电盘，每个配电盘可配备一个 PMS 控制器。如图 8.73 所示，通过控制网络或现场总线等与船舶 PMS 服务器通信。

进而 ABB 公司新一代的保护继电器 Relion® 系列提供了更多功能，易于电力和保护系统的设计与构建。采用 Relion® 系列继电器能将继电保护与主控网络集成，同时船舶电站的信

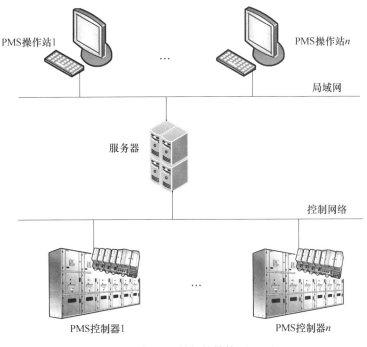

图 8.73 多 PMS 的拓扑结构（ABB）

息也能通过网络传输给操作员。

8.4 混合动力船舶能量智能管理与优化

本节船舶电力系统能量管理与优化主要是针对混合动力系统，在船舶航行过程中逆流、平流、顺流工况，以及风浪流扰动等问题，采用智能控制与优化方法进行求解[8.37]。目前，混合动力船舶能量智能管理的主要问题有：

1）从环保要求方面看，混合动力船舶运行环境更具有复杂性，其除了对空气环境产生污染之外还对水域环境有污染，其节能减排的要求更多。

2）从系统配置角度看，混合动力船舶电源装置多，且受天气、时间影响非常大的能源，其发电功率具有不稳定性、不连续性的特点。

3）从能量干扰因素的角度看，混合动力船舶电力推进系统使用大容量电力电子装置如整流、逆变设备，在实现功率控制的同时不可避免地产生大量的谐波，对船舶电力系统具有非常大的干扰。

8.4.1 混合动力船舶的 PMS 控制策略

混合动力船舶的 PMS 主要控制策略为：

1）能量管理策略实现储能系统在合理的时间进行充电或者放电，获得最大限度地减少燃料消耗和排放的效果。

2）柴油机负荷波动增加了燃料成本、排放和维护工作量。因此，理想情况下，控制策略应该在电池和柴油机之间分担动态负荷，使所有电力供应设备的燃料成本、排放和维修工作量降到最低。

3) 进行合适的参数匹配,尽量降低或通过降低柴油发电机的装机功率来抵消由于安装电池而增加成本。

目前,按控制方法能量管理策略可分为:基于规则的能量管理策略、基于智能算法的能量管理策略、基于优化的能量管理策略。能量管理策略分类如图 8.74 所示。

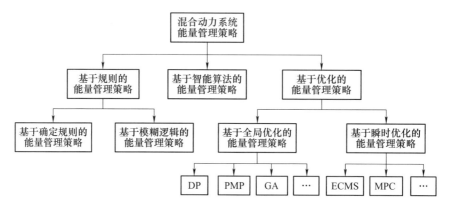

图 8.74 基于控制方法的混合动力船舶能量管理策略分类

(1) 基于规则的能量管理策略 其基本思想是利用经验和知识,通过推理技术,为控制系统提供有效的状态信息。比如:根据固定工况设计船舶混合动力系统的逻辑控制策略,利用先验的经验,事先设定能量管理的规则。基于规则的稳态控制策略算法简单,易于实现,实用性强,但是该方法一般只考虑燃油经济性而不考虑排放,并没有考虑动态下各个部件的运行工况变化,故不能达到系统性能最优。

(2) 基于智能算法的能量管理策略 最常用的主要有遗传算法控制策略和神经网络控制策略两种方法。基于遗传算法对船舶混合动力系统模型的输入参数如空气、燃料流量等信息进行优化,在不同的功率需求下,利用遗传算法对混合动力船舶功率进行预测,并据此确定发电机组和电池组的最佳功率输出和运行方式;基于神经网络控制策略可实现对信息的分布式存储和并行处理,但这种控制策略需要不断地调整参数和训练,致使算法复杂,计算量大,工程应用困难。

(3) 基于优化的能量管理策略 基于优化的能量管理策略可分为瞬时优化和全局优化两大类。

1) 基于瞬时优化的能量管理策略。它是在任意时刻使能量流动过程中的能量损失最小,通过模型预测控制(Model Predictive Control,MPC)方法,建立瞬时能量控制策略,协调船舶微网的负载,以解决电力波动对电网的影响。比如:采用数值优化算法进行混合能量系统在线管理,从而降低燃油消耗率(Fuel Consumption Rate,FCR);建立基于粒子群优化(Particle Swarm Optimization,PSO)算法的混合动力船舶能量控制策略,用于解决因大功率负载波动而引起的燃油利用率高的问题。这类控制策略的缺点是,需要大量的浮点运算,实现起来比较困难。

2) 基于全局优化的能量管理策略。它是应用最优化方法和最优控制理论开发出来的混合动力分配控制策略。对混合动力帆船进行建模,并引入动态规划算法来寻找最优控制策略。其缺点是船舶的行程和负载输出必须是已知的，而且这种策略需要巨大的计算量，因此不能用于实时控制。

8.4.2 混合动力船舶全局优化能量管理策略

混合动力船舶的能量管理策略实质上是最优控制理论的应用问题，其基本思想为：寻找一组允许的控制变量，在规定时间内系统从某个初始状态运动到目标状态时，达到设定的性能指标最优。本小节介绍一种基于动态规划的船舶能量管理策略[8.38]，为合理分配每一时刻船舶给定功率和柴油机与动力电池之间的能量，使得船舶在给定工况内燃油消耗与电池寿命衰减达到最小。

1. 混合动力船舶能量优化描述

设 $\boldsymbol{x} = (x_1, \cdots, x_n)^\mathrm{T}$ 和 $\boldsymbol{u} = (u_1, \cdots, u_n)^\mathrm{T}$ 为系统的状态变量和控制变量，$\boldsymbol{f} = (f_1, \cdots, f_n)^\mathrm{T}$ 为 $X \times U \times T$ 空间内的 n 维向量函数，则系统的状态方程可表示为

$$\dot{\boldsymbol{x}} = \boldsymbol{f}(\boldsymbol{x}, \boldsymbol{u}, t) \tag{8-23}$$

在时间段 $t \in [t_0, t_f]$ 内寻找最优控制 $\boldsymbol{u}(t)$，使得系统的目标函数 $J(u)$ 达到最小：

$$J = \phi(\boldsymbol{x}(t_f), t_f) + \int_{t_0}^{t_f} L(\boldsymbol{x}(t), \boldsymbol{u}(t), t) \mathrm{d}t \tag{8-24}$$

式中，$\phi(\boldsymbol{x}(t_f), t_f)$ 和 $L(\boldsymbol{x}(t), \boldsymbol{u}(t), t)$ 分别为优化控制系统的终端指标函数和动态指标函数。这里 L 为船舶瞬时燃油消耗与电池寿命衰减程度。

此外，式（8-24）还需满足系统状态变量的边界约束条件：

$$\varphi(\boldsymbol{x}(t_f), t_f) = 0 \tag{8-25}$$

及局部约束条件：

$$\begin{aligned} l(\boldsymbol{x}(t), t) &\leq 0 \\ \boldsymbol{u}(t) &\in U(t) \end{aligned} \tag{8-26}$$

式中，$U(t)$ 为 t 时刻的允许控制变量集。

2. 动态规划算法

动态规划理论是一种优化算法，可以用来解决多阶段决策问题。其基本原理是将一个连续问题离散化，分成若干个子优化问题逐一求解。每一个子优化问题的决策不仅决定了本阶段的优化，还影响了下一子优化问题的初始状态，每个阶段都做出决策后便会得到一个相应的决策序列。在每一个决策过程中，所做的决策主要是看当前状态，又引起状态的转移，从而影响后面阶段的决策。动态规划的多阶段决策过程如图 8.75 所示。

图 8.75 动态规划的多阶段决策过程

动态规划的过程描述如下所示：

第 $N-1$ 阶段的最小目标函数为

$$J_N(x(N-1)) = \min_{u(N)}[L(x(N-1),u(N-1))] \tag{8-27}$$

第 k 阶段的最小目标函数为

$$J_k(x(k)) = \min_{u(k)}[L(x(k),u(k)) + J_{k+1}(x(k+1))] \tag{8-28}$$

将每个阶段 k 的最优控制组合成一个序列,得到全局最优控制序列为

$$u^* = \{u^*(1), u^*(2), \cdots, u^*(N-1)\} \tag{8-29}$$

上述求解过程的流程如图 8.76 所示。

3. 考虑电池寿命的动态规划能量管理策略构建

考虑电池寿命的动态规划能量优化控制策略,将给定工况离散为 N 个阶段,采用动态规划求解每一时刻船舶给定功率在柴油发电机与动力电池之间的能量分配,以达到最理想的控制效果。将柴油发电机功率的增量 ΔP_g 作为控制变量 u,将 ΔP_g 和动力电池的 SOC 值作为状态变量 $\boldsymbol{x} = (x_1, x_2)^{\mathrm{T}}$。同时考虑到需要延长动力电池的电池寿命,通过引入权重系数 λ ($0 \leq \lambda \leq 1$),将电池寿命引入目标函数中,从而将考虑电池寿命和燃油消耗的双目标优化问题转化为单目标优化问题,则整个工况时间内的全局优化目标函数可表示为

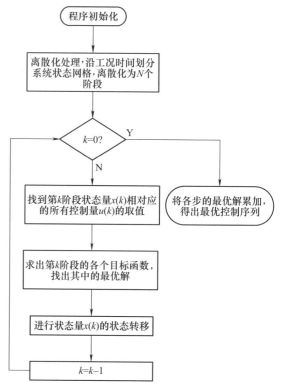

图 8.76 动态规划流程

$$J = \sum_{k=1}^{N}[L(x(k),u(k))] \tag{8-30}$$

$$L(x(k),u(k)) = (1-\lambda)C_E(x(k),u(k)) + \lambda \frac{C_B(x(k),u(k))}{\varGamma}C_a \tag{8-31}$$

$$C_E(x(k),u(k)) = \mathrm{FCR} \times P_g \Delta t \tag{8-32}$$

$$C_B(x(k),u(k)) = \sigma|C(k)| \tag{8-33}$$

式中,C_E 为混合动力船舶的燃油消耗;C_B 为流经电池的有效安时电量;λ 为权重系数;$\varGamma$ 为电池在额定运行条件下,达到报废条件时流经电池的安时总电量;C_a 为转换系数;FCR 为燃油消耗率;Δt 为柴油机运行时间;σ 为电池衰减因子,用来表征电池实际运行条件相对于额定运行条件对电池容量衰减的影响;C 为充放电倍率。

设约束条件为

1) 柴油发电机和动力电池的总功率与负载功率平衡,即

$$P_g \eta_g + P_B = P_L \tag{8-34}$$

式中,P_g 为柴油发电机的输出功率;η_g 为发电机的效率;P_B 为动力电池的功率;P_L 为负载功率。

2)柴油发电机约束为

$$P_{\text{gmin}} \leqslant P_g \leqslant P_{\text{gmax}} \tag{8-35}$$

式中,P_{gmin} 为柴油发电机的最小功率限制;P_{gmax} 为柴油发电机的最大功率限制。

$$\left|\frac{P_g(k) - P_g(k-1)}{\Delta k}\right| \leqslant \Delta P \tag{8-36}$$

式中,ΔP 为柴油发电机的功率变化率,这是为了防止柴油发电机的输出功率在短时间剧烈变化而设置的。

3)动力电池约束为

$$P_{\text{Bmin}} \leqslant P_B \leqslant P_{\text{Bmax}} \tag{8-37}$$

$$P_{\text{dhmin}} \leqslant P_{\text{dh}} \leqslant P_{\text{dhmax}} \tag{8-38}$$

$$P_{\text{chmin}} \leqslant P_{\text{ch}} \leqslant P_{\text{chmax}} \tag{8-39}$$

$$\text{SOC}_{\min} \leqslant \text{SOC} \leqslant \text{SOC}_{\max} \tag{8-40}$$

式中

$$P_B = P_{\text{dh}}(1-c) - P_{\text{ch}}c \tag{8-41}$$

$$P_{\text{dh}} = \frac{P_L - P_g}{\eta_{\text{dh}}} \tag{8-42}$$

$$P_{\text{ch}} = \frac{P_L - P_g}{\eta_{\text{ch}}} \tag{8-43}$$

式中,P_{Bmax} 和 P_{Bmin} 为动力电池的最大功率和最小功率;P_{dh} 和 P_{ch} 为动力电池的放电功率和充电功率;P_{dhmax} 和 P_{dhmin} 为动力电池的最大放电功率和最小放电功率;P_{chmax} 和 P_{chmin} 为动力电池的最大充电功率和最小充电功率;$\text{SOC}_{\max}$ 和 $\text{SOC}_{\min}$ 为动力电池的最大荷电状态和最小荷电状态(这是为了保护动力电池,防止动力电池在过高或过低的 SOC 值下使用而设置的);c 为电池操作控制变量("0"放电,"1"充电)。通过动态规划求解全局最优控制的流程如图 8.77 所示。

该优化流程从 $k=N$ 时刻到 $k=1$ 时刻,逐步求解每个时刻的最佳控制变量和相应的最佳状态变量。然后根据系统初始的状态变量 $(P_g(1), \text{SOC}(1))^T$ 与状态方程,从 $k=1$ 时刻到 $k=N$ 时刻,向后计算每一时刻的状态变量 $(P_g(k), \text{SOC}(k))^T$,从而得到最优的状态序列与最优的控制序列,进一步计算可以得出每一时刻柴油发电机与动力电池之间的最优功率分配,最终实现考虑电池寿命的能量管理全局优化算法的求解。

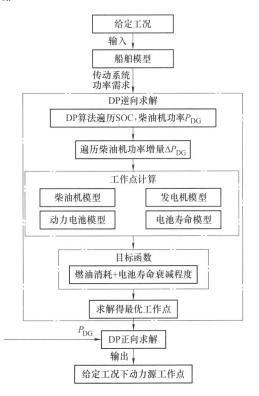

图 8.77 混合动力船舶 PMS 动态规划求解全局最优控制的流程

4. 实验与分析

为了验证上述基于动态规划的能量管理策略的有效性,将使用该策略在给定的航行工况下进行仿真验证。通过混合动力船舶实验平台模拟船舶的航行工况,该实验平台配备了16组动力性磷酸铁锂电池,电池组总容量为100A·h;2组柴油发电机,额定功率为30kW;2组推进电机,额定输出功率为35kW,可满足大多数船舶负载工况的模拟,优化的仿真参数见表8.4。

表 8.4 实验平台及实验参数

柴油发电机	额定功率	60kW	额定转速	1500r/min
	额定电压	400V	效率	96%
	功率变换率 H	1kW/s	燃油价格	6.4元/L
动力电池	能量指标	9.84kW·h	容量指标	27.6A·h
	额定电压	356V	最大充电功率	40kW
	最大放电功率	15kW	最大SOC	70%
	最小SOC	30%	购置成本	1700元/(kW·h)

通过实验平台模拟出的航行工况如图8.78所示,该工况包含了起动、加速、全速、减速、低速的船舶常见运行工况,比较接近船舶实际航行的工况。

通过动态规划实现动力电池不同初始SOC下混合动力船舶能量管理策略的离线全局优化,目标是使得船舶燃料消耗和动力电池寿命衰减的加权和达到最小。

当动力电池初始SOC值分别为40%、50%、60%,最终SOC值为60%时,不同权重系数对应的全局优化结果见表8.5~表8.7。

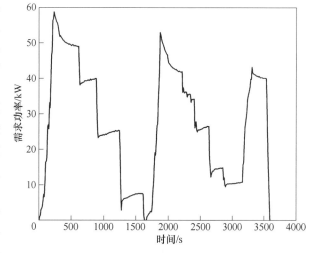

图 8.78 船舶航行工况

表 8.5 不同权重系数对应的全局优化结果1

初始SOC	λ	有效电量/A·h	燃油消耗/L	总成本/元
40%	0	47.35	6.03	41.06
	0.1	36.54	6.04	40.55
	0.3	29.39	6.07	40.40
	0.4	36.66	6.10	40.46
	0.5	24.14	6.14	40.59
	0.6	11.87	6.45	41.89
	0.7	6.53	6.63	42.80
	0.8	6.64	6.29	42.85
	1.0	6.73	6.01	43.39

表 8.6　不同权重系数对应的全局优化结果 2

初始 SOC	λ	有效电量/A·h	燃油消耗/L	总成本/元
50%	0	45.68	5.82	39.63
	0.1	35.92	5.83	39.18
	0.3	28.04	5.86	39.04
	0.4	23.57	5.92	39.14
	0.5	20.74	5.97	39.29
	0.6	9.01	6.26	40.57
	0.7	2.76	6.48	41.67
	0.8	2.42	6.50	41.74
	1.0	2.32	6.53	41.92

表 8.7　不同权重系数对应的全局优化结果 3

初始 SOC	λ	有效电量/A·h	燃油消耗/L	总成本/元
60%	0	43.61	5.61	38.21
	0.1	39.80	5.62	38.05
	0.2	33.55	5.63	37.82
	0.3	31.23	5.65	37.81
	0.4	21.88	5.76	38.01
	0.5	17.85	5.82	38.21
	0.6	8.22	6.07	39.25
	0.7	0.94	6.32	40.48
	0.8	0.50	6.34	40.62
	1.0	0	6.36	40.78

从表 8.5~表 8.7 可以看出，当权重系数 $\lambda = 0$ 时，控制策略只考虑减少船舶的燃油消耗，因此在该系数下混合动力船舶的燃油消耗最小，而流经动力电池有效安时总量最多，即动力电池寿命损失得最多。随着权重系数 λ 的逐渐增大，控制策略逐渐倾向于保护电池，因此流经电池的有效安时总量逐渐减少，即电池寿命损失减少，而船舶的燃油消耗逐渐增加。

当权重系数 $\lambda = 1$ 时，控制策略仅考虑保护动力电池使用电池寿命。对动力电池寿命最好的保护就是尽量不使用动力电池，因此在动力电池初始 SOC = 60% 情况下，流经动力电池的有效安时总量为 0，即控制策略没有使用动力电池，而在动力电池 SOC = 40% 和 SOC = 50% 的情况下，$\lambda = 1$ 时流经电池的有效安时总量不为 0 是因为动力电池需要将最终 SOC 维持在 60%，即控制策略只负责将电池的最终 SOC 维持在目标值附近，而不使用动力电池对负载功率进行削峰填谷。

此外，从表 8.5~表 8.7 可以推断，在该给定航行工况和实验参数下，无论动力电池初始 SOC 为多少，当权重系数 $\lambda = 0.3$ 时，混合动力船舶的总成本达到最小，此时船舶的燃油消耗和电池的寿命损失均维持在一个较低的水平。因此，采用 $\lambda = 0.3$ 作为最佳权重系数。

图 8.79 和图 8.80 分别为 $\lambda=0$ 和 $\lambda=0.3$ 时，不同初始 SOC 下柴油发电机的全局最优功率轨迹和动力电池 SOC 轨迹。可以看出，当权重系数 $\lambda=0$ 时，PMS 只考虑减少船舶的燃油消耗，故使得柴油发电机大多数情况下运行在最佳功率点附近，而用动力电池来进行削峰填谷，故需要频繁地对动力电池充电和放电，此时电池 SOC 的变化最为频繁。因此，在该系数下混合动力船舶的燃油消耗最小，而流经动力电池有效安时总量最多，即动力电池寿命损失得最多。

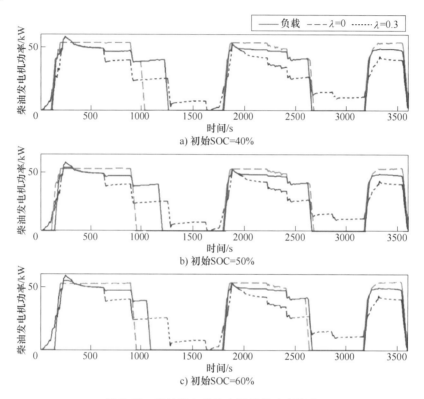

图 8.79 柴油发电机的全局最优功率轨迹

与权重系数 $\lambda=0$ 时相比，权重系数 $\lambda=0.3$ 时的柴油发电机虽然也在较多情况下工作在最佳功率点附近，但柴油发电机工作的时间更多，故相应的油耗也会增加。但权重系数 $\lambda=0.3$ 时，电池的 SOC 轨迹更加平缓，且平均 SOC 值更高，从而避免了动力电池在过低的 SOC 的情况下工作，更好地保护了动力电池。

混合动力船舶能量优化策略就是在满足各个约束的前提下，利用优化算法优化动力系统及管理策略相关参数，使船舶在一定循环工况下，达到减少燃油消耗、降低各污染物排放量及扩大续航能力等目标，并使相互耦合的多个目标函数在可行区域内尽可能同时达到最优，有关方法可参考文献 [8.38]。

8.4.3 混合动力船舶瞬时优化能量管理策略

虽然通过动态规划可以获得全局最优的管理策略，但其计算复杂，实时性差。而燃油等效消耗最小策略（Equivalent Consumption Minimization Strategy，ECMS）只计算使得当前时刻

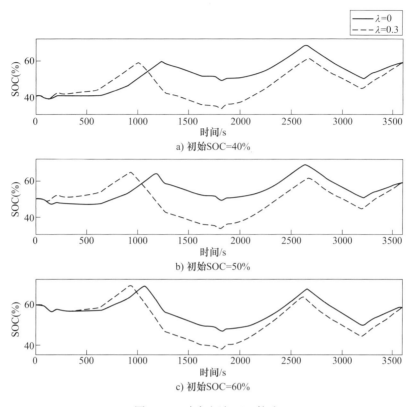

图 8.80 动力电池 SOC 轨迹

燃油消耗最小的能量分配,因此可以用于实时控制。但 ECMS 属于瞬时优化策略,优化效果不如动态规划获得全局最优的管理策略理想,且传统 ECMS 不考虑电池寿命衰减。为此,本小节通过加权系数 λ 将电池寿命衰减引入传统 ECMS 策略之中,使得 ECMS 的优化效果可以无限接近动态规划策略的优化效果。

(1) 基于 ECMS 的能量优化策略[8.39]

1) ECMS 的核心思想。对于动力电池容量较小的混合动力船舶,一般在开始和结束时动力电池的 SOC 值相差不大,即船舶的几乎所有能量都直接或间接来自于燃油,动力电池只起到类似于缓冲器的作用。因此,ECMS 的核心思想在于将电池电量的变化通过充放电等效系数转换成等效的燃油消耗量。而需兼顾考虑电池寿命,故这里通过加权系数 λ 将电池寿命衰减引入传统 ECMS 之中。混合动力船舶的瞬时等效燃油消耗 C_{eq} 可表示为

$$\begin{aligned} C_{eq}(t) &= (1-\lambda)C_{eq}(t) + \lambda C_{lif}(t) \\ &= (1-\lambda)[C_g(t) + C_B(t)] + \lambda C_{lif}(t) \end{aligned} \quad (8\text{-}44)$$

式中,λ 为可通过动态规划得出的最优加权系数,并设 $\lambda = 0.3$。

柴油发电机的瞬时燃油消耗 C_g 可表示为

$$C_g(t) = \frac{\text{SFOC} \times P_g(t)}{3.6 \times 10^{-3}} \quad (8\text{-}45)$$

式中,SFOC 为燃油消耗率;P_g 为柴油发电机功率。

动力电池的等效燃油消耗 C_B 可表示为

$$C_B(t) = s\frac{P_B(t)}{Q} \tag{8-46}$$

式中，s 为动力电池充放电等效系数；Q 为燃油低热值。

电池寿命损失 C_{lif} 可表示为

$$C_{lif}(t) = \frac{\sigma|I(t)|}{\Gamma}C_a \tag{8-47}$$

式中，Γ 为电池在额定运行下达到报废条件时流经电池的安时总量；σ 为电池衰减因子，用来表征电池实际运行条件相对于额定运行条件对电池容量衰减的影响；C_a 为转换系数。

等效系数作为转换瞬时燃油消耗与电量消耗之间的桥梁，是 ECMS 的核心。等效系数的不同会使得瞬时等效燃油消耗也不同，从而影响到柴油发电机、动力电池的工作状态。传统的等效燃油消耗最小策略通常是在恒定等效系数 s 下，求解每一个瞬时使得等效油耗达到最小且符合约束条件的功率分配。在实验室模拟的航行工况下，采用不同等效系数下电池 SOC 的变化曲线如图 8.81 所示。

以初始 SOC=60% 为例，当 s=2.3 时，最终 SOC 值可以落在设定的目标值 60% 左右。将等效系数分别增加和减少 0.1，SOC 曲线变化随着等效系数的增大而向上偏离参考值，随着等效系数小而向下偏离参考值。

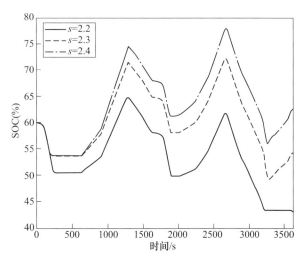

图 8.81 不同等效系数下电池 SOC 的变化曲线

相同等效系数 s 下，ECMS 不同初始 SOC 情况下，SOC 的变化曲线如图 8.82。当初始 SOC 分别为 40% 和 50% 时，动力电池的最终 SOC 分别为 24.82% 和 30.20%，并没有很好地维持在参考值 60% 左右。并且当动力电池初始 SOC 分别为 40% 和 50% 时，动力电池大部分时间都在进行放电操作，并没有很好地起到削峰填谷的作用，且动力电池长时间工作在较低 SOC 区域，大大缩短了动力电池的使用寿命。综上所述，可以看出电池 SOC 的轨迹变化对等效系数非常敏感，因此有必要根据航行工况实时调整等效系数的值，使得 ECMS 可以达到较好的优化效果。

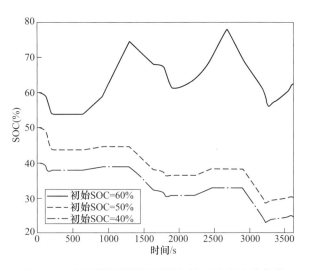

图 8.82 相同等效因子下不同初始 SOC 的变化曲线

2) 提取全局最优等效系数的 ECMS。等效系数是决定 ECMS 优化效果的决定性因素。对于某一时刻，已经给定需求功率和电池 SOC，等效系数 s 和此刻最佳柴油发电机功率之间存在一一对应的关系。图 8.83 显示了当需求功率为 25kW、电池 SOC=40% 且等效系数分别为 1.0、2.5 和 4.0 时，总等效燃油消耗量与柴油发电机功率之间的关系。

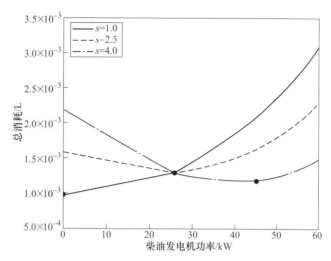

图 8.83 不同等效系数下总等效燃油消耗量与柴油发电机功率的关系

从图 8.83 可以看出，当等效系数 s 较小时，转换后电池的等效燃油消耗也较小。ECMS 更倾向于使用电池提供的能量，因此最佳的柴油发电机功率较小。随着等效系数 s 逐渐增加，转换后电池的等效油耗逐渐增加，因此管理策略更倾向于使用柴油发电机提供的能量。

在 8.4.2 节中，已经在动力电池初始 SOC 和最终 SOC 已知的情况下，通过动态规划算法得到了给定航行工况下全局最优的柴油发电机功率轨迹和电池 SOC 轨迹，因此理论上来说，ECMS 在每一瞬时时刻，选择合适的等效系数 s，使得当前瞬时的最佳柴油发电机功率值与动态规划求解的值相同时，即可将其视为该瞬时的最佳等效系数 s。因此，采用迭代法提取瞬时最优等效系数 s。在每一瞬时，等效系数从 1 开始，以 0.01 步长进行迭代，计算不同等效系数 s 下 ECMC 此时的最佳柴油发电机功率。选择使柴油发电机功率和 SOC 轨迹最接近动态规划解的等效系数 s 作为瞬时最佳的等效系数，提取的公式为

$$s(t) = \arg\min\{\alpha[P_g(s) - P_{g,ref}(t)] + \beta[SOC(s) - SOC_{g,ref}(t)]\} \quad (8-48)$$

式中，α 和 β 为方程的系数；$SOC(s)$ 为相应等效系数 s 下 ECMS 的最佳电池 SOC；$P_{g,ref}(t)$ 和 $SOC_{g,ref}(t)$ 分别为动态规划此时刻的最佳柴油发电机功率和电池 SOC 值。每一时刻的等效系数优化流程如图 8.84 所示。

3) 实验与分析。图 8.85 和图 8.86 分别为不同初始 SOC 下，通过迭代法从动态规划解中提取最优等效系数轨迹的

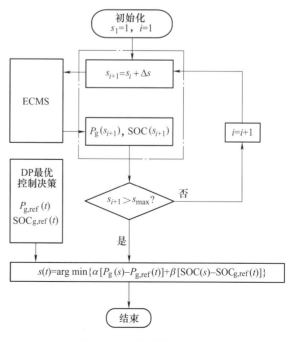

图 8.84 最优等效系数提取

优化后的 ECMS 和动态规划全局最优解的柴油发电机功率轨迹和电池 SOC 轨迹图。

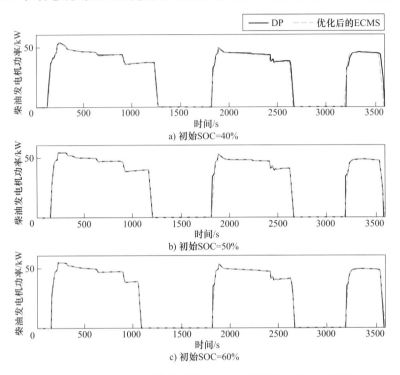

图 8.85 动态规划和优化后的 ECMS 的柴油发电机功率轨迹

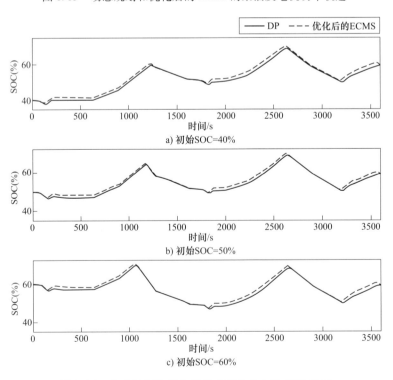

图 8.86 动态规划和优化后的 ECMS 的电池 SOC 轨迹

表 8.8 所示为动态规划与提取全局最优等效系数后的 ECMS 对比。

表 8.8 动态规划与提取全局最优等效系数后的 ECMS 对比

初始 SOC	策略	有效电量/A·h	燃油消耗/L	总成本/元	最终 SOC
40%	动态规划	29.39	6.07	40.40	60.00%
	ECMS	30.07	6.05	40.37	59.45%
50%	动态规划	28.04	5.86	39.04	60.00%
	ECMS	29.94	5.83	38.88	59.25%
60%	动态规划	31.23	5.65	37.81	60.00%
	ECMS	32.59	5.62	37.66	59.30%

根据图 8.85 和图 8.86，优化后的 ECMS 和动态规划算法得出的柴油发电机功率轨迹基本一致，两者的电池 SOC 轨迹也基本相同。从表 8.8 可以看出，优化后的 ECMS 的最终 SOC 与设定值 60% 相差较小，动态规划和优化后的 ECMS 两者平均流经电池的有效电量相差约为 0.29%，平均燃油消耗量相差约为 0.43%，平均船舶运营总成本相差约为 0.30%，说明提取最优等效系数后的 ECMS 的优化效果可以很好地接近动态规划全局最优的优化效果。值得一提的是，ECMS 的船舶运营成本之所以会比动态规划优化的结果略低，是因为 ECMS 的最终 SOC 值距离设定值 60% 仍有细微的差距。

(2) 基于模型预测的能量优化控制策略[8.40]

1) 需求功率预测模型的建立。MPC 可视为一种控制器，它将被控系统的当前状态作为初始状态，通过预测模型预测未来一段时间（预测时域）内的船舶需求功率，并通过优化算法计算得到该预测时域内的最佳柴油发电机和锂电池组的功率分配控制序列，然后将其第一组柴油发电机和锂电池功率分配值作用于船舶，在下一时刻重复上述过程。预测控制算法的基本原理可以归结为预测模型、滚动优化和反馈校正 3 个主要部分，其原理如图 8.87 所示。

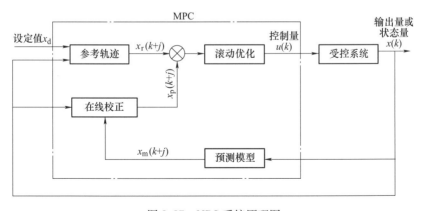

图 8.87 MPC 系统原理图

将 MPC 策略运用到船舶能量优化中，首先要寻找合适的预测模型对船舶未来负载功率进行预测，可利用马尔可夫模型对船舶未来功率进行预测。将船舶的未来需求功率看作一种概率分布，建立随机马尔可夫模型，而船舶未来需求功率值的概率分布可以从之前航行数据中总结得出。

利用马尔可夫模型进行船舶负载转矩的预测方法步骤如下：

①选择一段循环工况作为观测样本，对样本中的设定转矩（或船速）进行分析归纳，采取近邻法，将转矩数据分别离散为有限数值，有

$$T_L \in \{T_{L1}, T_{L2}, \cdots, T_{Ll}\} \tag{8-49}$$

②进一步构造船舶需求转矩的状态转移矩阵 $\boldsymbol{P}_M$ 后，就可以预测未来需求负载转矩的状态，在已知的历史数据中，记录当前时刻的船舶推进转矩状态，以及下一时刻转矩状态，将船转矩从 T_{Li} 转移到 T_{Lj} 的次数记为 $m_{i,j}$，其中 $i, j = 1, 2, \cdots, l$，将需求船速从状态 T_{Li} 转移的次数之和记为 m_i，通过最大似然估计法计算状态 T_{Li} 转移到 T_{Lj} 的概率为

$$P_{i,j} = \frac{m_{i,j}}{m_i} \tag{8-50}$$

则预测船舶状态转移矩阵为

$$\boldsymbol{P}_M = \begin{bmatrix} P_{1,1} & P_{1,2} & \cdots & P_{1,j} \\ P_{2,1} & P_{2,2} & \cdots & P_{2,j} \\ \vdots & \vdots & & \vdots \\ P_{i,1} & P_{i,2} & \cdots & P_{i,j} \end{bmatrix} \tag{8-51}$$

③令向量 $\boldsymbol{P}(k+i) = (P_{T_{L1}}(k+i), P_{T_{L2}}(k+i), \cdots, P_{T_{Ll}}(k+i))$，其中，$P_{T_{Li}}(k+i)$ 表示在 $k+i$ 时刻船舶推进转矩为 $T_{L(k+i)}$ 的概率。可以得出下列关系式：

$$\boldsymbol{P}(k+n-1) = \boldsymbol{P}(k+n-2)\boldsymbol{P}_M = \boldsymbol{P}(k)\boldsymbol{P}_M^{n-1} \tag{8-52}$$

由于在 k 时刻，船舶推进转矩 T_{Lk} 已知，所以 $\boldsymbol{P}(k)$ 已知，利用上述公式可以求出船舶在预测时域内各个预测点处速度的分布概率。最后选取各个预测点 $k+i$ 处概率最大值作为该时刻预测的船舶速度。利用船桨模型，可计算出相应的负载功率，完成了马尔可夫预测模型的建立。

2）目标函数及约束。MPC 算法优化的目标是在预测时域内，使得混合动力系统的总燃油消耗量最少，总燃油消耗量包括柴油发电机燃油消耗和电池电量的等效燃油消耗量。定义系统阶段指标函数是在 k 时刻总燃油消耗量为

$$C_E(k) = C_g(k) + C_B(k) \tag{8-53}$$

$$C_g(k) = \frac{P_g(k) \times \text{SFOC}}{3600}\left[1 + \left(\frac{95 - T_{cw}}{75}\right)^e\right] \tag{8-54}$$

$$C_B(k) = \frac{sP_B(k)}{\eta_{\text{disch}}\eta_M} \tag{8-55}$$

$$s = \frac{3.6 \times 10^6}{\eta_g H \eta_{ME} \eta_{ch}} \tag{8-56}$$

则系统在预测时域 p 内的总燃油消耗为

$$J = \sum_{k=i}^{i+p} C_E(k) \quad i = 1, 2, 3, \cdots \tag{8-57}$$

由此，系统目标函数就是系统在预测时域内总的燃油消耗最小，即

$$J = \min \sum_{k=i}^{i+p} C_E(k) \quad i = 1, 2, 3, \cdots \tag{8-58}$$

式中，$C_E(k)$ 为 k 时刻总的等效燃油消耗量；$C_g(k)$ 为 k 时刻柴油发电机的燃油消耗量；$C_B(k)$ 为 k 时刻电量等效的燃油消耗量；SFOC 为发电机燃油消耗率；T_{cw} 为发电机冷却水温；s 为油-电平均转换系数；e 通常取 3.1；η_{ch}、η_{disch} 为电池的充放电效率；η_M 为电机的平均效率；η_g 为发电机平均效率；H 为燃油的低热值；η_{ME} 为油-电转换支路的机械传动效率平均值。

由此，设基本约束条件如下：

①柴油发电机的输出功率限制为

$$P_{gmin} \leq P_g(k) \leq P_{gmax} \tag{8-59}$$

式中，P_{gmin} 和 P_{gmax} 分别是柴油发电机的最小和最大输出功率。

②电池组充放电功率及动力电池 SOC 值限制为

$$-P_{chmax} \leq P_B(k) \leq P_{dhmax} \tag{8-60}$$

在 k 时刻动力电池组的 SOC 值要介于电池组的最小和最大 SOC 值之间；P_{chmax} 和 P_{dhmax} 分别是电池组最大充电功率和最大放电功率。

③负荷需求响应条件：为了确保混合动力船舶可以执行所要求的工作，负荷需求功率响应的约束条件可以写为

$$P_g(k) + P_B(k) \geq P_L(k) \tag{8-61}$$

式中，$P_g(k)$ 和 $P_B(k)$ 分别为柴油发电机在 k 时刻的输出功率和电池组在 k 时刻的输出功率；$P_L(k)$ 为船舶运行在 k 时刻的负荷需求功率。

3) MPC 求解。采用贝尔曼动态规划的方法在有限时域内对燃油最小目标函数进行求解。选取电池的 SOC 作为系统状态量，因为其基本可以反映出各个时刻系统的能量状态。针对预测时域内 n 个预测时间点，可以将动态规划求解过程分为 n 个阶段，求解过程可分为：①将 SOC 在允许的范围内进行离散化；②逆向求解每个阶段、每个 SOC 离散点的最优控制量；③正向寻找各个阶段的最优控制量。其中，逆向求解过程描述如下：

第 $n-1$ 阶段：

$$J_{n-1}(x_{n-1}) = \min_{u(n-1)} [C_{Ei}(x_{n-1}, u(n-1))] \tag{8-62}$$

第 k 阶段 $(1 \leq k \leq n-2)$：

$$\begin{cases} J_k(x_k) = \min_{u(k)} [C_{Ei}(x_k, u(k)) + J_{k+1}(x_{k+1})] \\ x_{k+1} = f(x_k, u(k)) \end{cases} \tag{8-63}$$

式中，C_{Ei} 为每一阶段的瞬时燃油消耗量；x_k 为第 k 阶段状态量的离散值；$J_k(x_k)$ 为系统在第 k 阶段，状态 x_k 下到达第 n 阶段时的最优代价函数；x_{k+1} 为第 k 阶段，状态 x_k 下施加控制量 $u(k)$ 后第 $k+1$ 阶段的状态量，该值不一定落在状态量的离散点上，此时 $J_{k+1}(x_{k+1})$ 可以采用插值法获得。

首先采用逆向求解的方式从第 n 阶段开始直到第 1 阶段结束，计算各个阶段每个 SOC 离散值上的最优解及到第 n 阶段的最小代价函数，在后面的正向寻优过程中会用到。

给定 SOC 的初始值之后，采用正向寻优的方式从第 1 阶段开始，已知当前阶段的状态量 SOC，从之前逆向求解的结果中寻找该阶段该状态下的最优控制量，并将该最优控制量作为当前阶段的控制量作用给船舶，计算下一阶段的 SOC 值，进入下一阶段寻优过程，以此类推，直到第 $n-1$ 阶段正向寻优过程结束。

正向计算完成后，整个动态规划过程结束，由此即可获得整个过程的最优控制序列及电池 SOC 变化轨迹。

4）MPC 的流程。基于 MPC 算法的能量管理策略基本步骤可以归纳如下：

①获取当前 k 时刻的混合动力船舶的负载功率以及锂电池 SOC 状态。

②在当前 k 时刻根据马尔可夫预测模型预测在未来 $k+p$ 时域内的船舶负载功率，每隔时间 Δt 预测一次，其中预测时间点间隔与控制周期相同。

③用动态规划算法计算目标函数在预测时域内的最优值，由此得到在 $k+p$ 预测时域内的柴油发电机组和锂电池组的最佳功率分配解集。

④将③中计算得出的最佳功率分配解集中第一个时刻的柴油发电机功率和锂电池组功率作为下一时刻的控制变量发送给相应控制器。

⑤在下一个控制循环过程中，重复以上步骤，以此类推向前优化。

由上述步骤可以看出，采用 MPC 的思路结合动态规划算法的最优控制策略在 k 时刻仅计算 $k+p$ 时域内的柴油发电机/锂电池组最佳功率分配序列，到 $k+1$ 时刻同样只计算 $k+1+p$ 区域的柴油发电机/锂电池组功率分配解集，如此向前滚动优化。这样可以使得每次计算区域远小于整个航行区域，大大降低了动态规划的计算量，提高了效率。

5）实验与分析。同样通过混合动力船舶电力推进实验平台（参数见表 8.4）的实验来进行上述能量优化策略的验证。此外，为了验证模型预测控制优化策略的控制效果，将其与基于模糊逻辑规则管理策略下的燃油消耗进行对比研究。基于模糊逻辑规则的能量管理策略是在逻辑门限策略的基础上，采用与模糊逻辑算法相结合的改进策略作为管理策略，通过机桨模型预测得出下一个时刻的推进电机的负载功率 P_L，其与当前推进电机测得的实际功率 P_r 之差 ΔP 以及电池 SOC 值进行模糊化作为模糊控制器输入，通过模糊运算得出发电机的功率调节系数，再根据功率计算模块得出发电机在下一个时刻的输出功率，进而通过需求功率与发电机输出功率之差得出锂电池组的输出功率，对锂电池的充放电状态进行控制，从而调节锂电池 SOC，得到锂电池和柴油发电机的功率分配，可通过上述功率与油耗的关系式得出预测时域内的燃油消耗，模糊控制可以降低燃油消耗与排放。

在实验中，船舶整个航行周期运行工况包括起动、加速、全速前进、减速和停止。采用的预测时域为 3s，控制周期为 60ms，即预测 50 个状态点，$n=50$，图 8.88 所示为两种管理策略下整个过程的 SOC 变化对比图，图 8.89 所示为两种管理策略下发电机燃油消耗对比图；其中基于 MPC 的管理策略是在一个预测时域 3s 内，间隔 60ms 运用马尔可夫模型预测一次船舶负载功率（即在一个预测时域内预测 50 个状态点，取第一个预测值作为下一个时刻的负载功率）。

到下一个时刻，同样在预测时域内进行

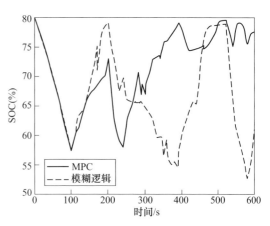

图 8.88 SOC 变化对比图

如上操作，然后将得到的负载功率在预测时域内运用动态规划的方法计算最优值（即得到柴油发电机和锂电池组的功率解集）。运用式（8-58）可得到各个时刻的柴油发电机燃油消耗随时间变化的曲线图，基于模糊逻辑控制的燃油消耗曲线图也是根据上述基于模糊逻辑控制策略下的功率解集计算得到。图 8.90 所示为两种管理策略下电池等效燃油消耗随时间变化的曲线图，是通过以上方法得到的锂电池组功率分配，进而通过电池等效燃油消耗与功率的关系式（8-59）计算得出。经研究，实验结果与理论分析较吻合。两种管理策略的比较结果见表 8.9。

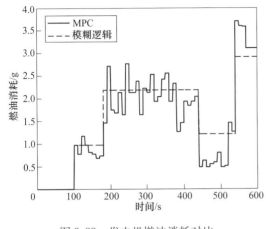

图 8.89　发电机燃油消耗对比　　　　图 8.90　电池等效燃油消耗对比图

表 8.9　两种管理策略实验结果对比

管理策略	燃油消耗/L	电能消耗/kW·h	等效燃油总消耗/L	相比于纯柴油发电机推进燃油节约率（%）	相比于模糊逻辑控制策略燃油节约率（%）
模糊逻辑	0.78	6.51	2.73	8.39	—
MPC	0.71	2.52	2.21	25.84	19.05

从图 8.88 的 SOC 变化曲线中可以看出，基于模糊逻辑控制策略的电池电量波动幅度较大，且在整个试验周期中，动力电池电量消耗较大，SOC 末值相比初值减少了 18%，表明与 MPC 策略相比，模糊逻辑的控制策略较多地采用了电力驱动。再结合图 8.89 以及图 8.90 来看，在起动过程中，SOC 曲线下降很快，发电机的燃油消耗几乎为 0，说明在此过程中船舶的功率需求基本是由锂电池提供；从表 8.9 的电能消耗来看，整个实验周期中基于模糊逻辑的控制策略相比于 MPC 控制策略电能消耗多出 3.99kW·h。

图 8.89 所示的燃油消耗方面，基于模糊逻辑的控制策略的燃油消耗略多于模型预测控制的燃油消耗，从表 8.9 中可以看出整个实验周期中 MPC 控制策略节约燃油消耗 0.07L。根据图 8.90 所示的电池等效燃油消耗，负数部分表示电池吸收能量，不提供动力，此时柴油发电机组提供的功率一部分驱动船舶航行，一部分给电池充电，这种情况下等效的燃油总消耗量即为发电机的燃油消耗量，在整个试验周期中，基于 MPC 策略比基于模糊逻辑的控制策略等效燃油消耗节约了 0.99L，燃油经济性有明显提高。

此外，从表 8.9 中可以看出混合动力船舶相比于纯柴油发电机驱动的船舶燃油消耗明显减少，基于 MPC 策略与基于模糊逻辑控制策略的混合动力船舶相比于纯柴油发电机驱动的船舶，燃油经济性分别提高了 25.84% 和 8.39%。对比两种控制策略，在此仿真测试工况下，MPC 相比于模糊逻辑控制策略燃油经济性也提高了 19.05%。

8.4.4 船舶电力推进负荷预测

对于电力推进船舶，其主要用电负荷是推进电动机负荷。不同船型、不同的操船要求，也使得船舶的推进负荷的特性有很大的不同。研究船舶的推进负荷，可以帮助提高能源效率，优化能源管理，有效节约能耗，并且提高系统稳定性。

负荷预测通常在陆地电网系统被广泛采用，称为潮流预测。但是船舶的负荷预测并不多见，其主要原因是，船舶 PMS 在大部分现有非电力推进船舶上应用，其用电负荷相对较小和稳定；对于电力推进船舶，负荷特性千差万别，加上海上航行时受海况、洋流、风浪等扰动较大，其负荷的不确定性增加了预测的难度。本小节将介绍利用基于数据的机器学习的方法，来预测电力推进船舶的负荷。为船舶 PMS 的优化管理提供决策依据。

考虑电力推进船舶的电力系统的数学模型为

$$P_{sh} = R_{sh}v_{sh} \tag{8-64}$$

$$P_T = T_{sh}v_T \tag{8-65}$$

$$P_D = 2\pi T_D n_D \tag{8-66}$$

$$P_{sh} = \eta_H \eta_0 P_D \tag{8-67}$$

式中，P_{sh} 为船舶有效推进功率；R_{sh} 为船体阻尼系数；v_{sh} 为船舶航行速度；T_{sh} 为船舶推进力；v_T 为推进器推进速度；T_D 为推进器转矩；n_D 为推进轴转速；P_T 为推力功率；η_H 为船体效率；P_D 为推进器供给功率；η_0 为开水效率。

可以看出：船舶的负荷功率与船舶的航行速度成正比，由于在电力推进船舶中，推进功率是电力系统负荷最为主要的占比，因此推进功率负荷的预测至关重要。

对于预测来说，历史数据的收集是关键。根据 ABB 公司实际数据，如图 8.91 所示，整个船舶推进功率的数据是由传感器记录的，每隔 10s 记录一个数据，一共有 6827 个数据点，记录了船舶航行 19h 的实际数据。而文献

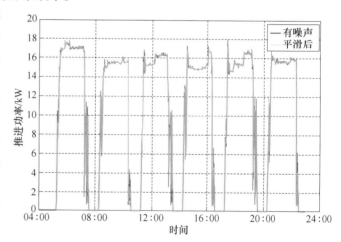

图 8.91 船舶功率负荷初始数据

[8.41] 将这 19h 的数据分为 2 个部分，前 4500 个数据作为训练数据，而后 2327 个数据为验证数据，用来验证预测模型的准确性。

（1）线性回归模型预测　线性回归法是最常用的一种预测算法。由于在船舶的推进负载曲线中，负载的扰动是非常常见的，因此船舶功率负载模型会对外界环境的扰动比较敏感，这里采用了稳定性较强的算法。利用 MATLAB 仿真工具对训练数据进行建模，其仿真结果如图 8.92 所示。可以看出，采用线性回归算法，可以使得数据控制在 13.75% 的误差以内。

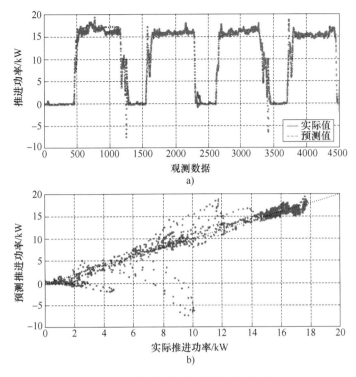

图 8.92 线性回归算法训练仿真结果

（2）高斯过程回归模型 高斯过程回归模型是一个非参数的预测模型。同样利用 MATLAB 的工具对培训数据搭建预测模型，其仿真结果如图 8.93 所示。高斯过程回归算法的表现优异，只有 4% 左右的预测误差。

（3）浅层神经网络预测方法 近年来，人工神经网络（ANN）成为研究热点，浅层神经网络也

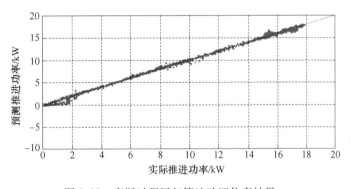

图 8.93 高斯过程回归算法验证仿真结果

被大量用于对数据预测的应用上。神经网络作为预测模型，其核心是搭建神经网络的架构。由于神经元数量和隐藏层数量均未知，因此神经网络的架构也是千差万别，其预测效果也大有不同，而且很难用系统的方式调试，训练时间往往很冗长，才能找到较优的预测效果的模型架构。本小节的神经网络架构为 7-8-1[8.41]，其仿真结果如图 8.94 所示。

以上采用了 3 种不同的机器学习算法，用以往记录的船舶负荷数据，来预测将来船舶功率负荷的特性。通过已有的真实的船舶数据，高斯过程回归算法在 3 种预测算法中表现最好，是最适合样本数据的算法[8.41]。然而，已有的船舶负荷数据还是很有限的，不同船型的推进负荷特性又截然不同，需要根据实际的船舶负荷来选择和构建相应的模型进行电力负荷预测。

本小节提供了一系列方案和工作流程，为预测将来的船舶负荷曲线打开一种新的思路[8.41]。在接下去的研究中，可以考虑将更多的数据和参数放到预测模型中，提高预测精度。船舶推进负荷的预测为优化能源管理和分配提供了先决条件，在将来的船舶混合电网的管理中，更加突出了它的重要性。相信在不久的将来，基于数据的机器学习控制策略，将在船舶电网的应用中发挥更大的作用。

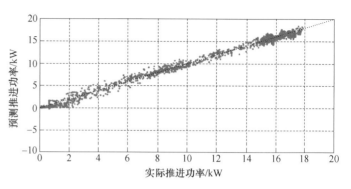

图 8.94　神经网络训练仿真结果

参 考 文 献

[8.1] BARNES F S, LEVINE J G, et al. 大规模储能技术 [M]. 肖曦, 聂赞相, 等译. 北京: 机械工业出版社, 2013.

[8.2] OLSON J B, SEXTON E D. Operation of lead-acid batteries for HEV applications [C]// Fifteenth Annual Battery Conference on Applications and Advances. Long Beach: IEEE, 2000: 205-210.

[8.3] AIFANTIS K E, HACK NEY S A, KUMAR R V. 高能量密度锂离子电池: 材料、工程及应用 [M]. 赵铭姝, 宋晓平, 郑青阳, 译. 北京: 机械工业出版社, 2012.

[8.4] BRUNET Y, et al. 储能技术 [M]. 唐西胜, 等译. 北京: 机械工业出版社, 2013.

[8.5] ZAIM M E H. Unconventient electric machines [M]. Berlin: Springer, 2012.

[8.6] FANG S, WANG Y. The role of energy storage systems in microgrids operation [M]. Berlin: Springer international publishing, 2021.

[8.7] COOPER A, FURAKAWA J, LAM L, et al. The ultra battery-a new battery design for a new beginning in hybrid electric vehicle energy storage [J]. Journal of power sources, 2009, 188 (2): 642-649.

[8.8] ALAFNANH, ZHANG M, YUAN W J, et al. Stability improvement of DC power systems in an all-electric ship using hybrid SMES/battery [J]. IEEE transactions on applied superconductivity, 2018, 28 (3): 5700306.

[8.9] HOU J, SUN J, HOFMANN H. Control development and performance evaluation for battery/flywheel hybrid energy storage solutions to mitigate load fluctuations in all-electric ship propulsion systems [J]. Applied energy, 2018, 212 (2018): 919-930.

[8.10] ELSAYED A T, MOHAMMED A. A comparative study on the optimal combination of hybrid energy storage system for ship power systems [C] // IEEE Electric Ship Technologies Symposium. 2015 IEEE Electric Ship Technologies Symposium. Old Town Alexandria: IEEE Computer Society, 2015: 140-144.

[8.11] FANG S, WANG Y, GOU B, et al. Toward future green maritime transportation: an overview of seaport microgrids and all-electric ships [J]. IEEE transactions on vehicular technology, 2020, 69 (1): 207-219.

[8.12] ANDREAS V, HORNKAMP M. IGBT 模块: 技术、驱动和应用 [M]. 韩金刚, 译. 北京: 机械工业出版社, 2016.

[8.13] PRESSMAN A, BILLINGS K, MOREY T. Switching power supply design [M]. 3rd ed. New York:

McGraw-Hill Companies, 2009.

[8.14] HAITHAM A, MARIUSZ M, KAMAL A. Power electronics for renewable energy system, transportation and industrial applications [M]. Piscataway: IEEE Press, 2014.

[8.15] YAO Z, LU S. A simple approach to enhance the effectiveness of passive currents balancing in an interleaved multiphase bidirectional DC-DC converter [J]. IEEE transactions on power electronics, 2019, 34 (8): 7242-7255.

[8.16] GORJI S A, SAHEBI H G, EKTESABI M, et al. Topologies and control schemes of bidirectional DC-DC power converters: an overview [J]. IEEE access, 2019 (7): 117997-118019.

[8.17] HAN J, GU X, YANG Y, et al. Dynamic improvement with a feed forward control strategy of bidirectional DC-DC converter for battery charging and discharging [J]. Electronics, 2020, 9 (10): 1738.

[8.18] MALESANI L, ROSSETTO L, TENTI P, et al. AC/DC/AC PWM converter with reduced energy storage in the DC link [J]. IEEE transations on industry applications, 1995: 287-292.

[8.19] ANDREA D. 大规模锂离子电池管理系统 [M]. 李建林, 李蓓, 房凯, 等译. 北京: 机械工业出版社, 2018.

[8.20] GONG Y, TANG T. Controlling and balancing of lithium battery voltage based on inductance equilibrium method [C] //International Symposium on Power Electronics Power Electronics, Electrical Drives, Automation and Motion. Sorrento: IEEE, 2012.

[8.21] MILLER J M. 超级电容器的应用 [M]. 韩晓娟, 李建林, 田春光, 等译. 北京: 机械工业出版社, 2014.

[8.22] CHEN W, ÅDNANSES A K, HANSEN J F, et al. Super-capacitors based hybrid converter in marine electric propulsion system [C] // IEEE. XIX International Conference on Electrical Machines. Rome: [s. n.], 2010.

[8.23] 汤天浩, 韩朝珍. 船舶电力推进系统 [M]. 北京: 机械工业出版社, 2015.

[8.24] PLETT G L. Extended Kalman filtering for battery management systems of LiPB-based HEV battery packs (Part 1): background [J]. Journal of power sources, 2004, 134 (2): 252-261.

[8.25] LIU Z X, LI Z, ZHANG J B. Alternate adaptive extended Kalman filter and ampere-hour counting method to estimate the state of charge [C] // China Power Supply Society and IEEE Power Electronics Society. 2018 IEEE International Power Electronics and Application Conference and Exposition (PEAC). Shenzhen: [s. n.], 2018: 1-4.

[8.26] TOPAN P A, RAMADAN M N, FATHONI G, et al. State of charge (SOC) and state of health (SOH) estimation on lithium polymer battery via Kalman filter [C] // International Conference on Science and Technology. 2016 2nd International Conference on Science and Technology-Computer (ICST). Yogyakarta: IEEE Computer Society, 2016: 93-96.

[8.27] ANDRE D, NUHIC A, SOCZKA-GUTH T. Comparative study of a structured neural network and extended Kalman filter for state of health determination of lithium-ion batteries in hybrid electric vehicles [J]. Engineering applications of artificial Intelligence, 2013, 26 (3): 951-961.

[8.28] MOORE S W, SCHNEIDER P J. A review of cell equalization methods for lithium-ion and lithium polymer battery systems [C] // SAE 2001 World Congress. Detroit: [s. n.], 2002: 995-998.

[8.29] 周晶晶. 锂电池主动均衡策略及其电能管理系统的研究 [D]. 上海: 上海海事大学, 2013.

[8.30] APSLEY J M, GONZALEZ-VILLASENOR A, BARNES M, et al. Propulsion drive models for full electric marine propulsion systems [J]. IEEE transactions on industry applications, 2009, 45 (2): 676-684.

[8.31] 高迪驹. 混合动力船舶电力推进系统能量控制技术研究 [D]. 上海: 上海海事大学, 2020.

[8.32] ABB. 轴带发电解决方案: 推动效率迈上新台阶 [Z]. 2020.

[8.33] 谭琨. 船舶柴电混合动力系统研究及应用 [D]. 上海：上海海事大学，2018.

[8.34] 王新枝. 脉冲负载管理研究现状 [J]. 中国航海，2014，37（1）：39-42.

[8.35] 高迪驹，潘康凯，王天真. 混合动力船舶负载功率预测模型研究 [J]. 控制工程，2019，26（2）：362-367.

[8.36] ABB. 将电站管理功能集成到电站 [Z]. 2010.

[8.37] ABB. 通过混动船舶的智能电力管理实现燃油效率与减排优化 [Z]. 2019.

[8.38] GAO D, WANG X, WANG T, et al. An energy optimization strategy for hybrid power ships under load uncertainty based on load power prediction and improved NSGA-II algorithm [J]. Energies, 2018, 11 (7): 1-14.

[8.39] GAO D, JIANG H, WANG T, et al. Adaptive equivalent consumption minimization strategy for hybrid electric ship [J]. Energy science & engineering, 2022, 10 (3): 840-852.

[8.40] 高迪驹，张伟，王旭阳，等. 基于模型预测控制的混合动力船舶能量控制策略 [J]. 上海海事大学学报，2018，39（2）：60-65.

[8.41] CHEN W, LAU T K, ABDELHAKIM M, et al. Data-driven propulsion load profile prediction for all-electric ships [C] //2022 International Conference on Electrical, Computer, Communications and Mechatronics Engineering (ICECCME). Maldives: [s. n.], 2022, 1-9.

第 9 章
船舶直流电力系统

随着高压直流（High Voltage Direct Current，HVDC）输电技术的成熟与应用，船舶电力系统也开始尝试采用直流输电技术。本章论述船舶直流电力系统的结构，分析采用直流输电技术的优势，讨论船舶直流电力系统的关键技术，重点聚焦船舶 DC 输电的电能变换与短路保护，并给出船舶直流电力系统的应用案例。

9.1 高压直流输电技术概要

早期电的发明和利用是从直流电（DC）开始，随着应用的推广需要长距离输电，交流电（AC）应运而生。由于交流变压器可以方便地提升和降低 AC 电压，可以有效地克服低压 DC 传输的线路损耗，从此 AC 占据了电力系统的主导地位，从发电、输电、配电到用电几乎全部采用 AC 制。

近年来随着电力电子技术的长足进步和广泛应用，采用电力电子变流技术可以方便地实现各种电能之间的变换，使得 HVDC 输电日趋成熟[9.1]。HVDC 输电比 HVAC 输电具有如下优势：

1) 因 DC 传输线少于 AC，所以 AC 输电塔空间较小，经济性好。
2) DC 适应于长距离输电（>600km），线路损耗低。
3) 易于连接不同频率的 AC 电源，适用于可再生能源接入。
4) DC 变量少，其功率易于瞬时精确控制。

由此，HVDC 输电又称柔性输电技术，逐步应用到陆地长距离输电。HVDC 输电系统的基本结构如图 9.1 所示，主要由电能变换器与 DC 输电线组成。发电站输出的电能通过 AC/DC 变换，经 HVDC 长途传输，再经 DC/AC 变换送给用户端。

图 9.1 HVDC 输电系统的基本结构

在 HVDC 输电系统中，电能变换装置是最为关键的核心。另外，DC 变压器和断路器也是制约 HVDC 应用的重要问题。自电力电子器件问世后，电力电子变换器迅猛发展，成为 HVDC 电能变换及其控制的主要设备，也是解决 DC 变压器与断路器的主要方法[9.2]。

9.1.1 HVDC 变流技术

目前主要的 HVDC 变流装置与技术分为:

(1) 基于晶闸管的线路换流变换技术 晶闸管是最早问世的电力电子器件,应用于可控整流器,也可用作逆变器。由晶闸管可控整流器与逆变器构成的 HVDC 输电系统结构如图 9.2 所示,其主电路拓扑及其变流原理与控制方法请读者参阅有关书籍[9.3]。

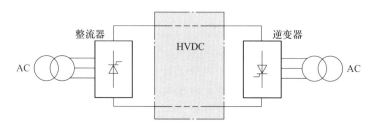

图 9.2 基于晶闸管可控整流器与逆变器的 HVDC 输电系统结构

一个三相整流桥的主电路拓扑如图 9.3 所示,为了满足 HVDC 高电压的要求,通常选择多个压接式晶闸管串联组成换流阀[9.4],以提高器件的耐压。

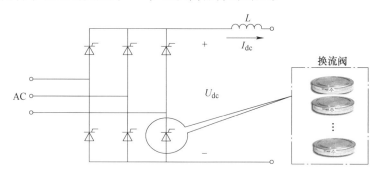

图 9.3 三相整流桥的主电路拓扑

此外,还可以采用多重整理器,即将多个整流电路桥串联的方法[9.2],既可以提高整流输出电压,改善直流纹波,也能减小交流网侧的谐波。可以将两者相结合,即采用换流阀替换多重整流电路中的单个晶闸管,以进一步提高电压。

基于晶闸管的线路换流变换具有技术成熟、转换效率高(可达 99%)、安装成本低等优点,最早应用于 HVDC 系统中,并有数十年的实际使用案例。

但是由于晶闸管是半控型器件,在 DC/AC 变换中因不能自关断带来换流困难,且逆变输出的电压波形非正弦,需要大容量储能元件(电感或电容)进行滤波和提供线路的无功需求。

(2) 基于 IGBT 的电压源变换技术 IGBT 是可关断的复合型器件,因其优异的性能近年来成为变流装置的主要开关器件。采用 IGBT 构成的电压源变换器(Voltage Source Converter,VSC)主电路拓扑如图 9.4 所示,图 9.4a 给出了一个由两个 IGBT 组成的基本半桥主电路拓扑,可扩展为单相全桥或三相全桥电路拓扑[9.1]。该电路拓扑通过不同的换流控制实现 AC/DC 变换或 DC/AC 变换,比如,采用 PWM 整流控制方法实现 AC/DC 变换;采用

PWM 逆变控制可实现 DC/AC 变换[9.2]。

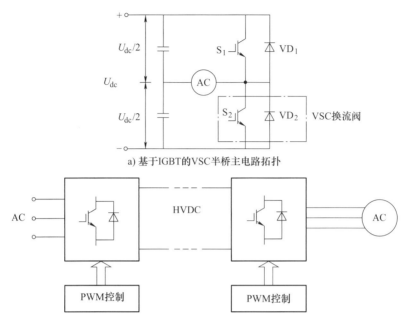

图 9.4　基于 IGBT 的 VSC 主电路拓扑

这类 VSC 电路结构简单、易于控制，特别是基于 PWM 控制的 VSC 具有网测功率因数高、电流谐波小等优点，广泛应用于电机驱动和可再生能源的电能变换。

因 IGBT 器件的耐压和电流能力限制，目前主要采用数百个 IGBT 串联组成一个 VSC 换流阀，再构成 HVDC 变换装置，如图 9.4b 所示。

由此，基于 IGBT 的 VSC 技术应用于 HVDC 输电面临的主要挑战是：①提高器件的耐压，比如未来采用 SiC 器件；②提升换流效率；③降低成本。

（3）多模块变换技术　为了克服单个 IGBT 耐压问题，可以采用多电平拓扑。常用的多电平电路分为钳位式多电平换流器、级联式多电平换流器与模块化多电平换流器（Modular Multilevel Converter，MMC）三大类[9.3]，对于长距离输电的 HVDC，一般采用 MMC 方式，以提供更高电压。一个三相 MMC 多电平逆变电路拓扑如图 9.5 所示，其中每个单元由半桥或全桥电路作为基本换流模块，串联构成多级联式多电平换流器，其换流原理与控制方式请参阅有关文献[9.4]。

MMC 与级联式多电平变换电路的不同之处在于，仅需要一个直流电源，结合了中点钳位二极管只有一组直流电源供电以及级联多电平换流器易模块化扩展的特点。

9.1.2　HVDC 的直流变压技术

DC 变压器也是制约 HVDC 技术应用的瓶颈，早期是通过 DC/AC 变换器将高压直流电变成交流电之后，采用传统的交流变压器逐级降压后传送到用户端。这样，在电力系统中 HVDC 仅用于长距离输电，配电系统与用电仍然是传统的交流电。但如果用电端使用大量的直流负荷，上述 HVDC 不能适用于全直流电力系统的需求。为此，需要研发 DC 变压器，以

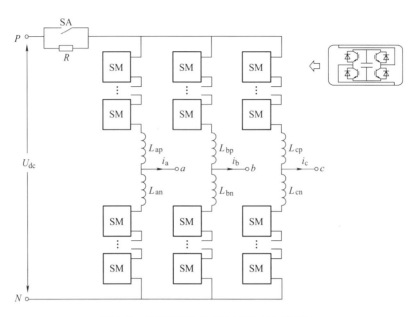

图 9.5　基于 MMC 的多电平逆变电路拓扑

解决 DC 输配电的变电压问题。

随着大功率电力电子元器件及其控制技术的发展，通过电力电子变换技术实现电压变换和能量传递的新型电力电子变压器（Power Electronic Transformer，PET）得到了越来越多的关注。电力电子变压器又称为固态变压器（Solid State Transformer，SST），是连接高压和低压直流电网的一种很好的解决方案。如图 9.6 所示，DC 变压器的基本结构由一个 DC/AC 变换器经高频变压器与 AC/DC 变换器构成，DC 变压器的输入直流经 AC/DC 变换器逆变为高频交流电，通过高频变压器变电压，再通过 AC/DC 变换器整流成直流输出[9.5]。

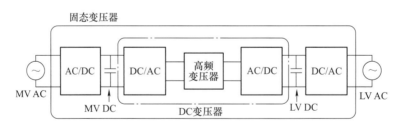

图 9.6　DC 变压器的基本结构

这种变电压方式由于采用了高频变压器以及 MMC，其体积和重量大大减小，因此也可以用作交流变压器，但需要在 DC 变压器的两端再加上 AC/DC 变换器和 DC/AC 变换器，分别将交流输入转换成 DC 变压器的直流输入，并将输出的直流转换为交流输出，但内部交流链路运行于高频范围。

采用直流变压器的优点为：换流器可在接近 100% 的等效占空比下工作，输出省去了滤波电感，结构简单；采用开环控制，控制方便灵活，便于电能的双向流动；易于实现软开关，可提高开关频率和功率密度。

对于大容量的 HVDC 系统，可以采用级联式方案，其结构如图 9.7 所示，由带高频隔离变压器双向 H 桥式变换器（DAB）的 HVDC 变压器串联构成[9.6]。

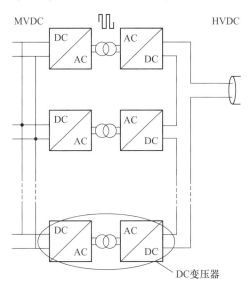

图 9.7　HVDC 变压器结构

9.2　船舶直流电力系统的组成结构和特点

随着电力推进船舶的发展，特别是新能源的利用和电池供电的电动船应用，船舶直流电力系统应运而生[9.7-9.8]。根据应用需求不同，船舶直流电力系统可分为交直流混合电力系统与纯直流电力系统两大类。

9.2.1　交直流混合电力系统

船舶交直流混合电力系统的结构如图 9.8 所示，这类系统仍然采用柴油发电机组作为持续供电电源和蓄电池组作为后备电源组成船舶电站。主发电机为交流同步发电机，通过 AC/DC 变换器输出直流电，然后经直流电网传输到用电端，再经过 DC/AC 变换器变成交流电使用。蓄电池组虽然是直流电源，但其输出的直流电压与直流电网电压需要匹配，还需时常通过直流电网对其充电，故采用双向 DC/DC 变换器将蓄电池组接入直流电网，并可控制其充放电过程，输出稳定的母线电压。

船舶交直流混合系统类似于陆地上的 HVDC 系统，其发电与用电仍是交流电，仅采用 DC 输电。因此，除了上述 HVDC 的优点外，船舶直流输电还具有如下特点：

1）船舶电力系统采用直流输配电，可以简化系统结构，大大减少电缆的铺设量，节省 30% 机舱空间和降低 40% 成本。

2）便于各种电源的并网接入。在传统交流电网中，当交流发电机并网时，需要控制其输出电压的幅值、频率和相位严格同步后才能接入。采用直流电网，并网时仅需控制输出直流电压，可简单灵活地综合利用各种能源发电装置。

3）现代船舶中各类电机占据主要用电负荷，常用变频器调速实现节能与控制。采用直流电力系统，相当于将交-直-交变频器拆分为：集中式整流进行 AC/DC 变换，然后直流传

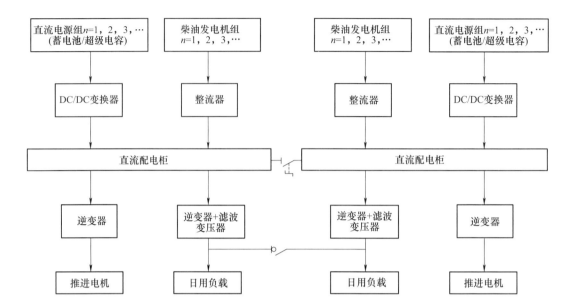

图 9.8 船舶交直流混合电力系统的结构

输到电机端,再进行 DC/AC 逆变控制。这样,既没有增加电能变换设备,还因直流输电损耗低,提高了系统效率。特别是对于电力推进船舶,采用直流输电与逆变器调速控制的供电方式节能增效的效果更加显著。

4) 船舶交流电网要求各发电机组恒速运行,以保持交流电网的频率恒定。采用直流电力系统允许各发电机组变速运行,可以在较宽频率和电压范围稳定工作。图 9.9 给出了可变速柴油发电机的转速和负荷的关系曲线,可见可以根据发电机输出功率需求来调节转速,以提高效率和减少磨损。同时,变速发电机组的燃油消耗量在低负荷时显著下降,可节能减排,如图 9.10 所示。

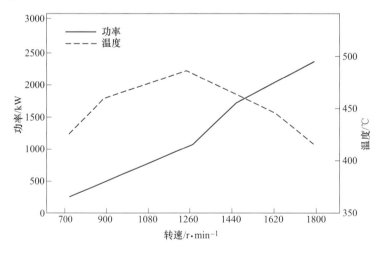

图 9.9 可变速柴油发电机的转速和负荷的关系(西门子)

5) 对于未来船舶绿色低碳发展,直流电网也便于各种新能源发电与储能装置的接入。

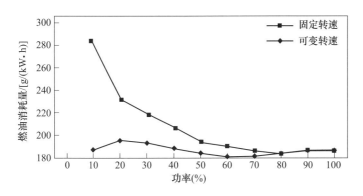

图 9.10 两种柴油发电机组燃油消耗量比较曲线（西门子）

有关新能源与船舶微电网将在后续章节详细论述。

6）为了保证船舶电网质量，船级社对电力推动系统的谐波有明确要求。直流电网相较于交流电网另一大优点就是没有谐波干扰，大大降低了系统设计的复杂程度，更加方便电网和其他能源及负荷设备的整合。

7）安全性高也是直流电网的另一大优点。由于直流电网结构简单，减少了设备发生故障和全船失电的概率，也同时简化了故障预测和系统保护设计的难度，提高了系统的整体稳定性和安全性。

9.2.2 纯直流电力系统

对于采用直流发电机或电池等直流电源供电的船舶，其电源都是直流，电力系统主要分为两种：

（1）直接纯直流电力系统 这种船舶都是直流电源，其电压等级与直流电网匹配，不经过双向 DC/DC 变换器直接并入船舶直流电网，可称之为直接纯电力系统，其系统结构如图 9.11 所示。目前小型电动船可采用蓄电池与超级电容作为电源，靠泊时充电。

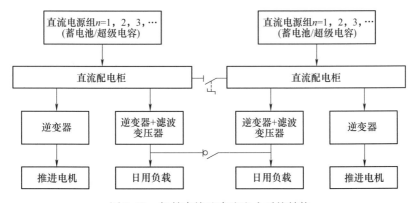

图 9.11 船舶直接纯直流电力系统结构

（2）间接纯直流电力系统 另一种船舶直流电源与直流电网电压不匹配，或是各种直流电源本身电压等级不一，需要调节控制母线电压，故需通过 DC/DC 变换器并入电网，可称之为间接纯直流电力系统，如图 9.12 所示。

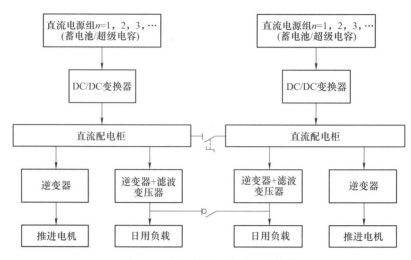

图 9.12 间接纯直流电力系统结构

比较两种纯直流电力系统结构，第一种系统不需要 DC/DC 变换器，直接并网，对蓄电池或超级电容器接入有严格要求，其端电压必须在误差允许的范围内才能完成并网，适用于小型电动船舶的低压直流电力系统；第二种系统使用 DC/DC 变换器接入，控制简单，易于并网，可实现不同电压的直流电源的混合使用，是目前中低压直流电力系统实际使用最多的方法。目前，中小型船舶直流电站可采用这种方式，还可扩展到未来新能源船舶电力直流电力系统。

9.3 船舶直流电力系统的技术要求与关键技术

根据船舶直流电力系统结构可知，其核心设备主要是直流输配电所需的交直流电能变换器、DC 变压器与 DC 断路器等。本书第 2 章已介绍了 DC 电缆与断路器，本节首先介绍船舶直流电力系统的技术标准与要求，然后重点研讨交直流电能变换器和 DC 变压器的关键技术。

9.3.1 船舶直流电力系统的技术标准与要求

船舶直流电力系统需要符合船级社（如 ABS、DNV-GL 等）以及船用设备的生产标准（如 IEC 等）[9.9]。

直流电网将不同类型和功率的电源系统并联到了直流母排上，因此要控制不同能源的功率输出以满足不同的工况要求，就变得至关重要。在船舶混合能源直流电网，通常采用的是电压协调（Voltage Coordination）来完成的。电压协调可以实现负载的分配，同时也能兼顾系统的保护，是一种经典的电源控制原理。和交流电网的控制相比，直流电网的电压协调会比较复杂。通过调节电压下降率（Voltage Droop Rate）来达到不同的负载分配的目的。具体的系统设计会随着引入的电源类型以及工作模式而变化。这里不具体展开。总而言之，电压协调在混合直流电网的控制中是非常重要的。

与交流船舶电力系统一样，直流系统也需要考虑电网的冗余性。尤其是由于现在越来越多的新能源电源的引入,更加需要考虑不同模式下,电网供电的结构切换。这样的操作模式,让电网的灵活性增加,同时也保证了故障情况下电网的正常运行,但是也增加了船舶电网的能量管理的复杂性。为了防止全船或者部分船舶电网失电,船舶 PMS 需要尝试重新连接所有可工作的电池或者发电机组。在失电情况下,保证直流电网的母线断路器闭合,并且迅速断开造成失电的故障部分电路,以保障系统恢复的安全。在电网故障情况下,储能元件就显示出其至关重要的特点。电池系统可以即刻恢复直流电网的电压,并且恢复提供推进器供电的变频装置。如果故障是由电池系统造成的,则 PMS 将隔离电池装置对应的电网,并迅速恢复发电机组的供电。根据最新的船级社要求,在繁忙水域,船舶推进系统应在 2min 内恢复。如果推进系统、发动机以及操舵无法在 2min 内恢复,则根据具体的系统设计,船级社将按情况予以批示。

对于电池或者超级电容这类储能电源,其电池管理系统(BMS)是必备的,以保障储能电源系统的正常运行。电池管理系统与全船自动化系统及 PMS 需要保持实时通信。电池系统本身也需要提供相应的有毒或者易爆气体的评估及相应测试报告。

另外,对于一些具有危险工作区域的特殊船型,船舶电网系统也需要按照具体的船级社要求(如温度等级、压力等级等),选择符合要求的电力设备。

直流船舶电网也需要配备紧急制动系统。单点故障不允许影响主要系统(如燃料、润滑泵等)的工作,从而影响主电源和主推进器的正常工作。

由于控制网络设计越来越复杂以及和船舶外部设备的通信连接的加强,网络安全也成为新的关注点。更多关于网络安全、网络威胁评估、保护及侦测、检测及测试的要求也逐步提出,并被越来越多的人关注。

9.3.2 船舶直流电力系统的整流技术

如 9.1 节所述,HVDC 的 AC/DC 变换是关键技术之一,主要分为 3 种方式,但因船舶直流输电系统的电压远低于陆地的 HVDC 系统,有其自身的特点。

(1)晶闸管整流技术 晶闸管整流技术是最早的可控整流技术,其中单相和三相桥式整流电路与相控调压控制技术成熟,但存在网侧功率因数低和电流谐波大的问题,为此可采用多绕组移相变压器与多重整流桥的方案。一个Y/△移相变压器与两个三相晶闸管桥式串联构成的 12 脉波整流器主电路拓扑如图 9.13 所示,变压器一次侧为△绕组,二次侧为Y与△两个绕组,相位相差 30°,分别连接两组三相桥式晶闸管整流器。有关移相变压器已在本书第 2 章介绍,第 6 章详细分析了采用移相变压器可以减少电流谐波的原理,有关多重整流器及其控制请见文献 [9.10],这里不再赘述。

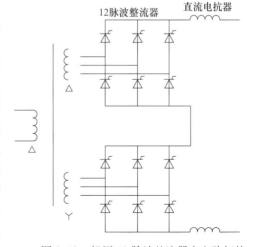

图 9.13 船用 12 脉波整流器主电路拓扑

船舶直流电力系统采用晶闸管多重整流技术具有如下优势:

1) 采用晶闸管多重整流器串联技术可以提升发电机输出电压,使之匹配船舶电力系统的直流电网电压等级需求。

2) 晶闸管多重整流器输出直流电压纹波小,可减小平波电抗器等滤波器的容量,比如:12 脉波整流器输出 12 脉波直流电压较三相晶闸管整流器输出 6 脉波直流电压纹波减小一半。因此,还可采用 24 或 36 脉波整流器,以进一步提高输出直流电压的平稳性。

3) 采用移相变压器可以减少晶闸管多重整流器对其输入交流的谐波电流。比如:Y/△移相变压器二次侧的Y与△两个绕组可以抵消 3 倍数的谐波电流[9.10]。

(2) 基于 IGBT 的 VSC 整流技术　为了进一步克服晶闸管整流器存在的网侧功率因数低和谐波电流大的问题,可以采用可关断器件代替晶闸管,并采用斩波控制代替相位控制的整流技术。

一个基于 IGBT 的三相桥式整流电路拓扑如图 9.14 所示,图中主开关器件采用 IGBT 取代晶闸管,利用可关断器件的开关特性引入 PWM 整流控制[9.3],这种整流技术又称为主动整流,经常与 VSC 逆变器组成背靠背变频器,用于需要 4 象限运行的高性能交流调速系统、风力发电等场合。

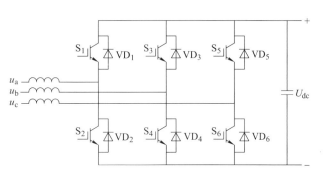

图 9.14　基于 IGBT 的三相桥式整流电路拓扑

船舶直流电力系统采用基于 IGBT 的 VSC 整流器作为交流发电机接入直流电网的变流装置,其主要优点是改善功率因数和谐波干扰。

(3) 多电平整流技术　上述 VSC 整流器是两电平电路拓扑,对于中高电压的船舶直流电力系统,目前受到 IGBT 器件耐压限制,需要采用多个 IGBT 器件串联的换流阀,或采用多电平电路拓扑。一个二极管三电平中点钳位(Neutral Point Clamped,NPC)整流电路拓扑如图 9.15 所示,其变流与控制请参见有关文献[9.4]。

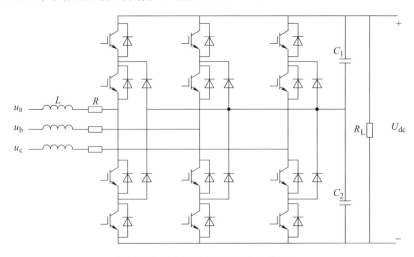

图 9.15　三电平 NPC 整流电路拓扑

采用多电平 VSC 整流器，除了具有两电平 VSC 整流器的优点外，减小了器件耐压，还可与推进电机的多电平逆变器匹配，适用于中高压船舶直流电力系统。

（4）主动整流控制　上述 VSC 整流器采用了 IGBT 等可关断器件，通常引入 PWM 整流控制策略，以调节输出直流电压来实现可控整流，同时又能调节输入功率因数使其达到 1，还可大大减小谐波电流。

图 9.16 给出了一种基于 PI 电压、电流双闭环控制的 PWM 整流器控制图，其中：电压外环调节整流器的输出直流电压，以保持母线稳定；电流内环通过同步旋转坐标变换实现了 d、q 解耦控制，d 轴 PI 调节器的给定值来自电压环输出，同时将 q 轴设定为 0 以保证整流器的单位功率因数运行；电流环的输出通过 SVPWM 控制整流器的各 IGBT 开关状态，实现 AC/DC 变换。

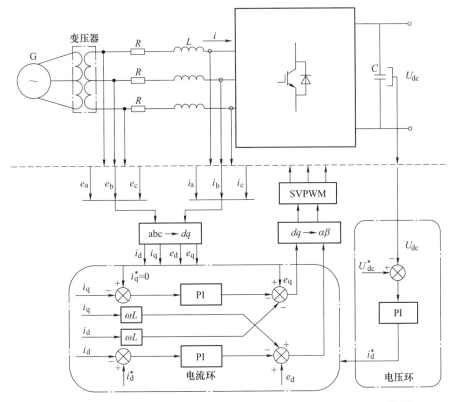

图 9.16　一种基于 PI 电压、电流双闭环控制的 PWM 整流器控制图[9.11]

基于 PI 双环控制的 PWM 整流器控制策略，结构简单、鲁棒性高、技术成熟，成为经典控制方法。此外，近来还发展了一些新的控制策略，如比例谐振（Proportional Resonance，PR）控制、无差拍控制、重复控制、预测控制、智能控制等[9.12]。

当前，主动整流技术发展很快，基于可关断器件的 VSC 型整流器按输入的电网相数可分为单相、三相和多相；按变流方式可分为电压型和电流型；按调制电平又可分为两电平、三电平和多电平。此外，还有维也纳整流器等，其优点是：功率开关器件少，所承受的电压应力小，控制简单，输入电流谐波小[9.13]。

9.3.3 船舶直流电力系统的逆变技术

船舶 DC/AC 逆变器原来主要用于交流电动机的调速控制，比如风机、水泵类负载的节能、电力推进系统调速等。目前，用于船舶交流电机的变频器主要分为交-直-直变频器和交-交变频器两大类[9.13]。

由于船舶直流电力系统采用直流输电，对于大功率的负载可采取直接直流馈电方式，因而交流电机的调速仅需要配置 DC/AC 逆变器并进行变压变频控制，且不易采用交-交直接变频器。另外，对于一般的船舶交流负载也需要配置 DC/AC 逆变器，将直流电转换为固定频率和电压的交流电，但其逆变控制方式不同。本小节主要聚焦船舶直流电力系统的逆变技术。

(1) 船用 DC/AC 逆变器主电路拓扑　对于船舶直流电力系统，直流输电到用户端都需要采用 DC/AC 逆变器将直流电变换成交流电使用。目前主要的 DC/AC 逆变器电路拓扑根据交流负载的相数采用单相桥式或三相桥式电路，船舶最常用的三相逆变器按照所用主电路开关器件不同分为晶闸管逆变器、基于 IGBT 的两电平 VSC 逆变器和基于 IGBT 的多电平 VSC 逆变器 3 种。

1) 三相晶闸管逆变器。其主电路拓扑与图 9.3 所示的三相晶闸管可控整流器完全相同，只是反过来用于 DC/AC 逆变，其换流模式与控制方式通常采用 180°与 120°换流模式[9.1]，输出阶梯波交流电。虽然其技术成熟，曾用于船舶电力推进系统，特别是大功率的同步电机调速，但因晶闸管逆变器仅能调频，调压需要由整流器进行，因而不易用于船舶直流电力系统的交流电机调速控制。

2) 基于 IGBT 的两电平 VSC 逆变器。两电平 VSC 逆变器主电路拓扑与图 9.14 所示的基于 IGBT 的三相桥式整流器相同，只需改变其换流模式与调制方式，就可将输入的直流电变换为正弦波交流电输出[9.3]。目前主流的调制方式为 PWM，包括 SPWM 和 SVPWM 等。这种 VSC 型逆变器应用广泛，既可用作交流电机调速，也可用于电源变换。

3) 基于 IGBT 的多电平 VSC 逆变器。对于船舶中高压直流电力系统，应采用多电平逆变器，但由于级联式多电平逆变器和模块化多电平逆变器不能适用于电机驱动 4 象限运行需要，故一般采用二极管三电平中点钳位 VSC 逆变器，其主电路拓扑与图 9.15 所示的三电平整流器结构相同，控制方式为多电平 PWM，常用于船舶中大功率交流电机调速或大容量电源变换。

(2) 船用 DC/AC 逆变器变频控制技术　变频控制是目前交流电机最主要的调速控制方法，船用 DC/AC 逆变器变频控制技术主要分为 3 种[9.14]：

1) 变压频比控制方法。采用电压与频率成比例协调控制策略，又称为 V/F 控制，以调节 DC/AC 逆变器输出的交流电压和频率。该方法控制简单，适用于船舶风机、水泵等负载的节能。

2) 矢量控制（Vector Control，VC）方法。VC 属于高性能交流电机控制方法，通过坐标变换将交流电机模型等效为 dq 模型进行解耦控制，常用于船舶电力推进系统[9.14]。

3) 直接转矩控制方法。直接转矩控制（Direct Torque Control，DTC）也是一种高性能交流电机控制方法，常用于船舶电力推进系统[9.14]。

(3) DC/AC 逆变器恒频控制技术　对于船舶直流电力系统中一般的交流负荷，如照明、空调、仪器仪表电源等，目前仍采用交流供电，需要通过 DC/AC 逆变器变换成恒压恒频的交流电，其控制策略与变频变压控制截然不同。图 9.17 给出一种电压电流双闭环逆变控制方法，其基本控制结构与图 9.16 相似，但采用 SVPWM 实现逆变控制，实现恒压恒频交流输出。

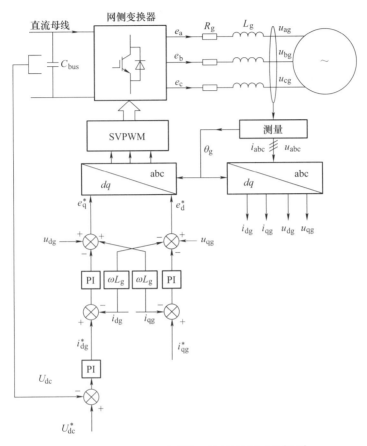

图 9.17 DC/AC 逆变器恒压恒频控制系统[9.14]

9.4 船舶直流电力系统的短路计算与保护

船舶交流电力系统短路计算方法较为成熟，本书第 4 章已有详细论述。但因船舶直流电力系统作为新生事物出现不久，虽然 IEC 为船舶直流电力系统短路计算给出了其相应的标准 IEC 61660-1-1997，也有研究提出了一些计算方法，目前仍缺少相对成熟的短路计算方法。本节通过船舶低压直流电力系统的仿真建模，探讨短路电流计算以及系统保护问题，提出一些自己的见解。

9.4.1 船舶直流电力系统短路计算

在常规的船舶低压直流电力系统中，短路电流的电流源主要来自发电机整流器、蓄电池、滤波电容器等直流电源，主要依据 IEC 61660-1-1997 标准计算单独的直流电源支路的短路电流。

但是，随着船舶低压直流电力系统结构与组成形式的增多，其短路电流计算也变得复杂，传统的短路计算方法不够全面，也存在一些问题。首先，IEC 61660-1-1997 标准中蓄电池峰值短路电流计算公式误差稍大；其次，IEC 61660-1-1997 标准未给出超级电容器的短路计算方法，也未给出仅有滤波电容器在网的短路电流计算方法。此外，对多种电源在网的短路电流折算也无依据，且部分电流源的短路折算方法存在较大的计算误差，无法满足国际标准要求短路电流计算误差在 10% 以内的规定。为此，本小节首先介绍 IEC 61660-1-1997 标准的短路计算方法，然后针对以上问题进行研究探讨，扩展到新的电源装置与多直流电源回路的短路计算[9.9]。

1. 常规的船舶低压直流电力系统短路电流分析

当系统发生短路故障时，发电机整流器、蓄电池以及滤波电容器的短路电流波形如图 9.18 所示，图 9.18a~图 9.18c 分别给出了常规的 3 种直流电源的短路电流曲线；为方便计算，将 3 种短路电流曲线近似等效，如图 9.18d 所示。图中，t_r 为电流上升时间，t_p 为电流峰值时间，t_d 为电流下降时间。

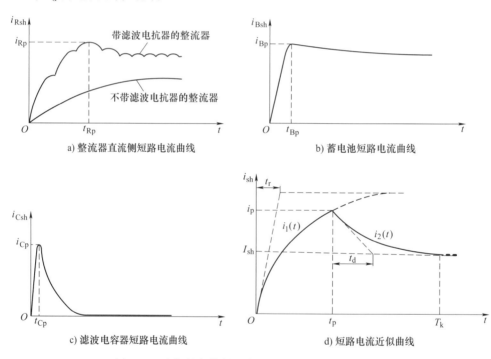

图 9.18 常规的船舶低压直流电力系统短路电流曲线

与交流电力系统短路不同，当直流系统发生短路时，其短路电流不经过零点，从图 9.18 也可以看出各直流源提供的短路电流具有各自的特点：

1）由于发电机定子绕组阻抗较大，导致发电机整流器支路具有较大的时间常数，使得其整流器输出短路电流达到峰值时间较长，且峰值及稳态短路电流受到一定限制。

2）蓄电池内阻也相对较大，故其短路电流峰值时间也相对较长，一般在 20~30ms 之间，由于蓄电池的 SOC 不断发生变化，并且发生短路时，其 SOC 会加速下降，故蓄电池短路电流不存在稳态值，一般取 1s 后的短路电流值作为其稳态短路电流。

3) 由于滤波电容器内阻很小,故其时间常数也很小,其放电速度非常快,一般在 0~2ms 之内就能完成放电,并且其提供的短路电流非常大。

2. 常规的船舶低压直流电力系统短路电流计算

IEC 针对船舶直流电力系统短路故障颁布了 IEC 61660-1-1997 标准,在 IEC 61660-1-1997 标准中已对发电机、蓄电池及滤波电容器的短路电流计算方法进行了介绍[9.15]。但是,对于超级电容等新能源直流电源并未做出规范,现首先介绍基于 IEC 61660-1-1997 标准的短路计算方法,然后扩展到超级电容的短路计算。

(1) 发电机整流侧短路电流计算方法 采用 IEC 61660-1-1997 给出的整流器直流侧短路电流计算方法,设发电机与整流器短路的等效电路如图 9.19 所示,假设在整流器输出端 F 点发生短路,图中:U_2

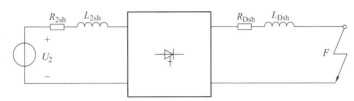

图 9.19 发电机与整流器短路的等效电路

为整流器输入变压器的二次电压有效值;R_{2sh} 和 L_{2sh} 为折算到变压器一次侧的故障电路的电阻和电感总和;R_{Dsh} 和 L_{Dsh} 为整流器直流侧故障电路的电阻和电感总和。

根据等效电路,整流器支路的稳态短路电流 I_{Rsh} 计算公式为

$$I_{Rsh} = \lambda_R \frac{3\sqrt{2}}{\pi} \frac{cU_{2l}}{\sqrt{3}Z_{2sh}} \frac{U_2}{U_1} \tag{9-1}$$

式中,λ_R 为计算整流器准稳态短路电流因数;c 为电压系数,一般取 1.05;U_{2l} 为变压器二次侧线电压有效值;U_2/U_1 为变压器电压比的倒数,如果线路中没有变压器则取 1;Z_{2sh} 为变压器侧短路总阻抗。

整流器短路电流峰值 i_{Rp} 计算公式为

$$i_{Rp} = k_R I_{Rsh} \tag{9-2}$$

式中,k_R 为计算整流器峰值短路电流因数。λ_R 和 k_R 可由式(9-3)和式(9-4)求得[9.16]。

$$\lambda_R = \sqrt{\frac{1+\left(\frac{R_{2sh}}{X_{2sh}}\right)^2}{1+\left(\frac{R_{2sh}}{X_{2sh}}\right)^2\left(1+\frac{2}{3}\frac{R_{Dsh}}{X_{2sh}}\right)^2}} \tag{9-3}$$

$$\begin{cases} k_R = 1 + \frac{2}{\pi} e^{-\left(\frac{\pi}{3}+\varphi_R\right)\cot\varphi_R} \sin\varphi_R \left(\frac{\pi}{2} - \arctan\frac{L_{Dsh}}{L_{2sh}}\right) \\ \varphi_R = \arctan\dfrac{1}{\dfrac{R_{2sh}}{X_{2sh}}\left(1+\dfrac{2}{3}\dfrac{R_{Dsh}}{X_{2sh}}\right)} \end{cases} \tag{9-4}$$

(2) 蓄电池短路计算方法 蓄电池短路的等效电路如图 9.20 所示,假设在 F 点短路,图中 R_{Bsh} 和 L_{Bsh} 为蓄电池等效内阻与故障电路的电阻和电感总和。

由此可以得到蓄电池支路的稳态短路电流 I_{Bsh} 计算公式为

$$I_{\text{Bsh}} = \frac{0.95 E_{\text{B}}}{R_{\text{Bsh}} + 0.1 R_{\text{B}}} \tag{9-5}$$

式中，E_{B} 为蓄电池端口电压；R_{B} 为蓄电池内部电阻。

蓄电池短路电流峰值 I_{Bp} 计算公式为

$$I_{\text{Bp}} = \frac{E_{\text{B}}}{R_{\text{Bsh}}} \tag{9-6}$$

（3）滤波电容器短路计算方法　滤波电容器短路的等效电路如图 9.21 所示，假设在 F 点发生短路，图中 R_{Csh} 和 L_{Csh} 为滤波电容等效内阻与故障电路的电阻和电感总和。

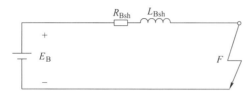

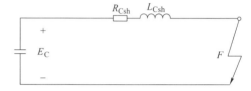

图 9.20　蓄电池短路的等效电路　　　　图 9.21　滤波电容器短路的等效电路

由于滤波电容器放电过程迅速，时间极短，短路后 1s 放电已经结束，故其稳态短路电流为 $I_{\text{Csh}} = 0$。滤波电容器短路峰值 i_{Cp} 计算公式为

$$i_{\text{Cp}} = k_{\text{C}} \frac{E_{\text{C}}}{R_{\text{Csh}}} \tag{9-7}$$

式中，E_{C} 为滤波电容器两端电压；k_{C} 为计算滤波电容器峰值短路电流因数。

（4）超级电容器短路计算方法　在 IEC 61660-1-1997 标准中并未给出超级电容器的短路计算方法。考虑到超级电容器与蓄电池在电化学上相似的特性，根据 IEC 61660-1-1997 标准中蓄电池短路电流等效电路，提出了一种基于串联 RC 的等效电路，如图 9.22 所示，假设在 F 点短路，图中 R_{SCsh}、L_{SCsh} 为超级电容器等效内阻与故障电路的电阻和电感总和。

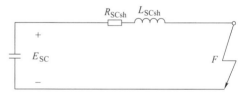

图 9.22　超级电容器等效电路简化模型

由超级电容器简化模型，可得其支路的稳态短路电流 I_{SCsh} 计算公式为

$$I_{\text{SCsh}} = \frac{0.95 E_{\text{SC}}}{R_{\text{SCsh}}} \tag{9-8}$$

式中，E_{SC} 为超级电容器端电压。

考虑超级电容器的电容特性，引入修正系数 k_{SC}，峰值短路电流 i_{SCp} 为

$$i_{\text{SCp}} = k_{\text{SC}} \frac{E_{\text{SC}}}{R_{\text{SCsh}}} \tag{9-9}$$

式中，k_{SC} 为计算超级电容器峰值短路电流因数。

3. 公共支路短路折算方法

当短路故障发生在公共支路时，需要对整流器、蓄电池、超级电容器以及滤波电容器等电流源提供的短路电流进行折算。现针对船舶正常以及严重故障模式下公共支路短路折算方法进行研究。

(1) 公共支路短路折算方法 当短路故障发生在直流母线上时，如图 9.23 所示，如在 F_1 点短路可利用上述方法直接计算短路电流；而当短路故障发生在公共支路上时，如在图中 F_2 点短路，利用上述方法进行短路电流计算需要乘以折算系数，即需要进行短路折算。

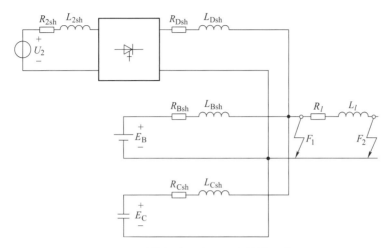

图 9.23　计算部分短路电流的等效电路图

短路折算公式为

$$\sigma_j = \frac{R_{jres}(R_{ji} + R_l)}{R_{jres} + R_{ji} + R_{ji}R_l + R_{jres}R_l} \tag{9-10}$$

其参数 R_{ji} 和 R_{jres} 计算方法见表 9.1。

表 9.1　折算公式参数 R_{ji} 和 R_{jres} 计算方法

电源 j	R_{ji}	R_{jres}
整流器	$R_{Ri} = \dfrac{U}{I_{Rsh}} - R_l$	$R_{Rres} = \dfrac{1}{\dfrac{1}{R_{Bi}}}$
蓄电池	$R_{Bi} = R_B + R_{Bl}$	$R_{Bres} = \dfrac{1}{\dfrac{1}{R_{Ri}}}$
滤波电容器	$R_{Ci} = R_C + R_{Cl}$	$R_{Cres} = \dfrac{1}{\dfrac{1}{R_{Ri}} + \dfrac{1}{R_{Bi}}}$

修正后，各电流源稳态及峰值短路电流计算公式变为[9.17]

$$\begin{cases} i_{jpcor} = \sigma_j i_{jp} \\ I_{jshcor} = \sigma_j I_{jsh} \end{cases} \tag{9-11}$$

(2) 复杂公共支路发生短路　目前，IEC 标准未对多个功率电源同时在网的短路电流折算计算方法进行详细的说明，也未提出超级电容器以及与功率电源在同一支路上滤波电容器的短路折算计算方法。针对以上问题，重点探讨在 IEC 标准的基础上对短路折算计算方法进行改进。

考虑多个功率电源同时在网，F 点发生的短路情况，如图 9.24 所示。

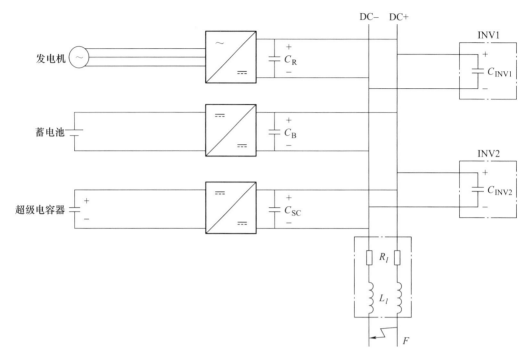

图 9.24 复杂公共支路短路图

图 9.24 中，电源包括发电机及其整流器、蓄电池、超级电容器等，负载包括两个逆变器支路 INV1 滤波电容器与 INV2 滤波电容器。当功率电源正常工作时，滤波电容器与整流器、蓄电池以及超级电容器提供的短路电流一起进行折算，折算公式及其参数计算方法请见文献 [9.14]。

(3) 等效电容器短路计算方法　在船舶低压直流电力系统设计中应考虑严重故障发生的情况，直流电网中电源全部发生故障，无法提供电力。此时，该支路能够提供短路电流的仅有变流装置的滤波电容器。目前，在 IEC 61660-1-1997 标准中没有多个滤波电容器流经公共支路短路电流的计算方法[9.19]。这里提出一种等效电容短路计算方法。

当船舶直流电网某一支路上所有电源发生故障，只有滤波电容器在网，且短路故障发生在公共支路 F 点，可等效为图 9.25 右面的电路。

根据基尔霍夫定律可得

$$\begin{cases} U_C - L_1 \dfrac{\mathrm{d}i_{C_1}}{\mathrm{d}t} - i_{C_1}R_1 = U_{\mathrm{dc}} \\ U_C - L_2 \dfrac{\mathrm{d}i_{C_2}}{\mathrm{d}t} - i_{C_2}R_2 = U_{\mathrm{dc}} \\ \qquad\vdots \\ U_C - L_n \dfrac{\mathrm{d}i_{C_n}}{\mathrm{d}t} - i_{C_n}R_n = U_{\mathrm{dc}} \end{cases} \tag{9-12}$$

同理可得等效滤波电容器的计算公式为

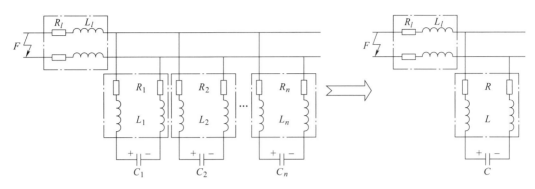

图 9.25 滤波电容器等效电路结构图

$$U_C - LC\frac{\mathrm{d}^2 U_C}{\mathrm{d}t^2} - RC\frac{\mathrm{d}U_C}{\mathrm{d}t} = U_{\mathrm{dc}} \tag{9-13}$$

由能量守恒定律可以推出等效电路的参数为

$$C = \frac{R_1 C_1^2 + R_2 C_2^2 + \cdots + R_n C_n^2}{\frac{1}{n}(R_1 C_1 + R_2 C_2 + \cdots + R_n C_n)} = n\frac{R_1 C_1^2 + R_2 C_2^2 + \cdots + R_n C_n^2}{R_1 C_1 + R_2 C_2 + \cdots + R_n C_n} \tag{9-14}$$

$$L = \frac{\frac{1}{n}(L_1 C_1 + L_2 C_2 + \cdots + L_n C_n)}{C} = \frac{L_1 C_1 + L_2 C_2 + \cdots + L_n C_n}{nC} \tag{9-15}$$

$$R = \frac{\frac{1}{n}(R_1 C_1 + R_2 C_2 + \cdots + R_n C_n)}{C} = \frac{R_1 C_1 + R_2 C_2 + \cdots + R_n C_n}{nC} \tag{9-16}$$

再按 IEC 61660-1-1997 标准上的修正因数求得等效滤波电容器的修正因数,其修正因数公式为

$$\sigma_j = \frac{R_{j\mathrm{res}}(R_{ji} + R_l)}{R_{j\mathrm{res}}R_{ji} + R_{ji}R_l + R_{j\mathrm{res}}R_l} \tag{9-17}$$

其中

$$R_{j\mathrm{res}} \mathbin{/\mkern-6mu/} R_{ji} \mathbin{/\mkern-6mu/} R_l = \frac{1}{\frac{1}{R_{j\mathrm{res}}} + \frac{1}{R_{ji}} + \frac{1}{R_l}} = \frac{R_{j\mathrm{res}} R_{ji} R_l}{R_{j\mathrm{res}} R_{ji} + R_{ji} R_l + R_{j\mathrm{res}} R_l} \tag{9-18}$$

$$R_{ji} \mathbin{/\mkern-6mu/} R_l = \frac{1}{\frac{1}{R_{ji}} + \frac{1}{R_l}} = \frac{R_{ji} R_l}{R_{ji} + R_l} \tag{9-19}$$

可得

$$\sigma_j = \frac{R_{j\mathrm{res}} \mathbin{/\mkern-6mu/} R_{ji} \mathbin{/\mkern-6mu/} R_l}{R_{ji} \mathbin{/\mkern-6mu/} R_l} \tag{9-20}$$

而从图 9.25 可以看出，将所有滤波电容器等效成一个滤波电容器后，就不存在其并联支路了，故式（9-20）中不存在 R_{jres} 变量，即

$$\sigma_{EC} = \frac{R_{ji} \mathbin{/\mkern-6mu/} R_l}{R_{ji} \mathbin{/\mkern-6mu/} R_l} = 1 \tag{9-21}$$

由此可知，当采用等效电容法计算流过公共支路的短路电流时，不需经过折算，即等效电容器支路与公共支路可看作连接在一起的同一条支路。

9.4.2 船舶直流电力保护及隔离装置选型依据

船舶低压直流电力系统的短路保护装置有直流断路器和熔断器两种。目前，可商用的直流断路器容量有限且价格昂贵；而熔断器具有易实现选择性、动作速度快、限流能力强、可靠性高、成本低以及高分断能力等优点，常作为船舶直流电力系统的保护装置。与保护装置一同用在电力系统中的还有隔离开关，隔离开关不具有短路保护能力，一般维修设备时打开隔离开关，形成物理隔离。本小节对熔断器和隔离开关的选型依据进行介绍。

（1）隔离开关选型依据　根据 IEC 60947-3-2020 标准[9.15]，隔离开关选型主要根据以下几个关键参数：额定工作电压 U_N、额定工作电流 I_N、额定短时耐受电流 I_{cw} 及额定短时接通电流 I_{cm}。额定工作电压 U_N 至少等于安装点的系统最高电压；额定工作电流 I_N 应大于安装支路的最大工作电流；额定短时耐受电流 I_{cw} 及额定短时接通电流 I_{cm} 分别对应开关的热稳定性和动稳定性。热稳定性表示短路电流在一定时间内流过开关并对开关产生的热冲击，动稳定性表示短路电流峰值对开关各个导电结构器件产生巨大的电动力作用，开关必须要能够承受它的冲击，故而额定短时耐受电流 I_{cw} 应大于短路电流稳态值，额定短时接通电流 I_{cm} 大于短路电流峰值[9.16]。

（2）熔断器选型依据　电力系统中熔断分为直流型和交流型两种类型，都可以应用于船舶直流电力系统，交流熔断器应用于船舶直流电力系统时，要进行 20% 的电压降额。

熔断器最重要的两个参数是 Pre-arcing I^2t 和 Clearing I^2t，分别对应 T_{Pa} 和 T_{Cl}，只要计算出短路电流产生的熔断 I^2t 以及熔断器在工作电压下的 Clearing I^2t（注：折算系数在熔断器制造商提供的折算曲线上获取），即可得到熔断器的 T_{Pa} 和 T_{Cl}，短路电流产生的熔断 I^2t 计算公式为

$$I_{rms} = \sqrt{\frac{1}{n}(i_1^2 + i_2^2 + \cdots + i_n^2)} \tag{9-22}$$

$$I_{k+1}^2 t = I_k^2 t + \frac{1}{2}(I_k^2 + I_{k+1}^2)(t_{k+1} - t_k) \tag{9-23}$$

式中，$i_k (k = 1, \cdots, n)$ 为每个时间点的短路电流；I_{rms} 为每个时间点的方均根值；I_k 为上个时间点的方均根值；I_{k+1} 为当前时间点的方均根值；t_k 为上个时间点；t_{k+1} 为当前时间点；$I_k^2 t$ 为上个时间点的短路能量；$I_{k+1}^2 t$ 为当前时间点的短路能量。

根据 IEC 60269-1-2024 标准[9.17-9.18]，计算熔断器的额定电流，需考虑温度折减率 T_f，如图 9.26 所示，曲线 A 用于慢熔熔断器计算，曲线 B 用于快速熔断器计算。

同时还需考虑电流降额系数 O_f（注：在 IEC 标准上 $O_f = 1.0$，即实际稳态工作电流等于

I_N），由此可以得出熔断器额定电流 I_N 计算公式为

$$I_N = \frac{1.6(\text{或 }1.25)I_{dm}}{T_f O_f}$$

(9-24)

式中，I_{dm} 为流过熔断器所在支路直流侧最大工作电流。

利用以上方法计算出系统各支路熔断器的额定电流，即可确定每个熔断器在系统电压下的 Pre-arcing I^2t 和 Clearing I^2t，当系统某支路发生短路故障时，计算出流过故障支路熔断器的短路电流产生的 I^2t 以及流过非故障支路熔断器的短路电流产生的 I^2t，与系统电压下的 Pre-arcing I^2t 和 Clearing I^2t 进行比较，得出故障支路熔断器以及非故障支路熔断器的 T_{Pa} 和 T_{Cl}，当 $T_{Cl}^{(f)} < T_{Pa}^{(nf)}$（$f$ 表示故障线路，nf 表示非故障线路）成立时，说明故障支路熔断器正确动作[9.20]。只有当船舶电站在最大、最小工作电压下各个运行模式中多个短路点的验证都成立时，说明熔断器选型完全适用于该系统。当其中一个判定依据不成立时，需对系统熔断器额定电流进行修正，至少保证熔断器额定电流大于支路直流侧最大工作电流，修正完成后，重新进行验证，直至全部判定依据成立。

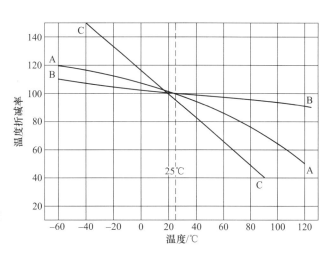

图 9.26 温度折减率曲线[9.19]

9.4.3 船舶直流电力系统短路与保护仿真试验

目前，船舶低压直流电力系统分为混合动力系统和纯电力动力系统两种，本小节分别对两种动力系统在短路故障情况下进行仿真分析。

（1）混合动力直流电力系统短路试验 以 ABB 公司承担的某渡轮项目作为案例，交直流混合船舶电站由两组柴油发电机、两组蓄电池以及两组超级电容器组成，每一船舷各有一组电源独立运行，配电柜不经母线电缆连接，如图 9.27 所示[9.20]。系统中发电机经整流器输出，双向 DC/DC 变换器采用三相交错式，直流母线电压稳定在 800V。分别在 DC/DC 变流器输出侧电缆两端 SC1A、SC1B、SC2A、SC2B，整流器输出侧电缆两端 SC3A、SC3B，逆变器输入侧电缆两端 SC4A、SC4B、SC5A、SC5B 以及直流母线 SC1 处进行短路，其位置如图 9.27 所示，验证熔断器选择，并计算当直流母线 SC1 处发生短路，系统各电源产生的短路电流，分析计算数据与仿真数据之间的误差。

假设 0.2s 时，直流母线发生短路故障，母线电压由稳定的 800V 迅速下降，几乎接近 0V，如图 9.28 所示。

流经各支路熔断器的短路电流如图 9.29 所示。

对流经各支路熔断器的短路电流进行计算，分析比较仿真数据和计算数据，见表 9.2 和表 9.3。

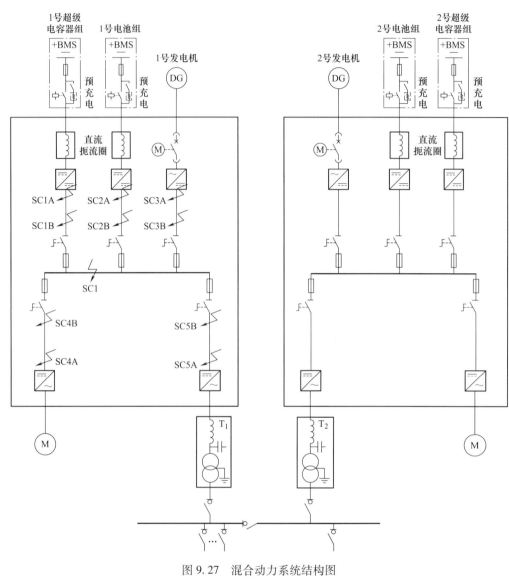

图 9.27 混合动力系统结构图

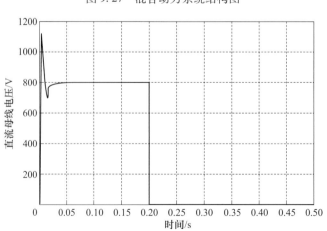

图 9.28 故障前后直流母线电压变化图

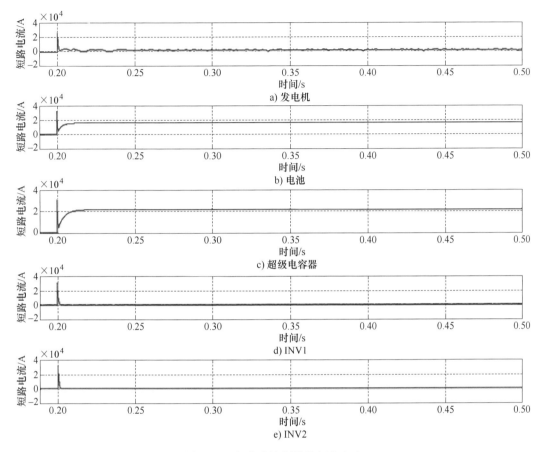

图 9.29 各支路熔断器的短路电流

表 9.2 短路电流仿真数据

项目	发电机	电池	超级电容器	INV1	INV2
i_{Cp}/kA	27.60	32.53	32.52	32.05	32.05
i_{Rp},i_{Bp},i_{SCp}/kA	5.00	16.86	22.43	—	—
I_{Rsh},I_{Bsh},I_{SCsh}/kA	3.35	16.49	21.88	—	—

表 9.3 短路电流计算数据

项目	发电机	电池	超级电容器	INV1	INV2
i_{Cp}/kA	28.14	32.73	32.73	32.58	32.58
i_{Rp},i_{Bp},i_{SCp}/kA	6.13	17.03	22.76	—	—
I_{Rsh},I_{Bsh},I_{SCsh}/kA	3.42	16.18	21.63	—	—

对比表 9.2 和表 9.3,可以得出短路电流计算误差见表 9.4。

表 9.4 短路电流计算误差

项目	发电机	电池	超级电容器	INV1	INV2
误差（%）	1.92	0.60	0.64	1.63	1.63
	18.40	1.00	1.45	—	—
	2.05	1.92	1.16	—	—

由于短路故障发生在直流母线上，故系统中的熔断器全部熔断，各支路熔断器熔断时间见表 9.5。

表 9.5 各支路熔断器熔断时间

SC1 短路		发电机	电池	超级电容器	INV1	INV2
熔断时间/ms	弧前时间	0.199	0.190	0.190	0.151	0.151
	清除时间	0.666	0.782	0.782	0.473	0.473

当短路故障发生在支路上时，仅故障支路熔断器熔断，非故障支路正常运行，提高了系统的可靠性。

超级电容器支路 SC1A、SC1B 处分别发生短路，其熔断时间见表 9.6。

表 9.6 超级电容器支路熔断器熔断时间

		SC1A 短路					SC1B 短路				
		发电机	电池	超级电容器	INV1	INV2	发电机	电池	超级电容器	INV1	INV2
熔断时间/ms	弧前时间	0.551	0.993	0.174	0.661	0.661	0.220	0.214	0.062	0.165	0.165
	清除时间	0.358					0.115				

蓄电池支路 SC2A、SC2B 处分别发生短路，其熔断时间见表 9.7。

表 9.7 蓄电池支路熔断器熔断时间

		SC2A 短路					SC2B 短路				
		发电机	电池	超级电容器	INV1	INV2	发电机	电池	超级电容器	INV1	INV2
熔断时间/ms	弧前时间	0.551	0.174	1.012	0.659	0.659	0.220	0.062	0.215	0.165	0.165
	清除时间	0.359					0.115				

发电机整流支路 SC3A、SC3B 处分别发生短路，其熔断时间见表 9.8。

表 9.8 发电机整流支路熔断器熔断时间

		SC3A 短路					SC3B 短路				
		发电机	电池	超级电容器	INV1	INV2	发电机	电池	超级电容器	INV1	INV2
熔断时间/ms	弧前时间	0.184	1.324	1.374	0.879	0.879	0.050	0.222	0.222	0.169	0.169
	清除时间	0.364					0.091				

INV1 支路 SC4A、SC4B 处分别发生短路,其熔断时间见表 9.9。

表 9.9 INV1 支路熔断器熔断时间

熔断时间/ms		SC4A 短路					SC4B 短路				
		发电机	电池	超级电容器	INV1	INV2	发电机	电池	超级电容器	INV1	INV2
熔断时间/ms	弧前时间	0.556	1.022	1.047	0.148	0.673	0.225	0.220	0.220	0.053	0.168
	清除时间	0.286					0.096				

INV2 支路 SC5A、SC5B 处分别发生短路,其熔断时间见表 9.10。

表 9.10 INV2 支路熔断器熔断时间

熔断时间/ms		SC5A 短路					SC5B 短路				
		发电机	电池	超级电容器	INV1	INV2	发电机	电池	超级电容器	INV1	INV2
熔断时间/ms	弧前时间	0.556	1.022	1.047	0.673	0.148	0.225	0.220	0.220	0.168	0.053
	清除时间	0.286					0.096				

由以上数据分析可见,短路电流计算与仿真数据之间的误差在允许的范围内,仅有发电机整流峰值短路电流误差超出了允许范围,故后期工作对其计算公式进行改进,并且根据故障支路熔断器动作时间,验证了熔断器选择性方法的可行性。

(2) 纯电动船舶直流系统短路试验 纯电动船舶的直流电力系统如图 9.30 所示。

该系统由 4 组蓄电池和两组超级电容器组成,每一船舷各有两组蓄电池和一组超级电容器,两配电柜之间经母线电缆连接,蓄电池和超级电容器支路双向 DC/DC 变流器采用三相交错式电压电流双闭环控制,使直流母线电压稳定在 800V。当正常运行时,母线隔离开关打开,两船舷独立运行。仅当其中一船舷功率电源全部故障时,闭合母线隔离开关,如图 9.31 所示。

设定在 0.2s 时故障发生,切断右舷全部功率电源并闭合母联开关,变流器在电压电流双闭环控制下使系统重新稳定在 800V,如图 9.32 所示,然后分别在两直流母线 SC1、SC2 以及母线电缆两端 SC3、SC4 处进行短路,验证各熔断器之间的协调动作,说明熔断器选择方法的可行性,并计算直流母线 SC1 和 SC2 处发生短路,流过各支路熔断器的短路电流,分析计算数据与仿真数据之间的误差。

当直流母线在 SC1 处发生短路故障时,流经系统各支路熔断器的短路电流如图 9.33 和图 9.34 所示。

对流经关键支路熔断器的短路电流进行计算,分析比较仿真数据和计算数据,见表 9.11 和表 9.12。

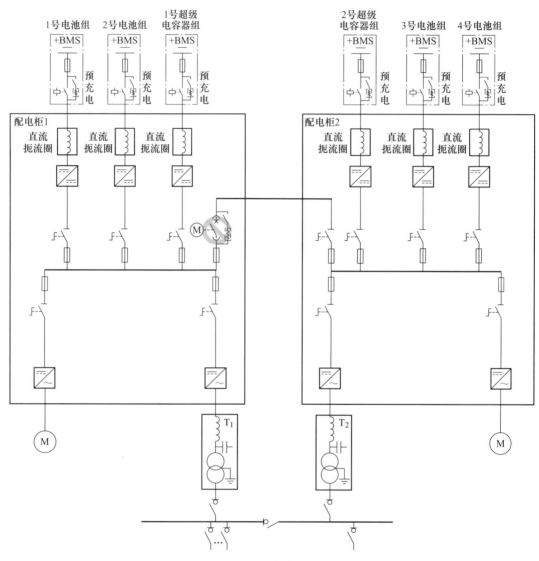

图9.30 纯电动船舶的直流电力系统

表9.11 短路电流仿真数据 SC1

直流母线1	电池1熔断器	电池2熔断器	超级电容熔断器	INV1熔断器	INV2熔断器	配电柜1熔断器
i_{Cp}/kA	31.88	31.88	31.88	31.68	31.73	37.23
i_{Bp}, i_{SCp}/kA	16.722	16.722	22.179	—	—	—
I_{Bsh}, I_{SCsh}/kA	16.4	16.4	21.9	—	—	—

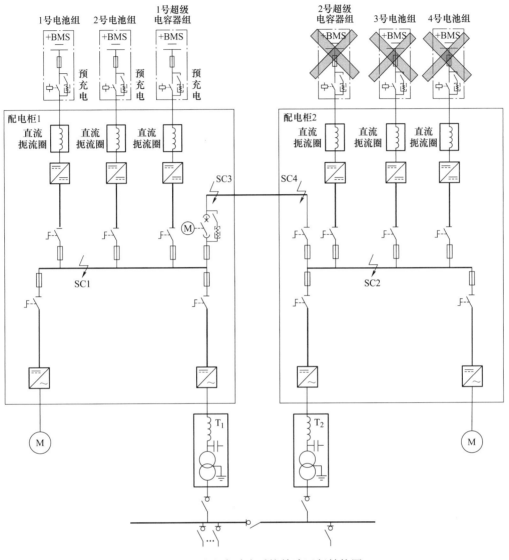

图 9.31 纯电力动力系统故障运行结构图

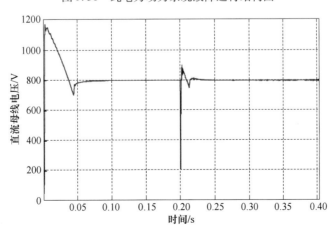

图 9.32 母联开关闭合前后母线电压变化图

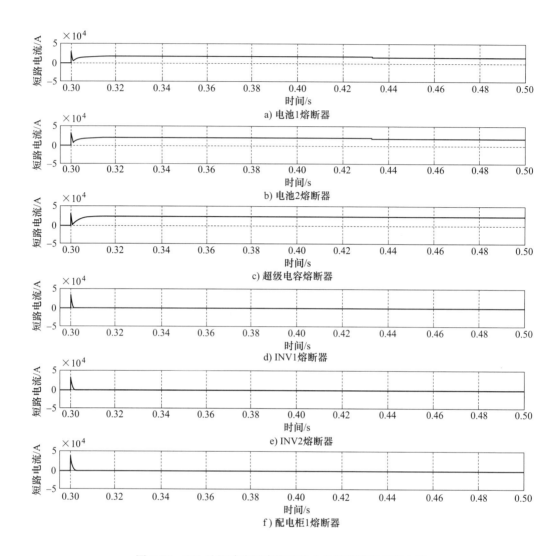

图 9.33 SC1 处短路流经直流母线 1 各熔断器的短路电流

表 9.12 短路电流计算数据 SC1

直流母线 1	电池 1 熔断器	电池 2 熔断器	超级电容 熔断器	INV1 熔断器	INV2 熔断器	配电柜 1 熔断器
i_{Cp}/kA	32.462	32.462	32.462	32.460	32.460	38.155
i_{Bp},i_{SCp}/kA	16.927	16.927	22.560	—	—	—
I_{Bsh},I_{SCsh}/kA	16.08	16.08	21.44	—	—	—

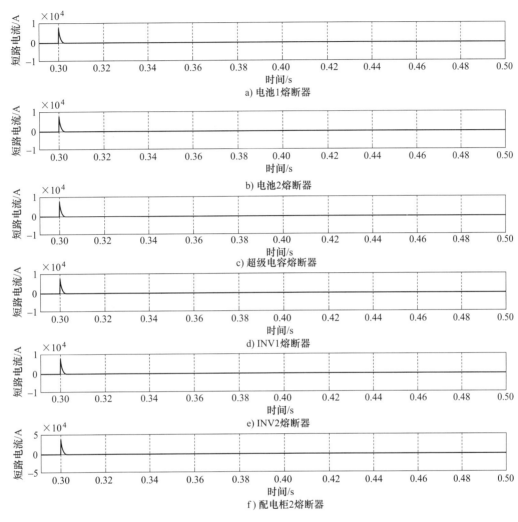

图 9.34 SC1 处短路流经直流母线 2 各熔断器的短路电流

对比表 9.11 和表 9.12，可以得出短路电流计算误差，见表 9.13。

表 9.13 SC1 短路电流计算误差

直流母线 1	电池 1 熔断器	电池 2 熔断器	超级电容熔断器	INV1 熔断器	INV2 熔断器	配电柜 1 熔断器
	1.792	1.792	1.792	2.400	2.254	2.423
误差（%）	1.214	1.214	1.700	—	—	—
	1.983	1.983	2.140	—	—	—

由于短路故障发生在直流母线 1 上，故直流母线 1 中各支路熔断器全部熔断以及两配电柜之间的熔断器先于直流母线 2 中各支路熔断器熔断，熔断器熔断时间见表 9.14。

表 9.14 SC1 处短路系统各熔断器熔断时间

直流母线 1	电池 1 熔断器	电池 2 熔断器	超级电容熔断器	INV1 熔断器	INV2 熔断器	配电柜 1 熔断器
弧前时间/ms	0.127	0.127	0.127	0.128	0.128	0.222
清除时间/ms	0.362	0.362	0.362	0.368	0.368	0.432
直流母线 2	电池 1 熔断器	电池 2 熔断器	超级电容熔断器	INV1 熔断器	INV2 熔断器	配电柜 2 熔断器
弧前时间/ms	1.561	1.561	1.561	1.707	1.606	0.222
消除时间/ms	0.432					

9.5 船舶直流电力系统应用案例

船舶直流电力系统目前主要应用于中小纯电动船舶和大中型电力推进船舶。

2013 年，ABB 公司向 MPSV Dina Star 交付了世界首套船舶直流电力系统 Onboard DC Grid，如图 9.35 所示，采用集中式结构，同步发电机通过晶闸管整流器整流连接到直流母线，在主配电盘内通过逆变器输出交流电供负载使用。Myklebusthaug Management 成为全球第一艘采用现代直流系统的 IMO 船舶。

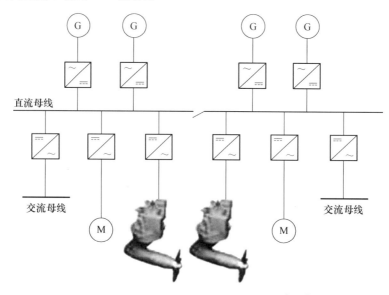

图 9.35 ABB 集中式直流电力系统结构[9.21]

Dina Star 船舶及直流配电系统主要参数见表 9.15。

表 9.15 Dina Star 船舶及直流配电系统主要参数

船名	Dina Star
船型	OSV/PSV
船舶设计	MT6015 MPSV
船厂	Kelven Yard BN 357

(续)

船东	Myklebusthaug Management AS
交船年份	2013
船籍	DNV DP2 Closed, ERN 99 99 99 99
发电机组	4×2240kW, 1×920kW, 1200~1800r/min
主推进器	2×2.2MW ACS800 Azimuth
侧推器	2×925kW ACS800 Tunnel 1×880kW ACS800 Azimuth

风电场服务船 Wind of Change 和 Wind of Hope 也采用了 ABB 公司最新的电力系统技术，也达到了更加高效及控制精准的船舶电力推进及电网。

ABB 的分布式直流电网系统如图 9.36 所示，也是采用同步发电机通过晶闸管整流器整流连接直流母线，不同的是经直流输电后，逆变器分布于不同区域，直接逆变成交流电后供负载使用。例如：对于电推这类大负荷电力设备更具优势。

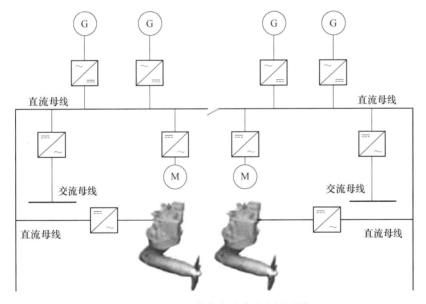

图 9.36 ABB 的分布式直流电网系统

Wind of Change 船舶的主要参数见表 9.16。

表 9.16 Wind of Change 船舶的主要参数

船名	Wind of Change and Wind of Hope
船型	Wind farm SOV
船舶设计	SALT 193 Service Operations Vessel
船厂	Cemre Yard NB57
船东	Louis Dreyfus Armateurs
交船年份	2018

(续)

船籍	BV DP2
发电机组	4×1563kW
储能单元	2×2035kW·h
主推进器	2×1660kW ACS800 Drive System
侧推器	2×1400kW ACS800 Tunnel 1×880kW ACS800 Azimuth

SIEMENS 公司也推出了船舶直流电力系统，如图 9.37 所示，采用 BLUE DRIVE PLUS C 技术，同步发电机通过晶闸管整流器整流连接到直流母线，经直流输电后再逆变成交流电供负载使用，应用于 PATERSON TIDE 船上。

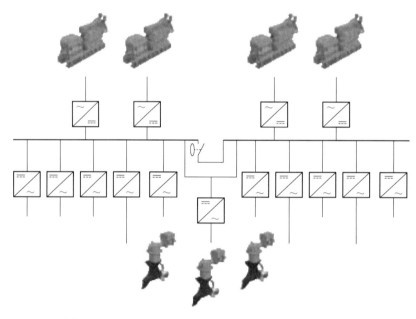

图 9.37　SIEMENS 的 BLUE DRIVE PLUS C 直流电力系统

对于纯电动船，大多数采用动力电池。例如：中威香港渡轮项目由 ABB 公司提供船舶直流电站的设计方案，如图 9.38 所示。

该型船舶直流电站采用通过船级社认证的 LF280 型磷酸铁锂电池组成的电池系统作为主电源，电池系统由若干个电池组组成，电池模块由单体电池串联组成，主要有两种电池模块：1P10S 电池模块和 1P6S 电池模块，具体参数见表 9.17。

由电池模块串联组成电池包，一种是由 2 个电池模块 B 串联组成的电池包 B，一种是由 3 个电池模块 A 串联组成的电池包 A；再由电池包串联组成电池簇，根据系统设计电压由电池包 A 和电池包 B 进行组合；最终由电池簇并联组成电池组，根据所需电池组能量选取电池簇并联数量。

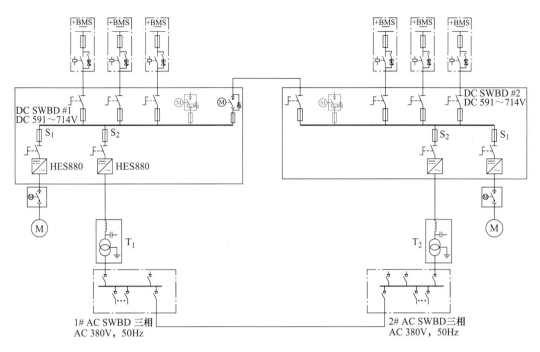

图 9.38　ABB 纯电动渡轮船舶电力系统结构

表 9.17　电池模块技术参数

序号	项目	电池模块 B	电池模块 A
1	额定电压	DC19.2V(1PS6S)	DC32V(1P10S)
2	标称容量	280A·h	280A·h
3	可用电压范围	17.4~21.0V	29~35V

参 考 文 献

[9.1] ALASSI A, BAÑALES S, ELLABBAN O, et al. HVDC transmission: technology review, market trends and future outlook [J]. Renewable and sustainable energy reviews, 2019, 112: 530-554.

[9.2] FLOURENTZOU N, AGELIDIS V G, DEMETRIADES G D. VSC-based HVDC power transmission systems: an overview [J]. IEEE transactions on power electronics, 2009, 24 (3): 592-602.

[9.3] 汤天浩. 电力传动控制系统：下册 提高篇 [M]. 北京：机械工业出版社，2018.

[9.4] 李永东，肖曦，高跃. 大容量多电平变换器：原理、控制、应用 [M]. 北京：科学出版社，2005.

[9.5] 陈申，吕征宇，姚玮. LLC 谐振型软开关直流变压器的研究与实现 [J]. 电工技术学报，2012 (10)：163-169.

[9.6] 游洪程，蔡旭. 应用于直流电网的直接耦合式直流变压器 [J]. 中国电机工程学报，2017，37 (9)：2516-2524.

[9.7] CHEN W, ÅDNANSES A K, HANSEN J F, et al. Super-capacitors based hybrid converter in marine electric propulsion system [C] // IEEE. The XIX International Conference on Electrical Machines (ICEM 2010). Rome：[s. n.]，2010.

[9.8] CHEN W, LAU T K, ABDELHAKIM M, et al. DC-distributed power system modeling and hardware-in-the-loop (HIL) evaluation of fuel cell-powered marine vessel [J]. IEEE journal of emerging and selected topics in industrial electronics, 2022, 3 (3): 797-808.

[9.9] IEC. Short-circuit currents in d. c. auxiliary installations in power plants and substations-Part 1: calculation of short-circuit: IEC 61660-1-1997 [S]. IEC, 1997.

[9.10] ABB AS 船舶部. 船舶电气装置与柴油电力推进系统 [Z]. 2003.

[9.11] 汤天浩, 韩朝珍. 船舶电力推进系统 [M]. 北京: 机械工业出版社, 2015.

[9.12] WU R, DEWAN S B, SLEMON G R. Analysis of an AC-to-DC voltage source converter using PWM with phase and amplitude control [J]. IEEE transactions on industry applications, 1991, 27 (2): 355-364.

[9.13] WANG T, CHEN C, LIU T, et al. Current ripple analysis of three-phase vienna rectifier considering inductance variation of powder core inductor [J]. IEEE transactions on power electronics, 2020, 35 (5): 4568-4578.

[9.14] 汤天浩, 闫秀松, 黄易梁. 船舶低压直流电力系统短路保护和计算 [J]. 电气传动自动化, 2020, 42 (5): 46-48.

[9.15] IEC. Low-voltage switchgear and controlgear-Part 3: Switches, disconnectors, switch-disconnectors and fuse-combination units: IEC 60947-3-2020 [S]. IEC, 2015.

[9.16] FENG X, QI L, WANG Z. Estimation of short circuit currents in mesh DC networks [C] // IEEE Power and Energy Society. 2014 IEEE Power and Energy Society General Meeting. National Harbor: IEEE Computer Society, 2014, 1-5.

[9.17] IEC. Low-voltage fuses - Part 1: General requirements: IEC 60269-1-2024 [S]. IEC, 2024.

[9.18] IEC. Low-voltage fuses - Part 5: Guidance for the application of low-voltage fuses: IEC 60269-5-2014 [S]. IEC, 2014.

[9.19] LI W, WU Z, LI L, et al. Short circuit analysis and selective protection of ship DC power system [C] // Hong Kong Institution of Mechanical Engineers. 2020 5th Asia Conference on Power and Electrical Engineering (ACPEE). Chengdu: [s. n.], 2020, 1662-1667.

[9.20] YAN X. Research of pure electric ferry system and its short-circuit protection and calculation [J]. Journal of energy and power engineering, 2021, 15 (1): 8-15.

[9.21] ABB. 船载直流电网: 船舶4.0的核心系统平台 [Z]. 2023.

第10章
船舶新能源发电技术

本章将主要探讨新能源的船舶利用,重点聚焦太阳能、风能和氢能的开发利用技术,特别是新能源在船舶发电技术与电力驱动技术的应用,包括系统结构、变流与控制等,并介绍一些典型的应用尝试,为未来新能源船舶发展提供基础。

能源短缺是当前全球面临的重要问题之一。目前常用的化石能源有煤炭、石油、天然气等。相关资料显示:对现存的化石能源储量综合估算,可利用的能源是有限的,在可预见的将来将全部用完。传统的化石能源不可再生,且日益枯竭,同时,化石能源的大量使用也带来了环境污染和气候变化等严峻问题。

世界各国家对能源问题都很重视,开始开发利用太阳能、风能、海洋能、燃料电池、绿色生物能等新能源,这些能源都可以重复使用,又统称为可再生能源。根据REN21的可再生能源研究报告[10.1],图10.1给出了各主要可再生能源的总装机容量。可以发现,除了水能发电外,太阳能光伏(Photo Voltaic,PV)发电与风力发电占比最高,超过所有可再生能源总量的一半以上,成为当前最主要的可再生能源利用形式。

可再生能源容量及形式	2017年	2018年	2019年	2020年
可再生能源的总装机容量/GW	2197	2378	2588	2838
水能/GW	1112	1132	1150	1170
风能/GW	540	591	651	760
光伏/GW	405	505	627	743
生物质能/GW	121	130	139	145
地热能/GW	12.8	13.3	13.9	14.1
集中式太阳热能/GW	4.9	5.5	6.2	6.2
海洋能/GW	0.5227	0.5267	0.5246	0.5268

图10.1 主要可再生能源的装机容量[10.1]

为了顺应时代发展,船舶的新能源利用也开始提上议事日程,主要集中在太阳能、风能、燃料电池船舶的研究开发方面。一些研究机构与公司先后尝试探索船舶新能源发电技术和推进技术,并开发了一些试验船舶。

10.1 船舶光伏发电

众所周知,地球是太阳系的一颗行星,阳光普照,万物生长。太阳也是地球全部能量的来源。因此，太阳能是最直接具有应用价值的可再生能源，目前主要的利用方式是太阳能制热和光伏发电，特别是光伏发电是太阳能开发利用的重要方面[10.2]，发展迅速。与传统发电相比，光伏发电系统具有以下突出优点：

1) 太阳能储量巨大，取之不尽用之不竭，而且分布广泛，不受地域局限。
2) 光伏发电不产生环境污染和排放，也无噪声，是理想的可再生能源。
3) 光伏发电系统可根据需求设计容量，灵活方便，避免资源浪费。

本节主要从光伏电池、变流技术、发电控制等方面介绍光伏发电技术，并重点研讨光伏发电的船舶应用。

10.1.1 光伏电池

太阳能光伏电池是通过光电效应或者光化学效应直接把光能转化成电能的装置[10.2]。光电效应的基本原理如图10.2所示，太阳光照在半导体PN结上，形成新的空穴-电子对，在PN结电场的作用下，空穴由N区流向P区，电子由P区流向N区，接通外部电路负载后就形成电流。

目前，太阳能光伏电池主要由Si、Ga-As等半导体材料组成，可分为单晶硅、多晶硅、非晶硅等类型，目前已发展了三代：

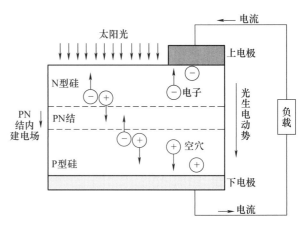

图10.2 太阳能光电效应的基本原理

第一代为基于硅片技术的光伏电池，主要是单晶硅光伏电池和多晶硅光伏电池。单晶硅光伏电池是开发较早、转换率最高和产量较大的一种光伏电池，一般以高纯的单晶硅硅棒为原料，纯度要求为99.9999%，转换效率约为18%；多晶硅光伏电池是以多晶硅材料为基体，采用多晶硅材料浇铸代替单晶硅的拉制过程，因而生产时间缩短，制造成本大幅度降低。与单晶硅光伏电池相比，多晶硅光伏电池具有价格优势。第一代光伏电池主要制作成电池板（见图10.3a），产业链上各企业生产技术较为成熟，占应用市场约80%的份额。

第二代薄膜光伏电池主要有多晶硅薄膜电池和非晶硅薄膜电池。非晶硅薄膜电池是用非晶态硅为原料制成的，只有1μm厚度，相当于单晶硅光伏电池的1/300，且简化了工艺制造过程，材料消耗少，降低了能耗。现已产业化的有薄膜硅电池、CIGS电池和CdTe电池等，约占19%的市场份额。薄膜光伏电池如图10.3b所示。

第三代光伏电池发展了多层膜、叠层半导体和量子材料等，例如砷化镓光伏电池由一种Ⅲ-Ⅴ族化合物半导体制成，转换效率高达27%，可制成薄膜和超薄型光伏电池。聚合物光伏电池是利用不同氧化还原型聚合物的不同氧化还原电势，在导电材料表面多层复合，制成类似无机PN结的单向导电装置，还有聚光和有机太阳能电池等。

目前，常用的光伏发电技术采用光伏电池板组成阵列，铺设于空地或建筑屋顶等平面采光充足的地方，其优势在于技术成熟，便于安装，成本较低。薄膜型光伏电池易于覆盖在物体表面，可与建筑物等融于一体。船舶可根据应用需要选用这两种光伏电池。采用光伏发电的优势在于：

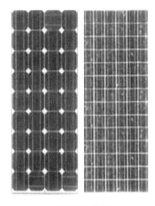 

a) 光伏电池板　　　　　　　b) 薄膜光伏电池

图 10.3　光伏电池的类型

1) 硅材料储量大，资源丰富，制成光伏电池使用寿命长，维护成本低。
2) 光伏发电形式简单，性能稳定，电能转换效率高。
3) 光伏发电装置清洁环保，没有燃烧和温室气体排放。

然而，光伏发电也有其先天不足，主要问题有：

1) 功率密度不高，占用面积大，且单个电池容量小。
2) 受自然条件限制，白天发电，晚上不发电，属于间歇性能源。
3) 受天气因素影响，发电不稳定。

因此，在开发利用太阳能发电时，需要考虑和解决上述问题。

10.1.2　光伏变流器

由上分析，光伏电池虽然简单，有阳光照射就能发电。但因其单块电池板的容量有限，需要通过单个光伏电池的串联和并联来提高发电容量；对于不同的负载需求，通常要设置变流器调节光伏的输出电压与负载相匹配。因此，光伏变流器是实现光伏发电的核心装置[10.3]。

(1) 光伏电池的连接与电能变换分类　目前光伏电池的连接与变换方式分为 3 类[10.3]：

1) 集中式结构：将所有的光伏组件通过串、并联构成光伏阵列，用一个变流器进行电能转换，其结构如图 10.4a 所示，其容量范围在 10~250kW，一般采用三相光伏逆变器，转换效率高，主要用于光伏发电站。

2) 串型结构：将光伏组件串联构成光伏阵列，再进行电能转换，然后由多个变流器并联输出，其结构如图 10.4b 所示。每个串接的光伏阵列及其变流器的典型容量范围为 1.5~5kW，图中采用了单相光伏变流器，可实现最大功率点跟踪（Maximum Power Point Tracing，MPPT）控制，适用于住宅等中小容量应用；对于更大容量要求，可以增加并联光伏变流器，也可采用三相光伏变流器。

3) 模块结构：将光伏组件与变流模块集成为一个光伏发电模块，再通过串、并联构成光伏发电装置，其结构如图 10.4c 所示。每个模块的容量范围为 50~300W，优点是每个模

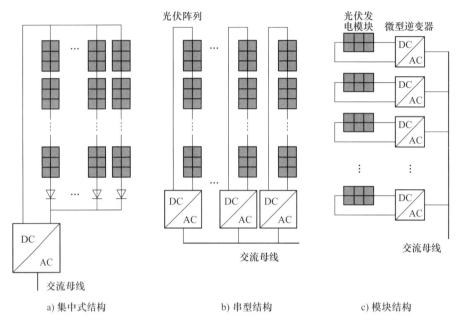

图 10.4 光伏的 3 种连接与变换方式

块单独控制,可实现最大功率点跟踪(MPPT)控制,但构成系统复杂,总体效率较低,成本也较高,不易维修等,适用于小型电源。

(2)光伏变流器的电路拓扑结构 通常光伏电池须经过电能变换才能使用,目前光伏变流器根据负载性质分为:直流负载采用 DC/DC 变换器,交流负载采用 DC/AC 逆变器。由于 DC/DC 变换器电路相对简单,而且多级光伏逆变器中包含了 DC/DC 电路,这里主要介绍光伏变流器框架结构。目前,常用的光伏变流器的框架结构分类如图 10.5 所示[10.4]。

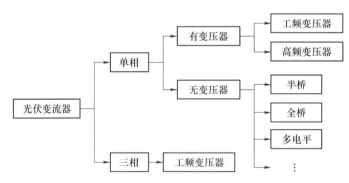

图 10.5 光伏变流器的框架结构分类

1)单级式光伏变流器结构。这种光伏变流器直接将光伏电池输出的直流电,通过 DC/AC 变换器输出交流,为负载供电。其拓扑结构如图 10.6a 所示。

2)多级式光伏变流器结构。光伏电池先通过 DC/DC 变换器输出直流,然后再经过 DC/AC 逆变器输出到交流电网(G),其拓扑结构如图 10.6b 所示。这种变流方式虽电路复杂,但可在变换器直流母线上接入储能装置,延长光伏发电的使用时间。

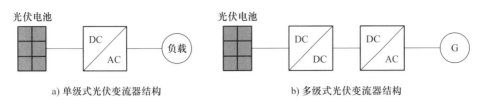

图 10.6 两种光伏变流器结构

对于要求光伏电池与负载或电网需隔离的变换电路来说,有两种隔离变压器的设置方式。图 10.7 采用在逆变器输出端加低频变压器或滤波器隔离。

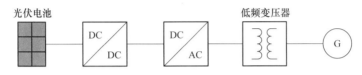

图 10.7 低频变压器隔离方式

对于多级式光伏变流器还可选择三级式变换电路,如图 10.8 所示,光伏电池的电能先经过 DC/AC 变换成高频交流电,再由隔离变压器升压后经 AC/DC 整流,最后通过 DC/AC 输出交流与电网连接。

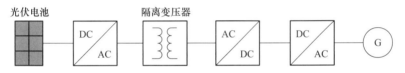

图 10.8 高频变压器隔离方式

比较两种隔离方式,高频隔离变压器体积小、重量轻,可提高光伏变流器的功率密度,还可采用升压变压器,提高输出电压,适用于高压大功率场合。

(3) 典型的光伏变流器电路 目前,已开发的光伏变流器有多种,这里仅介绍几种典型的主电路拓扑[10.5]。

1) 单级式光伏变流器。一个简单的采用单相桥式逆变电路的光伏变流器如图 10.9 所示,光伏电池直接与单相桥式逆变器连接,经低频滤波器滤波输出正弦交流电 u_G。该电路简单,易于控制。

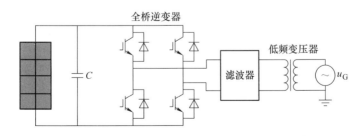

图 10.9 单级式光伏单相桥式逆变电路

2) 两级式带高频变压器隔离的光伏变流器。如图 10.10 所示[10.5],光伏电池经推挽式

DC/DC 变换器，其内部的两个正激电路交替工作产生高频脉冲波，通过高频变压器隔离和二极管 H 桥整流输出直流；由 H 桥逆变器输出工频交流电 u_G。该电路采用两级变流，虽然增加了电路复杂性，但因高频变压器可升电压，既提升了输出电压，又设置了电隔离，且减小了变压器的体积与重量，功率密度高。

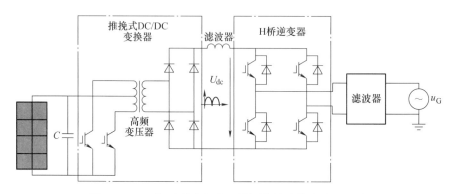

图 10.10　两级式带高频变压器隔离的光伏变流器电路

3）三相光伏变流器。上述两种单相光伏变流电路适用于小型光伏发电装置，对于中大功率的应用，可采用三相光伏变流器。Semikron 公司给出了一种三相光伏变流器的电路结构，如图 10.11 所示，由一个双 Boost 升压 DC/DC 变换器与一个三相桥式逆变器组成，采用交流输出端低频变压器隔离。

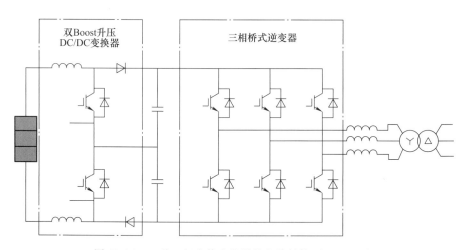

图 10.11　一种三相光伏变流器的电路结构（Semikron）

三相光伏变流器具有技术成熟、效率高、成本低、输出纹波小等优点，广泛应用于光伏发电系统中，特别是中低压光伏系统。

4）多电平光伏变流器电路。对于中高压的光伏发电装置，或者需要长距离输电以及与高压电网并网运行的光伏发电系统，可采用多电平变流的技术方案。目前多电平变换器分为：中点钳位型多电平变换器、级联型多电平变换器和模块化多电平换流器（MMC）三大类。在光伏系统应用中，前者多用于中压光伏系统或光伏电站中，后两类主要应用于更高电压和更大容量的光伏发电系统。MMC 的基本拓扑及原理在第 9 章已介绍，这里不再重复。

对于多电平光伏逆变器而言，近年来开发了一种 T 形多平电路[10.3]，如图 10.12 所示，图 10.12a 为一个 T 形中点钳位（T-NPC）三电平半桥结构，是在两电平半桥电路的输出 AC 与 0 点之间加了一个双向开关，使变换电路等效为一个三态开关，可控制输出 3 个电压状态：DC+、0、DC−，即输出是三电平的交流波形。图 10.12b 为采用共射极串联的 IGBT 构成一个能够双向导通电流且双向阻断电压的双向开关连接 AC 与中点 N；图 10.12c 为采用逆导型 IGBT 双向开关，使 AC 输出电流可以双向流动，或提供续流回路。

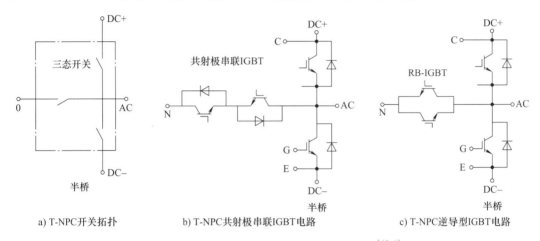

a) T-NPC 开关拓扑　　b) T-NPC 共射极串联 IGBT 电路　　c) T-NPC 逆导型 IGBT 电路

图 10.12　一个 T 形中点钳位三电平桥臂电路[10.4]

因该电路拓扑形状如 T 形，故称为 T 形三电平电路，实际应用时，将采用 3 个 T 形半桥电路组成一个三相 T-NPC 逆变器。

与二极管中点钳位（NPC）三电平电路相比，T-NPC 的优点在于：节省了开关器件，共射极串联 IGBT 电路省去了 2 个钳位二极管；如果采用 RB-IGBT 还可减少一个 IGBT，整个半桥电路仅需 3 个 IGBT。

两种三电平变换器都输出三电平，PWM 控制策略相同，都具有损耗小、谐波低的特点。在 T-NPC 变换器中因各 IGBT 没有关断顺序，控制更为简便。

Semikron 公司对两种三电平变换器的效率分析表明：在 15kHz 开关频率以下，T-NPC 变换器效率较高；在高于 15kHz 开关频率时，NPC 变换器效率较高。

但 T-NPC 变换器的缺点是其电路拓扑仍是两电平的结构，桥臂上下两个开关管关断时承受的直流母线电压的与两电平电路相同，需要选用耐压高的器件；在 T 形臂上，如果采用共射极串联 IGBT，可以选用耐压较低的晶体管；如果是 RB-IGBT，则应与主桥臂的 IGBT 耐压相同。

例如：Semikron 公司给出的计算案例，对于直流母线 900V 的 T-NPC 变换器，如果采用共射极串联 IGBT，其主桥臂上下两个 IGBT 应选用 1200V 耐压，T 形臂上两个 IGBT 选用 650V 耐压，交流输出 690V；对于直流母线电压 1100V 的 T-NPC 变换器，其主桥臂上下两个 IGBT 应选用 1700V 耐压，T 形臂上两个 IGBT 选用 1200V 耐压。而 NPC 变换器选用 IGBT 1200V 耐压时，直流母线电压可达 1600V。

虽然 T-NPC 变换器因器件耐压问题限制了直流母线电压,但光伏电池的电压并不太高,因此 T-NPC 电路适用于光伏系统。为了提高直流电压,也可提高电平数,例如 ABB 提出了一种简化的五电平拓扑,如图 10.13 所示,在一个三电平半桥电路上加一个双向 IGBT 的 T 形回路,可用于构成 1500V 直流输入的光伏逆变器。

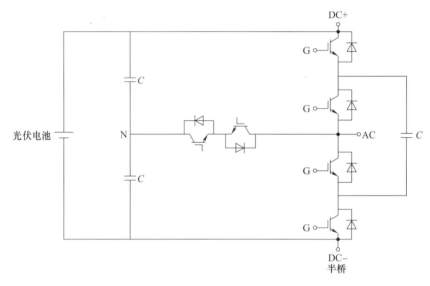

图 10.13 一种简化的五电平 T-NPC 半桥电路拓扑(ABB)

对于开关频率高于 15kHz 的光伏变换器应选用 NPC 电路。对于更高电压的光伏变换器则需选用级联型多电平变换器和 MMC。

一种单相级联型多电平变换器电路拓扑如图 10.14 所示[10.6],采用了 H 桥逆变电路作

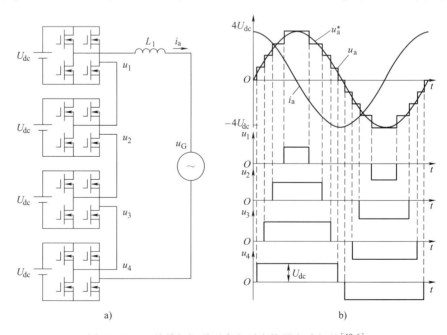

图 10.14 一种单相级联型多电平变换器电路拓扑[10.6]

为基本变换单元,每个 H 桥逆变电路输入连接光伏组件,若干个 H 桥逆变单元的输出串联,以提高输出电压。其中每个单元单独控制,各自的输出波形拼接成正弦波,控制简单,减少了每个逆变单元的耐压要求。

10.1.3 光伏发电系统控制

光伏发电系统一般由光伏组件、光伏变换器、储能装置和控制器等组成。本小节将重点讨论光伏发电系统的结构,并根据不同的系统需求进行控制。

1. 光伏发电系统的基本组成

光伏发电系统的基本组成分为两类:离网型独立光伏发电系统与并网型光伏发电系统。

(1) 离网型独立光伏发电系统 离网型独立光伏发电系统基本结构如图 10.15 所示,由光伏模块、光伏变换器、储能装置和控制器等组成,直接给用电负载供电[10.7]。

离网型独立光伏发电系统结构简单、独立运行、易于控制,一般应用于家庭、农村、孤岛和边远地区的供电,城市照明、通信、信号、检测等小功率电源。

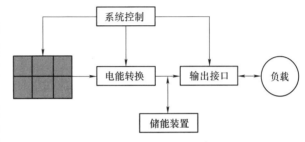

图 10.15 离网型独立光伏发电系统基本结构

(2) 并网型光伏发电系统 并网型光伏发电系统的基本结构如图 10.16 所示,由光伏模块、光伏变换器和控制器等组成,与电网连接并网运行[10.8]。

对于并网型光伏发电系统,因与电网并网运行,在光伏不发电时可由电网注入电能,而无需储能装置,也可接入储能装置,以提高光伏发电系统对电网的支撑作用。并网型光伏发电系统主要应用于大容量光伏发电站,或与其他新能源发电系统连接起来构建微电网,或与大电网连接远距离传输电能等。

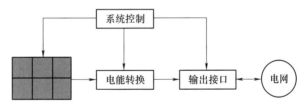

图 10.16 并网型光伏发电系统的基本结构

2. 光伏控制系统的结构与要求

根据光伏发电系统的基本结构,其控制对象可分为两个主要部分:光伏输入侧控制与输出侧控制。光伏控制系统的基本结构如图 10.17 所示[10.3],输入侧控制分为最大功率点跟踪(MPPT)控制、储能控制和电能变换的 DC/DC 控制等。输出侧控制分为:离网型光伏系统的电能输出控制(例如对于交流负载需要 DC/AC 变换控制)和并网型光伏系统的网侧控制(包括对于交流电网的 DC/AC 控制,对于直流电网的 DC/DC 控制等)。

光伏发电系统的控制要求为:

(1) 光伏电源输入的控制

1) 光伏电源侧的直流发电控制。
2) 直流母线的电压控制。
3) 直流母线的电流控制。

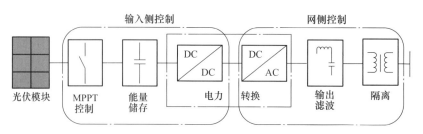

图 10.17　PV 控制系统的基本结构

4）MPPT 控制。

（2）光伏发电系统网侧的并网控制

1）交流输出的电压、频率控制。

2）电网同步（相位）控制。

3）有功功率、无功功率控制。

3. 光伏电源输入侧控制方法

按照光伏系统的基本结构与直流侧控制要求，其被控对象主要是 DC/DC 变换器，无论采用何种变换电路，所需达到的主要控制目标有两个：

（1）光伏电源侧的直流发电控制　光伏直流发电控制主要目的是根据天气变化调节光伏模块的发电量，尽量提高光伏的发电输出功率。为此，需要采用 MPPT 控制方法。

（2）直流母线电压控制　直流母线电压控制是调节 DC/DC 变换器的输出，保持直流母线电压平稳。为此，需要采用电压控制、电流控制或电压与电流双闭环控制等方法[10.3]。采用电压与电流双闭环控制的光伏电源输入侧控制结构如图 10.18 所示，系统控制给定信号是电压 U_{dc}^* 与检测的直流母线电压比较后，经过电压调节器输出电流给定信号 I_{dc}^* 与检测的直流母线电流比较后经电流调节器输出占空比 $D(t)$ 控制 DC/DC 变换器的输出电压和电流，使直流母线电压保持稳定。

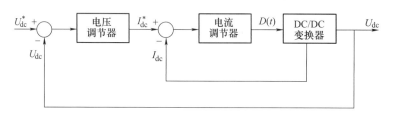

图 10.18　光伏电源输入侧控制结构

4. 光伏发电系统的并网控制

对于交流电网，光伏发电系统并网控制的基本要求为：通过对并网逆变器的控制，使光伏输出与电网电压相同、频率相同、相位一致。这也是任何交流电源并网运行的基本要求，为此需要对并网逆变器进行电压控制、频率控制和相位控制。

一种并网逆变器电压与电流双闭环控制系统结构如图 10.19 所示[10.8]，通过对光伏逆变器的电压、电流进行控制，调节其输出与电网电压频率相同，另外通过锁相环（PLL）控制调节逆变器的相位与电网同步运行。

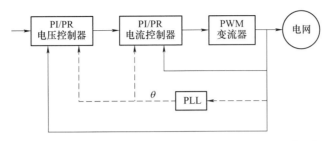

图 10.19　并网逆变器电压与电流双闭环控制系统结构[10.8]

该系统中电压、电流控制可选用 PI 调节器或比例谐振（PR）调节器，相位控制采用 PLL 控制方法，基本原理是利用相位误差去消除频率误差，从而实现无频率误差的频率跟踪和相位跟踪。PLL 控制器的基本结构如图 10.20 所示[10.9]，通过鉴相器（Phasedetector，PD）比较相位误差并放大，经低通滤波器（LPF）输出频率信号，再由压频振荡器（Voltage Controlled Oscillator，VCO）输出相位控制信号 θ。

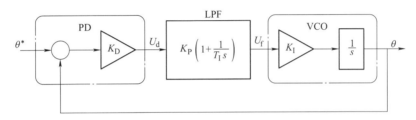

图 10.20　PLL 控制器的基本结构

在光伏并网发电系统中，用来保证并网电流和电网电压严格同频、同相。

5. 光伏发电系统的高级控制

对于大容量的光伏发电系统或发电场还应满足更高要求[10.10]，主要包括：

1) 功率平衡——P、Q 控制。
2) 电能质量控制。
3) 系统监控与故障诊断。
4) 能量管理等。

由此可见，大规模的光伏发电系统的控制是一个较为复杂的控制系统[10.11]。为此，可以采用分层控制结构[10.8]，如图 10.21 所示，控制系统分为 3 层：

1) 底层为基本功能控制，主要包括电压、电流和相位控制等。
2) 中间层为特殊功能控制，主要有 MPPT 控制、功率控制、故障保护等。
3) 高层控制为辅助功能控制，主要包括能量管理、状态监控、电能质量控制等。

（1）最大功率点跟踪（MPPT）控制方法　光伏电池受光照和气温的影响，其输出功率随之变化，可表示为[10.2]

$$P_{PV} = U_{PV} I_{PV} \tag{10-1}$$

式中，U_{PV} 为光伏电池的输出电压；I_{PV} 为光伏电池的输出电流，且有

$$I_{PV} = I_{ph} - I_{sat}(e^{\frac{qU_{PV}}{AkT}} - 1) \tag{10-2}$$

式中，I_{ph} 为光伏电池的光生电流；I_{sat} 为光伏电池二极管反向饱和电流；q 为电子电荷，$q=1.6\times10^{-19}$C；k 为玻尔兹曼常数，$k=0.86\times10^{-4}$eV/K；A 为 PN 结的曲线常数；T 为光伏电池结温。

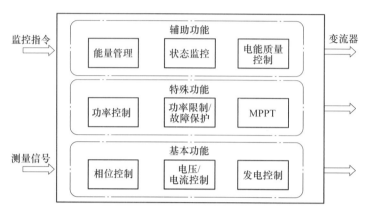

图 10.21　光伏发电系统分层控制结构[10.8]

由此可见，P_{PV} 与 U_{PV} 的变化是非线性的，随着太阳光照辐射而变化，其曲线如图 10.22 所示。图中给出了光照为 100%~50% 情况下的不同功率曲线，每个曲线输出功率各异，但都有一个最大功率点 P_{max}。也就是说，如果控制光伏的电压，可调节光伏电池的输出功率，使其工作于最大功率点，这就是 MPPT 控制。

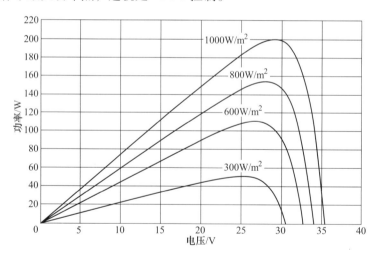

图 10.22　光伏电池的功率-电压（P-V）特性曲线

根据图 10.22 的 P-V 曲线，可以发现：光伏模块输出最大功率 P_{PVmax} 的必要条件为

$$\frac{dP_{PV}}{dU_{PV}}=0 \tag{10-3}$$

目前 MPPT 控制有很多方法，最基本的方法有如下 3 种[10.12]：

1) 恒电压控制法。根据在光伏电压约为开路电压的 80% 时，其输出功率最大，从而调节光伏输出电压保持在 80%，以获得 P_{max}。

2) 电导增量法。根据 $P_{PV} = U_{PV} I_{PV}$，由式（10-1）可推导出

$$\frac{\mathrm{d}U_{PV}}{\mathrm{d}I_{PV}} = -\frac{I_{PV}}{U_{PV}} \tag{10-4}$$

即可通过检测电压和电流求取光伏的电导，由式（10-2）判断和寻找 P_{max} 点。

3) 扰动观测法。通过改变光伏的电压或电流，判断其功率的变化方向，再调节电压 U_{PV} 使得 P_{PV} 逐步逼近 P_{max} 点，又称为爬山法。

比较 3 种方法，恒电压控制法最为简单，但精度差；电导增量法稳定裕度高；扰动观测法类似于最优化算法，有许多优化算法可借鉴，由此派生出许多新的 MPPT 方法[10.13]。

（2）光伏发电系统功率控制　光伏发电系统功率控制结构如图 10.23 所示，在电压、电流控制的外面增加了有功功率控制与无功功率控制[10.3]。

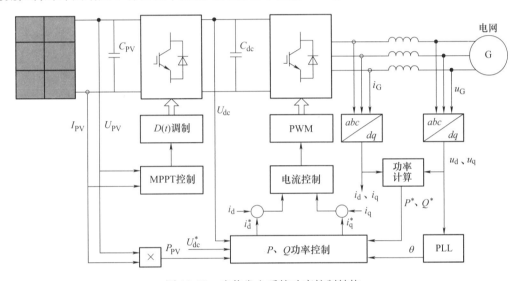

图 10.23　光伏发电系统功率控制结构

通过有功功率控制与无功功率控制还可提供更好的电网支撑辅助功能，实现：

1) 有功功率、无功功率自动/远程调整。
2) 逆功率保护（通过第三方逆功率检测装置）。
3) 低电压穿越，同时提供无功补偿。

综上所述，虽然目前光伏发电系统已广泛应用，装机容量不断扩大，但还有一些问题需要研究解决[10.11]，其目标为

1) 对于光伏变换器，提高转换效率；降低逆变器成本；延长寿命。
2) 对于光伏发电系统，引入 PMS 技术，包括潮流预测、能量调度、优化管理等；克服孤岛效应与故障穿越；建立状态监测和全生命周期预测和管理系统；增强安全，包括拉弧、灭弧控制、消防法规响应等。

10.1.4　船舶光伏发电应用

由于太阳能较为容易获取，是目前应用最广的新能源，因而光伏发电技术应用于船舶顺理成章。而且船舶航行于江河湖海，水域开阔，阳光不易受阻挡，采用光伏发电可获得较好

的效果。目前船舶光伏发电应用主要有两大类：小型船舶的独立光伏电力系统和大中型船舶的光伏并网发电系统。本小节重点介绍这两类船舶光伏发电系统，并讨论光伏电池板的阳光跟踪控制问题。

1. 船舶独立光伏电力系统

对于小型船舶，比如小型游艇、观光船、垂钓船、监测船、浮标等，因航行时间短和用电需求小，可采用独立光伏电力系统，全部由太阳能供电。对于这类船舶可以采用光伏电池板铺设在船舶顶部等平面部位，也可采用薄膜型光伏电池铺盖在船体各可用部位。

例如：SoelCat12号太阳能观光船由荷兰设计师设计，全长12m，采用轻型柔韧材料打造，共在船舶顶部等铺设809块平板式光伏电池板，采用独立光伏电力系统供电，配置了2台电动机驱动的电力推进系统，如图10.24所示。

图 10.24 SoelCat12号太阳能观光船

德国Knierim Yacht造船厂成功研制了Yacht号小型光伏动力船，船长31m，宽15m，高7.5m。该船采用平板式光伏电池板，如图10.25所示，在船的顶部覆盖了$500m^2$的光伏电池板，可以发电103.4kW。其中，20kW用于电力推进，平均时速9mile（1mile=1609.344m），最高时速达17mi。

Solar Impact是瑞士Solar Impact公司设计的一款船顶覆盖太阳能板的游艇，如图10.26所示，设计为半潜双体船，长23.9m，3层，整体面积超过$220m^2$。采用薄膜型光伏电池铺盖在船体各采光部位，如果日照充足，每天仅靠太阳能板便能生产320kW·h电力。船上也备有柴油发动机，船速度达到22节（1节=1.852km/h）。

2. 船舶并网光伏发电系统

对于中大型船舶，仅有光伏发电电源不足以提供船舶的用电需求，通常采用光伏电源为船舶部分用电负载如照明或其他小功率负载供电，但更多的方式是光伏电源与现有船舶电网并网发电，或者与其他新能源系统组成船舶微电网。光伏与其他新能源组成船舶微电网系统将在后续章节论述，这里主要论述基于光伏并网发电的船舶电力系统应用。

图 10.25 Yacht 号小型光伏动力船

图 10.26 Solar Impact 号游艇覆盖的光伏薄膜电池

（1）船舶光伏发电系统并网运行模式 中大型船舶电力系统容量大，单独的光伏发电装置无法提供全船电力，往往采用并网发电模式。图 10.27 所示为船舶光伏并网发电系统结构，光伏电池模块经 DC/DC 变换器与蓄电池储能装置并联，然后经 DC/AC 逆变器与船舶主电网并网运行。当阳光充足时，光伏发电装置向主电网供电，同时向蓄电池充电；当阳光不足时，由蓄电池放电与光伏发电装置共同向主电网供电；当两者电能都不足时，由主电网提供电力，并向蓄电池充电。

例如：日本 Auriga Leader 号汽车运输船是排水量 60213 吨的大型船舶，采用了太阳能动力支持，安装了光伏电池板和可充电电池，通过光伏发电支持，确保船舶电力系统供应稳

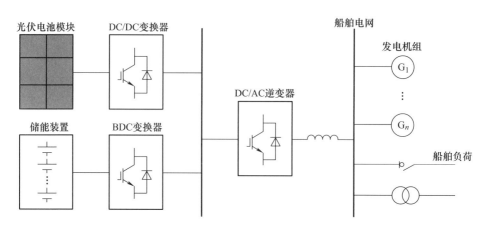

图 10.27 船舶光伏并网发电系统结构

定,并减少船舶排放。

(2)基于光伏电源离网与并网切换发电模式 由于光伏电池的功率密度低等因数限制了光伏发电系统独立供电的能力,可采用光伏发电系统独立向船舶部分负载供电的模式,也可采用离网与并网切换运行模式。基于光伏离并网模式船舶电力系统结构如图 10.28 所示,系统中光伏电池模块通过 DC/DC 变换器与蓄电池并联,然后经 DC/AC 逆变器,其输出分两路,一路向船舶部分负载供电,一路与船舶电网相连。系统在光伏电能管理系统控制下可工作于离网模式或并网模式。

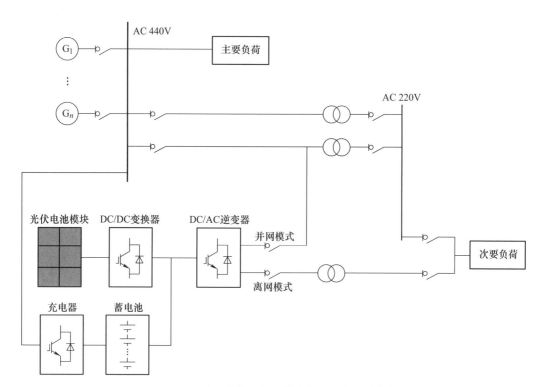

图 10.28 基于光伏离并网模式船舶电力系统结构

例如：中远航运的"中远腾飞"号滚装船在原船顶上新加装了容量为 143.1kW 的光伏电池板，如图 10.29 所示，采用锂离子电池储能组成离并网一体式光伏发电系统，可根据航线上太阳辐照强度、负载功率需求、经济性和安全性要求等因素，进行 4 种运行模式切换：光照充足时，工作于离网运行模式，为船舶提供照明；如果光伏发电过剩，并网运行模式向其他负荷供电；光伏发电不足时，采用船舶电网向光伏系统供能模式；光伏发电系统故障时，采用船舶电网独立运行模式。

a) "中远腾飞"号滚装船

b) 船顶上新加装的光伏电池板

图 10.29 "中远腾飞"号滚装船离并网一体式光伏发电系统

3. 船舶移动式光伏电池板与太阳光跟踪控制

上述船舶光伏发电系统的光伏电池都是固定铺设在船上的。由于船舶航行在不同地区，阳光的照射角度各异，这种固定式光伏电池安装方式会影响光电转换效率和效果。为此，有些船舶设计了可移动式光伏电池板，或者将光伏电池板设计成风帆形式，组成风光互补新能源船舶。图 10.30 给出了一种船舶移动式光伏电池板形式。

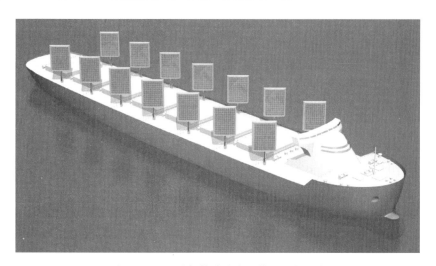

图 10.30 一种船舶移动式光伏电池板形式

例如：太阳能水手号长约 14.5m，船上安装了 27 块光伏电池板，小部分固定在船身上，大部分安装在风帆上，而且可以转动。

这种移动式光伏电池板需要根据阳光的照射情况，自动跟踪太阳，以获得最大的光电转换效率。现重点讨论移动式光伏电池的太阳光跟踪方法。

（1）太阳光跟踪方法 由于辐射到地球表面的太阳能量密度小，每日东升西落，而且各地经纬度不同，太阳照射角度变化造成光照差异，影响太阳能发电利用率。特别是对于船舶这类运动工具，固定的光伏电池安装方式不能适应全球海上航行。为此，可采用太阳光跟踪的方法，通过伺服跟踪控制系统可以控制电池板跟随太阳运行，从而使电池板接收到更多的太阳能，提高太阳能的利用率。

太阳能自动跟踪系统有多种，其复杂程度、跟踪原理各不相同，根据系统轴数的不同可以将其分为单轴系统和双轴系统两类，根据跟踪原理的不同又可以分为机械系统和电控系统两类[10.14]。

（2）跟踪控制系统结构 光伏光电跟踪控制系统如图 10.31 所示，包括光电跟踪器、执行机构及控制器等，光电跟踪器判断光照情况并将太阳位置转换成电压信号传给控制器，控制器根据光电跟踪器返回的电压信号或时间、日期等信息判断太阳位置，然后控制执行机构，使光伏组件能够朝着垂直于光线的方向转动。

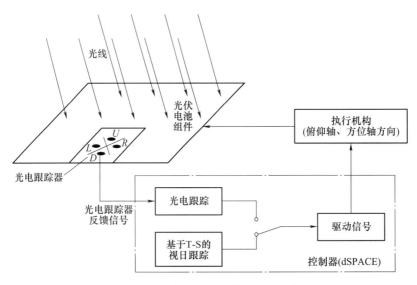

图 10.31 光伏光电跟踪控制系统示意图

（3）太阳轨迹跟踪方法 根据天文学知识，任意时刻太阳的方位角和高度角是可以计算的，控制光伏电池板按照太阳运行规律转动，使其方位角、高度角与太阳一致，这样就实现了视日运动轨迹跟踪。

太阳轨迹跟踪算法是根据天体的运行规律计算出太阳运行轨迹，再根据太阳运行轨迹，使得光伏电池组件正对太阳。图 10.32 所示为太阳位置计算的几何模型。

图中：$OXYZ$ 是以太阳跟踪控制系统所在地为原点建立的地平坐标系，规定 I、J、K 分别表示指向天顶正上方（Z 轴正向）、正南方（X 轴正向）、正东方（Y 轴正向）的单位矢量，以单位矢量 S 表示照射到太阳跟踪系统所在地的光线。根据图 10.32 所示，可知 S 为

$$S = \sin\theta I + \cos\theta\cos\alpha J - \cos\theta\sin\alpha K \tag{10-5}$$

式中，α 为太阳方位角；θ 为太阳高度角，通常以正南方向 S 为 0°。

参照地平坐标系和时角坐标系，可以将时角坐标系变换至地平坐标系，通过坐标变换，

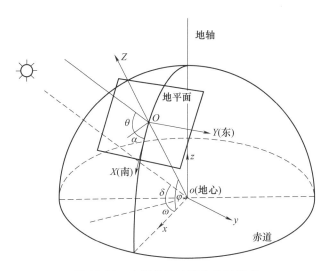

图 10.32 太阳位置计算的几何模型

可以计算出太阳方位角、高度角,并进行跟踪。控制系统结构如图 10.33 所示,根据所得的太阳位置控制电池板对准太阳,从而实现太阳跟踪。

图 10.33 基于视日跟踪的控制系统结构

笔者的研究团队还提出了一种基于 T-S 模糊模型的视日跟踪方法[10.15],将这种方法与光电跟踪结合起来,可以获得更好的跟踪效果。

目前,光伏供电装置作为可再生能源的主要形式之一正在船舶中推广应用。虽然受到发电能量密度与间歇性供电等限制,但可以与其他发电装置混合使用。

10.2 风力驱动船舶

风帆作为动力推进船舶自古有之,自蒸汽机发明人类进入机器时代才逐步被替代。随着能源短缺与化石能源问题亟待解决,风力驱动船舶又重新回到人们的视野,但不是简单地重回过去,而是一个新的时代的开始。

风力驱动船舶有多种方式,可分为 4 大类:
1) 风帆船:完全以风帆借助风力作为动力推进船舶,如过去的帆船。
2) 机帆船:船舶以发动机机械推进与风帆相结合的混合动力,通过风力辅助推进,可减少发动机的油耗和排放;在没有风力时,由发动机驱动螺旋桨推进船舶。比如:过去国内的内河运输船曾经在原来的帆船上加装一台柴油机增加动力;现代的小型游艇、训练船、仿古船等也采用机帆混合动力。

3) 电帆船：采用风力与电力推进相结合的混合动力推进船舶，也是风力驱动船舶新的发展方向之一。

4) 风电船：采用风力发电作为动力，由电动机驱动螺旋桨的电力推进船舶，或者采用风力发电与现有船舶电力系统提供混合动力的电力推进船，还可以将风力发电与其他新能源组成综合清洁电源，比如风光互补发电系统等，再由电动机驱动的电力推进船舶。这是未来船舶实现绿色低碳的主要途径。

因此，本节主要论述和讨论后面两类风力驱动船舶方式。

10.2.1 风力与电力混合推进船舶

风力与电力混合推进船舶是指采用风帆等装置与电力推进系统相结合的混合动力系统，其中：风力推进系统直接或间接利用风力产生船舶推力；电动机驱动螺旋桨也对船舶产生推进力。目前，已发展了多种风力与电力混合推进方式。

1. 传统风帆电动船

在传统的风帆船上加装电力推进系统，或在电力推进船舶上加装风帆就构成了传统的风帆电动船。这类船舶从外表上看很像传统的风帆驱动船舶，往往设计有多个桅杆上面挂着风帆，可控制风帆的角度利用风力产生船舶推力，但船舶机舱里与现代电力推进船舶相同，配置了柴油发电机组、输配电系统、电动机变频调速系统等。船舶可以工作在3种运行模式：

1) 风力推进模式。在风向与风力条件满足时，由风帆驱动船舶运动，此时电力推进系统关闭，船舶类似于一艘纯帆船，减少污染和排放。

2) 电力推进模式。在风向与风力条件不满足时，由电力推进系统驱动船舶运动，船舶类似于一艘纯电动船。

3) 混合推进模式。在风向与风力条件满足且要求较快船速时，采用风力与电力同时推进方式，既可以增强船舶推力，也可减少部分污染和排放。

例如：Sea Cloud Hussar号游船就是典型的风帆电动船，如图10.34所示，其排水量为3000吨，船长135m，载客136人，船员90人，航速14节。

图10.34 Sea Cloud Hussar号风帆电动船（西门子）

该船电力系统由西门子供货，如图 10.35 所示，配置了 4 台 1333kV·A 柴油发电机组，690V 主配电板，2 台 1700kW 主推进器，1 台 500kW 侧推进器，由 2 台变压器向船舶其他设备供电，PMS 控制混合系统运行模式。

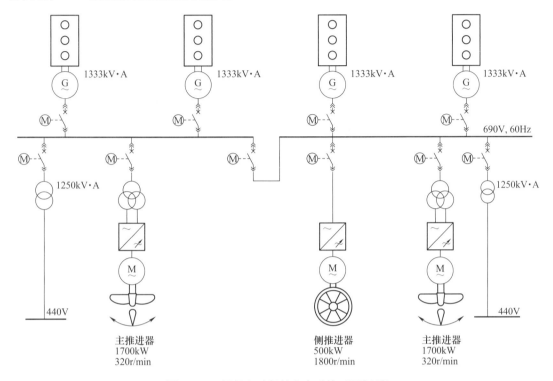

图 10.35　风帆电动船的电力系统（西门子）

2. 电动风帆推进船

传统风帆电动船是布质软帆船与电动船结合的产物，保留了原先帆船的操作方式，比较复杂烦琐，不易控制，安全可靠也存在问题。为此，船舶海工界纷纷加大推进风力推进船的开发应用，各船级社也发布了风力辅助推进系统的安装指南，提供系统安装时的入级安全标准。新的指南适用于 Flettner 旋筒和翼帆。

现代船舶的翼帆包括刚性帆和软帆，采用新的材料制成，其方向和角度可以自动控制，大大降低了传统风帆操作的难度。这些新的风力辅助推进技术已经获得了越来越多的关注。

例如：法国 Zéphyr & Borée 公司开发的 1800TEU 集装箱船使用风力辅助推进以节省能耗。如图 10.36 所示，该船设计长 185m，有 5 个货舱，大部分没有舱盖，将配备 8 套由 Computed Wing Sails 公司提供的翼帆系统，采用一种厚实、不对称的风帆，可以转向捕捉来自左右舷的海风，并根据风况自动调整，以确保最佳效率。还将配备轴式发电机和热回收系统，以尽量减少燃料消耗。

此外，Zéphyr & Borée 公司正在开发新的风力辅助设计，包括 Canopée 号，如图 10.37 所示，该船是为欧洲太空计划的阿丽亚娜 6 号火箭运输而设计的，船长 121m，配备了 4 个铰接式翼帆，每个翼帆的面积为 362m^2，预计风帆将减少 25% 的燃料消耗。

翼帆与传统风帆不同，具有更小的风阻面积和自动控制系统，可根据风况变化自动调节

图 10.36 Zéphyr & Borée 号翼帆辅助动力集装箱船

图 10.37 铰接式翼帆风力辅助系统

风帆的姿态,以优化推力生成,减少船舶燃料消耗,降低污染与排放。

3. 旋翼帆推进船

旋翼帆又称 Flettner 旋筒,是一种不同于翼帆的风力辅助推进方法。早在 20 世纪初,发明家 Anton Flettner 与 Prandtl 提出了可将马格努斯效应用于船舶推进的设想,制造了一艘名为 Baden 的海船,以双圆柱转子为推进动力,并在 1926 年成功横渡了大西洋。由此,这种利用圆柱体旋转来提供驱动力的装置被称为 Flettner 转子。

(1) 马格努斯效应 1852 年德国物理学家 Heinrich Magnus 研究发现:一个在流体中转动的物体(如圆柱体)受到的力是一个在与旋转角速度矢量 $\boldsymbol{\omega}_r$ 和平动速度矢量 $\boldsymbol{v}_x$ 组成的平面相垂直的方向上产生的横向力 F_y,如图 10.38 所示,称作马格努斯效应[10.16]。

旋转物体之所以能在横向产生力的作用，是由于物体旋转可以带动周围流体旋转，使得物体一侧的流体速度增加，另一侧流体速度减小。由于真实流体均有黏性，转动着的圆柱必然带动其周围流体绕圆柱运动，从而产生了绕圆柱的环量。

根据伯努利定理[10.16]，流体速度增加将导致压强减小，流体速度降低将导致压强增大，这样就导致旋转物体在横向产生压力差，并形成横向力，同时横向力与物体运动方向相垂直。

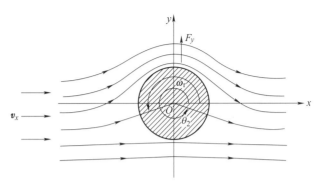

图 10.38 马格努斯效应产生的横向力[10.16]

在二维情况下，旋转圆柱绕流的横向力可以用库塔-儒可夫斯基定理来计算：假设在流体场中有一半径为 r 的无限长圆柱体，以角速度 ω_r 绕自身的轴线顺时针旋转，流体从无限远处以匀速 v_f 流向圆柱体，流体对圆柱体产生的横向力为

$$F = \rho_f v_f \Gamma_c \tag{10-6}$$

式中，ρ_f 为流体密度；v_f 为流体速度；Γ_c 为逆速度环流。

（2）Flettner 旋筒的船舶推进原理　按以上原理设计的 Flettner 旋筒是一种光滑的圆柱体，如图 10.39 所示，其盘式端板沿圆柱长轴旋转，当空气穿过转子时，利用马格努斯效应产生气动力。用此旋筒代替风帆安装在船上，当圆筒受到测风时旋转，对船产生向前的推力 F_{sp}，如图 10.40 所示。Flettner 旋筒产生的船舶推力由马格努斯计算公式得出：

$$F_{sp} = \rho_0 v_w \Gamma_c h \tag{10-7}$$

式中，ρ_0 为空气密度；v_w 为风速；h 为圆筒高度。

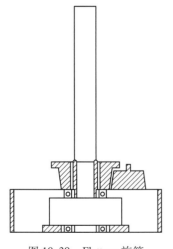

图 10.39 Flettner 旋筒

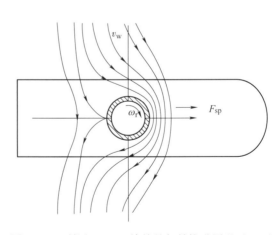

图 10.40 利用 Flettner 旋筒的船舶推进原理（ABB）

（3）Flettner 旋筒的船舶应用　现代旋转风筒与船舶动力相结合，可采用内燃机或电动机驱动组成风力辅助推进系统，全自动控制系统可根据风力、风向和船速自动调节旋转风帆，进行转速与航向优化控制，以实现节能减排。

例如：芬兰清洁技术公司 Norsepower 研发了新型旋转风筒[10.17]，首次安装到 2014 年建造的 Estraden 号 9700 吨滚装船上，此后于 2018 年在维京格雷斯号 LNG 船上安装了 24m 高的旋转风筒，采用电动机驱动，可获得显著的节能效果。在顺风的条件下，推进轴功率是其能耗的 10 倍以上，每年节省 300 吨燃料，减少 900 吨碳排放。该公司新研发了 30m 高 Norsepower 的旋筒风帆，直径 5m，采用复合材料制成，也是世界上第一张可倾斜的旋转筒帆，可以在高度受限的航线上帮助船舶顺利通过，同时复合材料解决方案还可以节省燃料、降低碳排放。

这种复合材料旋转筒帆风力辅助推进动力系统已通过第三方认证，成功应用在北海 Sea-Cargo 公司总吨位 1.23 万吨的滚装船 SC Connector 号上，如图 10.41 所示，该船配置了 2 个 35m 高的复合材料旋转筒帆，在风况良好的情况下，仅靠旋转筒帆就能保持常规航速，可以降低 25%的燃料消耗、燃料成本和碳排放。

图 10.41　Flettner 旋筒推进船舶应用[10.17]

目前旋翼帆技术已经成功安装在大型客船、货船和油船上，包括旅游渡船 Viking Grace 号、德国和丹麦之间运营的渡船 Copenhagen 号、芬兰滚装船公司 Bore 的滚装船 MSEstraden 号、马士基的成品油船 Maersk Pelican 号等。与其他风力驱动装置相比，Flettner 转子更轻巧，安装灵活且易于控制，有很好的应用前景。

10.2.2　海上风力发电技术

风力发电与光伏发电技术是目前新能源开发利用中最为成熟的技术，因为风力资源丰富，风力发电机功率密度高，其装机容量远远大于光伏发电系统。我国风电行业经过多年的快速发展，目前每年新增和累计装机规模居全球第一。海上风力具有资源丰富，且不受地形影响，较为平稳的优点；风电装置建在海上不占陆地面积，没有噪声影响，是当前风力发电发展的重要方向。但是，海上风电也存在造价、运输与安装成本高的缺点，海洋环境恶劣，其防护和维修也面临严峻挑战。远洋船舶因在海上航行，其风电技术与海上风电较为接近，本小节先介绍海上风力发电技术，为了解和掌握船舶风力发电系统奠定技术基础。

1. 海上风力发电系统结构

海上风电与陆地风电在风力发电系统结构上大体相同，主要由风力透平机、风力发电机、变流及控制器组成[10.3]。

（1）风力透平机　风力透平机（Wind Turbine，透平为音译）简称风力机，主要由与轮毂连接的桨叶、风轮轴、齿轮箱组成，受风速的影响产生力的作用推动桨叶旋转来捕捉和吸收风能，将风能转化的机械能通过传动装置传递给发电机。根据桨叶及风轮轴与迎风方向，风力机目前主要分为两种形式：

1）水平轴风力机。水平轴风力机风轮的桨叶和旋转轴与风向平行，利用风速驱动桨叶旋转，将风能转换成机械能，再通过传动轴与齿轮箱驱动发电机将机械能转换为电能输出。其结构如图10.42所示，按桨叶的结构可分为固定桨风力机和变距桨风力机。

a）水平轴风力机外形图

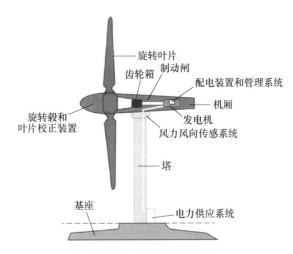
b）水平轴风力机内部结构示意图

图10.42　水平轴风力机结构

固定桨的桨叶角度不能变化，因此其转速随风速变化而无法调速；变距桨的桨叶角度可调，可根据不同风速调节桨距角来控制风轮捕获风能从而稳定机组的功率。

水平轴风力机又可分为升力型和阻力型两类。升力型旋转速度快，阻力型旋转速度慢。对于风力发电，多采用升力型水平轴风力机。大多数水平轴风力机具有对风装置，能随风向改变而转动。对小型风力机，这种对风装置采用尾舵；而对于大型风力机，则利用风向传感元件及伺服电动机组成的传动装置，并加装偏转控制机构（由偏航电机和行星齿轮箱组成），将风轮始终朝向来风的方向以保证风轮可以获得足够大的风能。

2）垂直轴风力机。垂直轴风力机风轮的旋转轴垂直于地面或者气流的方向，利用风的阻力或升力风力发电机旋转。其最早由法国G. J. M Darrieus（达里厄）发明，风轮设计成弯曲叶片，可以有三叶片或者多叶片，如图10.43所示，由垂直叶片与三角形双支点和轮毂构成，是一种升力装置。目前发展了多种风力机，比如Φ型、Δ形、Y形和H形等。它的起动力矩低，但尖速比低，输出功率较低，一般用于小功率风机。

水平轴风力机相对于垂直轴风力机来说其效率更高，但获取风的动能易受风向的影响，而垂直轴风力机则不会。因此，船舶的风力机可根据应用需要来选择。

（2）风力发电机 风力发电机将风轮传来的机械能转化为电能输出，一般分为异步电机和同步电机两类。由于风速的变化会影响发电机输出的频率，需要通过调节发电机转速或变流器来满足电网和负载的要求。根据发电机及其变流形式分为[10.4]：

1）交流异步电机直接供电方式。其系统结构如图10.44所示，由风力机转子经齿轮箱驱动交流异步电机，也称

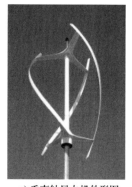
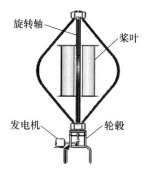

a）垂直轴风力机外形图　　b）垂直轴风力机内部结构示意图

图10.43　垂直轴风力机结构

感应电机（IM），输出交流电直接与电网连接。这种风力发电方式结构简单，无需电能变换与控制，但需要配置齿轮箱增速，使风力机的慢速旋转与发电机转速匹配；因发电机输出直接供电，而受风速变化产生的频率变化会影响电网频率，因此供电质量较差，一般仅用于小型风力发电机的独立供电系统。

2）交流异步电机变速发电方式。交流异步电机直接供电方式虽然简单，但受风速影响其频率变化，虽然可采用变距桨调速，但范围有限。为此，可采用变流技术，在异步发电机输出设置交-直-交变换器，如图10.45所示，其三相定子绕组输出的可变交流电经机侧变流器（MSC）整流，再通过网侧变换器（GSC）逆变成电压与频率恒定的交流电并网发电。其中：控制MSC可以调节电机转速；控制GSC可以调节输出电压和频率，以适应电网需求。

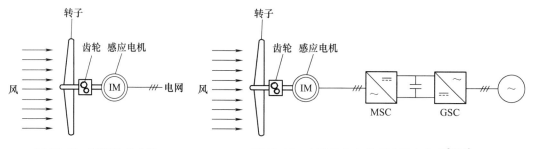

图10.44　交流异步电机　　　图10.45　交流异步电机变速发电方式[10.4]
　　　　直接供电方式[10.4]

3）交流异步电机双馈型风力发电方式。交流异步电机双馈型风力发电方式如图10.46所示，采用绕线转子感应电机（DFIM），其转子三相绕组可以接出，与交-直-交变换器连接，可通过转子侧MSC调节发电机转速，实现转速控制；通过GSC与电网连接，可将转子输出电能输出，以实现能量的双向流动；定子三相绕组与电网或负载直接连接。双馈电机与同步发电机类似，励磁调节装置位于发电机转子侧，通过转子侧MSC的控制来调节励磁，以控制发电机的输出恒压恒频的交流电。

双馈型风力发电机的工作原理为：当发电机转速低于同步转速时，由 MSC 向转子提供交流励磁，调节发电机定子发出的电能，保持恒压恒频；当发电机转速高于同步转速时，转子通过 GSC 输出交流电，定子和转子同时向电网供电；当发电机转速为同步转速时，调节变流装置向转子提供直流励磁，此时异步发电机相当于同步发电机运行。因可以定子与转子同时供电，故称为双馈型发电方式。

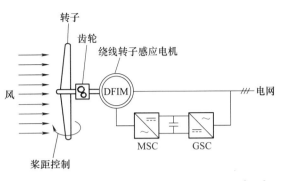

图 10.46　交流异步电机双馈型风力发电方式[10.4]

4) 交流同步电机变速发电方式。采用同步发电机（SG）取代异步电机作为风力发电机，组成的系统结构如图 10.47 所示，SG 的定子输出通过交-直-交变换器与电网连接。其变流控制原理与异步风力发电方式相同，控制 MSC 可以调节同步电机转速；控制 GSC 可以调节输出电压和频率，以适应电网需求。不同之处在于，电励磁的 SG 需要另外加转子直流励磁装置，如图 10.47 中二极管整流器或其他整流器；如果采用永磁同步发电机（Permanent Magnet Synchronous Generator，PMSG），则不需要另加励磁装置。

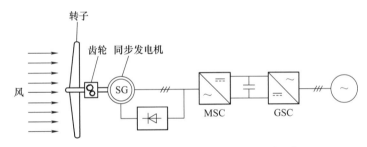

图 10.47　交流同步电机变速发电方式[10.4]

5) 直驱型同步电机风力发电方式。以上风力发电系统由于存在齿轮箱而增加了系统的成本、机械磨损与能耗，并时常会出现故障。为此，可采用低速永磁同步发电机（WTGS）替代高速 SG 构成直驱型风力发电系统，其结构如图 10.48 所示，风力机的传动轴直接与 WTGS 耦合，省去了增速齿轮箱，WTGS 的转子为永磁体结构，定子为三相绕组或多相绕组，通过整流逆变装置，将发电机发出的电压和频率都在变化的交流电经整流逆变后变换成恒频恒压的电能输入电网。

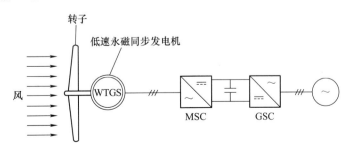

图 10.48　直驱型同步电机风力发电方式[10.4]

永磁同步发电机的结构和布置灵活多样，径向磁通永磁电机在定子或转子侧设置永磁体来代替电励磁绕组，如图 10.49 所示，图 10.49a 为内转子结构，图 10.49b 为外转子结构；横向磁通永磁电机，图 10.49c 是单层结构，图 10.49d 是外转子的双层结构，图 10.49e 为内转子双面表贴永磁体结构。这类电机通过扩大转子尺寸来增加永磁体极对数，降低转速用于直驱。

直驱型风力发电方式具有效率高、转速范围宽、可靠性好、控制简单、可实现最大功率点跟踪等优点，适用于海上风力发电。

a) 径向磁通内转子结构　　b) 径向磁通外转子结构

c) 横向单层磁通　d) 横向双层外磁通　e) 横向双层内磁通

图 10.49　永磁同步电机的结构[10.18]

比较上述各种风力发电方式，异步电机直接供电方式最为简单，但供电质量差，仅用于为小功率的用户独立供电；双馈型风力发电机采用转子变流，所需变换器容量较小，有利于电力电子器件的选用；交流异步电机和同步电机的定子变流方式，采用机侧与网侧分别控制，并网电能质量高，是目前大型风力发电机的主流发电方式。其中，直驱型风力发电机省去齿轮箱，简化了结构，增强了可靠性。

2. 风力发电变流技术

由于风力发电依靠风能，风速的变化对于发电系统的电能输出与品质影响很大，研发风力发电系统的电能变换与控制技术至关重要。目前，除了小型独立的风力发电系统外，通常风力发电要设置基于电力电子的电能变换器。

如前所述，无论采用何种风力发电方式，系统中电能变换器主要由 MSC 和 GSC 构成，其中 MSC 除了用作整流器外，还需承担发电机的调速任务，而 GSC 作为并网逆变器需匹配电网需求，控制电压、频率、相位和功率等。也就是说，风力发电变流装置要求电能双向流动，因此一般采用可关断器件构成背靠背的双向变换器，如图 10.50 所示[10.3]。

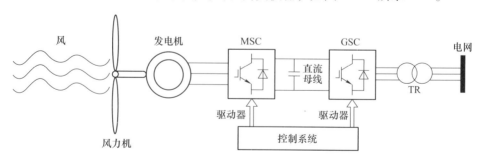

图 10.50　风力发电系统背靠背的双向变换器结构

（1）MSC 的主要拓扑结构　MSC 作为风力发电系统的机侧变流器，其主要功能是：将发电机输出整流成直流；当风速变化时，调节和维持发电机转速；根据 MPPT 控制要求，调节发电机转速，实现能量转换最大化。为此，目前主要的 MSC 的拓扑结构有：

1）不控型整流电路+DC/DC 变换器。如图 10.51 所示，采用二极管桥式整流电路将风力发电机输出交流转换为直流 U_w，然后通过 Boost 电路升压，输出 U_{dc}。这种 MSC 电路简单，便于控制，主要用于小功率风力发电系统。

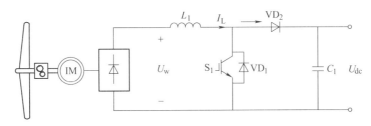

图 10.51　不控型整流电路+DC/DC 变换器结构[10.4]

2）斩控型整流电路。采用可关断器件替代二极管，主要的电路拓扑有：单相桥式或三相桥式电路。图 10.52 给出了采用 IGBT 的三相桥式 MSC 电路。

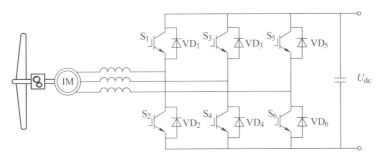

图 10.52　基于 IGBT 的三相桥式 MSC 结构[10.4]

斩控型 MSC 通常选择 PWM 控制方式，既可作为整流器进行 AC/DC 变流，也可作为逆变器进行发电机调速，实现电能双向流动。其主要应用于中大功率风力发电机的 MSC。对于更高电压需求，可选用多电平整流电路，基于 NPC 的三电平整流电路如图 9.15 所示。

（2）GSC 的主要拓扑结构　GSC 作为并网逆变器功能与光伏系统相似，不同之处是风力发电系统的并网逆变器往往功率更大，更为重要的是有时需要用作整流器，实现电能的双向流动[10.19]。为此，通常采用三相桥式电路拓扑，可根据电网电压等级选用两电平拓扑或多电平拓扑。一种 NPC 三电平的三相桥式 GSC 电路如图 10.53 所示。

目前，许多公司研制了一系列用于风力发电系统的电能变换器。例如：禾望公司推出的 HD8000 系列风电变换器，如图 10.54 所示，MSC 和 GSC 由 IGCT 构成 NPC 三电平三相桥式电路，都采用 PWM 控制，可实现电能双向流动。该变换器的主要技术参数为：额定功率 12MW，输出额定电压 3.3kV，调速精度 0.01%，转矩响应时间 5ms，动态速降 0.25%，效率 98%，应用于海上风力发电变换器。

3. 风力发电控制系统

根据前面分析，整个风力发电系统的控制分为装置控制与系统控制两个层面，系统结构如图 10.55 所示，其中：装置控制分为风力机的桨距控制、电能变换器的 MSC 控制和 GSC 控制；系统层面主要是风力发电系统的控制，特别是与电网接口的控制等[10.19]。下面按此

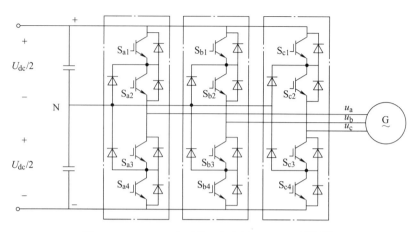

图 10.53 NPC 三电平的三相桥式 GSC 电路[10.19]

分类讨论各种控制方式及其策略。

(1) 风力机变桨控制 风力机可分为变桨距与固定桨两类,固定桨的桨叶固定不变,不能控制。变桨距风力机一般分为两种:一种是电动变桨,通过变桨电动机来控制叶片的角度和桨距;另一种是液压变桨,通过液压装置驱动桨叶变化实现变桨控制。在风力发电机组运行中,变桨控制系统可根据不同风速调节桨距角来控制风轮捕获风能从而稳定机组的功率,如图 10.56a 所示,如果从 0°方向减小桨距角,将增加气流升力、减小阻力,增加转动力矩,从而提高发电机输出功率;反之,如果增大桨距角向 90°方向顺桨,将减小气流升力、增加阻力、减小转动力矩,从而降低发电机输出功率。变桨控制系统的基本结构如图 10.56b 所示,变桨控制系统主要由驱动装置、变桨控制器、限幅器、减速模块以及位移传感器等组成闭环控制系统。

系统中给定桨距角与检测的实际桨距角的误差 $\Delta \beta = \beta^* - \beta$,经变桨控制器输出控制信号,控制变桨电机的驱动变桨机构来调节桨距角。按照风力发电机组桨叶处风速的不同可将变桨控制分为 5 个阶段:

1) 启动阶段。当风速等于切入风速时,将叶片调节至 0°左右确保桨叶捕获较大的风能,从而获得较大的转矩使发电机由静止开始转动。

2) 最大风能的捕获阶段。若风速未达到额定风速,则保持 β^* 不变,对风轮转速进行调节,使桨叶的叶尖速比达到最佳,进而保证风轮捕获的风能最大。

3) 恒转速阶段。桨距角维持在确定数值,发电机的转速保持在最大转速上。尽管风能利用系数会减小,但捕获的风能依然会增加。

4) 恒功率运行阶段。当风速高于额定风速时,对桨距角进行调整,以稳定风力发电机的输出功率,避免风轮吸收的风能过大对风力发电机的结构造成损伤。

5) 停机阶段。当风速高于切出风速时,强制控制桨距角至顺桨状态,使风电机组尽快退出运行,实现安全停机,避免风电机组的损坏。

以上控制功能可采用 PLC 进行设定与控制。

(2) 风力发电机的 MSC 控制 如上节所述,风力发电机 MSC 控制的基本功能是:将发电机输出通过整流成直流;当风速变化时,调节和维持发电机转速。高级功能则要求能根据风速的变化,进行 MPPT 控制,最大限度地利用风能发电。根据两种 MSC 的拓扑,其控制也各异[10.19]。

第10章 船舶新能源发电技术

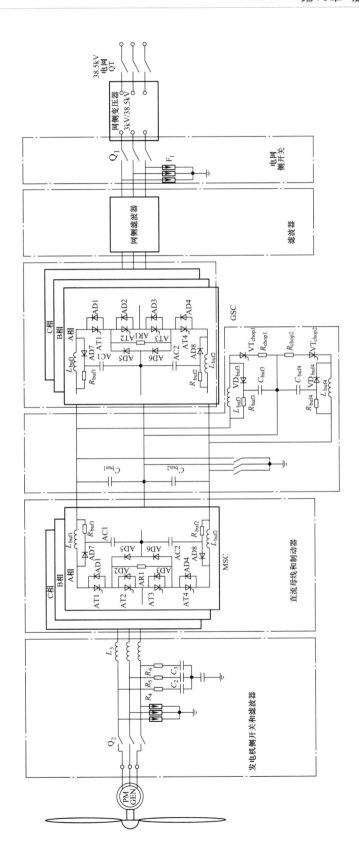

图10.54 禾望公司HD8000系列风电变换器（禾望电气）

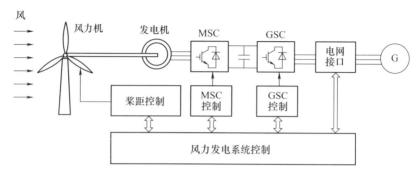

图 10.55 风力发电控制系统结构

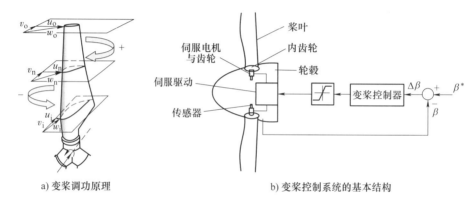

a) 变桨调功原理　　　　b) 变桨控制系统的基本结构

图 10.56 变桨控制的基本原理与系统结构

1) 二极管整流电路与 DC/DC 变换器的控制。一种采用动态模型的 Boost 电路 MPPT 控制方案如图 10.57 所示，系统中 Boost 电路的控制采用电压、电流双闭环控制，以保持输出直流电压恒定。

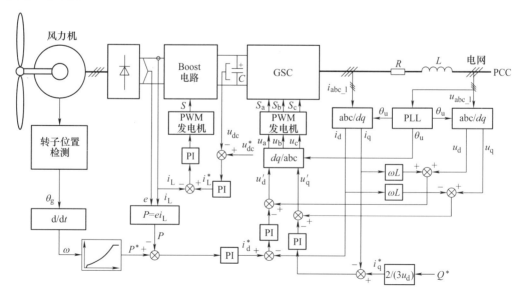

图 10.57 一种采用动态模型的 Boost 电路 MPPT 控制方案

功率控制是在 GSC 进行，通过检测 PMSG 的转子位置 θ_g，经微分后得到角速度 ω，再由 MTTP 控制算法计算出有功功率给定值 P^*，与检测二极管整流器输出电压（即发电机电动势）e 和电流 i_L 计算的实际功率 P 比较，其偏差经功率 PI 调节器输出 d 轴电流给定值 i_d^*，控制 GSC 的 d 轴分量，由此实现 MPPT 控制。图中有关 GSC 的控制随后介绍。

2）斩控型 MSC 的控制[10.19]。斩控型 MSC 采用 IGBT 等可关断器件组成的桥式整流电路与同样采用桥式电路的 GSC 构成背靠背结构，如图 10.58 所示。MSC 控制采用三环结构，外环为功率控制环，通过检测风力机转速，由 MPPT 算法计算出有功功率给定值 P^*，结合无功功率给定值 Q^*，对于三相桥式整流电路可采用矢量控制（VC）器进行电流解耦控制，再由 PWM 调制器产生相应的脉冲驱动 MSC 进行 PWM 控制，以实现电机转速调节，并获得最大功率输出。

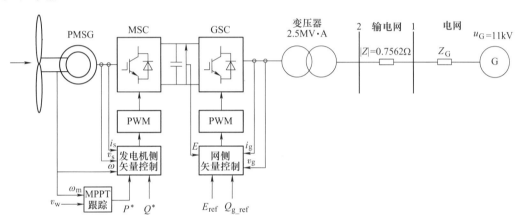

图 10.58　斩控型 MSC 的矢量控制

图 10.58 中 MSC 输出直流再经 GSC 逆变控制与电网并网运行。对于直流微电网，则不需要 GSC 变换，仅有 MSC 变换与控制。

3）风力发电的 MPPT 控制。为了充分利用风力，需要在 MSC 中引入 MPPT 控制。其基本思想是根据风速与功率的变化曲线，通过调节发电机转速，使其输出功率最大。

根据贝茨理论，风力机转轴输出机械功率为

$$P_w = \frac{1}{2}\rho_0 A_w C_p(\omega_m, \beta) v_w^3 \tag{10-8}$$

式中，ρ_0 为空气密度；A_w 为风机叶片扫过面积（$A_w = \pi r_w^2$）；v_w 为风速；C_p 为风能利用系数，是风力机角速度 ω_m 和桨距角 β 的函数。

在确定风速 v_w 下，风力机转轴上输出机械功率 P_w 和风力机角速度 ω_m 的关系曲线如图 10.59 所示。显然，在确定风速下，存在一个最优转速，使得风力机产生最大输出机械功率 $P_{w\max}$。

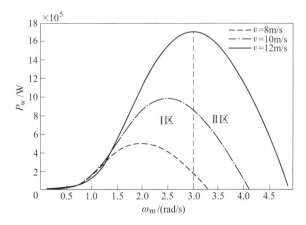

图 10.59　风力机输出特性曲线

根据最优化原理，在 P_{wmax} 点处的 P_w 与 ω_m 的导数为 0，即

$$\frac{dP_w}{d\omega_m} = 0 \qquad (10\text{-}9)$$

由此，可通过最优化方法求解式（10-9），获得 MPPT 算法，例如梯度法等。在图 10.59 中，在某一风速下，其曲线都被分为斜率为正（Ⅰ）和斜率为负（Ⅱ）的两区域，实际的工作点通过比较 PMSG 功率变化与速度变化来确定。目前，已研究提出了多种算法，比如功率信号反馈法、叶尖转速比较法、三点比较法、爬山搜索法等[10.20]。

（3）风力发电系统 GSC 变换控制　风力发电系统的 GSC 又称并网逆变器，与光伏逆变器相似，其控制主要功能为[10.19]：

1) 并网控制，包括电压、频率和相位控制，与电网保持一致。

2) 功率控制，包括有功功率控制和无功功率控制，实现 P、Q 自动调整。

3) 故障保护，可实现低电压穿越，同时提供无功补偿。

为此，GSC 的控制方法有基于 U/f 的电压电流双闭环控制、PQ 功率控制、下垂控制、虚拟同步发电机（Virtual Synchronous Generator，VSG）控制等[10.21]。主要的控制结构有如下方案：

1) GSC 的基本控制系统方案。GSC 的最基本控制采用基于 U/f 的电压电流双闭环控制。如图 10.60a 所示，对于三相 GSC 一般采用矢量控制策略，给定电压 U_{dc}^* 与检测的直流母线电压 U_{dc} 比较，其误差经电压调节器输出 d 轴给定电流 i_d^*，与 q 轴给定电流 i_q^* 分别经各自的电流调节器与电流解耦补偿输出电压给定信号 u_d^* 和 u_q^*，再通过坐标变换和 PWM 控制 GSC 输出与电网匹配的正弦波，其中相位同步由 PLL 环节输出的相位角 θ 控制；电压与电流的反馈值来源于 GSC 输出的实际电压与电流的检测值。

电压电流双闭环控制仅能满足并网最基本的电压、频率与相位控制，如需要调节功率和提供无功功率支撑电网电压跌落，则需要在此基础上再加上功率控制环节。图 10.60b 给出一个基于 PQ 功率控制的 GSC 控制方案，系统中在基本的电压电流双闭环控制基础上，外加一个功率控制环，形成三环控制。其中，有功功率 P 与无功功率 Q 控制为外环，输出电网所需的频率 f^* 与电压幅值 U^*，再经 Park 变换后形成电压、电流双闭环的控制信号。

2) GSC 的下垂控制[10.22]。基于功率控制的 GSC 是按设定的 P^* 和 Q^* 进行调节，有时 GSC 需要根据负荷变化进行调节，对于多台风力发电机还需要协调，可采用下垂控制。

图 10.61 给出一种基于下垂特性的电压型 GSC 控制方案。图 10.61a 为下垂特性控制原理，当电网负荷增加时，需要 GSC 增加有功功率 P，则使频率 ω 下降；如增加无功功率 Q，则 GSC 输出电压 U 下降。下垂控制以电网所要求的功率为既定目标，采用与传统发电机相似的下垂曲线，通过模拟电力系统的一次调频原理来实现对 GSC 的控制。系统中不平衡的功率通过频率有功下垂特性动态分配给各个机组承担，保证了电网频率和电压的统一，具有简单可靠的特点。

图 10.61b 为基于下垂特性的 GSC 控制结构，采用下垂特性取代功率调节器，通过采样 GSC 输出的电压和电流，经过 Park 变换后进行瞬时功率计算，得出实际的 P 和 Q，再经图 10.61a 所示的下垂特性得到相应的电压 U^* 和频率 ω^*，先通过电压与频率调节分别产生 i_d^* 和 i_q^*，再进行电流控制，最后进行 PWM。

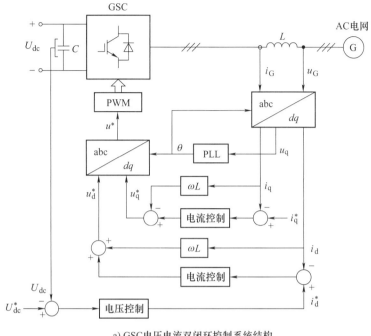

a) GSC电压电流双闭环控制系统结构

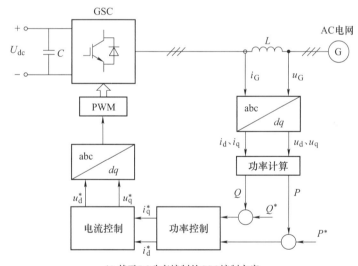

b) 基于PQ功率控制的GSC控制方案

图 10.60　风力发电的 GSC 基本控制系统方案

下垂控制可以工作在并网和孤岛两种模式下，能够保证负荷波动时实现有功和无功负荷的均匀分配，还便于多个风力发电机之间的协调控制。

3) GSC 的虚拟同步机控制[10.21]。对于 GSC 并网运行，应具有故障穿越能力，即当电网出现故障时能为电网提供必要的支撑。但因 GSC 瞬时响应快，缺少惯性，故引入 VSG 控制使 GSC 模拟出同步电机的惯性，使风力发电系统具有更好的频率与电压支撑。一种 VSG 模拟方法如图 10.62 所示，采用同步发电机模型，结合 P-ω 下垂控制和 Q-U 下垂控制思想，将 VSG 控制分为两个模块：虚拟调速器模块模拟同步电机的调速控制，根据给定频率 ω_g^* 和

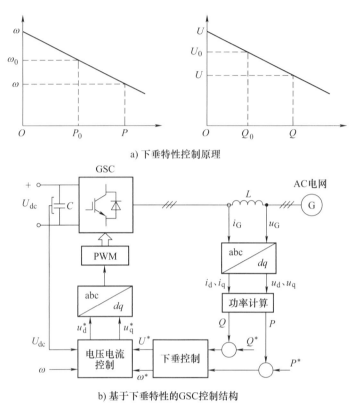

图 10.61 一种基于下垂特性的电压型 GSC 控制方案

功率 P_g^* 与检测的频率 ω_g 和功率 P_g 之差，按照下垂特性模拟一次调频过程，通过改变调差系数 D_p 的大小来抑制负荷突变频率变化引起的有功功率变化；虚拟励磁模块模拟同步电机的励磁控制，按照 Q-U 下垂控制，通过改变电压调节系数 K_e 来抑制无功功率引起的电压变化。然后，用 VSG 模块替换图 10.61b 中的下垂控制模块，其余环节相同。

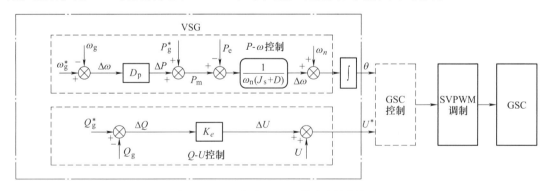

图 10.62 一种基于 VSG 的功率控制方案

系统中引入了同步电机的虚拟转动惯量 J 使 GSC 在功率和频率变化中具有了惯性；引入阻尼系数 D 提高了 GSC 阻尼电网功率振荡的能力。

（4）风力发电系统控制　与光伏发电系统相似，风力发电系统层面的控制主要包括：

1)电能质量控制。设计选用适合的滤波器,比如 L 型、C 型、LC 型或 LCL 型等,以降低电网谐波。

2)系统监控与故障诊断。其包括状态监测、故障诊断与穿越,比如故障冗余设计和容错控制等。

3)能量管理。设置电能管理系统(PMS)进行风能与潮流预测、能量调度、优化管理等。

4)全生命周期预测和管理。其包括系统可靠性与健康评估、预测维修、成本管控、市场运营等。

10.2.3 船舶风力发电系统及应用

在船舶或海洋平台上安装风力发电机,利用风能发电来提供所需电能。风力发电系统的船舶应用目前主要在3个方面:①在一些小型游艇中直接使用,提供辅助电源;②与太阳能光伏发电组成风光互补的发电系统,配以蓄电池等储能装置,能为船舶或海洋平台提供更为持续的电能;③与船舶电网并网构成船舶微网。

(1)船舶独立风力发电系统 小型船舶如小型游艇、小型渔船等可以采用独立风力发电系统,如图 10.63a 所示。这些船舶一般采用内燃发动机机械驱动,船上用电负荷小,可安装小型风力发电机为船舶照明、通信和导航等设备直接供电。小型风力发电系统结构如

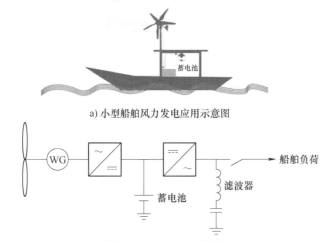

a) 小型船舶风力发电应用示意图

b) 船舶独立风力发电系统结构

c) 水平式风力发电机 d) 垂直式风力发电机

图 10.63 小型船舶的独立风力发电系统

图 10.63b 所示,由风力发电机、变换器和蓄电池组成,结构简单,安装方便、价格便宜。风力发电机可采用水平轴(见图 10.63c)或垂直轴(见图 10.63d)。

(2) 船舶风光互补发电系统 风力发电还可与太阳能光伏发电装置,配以蓄电池等储能装置组成风光互补的发电系统,能为船舶或海洋平台提供更为持续的清洁电能。

例如:图 10.64a 所示为小型风光互补船舶供电系统结构,图 10.64b 给出了一条海洋监测船应用示例,在船体两边挂有光伏电池板,桅杆上装了一台小风机,与变流器、蓄电池组成小型的独立光伏电源,为船上的监测仪器设备供电。由于利用风光互补,能获得持续的电能,为海洋平台装备的仪器设备供电,同时又清洁环保。

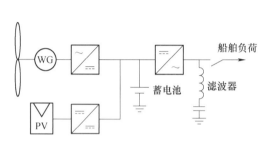

a) 船舶风光互补发电系统示意图　　　　b) 采用光伏电池板的小型海洋监测船

图 10.64　小型风光互补船舶供电系统结构

这类风光互补发电装置可广泛应用于海洋浮标、海洋监测平台、海洋养殖浮台、游艇、钓鱼船等小型船舶等,也可应用于中大型船舶作为辅助电源,用于照明、生活用电等场合。

例如,ABB 公司推出一种风光互补的发电系统设想:在集装箱船舶的货舱顶部安装一层特殊集装箱,这种称为 GREEN(Global Renewable Electrical Energy Network)电池的集装箱本身是一个发电装置,在箱体的顶层铺设太阳能电池板并安装一台小型风力发电机,光伏电池板展开后可覆盖其顶部及相邻的 2 个集装箱的顶部。如果光伏电池的发电量为 $500W/m^2$,假设大型集装箱船的顶部面积为 $20000m^2$,则可提供 10MW 的电能。其内部则可安装蓄电池、变流器及其控制器。目前,已研制出集装箱大小的钠硫电池,可在 7h 内提供 1.2MW 的电能。每个集装箱为一个独立的风光互补的电源,它们之间可以连接并网。船舶装卸货时,可以先取下这层电源集装箱,装完货物集装箱后再安装上去,为船舶航行供电。而且可在港口设置充电站,给蓄电池充电。这样,GREEN 电池就像普通集装箱一样方便地进行更换。图 10.65

图 10.65　ABB 新能源船舶发电系统设想示意图[10.23]

给出了该设想的示意图[10.23]。

(3) 船舶风力发电并网系统 风力发电装置与其他新能源发电以及船舶电网并网组成船舶微电网是新的发展趋势。有关内容将在第 11 章详细论述。

10.3 船舶燃料电池发电系统

1839 年英国的 Grove 发明了燃料电池（FC），利用氢氧的化学反应产生电。1889 年 Mood 和 Langer 首先采用了燃料电池这一名称，并获得 $200\text{mA}/\text{m}^2$ 电流密度。20 世纪 60 年代，FC 成功地应用于阿波罗登月飞船。从 20 世纪 60 年代开始，氢氧 FC 广泛应用于宇航领域，同时兆瓦级的磷酸 FC 也研制成功。从 20 世纪 80 年代开始，各种小功率 FC 在宇航、军事、交通等各个领域中得到应用。

FC 由于具有能量转换效率高、对环境污染小等优点而受到世界各国的普遍重视，FC 的飞速发展必然对人类社会产生深远的影响，FC 未来最有可能取代内燃机成为电动运载工具主要形式。因此，采用 FC 作为船舶电源和推进装置，成为未来船舶电力推进的新方向而倍受关注。

本节首先介绍 FC 的原理，建立基于经验模型的 FC 动态数学模型，通过系统仿真分析其特性。然后论述 FC 的电能变换与电力系统的组成，建模与控制，并介绍目前的船舶应用。最后给出一艘自主研发的基于质子交换膜燃料电池（Proton Exchange Membrane Fuel Cell，PEMFC）的实验船。

10.3.1 氢燃料电池工作原理

以氢为燃料的 FC 发生电化学反应的原理是氢气的燃烧反应，所需燃料（氢气）输入后与氧发生化学反应，生成电和水，因此氢 FC 是一种把化学能转化为电能的装置。

(1) 氢 FC 电化学反应原理[10.24] 氢 FC 工作原理如图 10.66 所示，氢气与氧气发生电化学反应，发电并输出水。

氢 FC 的基本电化学反应过程为：阳极催化层中的氢气在催化剂的作用下分解为氢离子 H^+ 与电子 e^-，即

$$2H_2 \longrightarrow 4H^+ + 4e^- \qquad (10\text{-}10)$$

反应产生的电子经外电路到达阴极，氢离子则经过质子交换膜到达阴极。氧气与氢离子及电子在阴极发生氧化反应生成水，其化学反应方程式为

$$O_2 + 4H^+ + 4e^- \longrightarrow 2H_2O \qquad (10\text{-}11)$$

生成的水通过电极随反应尾气排出，整个电化学反应过程表示为

$$2H_2 + O_2 \longrightarrow 2H_2O \qquad (10\text{-}12)$$

FC 能量转换是一个化学过程，由于不经过燃烧，不受卡诺循环限制，所以与传统的内燃机相比较有以下特点：

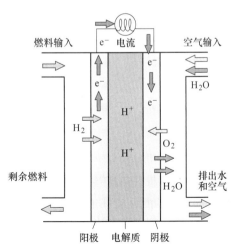

图 10.66 氢 FC 工作原理

1) 能量转换效率高。在理论上燃料电池的热电转换效率可达 85%～90%。但实际上，电池在工作时由于各种条件的限制，目前各类电池实际的能量转换效率均在 40～60%，若实现热电联供，燃料的总利用率可以达到 80% 以上。

2) 无污染。燃料电池作为大、中型发电装置使用时其突出的优点是减少污染排放。对于氢燃料电池而言，发电后的产物只有水，可实现零污染。

3) 噪声低。由于燃料电池无热机活塞引擎等机械传动部分，故操作环境无噪声污染。

4) 可靠性高。燃料电池发电装置由单个电池堆叠至所需规模的电池组构成。由于这种电池组是模块结构，因而维修十分方便。另外，当燃料电池的负载有变动时，它会很快响应，故无论处于额定功率以上过载运行或低于额定功率运行，它都能承受且效率变化不大。

(2) FC 的分类　按电解质的不同，FC 可分为碱性燃料电池（Alkaline Fuel Cell，AFC）、磷酸燃料电池（Phosphoric Acid Fuel Cell，PAFC）、熔融碳酸盐燃料电池（Molten Carbonate Fuel Cell，MCFC）、固体氧化物燃料电池（Solid Oxide Fuel Cell，SOFC）及质子交换膜燃料电池（PEMFC）等。表 10.1 列出了几种主要类型燃料电池的燃料、电解质、电极和工作温度等基本特点[10.24]。其中：PEMFC 以氢气为燃料，空气为氧化剂，石墨或改进的金属板为双极板，其工作温度低，为 80～100℃，所以电池起动较快，最适合应用到交通工具中。

表 10.1　FC 的分类

类型		磷酸燃料电池（PAFC）	熔融碳酸盐燃料电池（MCFC）	固体氧化物燃料电池（SOFC）	质子交换膜燃料电池（PEMFC）
燃料		煤气、天然气、甲醇等	煤气、天然气、甲醇等	煤气、天然气、甲醇等	纯氢气、天然气
电解质		磷酸水溶液	$KLiCO_3$ 溶盐	ZrO_2-Y_2O_3(YSZ)	离子（Na 离子）
电极	阳极	多孔质石墨（Pt 催化剂）	多孔质镍（不要 Pt 催化剂）	Ni-ZrO_2 金属陶瓷（不要 Pt 催化剂）	多孔质石墨或 Ni（Pt 催化剂）
	阴极	含 Pt 催化剂+多孔质石墨+Tefion	多孔 NiO（掺锂）	LaXSr1-XMn(Co)O_3	多孔质石墨或 Ni（Pt 催化剂）
工作温度		~200℃	~650℃	800～1000℃	~100℃

(3) FC 反应堆　质子交换膜燃料电池（PEMFC）的结构如图 10.67 所示，为了提高 FC 的反应速率，每个单体电池内部由阳极扩散层、阳极催化层、质子交换膜、阴极催化层、阴极扩散层组成，采用全氟磺酸固体聚合物为电解质，Pt-C 等为催化剂制成薄膜覆盖在电极板上；由双极板与密封件将内部各层压制而成。

由于单体电池的电压很低，需要将各单体电池叠压在一起制成 FC 堆芯，外设固定件和管道，分别输入燃料（纯氢气或重整气）和氧化剂（氧气或空气）进入阳极和阴极流道，燃料和氧化剂分别通过各自扩散层到达催化层。

PEMFC 电池反应堆中存在 3 种主要交换过程：质量传递、热量传递和电化学反应。其中：电化学反应主要发生在催化层；传热主要是指对电化学反应产生的热量传递；最为复杂的是质量传递过程，这个过程在阳极流场、阳极扩散层、阳极催化层、质子交换膜、阴极催化层、阴极扩散层和阴极流场 7 个区域内进行。

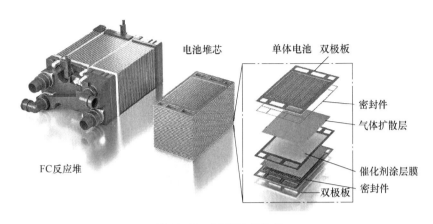

图 10.67 PEMFC 的结构

（4）氢 FC 的特性、建模与仿真分析　根据 FC 的结构与原理，可以将其看作一个将化学能转变为电能的能量转换装置，其输入为氢气和氧气，输出为电能、热量和水。由于电池中电化学反应过程的化学能难以定义，一般考虑用每摩尔（mol）生产的吉布斯自由能来表示。吉布斯自由能 G_f 的单位为焦耳（kJ/mol），其数值受温度和压力的影响，一般采用标准温度和压力（25℃，0.1MPa）来计算[10.24]。在电池中，转换的能量等于产物与反应物的吉布斯自由能之差，即

$$\Delta G_f = G_{fo} - G_{fi} \tag{10-13}$$

式中，ΔG_f 为转换装置的吉布斯自由能变化；G_{fo} 和 G_{fi} 为产物和反应物的吉布斯自由能。

对于任意的电化学反应过程，假定产生 n 个电子，则电池装置的电动势为

$$E_B = \frac{\Delta G_f}{-nF} \tag{10-14}$$

式中，F 为法拉第常数，表示为

$$F = N_a e = 6.002 \times 10^{23} \times 1.602 \times 10^{-19} \text{C} = 96485 \text{C} \tag{10-15}$$

由式（10-12），FC 的电化学反应每生成一个水分子（H_2O）就消耗一个氢分子（H_2），就有 2 个电子沿外电路循环一圈。因此在理想条件下，如果系统没有能量损耗，可逆 FC 的电动势 E_{FC}（开路电压）为

$$E_{FC} = \frac{\Delta G_f}{-2F} \tag{10-16}$$

但是，上述电池装置的电化学反应过程是建立在理想条件下的，实际过程中反应物的压力、温度、浓度和活化度都会影响电池的电压。如果考虑 FC 的气体压力以及温度，可用热力学电动势的能斯特方程表示为

$$E_{Nst} = E_{FC0} + \frac{RT}{2F} \ln \frac{P_{H_2}\sqrt{P_{O_2}}}{P_{H_2O}} \tag{10-17}$$

式中，E_{FC0} 为标准压力下的电池电动势；R 为气体常数；T 为电池温度（K）；P_{H_2} 为阳极催化剂/气体表面氢气的分压；P_{O_2} 为阴极催化剂/气体表面氧气的分压。

由于 FC 的电极表面会在化学反应过程中产生活化损失，从而导致输出电压下降，可用

活化过电压 U_{act} 表征与电极有关的电压损失，其计算公式为

$$U_{act} = \frac{RT}{F} \ln \frac{i}{i_0} \qquad (10\text{-}18)$$

式中，i_0 为交换电流密度，其大小与电极材料、有效面积等有关。

由于 FC 的电解液中离子流动和电子内部阻抗会导致电压损失，采用欧姆过电压 U_{om} 表征为

$$U_{om} = R_0 \exp\left[\alpha\left(\frac{U_{om}}{1273} - \frac{1}{T}\right)\right] i \qquad (10\text{-}19)$$

式中，R_0 为温度为 1273K 时电池内部的电阻；α 为电池的温度系数。

FC 在化学反应时产生的产物在反应区内迁移的过程中会存在浓度差，形成浓差极化的电势，其表达式为

$$U_{com} = \frac{RT}{2F} \ln\left(1 - \frac{i}{i_L}\right) \qquad (10\text{-}20)$$

综上分析，Mann 在考虑了各种因数的影响，提出了 FC 单电池方程如下：

$$U_{FC} = E_{Nst} - U_{act} - U_{om} - U_{com} \qquad (10\text{-}21)$$

式中，U_{FC} 为 FC 单电池电压。

Mann 的经验公式更一般地反映稳定状态下单电池的输出特性，它包含了所有极化现象，并适用于所有膜[10.24]。

FC 的建模包括质子交换膜水传递模型、催化层数学模型、扩散层数学模型、流场模型和 PEMFC 单池模型等，可分为机理模型、经验模型和电路模型。

1）PEMFC 机理模型。FC 的质子交换膜水传递模型、催化层数学模型、扩散层数学模型等都是根据电池内部电化学反应过程中，基于各层的物质交换机理建立的机理模型，种类繁多。

2）PEMFC 经验模型。上述机理模型虽然能够从一定程度上描述 PEMFC 的特性和工作情况，但是往往计算复杂。为此，从实用的角度出发，开发出许多经验模型。在合理假设条件下，通过参数整定、曲线拟合等方法来建立经验模型。

3）PEMFC 电路模型。它用来模拟 PEMFC 的电流密度-电压的关系以及电池内部的传递和反应现象，有一维模型、二维模型和三维模型[10.25]。

PEMFC 的稳态模型由工作在稳定状态的等效电路表示，其动态特性可通过在其稳态模型中增加一个电容 C 进行模拟，如图 10.68 所示。R_{om} 为电解质膜的电阻，采用双层电荷层等效电容 C_{eq} 与极化等效电阻 R_a 并联的方式进行建模[10.25]。

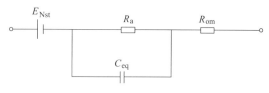

图 10.68 PEMFC 单电池模型

图中，R_{om} 是表征与固体聚合物电解液的质子传导性相关的损失和电子内部阻抗；R_a 可以由活化过电压和浓度过电压以及电池的电流来计算，即

$$R_a = \frac{U_{act} + U_{com}}{i} \qquad (10\text{-}22)$$

PEMFC 的等效电路简单实用，可以模拟 PEMFC 的外部电气特性。

4）PEMFC 的仿真模型。根据式（10-21），利用 MATLAB 搭建 PEMFC 的动态仿真模型，如图 10.69 所示[10.26]。其可逆电压 E_{Nst}、活化过电压 U_{act}、欧姆过电压 U_{om} 和浓度过电

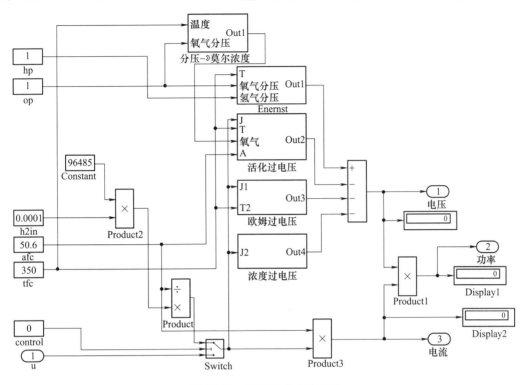

图 10.69 PEMFC 的仿真系统

压 U_{com} 分别作为子模块嵌套进入模型中。共有 6 个外部输入量：工作温度、氧气气体分压、氢气气体分压、质子交换膜厚度、氧气气体流量和氢气气体流量。对每个输入量，设计了两种输入方式：常数输入方式（constant 模块）和外部输入方式（in 模块）。这样可以单个改变某一参数，运行仿真得到结果。也可以从外部按时间序列输入一系列参数，得到一条变化曲线。共有 3 个输出量：电压、电流和功率。仿真参数：设膜厚度为 51μm，单电池的有效膜面积为 116cm²，氢气压力 p_{H_2} 为 0.2MPa，氧气压力 p_{O_2} 为 0.2MPa，电池温度 T 为 348.15K，其余参数见文献 [10.26]。

按照理想极化曲线拟合如图 10.70 所示，图中实线为模型数据。在拟合的模型中，假设氧气和氢气的分压相同。结果表明：随着电流增加，输出电压不断减小。

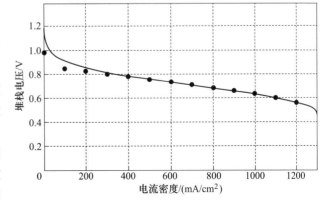

图 10.70 燃料电池模型与实验输出曲线拟合

根据拟合模型，图 10.71 给出了 PEMFC 的工作温度在 303.15～343.15K 变化时的极化曲线，说明燃料电池的性能随着温度的升高而提高。原因之一是由于电流密度随着温度的升高而增大，减少了活化过电压损失。图 10.72 给出了反应气体分压不同时的极化曲线。可以看到，反应气体的分压增大，PEMFC 的性能提高。这是因为反应气体分压增大使得 PEMFC 的可逆电压增大。

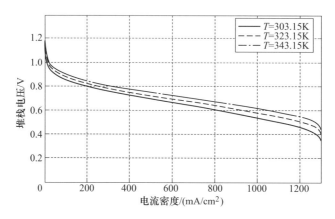

图 10.71　PEMFC 温度对电压的影响

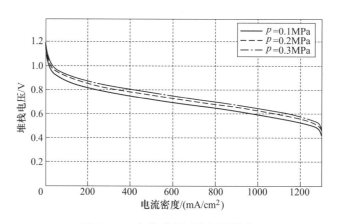

图 10.72　气体分压对电压的影响

图 10.73 所示为电流阶跃输入时，PEMFC 堆输出电压的响应。当电流第 20s 出现 21.2A 到 51.2A 的阶跃变化时，输出电压随之下降，由于等效电阻 R_a 和电容 C 的作用，堆栈电压的变化有个时间延迟的过程。

10.3.2　燃料电池电能变换

由图 10.70 给出的 PEMFC 的输出特性可知，其输出电压随着电流的增大降低幅度较大。再详细分析 FC 的理论伏安曲线，如图 10.74 所示，可以看出 PEMFC 的电压降低是由 3 种损耗导致：

1）当输出电流很小时，PEMFC 工作在活化极化区，电压随着电流的增大呈一种非线性减少，这时的损耗主要是活化损耗。

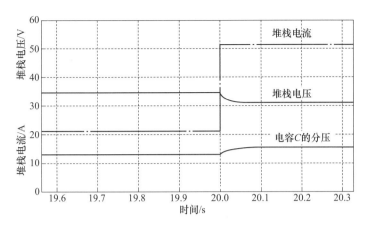

图 10.73 PEMFC 输出电压动态响应

2）随着电流的增大，PEMFC 逐步进入欧姆极化区，此时的损耗主要是欧姆损耗。欧姆损耗是由于带电离子在电解液中传输和电子在电极中传输的阻抗导致，可以认为电压和电路密度接近线性，燃料电池通常工作在这个区域。

3）当电流密度很大时，PEMFC 进入浓度极化区。此时在电极反应区参加化学反应的反应物或产物浓度发生变化，引起电极电位改变，反应物或产物的传输导致的损耗构成了主要部分。此时，PEMFC 的电压随电流的增大急剧降低。

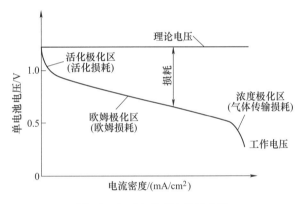

图 10.74 FC 的理论伏安曲线

上述分析说明：PEMFC 的输出特性很软，无法直接带负载。因此，必须配置电能变换装置，以改善其输出特性。

（1）FC 电能变换基本环节　FC 电能变换基本环节如图 10.75 所示，由 DC/DC 变换器、蓄电池和 DC/AC 变换器及其控制器构成。由于 FC 输出为直流，其所需的基本电能变换环节与光伏发电相似，即采用 DC/DC 变换器稳定直流母线电压或匹配直流负载，采用 DC/AC 变换器与交流负载匹配或并网控制，因而在各环节变换器的设计和选型方面两者有相同之处。

1）DC/DC 变换器。如图 10.75 所示，其作用就是控制变换器输出的直流母线电压，使之不随 FC 输出电压的下降而下滑，以保证直流母线电压恒定。DC/DC 变换器可以选用电气隔离或非隔离的 DC/DC 变换器，其电路拓扑与光伏的直流变换器相似，这里不再赘述。

2）蓄电池。在 FC 系统中蓄电池是必须配备的，其主要作用首先是为 FC 的辅助设备如空气泵、电磁阀、控制系统等提供起动电源，如同内燃机的起动电池，等 FC 正常运行后，其发出的电可为整个系统提供持续的电能。另外，蓄电池可以通过充放电平衡直流母线电压，提供无功功率等。为此，蓄电池也需配备 DC/DC 变换器，控制蓄电池的充放电。与主电路的 DC/DC 变换器相比，功率小，体积小。

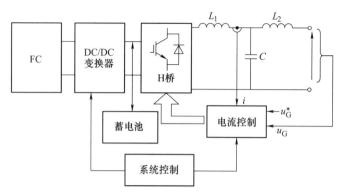

图 10.75 FC 电能变换基本环节

3) DC/AC 变换器。如果需要 FC 为交流负荷独立供电或者与交流电网并网运行,则需要通过 DC/AC 变换器将直流电变为交流输出。应根据不同的交流负荷要求,选择相应的逆变器。对于与交流电网连接,则选择相匹配的并网逆变器,比如:小功率单相桥式逆变器适用于单相电网;三相桥式逆变器适用于中大功率电网并网,可根据电网电压选择两电平电路或多电平电路,其控制要求为恒压恒频,与光伏逆变器类似。对于直接为交流负载独立供电,则需根据负载用电要求选择,比如:普通交流负荷的逆变器与并网逆变器相似,要求恒压恒频控制;如果是交流电动机变频调速,则要求逆变器变压变频控制。

(2) FC 的连接方式 FC 反应堆是由多个单体电池串联叠堆而成,但因受其内部电化学反应以及散热等条件限制,单体电池串联数量有限,因而 FC 反应堆的容量受限,往往需要多个 FC 反应堆的串联和并联来扩大 FC 容量,其方式类似于光伏的串并联。

1) FC 的直接串联方式。将多个 FC 堆串联起来,然后与变流器连接。串联型 FC 结构如图 10.76 所示,其中 DC/DC 变换器可采用隔离型或非隔离型变换电路。

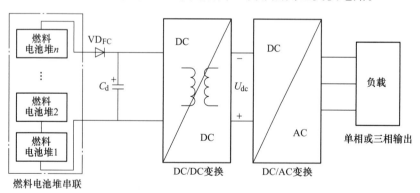

图 10.76 串联型 FC 结构

例如:FC 由多个 2kW 的 FC 堆串联而成,每个电池堆的输出电压 U_{fc} 在 22~40V 之间波动,假设 DC/AC 变换输出额定电压 220V,通常要求直流端的电压不低于 400V。在满载时需要串联的电池堆的个数 n 为

$$n \geqslant \frac{400}{U_{fc}} = 18.18$$

因 n 必须为整数,所以需要 19 个电池堆,满载时 $U_{fc}=418V$。

2) FC 的间接串联方式。针对 FC 直接串联输出时,在负载很低时输出电压过高的问题,可采用级联式多电平的 DC/DC 电路方案,如图 10.77 所示为一种 FC 级联式多电平变换器电路拓扑,每个 FC 堆通过 Buck 电路变换后再串联,有两种工作模式:电路中所有开关器件同时导通或关断,相当于多个 Buck 电路的串联工作;只有一个开关器件工作在 Buck 电路模式,其他器件用以选择串入的燃料电池的个数。

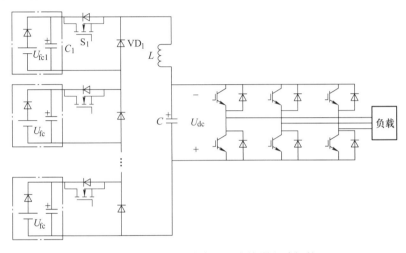

图 10.77 FC 级联式多电平变换器电路拓扑

每个 FC 堆可通过 Buck 电路控制,输出的直流母线电压基本稳定,可以实现多个 FC 的串联,并根据负载的大小调整串联的 FC 的数目,有效提高 FC 的效率。

基于级联式多电平的结构还可采用半桥(SH)或 H 桥电路来串接 FC 堆,这样,可以通过级联式多电平变换器直接实现 DC/AC 逆变,而无需 DC/DC 环节。图 10.78 给出了一种基于四电平非对称 H 桥的级联式多电平结构[10.27],其优点是 H 桥可连接 2 个电压等级不同的 FC 堆,组合应用更加灵活。

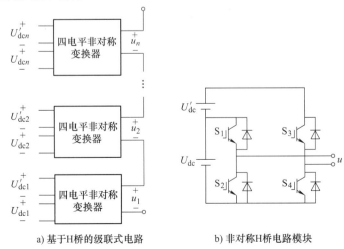

a) 基于H桥的级联式电路   b) 非对称H桥电路模块

图 10.78 基于四电平非对称 H 桥的级联式多电平结构

3) FC 的并联方式。采用级联式多电平的 FC 并联方式如图 10.79 所示，图 10.79a 是一种由若干个 H 桥并联的结构，图 10.79b 是一种先采用 H 桥级联式串联构成 FC 组串结构，然后再并联的混合连接方式。

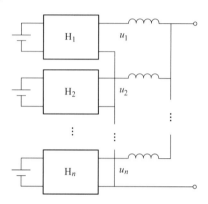

a) 基于H桥的FC并联方式

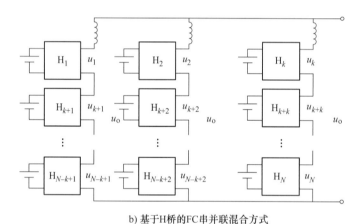

b) 基于H桥的FC串并联混合方式

图 10.79 级联式多电平的 FC 并联方式

图 10.80 给出了采用 3 个非对称 H 桥的级联式多电平变换器构成的三相逆变电路，FC 可通过多电平混合连接方式直接获得三相正弦交流输出。

(3) PEMFC 装置的仿真　FC 与电能变化装置如图 10.81 所示，由 FC、Boost 升压电路、蓄电池和辅助组成，为简单起见，这里仅考虑电阻负载。

1) FC 模型。设 FC 功率为 2kW，由 40 节单电池串联而成，其有效输出功率为 1.5kW；仿真模型采用极化曲线来模拟单电池电压，如图 10.82 所示。

2) DC/DC 变换器模型。DC/DC 变换器模型如图 10.83 所示，可以用方程表示为

$$I_{FC} = \frac{U_{FC} - (1-D)U_{dc}}{Ls + R} \tag{10-23}$$

$$\frac{dU_{dc}}{dt} = \frac{(1-D)I_{FC}}{C_o} - \frac{U_{dc}}{R_C C_o} \tag{10-24}$$

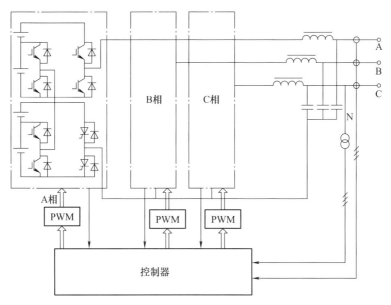

图 10.80　基于非对称 H 桥的级联式多电平变换器的三相逆变电路[10.28]

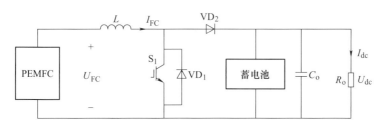

图 10.81　FC 与电能变化装置

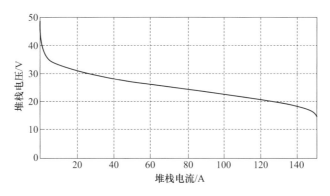

图 10.82　燃料电池输出电压和电流的曲线

式中，D 为 DC/DC 变换器的占空比；U_{FC} 和 I_{FC} 为 FC 堆输出电压和电流；L 为 Boost 电路的储能电感；R 为电源与线路内阻之和，即 $R = R_{FC} + R_L + (1-D)R_D$；$C_o$ 为滤波电容；U_{dc} 为 FC 发电系统输出的直流电压和电流。为了提高变换器的性能，采用了 PID 电压比环调节。

3）蓄电池模型。蓄电池采用理想的等效模型，如图 10.84 所示，电池的输出电压可以表示为

$$U_B = U_{B0} - I_B R_B \qquad (10\text{-}25)$$

式中，U_{B0} 为电池的开路电压；R_B 是蓄电池内阻。

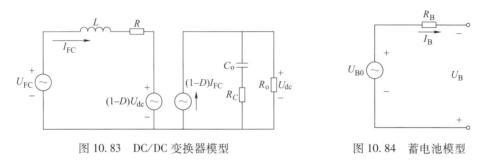

图 10.83　DC/DC 变换器模型　　　　图 10.84　蓄电池模型

4）FC 仿真模型。氢 FC 仿真模型如图 10.85 所示，由上述模块组成。

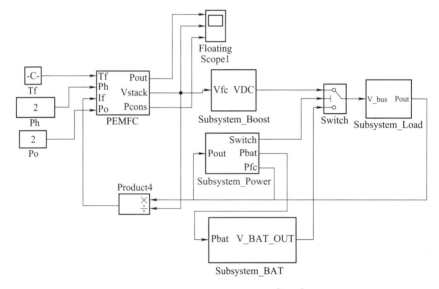

图 10.85　PEMFC 仿真系统[10.29]

5）仿真结果。图 10.86~图 10.88 是 PEMFC 装置的仿真结果，给出了负载 500~2500W 时各模块的响应。图 10.86 的负载功率为 2500W，此时 PEMFC 输出的功率为 2000W（未考虑自身的损耗），其余的功率由蓄电池提供。

图 10.87 所示为负载阶跃变化时 PEMFC 的响应，PEMFC 的输出电压为 24V，电流为 83A。

图 10.88 所示为负载阶跃变化时变换器的响应，可以看出 DC/DC 变换器的输出电压为 50V，输出电流为 40A。

10.3.3　燃料电池发电系统

由于 FC 需要输入燃料和空气才能发电，在其内部发生化学反应时产生热量，因此 FC

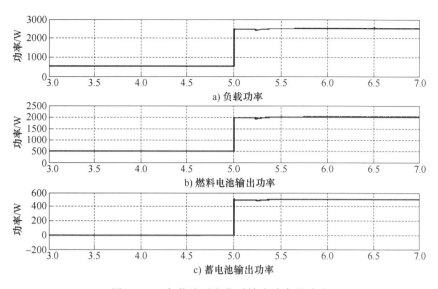

图 10.86 负载阶跃变化时输出功率的响应

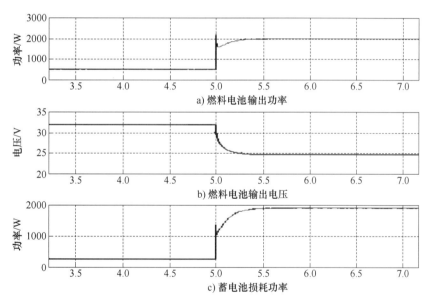

图 10.87 负载阶跃变化时 PEMFC 的响应

堆还需外设燃气供应、散热等装置才能正常运行。FC 发电系统的基本结构如图 10.89 所示，由空气供给模块、氢气供给模块、反应气增湿装置、废气排除模块和热管理模块组成。通常纯氢气（99.99%）存储在高压气瓶内，气瓶出口处的压力传感器用来指示其瓶内的含气量。高压氢气经过气瓶阀、减压阀后降压，然后通过电磁阀、电动调节阀、氢气流量传感器、经增湿器进入 FC 反应堆。

空气经过空气滤清器，被高速旋转的空压机将空气压缩，经过空气流量计送入增湿器，然后送到 FC 反应堆中。

氢气和空气在 FC 反应堆中进行电化学反应后，产生的废气包括水蒸气和其他气体，通

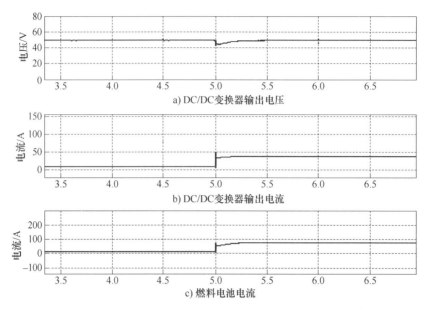

图 10.88 负载阶跃变化时变换器的响应

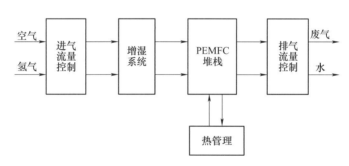

图 10.89 FC 系统基本结构

过尾气电磁阀排除。

FC 的电化学反应过程会产生大量的热,如果不能及时地排出多余的热能,会影响燃料电池安全、高效的运行。通过一套冷却水循环系统使得 FC 的最高工作温度保持在 80℃ 左右。

一个实际的 FC 发电系统如图 10.90 所示,主要由燃料输送系统、冷却系统、电池反应堆、变流装置与系统控制等组成。

对于交通载运工具或其他移动电源应用,需要将 FC 发电系统所有装置集成为一个动力总成或可移动电源。这就要求系统中所有设备的设计和选型小型化,布置紧凑化。图 10.91 给出了一些 FC 集成装置。

10.3.4 燃料电池的船舶应用

由于 FC 具有许多优点,它也被航运、造船界所关注。日本船舶振兴财团从 1993 年起连续做了大量的调研,认为可以在 LNG 船、科学考察船等船舶运用 FC,但是都还在研究试设

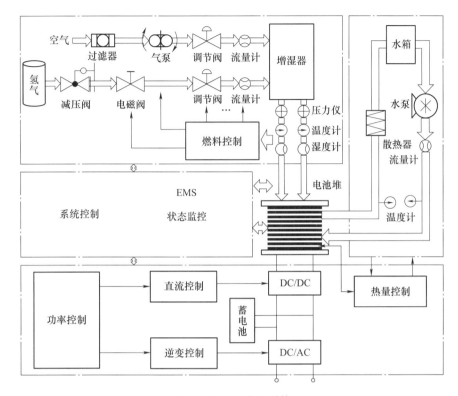

图 10.90　FC 发电系统

a) 车用燃料电池发动机

b) 移动式燃料电池电源

图 10.91　一些 FC 集成装置

计阶段，尚未有试验船的报道。

在 LNG 船中装运的液体天然气在航行中，受到光照会自动气化。传统的方法是放空或再液化，但会浪费能源和造成污染。而熔融碳酸盐燃料电池（MCFC）正好利用气化的天然气，这样不仅解决了天然气气化的问题，也节约了能源。LNG 船 MCFC 系统结构如图 10.92a 所示，其电力推进系统如图 10.92b 所示。

但是对于大型海洋船舶，需要功率可能高达数兆瓦到数十兆瓦。考虑到 FC 的成本，目前完全采用 FC 作为大型船舶的动力装置是不现实的。所以辅助功率单元（Auxiliary Power Unit，APU）是当下可采取的现实方案。ABB 公司针对未来的全电力驱动船舶，提出了一种

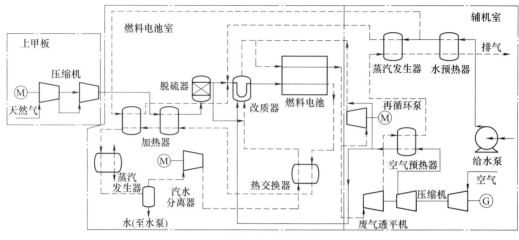

a) LNG船MCFC系统结构图

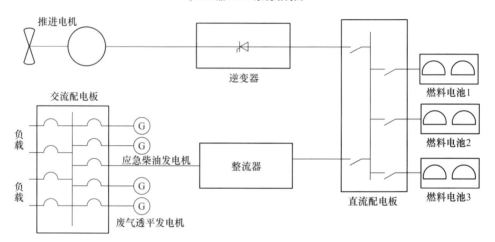

b) MCFC电力推进系统

图 10.92 采用 MCFC 推进的 LNG 船舶

采用基于 FC 的船舶电力系统结构，如图 10.93 所示，ESD 为储能装置，HSG 为超导发电机或高速发电机。该方案可以通过直流或交流的船用电网把发电设备、用电设备、应急设备和储能转置连接到一起。据该公司的研究表明，如果通过直流电网组建船舶的能源系统，可以节约20%的燃料，而且可以方便地把燃料电池单元、太阳能发电单元及储能装置集成到船舶电网中。

挪威的 Viking Lady 号近海工程

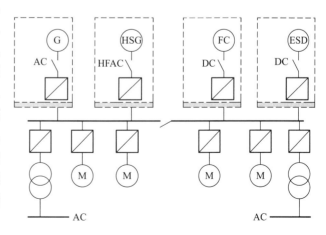

图 10.93 ABB 公司的未来全电船构想图（ABB）

补给船采用了 FC 辅助功率单元，由挪威船级社（DNV）主导的 FellowShip 燃料电池项目组研发，设计了柴油发电机组与 FC 组成的电力系统，其系统结构如图 10.94 所示，用一台 320kW 高温 MCFC 作为船上的辅助动力，FC 单元通过 DC/DC 变换器和 DC/AC 变换器接于船舶电网（690V）。目前，Viking Lady 号已投入运营，是全球第一艘在大型船上进行 FC 发电试验的营运船舶。其主要参数有：燃料为 LNG；MCFC 功率为 320kW；热回收功率为 200kW；船长 92.2m，宽 21m，排水 6100t，载重 5900t。

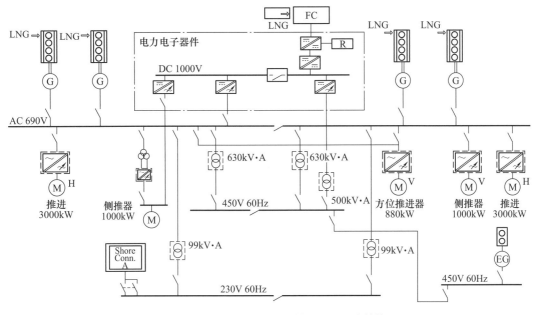

图 10.94 Viking Lady 号船舶的电力系统结构

目前，燃料电池的应用主要在游船等小型船舶方面，比如：渡轮及客船在进出港口时，低负荷运行，且负载变化很大。这时就需要主机有良好的负荷特性，而 FC 正具有这样的优点。此外，由于 FC 对港口的污染少且噪声低，可以给旅客以舒适的环境，因此具有良好的发展前途。FC 电力推进船噪声低、振动少，所以也比较适合科学考察船，可以为科学工作者提供一个舒适的研究环境。此外，在一些对污染敏感的水域，特别是在一些旅游景点，对环境的要求很高，而且 FC 电力推进相比蓄电池驱动的船，不需要很长的充电时间，也有良好的应用前景。

例如：由欧盟资助的 ZEMShips 项目，意为 Zero Emission ship（零排放船）。该项目从 2006 年 11 月开始，到 2010 年结束，开发了以 FC 为动力的游船 Alsterwasser 号，在德国的阿尔斯特湖上提供旅游观光服务。该船的电力系统如图 10.95 所示，安装了德国 Proton Motor 公司提供的两台 PM Basic A50 型燃料电池，额定输出功率为 80kW（2×40kW），并配有 560V/360A·h 的电池组，输出电压为 140~260V，电流为 280~520A，电动机功率为 120kW。船舶排水量为 72t，长 25.56m，宽 5.20m，可载客 100 人，最大速度达 14km/h。

在新型的 FC 船舶电网中，除了 FC 作为主电源，往往还配备蓄电池储能系统。由于 FC 的反应时间比较慢，应对船舶电网的干扰和推进负载的波动能力相对较差。因此，蓄电池作为辅助电源，可以提高系统的动态响应，在低负载时吸收并存储剩余的能量，在高负荷的时

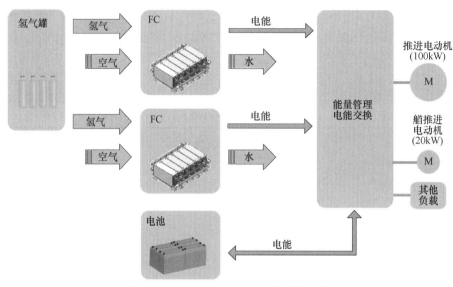

图 10.95　FC 游船电力推进系统结构框图

候支持并提高主电源的供电能力,大大提高了电网的稳定性和安全性。

例如:东京基森公司和 e5 实验室公司共同开发了 Taiga 号拖船,全长 34m,宽 10.20m,深 4.30m,总吨位 280 吨,拖曳能力 50 吨,入级日本船级社。其电力系统如图 10.96 所示[10.30],使用高速柴油机、三元锂电池和 FC 组成的混合动力电站驱动两台 1500kW 全回转推进器。主配电系统采用 1000V 直流配电。在锂电池或者 FC 模式下,可以实现零排放航行。锂电池能量来自于码头岸电。在柴油机模式下,锂电池起到"削峰填谷"的作用,可以提高柴油机负荷率,并减少备用柴油机的使用频率和时间。

根据现在的系统配置,FC 与蓄电池储能系统配合的混合电网设计,已经成了主流的方案,并且在越来越多的实际项目中运用。随着新能源发电技术不断成熟与大规模应用,太阳能光伏电池和风力发电等可再生能源发电装置也会作为燃料电池的辅助电源,与 FC 和蓄电池储能一起构成未来船舶绿色电源的主体。目前,FC 的规格也从千瓦级别向兆瓦级别快速推进。相信在不久的将来,随着燃料电池技术的发展、氢能源的开发,其设备及燃料成本一定会逐步降低。再加上各个国家基础建设的进步,FC 替代柴油机组作为船舶电网的主电源,也是指日可待的。

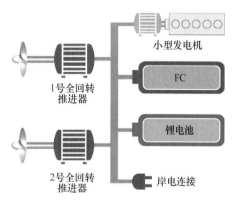

图 10.96　Taiga 号混动电站示意图[10.30]

10.3.5　燃料电池实验船的研制

上海海事大学电力传动与控制研究所自 2003 年开始,研发 FC 电力推进系统,其系统结构如图 10.97 所示,由船体、船舶驾驶台、FC 单元、DC/DC 变换器、蓄电池、辅助电源、市电充电单元、监控单元和信息处理单元以及电机控制单元和螺旋桨传动机构组成[10.31]。

第10章 船舶新能源发电技术

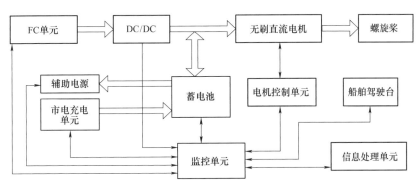

图 10.97　FC 试验船系统结构

FC 功率是 2kW，输出电压的范围为 22~40V。为了得到一个恒定的输出直流，采用了一个数字式 DC/DC 变换器把电压调整到 48V。传动电机采用一个永磁无刷直流电机驱动螺旋桨。蓄电池由 4 个 12V 铅酸电池串联而成。辅助电源把 48V 的直流电转化为 50Hz、220V 的交流电，为一些辅助设备供电。市电充电单元则是在游船靠岸时，通过市电给蓄电池充电。监控单元主要由一个 PLC 和数据采集电路构成，根据驾驶台的信号控制游船，并且把采集到的信号通过 Modbus 传输到信息处理单元。信息处理单元的核心是一个工控机（Industrial Personal Computer，IPC），其功能主要是显示、存储和处理信息。

(1) FC 发电系统　FC 及其控制器、电源变换器与电力推进系统是核心环节。FC 的结构如图 10.98 所示，由燃料电池反应堆及其辅助系统、电源变换器和电力推进系统组成。

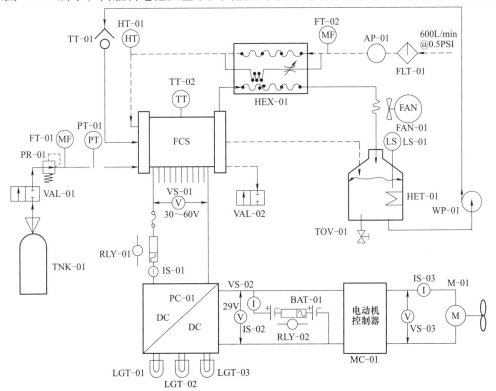

图 10.98　FC 的结构

FC 是一个复杂的非线性系统，为了使 FC 内部的化学反应根据输出进行调整，必须采用计算机实时控制。这里使用 DSP LF2407 进行控制，采用自适应控制算法满足系统的需求。

（2）DC/DC 变换器　采用 DC/DC 变换器增强其带负载能力。为此设计的 DC/DC 变换器的结构如图 10.99 所示，采用了一个 Boost 升压变换器。

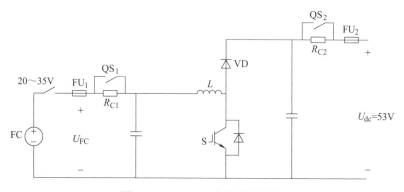

图 10.99　DC/DC 变换器的结构

本例中 FC 由 40 节单电池模块组成，其开路电压为 35V，额定输出功率（2kW）的工作电压为 24V，最低工作电压为 20V，输出电流范围为 10~90A。通过电源变换来调整 FC 的输出，使其稳定在 48V。

（3）电力推进系统　由于无刷直流电机具有转矩、功率密度大、位置检测和控制方法简单、效率高的优点，所以这里采用低压的无刷直流电机来驱动螺旋桨，其结构如图 10.100 所示。

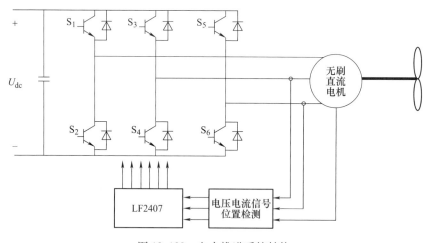

图 10.100　电力推进系统结构

（4）辅助电源设计　FC 游船一些辅助设备需要 50Hz、220V 的交流电源，比如氢气泵、空气压缩机和冷却泵等，以及工控机、PLC 和照明等用电。由于 FC 的输出是比较低的直流电（48V），需要设计一个升压电路，然后进行逆变。一个功率为 1kW 的辅助电源结构如图 10.101a 所示，由两部分组成：全桥 DC/DC 变换器和高频逆变器。全桥 DC/DC 变换器采用多个 MOSFET 并联的 H 桥电路，开关频率为 40kHz，输出高频交流电，高频隔离变压器的电

压比为 $n=13$，经 H 桥和变压器升压后，通过二极管 H 桥整流输出直流 U_d，经电感 L_f 和电容 C_d 滤波后输出直流 U_{dc}；为了提高变换器性能，采用电压和电流双环控制，电压环用来调节输出电压的精度，而电流环用来限制输出的电流，如图 10.101b 所示。逆变器采用 4 个 IGBT 组成的单相桥式电路，控制采用倍频 SPWM 技术，由电压闭环控制输出交流电压。

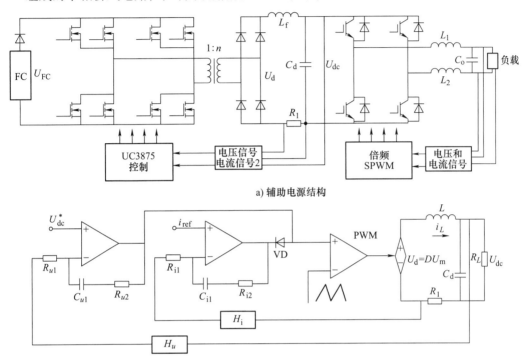

图 10.101 全桥变换器及其双闭环控制

如果忽略输出滤波电感和电容的等效电阻，电源输出电压 U_{dc} 与 U_d 之间的传递函数为

$$G_{dc}(s) = \frac{1}{1 + s(L/R_L) + s^2 LC_d} \tag{10-26}$$

式中，$L=L_{eq}+L_f$ 为一次侧漏感折算到二次侧的等效电感与滤波电感之和，$L_{eq}=n^2 L_{lk}$。

图 10.102 所示为逆变电路的控制原理图，为了提高输出波形的质量，采用了倍频 SPWM 调试方法。

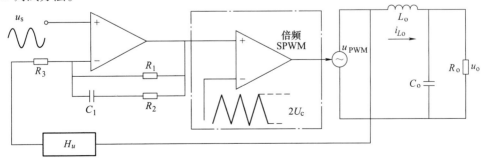

图 10.102 逆变电路的控制原理图

逆变器的电压闭环传递函数为

$$G_{iv}(s) = \frac{G_{uc}(s)K_{PWM}G_{uo}(s)}{1 + G_{uc}(s)K_{PWM}G_{uo}(s)H_u} \quad (10\text{-}27)$$

式中，G_{uc} 为电压调节器的传递函数；K_{PWM} 为输入直流母线电压与载波峰值的比值，且有 $K_{PWM} = U_{dc}/U_c$；H_u 为电压反馈增益；G_{uo} 是输出电压 u_o 和 u_{PWM} 之间的传递函数。

$$G_{uc}(s) = \frac{R_1(R_2C_1s + 1)}{R_3[1 + (R_1 + R_2)C_1s]} \quad (10\text{-}28)$$

$$G_{uo}(s) = \frac{1}{L_oC_os^2 + L_os/R_o + 1} \quad (10\text{-}29)$$

（5）监控系统设计　FC 船舶的系统监控与 PMS 也极为重要。设计的监控系统控制采用 PLC，它接受来自驾驶台的信号，产生动作，起动或停止 FC，起动或停止无刷直流电机；另一方面的作用是信号采集和故障保护，把游船运行状态信息送到驾驶台；同时，PLC 把采集的信号通过 Modbus 总线送到 IPC，接受 IPC 的命令控制游船。IPC 一方面接受来自 PLC 传输的信号，另一方面通过 RS232 接受 FC 传输的信号，把这些信号进行分类、显示、存储，在紧急状况下可以向 PLC 发出命令停止系统。

为了能够对 FC 的试验船的运行状况和故障状况进行集中控制和分析，对 FC 的游船性能进行全面的评估，需要全面地记录游船的工作状态，所以开发了基于 IPC 的监控软件。

监控微机通过串行接口与燃料电池的 LF2407 和 PLC 进行实时通信：一方面接受来自 PLC 监测到的游船的运行参数、运行状态和故障参数等数据，接受 LF2407 监测 FC 的运行参数、运行状态和故障参数等数据；另一方面把这些数据以图表的方式显示出来，紧急状态下向 PLC 发出命令停止游船或燃料电池。其主要功能如下：

1）通过串口读入运行数据和发出控制命令，读入的数据存储到数据库。

2）读入的运行数据或故障数据在运行画面上以曲线和数值的方式实时显示，并能够根据用户设定的报警值发出报警信号。

3）在必要时关闭 FC 和停止实验船。

测控软件可以在 Windows 环境下运行，并提供了 MSComm 通信控件，可以简单高效地实现串口设备之间的通信。IPC 与 PLC 通信采用了 Modbus 协议，将通信参与者规定为主站和从站，每个从站都有自己的地址编号。不同厂商生产的控制设备通过 Modbus 接口可以相互连成工业网络，进行整个系统的集中监控。IPC 与 PLC 之间通信的内容包括主站对从站的读取和写入，Modbus 规定，只有主站具有主动权，从站只能被动的响应，包括回答出错信息。

监控软件的主要界面如图 10.103 所示，其中图 10.103a 可显示 FC 的堆栈电压、电流、功率、温度和控制电源电压。图 10.103b 主要显示蓄电池组的电压、电流，直流母线的电压、电流，螺旋桨的转速等。

实测游船的速度可以达到 15km/h；续航能超过 4h。图 10.104 所示为游船运行时的 FC 的数据。

（6）实验测试　FC 试验船的船长 4.8m，宽 2m；高压气瓶安装在船的尾部，瓶的压力为 20MPa，容量为 70L；FC 总功率为 2kW；蓄电池组由四节 12V、65A·h 的铅酸电池串联而成，图 10.105 所示为试验船的试航照片。2005 年中国第一艘 FC 试验船"天翔 1 号"研制成功并完成试验，填补了国内空白，并在上海第 6 届国际工业博览会上展出。

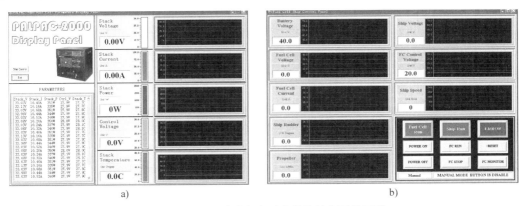

图 10.103　FC 试验船实时监控软件主要界面图

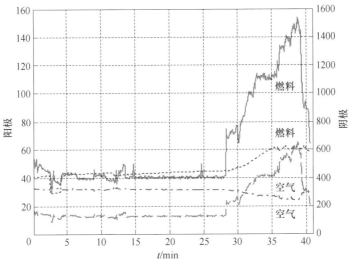

图 10.104　FC 工作波形

图 10.105　"天翔 1 号"FC 试验船正在试航

参 考 文 献

[10.1] Renewables Global Status Report [R/OL]. Available: https://www.ren21.net/reports/globalstatusreport/.

[10.2] 赵争鸣, 刘建政, 孙晓瑛, 等. 太阳能光伏发电及其应用 [M]. 北京: 科学出版社, 2010.

[10.3] ABU-RUB H A, MALINOWSKI M, AL-HADDAD K. Power electronics for renewable energy systems, transportation and industrial applications [M]. Wiley: IEEE Press, 2014.

[10.4] VOLKE A, HORNKAMP M. IGBT 模块: 技术、驱动和应用 [M]. 2 版. 韩金刚, 译. 北京: 机械工业出版社, 2016.

[10.5] KOURO S, LEON J I, VINNIKOV D, et al. Grid-connected photovoltaic systems: an overview of recent research and emerging PV converter technology [J]. IEEE industrial electronics magazine, 2015, 9 (1): 47-61.

[10.6] LAI J S. Power conditioning circuit topologies [J]. IEEE industrial electronics magazine, 2009, 3 (2): 24-34.

[10.7] IEEE. IEEE guide for design, operation and integration of distributed resource island systems with electric power systems: IEEE Std 1547-4-2011 [S]. New York: IEEE.

[10.8] LISERRE M, SAUTER T, HUNG J Y. Future energy systems: integrating renewable energy sources into the smart power grid through industrial electronics [J]. IEEE industrial electronics magazine, 2010, 4 (1): 18-37.

[10.9] TRAN T T. High-speed DSP and analog system design [M]. Boston: Springer, 2010.

[10.10] LUQUE A, HEGEDUS S. Handbook of photovoltaic science and engineering [M]. 2nd ed. New York: John Wiley &Sons, 2011.

[10.11] ROPP M, NEWMILLER J, WHITAKER C, et al. Review of potential problems and utility concernsarising from high penetration levels of photovoltaics in distribution systems [C]//33rd IEEE Photovoltaic Specialists Conference. San Diego: [s. n.], 2008: 11-16.

[10.12] ESRAM T, CHAPMAN P. Comparison of photovoltaic array maximum power point tracking techniques [J]. IEEE transactions on energy conversion, 2007, 22 (2): 439-449.

[10.13] FEMIA N, GRANOZIO D, PETRONE G, et al. Predictive and adaptive MPPT perturb and observe method [J]. IEEE aerospace and electronic systems magazine, 2007, 43 (3): 934-950.

[10.14] MOUSAZADEH H, KEYHANI A, JAVADI A, et al. A review of principle and sun-tracking methods for maximizing solar systems output [J]. Renewable and sustainable energy reviews, 2009, 13 (8): 1800-1818.

[10.15] 杜婷婷, 汤天浩, 韩金刚. 光伏发电伺服跟踪控制系统的设计与应用 [J]. 机电一体化, 2012, 18 (7): 54-59.

[10.16] 朱仁庆, 杨松林, 王志东, 等. 船舶流体力学 [M]. 北京: 国防工业出版社, 2015.

[10.17] ABB 船舶与港口事业部. 杨帆远航: 动力时代 [Z]. 2017.

[10.18] HADIZAÏM E. Unconventient electric machines [M]. Boston: Springer, 2012.

[10.19] WU B, LANG Y, ZARGARI N, et al. Power conversion and control of wind energy systems [M]. New York: John Wiley &Sons, 2011.

[10.20] LISERRE M, NAGLIERO A, MASTROMAURO R A, et al. Universal operation of small/medium size renewableenergy systems [M]//ABU-RUB H, MALINOWSKI M, AL-HADDAD K. Power electronics for renewable Energy systems, transporation, and industrial applications. New York: John Wiley & Sons, 2014: 162-168.

[10.21] 张兴, 朱德斌, 徐海珍. 分布式发电中的虚拟同步发电机技术[J]. 电源学报, 2012, 12 (3): 1-6.

[10.22] ESMAILI R, XU L, NICHOLS D K. A new control method of permanent magnet generator for maximum power tracking in wind power tracking in wind turbine application [C]//Institute of Electrical and Electronics Engineers. IEEE Power Engineering Society General Meeting. Piscataway: IEEE, 2005: 2090-2095.

[10.23] ABB. 没有矿物燃料, 怎样为商船队提供动力? [Z]. 2009.

[10.24] 衣宝廉. 燃料电池: 原理、技术、应用[M]. 北京: 化学工业出版社, 2003.

[10.25] CHEN J, HUANG L, YAN C, et al. A dynamic scalable segmented model of PEM fuel cell systems with two-phase water flow [J]. Mathematics and computers in simulation, 2018, 167 (5): 49-64.

[10.26] 章建瑞, 汤天浩. 基于质子交换膜燃料电池船舶电力推进系统建模与仿真[J]. 电源技术应用, 2011, 14 (10): 13-17.

[10.27] 汤天浩, 孙今英, 韩金刚. 一种多电平逆变电路新的组合方式[J]. 电工技术学报, 2008, 23 (2): 49-55.

[10.28] HAN J, TANG T, LIU C, et al. A hybrid cascade asymmetrical multilevel converter for high power applications [C]//IEEE International Symposium on Industrial Electronics (ISIE 2009). Seoul: [s.n.], 2009: 489-493.

[10.29] CHEN W, LAU T K, ABDELHAKIM M, et al. DC-distributed power system modeling and hardware-in-the-loop (HIL) evaluation of fuel cell-powered marine vessel [J]. IEEE journal of emerging and selected topics in industrial electronics, 2022, 3 (3): 797-808.

[10.30] TOWINGLINE. "e5 Tug" powered by battery and hydrogen fuel cell [J]. Maritime reporter and engineering news, 2019. 81 (11)-74.

[10.31] TANG T, HAN J, YAO G, et al. Development of a PEM fuel cell boat [C]//12th International Power Electronics and Motion Control Conference. Portoro: IEEE, 2006: 1385-1388.

第11章
船舶微电网的结构、建模与分析

伴随着新能源开发利用,传统集中供配电的大电网正在向分布式发电、微电网和智能电网(Smart Grid,SG)转变。船舶原本就是一个微电网[11.1],引入新能源电源,必然会为船舶电力系统的发展带来重大技术变革。本章首先简要介绍陆地微电网和智能电网的概念和相关技术,重点阐述船舶微电网的构成、控制与管理等问题。

11.1 微电网的概念与关键技术

为了应对全球范围内的能源短缺和气候变化等问题,世界各国都在持续发展基于可再生能源发电的分布式电源(DER)技术,利用各种可再生能源构成一种小型、模块化、分布式的并网或独立运行的电源装置。DER 容量从几百千瓦到数十兆瓦不等,具有灵活、经济、环保等优势。

但是,由于可再生能源具有随机性和间歇性的特点,使得这些 DER 难以向负载持续稳定地供电,会对电力系统的稳定性带来不利影响。

为了解决上述问题,B. Lasseter 等学者于 2001 年提出了"微电网(Microgrid)"的概念[11.2],并详细分析了通过微电网集成 DER 可以给工业应用带来的优势[11.3]。随后,R. H. Lasseter 继续深入研究和论证微电网的结构规划、组网方式、运行控制、安全保护、能量管理、电能质量等问题[11.4-11.6],开启了微电网技术的发展之路。

11.1.1 微电网的基本概念与结构

微电网被定义为多个 DER、储能装置和本地负载的集合,电源和负载均通过电力电子变流器进行连接,具有"即插即用"的能力,能够接受中央控制器的控制指令,在各级控制器的协调作用下为本地负载联合提供电能和热能的小型自治电力系统。

微电网典型结构如图 11.1 所示[11.7]。该结构包含小型燃气轮机发电机组、风力发电装置、光伏(PV)发电装置、燃料电池(FC)、储能系统等,通过交流母线对本地不同类型的交直流敏感负载、可调负载以及可卸负载实现不同优先级的供电。电源及负载通过电力电子变流器并网,微电网内有通信线路连接所有电源和负载,通信网络通过能量管理器和外部电网进行通信,获取实时电价和燃料价格,参与电力市场交易。整个微电网通过公共耦合节点(PCC)处的开关实现和大电网的并网运行或孤岛运行。

采用微电网结构集成和管理 DER 以及负载具有很多优势:从外部来看,对大电网来说微电网整体表现为一个从 PCC 处等效的可控发电或用电单元,这种形式一方面可以为形式

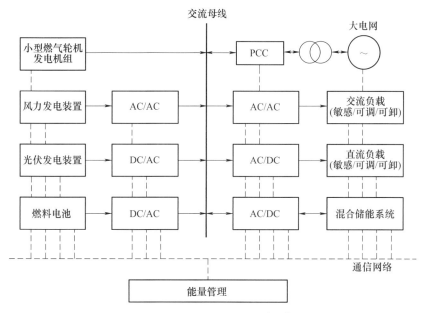

图 11.1 微电网典型结构[11.7]

多样的 DER 并网提供一个灵活可控的接口,另一方面也保证了微电网内部不同 DER 特性以及控制方法不会对并网运行带来影响;从内部来看,微电网可以对不同类型的 DER、储能装置、负载进行监测、协调控制、能量管理以及安全保护等,表现为一个自治电力系统。与此同时,微电网构建高度的灵活性还可以为了满足用户的特定要求而进行特殊设计。

11.1.2 微电网的关键技术

从微电网的基本概念与结构可见,构建和运行微电网的关键技术包括:

1) 电能变换。因无论是可再生能源发电、储能或不同的负载都需要在不同电能之间进行转换。目前主要的电能转换装置有:AC/DC、DC/DC 和 DC/AC 变换器。有关的变换器拓扑结构和控制方法已在前几章介绍,这里不再赘述。

2) 系统建模。建立微电网模型对于分析电网稳定性、潮流预测和能量管理十分重要。虽然目前有一些建模和稳定分析方法,但仍有改进的空间。

3) 能量管理。能量管理系统(EMS)是微电网运营的关键。目前在这方面研究颇多,主要有最优化方法、智能化方法等。

11.2 船舶微电网的结构与类型

船舶原本就是一个微电网[11.1],在航行时,其电力系统就是一个孤岛运行的微电网;当停靠港口通过岸电连接成为陆地大电网的一部分时,就变为一个并网运行的微电网。近年来随着新能源发电和储能装置应用于船舶,如何构建基于新能源发电的船舶微电网成为研究热点。本节将分析船舶微电网的结构,重点研究基于新能源发电的微电网与现有船舶电网的接入问题,以构建新型船舶电力系统。

11.2.1 船舶微电网的基本结构

如前所述,近年来风机、光伏等新能源发电,以及各种储能(Energy Storage, ES)装置开始应用于船舶。按照微电网的基本原理与方法,根据船舶应用需求来进行设计和构建船舶微电网,其基本结构如图 11.2 所示。

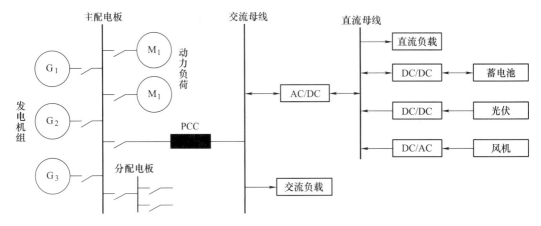

图 11.2 船舶微电网基本结构

图 11.2 中,新能源发电装置(风机和光伏)、ESS(蓄电池和超级电容)与传统的船舶发电装置柴油发电机(DG)共同组网,向船舶交直流负载供电。

与"无限"容量的陆地强大电网相比,船舶电力系统是独立运行的微小弱电网,其结构与陆地微电网基本相似,具有陆地微电网相应的特点。船舶微电网主要有 3 种构成模式:

1)当船载新能源发电装置容量小于现有船舶电力系统容量时,仍然以 DG 机组作为主电源,新能源微电网作为辅助电源接入船舶电网。例如:目前船舶新能源发电装置普遍因容量较小,功率密度低,采用这种接入方式。

2)如果船舶新能源的容量与船舶电力系统容量相当,则船舶微电网由新能源发电系统与 DG 共同组网,当前一些小型船舶采用这种方式。

3)随着船舶新能源的发展,特别是燃料电池的大规模应用,新能源发电系统将成为船舶主要电源,而 DG 变成后备电源,使得船舶微电网与陆地微电网相似。

此外,船舶航行于江河湖海,其运动特性和气候特征不同,受自然因素影响大,微电网的构建必须考虑船舶实际需求,在设计、安装和运维等方面符合船舶技术规范和标准。

为此,船舶微电网的构建具有特殊性,特别是要根据新能源发电和储能装置的容量,解决好如何接入船舶原有的电网问题。目前船舶微电网的主要组网形式可分为:交流微电网、直流微电网、交直流混合微电网 3 种。

11.2.2 船舶交流微电网

由于大部分船舶采用交流电力系统,因此可采用交流组网的方式将新能源发电装置的输出转换成交流电接入现有船舶交流电网。船舶交流微电网技术成熟、设备可靠、价格合理、实现方便。一个船舶交流微电网结构示意图如图 11.3 所示[11.8]。

图 11.3 中,风力发电、光伏发电以及由蓄电池构成的储能装置通过 AC/AC、DC/AC 等

第11章 船舶微电网的结构、建模与分析

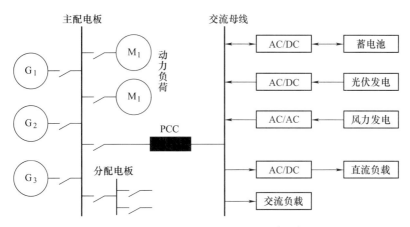

图 11.3 交流微电网结构示意图[11.8]

不同形式电力电子变流器连接至原有船舶电力系统的交流母线,交流母线通过 AC/DC 或 AC/AC 变流器为交直流负载供电。

11.2.3 船舶直流微电网

近年来因 HVDC 技术发展和 DC/DC 变流器的广泛应用,船舶直流电力系统有重新取代交流电力系统的趋势。同时,直流输出 DER 和储能装置的发展也在不断推动直流配电技术的进步,导致直流微电网近年来发展迅猛。因此采用直流微电网接入船舶直流电网是一种新的方案,其结构示意图如图 11.4 所示[11.8]。

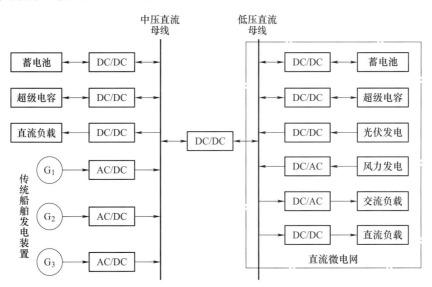

图 11.4 船舶直流微电网结构图

在直流微电网结构中,风力发电、光伏发电等 DER 以及储能装置通过 AC/DC、DC/DC 等电力电子变流器连接至船舶电力系统的直流母线,直流母线通过 DC/AC 或 DC/DC 变流器为交直流负载供电,构成全船直流电网。

11.2.4 交直流混合微电网

由于目前大多数船舶电站采用交流电网,为了便于不同电制的 DER 接入,可将直流微电网接入传统的船舶交流电网,构成交直流混合微电网。其结构与图 11.2 相同或类似。在此结构中,既包含交流母线也包含直流母线,两者之间采用 AC/DC 变流器连接,能量可以双向流动。不同类型的 DER 可以根据各自输出的电制选择连接到交流或直流母线,以尽可能减少能量变换环节。负载也可以供电效率最高的方式接入交流母线或直流母线。与交流微电网相比,交直流混合微电网的系统效率更高。

11.3 船舶微电网的建模

本节将针对上述船舶微电网结构,基于现有微电网的理论和方法,重点介绍微电网动态建模,用于稳定性分析、潮流计算与预测、能量管理与优化等。

建模是分析电力系统的重要环节,与传统电力系统一样,对微电网进行建模可以实现潮流计算、参数分析、动态仿真、稳态和暂态特性分析、稳定性分析等,为微电网的规划、设计、验证、优化提供数据支撑。根据研究目的的不同,可以为微电网建立不同类别和不同时间尺度的模型,目前主要有机理模型、小信号模型、动态向量模型、动态事件模型等。本节将选择合适的建模方法建立船舶微电网的数学模型,以分析微电网性能。

11.3.1 船舶微电网的机理模型

为了实现微电网的运行模拟和时域仿真,常常需要通过对微电网各组成部分建立机理模型,分为动态模型和稳态模型两类。动态模型采用微分方程建模;稳态模型一般采用各发电单元的稳态等效电路进行建模。

采用机理模型可用来构建微电网仿真模型,再通过软件或半实物仿真对系统性能进行评估,为设备选型、参数设置和系统配置提供技术支持,或通过对系统故障的仿真分析,为保护装置设计提供依据。同时,机理模型还可以帮助微电网运维人员对重要参数进行预测,实现系统的优化调度。

如图 11.2 所示,船舶微电网主要由船舶 DG、DER、储能装置、船舶负载和各类变流器组成。建立机理模型则需对上述装置或系统逐一分析其机械、电磁与电能变换原理,推导出数学模型。

(1) 船舶柴油发电机组的数学模型 通常,船舶电力系统采用 DG 作为主要电源,其建模已在第 3 章有详细论述。这里概要复述如下:

1) 柴油机的数学模型。柴油机调速系统的结构如图 3.8 所示,其中:柴油机模型是发动机输出转矩 T_{dm} 与油门执行器位移的关系,通过调节油门位移的变化 Δl_d 来控制输出转矩成正比的改变 ΔT_{dm},并考虑发动机变化的滞后时间为 T_D,用单位阶跃函数表示其滞后效应,可写成

$$\Delta T_{dm} = k_{dm}\Delta l_d(t - T_D) \tag{11-1}$$

式中,k_{dm} 为柴油机油门位移与输出转矩的比例系数。

2) 同步发电机的数学模型。为简化起见,可忽略同步发电机阻尼绕组,其在 dq 坐标系

的定子电压、转子励磁方程写成矩阵形式为

$$\begin{bmatrix} u_{ds} \\ u_{qs} \\ u_{df} \end{bmatrix} = \begin{bmatrix} R_s + L_d p & -\omega_s L_q & L_{df} p \\ \omega_s L_d & R_s + L_q p & \omega_s L_{df} \\ L_{df} p & 0 & R_{df} + L_{df} p \end{bmatrix} \begin{bmatrix} i_{ds} \\ i_{qs} \\ i_{df} \end{bmatrix} \quad (11\text{-}2)$$

船舶柴油发电机组的运动方程为

$$J_{dg} p \omega_d = T_{dm} - T_{ge} - D_{dg} \omega_d \quad (11\text{-}3)$$

式中,p 为微分算子;J_{dg} 为 DG 系统转动惯量;D_{dg} 为 DG 系统阻尼系数;ω_d 为柴油机发电机的机械转速,且有同步发电机定子转速,$\omega_s = n_p \omega_d$;T_{dm} 为柴油机拖动转矩;T_{ge} 为同步发电机电磁转矩,有

$$T_{ge} = n_p L_{df} i_{df} i_{qs} + n_p (L_{ds} - L_{qs}) i_{dqs} i_{qs} \quad (11\text{-}4)$$

式中,$n_p (L_{ds} - L_{qs}) i_{dqs} i_{qs}$ 是因直、交轴磁路磁阻不相等而产生的磁阻转矩。

(2) 风力发电机模型 风力发电系统结构如图 11.5 所示,主要包括:风力机、同步发电机(SG)、AC/DC 整流器和 DC/AC 逆变器。

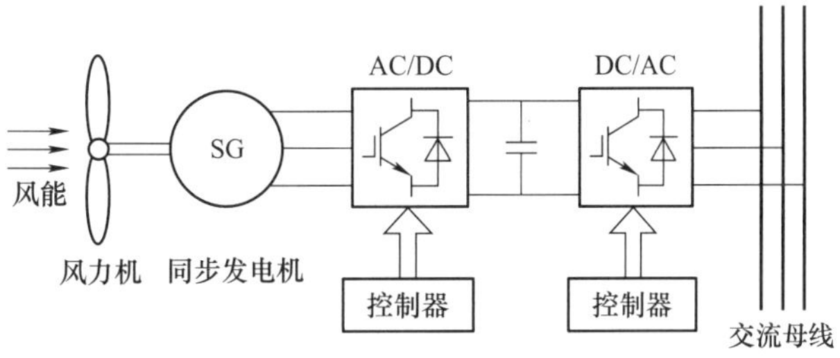

风力机的转轴输出机械功率可表示为

$$P_w = \frac{1}{2} \rho_0 A_w C_p (\omega_m, \beta) v_w^3 \quad (11\text{-}5)$$

图 11.5 风力发电系统结构图

输出转矩 T_w 可表示为

$$T_w = \begin{cases} 0 & v_w < v_{win} \\ P_w / \omega_m & v_{win} < v_w < v_{wN} \\ P_{wN} / \omega_m & v_{wN} < v_w < v_{wout} \\ 0 & v_w > v_{wout} \end{cases} \quad (11\text{-}6)$$

式中,v_{win} 为风力机起动的最低风速;v_{wN} 为额定风速;v_{wout} 为风力机切出风速;P_{wN} 为风力机的额定输出功率。

同步发电机的运动方程为

$$J_{wg} p \omega_g = T_w - T_{ge} - D_{wg} \omega_g \quad (11\text{-}7)$$

式中,J_{wg} 为风力发电系统转动惯量;D_{wg} 为系统阻尼系数;ω_g 为发电机转速;T_w 为风力机拖动转矩;T_{ge} 为同步发电机电磁转矩。

(3) 光伏发电装置建模 光伏电池等效电路模型如图 11.6 所示,其数学模型可表示为

$$I_{PV} = I_{ph} - I_{sat} (e^{\frac{qU_{PV}}{AkT}} - 1) \quad (11\text{-}8)$$

式(11-8)为非线性方程,在理想情况下假定 $R_s = 0$,$R_{sh} \to \infty$,可简化为[11.9]

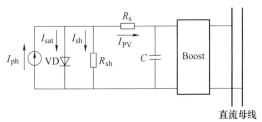

图 11.6 光伏电池等效电路模型

$$I_{\mathrm{PV}} \approx I_{\mathrm{ph}} - I_{\mathrm{sat}} \tag{11-9}$$

（4）储能装置建模　储能装置的主要作用是通过吸收或者释放功率来维持功率平衡。目前，可用于微电网的储能装置有蓄电池、超级电容、飞轮等（见第 8 章）。这里选择船舶最常用的蓄电池作为储能装置，可用简单的 R 模型表示，等效电路如图 11.7 所示，E_{B} 为蓄电池电动势，是电池材料、结构、容量 Q_{B} 与荷电状态（SOC）等的函数；i_{B} 为电池电流；U_{B} 为输出端电压；R_{B} 为电池内阻。

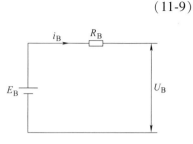

图 11.7　蓄电池 R 模型

蓄电池的充、放电公式可表示为[11.10-11.11]

$$\mathrm{SOC}(t) = \begin{cases} \mathrm{SOC}(t-\Delta t) + \dfrac{P_{\mathrm{SOC}}\eta_{\mathrm{ch}}\Delta t}{3600 U_{\mathrm{B}} Q_{\mathrm{B}}} \\ \mathrm{SOC}(t-\Delta t) - \dfrac{P_{\mathrm{SOC}}\Delta t}{3600 \eta_{\mathrm{ds}} U_{\mathrm{B}} Q_{\mathrm{B}}} \end{cases} \tag{11-10}$$

式中，η_{ch} 为电池充电效率；η_{ds} 为电池放电效率；P_{SOC} 为与蓄电池交互功率。

（5）电力电子变换器建模　目前，电力电子变换器通常采用连续模型动态建模方法，包括电路平均法、状态空间平均法和开关状态法等[11.12]。各种变换器的拓扑电路已在前几章介绍，这里仅给出船舶微电网最常用的变换器模型。

1) 对于单相 DC/DC 变换器，最常用的双向 DC/DC 变换器为 H 桥电路，其拓扑如图 11.8 所示。该电路既可以工作在正向模式也可以工作在反向模式。图中：U_{d1} 和 U_{d2} 分别为输入与输出侧直流电压，R_{dc} 和 R_{e} 分别为输入与输出电源的等效内阻。定义电感 L 的电压 u_L 和电流 I_L 以正向模式的流向为正方向。

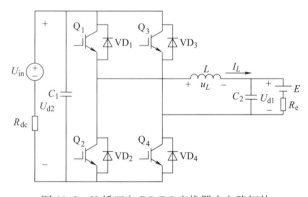

图 11.8　H 桥双向 DC/DC 变换器主电路拓扑

①设正向工作时采用 Boost 模式，其平均开关模型的状态方程为

$$\begin{cases} Lp\tilde{i}_L = 2U_{\mathrm{d2}}\tilde{d} + (2D-1)\tilde{u}_{\mathrm{d2}} - \tilde{u}_{\mathrm{d1}} \\ Cp\tilde{u}_{\mathrm{d1}} = \tilde{i}_L - \dfrac{\tilde{u}_{\mathrm{d1}}}{R_{\mathrm{e}}} \end{cases} \tag{11-11}$$

式中，D 为调制占空比；$\tilde{d}$ 为其交流小信号扰动量；各变量的上标"~"也表示交流小信号扰动量。

根据式（11-11）建立交流小信号等效模型，如图 11.9 所示。

②设反向工作时采用 Buck 模式，其平均开关模型的状态方程为

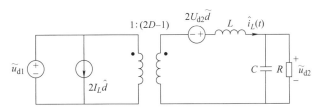

图 11.9 H 桥双向 DC/DC 变换器正向模式下交流小信号等效电路

$$\begin{cases} Lp\tilde{i}_L = -2U_{d2}\tilde{d} - (2D-1)\tilde{u}_{d2} - \tilde{u}_{d1} \\ Cp\tilde{u}_{d2} = (2D-1)\tilde{i}_L + 2I_L\tilde{d} - \dfrac{\tilde{u}_{d2}}{R_{dc}} \end{cases} \quad (11\text{-}12)$$

根据式（11-12）建立交流小信号等效模型，如图 11.10 所示。

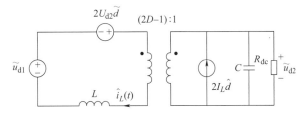

图 11.10 H 桥双向 DC/DC 变换器反向模式下交流小信号等效电路

2）对于三相变换器可采用可关断器件组成三相桥式电路，如图 11.11 所示，每个桥臂上下各有 2 个开关管，共 6 个开关器件 S_k（k = 1，2，3，4，5，6）。输入的直流电源电压幅值为 U_{dc}，逆变器输出三相交流电压，三相负载对称，L 为电感，R 为电阻。该变流电路不仅能工作在整流状态，同时也能工

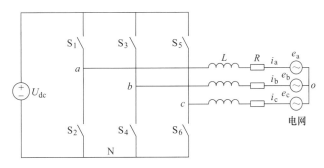

图 11.11 电压型三相变换器主电路

作在逆变状态，因此它具有能量双向流动、四象限运行等特点[11.13]。

可以得到在三相平衡情况下，三相变换器的状态方程为

$$\begin{cases} L\dfrac{di_a}{dt} + Ri_a - e_a = \dfrac{U_{dc}}{3}(2s_a - s_b - s_c) \\ L\dfrac{di_b}{dt} + Ri_b - e_b = \dfrac{U_{dc}}{3}(2s_b - s_a - s_c) \\ L\dfrac{di_c}{dt} + Ri_c - e_c = \dfrac{U_{dc}}{3}(2s_c - s_b - s_a) \end{cases} \quad (11\text{-}13)$$

式（11-13）可通过坐标变换，转换到 dq 坐标系下的两相模型，即有

$$\begin{cases} Lpi_d = u_{d\_SW} + e_d - Ri_d + \omega Li_q \\ Lpi_q = u_{q\_SW} + e_q - Ri_q - \omega Li_d \end{cases} \quad (11\text{-}14)$$

式中，u_{d_SW} 和 u_{q_SW} 为开关控制函数。

三相电压源变换器 dq 坐标系下的模型如图 11.12 所示。

（6）船舶电力系统的输配电线和负载建模

通常，电力输电线和变压器都可用 π 型等效模型表示[11.14]。船舶电力系统不需要长距离输配电，输电线可以用简单的线路电阻 R_W 与电感 L_W 表示[11.15]，其数值取决于线路长度和电缆截面积（详见第 2 章）。

船舶负荷主要分为静态负荷和动态负荷两大类，静态负荷包括照明、空调、加热等。动态负荷主要是各种电动机，大多是感应电动机，其稳态模型为 π 型等效电路[11.16]；动态模型可用 d、q 两相等效电路表示[11.13]。在不同运行状态下船舶负荷是变化的。为了简化起见，可假设船舶微电网中电力负载均为阻感性负载，则其在 dq 坐标系的状态空间方程为

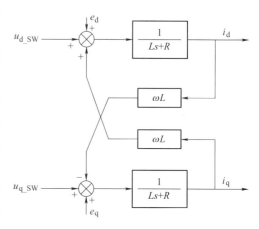

图 11.12 三相电压源变换器 dq 坐标系下的模型

$$\begin{cases} L_L \dfrac{di_{Ld}}{dt} = u_{gd} - R_L i_{Ld} + \omega L_L i_{Lq} \\ L_L \dfrac{di_{Lq}}{dt} = u_{gq} - R_L i_{Lq} - \omega L_L i_{Ld} \end{cases} \tag{11-15}$$

式中，L_L 和 R_L 分别为负载的电感和电阻；i_{Ld} 和 i_{Lq} 分别为负载电流的 d 轴分量和 q 轴分量；u_{gd} 和 u_{gq} 分别为交流母线电压的 d 轴分量和 q 轴分量。

（7）船舶电力系统的连接模型 由上分析，无论是单相或三相变换器，还是传输线路和负载都可以等效为一个两端口网络，如图 11.13 所示。

图 11.13 两端口网络等效模型

因此，根据船舶微电网的基本结构，整个电力系统可简化为如图 11.14 所示的网络节点图表示，设有 n 个电源供电，包括：柴油发电机 DG、光伏电池（PV）、风力发电机（WG）和储能装置 ES；用电侧有 m 个负载，并假定其恒定。

当网络运行于稳定状态时，其输入与输出电流平衡式为

$$\boldsymbol{I}_g = \boldsymbol{W}_{MG} \boldsymbol{I}_L \tag{11-16}$$

式中，$\boldsymbol{I}_g = [i_{g1}, i_{g2}, \cdots, i_{gn}]$ 为电源电流向量；$\boldsymbol{I}_L = [i_{L1}, i_{L2}, \cdots, i_{Lm}]$ 为负载电流向量；$\boldsymbol{W}_{MG}$ 为船舶微电网的连接矩阵，其中连接权值 $w_{ij} = [0, 1]$，即有

$$\boldsymbol{W}_{MG} = \begin{bmatrix} w_{11} & w_{12} & \cdots & w_{1m} \\ w_{21} & w_{22} & \cdots & w_{2m} \\ \vdots & \vdots & & \vdots \\ w_{n1} & w_{n2} & \cdots & w_{nm} \end{bmatrix} \tag{11-17}$$

当 $w_{ij} = 0$，表示网络输入与输出无连接；其他取值表示电流的分配权重。

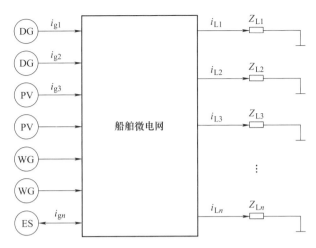

图 11.14 船舶微电网系统网络节点示意图

11.3.2 船舶微电网仿真

本小节以一个孤岛模式下运行的简化直流船舶微电网为例，建立其仿真模型并进行仿真验证。该船舶微电网由两台柴油发电机组、一个光伏发电装置、一个燃料电池、一个由蓄电池和超级电容组成的混合储能系统，以及交直流船舶负载构成，所有发电单元和负载通过直流母线连接，其结构如图 11.15 所示。

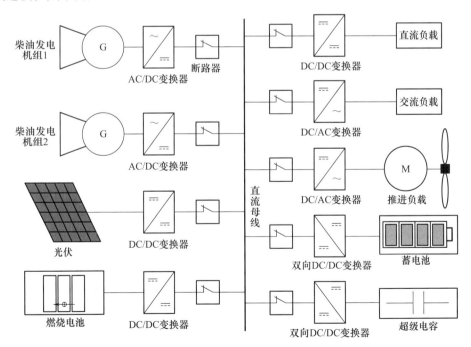

图 11.15 孤岛运行的直流船舶微电网

综合本节建立的各电源模型、变换器模型、负载模型可得到图 11.16 所示的船舶微电网仿真模型，其参数设置见表 11.1。

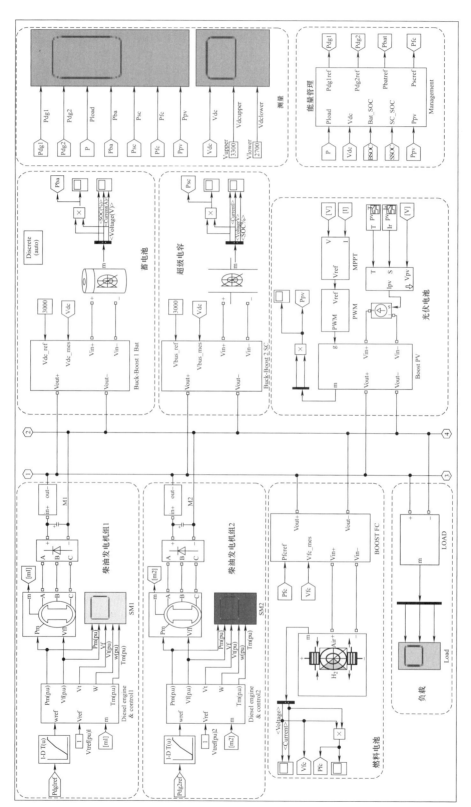

图 11.16 船舶微电网仿真模型

表 11.1　仿真参数设置

	参数	参数值
直流母线	额定电压	3kV±10%
柴油发电机组	额定功率	3MW
	额定转速	1800r/min
	调速器（P/I）	8/4
	励磁机（P/I）	30/10
	功率层控制器（P/I）	20/10
蓄电池	额定容量	500kW·h
	最大充放电功率	500kW/−500kW
	电压外环控制器（P/I）	10/5
	电流内环控制器（P/I）	1.5/1
	功率层控制器（P/I）	1.2/0.5
超级电容	额定电容量	2200F
	最大充输出功率	1MW
	电压外环控制器（P/I）	2/1
	电流内环控制器（P/I）	0.45/0.2
燃料电池	额定功率	500kW
	功率控制（P/I）	2/20
光伏电池	最大输出功率	620kW

根据某实际货船在加速航行、定速巡航、减速航行、装卸货物等不同工况下的功率消耗数据设置船舶微电网仿真模型的负荷功率曲线，如图 11.17a 所示。在此负荷变化情况下运行图 11.16 所示的船舶微电网仿真模型 80s，得到直流母线电压、2 台柴油发电机组的输出功率及转速、燃料电池的输出功率、蓄电池的输出功率、超级电容输出功率及 SOC 曲线分别如图 11.17b~k 所示。

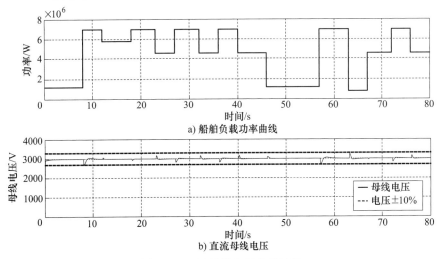

图 11.17　船舶微电网仿真结果

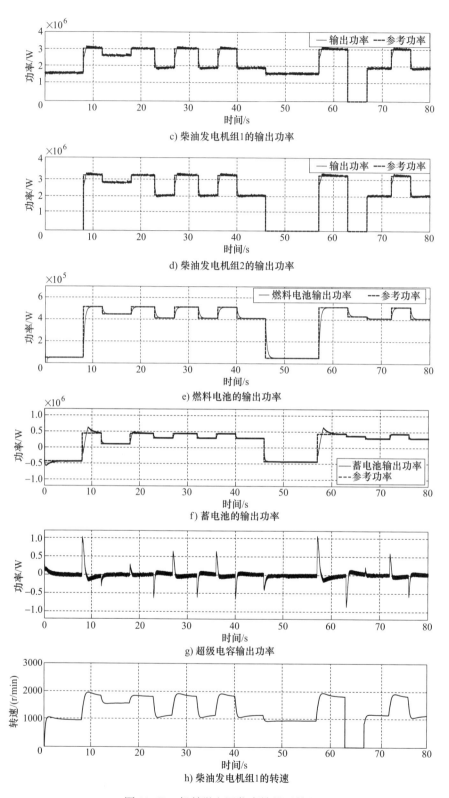

图 11.17 船舶微电网仿真结果（续）

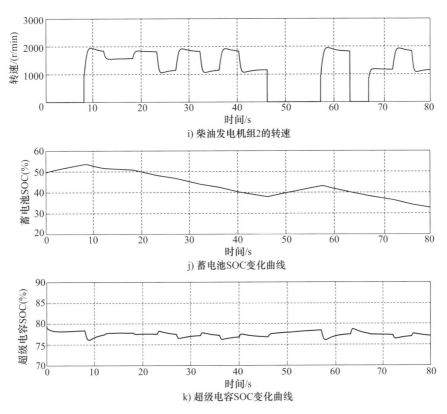

图 11.17 船舶微电网仿真结果（续）

由图 11.17b 可知，在船舶负荷出现波动时，直流母线电压可以很好地保持在 2700~3300V 之间，维持在±10%的允许范围内。

由图 11.17c~g 可知，在仿真过程的 0~8s 和 46~57s 两个时段内，负载功率为 1.2MW，按照能量管理系统的输出指令，此时两台柴油发电机组仅 1 号机组输出功率，2 号机组处于断开状态，蓄电池处于充电模式，吸收柴油发电机组 1 输出的多余功率，燃料电池的输出功率为 0.05MW，超级电容输出功率为 0W；在仿真过程的 8~46s、57~63s、67~80s 三个时段内，此时负载功率大于单台柴油发电机组的额定功率，两台柴油发电机组、蓄电池和燃料电池按照 EMS 的要求均输出功率向负载供电；在 63~67s 时段内，负载功率远小于单台柴油发电机组的功率，此时为了达到船舶微电网效率最优，在 EMS 的作用下，两台柴油发电机组均未输出功率，仅由蓄电池和燃料电池作为电源向负载供电。

由图 11.17h~i 可知，在船舶负载功率变化剧烈时，柴油发电机组在不同输出功率时可以实现大范围变速运行，相对恒速运行状态，可以提高柴油发电机的燃油效率。由图 11.17j~k 可知，蓄电池和超级电容在整个仿真过程根据能量管理系统的要求不断进行充放电，始终保持 SOC 值在合理的范围内。

11.4 船舶微电网的稳定性分析

电力系统运行时会受到扰动，系统稳定性是指在扰动时继续正常运行并保持稳定的能力。电力系统扰动可分为两类：一类是导致系统运行状态发生微小变化的小扰动，比如负载的微小变化或带非重要负载的线路跳闸等；另一类是导致系统参数突变的大扰动，比如大负载突变、发电机缺失、短路故障等。因此，电力系统稳定性分析一般分为两种：小信号稳定性分析和暂态稳定性分析。

微电网具有规模小、馈线短、阻抗低、接口变流器惯性小、不同种类和特性的小容量 DER 渗透率高、电能在 DER 和负载间双向流动、大量存在不平衡负载、电压处于低压或中压等级、系统短路容量低等特点，导致微电网的不确定性更高和动态特性更复杂。同时，传统的同步发电机和以逆变器为接口的 DER 并联运行也会对微电网的稳定性带来不利影响。本节将研究与分析船舶微电网的稳定性。

11.4.1 微电网稳定性的概念和分类

与电力系统稳定性类似，微电网稳定性定义为：一个在平衡状态下运行的微电网如果在受到扰动后状态变量可以恢复到满足运行约束条件的同一组或另一组稳态值，并且电力负载没有出现计划外的自动卸载情况，则微电网是稳定的。如果微电网在受到扰动后出现主动减载，但是该减载是以隔离故障为目的，而不是以稳定电压和频率为目的，同时微电网状态变量满足前一种情况的要求，则该微电网也被认为是稳定的。微电网稳定性问题的分类如图 11.18 所示[11.17]。

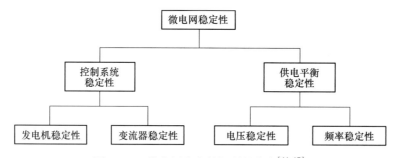

图 11.18 微电网稳定性问题的分类[11.17]

根据图 11.18，微电网稳定性问题主要分为由控制系统引起的以及由功率分配引起的两大类。在第一大类中，可进一步分为发电机稳定性和变流器稳定性两个子类问题；在第二大类中，可进一步分为电压稳定性和频率稳定性两个子类问题。与此同时，这些稳定性问题均可以根据扰动是小扰动还是大扰动以及不稳定现象持续的时间做进一步的细分。

1. 微电网和控制系统相关的稳定性问题

微电网控制系统稳定性问题可能是由控制系统设计中未考虑并联 DER 谐波谐振问题或某些控制器参数调节不当引起的[11.17]。这类稳定性问题会给微电网中的发电机和逆变器控制回路、LCL 滤波器和 PLL 等带来影响。因此，主要分为发电机稳定性和变流器稳定性。

（1）微电网的发电机稳定性 微电网中发电机稳定性问题主要是由同步发电机组的励磁和调速器控制系统参数调节不当引起的[11.18]，引起的问题和传统电力系统有所不同。例如，传统电力系统比较关注外部故障导致同步发电机转速增加后，恢复同步的能力，但是，如果是在微电网的馈线上发生短路故障，由于微电网馈线呈现电阻特性，同步发电机会在短路期间减速[11.19]。此外，在传统电力系统中，同步发电机的小扰动稳定性可表现为同步发电机转角无阻尼振荡，但是这个问题在微电网中很少出现。

(2) 微电网的变流器稳定性 在微电网中，变流器电压和电流控制回路中控制参数设置不合理会引起小扰动稳定性问题；同时，在变流电源包含欠频和欠电压保护的情况下，跳闸可能会在微电网中引起大扰动稳定性问题。

微电网中的并联电压型逆变器（VSI）可因其电流和电压控制回路的相互作用而引起谐波不稳定（Harmonic Instability，HI）问题[11.20-11.21]。微电网产生 HI 现象的另一个原因是变流器中的高频开关可能会在 LCL 滤波器或馈线寄生电容器中引起并联或串联谐振[11.20]。此外，相邻逆变器之间的交互也可能引起 LCL 滤波器的谐振[11.22]。可采用主动阻尼控制策略来预防或减弱 HI 谐振[11.23]。

另一方面，微电网并网逆变器中基于 PLL 的同步策略会在系统输入导纳中引入负并联导纳，这也会影响系统的电压稳定性[11.24-11.25]，当由于电压降低导致 PLL 难以准确检测电网电压过零点时，会进一步引起同步问题。

2. 微电网和供电平衡相关的稳定性问题

微电网运行时各 DER 的输出功率要和负载的需求功率保持动态平衡，并且负载总功率要在 DER 之间合理分配。如不能满足该平衡要求，微电网运行过程中可能会出现 DER 意外解列、DER 运行状态不满足其约束条件、备用电源意外起动、无故障时负载跳闸等情况，均会引起微电网的电压稳定性和频率稳定性问题。此外，恒功率负载和异步电动机负载也可能会导致此类稳定性问题。

(1) 微电网的频率稳定性问题 微电网与大电网不同的频率稳定性问题主要包括[11.17]：

1) 孤岛运行的微电网由于没有大电网的支撑、大惯性的同步发电机组配置容量低、逆变器电源输出惯性低、可再生能源具有间歇性和波动性等特点，导致频率可能快速波动，导致微电网的频率稳定性问题[11.26]。

2) 微电网的电压和频率之间存在强耦合，同时由于传输线长度短、电压等级低，微电网馈线具有较高的电阻电抗比，这些因素导致传统的解耦控制方法难以适用于微电网。因此，微电网频率稳定性分析和控制应充分考虑电压和频率的耦合性[11.27]。

3) 微电网中 DER 频率协调控制器参数设置或多个 DER 间功率分配不合理也可能会导致微电网频率出现短时无阻尼振荡，持续时间可能从几秒到几分钟，这种大电网中较少出现的频率小扰动稳定性问题需要在微电网中特别关注[11.28]。

(2) 微电网的电压稳定性问题 与大电网不同的微电网电压稳定性问题[11.17]包括：

1) 在微电网中，较短的馈线导致馈线两端的电压降较小，因此很少出现由于发电机和负载之间的长传输线导致的电压稳定性问题。但在微电网中，由于供电容量相对较小，不同类型 DER 和负载的不同动态特性以及负载功率的突变均会造成微电网电压的大幅变化或持续波动，引起电压大扰动或小扰动稳定性问题。

2) 在包含较多感应电动机负载的微电网中，在因系统故障导致电压大幅下降时，感应电动机会需要大量无功功率导致电动机失速问题；如果此时无功功率供应不足，会导致电压严重失稳，并进一步引起系统自动减载[11.29]。微电网中多个 DER 无功功率的协调控制对于电压稳定性至关重要，在采用 Q/U 下垂控制时，如果多个 DER 协调不当，可能会引起较大的无功电流，从而进一步引起较大的电压振荡[11.30]。针对上述问题，此时并联 DER 之间采用基于通信的无功功率协调分配技术可以对微电网的电压稳定起到支撑作用[11.26]。

3）当DER通过DC/DC变流器或DC/AC逆变器并入微电网时，直流母线电容器两端的电压纹波取决于注入/吸收的瞬时功率。当逆变器的有功功率注入接近其最大值时，无功功率的需求增加，此时可能会导致直流母线电容器两端的电压产生无阻尼纹波，进一步导致DER有功功率和无功功率出现大幅波动[11.31]。

3. 微电网的大扰动和小扰动稳定性

微电网运行过程中的大扰动包括短路故障、并网运行意外切换到孤岛运行模式、发电机组的突然解列等。这些大扰动会导致DER的频率、电压以及功率出现较大振荡[11.32]。因此，DER控制器的响应时间及DER间的功率分配对于保持微电网的暂态稳定性至关重要。

在上述产生微电网大扰动的原因中，意外孤岛运行模式切换会对微电网稳定性带来很大影响。由于微电网几乎不具有惯性，在和大电网存在大功率交换时如突然出现意外孤岛模式切换，系统电压会在多个时间周期内出现过电压或欠电压，可进一步触发逆变器的保护装置跳闸，导致意外切换到孤岛模型的微电网失稳。

根据受到小扰动后参数欠阻尼振荡持续的不同时间来看，微电网的小信号稳定性既可以是短期的也可以是长期的。在多个DER间功率分配不合理的情况下，产生的无阻尼功率振荡可能会在很短时间内迅速增大并超出允许的范围，引起小信号稳定性问题。

为了分析系统的稳定性，按照系统扰动的类型分为两种：对于微小扰动采用小信号模型分析其稳定性；对于大扰动采用动态模型分析其暂态稳定性。

11.4.2 船舶微电网的小信号分析方法

微电网首先应该是小扰动稳定的，但是微电网中可能存在的有源负载或恒功率负载会对微电网的小扰动稳定性带来影响。为了对微电网进行小扰动稳定性分析，一般需要对微电网建立小信号模型。该模型一般可以通过将微电网的非线性微分代数方程组在工作点处线性化得到线性微分方程组，通过状态矩阵求解特征值，进而根据Lyapunov稳定性理论判断系统小信号稳定性。

1. 船舶微电网系统小信号建模方法

如上分析，电力系统的数学模型可以表示为一组非线性状态方程，即有

$$\dot{x} = f(x, u, t) \tag{11-18}$$

假设系统受到某种微小扰动，使其稳定状态关注点 x_A 发生微小变化 Δx，即 $x = x_A + \Delta x$，代入式（11-16），利用稳定点附近微偏线性化方法，将非线性模型变为线性模型。由此建立的电力系统小信号模型用线性状态方程表示为

$$\dot{x} = Ax + Bu \tag{11-19}$$

式中，A 为雅可比矩阵；B 为输入矩阵；u 为输入变量。

$$A = \begin{bmatrix} \dfrac{\partial f}{\partial x_1} & \dfrac{\partial f}{\partial x_2} & \cdots & \dfrac{\partial f}{\partial x_n} \end{bmatrix}, B = \begin{bmatrix} \dfrac{\partial f}{\partial u_1} & \dfrac{\partial f}{\partial u_2} & \cdots & \dfrac{\partial f}{\partial u_m} \end{bmatrix} \tag{11-20}$$

如果图11.14中各电源的状态方程以及负载方程可写出，则可根据前一小节的小信号建模方法，建立船舶微电网的小信号模型。先将图11.14简化为 n 个节点的网络，如图11.19所示。

在网络运行于稳定状态时，可写出其输入与输出平衡式[11.14]为

$$I = Y_w U \qquad (11-21)$$

式中，$I = [i_1, i_2, \cdots, i_n]$ 为电流向量；$U = [u_1, u_2, \cdots, u_n]$ 为电压向量；Y_w 为微电网的短路导纳矩阵。

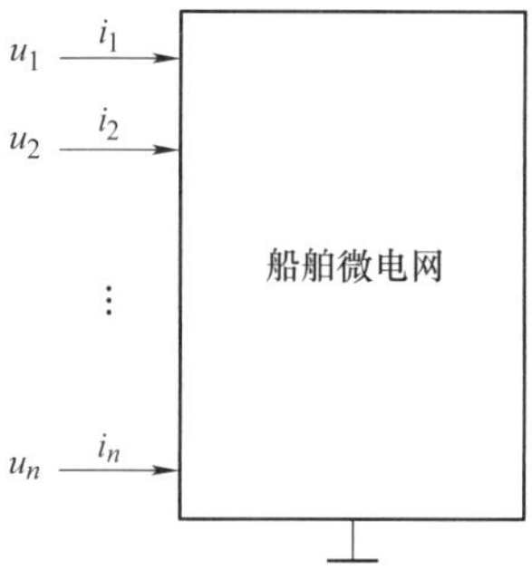

将前述的 DG、风力发电机、光伏、负载的小信号模型按照图 11.16 所示结构组合起来，建立微电网整体小信号模型，可表示为

$$\Delta I = M_0 \Delta U + \Delta M U_0 \qquad (11-22)$$

式中，U_0 为电压向量 U 的初始值；M 为转换矩阵；M_0 为发电单元初始攻角 δ_{i0} 时的转换矩阵，假设 $\delta_i = \delta_{i0} + \Delta \delta_i$，则 $m_{ij} = y_{ij} e^{j(\theta_{ij} - \Delta \delta_{ij0})}(1 - j\Delta \delta_{ij})$。因此，$\Delta M$ 矩阵中的元素为

$$\Delta m_{ij} \cong \begin{cases} -jy_{ij}e^{j(\theta_{ij} - \Delta \delta_{ij0})}\Delta \delta_{ij} & i \neq j \\ 0 & i = j \end{cases} \qquad (11-23)$$

图 11.19 船舶微电网简化节点网络

代入式（11-22），可得微电网的小信号模型的线性化方程为

$$\begin{bmatrix} \Delta i_1 \\ \Delta i_2 \\ \vdots \\ \Delta i_n \end{bmatrix} = \begin{bmatrix} y_{11}e^{j(\theta_{11})} & \cdots & y_{1n}e^{j(\theta_{1n}-\delta_{1n0})} \\ y_{21}e^{j(\theta_{21}-\delta_{210})} & \cdots & y_{2n}e^{j(\theta_{2n}-\delta_{2n0})} \\ \vdots & & \vdots \\ y_{n1}e^{j(\theta_{n1}-\delta_{n10})} & \cdots & y_{nn}e^{j(\theta_{nn})} \end{bmatrix} \begin{bmatrix} \Delta u_1 \\ \Delta u_2 \\ \vdots \\ \Delta u_n \end{bmatrix} - j \begin{bmatrix} \sum_{k=1}^{n} y_{1k}e^{j(\theta_{1k}-\delta_{1k0})}u_{k0}\Delta \delta_{1k} \\ \sum_{k=1}^{n} y_{2k}e^{j(\theta_{2k}-\delta_{2k0})}u_{k0}\Delta \delta_{2k} \\ \vdots \\ \sum_{k=1}^{n} y_{nk}e^{j(\theta_{nk}-\delta_{nk0})}u_{k0}\Delta \delta_{nk} \end{bmatrix} \qquad (11-24)$$

2. 船舶微电网的小信号稳定性分析方法

陆地电力系统由于具有较大惯性以及几乎"无限"的容量，一般情况下小扰动不会对系统运行状态造成严重干扰。然而，微电网惯性小且容量有限，小扰动也可能会对系统工作状态造成显著影响。

小信号稳定性分析方法是基于状态空间模型的特征值分析法，首先建立系统的状态方程，然后将系统的状态空间模型在稳态工作点附近线性化，得到系统的线性方程组，并求出系统的状态矩阵，最后在求出系统的特征值后判断系统的稳定性。

对于非线性的微电网，其小信号模型如式（11-22）所示，在工作点附近线性化方程如式（11-24）所示，可写成 $\dot{x} = Ax + Bu$ 格式。

该系统的线性状态矩阵 A 的特征方程为

$$\det(sI - A) = 0 \qquad (11-25)$$

当状态矩阵 A 为实数矩阵时，求解上述特征方程可得到形如 $\lambda = \sigma \pm j\omega$ 复数形式的系统特征值。当求得的特征值全部位于复平面虚轴左侧或实部全部为负时，系统是稳定的；当至少有一个特征值位于复平面虚轴右侧或至少有一个特征值的实部为正数时，系统不稳定；当至少有一个特征值位于虚轴上，同时其他特征值均位于虚轴左侧时，或系统至少存在一个实部为零的特征值，同时其他特征值的实部均为负数时，系统为临界稳定状态。基于上述特征值分析的具体微电网稳定性分析研究工作可见参考文献［11.33-11.37］。

在采用上述特征值分析法分析微电网小扰动稳定性时，所建立的状态空间模型一般是针对三相平衡系统的。对于工作于三相不平衡状态的微电网，建立准确的状态空间模型存在困难，此时可以考虑将动态仿真技术和现代信号处理结合起来进行小扰动稳定性分析，相关研究工作可参考文献［11.18］和文献［11.37］。

3. 船舶微电网小信号稳定性分析示例

现以一个简化的交直流混合微电网为例，采用前述方法建立其小信号模型，利用特征值法分析系统的小信号稳定性，然后以图11.6中风力发电系统为例，在电压环控制环系数K_{uP1}、虚拟阻性阻抗R_1和下垂控制系数n_1 3个参数变化时，分析参数变化对系统小信号稳定性的影响。示例微电网的结构如图11.20所示，图中微电网由直驱永磁风力发电系统、光伏发电系统、直流母线、交流母线和负载构成。

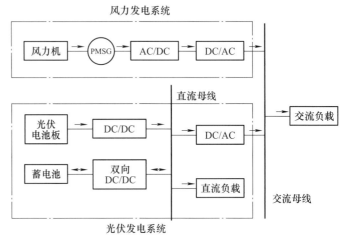

图11.20 交直流混合微电网结构

图11.20所示微电网运行的参数设置见表11.2。

表11.2 示例微电网运行的参数设置

参数	参数值	参数	参数值
永磁同步发电机定子电感	0.00256H	输出电压d轴分量	321V
永磁同步发电机极对数	2	输出电压q轴分量	0V
永磁体磁链	8.462Wb	交流母线电压d轴分量	311V
PI调节器参数	1，150	交流母线电压q轴分量	0V
PI调节器参数	5，400	阻性虚拟阻抗	0.4Ω
双向DC/DC变流器电感	0.001H	滤波电感	0.00042H
蓄电池侧电容	0.001F	滤波电容	0.0002F
直流母线侧电容	0.003F	线路等效电感	0.0083H
直流母线电压	597.6V	线路等效电阻	0.642Ω
直流母线电压参考值	600V	负载电阻	30Ω
PI调节器参数	1，10	负载电感	0.005H
PI调节器参数	2，10	低通滤波器截止角频率	3450.3rad/s
输出电流d轴分量	3.2V	下垂系数	0.0025，0.0005
输出电流q轴分量	−0.2V	PI调节器参数	10，100

由此计算得出系统稳定运行时的特征值，其分布如图11.21所示，根据特征值计算结果和图11.21可知，系统状态矩阵特征值的实部均为负值，特征值全部位于虚轴左侧，因此系

统是稳定的。

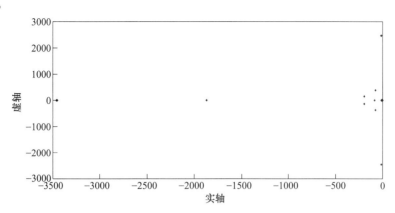

图 11.21　系统稳定运行时特征值分布图

系统的稳定性会随着控制器参数的变化而发生改变，因此当系统的控制参数变化时，特征值也会随之改变。当风力发电系统电压控制环系数 K_{uP1} 减小、虚拟阻性阻抗 R_1 增大、下垂控制系数 n_1 增大时的特征值变化轨迹分别如图 11.22、图 11.23、图 11.24 所示。

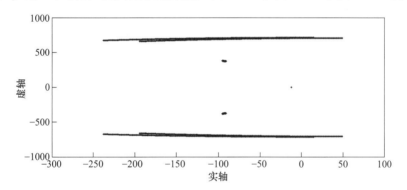

图 11.22　电压控制环系数 K_{uP1} 减小时特征值的变化轨迹

由图 11.22 可知，在其他参数不变且 $2<K_{uP1}<21$ 时，系统特征值的实部全部为负值，此时系统是稳定的；当 $K_{uP1}\leqslant 2$ 时，系统特征值的实部出现正值，系统不稳定；当 $K_{uP1}\geqslant 21$ 时，出现实部为 0 的特征值，此时不能从线性近似中得出关于实际非线性系统稳定性的结论。

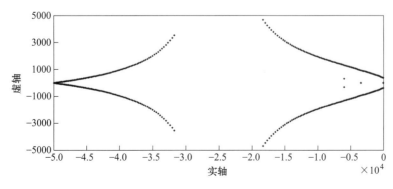

图 11.23　虚拟阻性阻抗 R_1 增大时特征值的变化轨迹

由图 11.23 可知，在其他参数不变时，无论虚拟阻性阻抗 R_1 取何值系统都是稳定的。随着 R_1 的增大，系统部分特征值的负实部离虚轴越来越远。

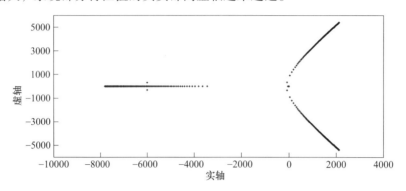

图 11.24 下垂控制系数 n_1 增大时特征值的变化轨迹

由图 11.24 可知，在其他参数不变且下垂控制系数 $n_1<0.00645$ 时，系统特征值的实部全部为负值，系统是稳定的；当 $n_1 \geqslant 0.00645$ 时，系统特征值的实部出现正值，系统出现不稳定情况；当 $n_1=0.00645$ 时，出现实部为 0 的特征值，此时不能从线性近似中得出关于实际非线性系统稳定性的结论。

11.4.3 船舶微电网的暂态稳定性分析方法

微电网中 DER 的输出功率受自然环境影响，其电力电子接口几乎没有惯性，导致微电网易受到大扰动影响，因此需要对微电网进行暂态稳定性分析。

1. 船舶微电网的暂态模型

由于电力系统受大扰动的变化特点，暂态稳定性是通过系统在暂态期间的动态响应来进行分析评估，应考虑系统变量的快速变化。在时间尺度方面，微电网的暂态稳定性问题一般是持续时间为秒级的短期扰动。因此，电力系统的非线性方程不能采用线性化方法求解，但可以根据系统的暂态过程特性进行模型简化。

为此，需要适当简化船舶微电网系统中各发电单元的动态模型。

（1）发电机的暂态模型　船舶发电机一般采用同步发电机，在暂态过程中，可简化为一个电压源与暂态电抗串联的等效电路表示，如图 11.25 所示。

如果忽略饱和与暂态凸极效应，假设电源幅值恒定，相角可变，且磁链恒定和转速变化较小，其暂态模型可表示为

$$E_f'' = U_g + I_g(R_g + jX_d') \quad (11-26)$$

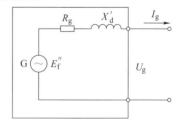

图 11.25 船舶发电机暂态等效电路

（2）变流器电源的暂态模型　各种可再生能源发电与储能装置都是通过变流器连接到微电网中的，因此各类电源的暂态过程从电网端可看作变流器的电磁作用。如前所述，用变流器在 dq 坐标系的状态方程式（11-14）来描述其暂态模型。

（3）电网暂态模型　为了建立网络模型，需要确定电力系统的负荷模型。暂态期间的负荷可以由对地静态阻抗和导纳、恒定功率因数的恒定电流、有功和无功负荷，或者这些负

荷模型的组合来表示。

根据图 11.14 所示的船舶微电网简化节点网络，可建立网络节点表达式（11-21）。暂态时，假定除了电源内部母线外，所有母线的注入电流为 0。因此，电流向量可表示为 $I = [I_g, 0]^T$，此时式（11-21）可写成

$$\begin{bmatrix} I_g \\ 0 \end{bmatrix} = \begin{bmatrix} Y_{gg} & Y_{gb} \\ Y_{bg} & Y_{bb} \end{bmatrix} \begin{bmatrix} U_g \\ U_b \end{bmatrix} \quad (11\text{-}27)$$

式中，下标 g 表示电源内部母线；b 表示其他网络母线。

在式（11-27）中消去 U_b，可得

$$I_g = (Y_{gg} - Y_{gb} Y_{bb}^{-1} Y_{bg}) U_g \quad (11\text{-}28)$$

2. 船舶微电网的暂态稳定性分析

常用的分析方法包括基于 Lyapunov 的微电网暂态稳定性分析[11.38]、基于数学模型的时域仿真分析[11.18]以及硬件在环（Hardware-in-the-Loop，HIL）实验分析[11.39]等。

（1）基于 Lyapunov 的微电网暂态稳定性分析　基于 Lyapunov 的微电网暂态稳定性分析具有较为广泛的适用性，可以充分描述光伏、风力发电机等可再生能源 DER 的大扰动事件，非常适用于非线性电力电子变流器的暂态稳定性分析。同时，通过 Lyapunov 方法得到的暂态稳定微电网同时也是小扰动稳定的，但是反之不成立。采用该方法的另一个优点是不需要通过求解系统的非线性微分方程解析解来进行瞬态稳定性分析[11.40]。

在微电网暂态稳定性分析中应用 Lyapunov 方法的难点是构造合适的 Lyapunov 函数，并且假设三相电力系统是平衡的，但是微电网常常运行在三相不平衡状态，这也为在微电网中应用该技术带来困难。

（2）基于数学模型的时域仿真分析　建立微电网的数学模型，通过采用电磁暂态（Electromagnetic Transient，EMT）实时仿真工具对微电网进行时域仿真来进行暂态稳定性分析是研究微电网稳定性问题的有效方法之一[11.18]。基于时域仿真的微电网稳定性分析方法通常需要进行大量、重复的仿真来确保系统在不同初始条件以及干扰情况下的稳定性。尽管该方法的计算成本很高，但是和基于 Lyapunov 的稳定性分析方法相比，通过时域仿真得出的稳定性边界更加准确，基于该方法分析结果设计的微电网对资源的利用率可以更高。

EMT 可以对微电网组成部件的电磁过程进行较为详细的建模和仿真，是微电网暂态稳定性分析的理想工具。但是对于规模较大的微电网，EMT 仿真的计算量可能会过大。此时可以考虑使用计算量较小的机电暂态稳定性（Transient Stability，TS）分析工具，但是 TS 工具很多是为分析三相平衡电力系统设计的，微电网存在三相不平衡时应用存在困难。文献[11.41]~文献[11.44]给出了相关研究报告。

（3）硬件在环实验分析　实时 HIL 仿真是分析和验证微电网稳定性的有效方法，可进一步分为控制器硬件在环（Controller Hardware in the Loop，CHIL）和电源硬件在环（Power Hardware in the Loop，PHIL）两种分析方法。

在 CHIL 仿真中，采用数字实时模拟器（Digital Real Time Simulator，DRTS）实时求解微电网数学模型，采用硬件控制器实现控制算法，将控制器硬件连接到用 DRTS 实现的微电网仿真模型上，进行变流器控制实验或微电网控制实验。通过 CHIL 仿真可以发现控制算法的不足、并分析它们在不同实际情况下的性能，从而为微电网控制系统稳定性分析提供支撑[11.45]。

在 PHIL 仿真中，采用 DRTS 对微电网除 DER 之外的其他部分进行建模与仿真，真实的物理电源通过信号放大器连接到 DRTS 仿真模型上，放大器接收来自 DRTS 的参考信号作为

输入，并向物理 DER 提供相应的电压参考值，同时利用电流传感器检测 DER 的输出电流并传输到 DRTS。PHIL 仿真平台允许用户在各种情况下测试真实的电源装置，并研究其对微电网系统的影响[11.46]。

HIL 方法的优点是比较逼近真实，但无论采用哪种 HIL 方法都需要搭建相应的硬件实验平台和开放系统仿真软件。

3. 船舶微电网暂态稳定性案例仿真

船舶电力系统的各主要设备如同步发电机、变压器和电动机的暂态故障分析与保护，已在第 4 章详细论述，这里不再赘述。对于电网系统的暂态稳定性分析，可采用式（11-28）的电网暂态模型来描述暂态期间的网络行为，分别计算扰动前、故障发生瞬间以及清除后的节点导纳矩阵，其中：系统参数如电压、功率等的初始值可以通过稳态潮流计算得到，电源内部电压可通过各自的模型计算获得。然后，系统的微分方程可通过线性方程和潮流计算的数值迭代进行求解。

现以图 11.26 所示区域式环形船舶微电网为算例进行时域仿真，观察该船舶微电网因负载突变而引起大扰动时系统参数的变化，进而进行暂态稳定性分析。图中环形船舶微电网以 4 台柴油机带动的同步发电机组为主要电源，发电机发出的交流电通过 AC/DC 整流后连接中压直流母线，各段直流母线通过直流断路器连接。由蓄电池和超级电容构成的混合储能系统通过双向 DC/DC 变流器与直流母线相连。船舶推进电机直接通过逆变器在中压直流母线上获取电能，而低压交流设备和低压直流设备则分别通过区域负载中心供电。

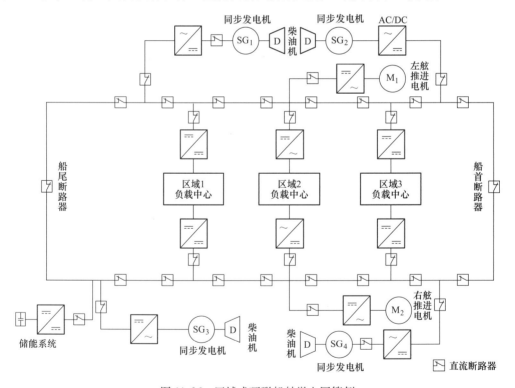

图 11.26 区域式环形船舶微电网算例

建立上述环形船舶中压直流微电网仿真平台，如图 11.27 所示。

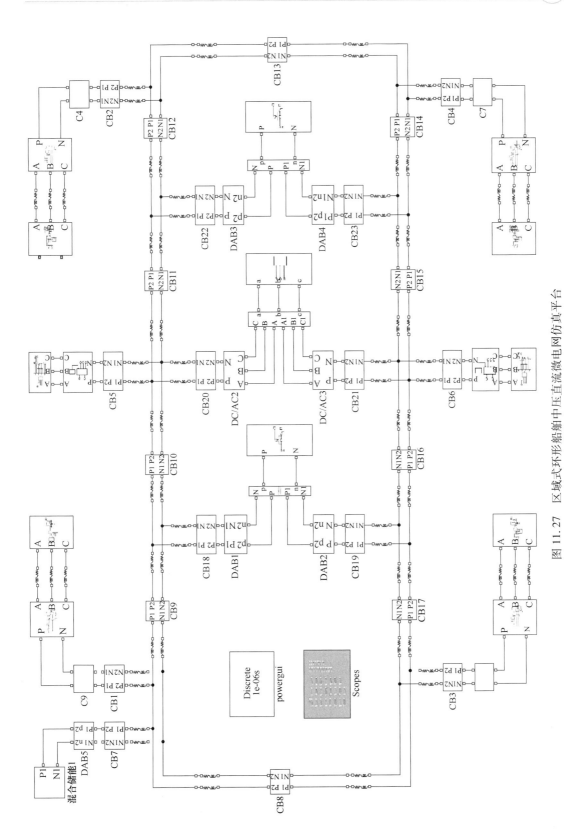

图 11.27 区域式环形船舶中压直流微电网仿真平台

仿真参数见表 11.3。

表 11.3　算例船舶微电网主要参数

参数名称	参数大小
额定容量/MV·A	4×5
额定交流线电压/V	2400
额定直流电压/V	3000
DC/DC 变流器输出电压/V	440
三相逆变器输出线电压/V	380

首先在所有发电机组和负载都并网的稳定运行情况下对上述船舶微电网进行 2s 仿真，得到柴油发电机组输出相电压、整流器输出直流电压、低压交流母线电压、低压直流母线电压，分别如图 11.28~图 11.31 所示。

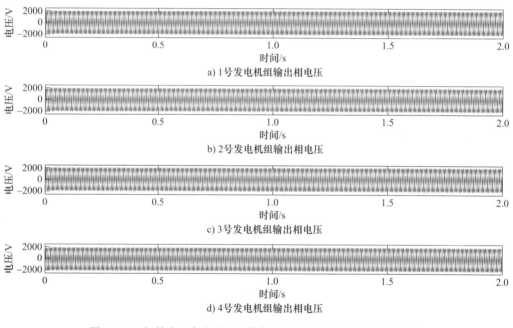

图 11.28　船舶中压直流微电网算例 4 台柴油发电机组输出相电压

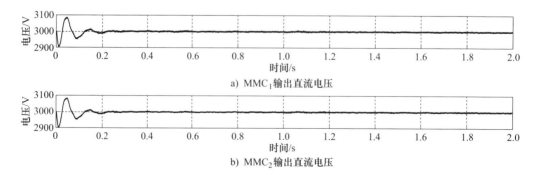

图 11.29　船舶中压直流微电网算例 4 台 MMC 整流器输出直流电压

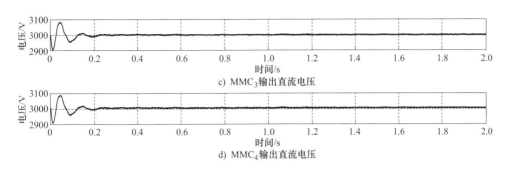

c) MMC$_3$输出直流电压

d) MMC$_4$输出直流电压

图 11.29　船舶中压直流微电网算例 4 台 MMC 整流器输出直流电压（续）

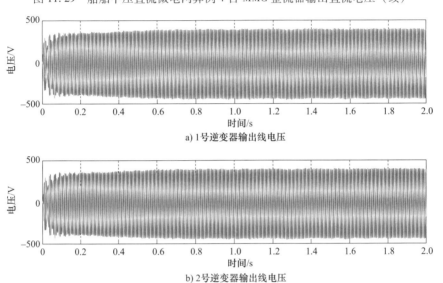

a) 1号逆变器输出线电压

b) 2号逆变器输出线电压

图 11.30　船舶中压直流微电网算例低压交流母线电压

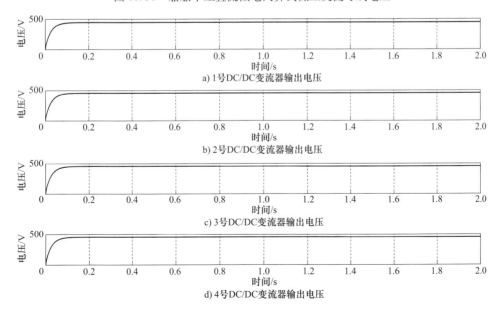

a) 1号DC/DC变流器输出电压

b) 2号DC/DC变流器输出电压

c) 3号DC/DC变流器输出电压

d) 4号DC/DC变流器输出电压

图 11.31　船舶中压直流微电网算例低压直流母线电压

由图 11.28 可知，当船舶微电网稳定运行时，4 台柴油发电机组输出相电压稳定在 1386V，线电压稳定在 2400V。

由图 11.29 可知，仿真开始后经过 0.15s，4 台柴油发电机组 MMC 整流器输出直流电压稳定于 3000V。

由图 11.30 可知，给低压交流母线供电的两台逆变器在仿真开始 0.2s 后，其输出电压波形稳定在 380V。

由图 11.31 可知，给低压直流母线供电的 4 台 DC/DC 变流器在仿真开始 0.1s 后，其输出电压稳定在 440V。

接下来在船舶微电网负载发生突变，对系统造成大扰动时进行仿真，以观察系统的暂态稳定性。仿真时长为 2s，在 1s 时船舶微电网接入一个 3.5MW、300kvar 的大功率负载，1.5s 时切除该负载，得到的 1 号发电机组输出交流电压和功率以及中压直流母线电压如图 11.32~图 11.34 所示。

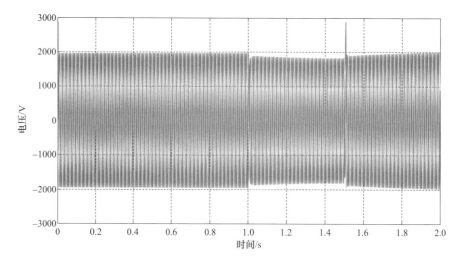

图 11.32　负载突变时 1 号发电机组输出交流电压

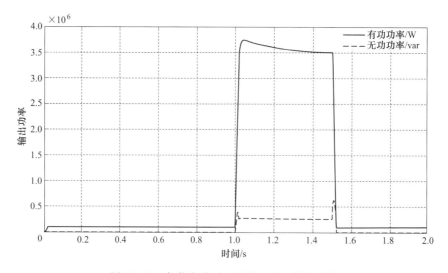

图 11.33　负载突变时 1 号发电机组输出功率

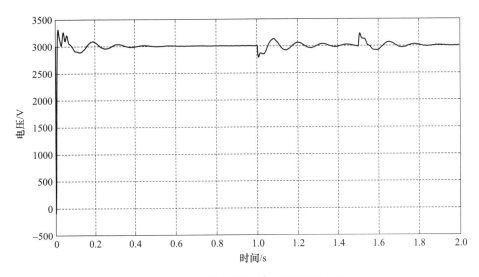

图 11.34　负载突变时中压直流母线电压

由图 11.32~图 11.34 可知，当在 1s 时接入大功率负载对系统造成扰动时，1 号柴油发电机组的输出电压出现小幅下降，其输出有功功率随之增加 3.5MW、无功功率增加 300kvar，同时直流母线电压出现波动，最低降至 2810V；当在 1.5s 切除该负载再次对系统造成扰动时，经过 0.15s，柴油发电机输出电压、有功功率以及无功功率均恢复至接入负载前的值，同时中压直流母线电压恢复至 3000V。暂态过程中，中压直流母线电压波动范围在 10% 以内，满足船舶中压直流电力系统母线电压波动要求。

11.5　船舶微电网的能量管理和控制

能量管理系统（EMS）用来管理电力系统的电能生产、传输、分配。对于并网运行的微电网，需要设置专门的电能管理系统（PMS）控制其内部的 DER 的优化调度，还要负责微电网和大电网的交互，控制电能在 PCC 结点处的双向流通。同时，EMS 和微电网的控制结构紧密联系，通过集中式、分散式或分布式的计算进行决策，在输出各 DER 工作点参考值后由微电网的实时控制系统进行执行，以实现微电网各种资源的优化调度，在满足功率平衡和 DER 运行约束的情况下实现微电网期望的优化目标。

船舶 PMS 的结构与方法已在第 8 章论述，本节主要论述船舶微电网的能量管理，并讨论解决微电网 EMS 与船舶原有电站的 PMS 集成问题。

11.5.1　微电网能量管理系统结构

一个典型的微电网 EMS 结构如图 11.35 所示。

图中，EMS 的输入包括优化目标、约束条件、预测数据三类信息。微电网的能量管理是一个复杂的多目标优化问题，涉及的优化目标可能包括各项运营总成本、污染物排放、系统可靠性要求、有故障或停电导致的损失、功率损耗、ES 运行寿命、客户满意度等不同目标；需要考虑的约束条件可能包括风机、光伏等 DER 的最大/最小功率输出、母线电压/频率允许范围、ES 电压或 SOC 工作要求、系统功率平衡等。第三类重要输入数据是关于系统

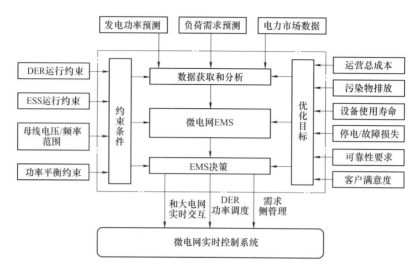

图 11.35 微电网 EMS 结构

发电功率和负荷的预测数据以及电力市场的实时数据。实际微电网运行管理过程中，时常需要提前 24h 预测发电以及负荷数据以对第二天的 DER 运行进行调度。因此，为了获得较好的优化结果，EMS 决策过程需要考虑气候以及负荷预测中的不确定性，同时还需要考虑电力市场的燃料价格以及实时电价，以优化 DER 的运行成本。ESS 的储能状态是 EMS 另一个需要重点考虑的因素，合理调度 ES 可以避免在高电价时段从大电网购买电力，通过削峰填谷提高微电网运行的效率和经济性。

EMS 的输出是包括发电机和 ES 在内的各 DER 的参考工作点、大电网的交互指令以及需求侧管理（Demand Side Management，DSM）策略。这些输出均需要通过微电网的实时控制系统来实现，包括 DER 电压、频率、有功功率、无功功率的控制，微电网和大电网的能量交换，微电网并网或离网控制，用户侧负载的主动管理等。在合理决策的情况下，这些实时控制的实施可以按照目标函数和约束条件的要求实现微电网的多目标优化运行，如在满足系统运行约束条件下实现微电网运营总成本最低、污染物排放最少、ESS 寿命最长等多个优化目标。

11.5.2 微电网的潮流计算与能量管理决策的求解方法

在电力系统中，由发电机或电源产生的电能通过输配电网供给负荷消耗掉，在此过程中计算和分析各输配电线的节点电压或功率称为电力潮流计算。通过潮流计算可以分析电力系统的运行状态，如各母线上的电压（幅值及相角）、网络中的功率分布及功率损耗等，对于电力系统运行、功率调配和能量管理至关重要。

1. 微电网的潮流计算

电力系统的潮流计算就是采用一定的方法确定系统中各处的电压和功率分布。这里采用式（11-21）的网络模型来描述微电网稳态运行特性，如果将微电网节点 i 的电流矢量 $\boldsymbol{I}_i$ 用该节点的电压和功率来表示，即有

$$\boldsymbol{I}_i = \frac{S_i^*}{U_i^*} = \frac{P_{Gi} + jQ_{Gi}}{U_i^*} \tag{11-29}$$

式中，U_i^* 为节点 i 的电压矢量，由幅值和相位表示；S_i^* 为注入节点的复功率共轭矢量，可分解为有功功率 P_{Gi} 和无功功率 Q_{Gi}，其分别可表示为

$$P_{Gi} = P_{gi} - P_{Li} \tag{11-30}$$

$$Q_{Gi} = Q_{gi} - Q_{Li} \tag{11-31}$$

式中，P_{gi} 和 Q_{gi} 为与节点 i 的发电机或电源输出的有功功率和无功功率；P_{Li} 和 Q_{Li} 为与节点 i 相连负载的有功功率和无功功率需求。

这样，将式（11-29）代入式（11-21）的第 i 项方程，可得

$$P_{Gi} + jQ_{Gi} = U_i^* \sum_{j=1}^n Y_{ij} U_j, \quad i = 1, 2, \cdots, n \tag{11-32}$$

式（11-32）表示的微电网潮流方程是一组非线性方程，传统的方法可采用高斯-塞德尔迭代法、牛顿-拉夫逊法和 PQ 分解法等求解计算。

由于 DER 输出的电能改变了微电网的潮流分布，从而引起微电网的电压损耗和功率损耗会随着 DER 本身的运行参数的变化而变化。

图 11.36 所示为微电网的一个简单支路，在距离母线 1 的 l 处安装一个 DER。设未接入 DER 之前，线路总的功率损耗为

$$P_{\text{loss}} = \Delta P = \frac{P_L^2 + jQ_L^2}{U_2^2} R = \frac{lr(P_L^2 + jQ_L^2)}{U_2^2} \tag{11-33}$$

式中，r 为单位长度的线路电阻；P_L、Q_L 分别为负荷消耗的有功功率和无功功率；U_2 为母线 2 的端电压。

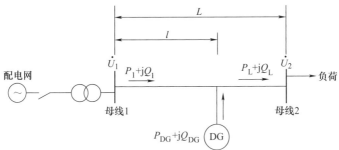

图 11.36　含 DER 的微电网典型简单支路

DER 接入之后，馈线上的功率损耗分为两个部分：一部分是从线路始节点与 DER 之间的功率损耗 P_{loss1}，另一部分是 DER 与负荷之间的功率损耗 P_{loss2}，分别表示为

$$P_{\text{loss1}} = \frac{lr(P_1^2 + jQ_1^2)}{U_1^2} \tag{11-34}$$

$$P_{\text{loss2}} = \frac{(L-l)r(P_L^2 + jQ_L^2)}{U_2^2} \tag{11-35}$$

式中，P_1 和 Q_1 分别为船舶电网发出的有功功率和无功功率；U_1 为母线 1 的端电压。则 DER 接入后总的功率损耗为

$$P_{\text{loss}} = P_{\text{loss1}} + P_{\text{loss2}} = \frac{lr[(P_L - P_{DG})^2 + (Q_L - Q_{DG})^2]}{U_1^2} + \frac{(L-l)r(P_L^2 + Q_L^2)}{U_2^2} \tag{11-36}$$

式中，P_{DG} 和 Q_{DG} 分别为 DER 输出的有功功率和无功功率。式（11-36）表明，DER 的功率、接入位置和节点电压等因数对功率损耗有影响。

2. 微电网的最优潮流

电力系统潮流最优化是系统规划和运行的重要目标，也是提高系统经济效益的关键手段。类似地，最优潮流（Optimal Power Flow，OPF）也是对于微电网功率流的优化问题，可描述为

$$\min P_{\text{loss}} = \sum_{i=1}^{n} U_i \sum_{j=1}^{n} U_j (\alpha_{ij}\cos\theta_{ij} + \beta_{ij}\sin\theta_{ij}) \tag{11-37}$$

式中，α_{ij}、β_{ij} 为节点导纳元素；θ_{ij} 为连接线 ij 两端电压的相位差。

设其约束条件为

$$P_{Gi} - P_{Li} - U_i \sum_{j=1}^{n} U_j (\alpha_{ij}\cos\theta_{ij} + \beta_{ij}\sin\theta_{ij}) = 0 \tag{11-38}$$

$$Q_{Gi} - Q_{Li} - U_i \sum_{j=1}^{n} U_j (\alpha_{ij}\cos\theta_{ij} + \beta_{ij}\sin\theta_{ij}) = 0 \tag{11-39}$$

$$\begin{cases} \min P_{gi} \leq P_{gi} \leq \max P_{gi} & (i \in S_g) \\ \min Q_{Ei} \leq Q_{Ei} \leq \max Q_{Ei} & (i \in S_E) \\ \min U_i \leq U_i \leq \max U_i & (i \in S_B) \\ \min S_{Li} \leq S_{Li} \leq \max S_{Li} & (i \in S_L) \end{cases} \tag{11-40}$$

式中，Q_{Ei} 为无功电源组 S_E 中第 i 个无功电源输出的无功功率。

对于上述微电网潮流最优化问题，可采用现有的最优化数学方法求解，也可采用智能方法求解。

例：一个简单的微电网结构由 2 个 20kW 的光伏电池、2 台 30kW 的风力发电机（WG）和 1 台 60kW 的柴油发电机（DG），1 套 10kW 的储能系统（ESS）组成。假定电源无功出力随有功出力同比增减。本例基准电压 $U_B = 0.4$kV，基准功率 $S_B = 10$kV·A，则阻抗基准值 $Z_B = U_B^2/S_B = 16\Omega$。考虑到配电网辐射状的网络结构和低压线路参数的特点，取线路电阻 $R = 0.64\Omega$/km，线路电抗 $X = 0.1\Omega$/km。线路参数以及节点参数见表 11.4。

表 11.4　微电网节点线路参数

节点编号		线路长度/m
1	2	100
1	3	60
1	4	100
1	5	50
1	6	70
1	7	100
1	8	60

根据图 11.37 给出的线路结构及参数，按式（11-33）~式（11-37）计算，可得微电网总的功率损耗为

$$\min P_{\text{loss}} = \min \sum_{i=1}^{4} |P_{\text{loss}i}|^2 \tag{11-41}$$

设决策变量的约束条件为

1) 等式约束。

$$\begin{cases} P_1 + P_2 + P_3 + P_4 + P_5 = 110 \\ Q_1 + Q_2 + Q_3 + Q_4 + Q_5 = 30 \end{cases} \tag{11-42}$$

2) 微电源出力约束。

$$\begin{cases} 0 \leq P_1 \leq 20, & -10 \leq Q_1 \leq 10 \\ 0 \leq P_2 \leq 30, & -18 \leq Q_2 \leq 18 \\ 0 \leq P_3 \leq 50, & -16 \leq Q_3 \leq 16 \\ 0 \leq P_4 \leq 20, & -10 \leq Q_4 \leq 10 \\ 0 \leq P_5 \leq 30, & -18 \leq Q_5 \leq 18 \end{cases} \tag{11-43}$$

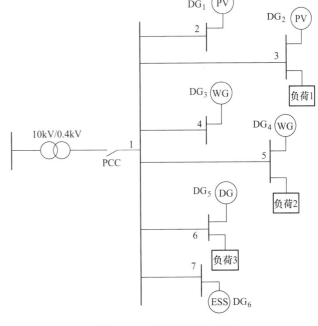

图 11.37 某微电网节点图

构造拉格朗日函数:

$$L_2(P, Q, \beta_3, \beta_4) = F_2(P, Q) - \beta_3(P_1 + P_2 + P_3 + P_4 + P_5 - 110) - \beta_4(Q_1 + Q_2 + Q_3 + Q_4 + Q_5 - 30) \tag{11-44}$$

求梯度:

$$\nabla_{P, Q} L_2(P, Q, \beta_3, \beta_4) = \left[\frac{L_2}{P_1} \frac{L_2}{Q_1} \frac{L_2}{P_2} \frac{L_2}{Q_2} \frac{L_2}{P_3} \frac{L_2}{Q_3} \frac{L_2}{P_4} \frac{L_2}{Q_4} \frac{L_2}{P_5} \frac{L_2}{Q_5} \right]^{\text{T}} \tag{11-45}$$

$$= [0\ 0\ 0\ 0\ 0\ 0]^{\text{T}}$$

最终计算结果[11.47]为: $\min P_{\text{loss}} = \min \sum_{i=1}^{4} |P_{\text{loss}i}|^2 = 6.72 \text{kW}$。

3. 微电网的能量管理

与电力系统 PMS 类似,微电网的能量管理是一个多目标优化问题,可采用传统数学方法、启发类算法以及基于人工智能的方法进行求解。

(1) 微电网能量管理的传统数学求解方法 线性规划、非线性规划、二次规划、动态规划、模型预测控制(MPC)、博弈论等数学方法均可用于微电网的 EMS 问题求解。

(2) 微电网能量管理的启发类算法 启发类算法是一种通过直观经验构建的算法,为决策变量求得满足优化目标的近似解。此类方法中可用于微电网能量管理的常见方法包括进化算法、粒子群优化(PSO)算法、模拟退火算法等。

(3) 微电网能量管理的人工智能方法 近来人工智能技术开始应用于 EMS,包括各类现代机器学习方法,如联邦学习、人工神经网络、强化学习以及分布式人工智能中的多代理系统(Multiagent System,MAS)方法等。

11.5.3 基于多代理的船舶微电网能量管理策略

考虑船舶微电网的分布特性，本节采用多代理系统方法，设计和构建船舶微电网的 EMS。

1. 船舶微电网多代理系统结构与设计

根据多代理系统的理论，选择集中层级式多代理的控制结构，如图 11.38 所示，设置两层结构：上层是经济调度层，只包含一个中央控制代理，优先级最高；下层是本地调度层，包含多个子代理，每个子代理对应并控制一个微电网的子部分，且各个代理之间优先级相同。

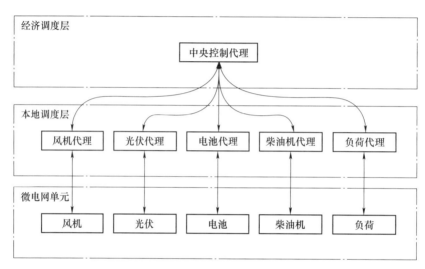

图 11.38 船舶微电网 EMS 的两层多代理结构

2. 微源代理设计

本地调度层中的各微源代理的设计主要包括：风机代理、光伏代理、电池代理、柴油机代理和负荷代理。假设这些代理之间没有支配关系，且部分代理之间可以相互交互，传递信息。代理与对应的微电网组成部分之间也可以进行交互。

（1）柴油机代理 柴油机代理主要负责选取适用于某种工况的柴油机类别及数目，其职能有 3 点：

1）接收来自负荷代理的船舶工况信息以及第一类负荷信息，选择适用于该工况下的柴油机数量及容量，计算选取柴油机所能发出的功率上限，作为预计出力，将 0 作为出力下限。

2）将用来满足第一类负荷的功率去除后剩余可提供的最大功率作为预计出力信息传输至中央控制代理，且记为 P_{DG}。

3）接收并分析来自中央控制代理的能量分配结果与实际出力指令，控制柴油机按照该能量管理结果进行出力。

（2）光伏代理 光伏代理主要与光伏模块进行对接，其职能有 3 点：

1）获取由光伏模块传递上来的光伏板相关参数，根据光伏的稳态模型以及当前温度和太阳辐射强度信息计算的在当前环境条件下光伏所能发出的最大功率，并作为预计出力上限，将0设置为出力下限。

2）将光伏发电预计出力上下限信息传输到优化调度层的中央控制代理，记为P_{PV}。

3）接收并分析来自中央控制代理的能量分配结果与实际出力指令，控制光伏模块按照实际出力指令进行出力。

（3）风机代理 风机代理主要与风力发电机模块进行对接，其职能有3点：

1）获取由风机模块传递上来风机相关参数，根据其稳态模型以及当前风速信息计算的在当前环境条件下风机所能发出的最大功率，并作为预计出力上限，将0设置为出力下限。

2）将风机预计出力上下限信息传输到优化调度层的中央控制代理，记为P_{wg}。

3）接收并分析来自中央控制代理的能量分配结果与实际出力指令，控制WG模块按照实际出力指令进行出力。

（4）负荷代理 负荷代理主要是进行船舶负荷相关操作，其职能主要有4点：

1）监控当前的船舶运行状态，将当前工况所对应的类别告知柴油机代理，记为P_{mode}。P_{mode}数值与船舶工况的对应的关系见表11.5。

2）将当前工况类别下第一类负荷的符合需求告知中央控制代理，记为P_p。

3）将当前整个工况下的预计负荷需求传输至中央控制代理，且记为P_L。

表11.5 工况类别与其对应数值

	值	工况
P_{mode}	1	航行（Cruising）
	2	装卸货（Cargo Handling）
	3	停泊（In Port）
	4	进出港（Arrival/Deperature）
	5	应急（Emergency）

（5）电池代理 电池代理主要负责与电池模块对接，其职能有以下4点：

1）获取当前电池的SOC以及其他参数信息。

2）根据参数计算当前状态下电池的可充电上限和可放电上限（在这里，充放电上限均取正值），将0设置为充放电下限。

3）将当前状态下的电池充放电上下限信息传输到中央控制代理。

4）接收并分析来自中央控制代理的能量分配结果与实际出力指令，控制电池模块按照实际处理指令进行充放电。

在计算充放电上下限时，使用P_b标记。P_b是一个二维变量，$P_{b,1}$存储的是允许的最大充电功率，即充电上限，$P_{b,2}$存储的是允许的最大放电功率，即放电上限。该变量的两维分别由式（11-46）和式（11-47）计算得到，两者均大于0。

$$\begin{cases} \overline{P}_{ch} = \dfrac{3600 U_B C_n}{\eta_{cha}}[SOC_{max} - SOC(t)] \\ P_{b,1} = \min(\overline{P}_{ch}, P_{b,chmax}) \end{cases} \quad (11\text{-}46)$$

$$\begin{cases} \overline{P}_{dch} = 3600 \eta_{dis} U_B C_n [SOC(t) - SOC_{min}] \\ P_{b,2} = \min(\overline{P}_{dch}, P_{b,dismax}) \end{cases} \quad (11\text{-}47)$$

式中，$P_{b,chmax}$ 为电池单次允许充电的上限；至荷电状态最小值需要的功率；$P_{b,dismax}$ 为电池单次允许放电的上限。

3. 中央控制代理设计

优化调度层只有一个代理——中央控制代理，该代理主要存放了能量管理策略，是能量管理的主要部分，也是执行能量管理策略的核心。中央控制代理可以等效成一个双端口网络，其主要职能有如下4点：

1) 接收来自各个下层代理传递上来的各类信息，包括7个输入：P_p、P_{mode}、P_{DG}、P_L、P_{PV}、P_{wg}、P_b。

2) 根据实际的负荷需求计算微电网各个单元的实际出力。本节采用了基于规则的能量管理策略和基于粒子群优化的能量管理策略。

3) 将计算得到的实际出力指令信息反馈到各个下层代理，包括4个输出：柴油机实际出力 P_{DG_out} 包括满足第一类负荷的需求出力以及除第一类负荷之外柴油机的额外出力之和；光伏的实际出力 P_{PV_out}；风机的实际出力 P_{wg_out}；电池实际出力 P_{B_out} 大于0表示要求电池放电，小于0表示要求电池充电。

4) 根据代价函数（Cost Function）计算相关成本。

4. 基于规则的能量管理策略

（1）基于规则的能量管理总体思路　根据微电网系统结构，EMS的主要思想是：针对每个调度时间内负荷的功率需求，对每个微电网子部分的输出功率进行重新分配，使每个微源的出力的代数和满足微电网中每个时段的负荷需求，实现功率供需平衡。在本节中，设调度周期为24h，单位调度时间为1h。如图11.39所示，每个能量管理周期步骤为：首先，本地调度层搜集各个微电网单元信息，计算出各单元预计出力的上下限；其次，这些预计出力上下限被传递到优化调度层的中央控制代理；接着，中央控制代理将会按照一定的能量管理策略计算各个微电网单元的实际出力，并将这些实际处理信息反馈至下层代理；最后，在接收到上层传来的出力指令后，下层代理将控制微电网单元按照该指令出力。

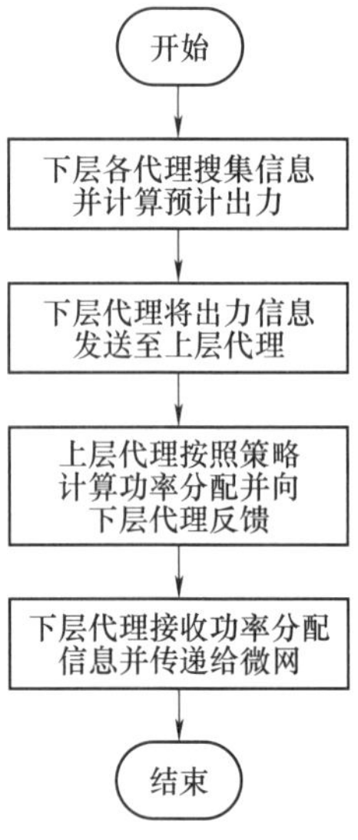

（2）基于规则的能量管理策略描述　采用基于规则的能量管理策略由中央控制代理完成。中央控制代理控制策略的主要流程如图11.40所示。首先读取来自下层代理传输上来的各部分的预计出力信息，然后对船舶运行状态进行判断，此处产生两个分支。

图11.39 能量管理步骤

1) 船舶处于航行或进出港阶段。这两个阶段整个船体处于运动状态，所以优先考虑使用风机供电。如果风机能够满足除推进负荷以外剩下的负荷需求，则只有柴油机和风机工作，按照分配规则1进行功率分配。如果风机以最大功率输出时仍然不能满足负荷需求，则考虑光伏出力情况；若光伏出力能满足剩余负荷需求，则按照分配规则2进行功率分配；如果光伏以最大功率出力仍不能满足负荷需求，则考虑电池出力。若电池在出力范围内能满足负荷需求，则按照规则3进行功率分配；否则，若电池以最大功率出力仍不能满足符合需求，则将剩余的负荷需求交付给柴油机按照规则4分配。

2) 船舶处于装卸货、停泊或者应急状态。在这3个阶段船体处于静止状态，所以优先

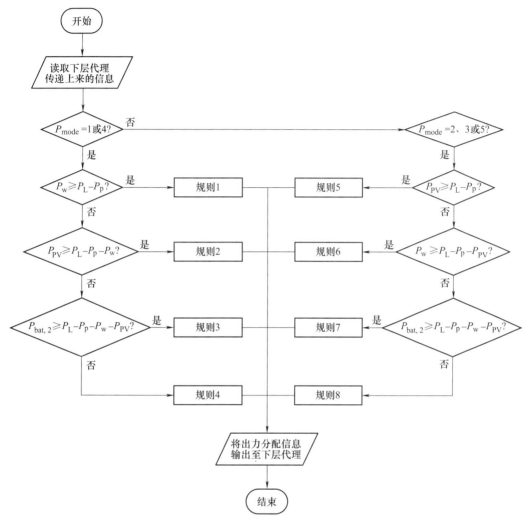

图 11.40 中央控制代理控制策略流程图

考虑光伏出力。如果光伏能够满足所需负荷需求，且有富余能够给电池充电，则执行规则 5；若光伏以最大功率输出时仍然不能满足负荷需求，则考虑风机出力情况。若风机出力能满足剩余负荷需求，则按照分配规则 6 执行；如果风机以最大功率出力仍然不能满足负荷需求，则考虑电池出力。电池在出力范围内能满足负荷需求，则按照规则 7 进行功率分配；否则，若电池以最大功率出力仍不能满足符合需求，则将剩余的负荷需求交付给柴油机，按照规则 8 分配。

根据中央控制代理的分配结果，制定了 8 种分配规则，见表 11.6。

表 11.6 分配规则

分配规则	$P_{DG\text{-}out}$	$P_{PV\text{-}out}$	$P_{wg\text{-}out}$	$P_{B\text{-}out}$
1	P_p	0	$P_L - P_p$	0
2	P_p	$P_L - P_p - P_{wg}$	P_{wg}	0

(续)

分配规则	$P_{\text{DG-out}}$	$P_{\text{PV-out}}$	$P_{\text{wg-out}}$	$P_{\text{B-out}}$
3	P_p	P_PV	P_wg	$-(P_\text{L} - P_\text{p} - P_\text{wg} - P_\text{PV})$
4	$P_\text{L} - P_\text{PV} - P_\text{wg}$	P_PV	P_wg	0
5	P_p	$P_\text{L} - P_\text{p} + \min[P_\text{PV} - (P_\text{L} - P_\text{p}), P_\text{b,1}]$	0	$\min[P_\text{PV} - (P_\text{L} - P_\text{p}), P_\text{b,1}]$
6	P_p	P_PV	$P_\text{L} - P_\text{p} - P_\text{PV} + \min[P_\text{wg} - (P_\text{L} - P_\text{p} - P_\text{PV}), P_\text{b,1}]$	$\min[P_\text{wg} - (P_\text{L} - P_\text{p} - P_\text{PV}), P_\text{b,1}]$
7	P_p	P_PV	P_wg	$-(P_\text{L} - P_\text{p} - P_\text{wg} - P_\text{PV})$
8	$P_\text{L} - P_\text{PV} - P_\text{wg}$	P_PV	P_wg	0

在上述分配规则下,各个下层代理控制各自的微源按照分配结果进行出力,微电网单元除柴油机部分的工作状态见表11.7。表中,"富裕输出"特指微电网单元在出力上限的范围内尽可能出力给电池充电。

表11.7 船舶微电网各部分状态

光伏	分配规则	风机	电池
不工作	1	限制功率输出	不工作
限制功率输出	2	最大功率输出	不工作
最大功率输出	3	最大功率输出	放电
最大功率输出	4	最大功率输出	不工作
富裕输出	5	不工作	充电
最大功率输出	6	富裕输出	充电
最大功率输出	7	最大功率输出	放电
最大功率输出	8	最大功率输出	不工作

5. 基于粒子群优化的能量管理策略

前面介绍了基于规则的能量管理策略来进行能量管理,这是一种基于经验的方式。如果遇到复杂的情况,仅仅依靠人工经验很可能达不到较为理想的能量管理效果。因此,为了能够达到最优的能量分配,需要对能量管理模型进一步优化并采用某种最优化算法来求解。

一般来说,优化问题有4个要素:确定优化对象、选取目标函数、列出条件约束、编写优化算法。现从这4个方面来论述。

所要优化的问题是在每个采样时刻,面对不同的负荷需求,风机、柴油机、光伏和电池要各自出力来满足该负荷需求,同时要能够达到某种目标的结果最优。因此,优化对象为这4个部分在每个时刻的出力大小,记为 X_D。

$$X_\text{D} = [X_1 X_2 X_3 X_4] \tag{11-48}$$

目标函数包括经济成本和环境保护折算成本,定义为

$$F_\text{cost} = \min\left(\sum_{t=1}^{24} F_\text{eco}, \sum_{t=1}^{24} F_\text{env}\right) \tag{11-49}$$

式中，F_{eco} 为经济成本，由各个微源的能耗成本和运行维护成本组成；F_{env} 为环境保护折算成本。

$$F_{eco} = \sum_{i=1}^{n} [C_F(P_i) + C_M(P_i)] \quad (11\text{-}50)$$

式中，C_F 为能耗成本（对于柴油机来说，定义为化石燃料的消耗，对于 ESS 来说，定义为电池自身化学物质在频繁充放电时的损耗），单位为元；C_M 为维护成本，定义为

$$C_M = K_{omi} P_i \quad (11\text{-}51)$$

式中，K_{omi} 为微源的维护系数，单位为元/(kW·h)；P_i 为微源的出力情况。

经济成本的相关参数见表 11.8。

表 11.8 经济成本的相关参数

	运行维护系数 K_{omi}	能耗成本 C_F
光伏	0.0096	$1.1 \times 10^{-5} P_i$
风机	0.0296	$1.4 \times 10^{-5} P_i$
电池	0.0231	$5 \times 10^{-2} P_i + 1 \times 10^{-4} P_i^2$
柴油机	0.0859	$6 + 0.12 P_i + 8.5 \times 10^{-4} P_i^2$

F_{env} 表示为

$$F_{env} = \sum_{i=1}^{n} \sum_{j=1}^{m} a_j EF_{ji} P_i \quad (11\text{-}52)$$

式中，a_j 为污染物折算系数；EF_{ji} 表示第 i 个微源第 j 中污染物排放系数。环境保护折算成本相关参数见表 11.9。

表 11.9 环境保护折算成本相关参数

污染物类型		CO_2	SO_2	NO_x
治污折算系数（元/kg）		0.21	62.964	14.842
排放系数 /(g·kW^{-1}·h^{-1})	光伏	0	0	0
	风机	0	0	0
	电池	0.01	0.001	0.0002
	柴油机	889	1.8	1.6

优化问题通常需要一定的条件约束，这里主要有以下 5 个条件约束。

(1) 功率平衡约束　在功率平衡约束中，微电网各个部分的出力之和要与当前负荷需求匹配。

$$P_L = P_{DG} + P_{PV} + P_{wg} + P_b \quad (11\text{-}53)$$

式中，P_L 为负荷需求；P_{DG}、P_{PV}、P_{wg}、P_b 分别为柴油机、光伏、风机和电池的功率。

(2) 光伏的功率约束　光伏的出力上限不得超过当前环境条件下理论允许的最大输出功率，即在 MPPT 下的输出功率，出力下限大于或等于 0。

$$0 \leq P_{PV} \leq P_{PVmax} \quad (11\text{-}54)$$

(3) 风机的功率约束　同光伏功率约束一样，风机的出力上限不得超过当前环境条件下理论允许的最大输出功率，出力下限不为负数。

$$0 \leq P_{wg} \leq P_{wgmax} \quad (11\text{-}55)$$

(4) 柴油机的功率约束 柴油机的出力上限为柴油机的额定功率,出力下限要满足最小的负荷需求。通常为了保障船舶的稳定航行,第一类负荷由柴油机统一供电,不由新能源提供。

$$P_{\text{DGmin}} \leq P_{\text{DG}} \leq P_{\text{DGmax}} \tag{11-56}$$

(5) 电池的功率约束 电池的约束主要有两个。第一个是 SOC 约束,为了保证电池的安全与稳定,电池 SOC 的上限、下限不能为 100% 或者 0%,必须保持在预先设定的最小 SOC 值和最大 SOC 值之间。

$$\text{SOC}_{\min} \leq \text{SOC}(t) \leq \text{SOC}_{\max} \tag{11-57}$$

第二个是出力上下限。不论是充电还是放电,每次电池的出力必须保证在一定的上下限之内,否则有可能损坏电池。

$$P_{\text{bmin}} \leq P_{\text{b}}(t) \leq P_{\text{bmax}} \tag{11-58}$$

现采用粒子群优化(PSO)算法来解决优化问题。PSO 算法是一种基于群体智能的进化计算方法,将优化问题的每个可行解看作搜索空间中的一个"粒子",每个粒子拥有两个属性——位置和速度,由适应值(Fitness)来评价其优劣。通过目标函数来计算其适应值,记录当前位置并是否为最好的位置(pbest),这属于粒子自己的自我认知环节;同时,每个粒子也知道到目前为止群体中所有粒子发现的最好位置(gbest,即最优解),这属于粒子的社会认知环节。每个粒子通过其他粒子之间以一定形式的信息交换,来互相获得启发式信息引导整个群体的运动,从而得到问题的解。PSO 算法流程如图 11.41 所示,主要包括以下几个步骤:

1) 随机初始化一群粒子的位置和速度。
2) 根据这些粒子的位置计算出初始的适应值。
3) 迭代循环。对于初次进入循环,直接将初始化的粒子位置作为每个粒子的当前最优位置,同时记录粒子在最优位置下的适应值。对于非初次进入循环,比较现粒子适应值与前粒子适应值,并用最优值存入 pbest。
4) 将 pbest 中所有最优个体存储在 gbest 中。
5) 根据粒子群的基本公式更新粒子的位置和速度。
6) 若达到最大迭代次数,则结束;否则返回步骤 3。

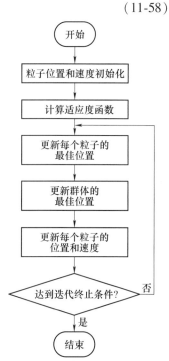

图 11.41 PSO 算法流程图

粒子群基本计算包括两个部分:粒子速度与粒子位置更新。其表达式为

$$\begin{cases} v(k+1) = \omega v(k) + c_1 r_1 [\text{pbest} - x(k)] + c_2 r_2 [\text{gbest} - x(k)] \\ x(k+1) = x(k) + v(k+1) \end{cases} \tag{11-59}$$

式中,ω 为惯性权重;c_1 和 c_2 为学习因子,r_1 和 r_2 为 0~1 的随机数。

在 PSO 算法中,惯性权重 ω 是比较重要的一个变量。惯性权重的大小很大程度上决定了搜索范围。惯性权重越大,搜索范围越大,越有利于全局搜索;惯性权重越小,搜索范围越小,越有利于局部搜索。现采用线性递减权重法来对 ω 进行优化[11.48],公式表示为

$$\omega = \omega_{\max} - \frac{\omega_{\max} - \omega_{\min}}{\text{iter}_{\max}} \text{iter} \tag{11-60}$$

式中，ω_{max}和ω_{min}分别为惯性权重的最大值和最小值；iter 为当前迭代次数。

与单目标优化问题不同的是，多目标优化问题不存在单一最优解，而是存在多个最优解，多目标优化的目的就是寻找可行的帕累托前沿[11.49]。适用于本问题的 PSO 算法流程如图 11.42 所示。其优化目标是调整每个调度周期内能量分配，并在满足约束条件的前提下使目标函数最优。

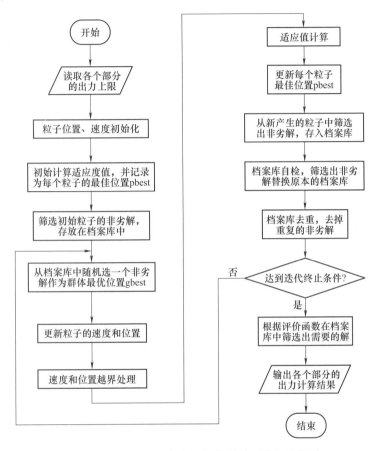

图 11.42　基于 PSO 的多目标能量管理求解流程图

1）粒子初始化。在初始化过程中，各个微源的出力大小定义为粒子的位置信息。为了满足功率平衡约束，先对每个粒子的前三维（光伏、风机、电池功率）初始化，接着计算第四维（柴油机）的值。当全部迭代完成后，档案库中的解就组成了帕累托前沿。

2）越界处理。①位置越界，当新产生的粒子的位置超过所对应的条件约束时，则取条件约束的上界或下界；②速度越界，当新产生的粒子的速度超过对应的条件约束时，则取速度的最大值或者最小值。

3）评价函数。多目标问题需要使用评价函数来筛选最优解。

6. 系统仿真与结果分析

（1）船舶微电网多代理系统仿真结构与参数　根据基于 MAS 的船舶微电网控制结构，搭建了如图 11.43 所示的仿真模型，从左到右分别为微电网单元、下层代理、上层代理以及图形输出。

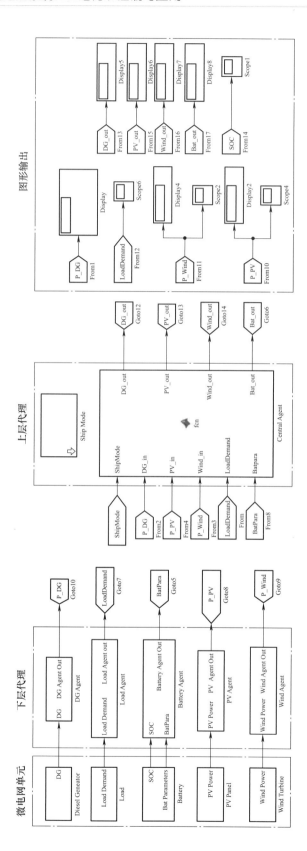

图 11.43 MATLAB/Simulink 仿真模型

表 11.10 给出了仿真中微电网使用的光伏、电池和风机参数。本节所参考的电力负荷计算书所描述的船舶长大约 110m，宽 20m，安装了 4 台风机。

表 11.10 MATLAB/Simulink 仿真部分参数

参数	参数名称	符号	值
光伏参数	表面积	S	$1.5m^2$
	光伏效率	η_0	0.15
	NOCT 条件下的温度	T_{NOCT}	20℃
	NOCT 条件下的太阳辐射强度	G_{NOCT}	$800W/m^2$
	参考温度	T_{ref}	25℃
	光伏电池额定工作温度	T_{cNOCT}	47℃
	温度系数	β	0.0045
	光伏板个数		250
电池参数	充电效率	η_{cha}	0.85
	放电效率	η_{dis}	1
	电池容量	C_n	200A·h
	电池额定电压	U_B	12V
	荷电状态最大值	SOC_{max}	0.9
	荷电状态最小值	SOC_{min}	0.1
	串联个数		4
	并联个数		12
风机参数	额定输出功率	P_r	10kW
	切入风速	v_{ci}	2.5m/s
	额定风速	v_r	11.5m/s
	切出风速	v_{co}	25m/s
	风机个数		8

船舶电力负荷的计算应考虑在不同的运行条件下的负荷需求会有所不同。由于影响船舶负荷的因素繁多，随机性大，因此本节在负荷建模的时候，根据某船舶有限公司设计的编号为 ROJ1401-026 的电力负荷计算书见表 11.11。

表 11.11 电力负荷计算书

负荷名称	航行/kW		装卸货/kW		停泊/kW		进出港/kW		应急/kW	
	连续	间断	连续	间断	连续	间断	连续	间断	连续	间断
推进机械	2700	0	0	0	0	0	1140	0	0	0
泵类	106.4	67.11	104	34.83	0	134.43	127.96	47.31	12	0
机舱辅助设备	6	54.12	8.64	11.36	4.89	11.36	6	36.88	6	0
照明	13.92	1.2	11.34	0	11.34	0	22.42	0	6.4	0
甲板机械	3.3	0	360	32.2	0	32.2	77.5	0	8.8	0
空调冷藏设备	0	68.30	3.496	64.80	3.496	64.80	3.496	64.80	0	0

(续)

负荷名称	航行/kW		装卸货/kW		停泊/kW		进出港/kW		应急/kW	
	连续	间断	连续	间断	连续	间断	连续	间断	连续	间断
风机	17.4	10.44	0	17.19	0	17.19	16.8	11.04	7.76	0
厨房设备	0	27.25	0	27.25	0	27.25	0	27.25	0	0
洗衣设备	0	7.2	0	7.2	0	7.2	0	7.2	0	0
机修设备	0	0	20	1.36	20	1.36	0	0	0	0
其他	6.4	0	3.2	0	3.2	0	6.4	0	6.4	0
部分负荷之和	2853.42	235.61	510.68	196.19	42.93	295.79	1400.58	194.48	47.36	0
总负荷	2947.67		589.15		161.24		1478.4		47.36	

通过负荷计算书，可以归纳如下：负荷书主要定义了 11 大类负荷，详细描述了各类负荷并给出了其在不同船舶工况下的需要系数以及具体使用功率。负荷书采用需要系数法来计算负荷需求，需要系数定义为设备的需要功率和设备的额定输入功率之比。该负荷书还定义了船舶的 5 种工作状况，分别是航行、装卸货、停泊、进出港、应急，5 种工况的负荷模拟曲线柱状图如图 11.44 所示。每种工况下负荷按照使用频率又可以分为连续负荷 P_{CL} 和间断

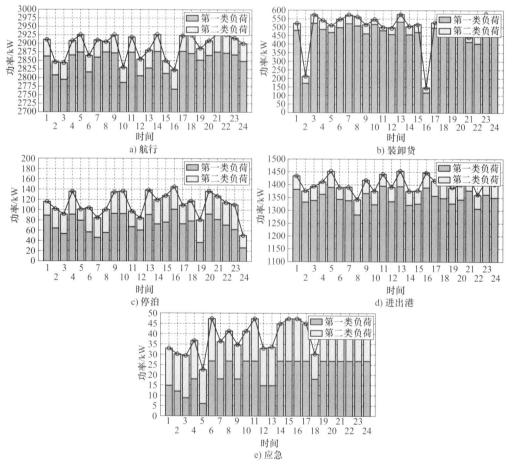

图 11.44 5 种工况的负荷模拟曲线柱状图

负荷 P_{IL}，总负荷 $\sum P_L$ 则由每一种工况下所有连续负荷之和与间断负荷之和计算所得，即有

$$\sum P_L = \sum P_{CL} + 0.4 \sum P_{IL} \tag{11-61}$$

为了能更好地体现负荷的随机性，对负荷做出了如下处理：

1) 针对 5 类船舶工况分别设置了 24h 的负荷变化，采样时间间隔为 1h，即采样点有 24 个。

2) 将负荷分为两大类。第一类是主要负荷，包括推进机械、泵类、机舱辅助设备、甲板机械和空调冷藏设备，该类负荷主要还是由柴油发电机供电；第二类是次要负荷或者是生活负荷，包括照明、风机、厨房设备、洗衣设备、机修设备和其他，该类负荷适当地优先由分布式新能源电源供电。这样分类主要考虑到目前 DER 产生的能量有限，无法满足那些功率需求较大的负荷；而且新能源发电与天气状态有很大的关系，若处于黑夜或者无风状态，就不能持续发电；从安全角度看，推进机械类等负荷需要一直供电。

3) 负荷的数值按照一定的规则计算。推进类负荷一直处于使用状态，直接计入总负荷中；针对非推进类负荷，随机生成一个 0~1 的随机数，若该随机数小于某一类具体负荷的需要系数，则将该类负荷的功率数值累加到当前工况下的总负荷中；分别计算完连续负荷和间断负荷后，使用式（11-61）计算出当前采样时刻下该工况的总负荷需求 $\sum P_L$。

(2) 基于规则的能量管理策略仿真与结果分析 5 种航行工况下基于规则的能量管理的仿真结果如图 11.45~图 11.49 所示。图中，柱状图表示在当前工况下微电网各个出力单元的出力大小，点线表示当前工况下船舶运行的负荷需求。横坐标表示调度时间，纵坐标表示出力大小。总的来说，在基于规则的能量管理下，微电网各个部分能够按照预先制定的规则出力来维持微电网的稳定。

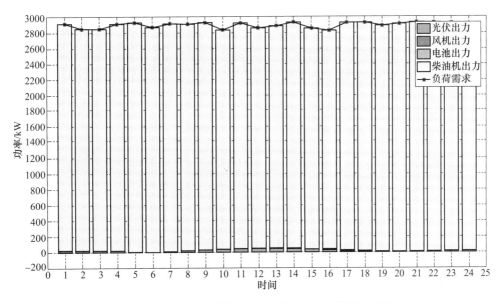

图 11.45 基于规则的航行工况下微电网各单元出力图

图 11.45 是航行工况下使用基于规则的能量分配管理的仿真结果。可以看出，在当前工况下，主要依靠柴油机出力，其他部分起到辅助作用。这是因为在航行工况下推进类负荷占总负荷的比重较大，根据负荷模型，此时应该主要由柴油机出力，其他微电网发电单元只能

满足一小部分生活负荷的需求。

图 11.46 是装卸货工况下使用基于规则的能量分配管理的仿真结果。在此工况下，船舶负荷需求较航行工况明显降低，柴油机出力不再占主体，其他微电网单元可根据实际天气情况按照能量分配策略进行出力。图中电池出力出现了负值，这表示微电网中有微源的多余出力在给电池充电。

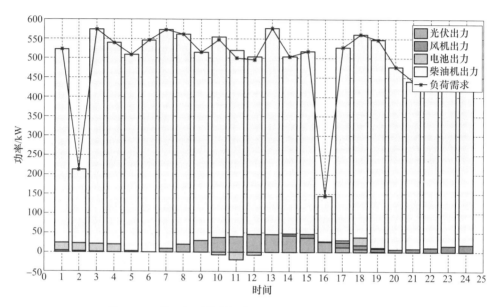

图 11.46　基于规则的装卸货工况下微电网各单元出力图

图 11.47 是停泊工况下使用基于规则的能量分配管理的仿真结果。可以看出，在当前工况下，负荷虽然有变化但是需求较小，不一定完全依靠柴油机出力，其他部分可以更多出力。总体来看，各个部分的出力和与船舶的负荷相匹配，能够满足功率平衡。

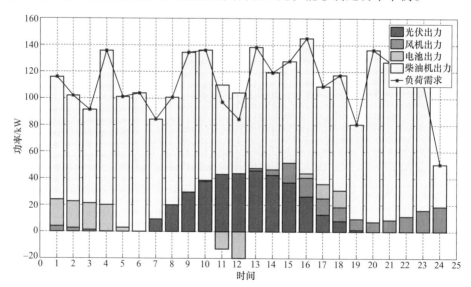

图 11.47　基于规则的停泊工况下微电网各单元出力图

图 11.48 是进出港工况下使用基于规则的能量分配管理的仿真结果。可以看出，在当前工况下，主要还是依靠柴油机出力，其他部分起到辅助作用。总体来看，各个部分的出力和与船舶的负荷相匹配，能够满足功率平衡。

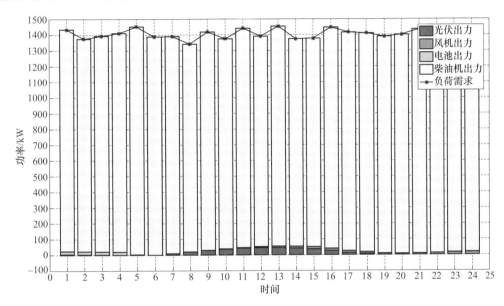

图 11.48　基于规则的进出港工况下微电网各单元出力图

图 11.49 展示了应急工况下基于规则的能量分配管理的仿真结果。每个子调度时刻各个部分的出力代数和与需求保持一致，这也体现了条件约束中的功率平衡。图中电池放电表示出力为正，给电池充电表示出力为负，这是考虑到能量的输入输出关系而定的。为了与其他部分保持一致，输送到微电网的能量记录为正值，并且从微电网获得的能量记录为负值。

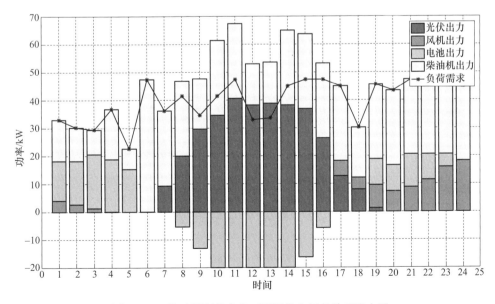

图 11.49　基于规则的应急工况下微电网各单元出力图

（3）基于 PSO 的能量管理策略仿真与结果分析　采用粒子群算法优化能量分配后的仿真结果如图 11.50~图 11.54 所示。

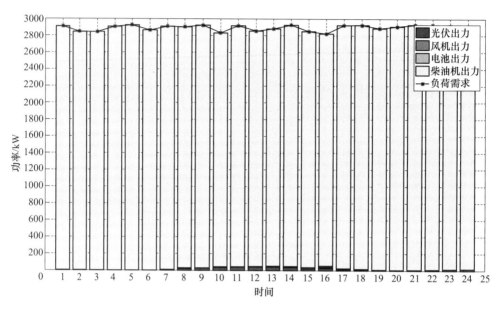

图 11.50　基于 PSO 的航行工况下微电网各单元出力图

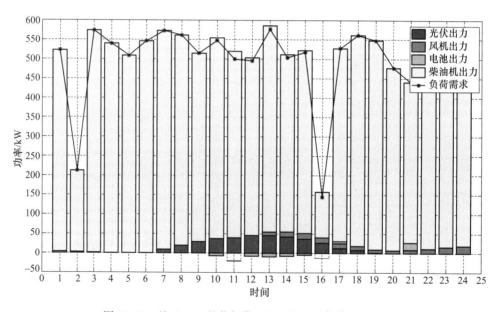

图 11.51　基于 PSO 的装卸货工况下微电网各单元出力图

与基于规则的能量分配管理的仿真结果相似，航行工况下，微电网主要还是依靠柴油机出力，其他部分起到辅助作用。装卸货工况下，柴油机出力不占主体，其他单元根据实际天气情况按照能量分配策略进行出力。停泊工况下，其他部分可以更多出力。进出港工况下，主要还是依靠柴油机出力，其他部分起到辅助作用。总体来看，各个部分的出力和与船舶的

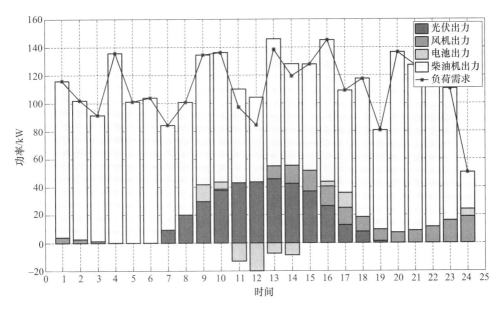

图 11.52　基于 PSO 的停泊工况下微电网各单元出力图

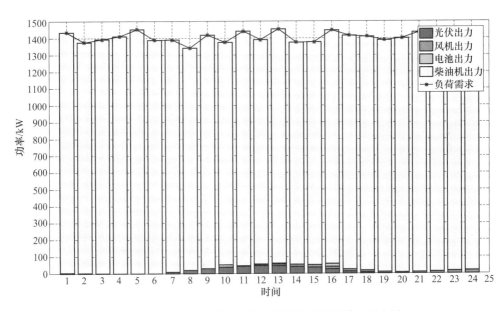

图 11.53　基于 PSO 的进出港工况下微电网各单元出力图

负荷相匹配，能够满足功率平衡。图 11.54 展示了应急状态下，每个子调度时刻各个部分的出力之代数和与需求保持一致，这也体现了条件约束中的功率平衡。

（4）两种能量管理策略的对比与分析　比较两种能量管理策略，图 11.55 展示了 5 种工况下每个调度周期的新目标函数，可以看出，使用 PSO 算法的成本要小于基于规则的管理算法。

对图 11.55 中的新目标函数按调度总周期求和，则得到了表 11.12 的总成本。

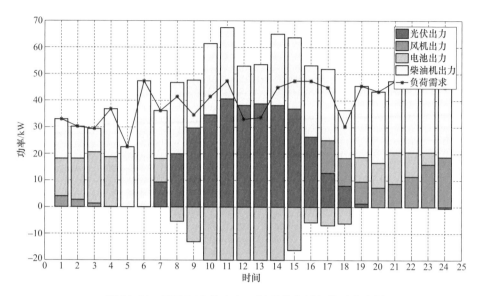

图 11.54 基于 PSO 的应急工况下微电网各单元出力图

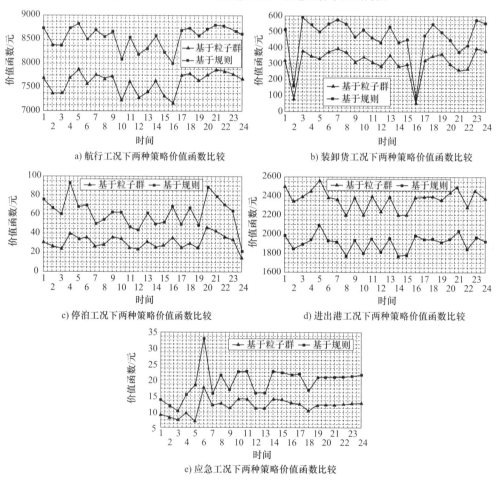

a) 航行工况下两种策略价值函数比较

b) 装卸货工况下两种策略价值函数比较

c) 停泊工况下两种策略价值函数比较

d) 进出港工况下两种策略价值函数比较

e) 应急工况下两种策略价值函数比较

图 11.55 两种能量管理策略下的价值函数比较

表 11.12　两种能量管理策略总成本价值函数比较　　　　　（单位：元）

工况	航行	装卸货	停泊	进出港	应急
基于粒子群	182290.22	7368.05	746.45	45767.38	282.24
基于规则	204878.62	11195.40	1479.40	56606.86	465.05
节约成本	22588.40	3827.34	732.94	10839.47	182.81
节约百分比	11.02%	34.18%	49.54%	19.14%	39.31%

从图 11.55 和表 11.12 可以看出，使用了 PSO 算法进行功率分配的结果要优于基于规则的能量分配算法，从一定程度上减少了成本投入。

11.5.4　船舶微电网 EMS 的控制

1. 船舶微电网的控制目标

如图 11.35 所示，微电网 EMS 在做出管理决策后，需要微电网的实时控制系统来执行 EMS 给出的指令，控制 DER 的电压、频率、功率等参数工作在 EMS 给出的参考值上，以实现微电网的优化目标。此时，微电网的实时控制系统需要实现 DER 的电压/频率（U/f）控制、有功/无功功率（P/Q）控制、DER 间的功率共享控制、运行模式切换控制等。

（1）电压和频率控制　传统基于同步电源的电力系统是通过调节励磁电流来控制发电机端电压，同时通过控制原动机转速来调节系统频率，而微电网中的 DER 采用变流器接口，只能通过调节 PWM 信号来实现 U/f 控制。U/f 控制可以起到稳定电网电压和频率的作用，无论对孤岛运行模式还是并网运行模式的微电网均十分重要。

U/f 控制有多种实现方式，如基于三相交流电压瞬时值的控制、虚拟同步发电机控制、dq 轴电压控制等，详见第 10 章有关内容。

（2）有功和无功功率控制　在微电网的电压和频率有大电网或构网型 DER 的支撑时，可以采用 P/Q 方法来控制并网运行微电网中 DER 的输出功率或孤岛运行模式下跟网型 DER 的输出功率。通常采用解耦的方式独立控制 DER 有功和无功功率，详见第 3 章和第 10 章有关内容。

（3）功率分配控制　当多个 DER 并联运行时，需要在它们之间按照各 DER 的额定功率成比例的分配负载功率。在集中式控制结构中，可以通过 DER 中央控制器和通信系统来实现；而在分布式控制结构中，DER 在无中央控制器和通信的情况下可以采用下垂控制方法来实现。

（4）运行模式切换控制　运行模式切换是控制微电网的并网操作或从大电网的解列操作，实现微电网孤岛运行和并网运行模式之间的切换。微电网运行模式切换过程中，DER 的控制方法常会随之改变，如变流器从跟网型控制切换为构网型控制，此时应避免对微电网运行参数造成过大扰动，以维持微电网的稳定性。

2. 微电网的控制结构

为了实现上述介绍的控制目标，微电网常采用集中式控制、分散式控制、分布式控制、分层控制等不同控制结构来实现实时控制和能量管理。

（1）微电网的集中式控制　微电网的集中式控制结构中存在一个微电网中央控制器（Microgrid Central Controller，MGCC），负责检测、分析、优化和控制微电网的所有组成部分。微电网各组成部分的发电和和负荷功率需求等信息通过通信系统传输到 MGCC，MGCC 根据接收到的信息使用集中式计算的方式得到能量管理和控制决策，并通过传输网络发送给微电网每个系统组件进行执行。尽管集中式控制结构可以实现对整个微电网的监控并实现全局优化，但依赖通信网络，一旦发生通信故障或 MGCC 自身故障时，整个微电网的能量管理和控制功能将受到严重影响。

（2）微电网的分散式控制　在微电网的分散式控制结构中，每个 DER 独立运行并使用本地控制器进行控制和管理，以降低对通信系统的依赖。通过测量母线电压、频率、DER 输出功率等本地信息来实现功率平衡以及负载分配。其不足是当系统受到扰动后，DER 的工作点可能会偏离参考值，需要通过协调策略重新同步各 DER 的运行。

（3）微电网的分布式控制　分布式结构结合了集中式和分散式结构的优点，是微电网控制结构实现"去中心化"的另一种高效解决方案。在该结构中，每个 DER 的本地控制器都有独立的计算能力，同时与相邻的 DER 和可能存在的中央控制器之间存在通信。该结构对故障具有冗余，在发生控制器或通信故障时，通信路径可以灵活选择，相邻 DER 的控制器也可以相互替代实现控制器冗余；不足是多路径通信会增加通信网络的成本，同时分布式计算也会产生额外成本。

采用分布式控制结构，MAS 是一种控制方式，微电网的能量管理功能也以分布式的形式在 MAS 中每个 Agent 的本地实现。MAS 是一个计算机系统，有多个具有自主性和响应能力的智能 Agent 组成，Agent 可以基于有限的本地信息，通过通信交互来解决超出单个 Agent 能力的问题，并实现全局和本地的优化目标。由于 Agent 的决策算法仅需要在相邻控制器间产生通信，不需要与 MGCC 共享历史和当前状态数据，分布式控制还能起到保护数据安全和隐私的作用。

（4）微电网的分层控制　上述 3 种微电网基本控制结构可以进一步结合起来构成一种分层结构来实现微电网不同时间尺度的管理和控制目标。常见的这种分层控制结构可以包含 3 层，其结构示意图如图 11.56 所示。

在图 11.56 中，第一层是在 DER 本地以分散方式组织的设备控制层，实现毫秒级的电压控制、频率控制、电流控制、最大功率点跟踪和功率共享等控制目标。第二层是协调层，可以采用分布式或集中式的组织方式在秒级或分钟级的时间尺度上实现电压和频率的二次调节、功率控制、切换控制等。在最上面的第三层是智能决策层，主要以小时或天为时间尺度实现微电网的发电和负荷功率预测、能量管理、故障诊断以及电力市场交互等。

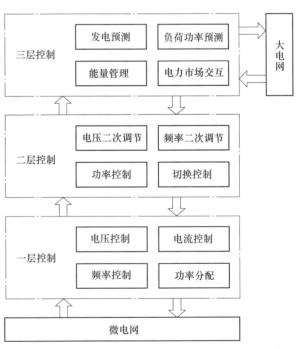

图 11.56　微电网分层控制结构

3. 船舶微电网 EMS 和控制示例

现针对一艘实际拖船的直流微电网，给出其 EMS 和控制示例[11.50-11.51]。该拖船微电网以两组 200kW 燃料电池在零排放运行时作为主电源，配备两个容量为 113kW·h 的蓄电池组作为储能装置，同时采用两套 410kW 的柴油发电机组作为备用电源。该拖船微电网系统单线图如图 11.57 所示，系统参数见表 11.13。

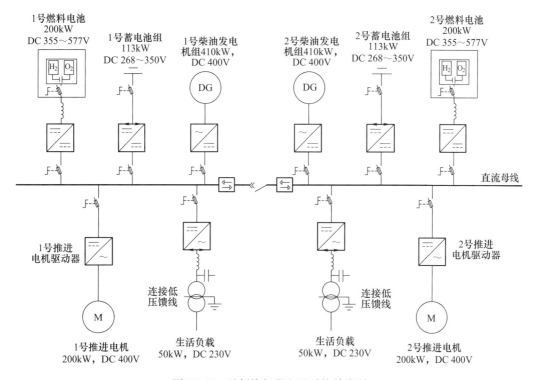

图 11.57 示例拖船微电网系统单线图

表 11.13 示例拖船微电网参数

	参数	参数值
燃料电池	额定功率	200kW
	功率范围	20~180kW
	工作电压	DC 355~577V
	额定电流	514A
	效率	0.99
	时间常数	6.3s
	成本	USD 2100/kW
	氢气成本	USD 12/kg
柴油发电机组	额定功率	410kW
	额定电压	AC 400V
	额定电流	592A
	效率	0.965

(续)

	参数	参数值
柴油发电机组	时间常数	3.31s
	设备价格	USD 500000
	燃料成本	USD 350/MT
	温室气体排放处罚	燃料成本的10%
蓄电池	容量	113kW·h
	最大充电/放电率	2C
	电池效率	98%
	SOC 工作范围	10%~90%
	放电深度	0.8
	成本	USD 650/(kW·h)
系统参数	采样时间	0.1s
	直流母线额定电压	DC 580V
	能量转换效率	0.945
	驱动时间常数	0.26s

针对该拖船微电网设计的分层控制系统结构如图 11.58 所示。

在该分层控制结构中,一层控制主要通过直流电压下垂控制实现负载功率在各微源间的合理分配。二层控制主要实现电网电压的协调,以确保船舶微电网直流母线电压工作于允许的范围。电压协调规则和范围约束条件通过电力电子变流器模型进行设置。三层控制主要用于船舶微电网的 EMS,在考虑燃料和排放成本以及微源性能退化的情况下,采用一种基于

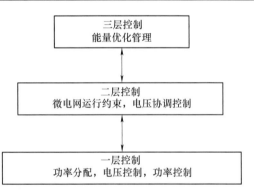

图 11.58 示例拖船微电网分层控制系统结构

自适应模型预测控制(Adaptive Model Predictive Control,AMPC)的实时 EMS 方法用于实现船舶总运营成本最低的优化运行。

基于 AMPC 的实时 EMS 控制结构如图 11.59 所示。该结构由负载预测模块、线性化状态空间系统模型、模式选择模块和基于 AMPC 的实时优化器模块组成。负载预测模块用于估计船舶微电网未来的电力负载 $\hat{P}_{load\_dmd}$,这是实现能量管理和系统控制的前提条件。$\hat{P}_{load\_dmd}$ 中包含根据海况引入的船舶负载功率扰动量 $d(k)$。模式选择模块根据预测的负载功率和系统状态(如电池 SOC_i)确定船舶运行模式 $\delta(k)$ 和并网供电的微源。基于 AMPC 的 EMS 根据选定的运行模式 $\delta(k)$、系统状态 $x(k)$ 及其估计值 $\hat{x}(k)$ 在每个采样时刻 k 求解各个微源的最佳功率分配 $u(k)$。

通过一个二次函数将多个控制目标的总成本定义为成本函数,在考虑功率平衡、微源出力变化速度及物理限幅等约束条件的情况下,将最小化该成本函数作为 EMS 的优化目标,

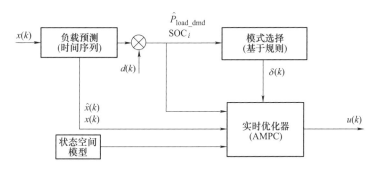

图 11.59　基于 AMPC 的拖船微电网实时 EMS 控制结构

通过 AMPC 优化器求解。

本示例采用如图 11.60 所示的 HIL 实验平台验证拖船微电网分层控制以及基于 AMPC 的 EMS。基于 AMPC 的 EMS 控制器采用型号为 X20CP3586 的贝加莱 PLC 实现，拖船微电网数学模型采用 Speedgoat 实时目标机实现。

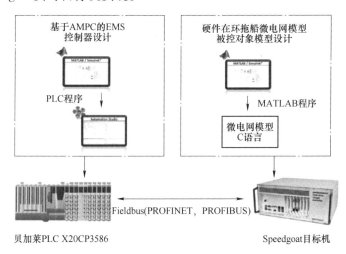

图 11.60　拖船微电网控制系统 HIL 实验平台

在实际中，为了确保船舶安全，船舶微电网在正常情况下应尽量避免同时使用柴油发电机组和燃料电池系统。因此本示例仅在拖船微电网运行于零排放模式（ZEO 模式）和纯柴油发电机组模式（DGS 模式）这两种运行模式下进行 EMS 的 HIL 实验验证，拖船微电网的 3 种典型负载曲线如图 11.61 所示。

分别在上述 3 种典型负载曲线情况下进行 EMS HIL 实验，得到的各微源功率曲线如图 11.62~图 11.64 所示。

由图 11.62~图 11.64 可见，在 ZEO 模式下，1 号燃料电池在负载变化过程中均保持稳定的功率输出，而 2 号燃料电池仅在负载功率峰值或蓄电池 SOC 较低时输出功率。蓄电池在负载功率需求高峰时提供功率，同时可以吸收大部分船舶负载的波动功率。在 DGS 模式下，只需要 1 台柴油发电机组运行即可在 3 个不同负载曲线下满足所有的功率需求。柴油发电机组输出功率稳定，此时蓄电池作为能量缓冲器吸收大部分船舶负载的波动功率，可以显著提高系统动态性能以及峰值负载能力。

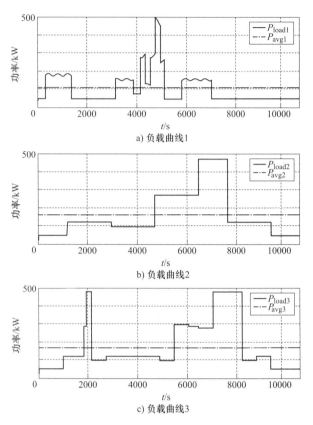

图 11.61 拖船微电网典型负载曲线

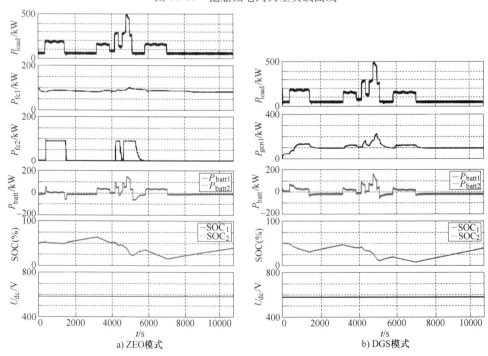

图 11.62 负载曲线 1 情况下拖船微电网 EMS HIL 实验结果

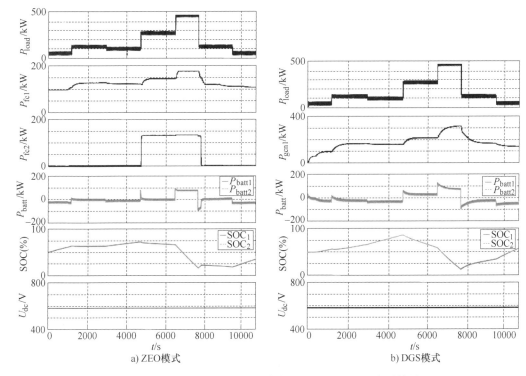

图 11.63 负载曲线 2 情况下拖船微电网 EMS HIL 实验结果

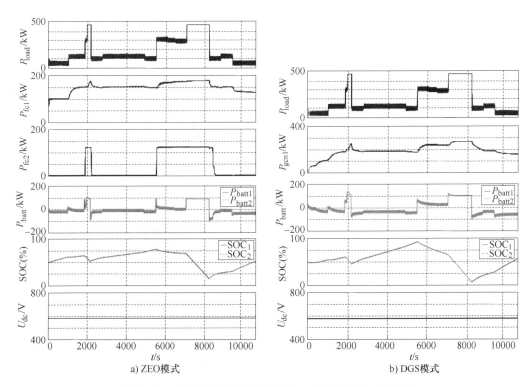

图 11.64 负载曲线 3 情况下拖船微电网 EMS HIL 实验结果

关于本拖船微电网 EMS 和控制示例的技术详情请参考文献［11.50］和文献［11.51］。

11.6 船舶微电网应用举例

近年来船舶微电网技术及其应用发展很快，比如船舶 DER、混合储能、EMS 等。但目前已有的船舶微电网的实际应用并不多，本节介绍 2 个实船应用案例作为参考。

案例 1：挪威 Vision of Fjord 号观光船。由 ABB 公司提供船舶微电网系统设计和集成技术，采用了 ABB 先进的海上混合动力解决方案。

该方案的电力系统结构如图 11.65 所示，包括：ABB 的船舶直流电网、微电网结构、EMS 和控制柴油发动机、螺旋桨和电池之间的能量流。

通过其直流配电平台和 EMS 将传统的柴油发电机组与绿色新能源包括锂电池、燃料电池等集成到现代船舶电力系统中，主要参数见表 11.14。

表 11.14 主要参数

船名	Vision of Fjord
船型	Ferry
船东	The Fjords
船厂	Brødrene Aa
交付年份	2016 年
电站	直流微网（DC 700V）
荣誉	Ship of the Year 2016
锂电池容量	2 套 285kW·h
主推进器功率	2 台 150kW 电机

这艘船在挪威西部的诺伊峡湾（Nærøyfjord）沿线运营，如图 11.66 所示，航行在弗拉姆（Flåm）和古德旺根（Gudvangen）之间，每次航行运载多达 400 名游客，距离约 32km。一旦它到达峡湾最美丽的位置，它将转换为电池供电，让观光者以约 8n mile/h（约 15km/h）的速度几乎完全安静地欣赏大自然。峡湾被联合国教科文组织列入世界遗产名录，因为它基本上没有受到人类发展的破坏，观光船的设计考虑了周围环境。从 2016 年夏天开始，"峡湾愿景" 为其所有者 "峡湾" 每年完成约 700 次旅程。在航程开始和结束时，柴油发电机将电能充进锂电池；在景区航行时，完全依靠锂电池放电进行 "零排" 运行。

ABB 设计的这项技术使大型客运渡轮（包括运载汽车的渡轮）能够使用混合动力或纯电池动力。就减少二氧化碳排放量而言，一艘船的环保效果相当于数千辆汽车。

案例 2：美国尼亚加拉瀑布观光船 "迷雾少女" 号。2020 年 10 月 6 日，ABB 公司为两艘观光船提供了零排放的全电力推进系统。船只获准投入使用后，游船乘客将能够体验大自然的奇迹之一，而不会受到废气、发动机噪声或振动的干扰。两艘船分别命名为詹姆斯·V·格林（James V. Glynn）和尼古拉·特斯拉（Nikola Tesla），如图 11.67 所示。

第11章 船舶微电网的结构、建模与分析

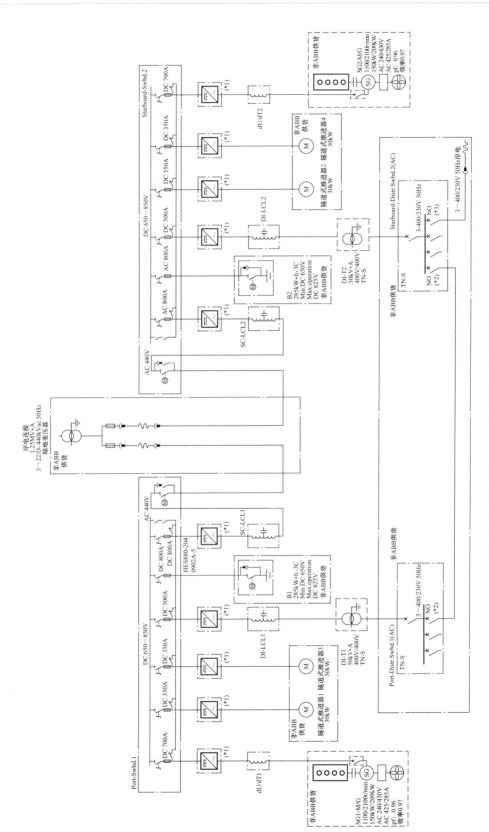

图11.65 挪威Vision of Fjord号电站系统结构图

图 11.66 挪威 Vision of Fjord 号观光船

图 11.67 "迷雾少女"号观光船

这是美国建造的第一艘全电动船,由 ABB 公司提供和集成的大容量电池组供电。除电池外,ABB 公司还为新建造的船舶提供了全面的综合电力和推进解决方案,如图 11.68 所示,包括陆上充电系统,均由两组电池供电,总容量为 316kW·h,分为两个双体船船体,提供一定程度的冗余,有助于保障操作。

其主要参数见表 11.15。

表 11.15 主要参数

船名	James V. Glynn Nikola Tesla
船型	Ferry
船东	Maid of the Mist Corporation
交付年份	2020 年
电站	直流微网(DC 700V)
锂电池容量	2 套 258kW·h
主推进器功率	2 台 200kW 电机

第11章 船舶微电网的结构、建模与分析

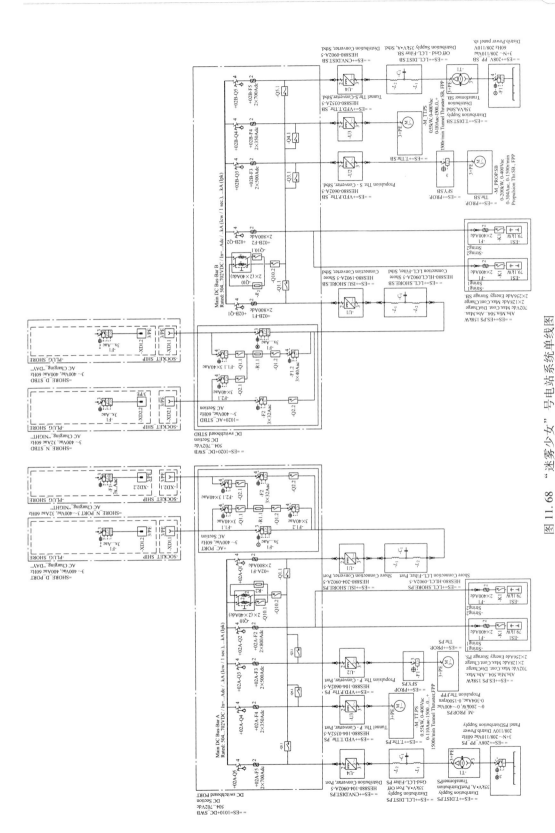

图 11.68 "迷雾少女"号电站系统单线图

电池使电力推进电机的输出功率达到 400kW，功率设置由 ABB 公司的电力和能源管理系统控制。他们使用当地生产的水力发电进行充电，确保渡轮运营的能源循环完全零排放，在游客登船过程中充电只需 7min，实现了高可靠性的可持续运行。

这些案例说明，船舶微电网的应用将作为未来船舶新型电力系统新的发展方向。

参 考 文 献

［11.1］ MONTI A, MOLINAS M. A ship is a microgrid and a microgrid is a ship: commonalities and synergies［about this issue］［J］. IEEE electrification magazine, 2019, 7（4）: 2-5.

［11.2］ LASSETER B. Microgrids［distributed power generation］［C］//2001 IEEE Power Engineering Society Winter Meeting. Columbus: IEEE, 2001: 146-149.

［11.3］ PIAGI P, LASSETER R H. Industrial application of microGrids［R］. Madison: University of Wisconsin, 2001.

［11.4］ LASSETER R H. MicroGrids［C］//IEEE Power Engineering Society. 2002 IEEE Power Engineering Society Winter Meeting New York: Institute of Electrical and Electronics Engineers, 2002: 305-308.

［11.5］ LASSETER R, AKHIL A, MARNAY C, et al. Integration of distributed energy resources: the certs microgrid concept［R］. CERTS, 2003.

［11.6］ LASSETER R H, PAIGI P. Microgrid: a conceptual solution［C］//2004 IEEE 35th Annual Power Electronics Specialists Conference. Aachen: Institute of Electrical and Electronics Engineers, 2004: 4285-4290.

［11.7］ MARNAY C, BAILEY O C. The CERTS microgrid and the future of the macrogrid［C］//ACEEE Summer Study on Energy Efficiency in Buildings. Berkeley:［s. n.］, 2004.

［11.8］ LIU X, ZHAO T, DENG H, et al. Microgrid energy management with energy storage systems: a review［J］. CSEE journal of power and energy systems, 2023, 9（2）: 483-504.

［11.9］ 赵争鸣, 刘建政, 孙晓瑛, 等. 太阳能光伏发电及其应用［M］. 北京: 科学出版社, 2010.

［11.10］ ZAIBI M, CHAMPENOIS G, ROBOAM X, et al. Smart power management of a hybrid photovoltaic/wind stand alone system coupling battery storage and hydraulic network［J］. Mathematics and computers in simulation, 2018, 146: 210-228.

［11.11］ SECHILARIU M, WANG B C, LOCMENT F, et al. DC microgrid power flow optimization by multi layer supervision control: design and experimental validation［J］. Energy conversion and management, 2014, 82: 1-10.

［11.12］ 徐德鸿. 电力电子系统建模及控制［M］. 北京: 机械工业出版社, 2005.

［11.13］ 汤天浩. 电力传动控制系统: 下册 提高篇［M］. 北京: 机械工业出版社, 2019.

［11.14］ SALLAM A A, MALIK O P. 电力系统稳定性: 建模、分析与控制［M］. 李勇, 曹一家, 蔡晔, 等译. 北京: 机械工业出版社, 2018.

［11.15］ PATEL M R. 船舶电力系统［M］. 汤天浩, 许晓彦, 谢卫, 等译. 北京: 机械工业出版社, 2013.

［11.16］ 汤天浩. 电力传动控制系统: 上册 基础篇［M］. 北京: 机械工业出版社, 2016.

［11.17］ FARROKHABADI M, CAÑIZARES C A, SIMPSON-PORCO J W, et al. Microgrid stability definitions, analysis, and examples［J］. IEEE transactions on power systems, 2020, 35（1）: 13-29.

［11.18］ NASR-AZADANI E, CAÑIZARES C A, OLIVARES D E, et al. Stability analysis of unbalanced distribution systems with synchronous machine and DFIG based distributed generators［J］. IEEE transactions on smart grid, 2014, 5（5）: 2326-2338.

［11.19］ BELKACEMI R, ZARRABIAN S, BABALOLA A, et al. Experimental transient stability analysis of microGrid systems: lessons learned［C］//IEEE Power & Energy Society. 2015 IEEE Power & Energy

Society General Meeting. Denver: IEEE, 2015.

[11.20] WANG X, BLAABJERG F, WU W. Modeling and analysis of harmonic stability in an AC power-electronic-based power system [J]. IEEE transactions on power electronics, 2019, 29 (12): 6421-6432.

[11.21] WANG X, BLAABJERG F, CHEN Z. Autonomous control of inverter-interfaced distributed generation units for harmonic current filtering and resonance damping in an islanded microGrid [J]. IEEE transactions on industry applications, 2014, 50 (1): 452-461.

[11.22] LISERRE M, BLAABJERG F, HANSEN S. Design and control of an LCL-filter based three-phase active rectifier [J]. IEEE transactions on industry applications, 2005, 41 (5): 1281-1291.

[11.23] PARKER S G, MCGRATH B P, HOLMES DG. Regions of active damping control for LCL filters [J]. IEEE transactions on industry applications, 2014, 50 (1): 424-434.

[11.24] HARNEFORS L, BONGIORNO M, LUNDBERG S. Input-admittance calculation and shaping for controlled voltage-source converters [J]. IEEE transactions on industrial Electronics, 2007, 54 (6): 3323-3334.

[11.25] CESPEDES M, SUN J. Impedance modeling and analysis of grid-connected voltage-source converters [J]. IEEE transactions on power electronics, 2014, 29 (3): 1254-1261.

[11.26] HAJIMIRAGHA A H, DADASH M R Z, MOAZENI S. Microgrids frequency control considerations within the framework of the optimal generation scheduling problem [J]. IEEE transactions smart grid, 2015, 6 (2): 534-547.

[11.27] FARROKHABADI M, CAÑIZARES C A, BHATTACHARYA K. Frequency control in isolated/islanded microgrids through voltage regulation [J]. IEEE transactions smart grid, 2015, 8 (3): 1185-1194.

[11.28] POGAKU N, PRODANOVIC M, GREEN T C. Modeling analysis and testing of autonomous operation of an inverter-based microgrid [J]. IEEE transactions on power electronics, 2007, 22 (2): 613-625.

[11.29] ZHAO J, SHI D, SHARMA R. Microgrid reactive power management during and subsequent to islanding process [C]//2014 IEEE PES Transmission & Distribution Conference and Exposition. Chicago: IEEE, 2014: 1-5.

[11.30] SAO C K, LEHN P W. Autonomous load sharing of voltage source converters [J]. IEEE transactions on power delivery, 2016, 20 (2): 1009-1016.

[11.31] FARROKHABADI M, KONIG S, CAÑIZARES C, et al. Battery energy storage system models for microgrid stability analysis and dynamic simulation [J]. IEEE transactions on power systems, 2017, 33 (2): 2301-2312.

[11.32] ALABOUDY A H K, ZEINELDIN H H, KIRTLEY J L. Microgrid stability characterization subsequent to fault-triggered islanding incidents [J]. IEEE transactions on power delivery, 2012, 27 (2): 658-669.

[11.33] DU W, CHEN Z, SCHNEIDER K P, et al. A comparative study of two widely used grid-forming droop controls on microgrid small-signal stability [J]. IEEE journal of emerging and selected topics in power electronics, 2020, 8 (2): 963-975.

[11.34] LI Z, SHAHIDEHPOUR M. Small-signal modeling and stability analysis of hybrid AC/DC microgrids [J]. IEEE Transactions on Smart Grid, 2019, 10 (2): 2080-2095.

[11.35] NADERI M, KHAYAT Y, SHAFIEE Q, et al. Interconnected autonomous AC microgrids via back-to-back converters—part I: small-signal modeling [J]. IEEE transactions on power electronic, 2020, 35 (5): 4728-4740.

[11.36] HOSSEINIPOUR A, HOJABRI H. Small-signal stability analysis and active damping control of DC microgrids integrated with distributed electric springs [J]. IEEE transactions on smart grid, 2020, 11 (5): 3737-3747.

[11.37] LEITNER S, YAZDANIAN M, MEHRIZI-SANI A, et al. Small-signal stability analysis of an inverter based microgrid with internal model-based controllers [J]. IEEE transactions on smart grid, 2018,

9(5): 5393-5402.

[11.38] KABALAN M, SINGH P, NIEBUR D. Large signal Lyapunov-based stability studies in microgrids: a review [J]. IEEE transactions on smart grid, 2017, 8(5): 2287-2295.

[11.39] REN W, STEURER M, BALDWIN T. Improve the stability and the accuracy of power hardware-in-the-loop simulation by selecting appropriate interface algorithms [J]. IEEE transactions on industry applications, 2008, 44(4): 1286-1294.

[11.40] ALIPOOR J, MIURA Y, ISE T. Power system stabilization using virtual synchronous generator with alternating moment of inertia [J]. IEEE journal of emerging and selected topics in power electronics, 2015, 3(2): 451-458.

[11.41] ZHANG P, MARTI J R, DOMMEL H W. Shifted-frequency analysis for EMTP simulation of power-system dynamics [J]. IEEE transactions on circuits and systems I: regular papers, 2010, 57(9): 2564-2574.

[11.42] ELIZONDO M A, TUFFNER F K, SCHNEIDER K P. Three-phase unbalanced transient dynamics and power flow for modeling distribution systems with synchronous machines [J]. IEEE transactions on power systems, 2016, 31(1): 105-115.

[11.43] ELIZONDO M A, TUFFNER F K, SCHNEIDER K P. Simulation of inrush dynamics for unbalanced distribution systems using dynamic-phasor models [J]. IEEE transactions on power systems, 2017, 32(1): 633-642.

[11.44] SCHNEIDER K P, TUFFNER F K, ELIZONDO M A, et al. Adaptive dynamic simulations for distribution systems using multi-state load models [J]. IEEE transactions on smart grid, 2019, 10(2): 2257-2266.

[11.45] MANIATOPOULOS M, LAGOS D, KOTSAMPOPOULOS P, et al. Combined control and power hardware in-the-loop simulation for testing smart grid control algorithms [J]. Generation, Transmission & Distribution, 2017, 11(12): 3009-3018.

[11.46] KOTSAMPOPOULOS P, LEHFUSS F, LAUSS G, et al. The limitations of digital simulation and the advantages of PHIL testing in studying distributed generation provision of ancillary services [J]. IEEE Transactions on Industrial Electronics, 2017, 62(9): 5502-5515.

[11.47] 胡波,姚刚,郑昱恺,等. 分布式电力系统中微网功率负荷最优分配 [J]. 电源学报, 2013(5): 49-55.

[11.48] EBERHART R C, SHI Y. Comparing inertia weights and constriction factors in particle swarm optimization [C]//Proceedings of the 2000 Congress on Evolutionary Computation. La Jolla: IEEE, 2000: 84-88.

[11.49] QIAO L, VINCENT R, AIT-AHMED M, et al. Microgrid modeling approaches for information and energy fluxes management based on PSO [C]//International Conference on Informatics in Control, Automation and Robotics. Prague: [s.n.], 2019.

[11.50] CHEN W, TAI K, LAU M, et al. DC-Distributed power system modeling and hardware-in-the-loop (HIL) evaluation of fuel cell-powered marine vessel [J]. IEEE Journal of emerging and selected topics in industrial electronics, 2022, 3(3): 797-808.

[11.51] CHEN W, TAI K, LAU M W, et al. Robust real-time shipboard energy management system with improved adaptive model predictive control [J]. IEEE Access, 2023, 11: 110342-110360.

第12章
船舶电力系统的未来发展

本章主要依据"双碳"发展战略,探讨船舶绿色低碳发展之路,重点研究分析船舶节能减排技术、全船电气化和构建基于新能源多能互补和综合利用的船舶电力系统,提出船舶实现"双碳"目标的技术方案。

当前人类面临能源短缺、环境污染和气候变化三大难题,为了应对全球气候持续恶化带来的挑战,联合国于1997年制定了《联合国气候变化框架公约的京都议定书》,2007年通过了《巴厘岛路线图》,2016年签署了《巴黎协定》。《巴黎协定》规定将全球平均气温较前工业化时期上升幅度控制在2℃以内,并努力将温度上升幅度限制在1.5℃以内[12.1]。世界各国纷纷提出应对措施,欧美等国家也分别提出了在2050年之前实现净碳排放为零的目标[12.2]。

我国在第75届联合国大会上提出:"中国将采取更加有力的政策和措施,二氧化碳排放力争于2030年前达到峰值,争取在2060年前实现碳中和"。同时将"双碳"目标写入了2021年政府工作报告,成为中国未来绿色低碳发展战略。各行各业正在制定绿色低碳路线图,船舶如何实现"双碳"目标成为未来发展的重要课题。

12.1 绿色低碳船舶发展路线图

为了实现"双碳"目标,我国制定了净碳排放为零的线路图,如图12.1所示。在减少碳排放的进程中有三条基本途径:一是节能以提高一次能源的利用效率;二是构建以新能源为主的电力系统;三是全面电气化提升全社会电力利用率。

交通运输消耗了全球30%的能源,人为排放的温室气体占14%[12.4]。船舶的排放和污染问题也很严重,船舶燃油燃烧产生的主要排放物有:碳氧化物(CO_x)、氮氧化物(NO_x)、硫化物(SO_x)以及颗粒物(PM)等。据国际海事组织(IMO)数据[12.5],2012年船舶排放的SO_x和NO_x分别占全球总排放的13%和14%。2013年统计,我国仅靠港船舶排放SO_x和NO_x分别占全国总量的8.4%和11.3%,为第三大污染源。由于船舶活动排出的温室气体占据了全球总排放的2.2%。

为了应对气候变化问题,IMO制定和颁布了一系列法规,例如禁止船舶压载水排放、2020年限硫令等。2018年IMO通过减少船舶碳排放的提案[12.6],规定到2050年将船舶温室气体排放量减少到2008年的50%,二氧化碳减排路线如图12.2所示,分步骤逐步减少:到2025年减少30%,到2030年减少40%,到2050年减少50%,这对于全球造船和航运业提出了减排时间表。

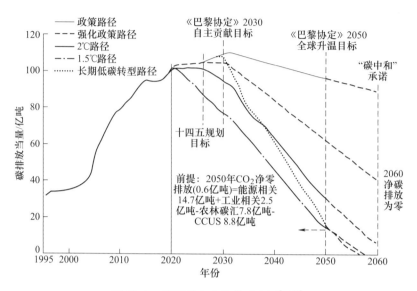

图 12.1 我国碳中和路线示意图[12.3]

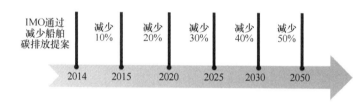

图 12.2 IMO 二氧化碳减排路线图[12.7]

全球船舶设计、制造与航运企业纷纷响应，提出了节能减排和低碳发展的举措，也制定了相应的船舶绿色低碳路线图。例如：日本邮船株式会社（Nippon Yusen Kabushiki Kaisha, NYK）制定了船舶零排放路线图，如图 12.3 所示，计划在 2050 年实现船舶"零排放"。

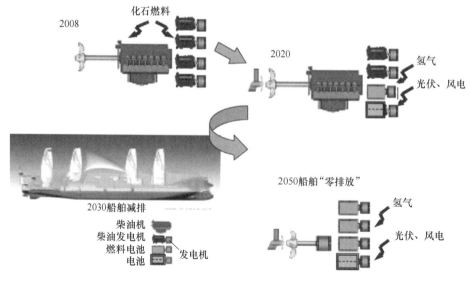

图 12.3 日本制定的船舶零排放路线图（NYK）

图 12.3 中提出自 2008 年从燃油机械动力为主的船舶，分三步实施节能减排，到 2050 年逐步实现"零排放"目标。

第一步：2008—2020 年进行节能减排。如图 12.4 所示，主要通过使用替代燃油、利用余热回收、提升推进效率等措施，达到减排 30% 的目标。

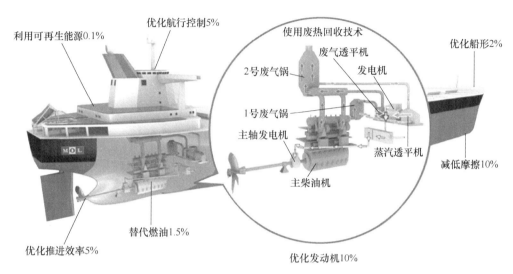

图 12.4　第一步节能减排措施与目标（NYK）

第二步：2020—2030 年实现全船电气化。如图 12.5 所示，通过采用电力推进替代内燃机推进，在电力系统中引入新能源，实现全船电气化，达到减排 50%。

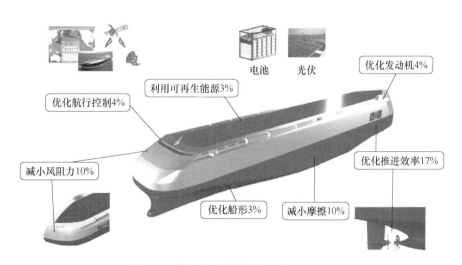

图 12.5　第二步减排措施与目标（NYK）

第三步：2030—2050 年船舶电源绿色化。在全船电气化基础上，如图 12.6 所示，采用新能源发电，包括燃料电池、光伏电池和储能装置，风力驱动和电力推进，通过多能互补和综合利用，实现船舶"零排放"目标。

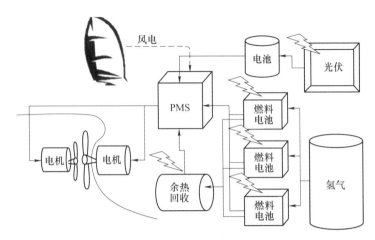

图 12.6　第三步船舶绿色低碳措施和目标（NYK）

例如：日本 Mitsui 设计的 ISHIN 系列渡轮新概念；NYK 正在开发绿色集装箱船"NYK Super Eco Ship 2030"号，计划在 2030 年完成研制，采用 LNG 制氢，40MW 的燃料电池与 1～2MW 光伏电池组成船舶电力系统；由风帆提供 1～3MW 动力，4 台推进电机驱动，预计总 CO_2 排放将降低 70%。

本章后续各节将按照上述路线图，探讨船舶电力系统节能减排及其应用。

12.2　船舶的节能减排

节能减排就是通过节约现有能源消耗来减少温室气体排放，是当前绿色低碳可持续发展的主要途径之一。船舶运输的优点是江海通达、长距离运输、运费经济，是国际贸易货物的主要运输工具。2020 年海运占全球贸易量的比重为 86%，预计未来 10 年将持续增长。中国海运进出口量达 34.6 亿吨，占全球海运贸易量的 30%[12.7]。目前，中国已稳居世界航运第一大国，船舶运输了约 95% 的国际贸易货物量。可见，船舶的节能减排非常重要。目前，船舶主要采用热机驱动螺旋桨的机械推进方式，例如内燃机、汽轮机或燃气轮机，其中运输类船舶的主发动机大都采用二冲程低速柴油机，燃油使用重油（HFO），价格低廉；船舶电力系统采用四冲程中速柴油机作为原动机，燃油使用轻柴油（MGO）。船舶节能减排的主要措施如图 12.4 所示：①使用替代燃油降低排放，②回收利用发动机余热，③采用混合动力等方式提升推进效率，以达到节能增效和减少排放。混合动力已在第 8 章介绍，本节主要介绍前两种船舶节能方式。

12.2.1　可替代燃料与双燃料发动机

针对当前大部分船舶采用内燃机机械推进方式的现状，节能减排首先是减少现有内燃发动机的燃油消耗，以降低有害物质排放。

1. 可替代燃料

分析能量来源与形式，由图 12.7[12.8] 可见：目前内燃机主要燃油来源于化石能源。开采的石油提炼成汽油、煤油、柴油等，其中：柴油是船舶柴油机的主要燃料，主动力推进的低速柴油机采用的 HFO 是各种燃油提炼剩余的燃油，价格低廉，可显著降低运输成本；电力系统的柴油发电机组则采用 MGO。内燃机通过燃烧输入的燃油将化学能转化为机械能输出，驱动机械运动，燃烧过程产生的碳氧化物（CO_x）、氮氧化物（NO_x）、硫化物（SO_x）以及颗粒物（PM）等排放到空中，影响环境与气候变化。

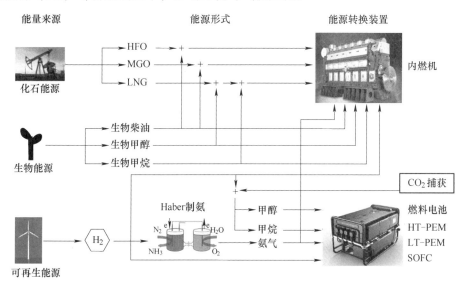

图 12.7　各种能源形式与转换过程

由于内燃机除了燃烧传统燃料外，还可以使用液化天然气（LNG）等作为替代燃料[12.9]，因此可以寻找和选择各种可燃物质作为燃料来减少排放。图 12.7 给出了各种可替代燃料及其使用方式：

（1）采用生物燃料代替化石燃料　生物质是指通过光合作用而形成的各种有机体，生物质能是太阳能以化学能形式储存在生物质中的能量形式，直接或间接地来源于植物的光合作用，可转化为常规的固态、液态和气态燃料，是一种可再生能源，也是唯一的可再生碳源。

由生物质能可提炼出生物燃油，比如生物柴油、生物甲醇、生物甲烷等。内燃机可以直接使用生物燃料产生动力，既可利用现有内燃机降低投资成本，又能减少排放污染。而且生物能源是可再生能源，特别是可利用生物的光合作用，吸收二氧化碳，转化为能源，具有很好的可发展潜力。

（2）采用氢气作为替代燃料　氢气是一种清洁能源，燃料电池因零排放被认为是最有前途取代内燃机的动力装置。氢气除了用于燃料电池外，也可以作为替代燃料供内燃机使用。

（3）采用化石与生物能源的混合燃料　生物燃料虽然优点突出，但目前受到生物原料来源、提炼技术和产能等限制，难以大规模应用，完全取代传统的化石能源。为此，可以通过在传统燃油中加入适当比例的生物燃料组成混合燃料使用。例如：在 HFO 和 MGO 中加入生物柴油；在 LNG 中加入生物甲醇或甲烷组成混合燃料[12.10]。

（4）合成燃料　由于目前有待研究解决氢气的制备、运输、存储和安全使用等问题，大规模的应用还需时日。采用氢气制成合成燃料是一种解决办法，比如：通过 Haber 制氨法生产氨气[12.11]，与捕获的CO_2制作甲醇、甲烷等合成燃料。

2. 双燃料发动机

船舶使用混合燃料的一种有效方式是采用双燃料发动机。双燃料发动机的工作原理是使用奥托循环和迪塞尔循环同时燃烧液体和气体燃料产生动力，可以既使用传统石油燃料，同时使用替代燃料，比如LNG、甲醇或氨等。

（1）利用现有系统改造 对于目前运行的船舶，可以通过对现有内燃机进行小改造，使其可燃烧多种燃料。另外还需考虑船上燃油存储和管路等都需满足双燃料系统的要求，燃油箱是双燃料发动机改装过程中最难更换的部件，由于燃料中的能量密度不同，燃料箱的尺寸、密度和温度应符合要求。例如：氨需要的体积是石油燃料所需体积的4倍以上，并且需要加压罐。LNG或液化石油气储罐也是加压的。由于毒性、易燃性和腐蚀性的水平，还存在与每种燃料的特殊性相关的固有风险。

一个采用双燃料柴油发电机组的船舶电力系统结构如图12.8所示，采用4台5700kW柴油发电机组，由Wartsila提供的6L50DF型双燃料柴油机，除了使用传统柴油外，还可使用LNG蒸发的天然气作为燃料。LNG经加热装置产生天然气，再经气体压缩机增压，作为燃料输入到双燃料发动机。这种方式特别适用于LNG运输船。例如：2004年，科孚得公司为LNG运输船GDF SUEZ Global Energy号提供了综合电力推进系统，采用了4台双燃料发电机提供船舶电力，正常工作时使用99%天然气与1%燃油混合燃料，推进系统总效率为38%，停泊和进出港时效率为44%。

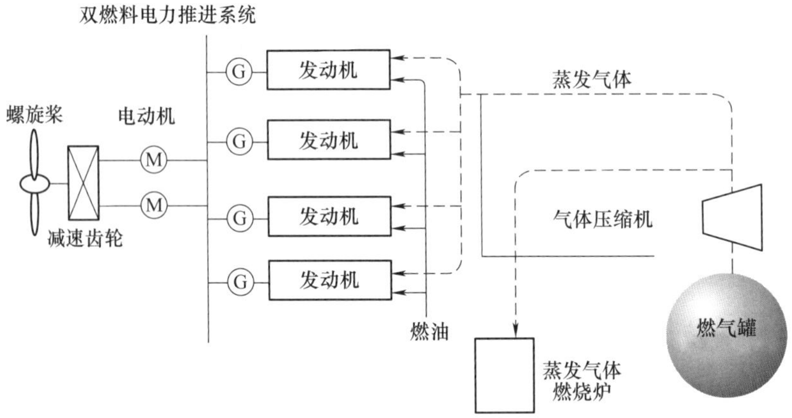

图12.8 采用双燃料柴油发电机组的船舶电力系统结构（Wartsila公司）

船舶使用双燃料发动机另一个例子如图12.9所示，驱动发电机组的燃气轮机采用普通燃油与LNG双燃料，而天然气来自于船舶装载的LNG中自然气化的天然气或强制气化的天然气。为了进一步节能，该系统还利用余热锅炉（Heat Recovery Steam Generator，HRSG）回收燃气轮机的余热，输入双燃料加热后驱动蒸汽透平发电机发电，达到节约能效的目的。例如：三星重工2012年建造的SHI1850和1839号LNG船采用了该系统结构，由Wartsila公司提供双燃料燃气轮发电机组，ABB提供电力系统与电力推进系统。

船舶发动机使用不同类型燃料的燃油消耗与排放比较如图12.10所示，其中图12.10a为不同类型主机的燃料消耗比较，图12.10b为不同类型主机的NO_x排放比较。

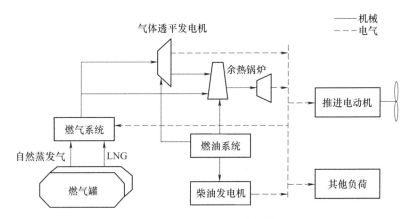

图 12.9 船舶双燃料燃气轮机发电系统结构（Wartsila 公司）

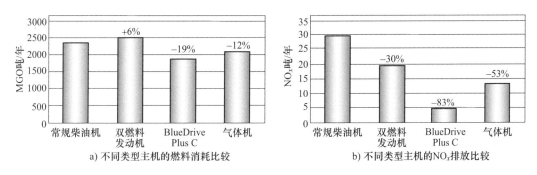

a) 不同类型主机的燃料消耗比较　　　　b) 不同类型主机的NO_x排放比较

图 12.10 船舶发动机使用不同类型燃料的燃油消耗与排放比较（西门子）

由上分析比较可知：与常规柴油机相比，采用替代燃料的发动机，从燃油消耗来看，除了双燃料发动机略有增加 6% 之外，燃料消耗都降低不少；从排放来看，各种替代燃料发动机的 NO_x 排放都显著降低。

（2）研发新的双燃料发动机　目前，一些发动机厂商也在不断地设计和研制新的双燃料发动机。例如：瓦锡兰公司最近推出了 46TS-DF 型双燃料发动机，采用模块化设计，提供 6~16 缸配置，在 600r/min 转速下功率输出范围为 7.8~20.8MW，目前在 LNG 和柴油模式之间切换。其两级涡轮增压系统具有更高的压缩比和效率，燃油喷射系统采用数字共轨系统，即使在柴油模式下，也能在所有负载下提供高效和无烟运行；在采用选择性催化还原（Selective Catalytic Reduction，SCR）技术结合使用时，发动机在两种燃料模式下均符合 IMO Tier Ⅲ 标准，具有效率高、环保性好和燃料灵活性，未来可升级成其他替代燃料，目前已安装在皇家加勒比游轮公司的 Utopia of the Seas 邮轮上，将配备 6 台 46TS-DF 发动机构成船舶电力系统。

自 2013 年以来，WinGD 公司推出了 X-DF 系列发动机，它是一类低压二冲程双燃料发动机，2020 年又推出了 X92DF-2.0 发动机，采用 LNG 双燃料及预留可用氨燃料。引入废气回收智能控制技术，以降低燃料消耗并减少了 50% 的甲烷逃逸，还可以在液体燃料模式下实现 Tier Ⅲ NO_x 的排放要求，而无须额外配备催化还原 NO_x 技术，测试证实 X-DF2.0 发动机的性能在气体模式下省了 8% 的燃油，在柴油模式下节省了 6% 的燃油。目前正在研究未来燃料的 X 系列发动机,其中包括几种新兴的碳中和或零碳燃料,生物柴油和乙醇燃料等。预计到 2025 年提供能够使用氨和甲醇的发动机技术。

12.2.2 船舶余热回收利用

目前船舶主要采用热机驱动的动力方式,比如蒸汽轮机、燃气轮机和内燃机。卡尔·本茨于 19 世纪 80 年代发明了内燃机,通过燃料内部燃烧,将热能直接转换为机械动力,热能利用率高。现代增压柴油机的热效率接近 50%,在所有热机中效率最高,因而最多用于船舶动力,其余热回收也是节能减排的重要方面。

船舶主柴油机能量利用率如图 12.11 所示[12.12],可以发现,在 100% 最大可持续功率工况下:输出的功率占燃油能量的 49.3%;其余燃料能量的 50% 被排放掉。在排放的余热中:废气排放热量 25.5%;中冷器排放热量 16.5%;缸套冷却水热量 5.2%。

由此可见,在被排放掉的 50% 余热中,柴油机排气占比最高,热量比重为 34.2%,排气温度高达 400℃;其余是冷却水带走的热量。

根据船舶主柴油机能量利用率分析,再考虑电力系统中柴油发电机组的余热排放,船用热机余热的回收方式有制热和发电两种,如图 12.12 所示。

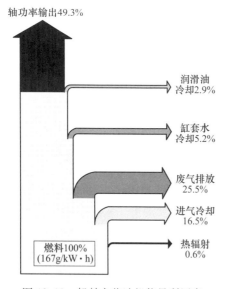

图 12.11 船舶主柴油机能量利用率

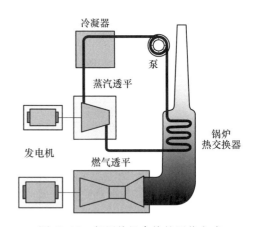

图 12.12 船用热机余热的回收方式

图 12.12 中:燃气轮机发电机组排气产生的热将废气锅炉的水加热,供给船舶热水或供暖;或者将废气锅炉的水加热成水蒸气,驱动蒸汽透平机发电。采用废气锅炉制热,早已在船上大量使用,近年来有些船舶安装蒸汽透平发电机,回收余热。

(1) 动力涡轮余热发电系统　该系统是通过动力涡轮回收船舶主机余热的装置,从主机排气中直接旁通部分流量(一般为 10% 左右),推动涡轮转动产生轴功,带动发电机发电用以保证船舶电力供应或者直接输出,如图 12.13a 所示。船舶主机加装动力涡轮后需要重新调制和匹配涡轮增压器,一般情况下当主机高工况运行时,排气旁通阀打开,排气分成两股不同大小的流量分别流经增压器涡轮以及动力涡轮。当主机处于低工况时，排气具有的能量不高，将关闭排气旁通阀，只利用涡轮增压器做功，不再通过动力涡轮[12.13]。这种方法的动力涡轮可使主机在最大运行功率（Service Maximum Continuous Rating，SMCR）下输出功率增加 3%~5%，图 12.13b 为 ABB 公司提供的随着主机负荷变化，输出功率变化的曲线[12.13]。

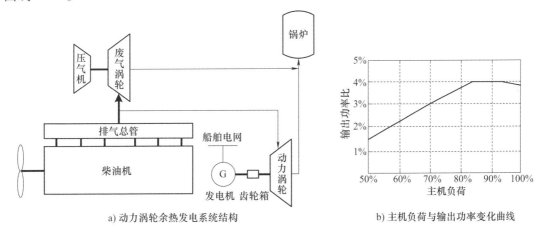

图 12.13　船舶动力涡轮余热发电系统

（2）水蒸气朗肯循环余热发电系统　朗肯循环是能够将热能转换为机械能的一种循环方式。水蒸气朗肯循环采用水作为循环工质，现在已经有很多船上采用水蒸气朗肯循环装置回收柴油机余热。如图 12.14 所示，水蒸气朗肯循环装置是通过旁通废气，将这一部分废气和通过涡轮增压器排出的废气混合，从而提高进入废气锅炉的温度，蒸汽能产生更多的动力，实现在不消耗主机发出的有用功基础上，为船舶提供电力供应和蒸汽供应，采用该方案可以回收主机轴功率的 5%~8%[12.14]。

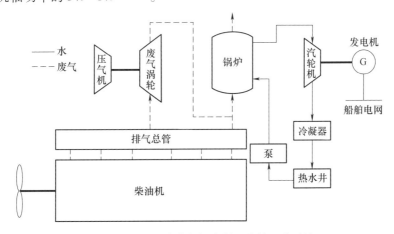

图 12.14　船舶水蒸气朗肯循环余热回收系统

（3）动力涡轮加水蒸气朗肯循环余热发电系统　由于单一的余热回收系统一般只回收某一热源的热量，因此回收的效率不高，可将两个或者两个以上的余热回收系统组合起来进行余热发电取得较高的回收效率。动力涡轮和水蒸气朗肯循环余热发电系统目前是在船上应用较多的一种余热发电装置，目前 MAN 公司、三菱以及瓦锡兰都有相关的产品[12.15]。该系统是将动力涡轮方案和蒸汽涡轮方案组成一个新的系统，如图 12.15 所示，将动力涡轮和蒸汽涡轮装在一个公共底座上，通过减速齿轮箱连在同一个发电机上。当主机运行在经济航速下的最大功率为 30%~35%SMCR 时，由蒸汽涡轮最先工作。然后在 40%~50%SMCR 时动力涡轮开始工作。该方案可以回收主机轴功率的 8%~11%，取决于主机功率大小。

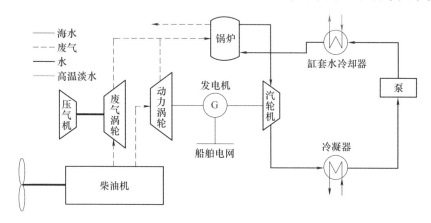

图 12.15　船舶动力涡轮和水蒸气朗肯循环联合发电系统

但是，因蒸汽透平发电方式所需的水温较高，需要外加燃气锅炉通入额外燃料来加热，影响了回收利用率。

另一种余热回收方式是采用低温发电技术，直接将低温热能转换成电能，为船舶供电。

12.3　全电气化船的发展

自 1831 年法拉第发现了电磁感应现象，到 1866 年德国人西门子制成了发电机，电的发明与应用带来了第二次工业革命，电灯、电车、电影放映机等相继问世，使人类进入了"电气时代"。

由于电能比其他能源形式便于传输、分配与使用，电器开始代替机器成为取代以蒸汽机为动力的新能源，广泛应用于工业与生活的方方面面，也派生出电子技术，为当今数字化、信息化提供了能源基础。

随着能源短缺等问题凸显，电能利用的效率远高于其他能源，开启了"第二次电力革命"，即用电能取代其他能源形式，成为主要能源。在这个进程中，化石能源如煤炭、石油和天然气等都先转换为电能再使用，也就是电力将在全社会取代其他动力，又称全电气化。

全电气化主要分为两个方面：电驱动力和电驱算力。

1）电驱动力。采用电动机驱动替代其他驱动方式应用于工业、农业、商业、交通和生活，例如交通电气化。

2）电驱算力。电能是信息技术的基础，所有电子设备、计算机和互联网都需要电源，也消耗了大量的电能。大数据、云计算、5G 通信、人工智能（AI），以及未来智能工厂、智能交通、智慧城市等产业也都需要电力提供能源支撑。

12.3.1 交通电气化发展进程

如上所述,在新的电气化进程中,交通电气化是非常重要的领域。据统计,现今交通运输包括陆运、水运和航空运输消耗全部能源约占 1/3,绝大部分都使用化石能源,比如汽油、煤油、柴油等。交通电气化将采用电能取代化石燃料作为交通运输工具的动力。电气轨道交通包括高铁、城市地铁等已大规模使用电力驱动;电动汽车将让电能大规模取代汽油成为人们生活中最常用的能源;船舶和飞机电气化也正在发展或开始。

按照图 12.5 给出的国际绿色低碳船舶发展路线图第二阶段的主要任务:在第一阶段船舶节能减排的基础上,采用电力推进方式逐步取代内燃机机械推进;引入和利用新能源发电,包括风能、太阳能和氢能;设置和增加储能系统,以平滑新能源发电的间歇性和波动性;实施全船舶电气化进程,争取在 2030 年达到减排 50% 的目标(IMO 设置的目标为减排 40%)。

12.3.2 全电船的概念和结构

船舶经历了从蒸汽机到内燃机的发展历程,因此目前船舶上各种装置五花八门,其驱动装置有气动的、液压的和电动的,造成了设备众多,种类繁杂,管理和维修也很不方便。特别是液压和气动装置往往机构复杂,运动缓慢,控制性能差,还存在效率低、可靠性与安全性不高、维修保养困难等问题。在电力传动广泛应用今天,船舶装备的电气化、信息化和自动化已经是不可逆转的趋势,在这样的背景下,构建全电船的设想就应运而生。

(1) 全电船的概念 全电船顾名思义就是船舶的全部设备都采用电气装置或电力传动[12.16],如图 12.16 所示,采用电力推进器取代内燃机机械推进,包括吊固定式推进器、吊舱式推进器、隧道式推进器等;船上大量使用的通风机、水泵、货物泵、吊车等都采用电机驱动与变频调速控制;船上原有的液压和气动装置也采用电机驱动装置。全船电气化是因为电能的传输和利用要比其他能量更为简便和高效,特别是电能的控制与电力传动控制也更易实现自动化和信息化。

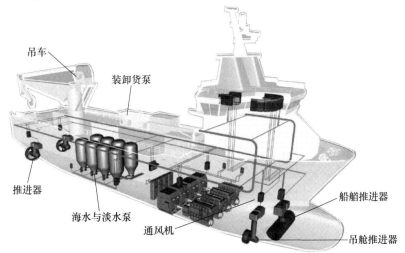

图 12.16 全电船示意图 (ABB)

(2) 全电船的电力系统结构　全电船的概念提出后，因全船电气化需要船舶电力系统的容量大大增加，为此构建了船舶综合电力系统（IPS），其系统结构如图 1.13 所示，请参阅本书第 1 章，这里不再赘述。此后，各先进国家在 IPS 的框架下进行了研究开发。美国和法国联合建造了一个全电船示范实验系统其结构如图 8.31 所示，包括超导电机、基于积木式电力电子组件（Power Electronics Building Block，PEBB）的变频器构造、大容量储能技术以及直流电站等新的技术。

(3) 全电船的关键技术和主要问题　由以上分析可见，实现全船电气化需要解决的主要问题是：

1）船舶电力系统的发展和革新。全船电气化必定大大增加船舶用电量，必须增大船舶发电容量，采用中压电网等。目前主要是发展 IPS，以及开发适应与电力推进的 PMS。

2）高功率密度推进电动机。采用电力推进取代内燃机驱动船舶，对于大型船舶，原有装备的主发电机功率达上万马力（1hp＝735.499W）或更大，因此需要大功率电动机，比如多相电动机、超导电机等。

3）大容量、高可靠性变频器。随着船舶推进电动机的功率增大，相应的配套变频器也需要增大容量和提高电压，这就需要在电力电子器件、变频器电路拓扑和增加相数等方面努力，提高变频器容量和可靠性。

4）大容量电能存储技术。电能最大的缺陷就是不易存储，随着新能源利用率的提高，储能的需求更加凸显。目前电力系统储能技术研究与应用成为热点，解决船舶电能存储是新能源利用的关键技术之一，除了传统的蓄电池之外，寻求合适的储能模式日益重要。

5）谐波治理与电能质量控制。船舶大量使用电力电子装置，使得谐波问题日趋严重，特别是对于原本容量有限的船舶电力系统而言，不仅会影响电网的电能质量，严重时会减少电力系统输出功率，进而降低船舶推进动力。为此，全电船的谐波治理与电能质量控制不可或缺。

6）船舶自动化系统。船舶电气化使得全船设备基本都用电，为设备自动化奠定了基础。船舶自动化水平不断提高，并可将各种设备自动控制系统连成网络，实现全船自动化。

7）电能管理系统（PMS）。船舶电气化使得发电装置与用电设备分散化，原本集中式动力装置与发电装置都分布于船舶各部，能量管理与优化更加必需和重要。通过 PMS 或智能 PMS 可以优化电能是使用与分配，改善节能减排的效果。

8）船舶的信息化和智能化。在全船电气化基础上，进一步实施数字化、信息化、智能化和网连化是船舶未来的发展趋势，其主要目标有：建立智能监控系统，实现船舶状态监测、故障诊断、预测维修和全生命周期管理；建立远程遥控和智能驾驶系统，实现无人船舶。

(4) 全船电气化的应用

1）对于一般商船而言，全船电气化主要工作有：采用电力推进取代内燃机驱动，提高效率和船舶可靠性；采用电动机驱动取代原有的液压和气动装置，简化结构，便于控制和安全高效；采用变频调速取代现有的风机、水泵类电动机恒速控制，以节约电能。

2）海洋工程平台。与一般运输船舶不同，海洋工程平台通常在离岸不远的海洋固定作业，因此可以去除本地发电装置，采用陆上发电厂或附近的海上风电场通过海底电缆进行高压直流输电。这样，在平台上仅需设置应急发电装置和储能装置，也可在平台上铺设太阳能光伏板和竖立小型风力发电机等新能源。同时，还可通过海洋平台中转向海底设备供电，实现全电化和零排放。

12.3.3 我国船舶电气化发展路线

我国是世界第一航运大国和造船大国，船舶建造吨位与运输量多年排名世界第一，但在主要核心装备与技术上与国际先进水平还有一定差距，特别是在船舶电力推进系统方面差距较大，需要急起直追。

中国电源学会 2021 年组织制定了《中国电源产业与技术发展路线图》，规划未来电源技术的发展战略。路线图第 4 章变频电源及其应用产业与技术发展路线图的导言指出："双碳"目标要求国民经济全面电气化，目前电气化率是 27%，到 2030 年要求达到 35%，到 2050 年要达到 60% 左右。电气传动的一个重大应用领域是以电驱动取代燃油驱动的现代交通电气化，采用电力电子变流方式实现电气化交通装备的牵引驱动和推进控制是这一领域的核心技术，直接决定了电气化交通装备的关键性能，其中船舶电力推进与全船电气化是重要领域。为此，提出了如下技术路线[12.17]：

（1）船舶电力推进系统技术路线　针对船舶电力推进系统的发展趋势，特别是未来我国向高端船舶及海洋工程装备拓展的需求，电力推进系统发展重点为：

1) 中压大容量推进系统。围绕大型远洋运行船舶、豪华邮轮、大型海工平台、极地运输、科考船等船舶对大容量电力推进系统的需求，开展中压船舶电网系统拓扑结构、系统保护及稳定性控制研究，特别要关注电力电子装备高占比化的船舶电力系统的多时间尺度稳定性研究、电磁兼容性研究、能量匹配性和综合管理技术研究。

2) 新能源动力系统开发。围绕全球气候环境治理以及我国碳达峰、碳中和的绿色发展战略，针对我国内湖、内河、近海港口等对新能源游船、运输船及工程船舶，开展不同船型的新能源电力推进系统拓扑结构、系统配置及保护、能量综合管理等技术研究，形成新能源船舶设计标准、设计规范、检验规范等。

3) 电力推进系统智能化研究。开展故障诊断及状态评估技术、环境态势感知技术、物联网、大数据分析处理技术在电力推进系统中的应用等关键技术，开展智能能效管理、智能机舱、智能航行技术研究，提高电力推进船舶智能化水平。

规划的船舶电力推进系统发展路线如图 12.17 所示，按照总体目标、技术路线和支撑技术分为 3 个发展阶段，每个阶段 5 年计划实施。

其中：针对事关船舶电力推进系统核心技术的大容量变流装置和大功率推进电机，又分别制定了具体的技术路线，请有兴趣的读者参阅文献［12.17］。

（2）船舶机电装备电驱技术　围绕船舶辅机装备向电驱化、智能化、集成化、高能效、低噪声方向发展的趋势，船舶辅机的技术路线为：

1) 船舶辅机永磁电驱技术。围绕船舶高性能锚绞机、舵机、高风浪海况波浪补偿吊机、高性能舱底泵组等需求，开展船舶辅机永磁驱动技术研究，包括永磁驱动锚绞机及其控制技术、高性能舵机及其控制技术、高动态性能波浪补偿驱动电机及其控制技术、高速高效静音型永磁驱动型舱底水泵、油源泵技术。

2) 高性能辅机一体化集成技术。围绕减少船舶辅机的重量和体积，开展基于永磁驱动的船舶辅机一体化集成设计技术研究，包括驱动电机与控制器一体化集成设计技术、驱动电

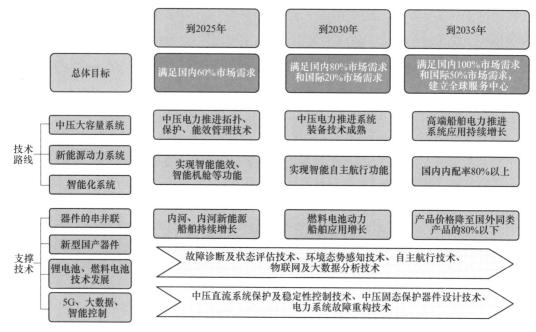

图 12.17　电力推进系统发展路线图[12.17]

机与辅机传动一体化集成设计技术和驱动电机、控制器和辅机传动三合一集成设计技术，突破流体、力学、电磁多物理场联合设计技术、一体化低噪声设计技术、一体轻量化设计技术等关键技术。

3）船舶辅机智能化设计技术。围绕船舶电气系统智能化发展趋势，开展船舶辅机智能化设计技术研究，包括辅机智能化运行控制、智能化状态检测、智能化健康管理及智能化运维技术研究。

12.4　船舶绿色电力系统

按照船舶绿色低碳发展路线图，第三阶段是在全船电气化基础上，进一步采用清洁电源取代传统的内燃发电机组，完全实现"零"排放。这个阶段的主要任务是：采用以燃料电池为主，风能与太阳能等清洁能源为辅，结合储能系统构建船舶基于清洁电源的新型电力系统。在构建船舶绿色电力系统方面，需要解决的主要关键技术在于：氢能的获取与利用技术、新能源的综合利用技术、其他能源的开发利用技术等。

12.4.1　氢能的获取与利用

氢能由于其绿色无碳备受青睐，氢燃料电池可以持续发电而排放为"零"，成为未来最有希望替代现有发电方式的清洁电源，而且燃料电池集成化装置也方便作为移动电源和交通工具的动力装置。如图12.6所示，船舶实现"零排放"主要取决于采用燃料电池来构建新型清洁电力系统。

氢燃料电池的原理及技术已在第10章做了全面详细论述，本节主要讨论船舶大规模应用燃料电池需要解决的问题。

（1）氢气的制取　绿色氢气的获取、输送与存储是氢燃料电池能够全面取代现有内燃机成为清洁电源与动力装置并广泛应用的关键。如何构建全球范围氢气的安全经济产业链对于海运船舶大规模使用燃料电池至关重要。因此，当前船舶燃料电池实际应用急需解决的主要挑战是创建全球具有经济潜力的低碳制氢价值链。

目前制氢技术主要有[12.18]：

1）甲烷蒸汽重整（Steam Methane Reforming，SMR）制氢法。该方法从化石燃料中提取氢气，比如采用天然气或者煤炭汽化产生甲烷，目前95%的氢气采用SMR制氢法生产。虽然氢气是清洁燃料，但制氢的原料和过程并不环保，因其制氢过程产生CO_2不捕获回收，故称为"灰色制氢"。

2）"蓝色制氢"法。为解决CO_2排放问题，可以将SMR制氢法与碳捕集与封存（Carbon Capture and Storage，CCS）技术相结合，通过CO_2捕获将其存储在海上储气罐中。这种氢气制备方法被称为"蓝色制氢"，受到油气工业的青睐，但CO_2捕获、存储与再利用的技术还需时日。

3）电解水制氢。通过电解水来产生氢气和氧气是完全清洁和可再生的能源，又被称为"绿色制氢"方法。但主要缺点是制氢成本较高，但可以预计其成本会随着氢能大规模应用而下降。

除此之外，也有研究生物质能制氢的方法，虽然清洁无碳，但目前难以规模化生产。因此，比较几种制氢法，电解水制氢是低碳氢气的最优选择。

一种采用海上风力发电进行海水电解制氢与储氢的设想如图12.18所示，利用海上风力发电将海水电解成氢气，制取的氢气经压缩存储在海上平台上，通过管道运输到岸上使用。这是一种利用可再生能源制氢的技术方案，清洁环保。

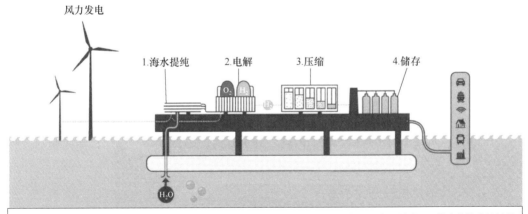

图12.18　一种海上风力发电海水电解制氢与储氢的设想[12.18]

(2) 氢的传输与存储　氢气的存储方式现在主要有两种：一是通过压缩机加压后存储在储氢罐或其他容器中，二是通过低温液化后储存到低温液态储氢罐中。两者相比，液化储氢量相比压缩储氢要大很多。在未来，将氢存储在金属氢化物或碳纳米结构中是实现高能量密度储氢的有效选择。

氢气的运输通常根据储氢状态的不同和运输量的不同而选择车辆运输或管道运输，其中：管道运输适用于液态氢气的中长距离运输，但需建设氢气运输管网等基础设施。

不过，氢气还可以利用现有天然气工业的基础设施和装备用于氢气的运输与存储。最近DNV GL 的研究报告详细分析了未来氢能的生产方式，发现传统油气工业仍将在氢能产业链中占据领导地位，主要是因为目前的油气运输基础设施、LNG 的存储设备和供应终端，以及 CO_2 存储方式等具备了氢气的大规模应用能力。因此，传统的油气和能源厂商可以分享氢能大规模应用的利益，为全球绿色低碳交通提供支撑。

例如：采用海上风电制氢的方案将氢气存储在海洋平台上，可提供燃料电池船舶靠泊加氢，如图 12.19 所示，是未来海洋船舶绿色低碳运输一种很有前途的方案，并可省去氢气的管道运输，使整个制氢产业链和船舶运输链都清洁环保，实现零碳排放。

图 12.19　零碳制氢产业链和船舶运输链

总而言之，氢能作为一种绿色清洁能源，当前正在深入研究燃料电池及其应用，未来构建氢能从制备、存储、运输到利用全产业链和供应链更至关重要。

12.4.2　其他能量的开发利用

氢能的利用虽然热门，但因目前燃料电池的容量与功率密度仍与内燃机差距较大，对于大型与特大型船舶而言，全部采用燃料电池及新能源替代还不现实。为此，其他低碳能源形式也是一种可选的船舶动力与电力系统实施方案。目前，可供选择的其他替代能源有：

(1) 小型核电　采用核电作为船舶动力已有多年，主要应用于特殊船舶或军用舰船上，比如核动力破冰船、核潜艇等。

例如：Yamal 号是核动力破冰船，排水量 23000 吨，安装了 2 座 OK-900 型压水核反应堆，每座核反应堆输出功率 171MW；电力系统由 2 台蒸汽透平机驱动 6 台发电机，总发电量 55MW；3 台 17.6MW 推进电机驱动 4 叶螺旋桨，航速 19~22 节，破冰厚度 2m。

Taimyr 级是第三代核动力破冰船，排水量 20000 吨，安装了 1 台 KLT-40M 改进型压水核反应堆，输出轴功率 38.2MW；电力系统由 2 台蒸汽涡轮机驱动 2 台发电机。

目前，根据船舶需要重新设计小型核反应堆整机或模块将会降低成本，有待成功应用于普通商船。同时，如果将来稳定的核聚变反应堆能成功应用，将是一种很有吸引力的安全、廉价的能源，且放射性废料极少，有望可替代热机成为大型船舶的动力和电力来源。

（2）海洋可再生能源　除了太阳能和风能，覆盖了地球上 71% 左右面积的海洋蕴含了极大的能源潜力。根据国际可再生能源机构的详细报告[12.19]，海洋能源的资源潜力能够满足现今全球每年 1~4 倍的总电力需求。海洋可再生能源主要包括：潮汐能（重力势能和动能）、波浪能、温差能、盐差能和海洋生物质能[12.20]。其中，受到太阳和月球的引力影响，潮汐能和洋流能由于具有可预测性强以及受天气变化影响较小等优势，成为目前的重要发展方向。

由于海水受到月球的引力作用潮涨潮落，其利用方式基本与水力发电相似，需要建造大坝或泄湖并利用潮流的重力势能推动水轮机发电。技术相对成熟，但建造费用高、影响航运且受地理条件限制。

可直接利用潮汐的动能和洋流能采用潮流涡轮机驱动发电机发电，其基本结构和工作原理与海上风力发电机相似，且因水的密度是空气密度的 1000 倍，使得潮流涡轮机的尺寸可以大大减小。因此，潮流发电系统的设计制造方法、电能变换与控制、电能传输及并网技术都可以借鉴于更成熟的风力发电技术[12.21]。

实际上，海上风力发电也可归属于海洋可再生能源。这样，海上风力发电与潮流发电成为目前较为成熟的海洋可再生能源。而且，这两种发电方式可以构成集成发电系统，通过海底电缆的高压直流输电，可为海洋平台和工程作业提供稳定的清洁电源。

（3）超高效热泵发电　热泵是一种提供中低温热交换的装置，近来出现在空调、低温发电等应用领域。随着技术的进步和成本降低，热泵的转换效率和性能不断改善，可利用其低温热量直接转换的特点应用于地热发电、温差发电和余热回收发电等，极大地促进节能减排与新能源开发利用，特别适用于船舶的余热回收[12.18]。

本节主要论述海流发电与低温热泵发电技术，特别是本研究团队在这方面的新的研究进展，供读者借鉴。

1. 潮流发电技术

潮流发电机是利用潮汐或洋流产生的水流动能转换为电能的装置，主要由水轮机、齿轮箱、发电机、电力变换电路、检测电路、控制电路等部分组成，其基本框图如图 12.20 所示，水轮机将海流的动能转变为机械能，再由发电机将机械能转变为电能。

潮流发电过程和系统结构与风力发电系统相似，不同之处是潮流发电装置必须长期放置于水下，所以利用潮流能进行发电存在着一系列关键技术问题，主要涉及水下勘探测量技术、机电技术、防腐技术、流体动力学技术、水下施工技术、海洋环境中的载荷与安全性能等[12.22]。

（1）潮流发电的水轮机　与风力发电机相同，潮流发电机也分为水平轴与垂直轴等类型，一般以水平轴为多。在潮流发电系统中水轮机是整个能量转换的关键部件，它将流过叶轮的潮流动能转化为机械能，再通过其转轴驱动发电机将机械能转换为电能。水轮机的设计

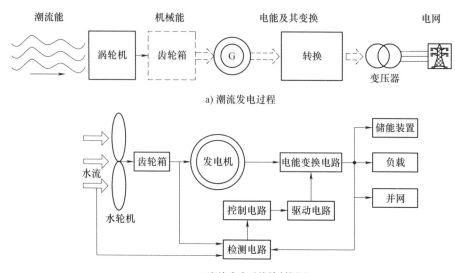

a) 潮流发电过程

b) 潮流发电系统控制框图

图 12.20 潮流发电系统的基本框图

与风力机类似,由式(10-8),水轮机从潮流能中捕获的机械功率为

$$P_{td} = \frac{1}{2}\rho_{td}A_{ct}C_p(\omega_m,\beta)v_{td}^3 = \frac{1}{2}\rho_{td}\pi r_{ct}^2 C_p(\omega_m,\beta)v_{td}^3 \quad (12-1)$$

式中,P_{td} 为潮流机输出功率;ρ_{td} 为海水密度;v_{td} 为潮流流速(m/s);β 为桨距角;$C_p(\omega_m,\beta)$ 为叶轮捕获系数;A_{ct} 为水轮机叶片的扫掠面积(m^2);r_{ct} 为叶轮的半径(m)。

由此可见:式(12-1)与风力机公式相似,只是水密度 $\rho_{td}=1025kg/m^3$,约为空气密度 ρ_0 的 1000 倍。因此在捕获相同功率时,水轮机的叶轮半径 r_{tt} 仅为风力机半径 r_{wt} 的 1/4,如图 12.21 所示。

在一定的流速下,水轮机的功率曲线上有一个最大功率点,如图 12.22 所示为在不同的潮流流速 v_{td} 下水轮机的输出功率特性,将不同流速的最大功率点连接是一条最佳的功率曲线。与风力发电机一样,也有一个最大功率点跟踪(MPPT)控制问题,根据最优化原理,对式(12-1)求导,并令 P_{td} 与 ω_m 的导数为 0,即

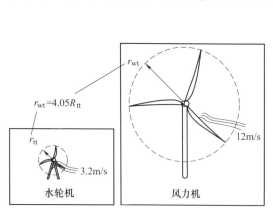

图 12.21 水轮机与风力机的叶轮半径的比较

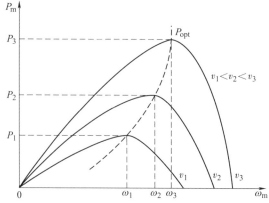

图 12.22 水轮机的功率曲线

$$\frac{dP_{td}}{d\omega_m} = 0 \qquad (12-2)$$

由此，可通过最优化方法求解式（12-2），获得 MPPT 算法，例如梯度法等。这些方法也与风力发电机的 MPPT 相同。

（2）潮流发电机　由于海洋潮流流动缓慢，又因潮流发电机长期放在水下，要求高可靠性，故一般采用直驱型低速永磁同步发电机，既可省去齿轮箱，提高可靠性和减少维护保养工作；同时永磁同步发电机不需要外部提供励磁装置，具有重量轻、效率高、可靠性好等优点。

由于海洋气候与环境恶劣，为了提高潮流发电机的故障冗余，可采用特殊的电机设计。文献［12.23］研究了一种基于双凸极永磁（Double Salient Permanent Magnet，DSPM）同步电机的低速直驱发电机结构，如图 12.23 所示，其定子轭部有 4 块磁铁用来产生励磁磁场，12 个齿极每极开有 4 个小齿，转子上共设置了 64 个均匀分布的小齿。由于 DSPM 同步电机的永磁体位于定子侧，便于散热，转子侧无绕组、无永磁体、无电刷，结构最为简单，所以整机结构坚固。DSPM 同步电机具有结构简单、功率密度高，且可靠性高、容错性好的特点。

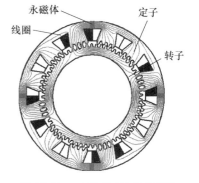

图 12.23　三相 48/64 齿 DSPM 同步电机结构图

多相电机也是具有故障冗余的一种设计，可分为两大类：一类是多相绕组沿定子铁心内表面均匀分布，其相数一般为奇数，如五相、七相、十一相等；另一类是绕组非均匀分布，即多相绕组由若干套对称的三相交流绕组构成，比如：其定子绕组可采用双三相构成六相电机。图 12.24a 给出了五相电机定子绕组结构，图 12.24b 给出了六相双丫移 30°绕组结构。多相电机可以在其中某相绕组故障后，由其余绕组运行，提高了电机和系统的容错能力。

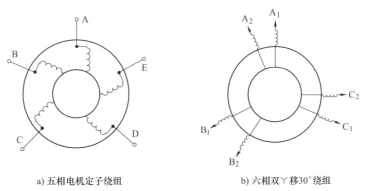

a）五相电机定子绕组　　　b）六相双丫移30°绕组

图 12.24　多相电机定子绕组结构[12.24]

（3）潮流发电的电能变换技术　与风力发电相似，潮流发电系统的变流电路有多种拓扑结构可选，主要有：

1）不可控整流+DC/DC 电路+PWM 逆变电路。

对离网型小功率永磁直驱同步潮流发电系统可采用"二极管整流+Boost 电路+储能装置+单相逆变器"的拓扑结构，系统整体结构框图如图 12.25 所示，该系统主要由水流、水

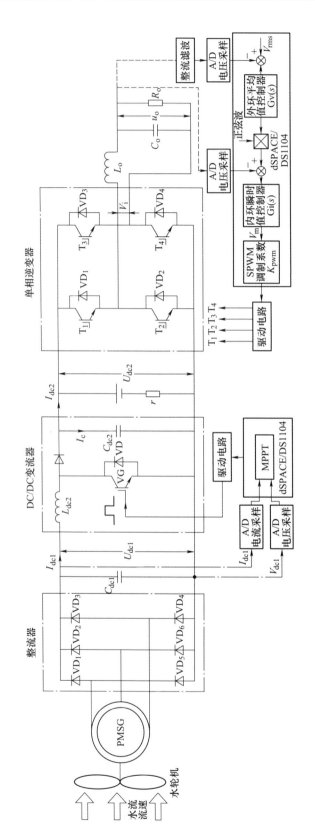

图 12.25 永磁直驱同步潮流发电系统整体结构框图

轮机、永磁同步发电机、三相不可控桥式整流电路、DC/DC 斩波电路、储能装置、单相逆变电路、控制电路等部分组成；来产生 PWM 控制信号来实现 MPPT 控制和单相逆变双闭环控制[12.25]。

为了简化算法，提出了一种基于稳态模型的 MPPT 的控制算法[12.25]。

永磁同步发电机所产生的感应电动势 E_{tg} 为

$$E_{tg} = C_{eg}\Phi\omega_m \tag{12-3}$$

式中，C_{eg} 为发电机常数；Φ 为发电机的励磁磁通；ω_m 为机械角速度。

为了简化分析，忽略定子绕组及相关机械、器件等损耗，假设 PMSG 发出的三相交流电经三相桥式二极管整流电路输出直流电的过程中，满足功率守恒定律，并忽略电路中器件的损耗，即输入功率等于输出功率，则有

$$P_{tg} = 3U_g I_g = U_{dc1} I_{dc1} \tag{12-4}$$

式中，U_g 和 I_g 分别为发电机相电压和相电流；U_{dc1} 和 I_{dc1} 为整流输出侧的电压和电流。

可推导出发电机输出功率为

$$P_{tg} = \frac{\pi}{\sqrt{6}} U_{dc1} \frac{\sqrt{(C_{eg}\Phi\omega_m)^2 - \left(\frac{\pi}{3\sqrt{6}} U_{dc1}\right)^2}}{L n_p \omega_m} \tag{12-5}$$

根据 Boost 电路的电感伏秒平衡原理可得

$$U_{dc2} = \frac{t_{on} + t_{off}}{t_{off}} U_{dc1} = \frac{1}{1-D} U_{dc1} \tag{12-6}$$

式中，D 为 Boost 电路的占空比；U_{dc2} 为 Boost 电路输出侧的电压和电流。

由此，可推导出发电机输出功率 P_{tg} 为

$$P_{tg} = \frac{\pi(1-D)U_{dc2}}{\sqrt{6}} \frac{\sqrt{(C_{eg}\Phi\omega_m)^2 - \left[\frac{\pi}{3\sqrt{6}}(1-D)U_{dc2}\right]^2}}{L n_p \omega_m} \tag{12-7}$$

可见，P_{tg} 可由占空比 D、机械角速度 ω_m、直流侧电压 U_{dc2} 表示。按式（12-2）对式（12-7）求极大值，即

$$\frac{dP_{tg}}{dD} = -\frac{\left\{(C_{eg}\Phi\omega_m)^2 - 2\left[\frac{\pi}{3\sqrt{6}}(1-D)U_{dc2}\right]^2\right\}\pi U_{dc2}}{\sqrt{6} L n_p \omega_m \sqrt{(C_{eg}\Phi\omega_m)^2 - \left[\frac{\pi}{3\sqrt{6}}(1-D)U_{dc2}\right]^2}} = 0 \tag{12-8}$$

可求得极值点时，最大功率时的最优占空比 D_{opt} 为

$$D_{opt} = 1 - \frac{3\sqrt{3} C_{eg}\Phi\omega_m}{\pi U_{dc2}} \tag{12-9}$$

由式（12-9）可知，当直流输出侧电压恒定时，通过检测水轮机转速 ω_m，可计算出最优占空比 D_{opt}，再按此控制 Boost 的调制，以获得最大输出功率。

如上分析，可通过控制 Boost 电路的占空比 D 来改变发电机转速，以实现 MPPT 控制。

这种基于稳态模型的MPPT占空比调制无须在线寻优,算法简单,但未考虑系统动态变化,精度有限,可用于小功率潮流发电机控制。

2) PWM整流电路+PWM逆变电路。与风力发电系统相似,采用双PWM桥式背靠背电路,即整流、逆变部分均采用三相PWM控制方式,电能可双向传递。这类变流电路及其控制适用于并网型海流发电系统。

这里介绍中法联合研究的五相PMSG潮流涡轮机发电系统开发实时故障诊断与容错控制的解决方案[12.24]。研究系统的结构如图12.26所示,整个电力转换链主要由机器侧和电网侧以及它们的控制器组成。机器侧由潮流流速波形、潮流涡轮机、具有非正弦反电动势的五相PMSG和5桥式机侧变流器组成。电网侧由一个3桥式机侧变流器、三相RL滤波器、一个三相变压器和一个无源负载组成。整个电力转换链在独立模式下运行。

针对图12.24a的直驱型五相PMSG的结构,设计了五相桥式MSC主电路拓扑,并建立了相应的动态模型[12.24],通过Concordia变换,将五相电机变换成两个静止坐标系上的"正序电机"和"负序电机",机侧控制如图12.27所示,外环设置转速调速器和MPPT控制,潮汐流速经过速度传感器进行测量,然后采用最优叶尖速比的MPPT算法提供控制所需的机械转速和机械转矩的参考值;电流控制回路包含两个环,专门针对五相电机的双模型,分别设计了两个VC控制器进行正序电流和负序电流的解耦控制,然后再通过坐标变换,生成PWM信号。这里的转速与电流控制器采用了最经典的PI调节器。

网侧变流器的控制如图12.28所示,采用了经典的基于VC控制的转速电流双闭环控制策略,这里外环的控制目标是保持直流母线电容功率稳定。内环基于VC的电流解耦控制,并由PLL控制器生成频率与相位信号,再通过坐标变换生成PWM信号,驱动三相逆变器输出恒压恒频正弦波。

进一步针对机侧发电机和变流器的开路故障,设计对应的故障诊断和容错控制策略[12.26],提升了系统可靠性和发电效率。

此外,针对海洋潮流波动问题,研究并提出了新的控制方法[12.27]。

2. 低温热泵发电技术

低温热泵发电技术是当前新能源的关键技术之一[12.28]。目前有大量的可再生能源如地热能、太阳能、生物质能、海洋热能等都以中低温热能的形式存在;还有,化石能源有78%以上都以低温热能的形式被浪费[12.29],应用低温热泵发电技术可以提高化石能源的利用效率,实现节能减排。

由此可见,低温热泵发电技术具有很好的发展前景。目前可以大规模利用低温热能的发电技术主要有两种:有机朗肯循环发电技术和Kalina循环发电技术。

(1) 有机朗肯循环发电技术 有机朗肯循环(Organic Rankine Cycle, ORC)发电的基本结构如图12.29所示,其循环方式与传统使用蒸汽推动汽轮机的发电技术十分类似,不同之处在于,采用有机工质[12.30]替换高温水蒸气作为换热载体。在ORC中,有机工质在蒸发器中吸收热能中的能量,然后变成高压过热蒸汽,推动透平或者膨胀机进行发电。在目前的低温热能发电装置中,使用ORC发电技术的设备占据了绝大多数[12.31],其热电转换效率在较低的温度下就可以达到10%以上,ORC发电成为研究热点[12.32]。

第12章 船舶电力系统的未来发展

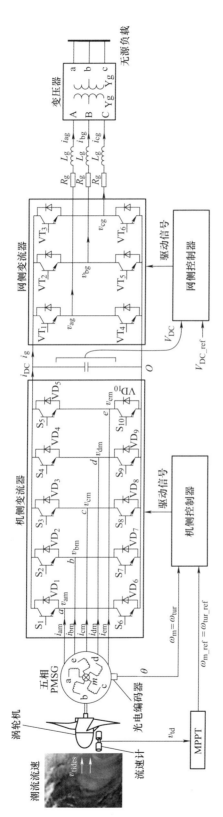

图 12.26 五相 PMSG 潮流涡轮机发电系统结构[12.24]

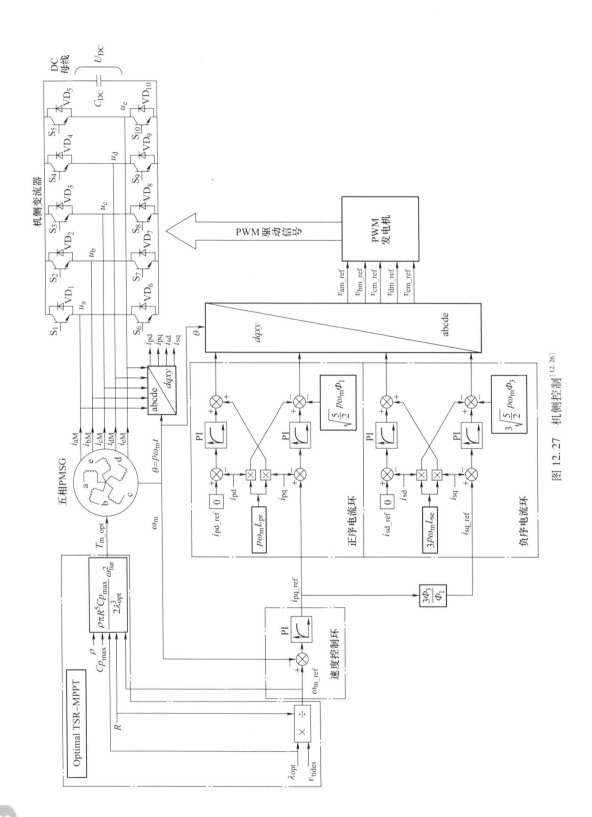

图 12.27 机侧控制[12.26]

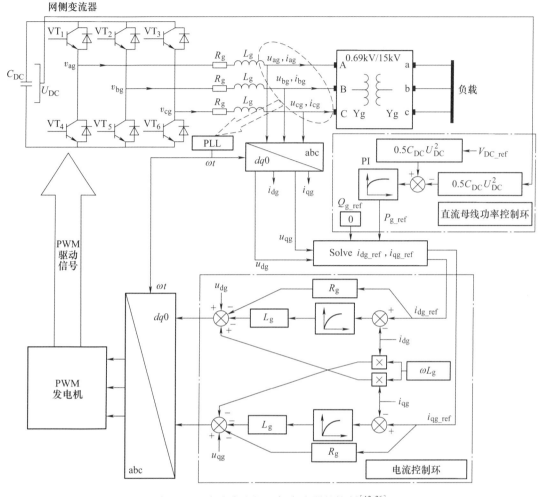

图 12.28 潮流发电机网侧变流器的控制[12.26]

为了提高其发电效率，目前研究主要集中在工质选择、拓扑结构优化、关键设备研制以及控制等方面。

（2）Kalina 循环发电技术 1983 年 Kalina 博士了提出卡林那循环（Kalina Cycle，KC），其基本结构如图 12.30 所示，与 ORC 不同之处在于 KC 采用氨水作为工质。在 KC 中一般需要加入分离器来使两相的氨水分离成富氨蒸汽和贫氨溶液。蒸汽进入透平进行发电，溶液和透平出来的蒸汽在

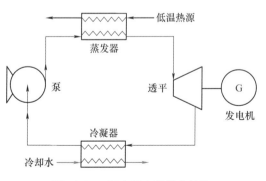

图 12.29 ORC 发电的基本结构

吸收器中混合，然后经过冷凝器变成基本的氨水溶液，随后通过泵进入回热器以及蒸发器变成两相氨水，完成一次循环[12.33]。

由于 KC 使用混合氨水作为工质，在运行的过程中可以对氨水的浓度进行调节以匹配不

同的热源温度。因此在变工况运行时，KC 发电装置相比于 ORC 发电装置来说具有更高的热电转换效率[12.31]。

另外，近年来研究开发了很多低温热能发电技术，见表 12.1，并从效率、成本以及目前所处的阶段进行对比。从表 12.1 中可以看到，动力循环如 ORC、KC、TFC 以及 TRC 相比于其他的发电技术来说均具有较高的热电转换效率。对于 200℃ 以下的热能来说，虽然 TFC 技术在理论上面具有更高的热电转换效率，但是 ORC 发电技术在综合指标方面表现出最大的竞争优势[12.34]。

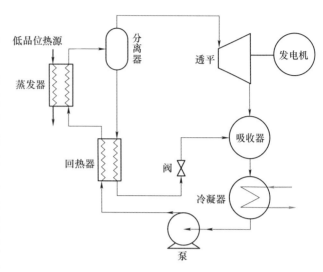

图 12.30 KC 发电系统基本结构

表 12.1 各种低温热能发电技术对比

名称	效率	成本	阶段
温差发电装置（TEG）	低	高	应用
热磁技术（TMG）	高	中	理论/实验
热渗透发电（TOEC）	高	中	理论/实验
热弹发电（TEE）	高	中	理论/实验
有机朗肯循环（ORC）	中	高	应用
卡林那循环（KC）	中	高	应用
三角循环（TFC）	高	高	理论/实验
跨临界朗肯循环（TRC）	中	高	实验/应用
热电化学电池（TEC）	低	低	理论/实验
热再生电化学循环（TREC）	高	中	理论/实验
热再生氨电化学电池（TRAB）	中	低	理论/实验
盐梯度动力热机（SGPHE）	中	中	理论/实验
热电发电（TAG）	中	高	实验

（3）船舶低温余热发电系统 根据船舶柴油机余热分布与特点，提出如下低温发电系统技术方案：

1）船舶 ORC 余热发电系统方案。船舶 ORC 余热发电系统方案如图 12.31 所示[12.35]，采用有机工质循环，可以提高柴油机 7%～11% 的热效率。

2）船舶 KC 余热发电系统方案。船舶 KC 余热发电系统方案如图 12.32 所示，将汽轮机排出的混合工质与分离装置输出含氨少的工质混合，因混合工质的浓度较低，可在常温下冷凝成液体，由于冷凝后的工质氨的含量较少，所以经过工质泵升压后送入到分离器中，经过分离器分出氨含量较多的溶液和冷凝过后含氨量较少的溶液进行混合，此时的工质可以进入

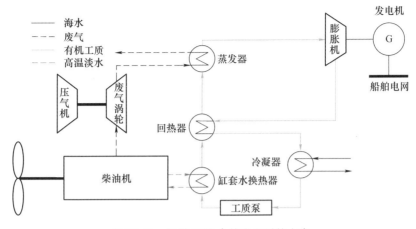

图 12.31 船舶 ORC 余热发电系统方案

蒸发器中加热,进而驱动汽轮机做功。卡林那循环热力学循环效率可以达到 19.7%,在实际应用过程中可以提高主机功率 5% 左右[12.36]。

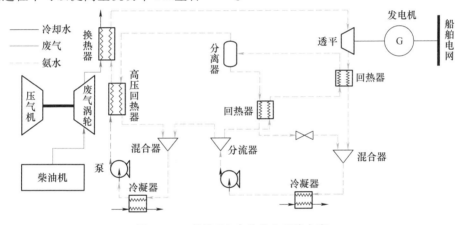

图 12.32 船舶 KC 余热发电系统方案

3) 水蒸气朗肯循环加 ORC 联合发电系统。水蒸气朗肯循环和 ORC 联合发电方案将水蒸气循环作为主循环,ORC 作为底循环组成联合发电系统[12.37],如图 12.33 所示。

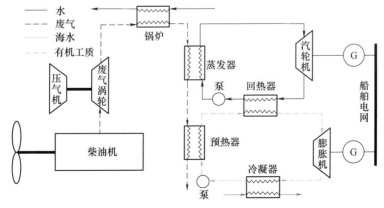

图 12.33 船舶水蒸气朗肯循环和 ORC 联合发电系统方案

从柴油机排出的废气进入废气锅炉制热,然后废气通过水朗肯循环的蒸发器中使水变成过热蒸汽,进入汽轮机中做功后进入回热器,冷凝变成液态水,通过泵升压后重新进入蒸发器,完成水蒸气朗肯循环;从水蒸气朗肯循环蒸发器出来的废气没有直接被排入大气中,而是进入 ORC 发电系统进行深度的再利用。根据热力学分析,该循环效率最大可以达到 58.77%,柴油机功率可以提高 10.93%。随后将该装置应用于一艘 6800TEU 的集装箱船上面,运行数据表明该循环装置可以增加 2.824% 内燃机效率,回收主机轴功率的 6.06%[12.37]。

4)船舶温差发电和 ORC 结合的发电方案。温差发电是吸收高低温度差产生的热能来发电的技术,可与 ORC 相结合组成联合发电系统。船舶温差发电和 ORC 结合发电系统方案如图 12.34 所示。

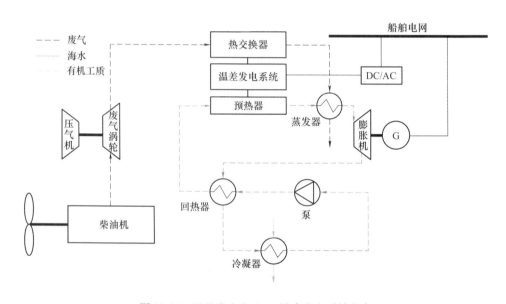

图 12.34 温差发电和 ORC 结合发电系统方案

图 12.34 中:温差发电作为上层循环,ORC 作为底循环,将冷凝器输出的过冷液体经过工质泵进行升压,然后将高压过冷液体输入到回热器,与膨胀机输出的蒸汽进行热量交换,使过冷液体温度增加。之后,温度升高的高压过冷液体作为温差发电系统的冷端,与热端进行一定的热量交换,过冷液体继续升温。进入蒸发器入口前的温度由温差发电系统的热电优值系数以及回热器的效率决定。随后过冷液体进入蒸发器变成过热蒸汽,再进入膨胀机中做功,热能转换为机械能,膨胀机带动发电机发出电能,电能通过并网装置并入船舶电网。该循环根据热力学分析,最大可以提高柴油机功率 8.06% 左右[12.38]。

5)各种船舶余热回收系统的对比分析。在前文中介绍了几种应用于船舶的余热发电系统,表 12.2 从每种系统对余热回收方式、热源要求、回收效率、装置结构成本、应用现状方面进行对比分析[12.39]。

表 12.2 几种船舶余热发电系统对比

余热回收方式	热源要求	回收效率	装置结构成本	应用现状
动力涡轮	对热源温度要求较高	2.5%	结构简单成本中	有应用
水蒸气朗肯循环	350~500℃	5%	结构复杂、成本高	有应用
ORC	30℃以上（存在温差）	8%	结构简单成本一般	有应用
卡林那循环	200~500℃	5%	结构一般成本较高	较少
温差发电系统	150~500℃	2%	结构简单成本低	有应用
水蒸气+ORC	350~500℃	11%	结构复杂成本高	较少
动力涡轮+ORC	要求废气旁通	11%	结构复杂成本高	较多
温差发电+ORC	150~500℃	8%	结构一般成本一般	较少

通过表 12.2 分析发现在船舶余热发电方式中，水蒸气朗肯循环加 ORC 发电以及动力涡轮加 ORC 发电具有最高的回收率，但是对热源温度要求更高，结构复杂，成本较高；ORC 发电的回收率次之，且对热源的温度要求不高。因此，ORC 余热发电被认为是回收船舶余热的最有效途径，得到了越来越多的关注，成为实现船舶零碳排放中的关键技术之一[12.18]。

3. 船舶 ORC 发电系统的研究

针对未来船舶 ORC 发电系统的需求，文献 [12.40] 系统深入地研究了船舶 ORC 发电系统的构建与控制的关键技术问题，通过理论分析、结构优化、动态建模与控制算法，提出了低温热源 ORC 发电技术，并进行了仿真验证。

（1）船舶 ORC 发电系统结构 为了提高 ORC 发电装置的性能，通过多目标优化和决策方法对 3 种结构进行对比分析研究，为单热源 ORC 发电装置选出最优的结构。提出一种串联换热器型的多热源 ORC 发电系统（SHEORC）。在 SHEORC 结构中含有多个换热器，这些换热器通过串联的方式进行连接。工质依次流过每个换热器，然后每个换热器对一种热源进行利用，原理如图 12.35 所示。

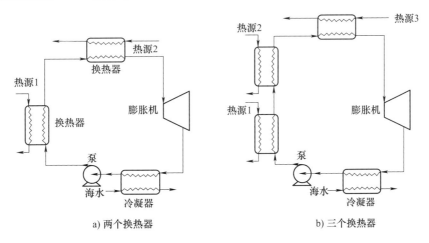

图 12.35 串联换热器型 SHEORC

在图 12.35b 中可以看到工质首先被泵送到第一个换热器，被第一个热源加热，然后从第一个换热器出来进入第二个换热器，被第二个热源加热，再进入第三个换热器变成高压过热蒸汽,随后进入膨胀机中做功,变成低压过热蒸汽,最后进入冷凝器中冷凝变成饱和液体。可以看到相比于基本的 ORC 来说,该系统仅仅是增加了换热器的数量。因此可以充分利用发电系统中的其他设备,减小投资成本。此外还可以通过热源匹配、工质筛选和运行参数优化提高整体的发电效率。

(2) ORC 发电系统建模　船舶 ORC 发电系统主要包括蒸发器、膨胀机、冷凝器、工质泵、发电机以及变流器,因此 ORC 发电系统是一个热-机-电-磁强耦合的系统,系统中各个部件在受到扰动的时候响应时间存在极大的差别。在对系统动态建模的时候,如果同时对这些部件进行求解,那么势必会造成计算的耗时过长。为此,根据 ORC 发电系统中各个设备和参数的响应时间,研究并提出了一种基于热-机-电-磁耦合的多时间尺度 ORC 发电系统建模方法[12.40]。

在多时间尺度建模方法中,一共可以分为 3 个时间尺度进行求解。如图 12.36 所示,第一个时间尺度以秒为尺度变化。在该时间尺度内,主要涉及的过程是传热过程和相变过程。第二个时间尺度为十分之一秒级,在该时间尺度内发生的过程为流体的流动以及机械的转动。第三个时间尺度为混合时间尺度,求解的模型为 PMSG,包含了机-磁-电部分。该方法对 ORC 发电系统动态模型分为多个时间尺度进行求解,显著缩短了仿真所需要的时间。

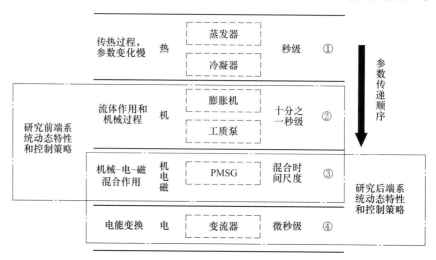

图 12.36　热-机-电-磁耦合多时间尺度建模方法

根据多时间尺度建模方法,建立了 ORC 发电系统中主要涉及的热-机-电-磁之间的公式,如图 12.37 所示。

(3) 船舶 ORC 发电系统的控制　船舶 ORC 发电系统运行过程中会受到各种外部环境因素的影响,如热源波动、负荷变化等。因此,需要设计控制系统使整个发电系统保持稳定安全运行,同时也需要 MPPT 策略使得发电系统维持较高的热电转换效率。

1) 船舶 ORC 发电系统控制结构。系统结构如图 12.38 所示,基于 MPPT 策略的船舶 ORC 发电系统包含三个部分,分别为 MPPT 策略、MPC 控制器以及余热发电系统部分。其中 MPPT 模块采集热源和冷源的参数,根据 MPPT 策略输出参考过热度和蒸发压力给 MPC 控制器;MPC 控制器通过控制泵和膨胀机转速使船舶 ORC 发电系统中的过热度和蒸发压力达到设定值,并使船舶 ORC 发电系统保持在安全边界内运行。

热	热源侧传热过程	$\left(\rho_p^1 c_p^1 T_p^1\right)_{hs} = \left(\rho_p^0 c_p^0 T_p^0\right)_{hs} + \dfrac{m_{hs}\left[\left(c_p^0 T_e^0\right)_{hs} - \left(c_p^0 T_p^0\right)_{hs}\right] - Q_1}{\pi \dfrac{(d_o^2 - d_i^2)}{4}\Delta x}$
	管壁侧传热过程	$\left(\rho_p^1 c_p^1 T_p^1\right)_{wall} = \left(\rho_p^0 c_p^0 T_p^0\right)_{wall} + \dfrac{Q_1 - Q_2}{\pi \dfrac{(d_o^2 - d_i^2)}{4}\Delta x}$
	工质侧传热过程和相变过程	$\left(\rho_p^1 h_p^1 - \rho_p^0 h_p^0\right)\dfrac{\pi d_i^2}{4}\Delta x = m_w^1 h_w^0 - m_p^1 h_p^0 + \pi d_i^0 \Delta x h_p^0 \left(T_w^0 - T_p^0\right)$
机	蒸发器出口流量	$m_{r,\text{out},ev} = m_{in,\exp} = \dfrac{FF n_{\exp} V_{\exp}}{60 v_{r,\exp}}$
	蒸发器入口流量	$m_{pu} = \eta_{pu}\rho_{r,1} V_{pu}\omega_{pu}$
	膨胀机输出转矩	$T_m = \dfrac{m_{in,\exp}\left[h_{\exp,in} - h_{is,\text{out}} + v_{r,\exp}(P_{\exp,in} - P_{\exp,\text{out}})\right]\eta_{\exp}}{\omega_r}$
电磁	PMSG电磁转矩	$T_e = \dfrac{3}{2} p_n \psi_f i_q$
	PMSG转速计算	$J\dfrac{d\omega_r}{dt} = T_m - T_e$

图 12.37 热-机-电-磁耦合的 ORC 发电系统中主要公式

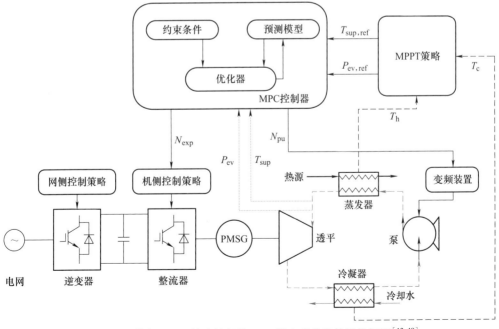

图 12.38 带有 MPPT 策略的船舶 ORC 发电系统整体结构框图[12.40]

2）船舶 ORC 发电系统机侧和网侧控制。在船舶 ORC 发电系统中，机侧的控制策略作用是使膨胀机转速跟踪到设定值。目前在 PMSG 控制策略中，零 d 轴电流控制策略是被广泛采用的一种控制策略。该策略的控制原理为在控制的时候把 d 轴分量的电流置为零。对船舶 ORC 发电装置中的网侧变流器来说，可能存在两种工作模式：一种是并网模式，在该模式下，船舶 ORC 发电装置输出最大的功率到电网；另外一种为离网模式，在该模式下由船舶 ORC 发电装置单独向负载供电。在离网独立运行模式下，采用 U/f 控制策略，保证输出电压和频率的恒定，一般采用电压外环、电流内环的控制策略。船舶 ORC 发电装置在并网的时候采用基于电网电压定向控制（Voltage Oriented Control，VOC）策略[12.40]，其基本思想是通电流的前馈补偿方式，来实现有功与无功的解耦。

3）船舶 ORC 发电系统 MPPT 策略。对于船舶 ORC 发电系统来说，如何能够最大限度地把热能转换为电能是一个很重要的设计目标。船舶余热的温度会随着柴油机负荷的变化而变化，冷源的温度也同样会随着船舶航行在不同的海域而发生变化。对于设计好的船舶 ORC 发电系统来说，可以通过采用 MPPT 控制技术来获得最佳的功率输出。目前对船舶 ORC 发电系统的研究较少，最为常用的两种控制策略为最小过热度控制策略和最优蒸发温度控制策略。最优蒸发温度控制策略是通过理论计算出一个最优的蒸发温度，该最优蒸发温度和热源温度、冷源温度以及工质的流量有关，然后在控制时，在不同的热源温度和冷源温度下求出最优的蒸发温度，计算出最优的蒸发温度作为设定参考值。最小过热度控制策略为在控制的时候使蒸发器出口的过热度保持一个较小的值。最小过热度策略是从控制角度来考虑的，可以使系统在运行时保持在安全边界内，并且在实际控制时容易实现，仅需要调节泵的转速。最优蒸发温度控制策略是从热力学的角度来进行考虑的，使得系统在运行时保持较优的热效率。

文献［12.40］研究并提出了一种基于 ORC 发电系统特性的 MPPT 策略。与光伏和风力发电的 MPPT 方法不同，该控制策略考虑了多变量的 MPPT，如图 12.39 所示，输入变量为热源和冷源温度，输出为蒸发压力和过热度，在各种工况下通过图谱获得最优的蒸发压力和过热度，作为控制系统的参考。为了保证发电系统在运行的时候不超过安全边界，控制器采用模型预测控制。该策略不仅可以在冷热源都存在扰动的情况下获得最大功率的输出，并且输出功率比现有的 MPPT 策略大。

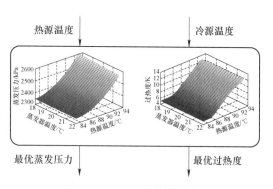

图 12.39 MPPT 控制策略框图

（4）系统仿真 根据双热源 ORC 发电系统各个部件之间的参数交互，如图 12.40 所示，在 MATLAB/Simulink 中建立双热源 ORC 发电系统模型，如图 12.41 所示。

热源选用扫气空气和废气，参数见表 12.3。在双热源 ORC 发电系统中存在两个热源和两个蒸发器。对发电系统中的工质来说，其状态是连续的，因此可以把两个换热器看成一个换热器进行求解。由于废气的出口温度和扫气空气进口温度温差相差不大，因此可以把扫气空气进口的两个控制体和废气出口的两个控制体热源测的传热系数进行线性化。两个换热器的设备参数来自于优化的结果。

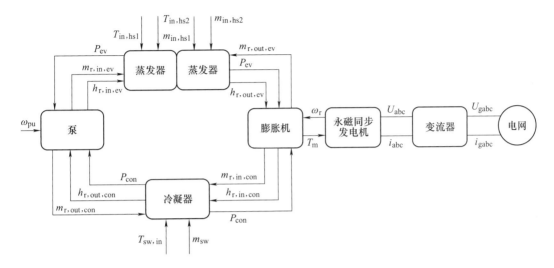

图 12.40 双热源 ORC 发电系统参数交互示意图

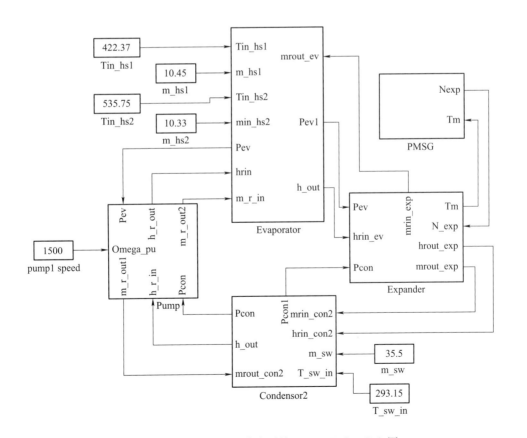

图 12.41 双热源 ORC 发电系统 MATLAB/Simulink 图

表 12.3 双热源 ORC 发电系统换热器设备参数

参数	换热器 1（管壳式）	换热器 2（管壳式）	冷凝器（管壳式）
外径/mm	25	25	25
壁厚/mm	2.5	2.5	2.5
管长/m	8.9	7.0	7.9
管数	817	155	413

仿真分析结果如下：

假设的两种场景为扫气空气温度在 1000s 的时候升高 20℃，废气温度降低 20℃；扫气空气温度在 1000s 的时候降低 20℃，废气升高 20℃，仿真结果如图 12.42 所示。

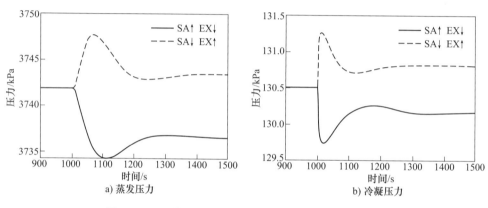

图 12.42 双热源温度变化趋势不一致时压力变化情况

在图 12.42 中可以看到双热源温度变化趋势不一致时，换热器内的压力变化情况。SA↑EX↓表示的是扫气空气温度上升，废气温度下降。SA↓EX↑表示的是废气温度上升，扫气空气温度下降。在达到稳态的时候，SA↓EX↑的蒸发压力和冷凝压力都略有上升，在 SA↑EX↓工况中两种压力都略有下降。该现象的原因是废气热源本身的品质较高，而扫气空气本身的热源品质较低，因此最后废气温度上升工况的蒸发压力略高于初始的蒸发压力。SA↓EX↑的蒸发压力和冷凝压力的变化速度快于 SA↑EX↓工况，这是因为废气是在工质的出口端，工质在靠近出口的地方才变成了气体，而扫气空气热量传递给的是处在液态的工质，气体的比热容小，因此其温升快于液体。

图 12.43 显示了两种热源温度变化趋势不一致时，换热器出口的过热度和功率输出的变化情况。

通过理论分析、结构优化、动态建模与控制算法，系统深入地阐述了低温热源 ORC 发电技术，并进行了仿真验证，详细结果请见文献 [12.40]。

12.4.3 新能源的综合利用

当前，新能源的开发和利用虽然取得了长足进步，特别是太阳能、风能和氢能的技术与实际应用成果丰硕。但是，可再生能源因受地域性、气候性和间歇性影响，其功率密度不高、发电量不稳定等问题限制了可再生能源作为移动电源与交通工具的主要动力，构建多能互补的新能源发电系统是解决交通领域绿色低碳发展的主要方向，因而多态能源系统的多能

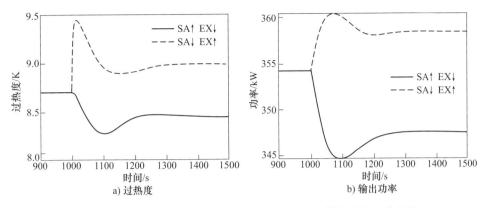

图 12.43 双热源温度变化趋势不一致时过热度和输出功率变化情况

变换、能效管理与运行维护成为新能源综合利用的关键技术与研究热点。

以分布式风电、光伏、氢能、海洋能等新能源为主体，储电储热、低温余热回收利用、氢燃料电池等构建而成的源-网-荷-储一体化多能互补形态将是未来水运交通能源系统新的框架体系。实现多态能源之间的便捷变换、综合利用和智能管理与运维，开发适用于多场景的水运交通自洽能源系统是未来的发展趋势，也是在交通领域实施"双碳"发展战略亟待解决的重大问题。

（1）船舶新能源综合利用框架结构　针对海洋场景下多能系统供电端的具体能源形式，以及负荷端电、热、氢等用户需求，考虑"源网荷储"一体化需求，设计出如图 12.44 所示的以多能变换装备为核心的船舶微电网结构，由太阳能光伏发电装置、风力发电机和燃料电池为全船供电；储能系统设计有常规的蓄电池和超级电容，作为后备电源为系统提供应急供电；多余的电能也可以制热，为船舶供暖或储热，再通过低温发电实现并进行热电转换，以实现多能互补，确保新能源电力系统的稳定性和供电持续性。

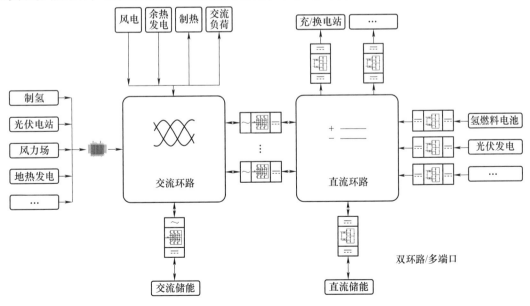

图 12.44 新能源综合利用系统框架结构

(2) 船舶多能互补的关键技术　构建船舶多能互补电力系统的关键技术主要有：

1) 开发多能变换装置及其柔性并联技术，包括开发模块化、高功率密度的电能变换装置，实现多端口柔性并联。

2) 研究多端口综合协调控制策略，包括多能变换智能优化控制技术、多端口动态建模、协调控制策略等。

3) 多能互补系统智能 PMS 技术，包括多态能源预测与潮流预测，源-储-荷匹配与调度，智能 PMS 构建与优化等。

4) 基于大数据、云计算的全生命周期智能运维技术，包括基于人工智能的全生命周期服役的智能运维方法，多层级故障诊断模型、剩余寿命预测模型、预防性维护技术、综合能效评价和碳排放监测等。

(3) 应用探索　当前，世界各先进国家正在探索船舶新能源多能互补技术。例如：日本的 Energy Observer 号是全球首艘新能源双体实验船，采用可再生能源发电+电解水+氢燃料电池，并设置了氢循环系统回收电池排出的残余氢气。此外，为提升海洋环境适应性，安装的过滤器需抵抗海盐的侵蚀。该试验船如图 12.45 所示。

图 12.45　Energy Observer 船风力发电系统

1) Energy Observer 风力发电机。该船安装了全新风力发电系统，翼展达 12m，机翼面积为 $31.5m^2$，具有自支撑功能，可 360°旋转。2019 年开始，Energy Observer 换装了一种全新的风力发电系统 Oceanwings，该系统在继承双垂直轴风力机+牵引机翼组合方案的优点之上，新增加了一个风力螺旋桨。

2) Energy Observer 太阳能光伏装置。采用两种太阳能光伏技术：可弯曲光伏面板和双面光伏面板。发电面板面积总计 $141m^2$，安装在船体两翼和中央玻璃顶上，还具有防滑功能，船员可在其表面安全行走。使用的 300W 面板重量为 4kg，正反两面都可以接受太阳光，反面光来自于船体表面和海面的反射，比单面光伏面板发电产量提高 30%。

双面光伏面板由法国国家能源研究所开发，安装在双体船两翼和中央船体玻璃顶上。顾名思义，双面光伏面板表示光伏面板正反两面都可以接受太阳光，反面光来自于双体船白色表面和海面的反射。此外，由薄聚碳酸酯封装层制成的电池柔软又轻巧。同等情况下，双面光伏面板比单面光伏面板发电产量提高 30%。由于异质结，一般光伏面板仅使用一种类型的硅，Energy Observer 双体船双面光伏面板采用了两种类型的硅，提高太阳能转化电能的效率。为保证单片电池损坏不影响其他电池工作，各电池独立连接和运行，造成电缆线较多。

3）脱盐系统。脱盐也称海水淡化，为从海水中提取淡水的过程。海水因含盐量非常高，不能直接被使用。目前，海水淡化技术主要有蒸馏法和反渗透法等。该船采用多级反渗透系统进行海水淡化，第一级淡化系统消耗约 250W 能量产生 90L 的饮用水，其中 30L 将进一步经淡化系统处理供电解槽电解制氢使用。1L 淡水产生约 100g 氢气，当燃料电池发电时，氢气再次转化成纯水（该部分水重新通入电解槽中）。

4）Energy Observer 双体船电解槽在 2018 年共运行 1469h，共产生 488kg 氢气。在此期间，工程师们并没有观察到海洋环境导致的电解衰减现象。由于干燥罐的正常磨损，观察到产氢量略有下降（约 -3%）。2019 年 Energy Observer 双体船已经更换新 PEM 电解槽，以确保达到最佳产量。PEM 电解槽的使用寿命通常为数千小时。

5）氢气压缩机。Energy Observer 双体船上储氢瓶可存储高达 35MPa 的氢气，压缩机在第一级 180bar 压力下已运转超 1469h，在第二级 350bar 压力下运行超 1105h。在 Energy Observer 海上航行的最初 16 个月中，由于压缩过程中不同因素干扰已导致 11 个膜被破坏。

6）储氢瓶。Energy Observer 双体船搭载 8 个 35MPa 压力的氢瓶，总容量为 332L，可储存 64kg 的氢气。工程师最初打算将体积较大的储氢瓶放在双体船的船体，最终决定放在双体船两翼的外部井形甲板中，可确保储氢瓶处于防水、防密闭环境中，并可定期维护保养。Energy Observer 工程师团队经过重量严格分配和氢瓶支撑设计计算，有效提升了双体船的氢安全和稳定性。

7）Energy Observer 双体船燃料电池系统（CEA-Liten）。2019 年，Energy Observer 双体船换装了搭载丰田燃料电池技术系统，该系统由丰田欧洲技术中心耗时 7 个月完成设计和组装，基于丰田第一代 Mirai 燃料电池组件。目前，该系统正在海上进行最后的全功率测试，相关技术参数尚未公布。

8）锂电池。Energy Observer 双体船采用混合储能系统：一组锂离子电池短期储能，8 个氢气瓶长期储能。锂电池组的主要部分通过 400V 船上电网为电机供电，容量为 112kW·h，仅是雷诺电动汽车所用电池类型容量的 2.5 倍。另一组 18kW·h 锂离子电池组为 24V 低压网络和船上日常设施如电子导航、机载计算机、照明等供电。确保上述两个电网能够正常工作、不互相干扰非常重要。工程师必须为获得来自不同来源（光伏面板、风力电机等）的均衡电力供应添加多个功率转换器。最后，也简化了所有布线以减少在线功率损耗，并减小储能和供电系统的尺寸。

为驱动电机供电的容量 112kW·h 电池组重 1400kg，而储氢装置和燃料电池在提供 1000kW·h 时重 1700kg。这意味着对应 1kW·h，储能电池重量为 12.5kg，而储氢重量仅为 1.7kg。换言之，对于相等的重量，储氢所包含的能量是电池的 7.35 倍。无论是在海上、陆地还是空中，这对于交通或运输都是相当大的优势。

9）能量管理系统。Energy Observer 双体船主要提供 3 种动力模式：①正常航行中，由太阳能或风能直接为推进提供动力；②发电量暂时下降期间，锂电池组将接管，为推进提供动力；③长时间停船期，燃料电池将接管，消耗氢气发电和储电。

欧洲氢能组织（www.fch.europa.eu）于 2016 年启动资助了 MARANDA 项目，开发了一种用于海洋应用的无排放氢燃料电池混合动力系统，将 2 套 82.5kW 的 PEMFC 与电池混合的动力总成，安装在一个集装箱内，如图 12.46 所示，其中：氢存储系统、FC 系统与变换器装置分别放置，中间有隔离墙相隔，ABB 提供了燃料电池变频器，把直流电源逆变成交流向交流电网供电。

为了提高 FC 的效率和耐久性，特别研制了空气过滤和氢喷射器，测试效率达到了 48%，且无振动、噪声和空气污染，并在科考船 Aranda 号上进行了验证，如图 12.47 所示，为船舶的电气设备以及测量期间的动态定位提供动力。这也是世界首次在北极条件下 FC 系统的船舶应用。

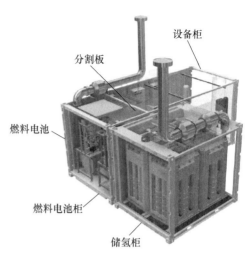

图 12.46　氢燃料电池混合动力系统（ABB）

图 12.47　Aranda 号科考船（ABB）

日本 NYK 正在研发 "Super Eco Ship 2050" 概念船，采用氢燃料电池与太阳能光伏装置组成电力系统，其中：氢气由可再生能源生产，氢气储罐容量为 1900m^3，可提供 21 天的续航能力；船上铺设了 9000cm^2 的光伏板，可提供约 15% 的船舶动力。该船以汽车运输船为模型，如图 12.48 所示。

全船设计采用了多项创新技术，例如：

1）使用轻质材料作为上部结构，降低船体重量。两侧配备了浮箱，在正常情况下，高于水面以使阻力最小化，但在特殊情况下，浮箱会下沉到海面以提供额外的稳定。由计算机系统控制的回转稳定器将安装在船舶底部，以提供稳定性。

2）采用了空气润滑系统，产生的气泡会从船底释放，有效降低船舶底部和海水之间的

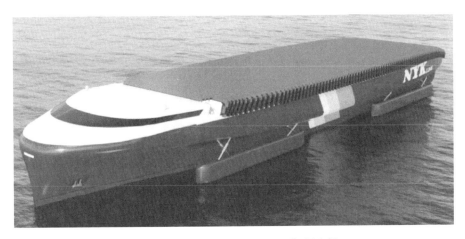

图 12.48 "Super Eco Ship 2050" 概念船

摩擦阻力。

3）设计了多个类似翼片的鳍片型推进器，如图 12.49 所示，替代传统螺旋桨来提高推进效率，使得船舶运行所需动力减少 70%。

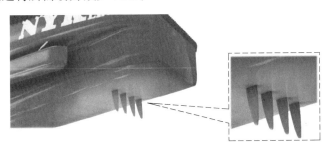

图 12.49 鳍片型推进器

4）船体清洁机器人的作用则在于船舶在港停留期间自动清洁船体，以减少下次航行时可能造成的船舶阻力，并将收集到的杂质回交给港口防污系统处理。

采取了以上综合措施，预计船舶的 CO_2 排放量将降至为零。

12.5 未来船舶展望

人类从远古走来，经历了漫长的生物进化与文明发展过程，直到第一次工业革命拥有了机器与动力，开始了加速发展；又经过第二次工业革命和第三次工业革命进入现代社会。每一次工业革命都极大地促进了科技和社会进步，机械化、电气化和信息化彻底改变了人类的生产、交通和生活方式。人类已经进入第四次工业革命的新时代，展望未来，正沿着电气化、信息化、智能化、联网化的道路迈步前行。

12.5.1 船舶电气化

自第二次工业革命进入电气时代以来，如今每年用电量仅占总能源产量的一半。新的电气化进程将加速全社会以利用电能为主，使用电量占比增加到 80% 以上。因交通是石化能源消耗大户,目前内燃机推进船舶用电占比较低,交通电气化的未来发展任重道远。船舶与海洋工程平台也不例外,应全力推进全电船与海洋平台(包括油气采集、海洋新能源发电、远洋养殖等)发展:一是加速采用高效电器取代其他用能装置;二是各种可再生能源的开发和综合利用,主要包括[12.18]:

1)绿色氢能的提取、存储、运输和利用。采用可再生能源电解制氢是主要途径,比如太阳能光伏电站、海洋风力发电、海洋新能源等。重点是降低电解质的成本,可直接使用固体电解板,增加产量和转换效率。随着绿色氢能扩大产能和降低成本,将进一步促进交通电气化进程,特别是电动车和电动船的发展。

2)合成燃料的开发利用。合成燃料的产业链可以看作是氢能产业链的扩展,可以将氢能转化为能量密度更高和便于液化存储的合成燃料,比如:氨气,低碳分子的甲烷、甲醇、甲酸,或者高阶碳氢的汽油、煤油和柴油。而合成燃料的生产是采用低碳能源,比如风电、光伏、生物质能或海洋新能源等。

3)多种新能源的多源互补与综合利用。对于船舶与海洋平台这类用电量大的电力系统,采用单一新能源作为电源既不现实,也因船舶安全规范不允许。因此,研究与开发适用于船舶与海洋的新能源集成发电系统至关重要。比如:船舶电力系统采用氢燃料电池或合成燃料发电机为主,风力、光伏、热泵与储能为辅多源互补清洁电源;海洋工程平台可采用就近的海上风电场与海洋新能源发电集成发电系统,通过海底高压直流输电,与平台上的太阳能光伏和储能等装置共同供电,以实现船舶与海洋平台的绿色低碳。

12.5.2 船舶信息化

1948年晶体管的发明标志着人类进入电子时代,随着半导体技术的飞速发展,以集成电路、电子计算机和互联网通信技术为主体的第三次工业革命浪潮席卷全球,深刻改变了人们的生产和生活。如今,大数据、云计算、5G通信等新技术层出不穷,也推动着船舶信息化技术的新发展。

信息技术在船舶应用并不算晚,比如:船舶主机与辅机早已安装传感器和仪表,采用自动化控制,并实现无人机舱;现代船舶驾驶也依靠自动雷达标绘仪(Automatic Radar Plotting Aids,ARPA)、电子海图显示信息系统(Electronic Chart Display and Information System,ECDIS)、全球定位系统(Global Positioning System,GPS)、自动识别系统(Automatic Identification System,AIS)等先进设备,在海上进行自动驾驶,并实现一人驾驶系统[12.41]。

(1)船舶信息系统架构 现代船舶自动化网络架构如图12.50所示,分为3层网络结构,底层为系统控制级,对船舶各个子系统进行实时控制;中间为监控层,对船舶运行过程进行监;上层为管理层,进行船舶任务规划、航线设计、事务管理等[12.42]。

目前,在一些先进船舶上已形成现场总线(Fieldbus Network,FN)、控制局域网(Control Network,CN)与办公自动化网络的三层计算机网络结构,并配置了国际海事卫星通信系统(INMARSAT)标准船站,用于船岸数据通信。

船舶信息系统与陆地上企业和工厂信息系统类似,不同之处在于:船舶是一个封闭独立的系统,而设备与装置来源各异,如何打破数据壁垒,实现数据交互共享较为困难;同时船舶也是自由移动的个体,如何解决海量数据的移动互联,实时传输也是挑战之一。

(2)船舶与航运信息化关键技术

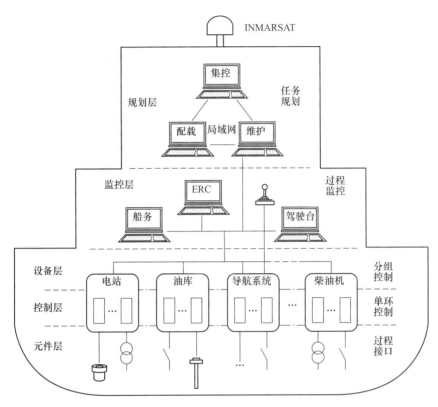

图 12.50 船舶自动化系统网络架构

1）数据融合和数据挖掘技术。现代船舶的多数设备与系统安装了许多传感器，数据采集和存储获得了海量数据，数据处理成了大数据时代的瓶颈。数据处理过程如图 12.51 所示，采集的原始数据先通过趋势分析变为动态趋势，再通过特征提取获得特征数据，然后经数据挖掘抽取模式，最后解释为知识。由此可见，通过数据处理与分析提取出有价值的知识是大数据的核心技术，主要包括数据融合、趋势分析、特征提取和数据挖掘等。

图 12.51 智能数据处理过程

针对船舶大数据处理技术，本研究团队进行了长期的研究，在多传感器数据融合、趋势分析与预测、特征提取与聚类、数据挖掘、故障识别与诊断等方面取得了研究成果[12.43-12.45]。

2）卫星通信技术。船舶信息化的过程实际是将工业 IT 应用于船舶系统，构建船舶与航运 IT 系统，其基本思路与架构如图 12.52 所示[12.46]，将现有的船舶信息系统通过卫星通信系统与航运公司的信息系统互联，实现船舶控制、船队监控和贸易管理的数字化，主要包括船舶自动化网络系统实现全船的分布式控制，航运公司的信息系统实现船舶监控、船队调度、运输管理与优化等。

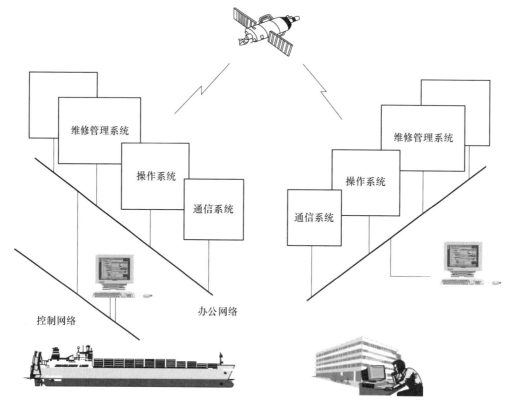

图 12.52 船舶与航运 IT 系统架构

3）船舶信息集成技术。随着大数据、云计算和 5G 通信等技术发展应用，构建船舶信息集成系统，船舶状态监测、故障诊断、预测维修、容错控制、全生命周期评估与管理。ABB 提出了 i-船舶的概念：分为 4 层网络、6 个方面和 2 个功能水平。其系统架构如图 12.53 所示。船舶信息系统的 4 层网络架构是在原来船舶 3 层网络架构的基础上，增加了云计算层；6 个方面分为货物管理、能量效率、机械设备、船体结构、船舶驾驶、信息平台；

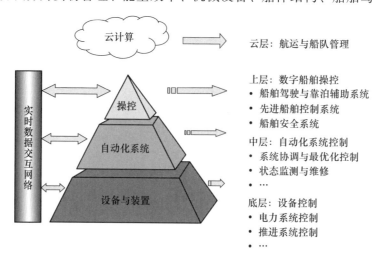

图 12.53 船舶信息集成系统架构（ABB）

2个水平分为基础功能与高端功能[12.47]。

例如：ABB 于 2017 年推出了 ABB Ability™800 系统[12.48]，如图 12.54 所示，该平台由 ABB 与微软联合开发，运行 ABB 自主技术和工业软件，同时利用了微软企业级 Azure 云的基础设施、网络安全和服务。Ability™集成了先进过程控制与分析（Advanced Process Control and Analysis，APCA）套装，通过与 ABB Ability Edge 通信，连接分布式控制系统，在 ABB Ability 云上运行，提供面向监控、预测分析和闭环控制的分析与优化（A&O）服务，用户可以对数据进行过滤、聚合、分析、处理和存储，构建了一个基于 ABB 深厚的船舶系统知识，通过网络互联与数字技术集成了现有的数字解决方案，应用大数据分析，实现数据聚合、自动控制和运营管理的数字平台。

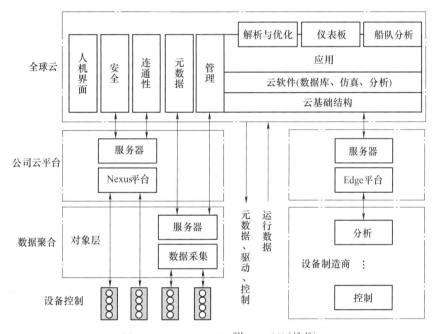

图 12.54 ABB Ability™800 系统[12.48]

该平台分为：

1）全船船舶自动化系统。船舶集成了全船的设备与系统，打通所有数据通道，统一所有自动化模块，使得船舶操控、推进控制、电力分配和货物管理等功能具有通用性和可扩展性。比如：电力分配与管理模块包括发电机组监控系统、PMS 等；船舶操控模块包括船舶监控与报警系统、推进监控系统、远程控制系统、智能操控界面等；货物管理模块包括货物控制系统、暖通空调控制、消防灭火系统等。

2）船队管理系统。通过网络互联，实时收集各个船舶的数据，包括船速、油耗、吃水、水深、风力、波浪等，借鉴船舶行业的专业知识分析，既可为船舶个体提供船速控制、节省燃油、安全航行和优化航线等有价值的建议，也可应用于整个船队的管理和决策。

3）船舶远程诊断系统。ABB 提升了原有船舶远程诊断系统（Remote Diagnostic System，RDS）的功能，RDS5.2 版可适用于所有类型的 ABB 船载系统产品，比如自动化系统、航程优化和故障诊断系统。高频采样设备状态瞬时信号，详细分析报警和事件描述，进行时序数据趋势预测,使用户可以快速实时评估被监测设备状态;同时,船上状态面板显示的信息会在 ABB Fleet Portal 的 RDS 显示,以便海上和岸上的能够获得一致的信息,提供远程诊断服务。

12.5.3 船舶智能化

近年来,人工智能(AI)技术取得了突破与进展,并广泛应用于工业制造、交通运输、信息产业,比如智能控制、智能电网、智慧交通、智慧家居、智能信息处理等,正在改变人们的认知与思维方式。船舶智能化将是船舶未来发展的主要方向[12.49]。

(1) 船舶智能化发展路线图　自 AI 技术应用以来,船舶与航运界一直在探讨基于 AI 的船舶控制与航运管理,并取得一定成果。在工业 4.0 的推动下,航运 4.0 已提上议事日程。罗尔斯罗伊斯集团(Rolls-Royce)提出了一个船舶智能化发展路线图,如图 12.55 所示,预计到 2035 年达到无人驾驶船舶的海洋自主航行。

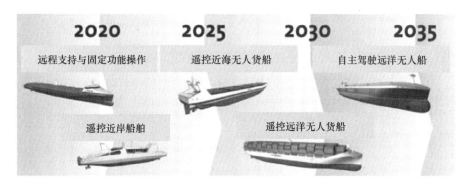

图 12.55　船舶智能化发展路线图

该路线图分为 3 个阶段:

第一阶段:2020—2025 年,在现有船舶自动化基础上,远洋运输采用远程操控和支持系统驾驶船舶,逐步减少船员;近海或内河航运可采用遥控操作,实现近海无人船舶遥控。

第二阶段:2025—2030 年,持续提升船舶智能化水平,实现远洋运输船舶远程遥控。

第三阶段:2030—2035 年,实现远洋运输船舶的无人自主航行。

(2) 船舶智能化的关键技术　要实现上述目标,船舶智能化需要解决的关键问题与技术为:

1) 船舶电气化是实现智能化的基础。因机械推进船舶的设备众多,结构复杂,不易控制等缺点,首先要解决电气化替代问题,特别是采用电力推进替代机械推进,还应尽量采用电气设备,实现全电船,为船舶信息化和智能化提供基础。

2) 船舶信息化是实现智能化的条件。在全船电气化的基础上,采用自动控制技术和计算机技术构建全船自动化系统,并进一步采用分布式网络系统实现船舶数字化与信息化,为智能船舶提供必要条件。

3) 船舶智能化的核心技术。AI 与机器学习是船舶智能化的核心技术,主要包括人工神经网络(ANN)技术,机器学习特别是深度学习(Deep Learning,DL)技术,智能控制技术等,解决船舶在复杂海洋环境和运行条件下的航线规划、环境感知、状态识别、控制决策和自主运行。

（3）船舶智能化的实施步骤　船舶智能化首先是船上各主要设备和系统的自动化与智能控制，比如：电力系统变为船舶智能电网；船舶电力推进系统变为智能控制系统；船舶机舱自动化系统的监控系统升级为智能监控系统，实现故障识别、辅助诊断与预测维修；船舶驾驶系统可进行远程遥控或无人自主驾驶。

为此，ABB提出了一个具体的实施步骤[12.48]：

1）船舶各主要设备与系统独立控制。因船舶主要装备来源于不同厂商，虽然具有自动控制功能，但相互之间并无信息交互。比如：船舶电力系统与推进系统，以及驾驶系统之间物理上是独立的，数据也不共享。船舶的操控有人来执行。

2）船舶各主要设备与系统数据互联。将主要设备与系统通过网络连接，构成一个分布式计算机系统，各系统仍然保持独立控制，但数据可以交互。

3）船舶各主要设备与系统协调控制。将各设备与系统集成为一个统一的控制系统，可以实现船上的设备协同自动控制，而且通过卫星通信建立了船岸数据交互，信息共享。比如：船舶电力系统具备了储能装置和故障容错功能，并且其数据可以上传到云平台进行远程诊断等。

4）船舶远程遥控操作。在上述技术基础上，船舶主要设备实施全电气化与智能化，可以通过远程遥控进行操控，并能进行远程规范管理与数据分析。

5）船舶自主航行。通过智能控制技术，船舶自主控制与航行，具有任务规划、航线自动设计、航行自主操控，设备自主管理等功能；岸上提供自主服务，包括船舶故障识别、辅助诊断与预测维修、船队运输管理与优化等。

ABB与新加坡吉宝船厂合作，交付了全球第一艘自动驾驶船"Maju 510"号，如图12.56所示。该船型属于小型港口拖船，全船长32m，安装了ABB推出的Marine Pilot Vision和Marine Pilot Control系统。该系统基于人工智能技术，实现了自动导航监测，数据搜集和分析，能够对船舶的驾驶操作风险进行实时评估，并做出控制决策。其远程控制功能，可以

图12.56　全球第一艘自动驾驶船"Maju 510"号（ABB）

实现在岸上的办公区域对船舶进行远程操船作业。自动驾驶功能，可以在不同的工况下自动避开障碍物。该船已经取得了美国船级社（ABS）以及新加坡海事及港务管理局（Singapore's Maritime & Port Authority，MPA）的自动驾驶认证。目前该船舶已交付使用。

（4）船舶智能系统　为了实现船舶智能化，达到自主控制与航行的目标，需要研发如下智能系统：

1）船舶电力系统的智能PMS。它可以进行各种电能的互补利用，节能降耗，能量优化管理，实现绿色低碳运行。

2）船舶电力推进的智能控制系统。引入智能控制器取代传统的控制调节器，比如模糊控制、ANN控制等，自动适应环境和工况变化，实现推进器的调速控制，以及各推进器之间的协调控制。

3）船舶无人驾驶控制系统。设计无人船桥，可根据船舶任务进行分解规划，设计最优航行，自主操控船舶，自动避碰和保障安全。

4）船岸智能运维系统。建立信息交互与共享平台，通过大数据、云计算、数字孪生等技术进行船舶与船队的状态监控、健康预测、智能运维和全生命周期评估和管理。

12.5.4　船舶网联化

随着IT的深入发展与广泛应用，物联网（IoT）将信息传感器按约定的协议，通过网络连接任何物体，进行信息交换和通信，以实现智能化识别、定位、跟踪、监管等功能。在物联网应用中有3项关键，分别是感知层、网络传输层和应用层。基于物联网构建交通运输网成为新的潮流，例如：汽车智能网联是汽车电动化与智能化发展的主要方向。构建基于物联网的船舶和航运智能运输系统也是新的发展方向和热门课题。

船舶的网联化结构如图12.57所示[12.18]，通过互联网将船舶各设备和系统连接起来，而每个系统内部包含自己的感知层和控制层，再通过各系统之间的网联实现数据交互、信息共享和协同应用。

12.5.5　船舶智能电网发展

随着云计算、大数据、区块链（Block Chain，BC）、物联网、人工智能、数字通信等技术发展，智能电网（SG）应运而生，以DER、MG和SG为核心的新型电力系统将成为人类能源革命的发展方向。SG是在现有电网基础设施及架构的基础上，结合人工智能、数字通信、现代控制等技术的智能电力系统，可以将与之相连的发配电单元和电能用户等所有节点的动态行为集成起来，通过使用双向通信和控制技术实现信息和能量的双向流动，为用户提供稳定、安全、经济、持续的电能。SG还可以通过管理用户负载的运行模式

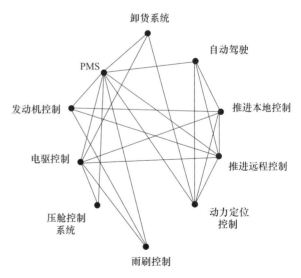

图12.57　船舶的网联化结构

来增强用户在 SG 中的参与度[12.49]。

1. 智能电网的基本结构

陆地 SG 的结构可用图 12.58 表示，集中式大型发电厂、基于可再生能源的 DER、储能系统均采用电力电子装置接入 SG；配电网采用开放式架构，便于 MG、各类 DER 以及其他信息子系统的接入；EMS 和配电管理系统（Distribution Management System，DMS）是输电和配电网络的控制中心。SG 用户端包含具有双向通信能力智能电表，通过高级测量系统（Advanced Metering Infrastructure，AMI）实现远程测量、电能质量监控和负载控制等功能，地理信息系统（Geographic Information System，GIS）帮助 SG 快速定位故障。SG 中的 HVDC 系统和 FACTS 等可进行潮流控制，并有助于提高电能传输能力。

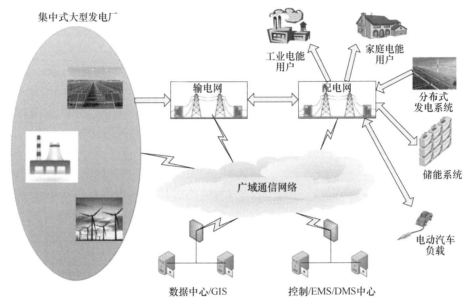

图 12.58 SG 概念模型[12.50]

SG 还可以通过在现有的电力系统基础上升级基础设施和增加物联网（IoT）来实现，例如增加数字传感器、自动保护系统、在线监控、无线传感器网络（Wireless Sensor Network，WSN）、智能测量仪表、CCTV 以及其他智能设备。IoT 的加入将在双向通信系统的支撑下实现 SG 所有设备间的实时数据交换，SG 的通信可以采用 MAS 结构，Agent 可以对 SG 内各种资源进行灵活自主的调度，实现 SG 智能组件的自主协商、协调、协作，以实现 SG 运行的预期目标。SG 的任何计划功能都可以通过 MAS 实现的分布式智能控制结构来实现。

2. 智能电网的组成部分

从系统结构来看一个 SG 至少需要包含智能基础设施、智能信息系统、智能通信系统、智能管理系统、智能保护系统五个部分[12.51]。

（1）智能基础设施　SG 的智能基础设施包括智能电源、智能信息系统、智能通信系统 3 个核心部分，用于实现发电端、控制中心、用户端间的双向电能和信息交换、支持 DER 即插即用、潮流控制等，是体现 SG 的核心系统。

智能电源主要包括智能发电、智能输电和智能配电 3 个子系统：

1) 智能发电系统是集中式发电厂、DER 以及 ESS 的集合，广域分布的 DER 根据地域范围可以分别构成 MG 或虚拟电厂（Virtual Power Plant，VPP），智能发电系统对其统一管理和调度来降低集中式发电厂的发电量，以增强系统的可靠性并降低发电成本。

2) 智能输电子系统包括智能控制中心、智能输电网和智能变电站。智能输电网以现有电网为基础，融入新的传感、电力电子、控制、智能计算、数字通信等技术，以提高功率利用率、电能质量、安全性和可靠性。智能变电站在现有变电系统基础设施基础上，加入基于数据驱动的智能监控、数据分析和智能控制。

3) 智能配电子系统包括交流和直流配电网，以高经济性和高可靠性向电力用户供电。智能配电网和传统配电网一个很大的区别是要支持 VPP、MG、DER 以及大量电动汽车（Electric Vehicle，EV）的接入。可以同时扮演负载和 ESS 角色的 EV 大量随机接入配电网后，为智能配电网带来新的储能和供电方案，需要能够采用电网到电动车（Grid to Vehicle，G2V）或电动车到电网（Vehicle to Grid，V2G）技术动态协调 EV 的充放电，实现用电高峰时取用 EV 电池中存储的电能，而用电低谷时为 EV 充电的功能。

（2）智能信息系统　SG 的智能信息系统主要包括数据采集和数据管理两个子系统。

1) SG 的数据采集任务可以通过智能电表和智能监控系统实现。智能电表安装在用户侧，用来检测用户的用电习惯、系统状态和诊断数据，并将其发送回控制中心进行分析和计费。控制中心通过分析数据可以预测用户的用电需求模式，进而对负荷进行预测，同时还可以通过向用户反馈动态实时定价调节用户在高峰时段的用电行为。智能监控通过智能传感器、相量测量单元（Phasor Measurement Unit，PMU）、无线传感器网络（WSN）等监测 SG 不同位置的系统状态，以确保 SG 的安全运行和持续供电。PMU 通过 GPS 时钟同步监测 SG 中电气设备电流/电压等同步相量，并将系统状态信号发送到控制中心进行评估，以检测 SG 的故障。

2) 在数据采集子系统获取 SG 海量检测数据基础上，数据管理子系统对采集到的数据进行建模、集成、分析和优化。数据建模的目的是使不同设备之间的信息可以交换，通过使用本体使不同设备的数据具有兼容性，便于进行进一步的集成、处理和优化。同时，数据管理子系统还需要考虑数据安全和隐私问题。

（3）智能通信系统　智能通信系统是 SG 核心技术之一，SG 的通信既可以采用无线通信也可以采用有线通信，必须要能够保障服务质量以及数据的隐私和安全。

1) 无线通信技术和有线通信相比安装快速、成本低，具有可移动性和便携性，适用于偏远地区。可采用的技术包括无线 Mesh 网络技术、蜂窝通信技术、认知无线电（Cognitive Radio，CR）、卫星通信、点对点微波通信、ZigBee、WirelessHART、ISA100.11a 标准通信等。

2) SG 的有线通信可以使用光纤通信以及电力线通信。光纤通信是传统电力系统中电网和控制中心之间广泛使用的数据传输方式，其优点是抗干扰能力强、传输速率快、错误率低，因此可以用来构建 SG 通信的骨干网络。电力线通信是将电力传输线同时用于传输信息，以节省铺设专用通信线路的成本，可用于建筑物内低压网络或低压变电站之间的通信。

3) 云计算（Cloud Computing，CC）和区块链（BC）是更加有发展前景的 SG 通信技术。

（4）智能管理系统　SG 的智能管理涉及 DSM、提高能源效率、保持电能供需平衡、降低成本、提高利润、动态定价、减少排放等方面。为了解决这些管理问题，从博弈论到机器学习等各种优化技术均可用于 SG 的管理。

（5）智能保护系统　SG 的智能保护系统不仅用于防止电网故障及停电，还要防止对电网信息和通信系统的网络攻击，主要包括系统可靠性评估子系统、故障保护子系统、信息隐私和安全保护子系统等。其中，系统可靠性评估子系统用于对 SG 各组成部件的运行可靠性进行评价，以保证该部件在下一个评估周期内能够按照期望的方式和性能运行。MG 或本地 DER 的接入可以增强配电网的供电可靠性，有效防止配电网故障及其传播导致的停电。SG 的故障保护子系统由故障检测、故障诊断、故障恢复等部分组成，在发生故障时可及时诊断并隔离故障，在防止故障传播的同时通过智能自愈技术恢复配电网供电。

3. 智能电网的关键技术

（1）智能电网的控制　SG 的控制是一个复杂的系统工程。为了提高供电的稳定性、效率和经济性，需要有效的控制策略来解决与发电、电压控制、频率调节、谐波补偿相关问题。同时，SG 的控制需要实现运营规划、优化调度、动态区域供电、MG 活动分析以及其他和服务相关的要求，并支持基于可再生能源 DER 的快速接入。SG 中可采用的控制结构和控制策略主要包括：

1）集中式控制结构。系统由一个中央控制器和若干本地控制器共同实现 SG 的监测和控制。中央控制器的任务是从所有本地控制器和远程终端收集数据，并做出维护电网稳定运行的决策。

2）分布式控制结构。该结构会为每个 DER 配备一个本地控制器，该控制器通过收集临近 DER 的运行数据，在本地实现决策和控制。该控制结构可以通过相邻控制器间的数据共享来实现 SG 的全局优化。

3）混合控制结构。混合控制结构是集中式和分布式控制结构的结合，中央控制器和分布式控制器在考虑全局约束条件的情况下通过协调共同寻求全局最优，使用混合控制结构可以在稳态和暂态工作模式下使 SG 均达到最优控制性能。

4）分层控制结构。SG 的配电网可能包含大量变电站和用户，可根据电压等级划分为中压控制和低压控制两层结构，中压控制层包含一个中压配电网控制器（Medium Voltage Grid Controller，MVGC），低压控制层包含一个低压配电网控制器（Low Voltage Grid Controller，LVGC）。

5）直接负荷控制（Direct Load Control，DLC）。DLC 是一种需求响应控制策略，根据用电价格协议，远程控制客户电力负荷的运行。通过 DLC 可以实现电力负荷的转移调峰，以及通过远程控制将 EV 调度为 ESS 或电力负荷。同时，电力公司还可以通过向客户发送实时电价来使客户自主调节用电需求。

6）电能交易控制（Transactive Control，TC）。TC 是一种价格响应控制（Price Responsive Control Strategy，PRC）策略，通过使用实时定价、关键峰值定价、时间定价等策略进行电能交易控制。

7）弹性控制（Resilient Control，RC）。在电力系统遭受攻击、发生故障等意外事件后，RC 是将其恢复到之前性能的控制策略，并帮助 SG 在受到未知攻击或发生故障时具有更强的恢复能力。

8）智能配电管理。将 DER 大规模接入 SG 配电网会引起配电网自动化技术的重大变革。此时就需要智能配电管理系统（Distribution Management System，DMS）为 SG 的配电网提供先进的智能监测、智能控制和智能管理功能。

（2）智能电网的通信　SG 的一个重要作用是在电网和电能用户之间的实时交互，这主要依赖现代通信技术来实现。SG 可以通过实时收集用户智能电表数据以及管理用户负载运行模式来增强客户的参与度、制定发电计划、调控实时电价。同时，电能用户也可以通过运营商提供的信息和实时电价数据来调度负载的使用。现代通信技术可以帮助 SG 电能供需之间保持平衡。

SG 通信技术的发展已经从基于光纤和电力线的有线通信迈向了广域范围内的无线通信，涉及的重要技术包括无线传感器网络（WSN）、监控和数据采集（Supervisory Control and Data Acquisition，SCADA）、云计算（CC）、区块链（BC）等。

1）WSN。WSN 是由一组在空间分布的自主传感器组成，用于监测物理设备或环境，并通过无线通信相互交换信息。WSN 可以极大提高 SG 监测和通信系统效率，其中基于 IEEE 802.15.4 协议的 Zigbee 无线传感网络由于具有低功耗、低成本、短延时、网络容量大、工作稳定可靠安全等特点成为 SG 短距离无线通信的重要技术。

2）SCADA。SG 的 SCADA 系统通过定期采集智能电表和传感器数据来实现对系统的实时监控，采集的数据被发送到数据中心进行处理。对 SG 众多设备的监测会产生大量数据，为了保障数据的安全性，必须要经过加密后才能经过通信网络传输。传统电力系统中的发电厂、变电站、负载中心等节点难以高效传输和处理 SCADA 系统产生的海量数据，因此 SG 需要采用现代通信和数据处理技术以提高数据的传输和处理能力。

3）CC。CC 是通过互联网将分布的服务器、存储、服务等计算资源组成共享池，服务供应商可以快速配置并发布这些共享计算资源，以供客户按需访问和使用。SG 的信息管理和数据处理效率可以通过 CC 技术进行大幅提升，CC 可以将 SG 中的发电厂、DER、输配电网络、用户、运营商等环节同通信网络连接在一起，通过分布式计算实现 SG 的智能决策。目前很多研究人员致力于将 CC 应用于 SG 的需求响应优化、潮流分析、安全评估、EM 智能决策等方面。

4）BC。BC 是一个分布式的数字存储架构，由包含交易数据的多个区块链接而成。这些存储在 BC 网络节点上的数据可以以加密的形式在这个分布式数据库的用户间共享。BC 以完全"去中心化"的形式构造一个分布式数据交易平台，这和 DER 的分布式特点非常吻合，因此 BC 非常适用于 SG 的数据通信。将 IoT 和 BC 结合起来是实现未来 SG 中 DER 能源交易以及需求响应的支撑技术[12,52]。在 SG 中使用分布式的 BC 技术将极大提高 SG 的可扩展性，同时 BC 用分布式计算能力取代 SG 中大量数据的集中计算，可以进一步提高 SG 的可靠性和故障恢复能力。

（3）智能电网的大数据和深度学习　如前所述，SCADA 对 SG 众多设备的监测会产生大量实时数据，这些数据涉及发电、输电、变电、配电、用电、管理等各个环节，具有体量大、实时性高、类型多、价值大、准确可靠等特点，应用大数据分析技术对这些复杂的电力数据进行高效准确的分析，是实现 SG 的智能性、保证 SG 安全运行和可靠供电、推动 SG 发展的重要保障。同时基于大数据分析结果了解用户负荷的工作模式并进行直接负荷控制是通过需求侧管理来提高 SG 稳定性的重要途径。

1）大数据在微电网用能优化方面的作用。SG 的需求侧包含非常有价值的用户数据，可以有效应用于能效管理、电力市场竞价交易、用户侧负载管理等方面。在能效管理方面，通过 IoT 对企业用户生产设备用电数据进行采集，利用大数据进行能耗和能效分析、能耗模拟、能源设备监测、能源行为管理、能源事件管理等，以实现企业用户的精细化管理，提高用电效率和降低能耗。

2）负荷预测及其影响因素分析。在 SG 需求侧，采用 BG 技术准确预测用户的用电需求，对优化电网调度、保障供需平衡、电力市场的招投标交易、保证电能质量等方面均有重要的应用价值。常用的电力负荷预测方法包括基于时间序列的预测、基于支持向量机回归的预测、基于机器学习的预测等。

深度学习（DL）是处理 SG 复杂大数据的有效方法。DL 在 SG 中可以用于预测、故障检测与诊断（Fault Detection and Diagnosis，FDD）、网络安全和评估等方面，常用的方法有多层感知器（Multilayer Perceptron，MLP）、递归神经网络（Recurrent Neural Network，RNN）、卷积神经网络（Convolutional Neural Network，CNN）、受限玻尔兹曼机（Restricted Boltzmann Machines，RBM）、自编码器（Autoencoders，AE）、深度强化学习（Deep Reinforcement Learning，DRL）、生成对抗网络（Generative Adversarial Network，GAN）等[12.53]。

12.5.6 航运智能交通系统的架构

航运智能交通系统（Marine Intelligent Transportation System，MITS）是将先进的信息技术、数据通信技术、自动控制技术有效地融合，建立起来的一种全球、全天候发挥作用的实时、准确、高效的运输综合智能控制和管理系统。

在船舶物联网的基础上，通过卫星通信与航运公司内部的物联网连接，构建航运智能交通系统（MITS）。在交通部重点基础项目资助下，上海海事大学的相关团队进行了研究探索，提出了 MITS 的基本框架，如图 12.59 所示[12.54]，将各船舶物联网的感知层、控制层与管理层与航运公司的综合信息系统连接，以实现航运智能控制。在此基础上，进行了系列研究并取得一定的研究成果和进展，为未来建立 MITS 提供技术基础[12.55]。

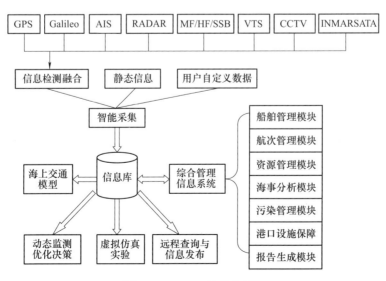

图 12.59 MITS 的基本框架

MITS 的基本架构与设计方案虽已提出，但其理论方法与实施路线还在不断研究探索之中，其中主要关键技术包括：

1）建立船舶智能信息采集系统。
2）建立航运综合管理信息系统。
3）建立海上交通模型。
4）建立航运信息动态监测和优化决策系统。
5）建立数字孪生与虚拟仿真系统。
6）建立远程应用与信息发布系统。
7）建立船岸数据平台与突破系统集成技术。

结束语：

当前，我们正处于第四次工业革命的大潮中，这次革命有别于其他三次工业革命的主要特征是数字生产力和人工智能的发展，构建了基于可再生能源、分布式发电与智能电网为主体的能源网，以计算机、5G 通信与互联网为主体的信息网，以交通电气化为主体的交通网，构成了未来社会的三大基本支柱。

第四次工业革命将颠覆性的改变我们的生活，重塑人类赖以生存的经济、社会、文化和环境，需要人们突破传统思维方式，从战略高度思考应对所面临的使命和任务。聚焦电气化、信息化和智能化发展方向，实现绿色低碳船舶与海洋。

展望未来，革命的洪流浩浩荡荡，第五次工业革命正在向人们招手。欧洲已提出工业 5.0 战略，日本提出了社会 5.0，寻求突破基于 AI 的工业 4.0 难以突破能源革命的瓶颈。中科院院士、香港大学陈清泉教授在《四网四流融合产业发展白皮书》中指出：第五次工业革命将能源网、信息网、交通网与人文网融合，聚汇能源流、信息流、物质流与价值流，通过四网四流融合，推动能源革命、信息革命和交通革命发展，建立人-机-物理形成新的生产关系。

路漫漫其修远兮，吾将上下而求索。希望本书能为读者提供借鉴，努力促进船舶的绿色低碳发展。

参 考 文 献

[12.1] International Energy Agency. Net zero by 2050-a roadmap for the global energy sector [Z]. 2021.

[12.2] NELSON S, ALLWOOD J M. Technology or behaviour? Balanced disruption in the race to net zero emissions [J]. Energy research & social science, 2021, 78 (1): 10212.

[12.3] 喻小宝, 郑丹丹, 杨康, 等. "双碳"目标下能源电力行业的机遇与挑战 [J]. 华电技术, 2021, 43 (6): 21-32.

[12.4] ALVIK S, EIDE M S, ENDRESEN O, et al. Pathways to low carbon shipping-abatement potential towards 2030 [J]. Liquefied natural gas, 2009.

[12.5] CORBETT J J, WANG C, WINEBRAKE J J, et al. Allocation and forecasting of global ship emissions [J]. Clean air task force report, 2007.

[12.6] IMO (2015a). Report of the marine environment protection committee on its sixty-eighth session [Z]. 2015.

[12.7] ASARIOTIS R, BENAMARA H, HOFFMANN J, et al. Review of maritime transport, 2016 [Z]. 2016.

[12.8] ABB. 能量来源与载体 [Z]. 2020.

[12.9] Ship & Offshore. 第一艘大型集装箱船改装使用液化天然气动力 [Z]. 2020.

[12.10] Ship & Offshore. 使用甲醇/柴油发动机的货船概念 [Z]. 2020.

[12.11] Ship & Offshore. 海工供应船使用氨燃料电池 [Z]. 2020.

[12.12] MAN Diesel & Turbo. Man diesel & turbo technology boosts efficiency-WHR and TCS-PTG improve efficiency on large engines [Z]. 2011.

[12.13] ABB. Decreasing energy consumption with ABB waste heat recovery system [Z]. 2005.

[12.14] ANDREASEN J G, MERONI A, HAGLIND F. A comparison of organic and steam rankine cycle power systems for waste heat recovery on large ships [J]. Energies, 2017, 10 (4): 547.

[12.15] SCHMID H. Waste heat recovery (WHR): fuel savings with less emissions [C]//Green Ship Technology Conference. London: [s.n.], 2004: 10.

[12.16] APSLEY J M, GONZALEZ-VILLASENOR A, BARNES M, et al. Propulsion drive models for full electric marine propulsion systems [J]. IEEE transactions on industry applications, 2009, 45 (2): 676-684.

[12.17] 李永东, 等. 船舰推进电气化发展路线图 [R]//中国电源产业与技术发展路线图. 天津: 中国电源学会, 2022.

[12.18] DNV-GL. Technology outlook 2030 [Z]. 2019.

[12.19] IRENA. Ocean energy [Z/OL]. https://www.irena.org/-.

[12.20] CHEN H, TANG T, AÏT-AHMED N, et al. Attraction, challenge and current status of marine current energy [J]. IEEE access, 2018, 6: 12665-12685.

[12.21] ROBERTS A, THOMAS B, SEWELL P, et al. Current tidal power technologies and their suitability for applications in coastal and marine areas [J]. Journal of ocean engineering and marine energy, 2016, 2 (2): 227-245.

[12.22] MURRAY R E, NEVALAINEN T, GRACIE-ORR K, et al. Passively adaptive tidal current turbine blades: design tool development and initial verification [J]. International journal of marine energy, 2016, 14: 101-124.

[12.23] CHEN H, AIT-AHMED N, MACHMOUM M, et al. Modeling and vector control of marine current turbine system based on double salient permanent magnet generator [J]. IEEE transactions on sustainable energy, 2016, 7 (1): 409-418.

[12.24] LIU Z, SECK A, HOUARI A, et al. Control of a conversion chain based on a 5-phase PMSG and AC-DC-AC converters for tidal applications [C]//Fifth Sino-French Workshop on Information and Communication Technologies. Nantes: [s.n.], 2019.

[12.25] XIE L, TANG T. Modeling and control of a small marine current power generation system [C]//Proceedings of the 21st IEEE International Symposium on Industrial Electronics. Hangzhou: IEEE, 2012: 1438-1443.

[12.26] BENKHORIS M F. An FTC design via multiple SOGIs with suppression of harmonic disturbances for 5-phase PMSG-based tidal current applications [J]. Journal of marine science and engineering, 2021, 9 (6): 574.

[12.27] ZHOU Z, SCUILLER F, CHARPENTIER J F, et al. Power smoothing control in a grid-connected marine current turbine system for compensating swell effect [J]. IEEE transactions on sustainable energy, 2013, 4 (3): 816-826.

[12.28] FORMAN C, MURITALA I K, PARDEMANN R, et al. Estimating the global waste heat potential [J]. Renewable and sustainable energy reviews, 2016, 57: 1568-157.

[12.29] GAROFALO E, BEVIONE M, CECCHINI L, et al. Waste heat to power: technologies, current applications, and future potential [J]. Energy technology, 2020, 8 (11): 2000413.

[12.30] TOCCI L, PAL T, PESMAZOGLOU I, et al. Small scale organic rankine cycle (ORC): a techno-economic review [J]. Energies, 2017, 10 (4): 413.

[12.31] OHMAN H, LUNDQVIST P. Comparison and analysis of performance using low temperature power cycles [J]. Applied thermal engineering, 2013, 52 (1): 160-169.

[12.32] SUN Z, ZHAO Q, Wu Z, et al. Thermodynamic comparison of modified Rankine cycle configurations for LNG cold energy recovery under different working conditions [J]. Energy conversion and management, 2021, 239: 114141.

[12.33] KALINA A I. Combined cycle and waste heat recovery power systems based on a novel thermodynamic energy cycle utilizing low-temperature heat for power generation [C]//1983 Joint Power Generation Conference: GT Papers. [S. l.]: American Society of Mechanical Engineers, 1983.

[12.34] SALEH B, KOGLBAUER G, WENDLAND M, et al. Working fluids for low-temperature organic rankine cycles [J]. Energy, 2007, 32 (7): 1210-1221.

[12.35] MAN B&W. Waste Heat Recovery System (WHRS) for reduction of fuel consumption, emissions and EEDI [Z]. 2012.

[12.36] LARSEN U, NGUYEN T V, KNUDSEN T, et al. System analysis and optimisation of a Kalina split-cycle for waste heat recovery on large marine diesel engines [J]. Energy, 2014, 64: 484-494.

[12.37] CHOI B C, KIM Y M. Thermodynamic analysis of a dual loop heat recovery system with trilateral cycle applied to exhaust gases of internal combustion engine for propulsion of the 6800 TEU container ship [J]. Energy, 2013, 58 (1): 404-416.

[12.38] SHU G, ZHAO J, TIAN H, et al. Parametric and exergetic analysis of waste heat recovery system based on thermoelectric generator and organic rankine cycle utilizing R123 [J]. Energy, 2012, 45 (1): 806-816.

[12.39] LARSEN U, SIGTHORSSON O, HAGLIND F. A comparison of advanced heat recovery power cycles in a combined cycle for large ships [J]. Energy, 2014, 74: 260-268.

[12.40] LI Y, TANG T. Performance analysis and optimization of a series heat exchangers organic rankine cycle utilizing multi-heat sources from a marine diesel engine [J]. Entropy, 2021, 23 (7): 906.

[12.41] MCCOY T J. Electric ships past, present, and future [J]. IEEE electrification magazine, 2015, 3 (2): 4-11.

[12.42] TANG T, LIU Y J, LI J R. An integrated intelligent method for marinemonitoring system [J]. IFAC proceedings volumes, 1999, 32 (2): 8327-8332.

[12.43] TANG T, et al. A RNN-based adaptive predictor for fault prediction and incipient diagnosis [C]//UKACC Control 2000. Cambridge: [s. n.], 2000.

[12.44] TANG T. A data fusion and data mining method for ship supervision and fault detection [C]//Proceedings of the 8th IASTED International Conference on Artificial Intelligence and Soft Computing. [S. l.]: [s. n.], 2004: 204-208.

[12.45] TANG T, WANG T. ANN-based multiple dimension predictor for ship route prediction [C]//International Conference on Informatics in Control, Automation and Robotics. [S. l.]: [s. n.], 2007.

[12.46] TANG T. Data mining and knowledge discovery: emergingtechnolodgies and applications in ocean engineering [C]//Proceedings of IMECE 2003, the 5th International Marine Electrotechnology Conference. Shanghai: [s. n.], 2003.

[12.47] Alf Kåre Ådnanes. 船舶电气装置与柴油电力推进系统 [Z]. 2003.

[12.48] KALEVI T, et al. 通过ABB Ability^{TM}实现从办公室到推进器的闭环 [Z]. 2017.

[12.49] IEC. Bringing intelligence to the grid [Z]. https://www.iec.ch/system/files/2019-09/content/media/files/iec_smart_grid_a4_en_lr.pdf.

[12.50] FALVO M C, et al. Technologies for smart grids: a brief review [C]//2013 12th International Conference on Environment and Electrical Engineering. Wroclaw: IEEE, 2013.

[12.51] NIGAM A, KAUR I, SHARMA K K. Smart grid technology: a review [J]. International journal of recent technology and engineering, 2019, 7 (6S4): 2277-3878.

[12.52] TUR M R, BAYINDIR R. A review of active power and frequency control in smart grid [C]//2019 1st Global Power, Energy and Communication Conference. Nevsehir: IEEE, 2019: 483-488.

[12.53] MASSAOUDI M, et al. Deep learning in smart grid technology: a review of recent advancements and future prospects [J]. IEEE access, 2021, 9: 54558-54578.

[12.54] 汤天浩,李杰仁. 智能控制:21世纪船舶自动化系统的核心 [C]//第五届全国海事技术研讨会论文集. [S.l.]: [s.n.], 1999: 125-130.

[12.55] 黄洪琼,汤天浩,金永新. 基于信息融合的船舶智能运输系统 [J]. 上海造船, 2008 (1): 50-77.